한국 금속활자의 실크로드

한국 금속활자의 실크로드

구텐베르크의 금속활자 발명과 출판혁명의 허구성에 대한 비판

황태연 저

The Silk Roads of Korean Metal Typography

A Criticism on the Fabricating Gutenberg's Invention of Movable Metal Type and Printing Revolution

By Tai-youn Hwang

머리말

금속활자와 활판인쇄술은 우리의 문자 '한글'과 더불어 고려와 조선의 자랑이었고, 오늘날도 우리 9000만 민족의 자랑이다. 우리 학계, 특히 역사학계와 서지학계는 광복 이후 이 금속활자의 기원, 제작기술과 공정工程, 금속활자의 종류, 활인본活印本과 번각본飜刻本 책종, 활판인쇄술과 그 발달사 등 거의 모든 측면을 탐구하여 혁혁한 연구성과를 쌓아올렸다. 그리하여 한국 금속활자의 기원에 대한 인식도 아주 심화되고 정확해졌다. 가령 『남명화상송증도가南明和尙 訟證道歌』의 발행연도가 구텐베르크의 42행 성서 출판보다 234년 앞선 1211년(고려 희종7년)경이라는 것까지도 밝혀냈다. 주자鑄字(금 속활자)인쇄 원본을 그대로 본떠 중조重雕한 이 책의 번각본 4종이 현존함으로써 원본이 고려 최초의 주자인쇄본으로 밝혀졌고, 2004 년에는 이 책의 인쇄에 사용된 수십 개의 동銅활자(동 74-80%, 주석 8-9%, 납 10-17% 합금활자)도 찾아냈다.

또 수많은 주자의 종류, 주자로 활인活印한 서책들, 그리고 무수한 각종 목활자도陶활자포匏활자의 종류 및 그 활인본活印本 서책들,

나아가 책방冊坊(출판사 겸 서점)에서 영리목적으로 발행한 수많은 상업적 방인본坊印本 서책들을 추적해 찾아냈다.

동서 정치철학과 정치사상, 그리고 한국 근현대사를 50여 년 동안 연구해온 필자의 견지에서 보더라도 이것은 실로 높이 평가받아야 할 놀라운 성과들이다. 그러나 지금까지 혁혁한 성과를 쌓은 한국 금속활자 관련 역사학과 서지학은 두 가지 중요한 분야의 연구를 손도 대지 않은 채 방치해 왔다. 그중 하나는 한국 금속활자의 세계적 영향(서천西遷)을 연구하지 않은 것이고, 다른 하나는 고려·조선 700여 년간 금속활자로 찍은 서적들을 서지학적書誌學的 정보와 함께 정리한 총목록을 생산하지 않은 것이다.

한국 금속활자의 세계적 영향에 대한 연구란 바로 한국 금속활자의 서천西遷에 대한 연구다. 이 방향의 연구는 지금까지 사실상 전무한 상태다. 이 서천문제에 대해서는 모某방송국에서 송출한 비학술적 방영물과 영화, 소설 등이 있고, 연구논문으로는 이 방송국 추적물을 모방한 실망스런 수준의 논문이 하나 나와 있을 뿐이다. 한국 금속활자 관련 사가들과 서지학자들은 고려·조선의 금속활자가 구텐베르크의 그것보다 몇 십 년, 또는 몇 백 년 앞섰다는 주장만을 반복해왔을 뿐이고, 한국 금속활자 인쇄술의 세계적 파급과 확산에 대한 연구는 거의 완전히 도외시해온 것이다. 그러나 외국에서는 1854년 로버트 커즌이 극동 인쇄술의 서천을 주장한 이래 2019년까지 165년 동안 한국 금속활자 인쇄술 또는 극동 인쇄술의 서천을 논한 논문·저서들은 도합 14건이나 쏟아져 나왔다. 물론 이에 대한 반론도 제기되었는데, 1924년 더글러스 맥머트리가 금속활자 인쇄술의 서천西遷을 부정하고 구텐베르크의 독창적 발명을 다시 주장한 이래 2015년까지 90여 년 동안 구텐베르크의 독창설을 피력한 본격적 반反서천 이론은 5건이 나와 있다. 외국의 많은 양심적 학자들이 게으른 한국 학자들을 대신해 구텐베르크독창설과 싸워온 것이다.

고려『증도가』이래 700여 년 동안 주자로 활인한 모든 서적을 담은 총목록의 생산은 한국 서지학자들의 당연지사當然之事인데도 이들에 의해 완전히 도외시되어 왔다. 이 학자, 저 학자가 생산한 부정확한 부분적 리스트만 여기저기 나와 있을 뿐이다. 총목록을 작성하지 않으면 고려와 조선에서 얼마나 많은 책종이 생산되었는지, 그리고 얼마나 많은 부수의 책이 생산되었는지를 알 수 없다. 고려와 조선이 700년간 활인·출판한 책종의 수와 책 부수는 가히 혁명적이었다. 그러나 한국 사가들과 서지학자들은 한국의 주자인쇄 서적 총목록을 작성해보지 않았기 때문에 한국 주자활인본 책종과 책 부수의 전체 규모에 대해 전혀 감을 잡지 못하고 있다.

필자는 대여섯 명의 제자들과 함께 8개월 남짓 총목록 작성에 달라붙어 마침내 이것을 완성했는데, 조선시대에 생산된 책종의 총수는 약 1만4000여 종에 달했다. 500여 년간 한 책도 서로 겹치지 않고 제각기 다른 책을 매년 약 30종씩 쏟아낸 것이다. (물론 이 수치도 지금까지 필자의 능력 범위 안에서 수집된 책종의 잠정 수치이고 아직 발견되지 않은 활인본 책들이 얼마나 더 있을지는 알 수 없다.) 필자가 작성한 이 총목록(「조선 500년 활인본 및 방인본 총목록」)은 이 책의 자매편으로 나올『책의 나라 조선의 출판혁명』에서 처음 공개될 것이다. 그렇지만 1406년(태종6)부터 1466년까지 60년간의 책종 목록(「1406년부터 1466년까지 60년간 조선의 활인본 서책목록」)은 이 책의 논증내용과 관련되므로 미리 이 책의 부록으로 싣는다.

한국 학자들은 활인본 책종의 총목록을 작성해 보지 않아서 그 엄청난 규모를 모르기 때문에 구텐베르크 인쇄술을 홍보하는 서양 학자들의 터무니없는 주장에도 기가 죽어 "구텐베르크 금속활자의 영향은 '혁명적'이었으나, 고려·조선의 금속활자는 그렇지 못했다" 는 서양 학자들의 역사날조에 동조하고 자학적으로 이를 복창하는 것을 넘어, '한국 금속활자는 유교적 보수주의에 눌려 제대로 기를 펴지 못했다'거나, '정부중심의 활자출판에 눌려 민간부문 출판업의 발전이 저지당했다'는 허위사실을 꾸며 서양인들에게 유포하기도 한다. 그러나 필자의 연구에 의하면, 사실史實은 정반대였다. 정부는 유교서적만이 아니라 불교서적, 제자백가 서적, 방대한 각종 사서, 각종 국내외 법률서적과 법전, 각종 의서와 약제서적, 시집과 문집, 유명관리들의 저작전집, 방대한 백과전서류, 그리고 이 서적들을 국역한 수많은 언해본을 같이 인출해 중외의 행정기관과 관리들에게 나눠주고 여분을 더 찍어 일반인들에게도 원가에 판매했다. 그리고 사찰·서원·향교와 각종 출판계·서적계·활자계 및 문도집단과 문중, 그리고 유력·유능한 개인 등 각종 민간 출판주체들은 사적으로 각종 활자를 만들어 유학경전과 불경, 문집과 예법서, 의서와 약초서적, 각종 백과전서와 생활서적, 소설집과 시집, 해학서적, 거의 모든 성씨의 족보와 파보 등 수없이 많은 서적을 활인했고, 16세기부터는 출판사와 서점을 겸한 서사書肆들이 여기저기서 생겨나 수많은 책을 방인坊印(방각坊刻)해 전국적으로 판매했다. 이런 사실은 「조선 500년 활인본 및 방인본 총목록」을 통해 바로 가시적으로 입증된다.

  인쇄·출판혁명 여부나 그 혁명의 강도는 같은 기간에 인쇄·출판되는 서적 수량(책종 수와 부수)의 폭발적 증가와 책값의 극적 저렴화에 의해 측정되는 것이다. 이런 기준으로 보면, 구텐베르크 금속활자

인쇄술은 이 인쇄술의 기술적 고립성으로 인해 그 변혁적 영향력이 아주 미미해서 '혁명'을 운위할 형편이 아니었다. 그래서 한국 금속활자의 서천西遷을 주장하거나 극동의 인쇄술을 호평하는 일부 친親동양적 서양학자들은 구텐베르크 활판술의 변혁적 영향력이 미미했다고 단언하고, 또 이 서천론西遷論에 격하게 반대하거나 일부러 서천론을 거들떠보지도 않는 구텐베르크혁명론자들조차도 15-17세기에 구텐베르크 활자인쇄술로 인쇄된 책이 서적시장에서 차지한 비중이 "적었다"거나 구텐베르크 인쇄술이 일으킨 변화가 400-500년의 장기간에 걸친 "누증적·점증적" 변화였다고 부지불식간에 실토한다. 수백 년에 걸친 장기간에 이루어진 누증적·점증적 변화가 어찌 '혁명'이란 말인가!

금속활자 일반에 잠재된 고유한 폭발적 혁명 가능성은 구텐베르크 활판인쇄술의 '기술적 고립성'이라는 치명적 결함 때문에 역사적 현실로 구현되지 못한 채 장기간 유보되었다. 이 치명적 결함으로 인해 빠른 조판組版과 인쇄, 기존 조판의 해판解版, 다른 책의 연속적 재再조판 등으로 이루어지는 연쇄공정이 가로막혀버렸기 때문이다. 그리하여 구텐베르크의 '활자活字(movable types)'는 '사자死字(dead types)'로 전락하고, '활판술活版術(typography)'은 '동판술銅版術'이나 다름없는 '사판술死版術(dead typography)'이 되고 말았다. 구텐베르크 활판술의 이런 유보된 혁명성은 1894년 윤전기를 갖춘 '지형·연판紙型·鉛版 공정'이 보완기술로 투입되어 상용常用에 들어가면서야 현실화되었다.

'지형·연판 시스템'이란 문선·식자를 통해 짜인 조판을 습한 종이에 찍어 지형을 뜬 뒤 말리고 이 말린 지형에 납을 부어 연판鉛版을 여러 장 제작하고 이 연판을 실린더에 감고 두루마리 종이를 실린더

밑에 집어넣은 다음 윤전輪轉하여 연속적으로 인출印出하는 공법이다. 이 공법에서는 조판을 종이에 눌러 찍어 지형을 뜬 뒤 조판을 바로 해판할 수 있다. 그리고 해판으로 다시 확보한 활자들을 재사용하여 바로 다른 책을 조판할 수 있다. 그러면 여러 종류의 책을 연쇄적으로 조판·인출하는 작업을 단기간에 반복할 수 있는 금속활자 인쇄의 고유한 이점이 극대화될 수 있다. 그리고 조선에서 솜뭉치로 쓰윽싸악 쓰윽싸악 두 번 문지르는 탁본식 인쇄 동작보다 3배 이상 많은 동작을 요하는 구텐베르크의 찔걱찔걱대는 나사식 인쇄기도 '지형·연판 시스템'에 의해 윤전기로 바뀌는 패러다임 전환의 대혁신이 이루어졌다.

그런데 지형·연판 시스템과 등가적인 공법이 조선에는 존재했는데, 그것은 고려로부터 내려온 '활인·번각活印·飜刻 시스템'이었다. '번각'은 주자鑄字로 책을 100-200부 정도 활인하고 이 활인된 책을 전국 팔도의 감영에 내려 보내면 완영完營(전주감영)·영영嶺營(대구감영)·기영箕營(평양감영) 등 각 감영에서는 이 책의 해체로 얻은 낱장들을 수십 개의 목판에 뒤집어 물풀로 붙이고 수십 명의 각수刻手들을 투입해 각수만큼 많은 목판에다 낱장의 글씨를 그대로 새기게 하는 것이다. 노련한 각수 1인이 하루에 4개의 목판(4페이지)을 새긴다고 할 때 60명의 각수를 쓰면 240페이지짜리 책의 각판은 단 하루면 완료하고, 30명을 쓰면 단 이틀 만에 완료할 수 있었다. (여러 사료에는 보통 30명에서 60명의 각수를 투입한 것으로 나타난다.) 이 '활인·번각 시스템'은 세 가지 이점을 가져다주었다. 첫째, 금속활자 조판으로 100-200부 활인한 뒤 조판을 바로 해판하고 거기서 나온 활자들을 가지고 다른 책을 바로 재再조판할 수 있으므로 여러 종류의 책을 연달아 계속 조판·인출할 수 있는 금속활자 활판술 본연의 이점을 그대로 살릴 수 있는 점이고, 두 번째 이점은 사용한 활자들을 반복해서 재사용할 수 있으므로 한자漢字의 경우에도 활자를 10만여 개, 많아야 30만여 개만 주자하면 충분한 점이다. 또 세 번째 이점은 번각할 경우에 정서正書작업을 생략할 수 있고 여러 명의 각수를 써서 여러 개의 목판을 동시에 새김으로써 시간을 대폭 절감할 수 있는 점이다.

신조新造목판으로 목판본 책을 제작하는 경우에는 시간과 공비工費가 번각의 경우보다 수십 배 더 든다. 이 경우에는 글씨를 잘 쓰는 달필이 저자의 초서체 원고를 새 한지에 정서로 필사하고 각수가 이 정서·필사된 한지 낱장을 차례로 받아 목판에 뒤집어 붙이고 뒤집어진 글자들을 그대로 새기는 식으로 작업해야 한다. 따라서 목판본 서적의 제작 시에는 제일먼저 정서할 달필을 구해야 하고 또 이 달필의 정서·필사작업에 상당히 많은 일수日數와 공비를 들여야 하고 또 각수가 정서자의 느린 정서 속도에 맞춰 각판해야 하므로 각수를 한 명밖에 쓸 수 없어 – 달필 1인이 하루 6페이지를 정서하고 각수가 정서하는 족족 각판한다면 – 240페이지짜리 원고의 목판인쇄도 두 달 이상 걸린다.

구텐베르크 활판술의 저 '기술적 고립성'이란 '지형·연판 시스템'도, '활인·번각 시스템'도 없는 상태, 즉 기술적 연계·보조장치가 결여된 상태를 말하는 것이다. 구텐베르크 활판술은 이 기술적 고립 상태에서 책 한 종의 조판을 마치면 이 책을 독자들이 더 이상 찾지 않을 때까지 적어도 1-2년 이상 기존 조판을 해판하지 못하고 창고에 보관해 두어야 하는 까닭에 1-2년 안에 새 책을 인쇄하려면 엄청난 양의 활자를 다시 추가로 제작해야 했다. 이 때문에 구텐베르크식 인쇄소는 책을 연간 기껏 2-3종, 많아야 3-4종밖에 출판하지 않는 경우에도 무려 680만 개의 활자를 확보해야 했다. 이런 까닭에 구텐베르크식 인쇄술은 애당초 '출판혁명'과 거리가 멀었던 것이다.

출판혁명은 유럽에서가 아니라 오히려 조선조 한국에서 발발했다. 고려·조선조 금속활자 인쇄술은 서양에 19세기 말엽에야 등장한 '지형-연판 시스템'과 등가적 기능을 하는 '활인·번각 시스템' 덕택에 능히 인쇄·출판혁명을 일으킬 수 있었던 것이다. 이 인쇄·출판혁명 덕택에 19세기 조선의 책값은 서구보다 훨씬 더 쌌고, 심지어 중국보다도 쌌다. 19세기 초반 서구에서 소설 같은 대중서적의 책값은 프랑스의 경우 '농업노동자 월급의 3분의 1'을 호가했던 반면, 19세기 조선의 유학경전『대학』의 책값은 "3전3푼"으로 농업노동자 월급의 15분의 1에 불과했고,『중용』은 "5전"으로 노동자 월급의 14분의1에 불과했으며, '딱지본' 소설책(육전소설)은 1전 이하로서 농업노동자 한 달 임금의 50분의 1에 불과했던 것이다.

그리고 조선에서 태종 6년(1406) 계미자로 인쇄하기 시작한 때부터 60년간 금속활자로 활인한 책종의 총수도 구텐베르크가 금속활자로 처음 책을 활인한 1440년부터 60년 동안 출판한 서양 16개국의 각국 평균 책종보다 많았고, 조선에서 공적·사적으로 출판된 책 부수는 전국적으로 여기저기서 이루어지는 번각 덕택에 서양 16개국 각국 평균치보다 아예 비교할 수 없을 정도로 많아서 일일이 추산할 수 없다. 그러나 금속활자를 논하는 서양과 한국의 역사학자 서지학자들은 거의 모두 다 유럽 전체(16개국)의 출판 수치를 조선 일국一國의 수치와 잘못 비교하면서 유럽이 '혁명적'으로 우월하다고 오판하는 집단적 (자기)기만에 빠져 들었다. 그러나 실은, 일국一國으로 볼 때, 책값을 혁명적으로 떨어뜨릴 정도로 많은 책을 출판한 나라는 유럽의 어떤 국가가 아니라, 바로 극동의 조선이었다. 15-16

세기 중국 조야에서 조선을 "문헌지방文獻之邦", 즉 "책의 나라"라고 불렀다고 하는데(『中宗實錄』, 중종 35년[1540] 11월 28일자 기사), 그 이유도 바로 거기에 있었던 것이다.

조선이 '책의 나라'가 된 데에는 또 다른 요인이 있었다. 17세기 이래 조선에서는 일반백성들도 반상班常차별, 상천常賤차별 없이 자제들을 다 서당에 보내는 것이 조선사회의 일반적 풍조로 자리 잡은 것이다. 그래서 1600년대 이래 200-300년간 전국적으로 서당이 급증하여 18세기에서 19세기로의 세기전환기(조선이 세계에서 가장 잘살았던 1807년[순조 7년] 당시 기준) 조선의 전국 가구 수가 176만 호에 달한 상황에서 전국 공사립 서당 수는 7만8318개소로 증가했고, 훈장 수도 이와 유사한 수치로 급증했으며, 전국 총 학생수는 (1개 서당의 평균 학생수를 8명으로 칠 때) 약 63만 명에 달했다. 따라서 전국 서당에서 63만 명의 학생과 약 8만 명의 훈장이 쓰는 천자문·옥편 등 한자학습서 및 경전서와 경전 입문서만 공급하려고 해도 (학도·훈장 1명당 4권의 책이 필요할 경우) 매년 264만 권에 육박하는 엄청난 부수의 책을 출판해야 했다. 따라서 여기에다 대학(성균관)·영학營學·향교 수백 개소의 국·공립고등 교육기관(전국 향교·사학四學 학교 수 333개소, 학생 총수 1만5062명 + 정원외 향교학생 15만 명)과 서원·사우祠宇·도량道場 등 사립 고등교육기관과 다시 전국 수천 개소의 사찰·암자, 그리고 국가기관·중앙부서와 지방의 각급 행정기관에 필요한 엄청난 양의 책을 더하면, 줄잡아도 매년 도합 400만 권 이상의 새 책이 공급되어야 했다. 그런데 조선의 혁명적 출판역량은 매년 이를 감당하고도 남았다. 임진왜란의 전쟁폐허로부터 복구된 17세기 초반 이래 일반백성들 사이에서 서당의 초등교육과 향교·서원의 고등교육이 보편적으로 확산되었기 때문에 조선은 한층 더

'책의 나라'가 아니면 아니 되었던 것이다.

　조선은 이와 같이 당대 세계 어느 나라도 흉내 낼 수 없는 '책의 나라'였다. 필자는 이 때문에 오늘날 우리나라 사람들이 과학·예술·문화·기술·산업·무기개발·자기개발(교육) 등 모든 분야에서 전 세계를 깜짝 놀라게 할 정도로 세계 최선두의 탁월한 성적과 성과를 올리며 나날이 점점 더 요란하게 전지구적으로 국위를 떨쳐가고 있다고 생각한다. 이 책의 독자들이 오늘날 우리나라의 국제적 위상이 급상승하는 이유를 제대로 이해할 수 있는 혜안을 갖추게 하기 위해서라도 필자는 이 책에서 한국 금속활자가 조선에서 일으킨 (우리 백성을 읽고 느끼고 생각하는 '깨인 백성'으로 만든) 엄청난 '출판혁명'을 규명하고 '구텐베르크혁명'이라는 역사날조를 해체함과 동시에 한국 금속활자의 서천과 세계적 기여를 설득력 있게 밝혀 보이려고 경험적·귀납적 입증과 사리적·연역적 논증에 심혈을 기울였다.

　사실 구텐베르크에 의한 한국 금속활자의 리메이크와 그의 인쇄술의 낙후한 기술적 실태는 수백 년 동안 두 가지 큰 신화와 한 가지 어려움에 의해 감춰져 있었다. 한 신화는 구텐베르크 독창설(발명설)의 신화이고, 다른 하나는 구텐베르크 혁명설의 신화다. 하나의 어려움은 서천루트를 확실히 규명하고 이에 대한 신빙성 있는 문서증거를 들이대기가 매우 힘든 점이다. 그러나 필자는 이 신화들을 하나하나 해체하고, 네 가지 육상 서천루트와 두세 가지 해상 루트를 밝혀 보이고, 지금까지 듣지도 보지도 못한 새로운 문서증거들을 최초로 제시하고, 또 철저히 해부할 것이다. 우리의 목표는 이 두 신화, 두 미신을 해체하고 거꾸로 한국 금속활자의 국내적·세계적 혁명성을 올바로 드러내는 것이고, 한국 금속활자의 새로운 실크로드들, 아니 새로운 '활자로드들'을 명확하게 밝히고 서천에 대한 새로운 문서증거들을 확실하게 제시하는 것이다. (그러나 조선의 출판혁명에 대한 '아주 상세한' 논의는 불가피하게 지금 연달아 집필하고 있는 필자의 다른 책 『책의 나라 조선의 출판혁명』으로 미룰 수밖에 없다.)

한국 금속활자의 서천 사실과 세계적 문명화 역할을 규명하기 위해 필자는 가능한 모든 서천루트를 필자가 최초로 찾아낸 새로운 루트들과 함께 종합·정리해 보이고 서천을 증언하는 문서증거들을 전대미문의 새로운 문서증거들과 함께 모두 제시하고 이에 대한 정밀분석을 수행한다. 이것으로 금속활자의 서천에 대한 논란도, 구텐베르크 독창설의 신화도 얼마간 해소되기를 기대한다.

그리고 우리는 또 다른 신화, 즉 '구텐베르크혁명' 신화도 설득력 있게 철저히 해체할 것이다. 이를 통해 구텐베르크의 금속활자 인쇄술 덕택에 유럽에서 노동자들도 책을 살 수 있을 만큼 책값을 저렴화시킨 출판혁명이 일어났다는, 그리하여 책 읽는 대중의 등장으로 모든 근대화 혁명이 가능하게 되었다는 극대 과포장의 신화를 깨뜨릴 것이다. 그런데 이 '구텐베르크혁명'이라는 미신적 신화의 횡포와 서양학자들의 주장이라면 미리 껌벅 죽고 들어가는 한국 학자들의 열등의식은 극심하다. 그래서 이 책에서는 구텐베르크 활판술의 치명적 문제점과 알파벳 문자체계의 활판술적 장애성격을 백일하에 드러내고 고려·조선조 한국 금속활자의 비할 데 없는 기술적 탁월성과 한자·한글문자체계의 활판술적 편리성, 그리고 1920-30년대까지도, 아니 심지어 1960년대까지도 서양 인쇄술에 대해 발휘했던 한국 인쇄술의 경쟁력을 밝혀 보이는 데 각별한 노력을 기울였다. 예를 들면, 『포옹선생실기』는 1912년에, 『청구시초』는 1915년에, 정준민 편저의 『팔계정씨세고』는 1922년에, 『함종어씨세보』는 1929년에 금속활자(차례로, 목활자 혼용 전사자, 오주 임진자, 전사자, 필서체 철활자로 활인되었고, 박재형의 『진계문집』은 1925년에, 성인수의 『학산유고』는 1947년에, 성하룡의 『창산세적』은 1948년에, 송병관의 『극재선생유집』은 1963년에 목활자로 활인되었다. 한국의 전통적 활판술은 19세기 말은 말할 것도 없고 이렇게 36년 항일전쟁기를 뚫고 해방 후 1960년대까지도 서양 지형·연판 공법의 소위 신新연활자 인쇄술에 대해서도 '끈질긴 전투력'을 발휘한 것이다.

한편, 가령 "龍飛御天"이라는 한문문장은 4회 동작으로 문선·식자(조판)가 끝나고 "용이 하늘을 나르샤"라는 한글문장은 8회 동작으로 끝나는 반면, "The dragon flies over the sky"의 문선·식자는 무려 24회 동작이 필요하다는 것, 환언하면 활자로 단어와 문장을 조판하는 활판인쇄술에서 한자와 한글이 알파벳보다 각각 3배 이상, 6배 이상 더 효율적이고 편리하다는 것은 삼척동자도 알 수 있는 것이다. 필자는 이것을 여러 문장 사례로 보여줌으로써, 알파벳 덕택에 '구텐베르크혁명'? 이따위 것은 19세기까지 유럽역사에서 일어난 적이 없었다는 사실을 입증할 것이다. 필자의 여러 가지 규명·증명 작업에 의하면, 구텐베르크는 한국 금속활자 인쇄술을 배우고 리메이크했음이 틀림없지만 그는 고려·조선의 '활인·번각 시스템'을 빼먹고 배웠기 때문에 한국의 인쇄기술 전체를 제대로 배우지도, 모두 다 배우지도 못한 것이다. 여기서 더 나아가, 앞서 예고했듯이, '인쇄·출판혁명'은 오히려 극동의 조선에서(만) 일어났다는 역사적 사실을 규명해 보일 것이다.

필자는 한국인으로서 부인할 수 없이 '민족적 이익과 관심'으로부터 이 논의를 시작할 동기를 부여받았으나 이 민족적 이해관계에 방해받지 않는 확고한 '과학적 관심'에 입각하여 먼저 기존 14개의 서천론을 분석하고 그 이론들의 옳음과 그름, 강점과 약점, 그리고 결함을 판별하여 정확하게 평가하는 한편, 서천론을 거부하며 구텐 베르크의 독창적 발명을 옹호하는 5개 이론을 그 근저로부터 논파 하고 이것들이 다 허무맹랑한 이데올로기임을 철저히 밝혀낼 것이 다. 그리고 새로운 서천루트들과 새로운 문서증거들의 발굴을 통해 필자가 수립한 군건한 독자적 서천론을 대체물로 제시하려고 한다.

서천론에서 필자는 금속활자가 고려·조선조 한국으로부터 구텐 베르크에게로 전해지는 네 개 이상의 여러 서천루트를 발굴하여 제시한다. 이 서천루트들은 일부 조프리 허드슨과 티모시 바레트가 이미 언급한 것이지만, 나머지 두세 루트는 필자가 처음 발견하여 제시하는 것이다. 그리고 필자는 중국 목판인쇄술 또는 중국인쇄물 의 서천과 한국 금속활자의 서천을 증언하는 다섯 건의 문서증거들 을 제시할 것이다. 이 중 두 건의 증명 기록은 카터·전존훈·장수민 등이 이미 그릇된 분석으로 더럽히며 언급한 것이지만, 극동 활판술 의 서천을 증언하는 나머지 세 건의 문서증거들은 필자가 망망대해 '책의 바다'의 심해저에서 처음 건져 올려 세상에 공개하는 것이다.

'구텐베르크 혁명' 이데올로기를 분쇄하는 작업은 마지막 장에 배치했다. 필자는 구텐베르크 활판 인쇄술의 기술적 고립이라는 근본적 결함과 활판술에 대한 알파벳의 문자체계적 부적합성과 장애물 성격을 입증하고 이것을 유럽 책값의 400년 장기 고공행진 의 원인으로 밝혀낼 것이다. 또한 태종 6년 이후 60년간 발행된 조선 금속활자 인쇄의 책종이 구텐베르크 이후 60년간 출판된 유럽 각국 평균 활인본 책종보다 6배 많다는 사실史實을 이 책 '부록'의 조선의 활인본 리스트 「1406년부터 1466년까지 60년간 조선의 활 인본 서책목록」(60년간 2117종 발행)으로 제시함으로써 '백문百聞이 불여일견不如一見'이라는 지각효과로 입증한다. 또한 우리는 유럽 전역에서 서점의 수적 부족과 부실한 구비 상태, 대중적 독서수요의 항구적 미충족 상태에 기인한 책쾌冊儈(책 행상인)와 세책점貰冊店의 '지나치게' 오랜, 그리고 '지나치게' 광범한 확산이라는 유럽제국의 '궁상맞은' 독서 문화 등을 구텐베르크 활판술의 기술적 낙후성을 나타내는 궁극적 표징 또는 증좌로 입증한다. 한 걸음 더 나아가 "구텐베르크 혁명이란 것은 일어나지 않았고 출판혁명은 오히려 조선에서(만) 일어났다"는 필자의 핵심테제 중 하나에 심혈을 쏟아 이 테제를 누구도 부정할 수 없는 확고부동한 명제로 만들어 놓을 것이다.

필자는 이 한 권의 책으로 동서세계의 지성인들을 장님으로 만든 그 다져지고 다져진 신화적 이데올로기들이 눈 녹듯 완전히 해소되고 한국 금속활자의 세계사적 문명화 역할에 대한 필자의 주장이 이의 없이 세계적으로 받아지리라는 헛꿈을 꾸지 않는다. 서양에는, 아니 우리나라에도 스스로 깨치는 '자명自明'의 지모智謀가 모자라면서도 엇나가고 싶어 하는 성정은 강하고 진리추구보다 패싸움과 우김질에 열 올리는 호전적 학자들도 많고 많지 않은가! 다만 세월이 흐르면서 이 책이 세계적으로 금속활자 분야의 최대 관심거리가 되고, 나아가 이 책의 테제들이 모든 사려깊은 독자들에게 '진리'를 전하는 책으로 받아들여지기를 바랄 따름이다.

우리가 누구인가! 우리는 피어린 항쟁 속에서 골백번 다시 죽더라도 의기義旗를 더 높이 치켜들고 무궁화처럼 다함없는 은근과 끈기로 선조들의 찬란한 문화를 굳게 지키며 순결하게 서로 얽혀서 인고의 세월을 '고요히 기다려온' 민족이다. 그러므로 큰 숨소리, 힘찬 맥박으로 다시 뛰기 시작한 우리겨레가 마침내 구름을 벗어나 찬연하게 빛나는 태양처럼 해맑은 자존감을 회복함이 이제 옳은 것이다. 지금이 어느 때인가! 때는 바야흐로 온 겨레의 자존감이 나날이 회복되어 가고 있는 'K-문명'의 동틀 녘이다. 이런 때에 필자는 이 책이 바로 우리겨레의 이 자존감 회복에 작은 몫을 할 수 있기를 기원한다.

필자의 주장들에 대한 의문과 질문은 많으면 많을수록 좋을 것 같아 보이지만, 이 경우에는 꼭 좋은 것만도 아닐 것 같다. 필자는 이 책의 핵심주장들을 '낫 놓고 기억 자도 모르는 사람'도 알아들을 수 있게 자명自明한 테제들로 직조했기 때문이다. 『중용』에는 "성실한 자는 (스스로 깨쳐) 스스로 이룬다(誠者自成也)"는 말도 있고, "스스로 성실한 것은 본성이라고 하고, 스스로 밝게 깨치는 자명自明은 교화라고 하니, 성실이 곧 밝음이고 밝음이 곧 성실이다(自誠明 謂之性 自明誠 謂之教 誠則明矣 明則誠矣)"는 말도 있고, "지성至誠의 도道는 앞일도 알 수 있게 하니 지성은 신과 같다(至誠之道 可以前知 故至誠如神)"는 말도 있다. 또 『서경』에는 "지성은 신도 감동시킨다(至誠感神)는 말도 있다. 이 명제들을 다 뒤집어 읽으면, 불성실한 자는 '자명'의 지모가 모자라서 아무도 감동시키지 못하고 질문만 많이 한다는 말이다.

2022년 10월 모일
바람들이 우거寓居에서

죽림竹林 지識.

목 차

제3장

구텐베르크 활판술의 기술적 결함과 유보된 혁명

2.2. 구텐베르크 활인본 서적의 미미한 수량 • 536

맺음말 553

부록 559

「1406년부터 1466년까지 60년간 조선의 활인본 서책목록」

들어가기

  세계와 한국의 금속활자 인쇄술 연구는 하나의 미신적 명제, 즉 "구텐베르크 금속활자는 유럽과 전 세계 차원에서 혁명을 일으켰으나 한국 금속활자는 그렇지 못했고, 아무런 국제적 영향을 미치지 못했다"는 '일반 명제'에 의해 제약당해 있다. 이 '일반 명제'의 이유로 구텐베르크 금속활자 인쇄소는 나사압인기(인쇄기)를 갖춘 반면, 고려·조선조 한국의 주자鑄字인쇄술은 그렇지 못했다는 소위 '기술적 결함'이나, 서구제국의 자모字母문자 알파벳은 26자로 단순하나 한국이 중국에서 도입해 사용한 한자는 글자 수가 너무 많고 한글은 알파벳처럼 자모문자이긴 하지만 자모결합형 활자라는 약점에 더해 한문문화 기득권을 고수하려는 한국 선비들의 보수주의에 눌려 상용常用되지 못한 '문자체계상의 결함' 등을 이구동성으로 들이댄다.
  한국 연구자들은 이런 주장을 하는 서양학자들에게 기가 죽어 아무도 이 기만적·미신적 명제들을 논파할 생각조차 하지 않는다. 그러나 본론에서 반복적으로 입증하듯이 한자 활자와 자모결합형 한글 활자의 문선·식자 동작은 자모분리형 알파벳 활자의 그 동작보다 서너 배, 또는 너덧 배 단순하다. 가령 'The dragon flies over the sky'는 20회 동작해야 하는 반면, '龍飛御天'의 문선·식자 동작은 4회, '용이 하늘을 날다'의 동작은 7회면 끝난다. 이 영문의 조판은 한문과 국문보다 각각 5배, 2.9배 느리다.(여러 문장의 조판사례는 본론에서 상론한다.)

이런 간단한 사례를 통해 금방 드러나듯이, 알파벳 인구어 문장은 동일 의미의 어떤 문장이든 활판인쇄에서 한문과 국문에 비해 결정적으로 불리하다. 활판인쇄에서 알파벳 문자 조판의 작업효율은 저들의 주장과 정반대로 대개 한자와 한글 조판 효율의 2분지 1 내지 7분의 1에도 미치지 않기 때문이다.

그리고 뒤에 다시 상론하듯이 한글은 서양과 한국의 학자들이 잘못 알고 있는 것과 정반대로 유자儒者들의 한문보수주의에 눌려 상용常用에서 배제당한 것이 아니라, 조선 500년 동안 공적으로, 사적으로 줄곧 상용되었다. 조선정부에 의해 수많은 유교경전과 불교경전, 그리고 수많은 국민생활 관련 서책들이 언해되어 활자로 인쇄되었을 뿐만 아니라, 거의 모든 법전과 법령, 그리고 제도정책들은 거의 다 언해본과 같이 인쇄·반포되거나 나중에라도 언해·출판되었다. 이것은 본론에서 상론詳論된다.

그리고 나중에 충분히 논증하는 바와 같이 저 '일반명제'와 정확히 정반대로 한국 금속활자는 한국에서 출판혁명을 일으키고 유럽으로 전해져 세계적 혁명잠재력을 배태시킨 반면, 구텐베르크 금속활자는 19세기 후반까지 기존의 인쇄·출판문화에 단지 미미한 변화를 일으켰을 뿐이다. 혁명은 조선에서 일어났고 유럽에서는 없었다는 말이다.

그러나 한국 학자들은 거의 다 서양 학자들의 저 '일반명제'에 동조하고 서양학계에 아부하기까지 한다. 가령 한국인 김청은 "금속활자를 발명한 우리 선조들은 외국과 교류하는 일이 거의 없어 자체적 기술로만 운영하여 왔기 때문에 금속활자를 발명한 영예에도 불구하고 그 기술을 더 이상 발전시키지 못했으며 기술수준이 상대적으로 낙후되고 말아 근대인쇄술은 외국으로부터 도입하지 않으면 안 되게 되었다"고[1] 말한다. 한문학자 강명관은 "공부의 길에 들어선 이래로 내게는 이런 의문이 머릿속을 떠나지 않았는데, 동일한 금속활자인데도 왜 한국은 출판과 인쇄, 그리고 지식의 역사가 서양과 큰 차이를 보이게 되었는가? 나는 고려의 금속활자는 '최초'의 것 외에는 별반 중요한 것이 아니라고 생각해왔다"는[2] 폐성吠聲까지도 서슴지 않는다. 그의 이 폐성에는 "우리는 금속활자라 하면 구텐베르크를 떠올리고 수천 부씩 발행하는 현대의 출판을 상상하지만 조선시대의 금속활자란 대량인쇄와 거리가 멀었다"는[3] (조선의 '활인·번각 시스템'을 모르는) 무식한 자멸사관적自蔑史觀的 역사 냉소주의가 깔려있다.

또 한국의 젊은 학자들도 마찬가지다. 이들 중에는 잘 알지도 못하는 주제에 건방까지 떨면서 한국금속활자를 경멸하며 그 세계적 영향을 비웃고 구텐베르크의 위대성만 되뇌는 자들도 있다. 가령 최경은 한국학계를 경멸하며 이렇게 일갈한다. "그동안의 노력 덕분에 학계는 한국의 금속활자에 대한 자료를 '과도할 정도로'

---

1) 김청, 『인쇄의 역사』 (서울: 도서출판 포장산업, 2005), 208쪽.

2) 강명관, 『조선시대 책과 지식의 역사』 (서울: 천년의상상, 2014), '책머리에'(4쪽).

3) 강명관, 『조선시대 책과 지식의 역사』, 99쪽. 지모가 모자란 것에 더해 양물을 추켜세우며 우리의 활자문화를 멸시하는 소지식인적·북학파적 부외자멸주의(附外自蔑主義) 증세를 보이는 이런 폐성은 실로 '학지적(學之賊)'이다.

수집하고, 연구과도 많이 내놓았다. 그러나 이런 연구 중 많은 것이 유럽의 인쇄술 연구와 비교해보자면 자료에 의존하지 않고 2차 자료나 아마추어 연구가의 가설에 의존한다. 이런 약점은 특히 한국의 인쇄술을 구텐베르크의 인쇄술과 관련시키려고 시도할 때 나타난다. 우리의 인쇄술이 독일의 인쇄술 발명의 단초를 제공했다는 주장이 대표적 가설이다. 이 사이비 연구들은 무엇보다도 독일 인쇄술 발명에 관련된 초창기, 특히 15, 16세기의 자료가 국내에 거의 없다는 사실에 기인한다."4) 대명천지에 최경은은 한국 금속활자의 서천론西遷論을 "사이비 연구"로까지 몲으로써 바로 '무식의 극치'를 보여주고 있다.

한국 학자들의 이런 자학적 무지는 서양의 구텐베르크혁명론에 아부하며 한국 금속활자를 평가절하한 금속활자전문가 손보기 교수의 1950년대 막말로까지 거슬러 올라간다. 해방 후 한국 금속활자 연구를 개창하고 한국 활판술을 해외에 알리는 데에도 공을 세운 손보기 같은 한국 학자도 서양인들의 저 '일반명제'를 서양 학술지에서 공공연하게 복창하기도 했다. 손 교수는 해외에 잘 알려진 자신의 논문 "Early Korean Printing"(1959)의 서두를 이렇게 열고 있다.

한국에서는 활자인쇄가 서양보다 적어도 두 세기 더 일찍이 개발되었으나, 활판술은 유럽사회에서와 같이 거대한 역할을 하지도 못했고 유럽사회에서와 같은 엄청난 충격을 사람들에게 가하지도 못했다. 서양에서 활자인쇄는 공중 안에서의 폭넓은 지식의 확산과 삼투와 긴밀히 연관되었던 반면, 한국에서 그것은 대체로 정부의 독점 하에 남아 있었다.5)

---

4) 최경은, 「역자서문」, 프리드리히 카프(최경은 역), 『독일의 서적인쇄와 서적거래의 역사』(서울: 한국문화사, 2020).

'구텐베르크혁명'이라는 날조된 신화에 기죽은 이 자학적 서두로
써 손보기 교수는 자기 논문이 지향하는 궁극목표(서양인들을 상대로
한 한국 금속활자 홍보)를 훼손해버리고 있다. 나아가 그는 조선에서
서적 인쇄의 상업화와 서책의 자유판매는 금지되었고, 세종조차도
책을 많이 인쇄하자는 대신들의 조언을 거부했다고 말한다.

유학을 지향한 사회가 서적인쇄의 상업화를 좋아하지 않기 때문에 책의
판매는 단 한 번 소규모로 판매하는 것이 허용되었을지라도 불허되었다.
왕조의 가장 탁월한 임금 세종(1419-1450)도 1만 부의 책을 찍자는 대신들
의 조언을 거부했다. 대신은 활자로 가능해진 대규모 부수의 판매를 제지
製紙 재원 마련 방안으로 제안했으나 왕은 책의 판매를 금지했을 뿐만 아
니라, 지방에 종이를 공물(levies; 貢物)로 부과함으로써 종이 문제를 해결하
려고 시도하기도 했다. 그리하여 종이 문제의 해결 기회도 경시되었고, 유
학의 더 광범한 확산의 가능성도 소홀히 되었다. 기업가정신에 대한 제재
도 활판술의 가일충적 발전에 장애로 기능했다.6)

이 설명을 읽다 보면 손 교수가 마치 서양인들의 귀에 대고 역사날
조로 한국을 헐뜯는 비방과 자학적 자기비하를 늘어놓는 매국적
밀고자 같다. 그런데 이 비방은 다 허위다. 왜냐하면 조선에서는
책을 파는 것을 불허한 적이 없고, 반대로 정부가 책을 대대적으로
판매하는 것까지도 다 허용했기 때문이다. 조선정부의 주자소는
이미 1410년(태종10)부터 왕명에 따라 책을 팔기 시작했다. 1410년

5) Pow-key Sohn, "Early Korean Printing", *Journal of the American Oriental Society*, Vol.
79, No.2 (Apr.-Jun 1959), 96쪽.
6) Sohn Pow-Key, "Early Korean Printing", 101쪽.

2월의 실록기사에 의하면, 태종은 "처음으로 주자소에 서적을 인쇄해 팔도록 명했다(始令鑄字所 印書籍鬻之)."[7] 이 실록기록은 이때부터 주자소에서 책을 팔기 시작해서 이후 계속 그렇게 팔았다는 것을 함의한다. 그런데 주목할 것은 태종의 이 명령에 또 얼마큼만 팔아야 하는지와 관련된 규모제한 규정이 전혀 붙어 있지 않다는 것이다. 그러나 손 교수는 이 실록기사를 "단 한 번 소규모로 판매하는 것이 허용되었다"고 완전히 축소·왜곡시키고 있다.

태종 때 시작된 정부 주자소의 책 판매는 25년 뒤인 1435년(세종17)부터 대규모로 확대된다. 『세종실록』은 전한다.

> 판중추원사 허조許稠가 (…) 아뢰기를, "『집성소학集成小學』이 일용日用에 긴절한 글인데 학도들이 얻지 못하여 애를 먹고 있으니, 원컨대, 혜민국의 매약賣藥 사례에 의거하여 종이, 혹은 쌀·콩을 헤아려 주어 본전으로 삼고, 한 관원과 한 장인匠人에게 그 일을 관장하도록 명하여 만여萬餘 본본을 인출해 팔고 본전本錢은 관官에 환납還納하게 하소서. 이렇게 하면 그 이익이 끝이 없고, 학도들에게 도움이 될 것입니다." 하니, 임금이 말하기를, "내가 일찍이 『사기史記』를 읽어 보매, '나누어 주는 것은 위대하지만, 파는 것은 잘못이라'는 말이 있었다. 그러나 경의 말이 참으로 좋으니 내가 장차 행하겠다"고 하고, 곧 도승지 신인손辛引孫에게 "허조가 아뢴 것과 한 마음이니, 『소학』뿐 아니라 무릇 주자소에 있는 책판冊板을 모두 인출하는 것이 마땅하니, 의논하여 아뢰라"고 명했다.[8]

---

7) 『太宗實錄』, 태종 10년(1410) 2월 7일.

8) 『世宗實錄』, 세종 17년(1435) 4월 8일: "啓曰 集成小學 切於日用之書 學者病其難得. 願依惠民局賣藥例 或紙或米豆 量給爲本 令一官一匠掌其事 印出萬餘本鬻之 還本於官. 如此則其利無窮 而於學者有益. 上曰 予嘗讀史 有曰: '頒之大矣 鬻之非矣'. 然卿言固善 予將行之. 卽命都承旨辛引孫曰 一如稠啓 非唯小學 凡諸鑄字所在冊

『세종실록』의 이 기사를 많은 한국 학자들은 서적판매 금지 기사로 착각한다. 그들은 이 기사의 "내가 일찍이 『사기史記』를 읽어보매, '나누어 주는 것은 위대하지만, 파는 것은 잘못이라'는 말이 있었다"는 대목까지만 읽고 이것을 유교의 보수주의와 연결시켜 확대해석하는 것으로 보인다. 손 교수가 꼭 그런 실수를 저지르고 있다. 이런 오독과 무고는 후속 학자들에게서도 마찬가지로 반복된다.[9] 서적판매를 '잘못'으로 본 것은 세종이 아니라, 『사기』의 어느 인물이다. 거꾸로 세종은 『사기』의 그 말을 물리치고 주자소에 밑천까지 대주며 『집성소학』을 한꺼번에 "1만여 권"을 인쇄해 판매하는 대규모 서적판매 사업에 허조와 "한마음"이라고 밝히고, 나아가 주자소의 모든 다른 책판들도 모조리 그렇게 인쇄해 판매하기를 바라는 마음을 덧붙여 표명하고 있다. 이 기사의 어느 대목에 서적판매를 금한다는 세종의 어명이 들어 있는가? 사실史實이 이런데도 손 교수는 이것을 반대로 뒤집어 "유학을 지향한 사회가 서적인쇄의 상업화를 좋아하지 않기 때문에 책의 판매는 (…) 불허되었고", 왕조의 가장 탁월한 임금 세종도 "1만 부의 책을 찍자는 대신들의 조언을 거부했다"고 읽고 '허위비방의 밀고'를 '자행'하고 있다.

나아가 손 교수는 "지방에 종이를 공물(levies)로 부과함으로써 종이 문제를 해결하려고 시도하기도 했다"고 덧붙이는데 이것도 완전한 허위비방이다. 『세종실록』, 1425년(세종7) 1월 기사는 이렇게 기록하고 있다.

板 竝宜印之 其議以啓."

9) 가령 이재정도 "세종은 『사기』의 '나눠주는 것은 좋은 일이지만, 파는 것은 잘못이라'는 말은 인용하며 부정적 태도를 보였다"고 오독·무고한다. 이재정, 『조선출판주식회사』 (파주: 안티쿠스, 2009), 266쪽.

충청·전라·경상도 감사에게 사마천(司馬遷)의 『사기』를 인쇄해 널리 나눠주고자 하니, 공물公物을 가지고 닥나무를 사서 그 책을 인쇄할 종이를 제조하여 올려 보내라고 전지했다.(傳旨忠淸全羅慶尙道監司曰 欲印馬遷史頒布 其冊紙 以公物買楮 造作上送)[10]

손 교수는 이 구절을 저따위로 이해했다. 이 정도면 그의 한문독해력까지도 매우 의심스럽게 느껴진다. 여기서 '공물公物'은 '공물貢物(levy)'이 아니라 '공금公金'(공공재정)이다. 그러나 그는 '공물貢物'로 오독하고 있다. 그리고 이 기사는 지방에 종이를 '공물貢物'로 부과한 것이 아니라, 인쇄해서 지방에 나눠줄 『사기』의 책값으로 지방관청들이 지방의 '공물公物(공금)'로 닥나무를 사서 종이를 제지製紙하여 올려 보내라는 내용을 담고 있다. 보통은 중앙정부가 책을 인쇄해 무료로 지방에 내려 보내주었으나 본기·세가·열전·제도·표 등을 다 합쳐 무려 130편에 달하는 『사기』는 권수가 너무 많아서(500건만 인쇄해도 6만5000권이라서) 지방에 내려줄 『사기』의 책값으로 미리 지방으로부터 종이를 받는 유료 인쇄·반사頒賜 정책을 택한 것이다. 손 교수는 '공물公物'을 '공물貢物'로 오독한 데다, 공물(공금)을 써서 제지용 닥나무를 사는 것까지도 '종이를 공물貢物로 부과하는 것'으로 오독하고 있다. 그리고 그는 이 오독으로 날조된 허위사실로 조선과 세종을 비방하며 조선정부와 세종이 둘 다 어리석고 보수적이라고 이 분야에 문외한인 한국인들 몰래 서양인들에게 '밀고'하듯 와전訛傳시키고 있다. 서양학자들은 한국 금속활자에 대한 손 교수의 이 논변을 줄줄이 인용하며 "구텐베르크 금속활자는 유럽과 전 세계 차원에서 혁명을 일으켰으나 한국 금속활자는 그렇지 못했고,

---

10) 『世宗實錄』, 세종 7년(1425) 1월 24일.

아무런 국제적·세계적 영향을 미치지 못했다"는 기만적· 미신적 명제를 더욱 공고화시키고 널리 확산시켜 왔다.11)

이런 오해와 자멸적自蔑的 무식에는 잘못된 비교도 한 몫으로 깔려 있다. 금속활자를 논하는 서양과 한국의 역사학자·서지학자들은 거의 모두 다 활인본과 간인본, 그리고 필사본을 가리지 않고 합산한 유럽 전체(16개국)의 출판 수치를 조선 일국—國의 수치와 잘못 비교하면서 유럽이 '혁명적'으로 우월하다고 오판하는 집단적 (자기)기만에 빠져들어 있다.12) 그리고 소위 '알파벳의 인쇄술적 우월성'과 '한자의 열등성' 테제'에 무조건 무식한 조공을 바친다.13)

서양과 국내에 횡행하는 이 기만적·미신적 명제를 허위로 입증하기 위해서는 세 가지 사실史實을 밝혀야 한다.

첫째는 구텐베르크 금속활자 인쇄술이 그렇게 혁명적 변화를 가져온 것이 아니라 아직 '지형·연판 공법'이 상용화商用化되지 않았던 19세기 중반 이전에는 그 혁명 능력이 유보되고 한낱 '미미한' 변화만을 가져왔다는 사실이다.

둘째는 한국 주자활판술이 오히려 '지형·연판 시스템'과 등가적인 '활인·번각 시스템'을 갖춤으로써 대량의 책을 인쇄할 생산력을 발휘해서 책값을 급격히 싸게 만들어주는 인쇄·출판혁명을 일으켰다는 사실이다.

셋째는 한국 금속활자 인쇄술은 일본에만 전파된 것이 아니라

---

11) 가령 한국 금속활자의 서천과 구텐베르크 리메이크의 이론을 적극 전개하는 독일 인쇄학자 알베르트 카프르조차도 손보기를 인용하며 저 미신적·기만적 명제를 반복한다. Albert Kapr, *Johannes Gutenberg: The Man and His Invention*, trans. by George Martin (Brookfield, VT: Scolar, 1996), 114쪽.

12) 다음을 보라. 강명관, 『조선시대 책과 지식의 역사』, 107-110쪽.

13) 다음을 보라. 강명관, 『조선시대 책과 지식의 역사』, 111-112쪽.

서양으로도 전파되어 구텐베르크가 한국 금속활자를 리메이크할 수 있게 만들어 유럽과 세계의 근대적 출판문화의 발전에 기여했다는 세계사적 사실이다.

우리는 본론에서 이 세 가지 사실을 입증하기 위해 총력을 기울일 것이다. 특히 세 번째의 세계사적 사실은 한국 금속활자가 서양으로 전해져 구텐베르크가 참조했다는 '한국 금속활자 서천론西遷論'의 입증과 직결되어 있다. 그러나 이 서천론 연구는 한국 학계에 논거가 취약한 1편의 논문[14] 외에 전무하고, 방송소설·영화만이 이런 주장을 강하게 펴고 있다.[15]

그런데 저 충북충주 텔레비전 방영물들, 그리고 이것과 내용적으로 중첩되는 저 논문 1편, 소설, 영화 등이 직간접적으로 의존하는 공통된 근거는 교황 존 22세(John XXII, 1244-1334)의 코룸 왕(rex Corum)에게 보낸 친서와 전 미국부통령의 엘 고어(Al Gore)의 연설이다. 이 방송, 소설, 영화는 교황 존 22세의 친서 속에 나오는 '코람 왕(rex Corum)', 즉 "regi Corum(키인들, 또는 코레스인들의 왕께)"을 '고려인들의 왕'으로 오독하고 교황이 이 친서를 그 시대 고려 임금인 충숙왕에게 서신을 보낸 것으로 오해하여 서양과 고려 사이에 직접소통 내지는 선교사들의 직접교류가 있었던 증거로 내세운다. 이것은 서천론을 논한 그 학자도 마찬가지다.[16] 교황의 친서에는 물론 책 이야기도,

---

14) Kim Jongmyoung, "Korea's Possible Contribution to the Printing Technology in Europe: A Historical Survey", *Hualin International Journal of Buddhist Studies*, 1.1 (2018): 1-42쪽.

15) 충북 MBC 텔레비전 방송, 「직지를 찾습니다」(1995. 10. 23); 청주 MBC 텔레비전 방송, 「세상을 바꾼 금속활자 그 원류를 찾아서」 제1부 「구텐베르크는 발명가인가?」(2003. 6. 15.), 제2부 「활자로드는 없는가?」(2003. 12. 26.); 청주 MBC 텔레비전 36주년 창사기념 특집 「한국 금속활자 세계로 가다」(2006. 10. 6). 소설로는 김진명 등의 소설 『직지: 아모레 마네트』(2019)가 있고, 영화로는 정지영 감독의 "직지코드"(2017)가 있다.

인쇄술 이야기도 없는데, 그들은 "rex Corum(여격: regi Corum)"의 "Corum"이 Corea와 발음이 비슷하다고 여겨 이것을 '고려의 왕'으로 오독하고 있다. 그런데 "Corum"은 라틴어 문법에서 복수소유격인데 문법상 이런 형태를 취하려면 "Corum"의 원형은 'Ci'나 'Cores', 또는 'Cori'이어야 한다. 그리고 라틴어 격변화에서 Corea의 소유격은 'Corum'이 아니라 'Coreae'(단수)나 'Coreanenorum'(복수)이다. 따라서 "rex(regi) Corum"은 '고려인들의 왕'으로 번역할 수 없고, 'Ci, Cores, Cori사람들의 왕' 등으로만 짐작할 수 있을 뿐이다. 그래서 이 친서를 정밀 검토한 이들은 이 'Ci, Cores, Cori사람들의 왕'을 '고려왕'이 아니라 '차가타이 칸' 또는 '치기스타 칸'으로 추정하기도 한다. (또 "Corum"의 문법적인 형태를 고려해, Corum은 'Ci'로 추정한다. 그리하여 Khitan 에 더 가까워지고, Khitan을 Chigista과 연결시킨다. 또 다른 가능성으로 'Sece de Chigista'를 'Seecede Chingista'로 추정해 보기도 한다. 이 경우도 고려와는 무관하다.)[17] 그러나 필자는 'Corum'이 몽골제국의 본토에 있던 옛 수도(북경 이전 수도) '카라코룸(Karakorum)'일 수 있다고 생각한다. 'Karakorum'은 13-15세기에 종종 'Kara Korum'[18] 또는 'Kara Koram'

---

16) 가령 Kim Jongmyoung, "Korea's Possible Contribution to the Printing Technology in Europe", 5-10쪽.

17) Jong Kuk Nam, "Who is Rex Corum in the Letter of 1333 by Pope John XXII?", *Mediterranean Review* 12권2호(2019년 12월), 23-51쪽, 안재원, 「교황 요한 22세가 보낸 편지에 나오는 Regi Corum은 고려의 충숙왕인가?」, 『교회사학』(2016, vol. 13), 129-163쪽.

18) Henry Yule, "Preliminary Essay on the Intercourse between China and the Western Nations Previous to the Discovery of the Sea-Route by the Cape", §98(cxxv쪽 Rubruquis판 련)과 §100(cxxiii쪽). Henry Yule (trans. and ed.), *Cathay and the Way Thither: Being a Collection of Medieval Norices of China, with a Preliminary Essay on the Intercourse between China and the Western Nations Previous to the Discovery of the Cape Route*, vol. 1 (London: Printed for the Hakluyt Society, 1866; Cambridge: Cambridge University Press, Republished 2009).

으로19) 표기되었다. 이것은 라틴어 표기법으로 'Cara Corum'으로 바뀔 수 있다. 그러면 'regi Corum'은 '카라코룸 왕에게'라로 해독解讀할 수도 있다.

"Regi Corum"을 '고려인들의 왕에게'로 해석할 수 없는 이유는 이런 문법상의 이유 외에도 역사적 명칭 사용의 문제가 있다. 'Corea'라는 명칭은 유럽에서 16세기 이후에야 사용되기 시작했기 때문이다. 13-15세기에 고려는 몽고, 중국, 유럽에서 "솔랑가스, 솔랑카, 솔랑기, 카올리, 카울리, 콜리(Solangs, Solanka, Solangi, Kaoli, Kauli, Koli)" 등의 국명으로 불렸다.20) 따라서 이 명칭을 'Corum'으로 바꿔 적을 개연성이 전무하다.

이런 문법적 이유와 역사적 명칭 때문에 "rex Corum"이 '고려인들

---

19) Ibn Batutta, "Travels in Bengal and China", 506, 510쪽. Henry Yule (trans. and ed.), *Cathay and the Way Thither*, vol. 2.

20) 'Koli'라는 명칭은 다음을 참조: Rashiduddin: "Contemporary Notices of Cathay under the Mongols"(1300-1307), 257, 268쪽. Henry Yule (trans. and ed.), *Cathay and the Way Thither*, vol. 2.: "세 번째는 그 장(長)이 Wang(King)이라는 칭호를 가진 분립(독립) 왕국 Koli와 Ukoli의 성(省 Sing)이다. 쿠빌라이는 자기의 딸을 이 군주에게 시집보냈다." 헨리 율은 이 대목에 이런 각주를 달아두고 있다. "*Kaoli*는 Corea의 중국명이다. Koli와 Ukoli는 미상이다. 아마 동양인들이 Chin과 Machin처럼 고안해내기 좋아하는 이중적 반복어조 중의 하나일 것이다." (268쪽 각주1) 그러나 같은 책 257쪽 각주1에서는 "Koli는 중국어 Kaoli, 즉 Corea다"라고 밝힌다. 또 앞서 율은 이렇게 말한다. "Solanka는 Corea 북부지역과, Ghirinsula, 즉 송하강의 상류가 가로지르는 땅의 몽골명이다. Solangas는 카라 코룸(Kara Korum)의 조정에서 그 사절단을 보았던 뤼브루키스에 의해 언급되었다." Rashiduddin: "Contemporary Notices of Cathay under the Mongols", 267-268쪽 각주1. 또 율은 1375년판 카탈로니아 지도에 실린 "Kauli"(Corea)에 대해 이렇게 주석한다. "극단적 동남쪽에는 타르프로바네(Tarprobane) 섬이 있다. 그 섬은 수많은 도시를 보여주는데, 이 도시들의 이름은 상상의 것인 것 같다. 그리고 제목에서는 타타르에 의해 대大카울리(Great Kauli)라고 불리는 가장 먼 동쪽 섬인 것으로 얘기된다. 카울리(Kaoli)는 중국인과 타타르인이 부르는 Corea의 명칭이었다. 이 거대한 타르프로바네는 아마 Corea와 Japan을 합쳐 부르는 뒤범벅 명칭일 것이다." Henry Yule, "Supplementary Notes: Note XX: On the Maps in the Work. II. Catalan Map of 1375", ccxxv쪽. Henry Yule (trans. and ed.), *Cathay and the Way Thither*, vol. 1.

의 왕"으로 해석될 개연성은 제로다. 그렇다면 교황의 저 친서는 고려와 교황청 간의 직접접촉에 대한 아무런 증거능력이 없는 것이다. 더 논란하는 것은 한국 학계의 분별력만이 아니라 한국 공론장의 집단지성을 국제사회에서 의심받는 국제적 망신살이 될 수 있다.

다른 한편, 앨 고어의 발언들도 우리에게 기분 좋은 소리일지라도 중요한 부분에서 크게 그릇된 전언이기 때문에 서천론의 근거로서는 무용지물이다. 앨 고어는 2005년 Seoul Digital Forum에서 'Quo Vadis, Ubiquitous: Charting a New Digital Society'라는 제목의 특별연설에서 스위스 바젤 인쇄박물관(Museum of Printing in Basel)을 인용하면서 교황의 사절단이 코리아를 방문한 뒤 구텐베르크의 인쇄기술이 개발되었다고 주장했다. "6개월 전 나는 스위스 바젤인쇄박물관에서 새로운 연구가 적어도 서양 역사가들에게 잘 알려져 있지 않은 사실을 밝혀냈다는 것을 알아차렸다. 그리고 그것은 구텐베르크가 인쇄술을 발명했을 때 그가 금속활자에 관한 그림과 메모를 가지고 한국으로부터 방금 돌아온 사람들에게서 온 한 사자使者와 이야기를 나눴다는 사실이다. 그리고 이 사자는 구텐베르크의 개인적 지기知己이자 친구였다. 그리하여 그가 유럽에 인쇄술의 기절초풍할 새로운 발명을 공표했던 1453년 그는 어떤 식으로 그것이 한국에서 왔다는 사실을 또한 언급하는 것을 빠뜨렸다."[21] 바젤 인쇄박물관은 Basel Paper Mill(바젤제지공장)로 여겨진다. "구텐베르크의 개인적 지기이자 친구"로 언급된 사자가 이 특별연설에서는 구체적으로 지목되지 않았지만 고어가 이 포럼 6개월 전에 한국에서 가진 또 다른 연설에서는 그 친구가 나콜라우스 쿠자누스(Nicolaus Cusanus,

---

21) 'Al Gore 2005 Video 2', Opening Ceremony Keynote Address, *Seoul Digital Forum 2005* (May 18). https://youtu.be/KnUcI-ngW8g.

1401~1464)라고 밝혔다. 앨 고어의 말을 믿는 사람들은 독일 추기경 쿠자누스가 한국의 금속활자기술을 구텐베르크에게 전했다고 추리한다. 이 추리는 세 가지 논변에 기초해 있다. 첫째, 쿠자누스는 1438년부터 1448년까지, 즉 한국의 금속활자 황금기 동안 교황의 동방사절단의 한 사람이었고, 한국의 금속활자 인쇄기술을 접했다. 둘째, 쿠자누스는 구텐베르크의 친구였다. 한 기록은 쿠자누스가 마인츠 교회의 재정담당관으로서 1430년 구텐베르크에게 편지 한 통을 보냈다고 분명히 적고 있다. 셋째, 쿠자누스는 구텐베르크가 새로운 직업을 찾고 있는 것과 동시에 성서의 대량 홍보 방법을 찾고 있었다. 그러므로 쿠자누스는 한국의 금속활자 인쇄기술을 구텐베르크에게 전했고, 구텐베르크는 그때 이 기술을 모방했고, 쿠자누스의 요청에 따라 42행 성서를 출판하게 되었다는 것이다.[22] 그리고 구텐베르크에게 영향을 발휘한 한국의 금속활자 인쇄기술은 조선조 한국의 세종임금 치세 동안 대세를 이루었던 기술일 것이라고 추정하기도 한다.[23]

그러나 앨 고어와 그를 믿는 사람들의 이 쿠자누스 이야기는 왜곡과 과장이 너무 심해 오류로 치닫고 있다. 독일 인쇄학자 알베르트 카프르(Albert Kapr)에 의하면, 구텐베르크가 쿠자누스와 개인적으로 잘 알고 지낸 것은 사실일 개인성이 크고, 카프르에 의하면, 구텐베르크에게 한국 금속활자 인쇄술 정보를 준 사람도 쿠자누스이고, 성서와 교회 관련 인쇄물들을 찍도록 고무한 것도 쿠자누스라고 한다.[24]

---

22) Kim Jongmyoung, "Korea's Possible Contribution to the Printing Technology in Europe", 10-12쪽.

23) Kim Jongmyoung, "Korea's Possible Contribution to the Printing Technology in Europe", 12쪽.

하지만 "쿠자누스가 1438년부터 1448년까지, 즉 한국의 금속활자 황금기 동안 교황의 동방사절단의 한 사람이었고, 한국을 방문해서 한국의 금속활자 인쇄기술을 접했다"는 주장은 그가 있었던 시간과 장소의 알리바이가 맞지 않는다. 왜냐하면 1437년 교황 에우게미우스 4세가 쿠자누스를 비잔틴 대표단을 페라라 공회의로 데려오도록 동방으로 파견한 것은 사실이지만 이 '동방'은 중국이나 몽골이 아니라 콘스탄티노플이라서[25] 중국에 사절단으로 파견된 적이 없고, 또 그가 1438년 공회의 도중에 독일 코블렌츠로 파견되었기[26] 때문이다. 따라서 쿠자누스는 적어도 1437-38년에 콘스탄티노플과 독일에 있었다. 공회의는 1439년에 폐막했다. 또 이후에도 쿠자누스는 줄곧 독일에 남아 신·구교 갈등을 조절하기 위해 분주했다. 이 일의 연장선상에서 그는 1440년 종교논문 「배운 무지에 관하여」를 집필했다. 그리고 1446년부터는 주독駐獨 교황공사가 되었고, 1448년에는 교황 니콜스 5세에 의해 추기경으로 임명되고 1450년에는 브릭센 대주교로 승진했다. 따라서 1438년부터 1448년 사이에 그는 시간적으로 중국이나 몽골 같이 먼 동방으로 파견될 시간적 여유나 틈새가 없었다. 그런 흔적도 없다. 따라서 앨 고어의 두 번의 연설은 과장·왜곡·와전으로부터 빚어진 완전 그릇된 정보의 산물이라서 조선조 한국과 교황 간에 쿠자누스 사절이 오갈 정도로 '직접적인 교류'를 입증해주는 근거가 전혀 될 수 없다.

다만 카프르는 쿠자누스가 모시고 온 28명의 비잔틴 대표단에

24) Kapr, *Johannes Gutenberg*, 64쪽, 121-122쪽.

25) Kapr, *Johannes Gutenberg*, 63쪽. 니콜라우스 쿠자누스(Nicolaus Cusanus, 1401-1464)는 'Nicholas of Cusa' 또는 'Nicholas of Kues'라고도 부른다. 그는 독일의 철학자, 신학자, 가톨릭 성직자, 법학자, 수학자, 천문학자였고, 독일 르네상스 인문주의의 비조다.

26) Kapr, *Johannes Gutenberg*, 121-122쪽.

끼어있던 당대 최고의 서지학자 바실리루스 베사리온(Basilius Bessarion)으로부터 쿠자누스가 한국 금속활자 인쇄술 정보를 얻어들었을 것으로 추정한다. 그러나 이런 것들은 입증된 사실이 아니라, 순전히 추리와 추론의 논변에 지나지 않는다. 또한 카프르처럼 한국 금속활자 인쇄술의 서천西遷루트를 '쿠자누스' 1인으로 한정하는 것은 위험하다. 한국의 금속활자 인쇄술 정보가 유럽으로 서천하는 루트는 육로와 해로가 있었고 육로와 해로도 제각기 남북으로 나뉘는 등 여러 갈림길이 있었다. 따라서 13세기 중반부터 15세기 중반까지 200년간 서천루트는 아주 다양했다고 봐야 한다. 그러므로 이 기간에 이탈리아 주요도시와 프랑스·독일의 대도시에서는 한국 인쇄술에 관한 소문이 파다하게 퍼져 회자되었을 것이라고 상정해야 할 것이다.

종합하면, 교황 존 22세의 친서가 고려 충숙왕에게 보낸 것이라는 주장은 근거 없는 허황된 해석의 산물이고, 쿠자누스가 교황사절로 조선 초 한국에 왔다갔다는 앨 고어의 연설내용은 과장·왜곡·와전에서 빚어진 그릇된 정보의 산물이다. 따라서 학술적 논의에서 교황의 친서와 고어의 연설을 결코 한국과 교황청 간의 직접교류를 입증하는 증거로 사용해서는 아니 될 것이다. 따라서 교황의 친서와 앨 고어의 연설에 크게 의존한 TV 방영물, 소설, 영화 등을 제쳐 놓을 때, 그리고 20편에 육박하는 외국의 서천론 찬반이론들을 전혀 알지 못한 채 저런 방송물들과 소설·영화, 교황친서, 앨 고어의 연설 등의 그릇된 논조를 그대로 반복하고 있을 뿐인 수준 이하의 허술한 논문 1편을 학술논문으로 치지 않을 때, 한국 학자들은 지금까지 '제대로 된' 한국 금속활자 인쇄술의 서천과 관련된 단 한 편의 논문도 쓰지 않았고, 단 한 권의 책도 저술하지 못한 것이다. 반면,

외국에서는 165년간 한국 또는 극동 금속활자 인쇄술의 서천을 논증하는 이론들이 무려 14건 이상 제기되었다. 그러나 서천론을 반박하는 글은 겨우 5건에 불과하다.

이 14건의 서천론은 옳은 요소들을 많이 내포하지만 미진하고 취약한 요소들과 이론적 결함도 안고 있다. 반면, 5건의 반박 글은 대체로 황당한데 그래도 몇몇 서천론의 취약점을 꽤 유효하게 타격하는 논변들도 끼어 있다. 따라서 우리는 우리의 독자적 서천론을 전개하기 전에 먼저 로버트 커즌, 토마스 카터, 조프리 허드슨, 앙드레 블룸, 마이클 에드워디스, 전존훈, 알베르트 카르프, 새뮤얼 어드쉬드, 토마스 올슨, 존 흅슨, 장수민, 티모시 바레트, 토마스 크리스텐슨, 소피아 뉴먼 등 14인의 서천론을 정밀하게 검토·분석하고 그 정오正誤와 강점과 약점, 그리고 이론적 결함을 가려낼 것이다. 그리고 이어서 더글러스 맥머트리, 알로이스 루펠, 존 맨, 리카도 두체스네, 조지프 맥더모트와 피터 버크가 제기한 5건의 반박이론을 분석하여 언뜻 보면 그럴듯해 보이는 오류들을 남김없이 해체할 것이다.

이어서 우리는 기존의 서천론을 종합하고 서천루트를 육상루트와 해상루트로 나누고 육상루트를 다시 여러 루트로 나누고 해상루트도 다시 둘로 나눠 우리 나름의 독자적 서천론을 전개할 것이다. 그리고 구텐베르크와 바로 이어지는 100-170년간 시기에 일찍이 서천에 관한 사실 정보나 파다한 소문을 남긴 파울루스 조비우스(1546), 루이 르루아(1576), 후앙 멘도자(1565), 프란시스 베이컨(1626), 미셸 보디에(1626) 등의 서천 관련 문서 증거들을 분석할 것이다. 여기서 르루아·베이컨·보디에의 문서 증거는 필자가 발굴해 최초로 공개하는 증거들이다.

마지막으로 우리는 구텐베르크 활판술의 기술적 결함과 출판문화의 변동에 대한 이 활판술의 작은 영향, 또는 '유보된 출판혁명'을 분석할 것이다. 구텐베르크 활판술은 그 기술적 결함으로 인해 인쇄소 1개소당 무려 680만 개의 활자를 필요로 했다. (반면, 조선의 정부출판사 주자소는 적으면 10만여 개, 많으면 30만여 개의 주자만을 사용했다.) 구텐베르크 활판술의 치명적 결함은 기술적 고립이었다. 지형·연판 공법의 투입으로 출판혁명이 일어나려면 19세기 말까지 기다려야 했다. 구텐베르크 인쇄술은 지형·연판 공법이나 조선의 활인·번각 시스템과 같은 기술적 연계공법도 결했기 때문에 출판혁명을 일으키기는커녕 유의미한 변화를 일으키기도 역부족이었다. 구텐베르크 활판술의 이러한 기술적 고립성으로 인해 여러 문제들이 연쇄적으로 야기되었다. 출판물의 수량은 아주 적었고, 책값은 19세기 말까지 노동자의 손이 닿지 않을 만큼 높이 고공행진을 했으며, 이로 인해 서점은 독서인구에 비해 수적으로 아주 한정적이었고, 이로 인해 책을 행상하는 책쾌冊儈들이 장기적으로 직업으로 자리 잡고 돈을 받고 책을 빌려주는 세책점貰冊店이 즐비한 궁상맞은 독서문화가 펼쳐졌다. 마지막 장에서는 이런 역사적 문화현상을 구텐베르크 인쇄술의 기술적 결함으로부터 일관되게 설명해낼 것이다.

서양에는 금속활자 인쇄술과 관련하여 알파벳 문자체계의 우월성을 장담하는 이론들이 무수하다. 동양에서도 전존훈과 장수민 같은 학자들은 이에 동조한다. 우리는 역으로 활판술에 대한 알파벳의 부적합성과 신속조판의 불가능성을 입증함으로써 이 집단적 무지도 분쇄할 것이다. 이를 위해 우리는 알파벳·한자·한글의 단어 조성방법의 차이와 획수 차이를 비교하여 알파벳 획수가 가장 많다는 것을 증명하고, 앞서 조금 선보였듯이 알파벳 조판(문선·식자) 동작도 한자·한글보다 3-5배 많은 것을 입증하고 이로 인한 엄청난 비용 격차도 밝혀 보일 것이다.

구텐베르크 인쇄술의 기술적 결함과 활판인쇄에 대한 알파벳 문자의 부적합성으로 인해 금속활자 인쇄술의 등장에도 불구하고 서양의 출판문화에는 미미한 변화밖에 일어나지 않았다. 이 '미미한 변화'란 목판본이 활판본과 200년 이상 공존하는 가운데 활판인쇄물이 겨우 필사본을 조금씩 대체해 나가는 작은 변화를 말한다. 구텐베르크 인쇄술의 출판혁명은 19세기 말까지 '유보'되었다. 우리는 이 사실을 구텐베르크의 역사적 실태에 대한 쟈크 게르네의 보고를 통해 입증하고, '구텐베르크혁명론자' 아이젠슈타인과 존 맨이 부지불식간에 구텐베르크 인쇄술의 영향의 미미함에 대해 실토하는 언술을 통해 다시 확증할 것이다. 그리고 15-16세기에 가장 인기 있었던 동방기행문 중의 하나였던, 요하네스 쉴트베르거(Johann Schiltberger, 1380-1440)의 동방여행기가 17세기 초까지 필사본과 목판본으로만 발간되고, 그 이후에야 활인본으로 출판된 경험적 사실을 분석하여 구텐베르크 인쇄술의 취약한 위상을 다시 한번 확인할 것이다. 『요하네스 쉴트베르거의 여행(Reisen des Johannes Schiltberger)』은 1430년대에서 16세기 초까지 판매된 4개의 필사본, 1460년대부터 1606년까지 계속 출판된 12개의 목판인쇄본, 1606년부터 1866년까지 출판된 7개의 활자인쇄본으로 세상에 나왔다. 1430년대부터 1606년까지 약 180년 동안 필사본과 목판본만 계속 나온 것이다. 『요하네스 쉴트베르거의 여행』만 놓고 보면, 17세기까지 필사본과 목판본이 서적시장을 석권했고, 그때까지 구텐베르크식 활자인쇄판본은 기를 펴지 못한, 아니 실용實用되지 않은 역사적 사실이 그대로 드러난다. 우리는 이런 사례연구를 통해 구텐베르크 활자인쇄술의 시장 장악력이 미미했다는 사실을 경험적으로도 입증할 것이다.

마지막으로, 우리는 유럽의 일국—國과 조선 간 출판서적의 수량을 비교하여 조선 활자인쇄본의 수량이 유럽 16개국의 각국 평균치를 크게 웃돌고 서적 부수 생산량은 조선이 유럽의 일국에 비해 압도적이라는 것을 입증할 것이다. 그리하여 출판혁명은 유럽에 부재했던 반면, 오히려 조선조 한국에서 발발했다는 사실을 통계수치로 보여줄 것이다. 이 모든 야심적 논증작업이 성공할 것을 기대하며 우리는 이제 본격적 논의를 시작한다.

제1장

한국 금속활자와
구텐베르크

한국 금속활자와 구텐베르크 금속활자의 관계에 대해서는 1920 년대 이래 지금까지 실로 오랜 세월 수많은 논란이 있어왔다. 그래서 그런지 세계사학계에서는 구텐베르크(Johannes Gutenberg, 1397-1468) 가 한국 금속활자를 모방했는지 안했는지에 관한 논란에 말려들까 봐 명시적으로 이 문제를 제쳐 놓는다고 선언하거나, 암묵적으로 모호하게 피해가는 학자들도 있다. 그러나 필자는 이것은 제쳐 놓을 문제가 아니라고 생각한다. 한국 금속활자의 서천西遷과 구텐베르 크의 리메이크를 말하는 기록문서들과 정황이 명확하기 때문이다.

한국 금속활자의 서천과 구텐베르크의 모방을 주장한 학자들은 그간 많은 논증적 성과를 올렸다. 하지만 논증의 허점도 없지 않았고 한 건의 기록문서도 증거로 제시하지 못하고 정황증거에만 의존하며 논증한 통에 논변들은 간단한 반격에도 쉽게 흔들리고 말았다. 그러 나 필자는 한국 금속활자의 서천을 말해주는 적어도 서너 건의 문서 기록들을 확보했다. 이 중 한두 건은 기존의 걸출한 연구자들이 언급 한 적이 있는 것들이지만, 나머지는 필자가 한국 금속활자의 서천론西

遞論에 대한 찬반의 맥락에서 최초로 확보한 문서기록들이다.

아래에서는 한국 금속활자 서천론과 이에 대한 반론들을 자세히 살펴보고, 최종적 분석평가를 하고자 한다. 본격적 논의를 위해 여기 서두에서 전문용어들을 미리 정리해 두자. 위에서 사용한 '활인活印'이라는 용어는 조선 정조의 구분법에 따라 금속활자·목활자·도활자·포匏활자(바가지활자) 등 '활자'로 인쇄하는 것을 가리킨다. 목판 인쇄에 대해서는 정조의 구분법에 따라 '간인刊印' 또는 '조인雕印'이라는 용어를 일관되게 사용할 것이다.[27] 그리고 '번각飜刻'이라는 용어는 금속활자·목활자·도활자·포활자 등 각종 활자로 인쇄된 서적을 해체해서 이 해체된 서적에서 책 종이를 한 장씩 가져다 각 장을 차례로 물풀로 목판에 뒤집어 붙이고 투명하게 뒤집혀 보이는 글자의 모양을 그대로 목판에 양각으로 새기는 경우에 사용하는 반면, '복각覆刻'이라는 용어는 기존 목판이 너무 닳았거나 글자체가 곱지 않은 경우에 그 책 원고를 다시 곱게 정서해서 정서·필사된 한지韓紙를 차례로 목판에 뒤집어 붙여 새로 새기거나, 목판본 서적을 해체해 목판에 한 장씩 뒤집어 붙이고 새기는 경우에 사용할 것이다.

---

27) 『正祖實錄』, 정조 20년(1796) 12월 15일: 정조의 전교. "(...) 내가 동궁으로 있던 때에 교서관에 명하여 세종조 갑인자를 본으로 하여 15만 자를 주조하게 했으니, 바로 '경서정문(經書正文)'을 활인(活印)한 본이다. 즉위하던 해 정유년에 관서관찰사에게 명하여 다시 갑인자를 본으로 삼아 15만 자를 더 주조하게 하여 내각에 보관하게 했으니, 바로 '八子百選' 및 새로 인쇄한 '經書大全'을 활인(活印)한 본이다. (...) 먼저 '지희갱재축(志喜賡載軸)'과 전후의 갱재시(賡載詩)를 인쇄하고, 또 '어정규장각전운(御定奎章全韻)'을 내려 보내 조인(雕印)한 후 그 판각을 보관하게 했다. 올해는 또 정유자로 '어정사기영선(御定史記英選)'을 활인하여 배포했다. 어정서의 간인(刊印)이나 활인(活印)의 일이 있을 때(凡有御定書刊印·活印之役) 반드시 이 일에서 했던 것은 내가 국초의 성헌의 뜻을 앙술(仰述)하는 것이었다. (...)"

제1절 한국 금속활자의 서천론

한국 금속활자가 여러 갈래의 실크로드, 아니 '활자로드(Type Road)'를 타고 서천西遷했고 구텐베르크가 이 서천해온 한국 금속활자 인쇄서적이나 그 정보를 듣고 이를 바탕으로 한국 금속활자 인쇄술을 리메이크하여 알파벳 금속활자와 알파벳 활판술을 개발했다는 주장들은 20세기 초부터 제기되어왔다. 이후 여러 반론들도 제기되었다. 그러나 다시 한국 금속활자 서천론은 수그러들지 않았고 21세기 초에 오히려 더 강력하게 제기되고 있다. 이에 대한 새로운 반론들도 다시 제기되었다. 그러나 서천론이 14 대 5의 비율로 반서천론을 압도한다.

로버트 커즌이 19세기에 주장한 중국 목판인쇄술 서천론을 먼저 살펴보자. 그는 중국에서 들어온 목판인쇄서적을 본 팜필로 카스탈디가 이것에서 금속활자 영감을 얻어 금속활자 활판술을 만들어냈다고 주장한다.

1.1. 중국 목판인쇄술의 서천에 관한 19세기 이론

로버트 커즌(Robert Curzon, 1810-1873)은 1860년 이탈리아 각판공刻板工(조각가) 판필로 카스탈디(Panfilo[Pamfilio] Castaldi, 1398-1490)가 마르코 폴로가 가지고 들어온 중국 목판인쇄 서적을 직접 눈으로 보고 이것을 개량해서 활판인쇄술을 발명했다고 말했다. 이것은 구텐베르크의 독창적 발명설이 확고하게 굳어진 19·20세기에 제기된 최초의 인쇄술 서천론이다.

■ 로버트 커즌의 목판인쇄 서천론과 카스탈디의 활자발명설

1854-1858년 로버트 커즌은 런던의 필로비블리온 소사이어티(Philobiblon Society)에서 1843년 펠트레의 야코포 파센(Jacopo Facen of Feltre) 박사가 쓴 신문기사(Gondoliere, no.103, 27 December 1843)를 인용해 카스탈디의 활자발명설을 주장했다. 동일한 이야기는 보머트 커즌이라는 비중 있는 인물의 발언이기 때문에 한동안 영향력을 발휘하여 마르코 폴로 동방견문기의 여러 버전에도 들어가 있었다.[28] 카스탈디나 구텐베르크와 관련된 이 이야기들은 모두 다 유럽인들이 동방으로부터 금속활자나 금속활자로 활인된 서적들을 가지고 들어왔다는 이야기가 아니라, 그들이 마르코 폴로가 중국에서 가지고 들어온 목판인쇄 서적이나 목판을 보고 영감을 얻어 각각 목활자와 금속활자를 만들었다는 이야기다. 이 이야기는 구텐베르크의 아내가 베니스의 콘타리니(Contarini)가문 출신이라는데 누군가

---

28) Tsien Tsuen-Hsuin, *Paper and Printing*. Joseph Needham, *Science and Civilization in China*, Volume 5. *Chemistry and Chemical Technology* (Cambridge: Cambridge University Press, 1985), 316쪽.

중국에서 베니스로 가지고 들어온 인쇄목판들을 그가 보았었고 이것에서 얻은 영감을 발전시켜 인쇄술의 발명에 이르렀다고 말하는 것으로까지 변형된다.

이 이야기의 특이한 점은 카스탈디, 구텐베르크, 콘타리니 가문 출신의 아내 등 구체적 인물들이 등장하고 또 마르코 폴로가 중국에서 중국 인쇄서적들을 가지고 들어왔다는(그의 '동방견문록'에는 없는) 내용을 끌어들이고 있다는 것이다. 그리고 이 이야기를 설파하는 장본인이 동서 인쇄술 역사의 전문가 로버트 커즌이라는 것도 가볍게 무시할 수 없는 대목이다.

그러나 헨리 율(Henry Yule)은 그의 유명한 영역본 『베니스인 마르코 폴로의 동방견문(The Book of Ser Marco Polo, the Venetian: Concerning the Kingdoms and Marvels of the East)』의 「서문」에서 "유럽으로의 목판인쇄술의 도입"을 마르코 폴로와 "연결시키는 것"을 단호하게 부정한다. 율은 일단 당시의 정황을 이렇게 소개한다. "15세기 벽두에 펠트레(Feltre) 시의 팜필로 카스탈디라는 이름의 인물이 (…) 다양한 종류의 위업들과 공적 포고령을 판각하기 위해 공화국정부 세이뇨리(Seignory)에 의해 고용되었다. 글을 쓰기 시작할 때 문장의 첫 글자는 보통 붉은 잉크로 장식되거나 금색과 여러 색으로 화보화畫譜化되기 때문이다. 산소비노에 의하면, 일정한 스탬프나 활자들은 아킬뢰아(Aquiloea)의 주교 피에트로 디 나탈리(Pietro di Natali)가 이전 어느 때 발명했다. 이것들은 무라노(Murano)에서 유리로 만들어져서, 나중에 손으로 색칠해질, 공문서의 첫 대문자의 아웃라인을 찍는데 쓰였다. (…) 팜필로 카스탈디는 유리활자들을 개량해 다른 활자들, 즉 목활자·철활자를 만들었는데, 유명한 여행가 마르코 폴로가 중국으로부터 가지고 들어온 여러 권의 중국 서적을 보았었다. 이 중국

서적들은 몽땅 다 목판으로 인쇄되어 있었는데, 그는 각 활자가 단 하나의 글자를 담는 식으로 목활자를 만들게 했다. 그리고 이 활자로 그는 1426년 베니스에서 여러 대판지와 한 장짜리 인쇄물을 찍었다. 이 한 장짜리 인쇄물의 어떤 것들은 펠트르 시의 문서들 속에 보존되고 있다고 한다. (…) 이 이야기는 마옌체의 존 파우스트 (John Faust of Mayence)가 카스탈디와 알게 되었고 펠트레의 (…) 필사실 (Scriptorium)에서 그와 상당한 시간을 보냈다는 이야기로 계속 이어진 다."29)

율은 더 덧붙인다. "그리고 간단히, 그렇게 얻어진 지식으로부터 위대한 인쇄술의 발명을 도출했다. 커즌 씨는 팔필로(팜필로 - 인용 자) 카스탈디가 1398년 태어나 1490년 죽었고 그가 펠트르의 야코포 파첸 박사가 *Il Gondoliere*, No. 103, 1843년 12월 27일자 (베니스?) 신문에 쓴 기사에서 이 이야기를 발견하여 이것을 그대로 제공한다 고 부연했다. 나중에 한 논문에서도 커즌 씨는 동일 주제를 이와 같이 재론한다."30) 이것은 '논문'이 아니라, 전문서적 *History of Printing in China and Europe* (1860)이다. 여기서 로버트 커즌은 다시 이렇게 말한다.

초기 목판인쇄 서적들 중 어느 것도 인쇄 날짜를 밝히는 간기刊記를 가진 것이 없을지라도 그중 많은 책들은 합당한 이유로 활자로 활인된 어떤 책 보다 오래된 것으로 상정된다. 그것들(유럽의 초창기 목판인쇄물들 - 인용자) 이 중국 목판인쇄와 닮은 것이 아주 정확해서 그것들이 거의 중국에서 혼

---

29) Henry Yule, "Introduction", 138쪽. Henry Yule (trans. & ed.), *he Book of Ser Marco Polo, the Venetian: Concerning the Kingdoms and Marvels of the East*, vol. 1 in two volumes, the third ed. (London: John Murray, 1903).

30) Yule, "Introduction", 138-139쪽.

히 쓰이는 책들로부터 복제된 것으로 보일 정도다. 압인은 종이의 한 면에
만 이루지고, 제본에서 중국과 독일·화란의 목판인쇄 서적들을 제본할 때
처럼 둘 다 종이의 빈 면들을 제각기 반대로 접고 때로는 서로 풀로 붙이기
도 한다. (…) 압인은 인쇄공의 잉크로 찍는 것이 아니라 중국 서적을 인쇄
할 때 쓰이는 이른바 인도잉크(먹)의 성질을 더 띠는, 훨씬 더 옅은 종류의
갈색 페인트나 색깔로 찍는다. 전체적으로 독일과 동방의 목판인쇄 서적
은 거의 모든 측면에서 아주 정확하게 일치해서 우리는 그때 인쇄공법이
그 나라로부터 우리 시대에까지 그 이름이 전해져 내려오지 않은 그 누군
가 초창기 여행자들이 가져온 고대 중국견본으로부터 복제했다고 상정해
야 할 정도다.[31)

율은 커즌의 이 놀라운 말을 액면 그대로 수용한 다음, 카스탈디
와 구텐베르크의 관계에 관한 이야기로 방향을 돌린다.

저 필자(커즌)는 구템베르크(Gutemberg – sic!)가 베니스와 관련이 있다는 것
을 그가 시사하는 것으로 상정하는 정황을 언급함으로써 구템베르크가 (이
경우에는 파우스트에 대해 개진되는 것이 아니다) 카스탈디의 기술을 배웠다는
이야기로 화제를 돌린다. 그리고 그는 그 기술이 마르코 폴로가 고국(이탈
리아)으로 가져온 견본들에 기초한다는 이야기의 개연성에 동조하는 것으
로 보인다. 이 이야기는 북부 이탈리아에서 최근 연간 부지런히 설파되었
고 펠트레에 판필로 카스탈디(Panfilo Castaldi)의 공적公的 동상을 세우는 결
과로 이어졌다. 이 동상에는 (유사한 톤의 다른 비명碑銘들 외에) 이런 비명이
쓰여 있다. '인쇄활자의 유명한 발명자 판필로 카스탈디에게 이탈리아는

---

31) Robert Curzon, *History of Printing in China and Europe* (Lodon: Philobiblion,
1860), 23쪽.

너무 오래 지체된 이 영예의 찬사를 바친다.' 이 책의 제1판에서 나는 이 이야기에 대한 증거의 무가치함을 폭로하기 위해 특별한 주석을 달았었다. 이 주석은 현재의 이 논고와 더불어 콤 베르케트(Comm Berchet)가 번역하여 베니스에서 공간했지만, 애국적 로망스의 지지자들에 대한 이 도전은 내가 들은 한에서 그중 아무도 이 로망스의 방어 리스트 속으로 끌어들이지 못했다. 그러나 카스탈디가 롬바르디아의 인쇄업자들로부터 그의 동상을 받았기 때문에, 스페인의 선원들이 후엘바(Huelva)에 그 항구의 도선사導船士 알론조 산체즈(Alonzo Sanchez)에게도 동상을 세워 주는 것이 단순한 공평이지 않을까? 산체스는 스페인 역사가들에 의하면 신세계를 발견한 뒤에 테르케이라(Terceira)의 콜럼버스 집에서 죽었고, 그의 일지를 훔치고 그의 명성을 빼앗도록 교활한 제노바 사람(콜럼버스)을 남겼다는 것이다. 심각하게 생각해보자. 펠트레의 어떤 사람이든 자기의 고향 도시의 진짜 명성을 생각한다면 그 동상의 기단基壇에서 그 터무니없고 불명예스런 가공의 이야기를 제거하기 위해 최선을 다하게 하라. 카스탈디가 다른 더 참된 이유에서 동상을 받을 만하다면 그의 동상을 세워라. 아니라면 정직한 석회가 되도록 태워버려라! 나는 커즌 씨의 흥미를 끈 오리지널 이야기가 그 밖의 어떤 것보다 더 두뇌유희(jeu d'esprit)이지만 저자가 자신이 굴러가도록 세팅한 어떤 돌을 발견하고 그것을 다시 철회하려고 도모하지 않았다고 상상해본다.”[32]

율은 뒤에 카스탈디의 활판인쇄술 발명에 대한 커즌의 주장에서 중국의 목판인쇄 서적을 마르코 폴로가 가지고 들어왔다는 말만 빼면 이 이야기에 이의가 없다는 입장을 취하는데, 이 마지막 입장을 고려할 때 그가 여기서 카스탈디의 동상 건립에 왜 그리도 강력하게

32) Yule, “Introduction”, 139-140쪽.

반대하는지 이해가 가지 않는다.

집요하리만치 끈질기게 카스탈디의 이야기와 커즌의 이론을 부정하던 율은 마침내 카스탈디의 이야기와 커즌의 설명에서 '마르코 폴로'의 이름만 뺀다면 전체 이야기는 신빙성이 있다고 판단한다.

하지만 내가 이탤릭체로 표시한, 두 인쇄체계 간의 유사성에 관해 커즌 씨 자신이 직접 관찰하고 논평한 내용은 아주 충격적이고, 명백히 그 인쇄 기술이 중국으로부터 유래했다는 것을 보여주는 것처럼 보인다. 그러나 나는 펠트레에 그런 종류의 어떤 진정한 이야기가 있다면(정황은 온갖 의심을 받을 만하다), 단지 마르코 폴로의 이름이 '동방견문록'의 걸출한 이름이기 때문에 그 이야기 속에 그 이름을 끼어 넣은 것이라고 추정할 것이다. 일반적으로 간과되거나 망각되어온 사실은 14세기가 흐르는 수많은 해 동안 중국의 주요 도시에 세워진 로마가톨릭교회와 프란체스코회의 회당의 선교사들이 존재했을 뿐만 아니라, 그 루트를 따라 가는 이탈리아 상인을 위한 지침이 발두치 페골로티(Balducci Pegolotti)의 『상업 핸드북(Mercantile Handbook)』(1340년경)의 첫 두 절을 이룰 정도까지 정규적 무역이 타나(또는 아조프), 아스트라한, 오트라르(Otrar)와 카뮬(Kamul)을 경유해서 이탈리아와 중국 간에 육로로 이루어지고 있었다는 사실(the fact)이다. 그러므로 마르코 폴로 외에도 수많은 여행자들이 목판인쇄 서적들을 고국으로 가지고 왔을 것이다. 그리고 폴로의 주제가 인쇄술의 묘사를 절대적으로 요구하는 것처럼 보일 때 그가 아주 이상하게도 인쇄술에 대해 이야기하는 것을 빼고 있기 때문에 더욱 이것(서적을 가지고 온 것 – 인용자)을 그의 공으로 돌려서는 아니 될 것이다.[33]

---

33) Yule, "Introduction", 140-141쪽. 오트라르(Otrar, 또는 Utrar, Farab)는 실크로드를 따라 위치한 중앙아시아의 유령도시이고, 카뮬(Kamul)은 이란 서부 농촌지역에 위치

여기서 율은 커즌의 주장을 반박하는 것이 아니라 마르코 폴로가 중국으로부터 목판인쇄 서적을 가지고 들어왔다는 이야기 대목을 단지 마르코 폴로가 유명한 이름이기 때문에 그 이야기 속에 "그 이름을 끼어 넣은 것"이라고 양해하고 중국으로부터 서적을 가지고 온 것을 "그의 공"으로 돌리지 말라는 것만 당부하고, 스스로 중국의 목판인쇄술이 유럽으로 전해진 루트까지 제시하며 "마르코 폴로 외에도 수많은 여행자들이 목판인쇄 서적들을 고국으로 가지고 왔을 것"이라고 추정함으로써 커즌의 주장을 되레 거들고 있다.

율은 이처럼 카스탈디의 업적을 마르코 폴로와 연결시키는 것만을 제거하고 카스탈디가 사실상 구텐베르크에 앞서 중국에서 온 목판인쇄 서적을 보고 이것을 응용하여 목활자·금속활자 인쇄술의 발명했고, 구텐베르크가 베니스에서 이 인쇄술을 접하고 이것을 모방하여 다시 금속활자를 제작하고 금속활자 인쇄술을 발전시켰다는 커즌의 이론을 부활시키고 있다. 뒤에 살펴보겠지만 토마스 카터(Thomas Carter)도 1925년 카스탈디 이야기를 언급했으나, "마르코 폴로의 자세한 중국 묘사가 지폐에 관한 (…) 구절들 외에 결코 인쇄술을 언급하지 않고, 또 그의 관심이 인쇄술이 아니라 종이돈에 있다"는 "이상한 사실(a strange fact)"을 들어 "내재적으로 불가능하지 않은 이 이야기"를 "불충분한 기반에 근거시킨다"고 평가한다. 그러나 카터는 "위에서 언급된 이야기가 어떤 식으로든 사실에 기초한 것이라면, 카스탈디가 본 목판인쇄물은 마르코 폴로에 의해서가 아니라, 마르코 폴로의 귀국 후 이어진 반세기 동안 칸의 영역으로부터 이탈리아로 돌아온 많은 무명 여행자들 중 하나에 의해 중국으로부터 전해졌을 가능성이 더 크다"고 바로 앞의 평가를 곧바로 수정했었다.[34] 따라서 율과

———————————
한 마을이다.

카터는 커즌의 이 설명을 부활시킨 셈이다. 그러므로 우리는 율의 저 마지막 설명을 중시하고 카터의 이 수정된 평가를 중시한다면, 구텐베르크에 앞서 중국의 목판인쇄 서적을 보고 목활자·금속활자를 만든 카스탈디의 공적을 중시하는 것이 현명할 것이다. 그런데 우리는 율이 마르코 폴로 외에 수많은 여행자들"이 고국으로 가지고 왔을 것이라고 추정하는 "목판인쇄 서적들" 중에 위구르인들의 목활자 활인본 서적이나 고려의 주자활인본 서적도 끼어 있었을 것이라고 추정한다. 따라서 이 추정에 따르면 카스탈디가 목판본 서적만 본 것이 아니라 활인본 서적도 보았을 개연성도 배제할 수 없을 것이다. 13-14세기서양 상인들이나 외교사절들이 당시에 쏟아져 나온 위구르 목활자 활인본 서적들과, 『남명화상송증도가南明和尙訟證道歌』(1211)와 『백운화상초록불조직지심체요절白雲和尙抄錄佛祖直指心體要節』(1377)을 비롯한 고려의 주자 활인본 서적들을 일부러 배제하고 목판본 서적만 골라서 유럽으로 가지고 왔을 것이라는 가정은 어불성설이기 때문이다.

카스탈디가 목활자와 금속활자를 만들어 1426년 베니스에서 여러 대판지와 한 장짜리 인쇄물을 찍었고, 이 한 장짜리 인쇄물의 어떤 것들은 펠트르 시市정부의 문서들 속에 보존되고 있다면, 그리고 이 이야기들이 다 사실이라면, 이것 보통사건이 아니다. 이 말은 카스탈디가 중국의 목판인쇄 서적만 본 것이 아니라, 중국에서 들어온 위구르인들의 목활자 인쇄서적이나 한국의 금속활자 활인본 서적을 봤을 개연성도 크기 때문이다. 이 활인본 서적들은 중국의

---

34) Thomas F. Carter, *The Invention of Printing in China and Its Spread Westward*, revised by L. Carrington Goodrich (New York: The Ronald Press Company, 1925·1955), 160-161 쪽.

서적일 수 없을 것이다. 당시 중국에서는 목활자가 상용常用되지 않았고, 금속활자도 실용되지 않았기 때문이다. (중국에서 금속활자가 실용되기 시작한 시점은 화수華燧가 중국 최초로 동銅활자를 가지고 여러 책을 인쇄한 1490년이다.) 카스탈디가 중국의 목판인쇄 서적이 아니라 한국 금속활자 활인본이나 위구르 목활자 활인본을 보았을 수 있기 때문에 그가 중국 인쇄서적을 보고 목활자와 금속활자를 발명했다는 로버트 커즌의 주장을 재검토할 가치가 있는 것이다.

이런 까닭에 2000년대 초 티모시 바레트(Timothy H. Barrett)는 카스탈디 이야기를 이렇게 재평가한다. "그러므로 곰곰 생각해 보면 이탈리아인 팜필리오(sic!) 카스탈디가 구텐베르크의 더 늙은 동시대인으로서 금속활자로 인쇄하는 일에서 구텐베르크를 선취했다는 명백히 때늦은 주장의 원천을 (헨리 율 같은 – 인용자) 초기 중국학 세대가 그 주장을 경멸적으로 비웃었을지라도 추적하려고 노력할 가치가 있다. 이 주장은 구텐베르크의 성취를 손상시키지 않는다. 구텐베르크는 최근의 보고가 지적하듯이 그가 금속활자를 오히려 손 주형鑄型 틀 안에 들어 있는 모형母型으로 낱낱이 주조했다고 할지라도 인쇄기 자체를 설계하고 금속활자 인쇄에 쓰이는 이종異種의 잉크를 제조한 것이 틀림없기 때문이다."[35]

■ 판필로 카스탈디는 누구인가?

판필로 카스탈디는 이탈리아 의사이고 인쇄술의 대가로 알려져 있다. 1868년 그의 고향 롬바르디아 펠트르(Feltre, 베니스의 북서쪽에

---

35) Timothy H. Barrett, *The Rise and Spread of Printing: A New Account Religious factors* (Burlinton, Ontario: Minnow Books Inc, 2008), 40쪽. 바레트는 "초기 중국학 세대가 그의 주장을 경멸적으로 비웃었을지라도"라는 구절에다 헨리 율의 '마르코 폴로 여행기'의 그 긴 주석을 참조하라는 미주(尾註)를 달아두고 있다.

있는 읍邑)에서는 전통적으로 금속활자의 발명을 그의 공으로 돌리고36) 그에게 경의를 표하는 동상을 건립했다. 그는 펠트레에서 태어났지만 밀라노에서 일하며 평생을 보냈다. 펠트레에서 여러 세기를 관통해 돌아다니는 이야기는 마르코 폴로가 이른 시기의 중국 목판본 서적을 카스탈디에게 주었다는 것이다. 그러나 폴로는 1398년생 카스탈디가 태어나기 72년 전인 1324년에 사망했었다. 아무튼 카스탈디는 중국에서 들어온 중국 목판인쇄본 서적을 가지고 실험을 해서 결과적으로 근대적 활자를 만들었다는 것이다. 이 이야기는 로버트 커즌이 19세기에 보고할 때까지 롬바르디아 바깥에 널리 알려진 적이 없었다. 커즌이 말한 대로 카스탈디는 무라노에서 만든 유리 스탬프로 시작했고 1426년 베니스의 인쇄소에서 사용한 목판인쇄술을 개발했다.37) 이것은 1430년대 초 요한 구텐베르크가 첫 금속활자 실험을 하기 수년 전이었다. 커즌은 마르코 폴로와의 연관을 강조하면서 카스탈디의 초기 작품이 중국의 목판인쇄술을 가깝게 닮았다고 주장하고 구텐베르크가 베니스의 인쇄술을 알고 있었다고도 말했다. 이로써 그는 유럽 인쇄술이 중국 유사물과 별개로 생겨난 것이 아니라, 모방으로 생겨났다는 명제를 제기한 것이다.

1426년 카스탈디는 펠트레 시의 소장 문서들 사이에 보존되고 있는 것으로 얘기되는 대판지大阪誌를 여러 장 인쇄했다. 율의 이런

---

36) William Dana Orcutt, *The Book in Italy during the Fifteenth and Sixteenth Centuries Shown in Facsimile Reproductions from the Most Famous Printed Volumes* (Harper & brothers, 1928; Web. 20 Feb. 2011), 124쪽.

37) Robert Curzon, "A Short Account of Libraries in Italy", 6쪽 이하. Quoted in Henri Cordier's annotations to Henry Yule (ed. & transl.). *The Book of Ser Marco Polo; The Venetian Concerning the Kingdoms and Marvels of the East*, third ed. revised throughout in the light of recent discoveries by Henri Cordier, vol. 1-2 (London: John Murray, 1903; the Complete Yule-Cordier Edition, reprint by Dover, 1993), 138쪽.

강력한 반대에도 불구하고 카스탈디의 동상은 오늘날도 여전히 그의 고향 펠트레에 우뚝 서 있다. 최근 학계에서는 더 이상 카스탈디의 인쇄술 리메이크 날짜를 그렇게 이른 시점으로 보지 않고 있고, 또 펠트레 시나 카스탈디 옹호자들 측에서 1324년에 죽은 마르코 폴로와 1398년에 태어난 카스탈디의 어떤 연관도, 구텐베르크와 북부 이탈리아 간의 어떤 연관도 설명해내지 못했기 때문에 그 이야기는 펠트레 바깥에서 널리 신뢰를 얻지 못했다. 그러나 그 도시 네거리에 오늘날도 서 있는 카스탈리의 동상은 사람들의 관심을 무던히도 끌고 있고, 1998년 카스탈디의 600주년 기념일에는 다시 한번 화젯거리가 되었다. 1998년 카스탈디를 기념하는 펠트레 시의회의 조례안에서 그는 또 다시 '*il primo inventore dei caratteri mobili per la stampa*'(인쇄활자의 최초 발명자)로 지명되었다.

확실한 것은 1470년대에 카스탈디가 크게 성공한 인쇄인이었다는 것이다. 그의 나이가 73세가 된 1471년에 그가 키케로의 한 서한을 300부 인쇄했다는 기록은 분명히 존재한다.38) 또한 "Panfilo Castaldi"는 펠트레에 본부를 둔 어느 19-20세기 인쇄소의 회사명이기도 했다. 마르코 폴로 관련설만 뺀다면, 카스탈디의 극동모방 활자발명설과 이에 대한 로버트 커즌의 주장은 그가 여러 무명 서양인들이 동방으로부터 가져온 목활자와 금속활자 활인본 서적을 보고 금속활자와 목활자를 리메이크했다는 이야기로 변형시킬 수 있을 것이다.

---

38) Brian Richardson, *Printing, Writers and Readers in Renaissance Italy* (Cambridge: Cambridge University Press, 1999), 30쪽.

1.2. 구텐베르크의 한국인쇄술 모방에 관한 20세기 초반의 이론들

모리스 쿠랑(Maurice Courant, 1865-1935?)은 세계 최고最高의 현존 금속활자 인쇄본『백운화상초록불조직지심체요절』(1377)의 하권下 卷을 최초로 발견하여 1901년『1899년까지의 한국서지에 대한 증보 판(Supplément à la Bibliographie Coréenne Jusqu'en 1899)』을 통해 서구 학계에 처음 보고했다.[39] 이후 한국 금속활자 인쇄술이 구텐베르크보다 최소한 60여 년, 또는 길게 잡으면 230여 년 앞선다는 사실이 서양에 서 점차 분명해져 가면서 이 서양 연구자들 사이에서도 한국 금속활 자가 서천西遷하여 구텐베르크에게 어떤 영감을 주어 리메이크의 아이디어를 떠오르게 했을 것이라는 추리가 자연스럽게 생겨났다.

■ 토마스 카터의 한국 금속활자 서천론과 구텐베르크 방계론

한국 금속활자의 서천에 관한 추리를 세계 최초로 피력한 연구자 는 토마스 카터(Thomas F. Carter, 1882-1925)였다. 그는 1925년에 공간한 획기적 저작『중국의 인쇄술의 발명과 서천(The Invention of Printing in China and Its Spread Westward)』에서[40] 정황증거에 근거해 그와 같은 추정을 제기했다. 먼저 그는 한국 금속활자의 역사를 한 절에 걸쳐 자세히 소개하고 있다.[41] 그러나 그는『고금상정예문古今詳定禮文』 을[42] 고려 최초의 금속활자 활인본活印本으로 (잘못) 언급하고, 또

39) Maurice Courant, Supplément à la Bibliographie Coréenne Jusqu'en 1899 (Paris: Imprimerie Nationale, MDCCCCI[1901]), VII-IX쪽.

40) Thomas F. Carter, The Invention of Printing in China and Its Spread Westward, revised by L. Carrington Goodrich (New York: The Ronald Press Company, 1925·1955).

41) Carter, The Invention of Printing in China and Its Spread Westward, Chapter 23(223-237 쪽).

구텐베르크의 성서(1445)보다 68년 앞서 동활자로 활인活印된 현존
고려시대 인쇄본『백운화상초록불조직지심체요절白雲和尙抄錄佛祖
直指心體要節』(1377, 이하 '직지')도 언급하고 있지만,[43] 구텐베르크보
다 234년 앞서 활인活印한『남명화상송증도가南明和尙訟證道歌』(1211,
이하 '증도가')는[44] 전혀 모르고 있다.[45] 그는 중국 송원대 필승畢昇의

---

42)『고금상정예문(古今詳定禮文)』(50권1책)은 1234년(고종21)-1241년(고종28) 사이에
   최이(崔怡, 최우崔瑀의 개명)가 주도하여 주자로 활인했다. 원래『상정예문』은 최윤
   의(崔允儀) 등 17인이 엮은 책인데, 여러 해가 가면서 책장이 없어지고 글자가 결락되
   어 읽기 어려웠다. 그래서 최충헌(최이의 아비)이 보충·편집하여 두 본을 만들어 한
   본은 예관(禮官)에 보관하고 다른 한 본은 최충헌에 집안에 가장본(家藏本)으로 보관
   했다. 그런데 1232년 강화도 천도 때 관리들이 황망간에 예관 소장본을 챙기지 못했으
   나 최이가 이 가장본을 챙겨왔다. 최이의 주자활인본『신서상정예문』28질은 이
   가장본을 금속활자로 다시 간행한 것이다. 이 책은 현존하지 않지만, 이규보(李奎報)
   가 1234년과 1241년 사이 어느 때 최이를 대신해서 쓴 발문「新印詳定禮文拔尾
   代晉陽公行」을 통해 알려졌다. 이규보,『국역 동국이상국집』제6권 (서울: 민족문화
   문고간행회, 1981·1985), 205-206쪽. 이 대행문은 '진양공(晉陽公)'을 대행한다고 적고
   있는데 최이가 진양공으로 봉해진 해는 1234년(고종21)이고, 이규보가 사망한 해는
   1241년(고종28)이다. 그래서 간행연도를 당연히 1234년과 1241년 사이의 어느 해로
   본다.

43) Carter, *The Invention of Printing in China and Its Spread Westward*, 224쪽.

44) 1211년(고려 희종7년)경 금속활자 증도가자(證道歌字=晉體字)로 활인(活印). 손보
   기는 이 책의 간행 시점을 "1200년 전후"로 보았다. 손보기,『금속활자와 인쇄술』
   (서울: 세종대왕기념사업회, 1974·2000), 178쪽. 통설은 1232년(고종12) 기원설이다.
   남권희,『한국 금속활자 발달사 - 조선시대』, 개정증보판 (대구: 경북대학교출판부,
   2022), 14쪽. 그러나 이 시점을 김성수는 좀 더 정확하게 1211년으로 입증해냈다.
   김성수,「한국 금속활자인쇄술의 始原과 관련한 鑄字本 남명송증도가의 간행연도에
   관한 연구」,『서지학보』제30호[2012. 6.]). 여기서는 김성수의 논증이 합당해서 그의
   주장을 채택한다. 이 책의 존재는 다행히도 번각(飜刻)·간인(刊印)된 책이 전해짐으로
   써 알려졌다. 이 번각본의 말미에는 이런 간기(刊記)가 찍혀있다. "증도가는 선문(禪
   門)에서 매우 긴요한 책이다. 참선자들이 모두 이것으로 승당(僧堂)에 들어 깊은
   이치를 깨닫고 있는데, 그 전래가 끊겨 유통되고 있지 않아 공인(工人)을 모집해
   주자본鑄字本을 (목판으로) 번각하여 오래 전해질 수 있게 하노라. 己亥九月上旬
   中書令 晉陽公 崔怡." 따라서 동활자로 활인된『증도가』원본은 최이가 서명한7
   이 간기를 볼 때 기해(己亥)년(고종 26년, 1239년) 이전임이 틀림없는데 김성수는
   여러 정황을 종합하여 최초 활인년도를 1211년으로 추정해냈다.

도陶활자와 왕정王禎의 목활자도 소개한다.46) 중국의 이 도활자·목활자 소개에 이어서 그는 "구텐베르크보다 반세기 전에 왕실 비용으로 아주 많은 수의 서적을 동활자로 – 당시 최초로 거푸집으로 지어 부은 활자로 – 인쇄한 한국의 왕들이 있었다"고47) 운을 뗀다. 그러나 카터는 234년 앞서 활인活印된 『증도가』(1211)나 『상정예문』(1234-1241)은 말할 것도 없고, 심지어 『직지』(1377)까지도 제쳐두고 조선 태종이 1403년 주자소鑄字所에서 주자鑄字한 동활자 '계미자癸未字'를 최초의 금속활자로 인정하고 이때부터 기산起算해서 한국 금속활자가 구텐베르크의 그것보다 겨우 '반세기'(50년)' 앞선 것이라고 잘못 설명하고 있다.

카터는 논의의 전제로서 이렇게 말한다. "활자 주형鑄型(type mold)은 활판인쇄술 발명의 열쇠였다. 그런데 한국인들이 개발한 것은 바로 이 활자 주형이었다. 이것이 한국 인쇄술의 의의(significance)인 것이다".48) 그러나 카터는 앞서 언급된 필승, 왕정, 조선국왕 태종 등이 반드시 구텐베르크의 "직접적" 조상 계보라고 상정해서는 안 된다고 말한다. 그는 활자를 발명하고 완성한 이 중국과 한국 사람들

---

45) 1211년의 『증도가』를 인쇄한 금속활자는 세계 최초의 금속활자다. 그런데 최근 일부 중국학자들이 금속활자가 중국의 발명품이라는 주장한 바 있다. 이런 주장에 대한 논증적·체계적 비판은 참조: 曹炯鎭, 「金屬活字의 中國發明說에 관한 研究」, 『書誌學研究』 제24집(2009-6.), 105-135쪽. 금속활자는 한국의 발명이라고 공인하는 중국인 학자들의 글은 참조: 谷祖英, 「"銅活字"和"瓢活字"的問題 – 對于'史學週刊'所載張秀民君'中朝兩國對于活字印刷術的貢獻'一文的商權」, 『光明日報』, 1953년 7월 25일자; Fang Chao-ying(房兆楹), "On Printing in Korea", Tsien, *Paper and Printing*, 317쪽 각주h에서 인용.

46) Carter, *The Invention of Printing in China and Its Spread Westward*, 239-240쪽.

47) Carter, *The Invention of Printing in China and Its Spread Westward*, 240쪽.

48) Carter, *The Invention of Printing in China and its Spread Westward*, 229쪽. 이탤릭은 카터.

을 "유럽 활판술 발명가의 조상이라기보다 차라리 사촌", 즉 "방계"로 추정한다.49) 한국 금속활자와 구텐베르크 금속활자의 관계가 '사촌' 또는 방계' 관계라는 말은 담배나 커피에 비유하면 '시가'와 '시가레트'의 관계 또는 '내린 커피'와 '믹스 커피'의 관계라는 말이다. 카터는 구텐베르크가 한국 금속활자를 직접 '모방·모조(imitation)' 또는 '수입(import)'한 것이 아니라, '리메이크(remake)', '재발명(reinventing)', '개량(re-form)'한 것으로 보고 있는 것이다.

카터는 "동아시아의 도활자·목활자·동활자와 유럽의 인쇄술의 발명 간의 직접적 연관에 관한 이 문제는 어려운 문제"라고 말한다. "지금까지의 증거"는 '직접적' 연관에 대해 "부정적이다"고 말한다. "필승의 활자는 결코 크게 쓰인 적이 없고, 몽골 치하에서 유럽과의 긴밀한 교류가 열리기 전에 거의 잊혔다. 목활자는 육로로의 유럽적 교류가 최고조에 있던 때에 사용되었으나, 무역루트가 닫힌 뒤부터 유럽에서 인쇄술을 발명하기 전까지 흘러간 100년은 매우기 어렵다." 그리고 "한국 금속활자는 도활자나 목활자가 쓰인 것보다 훨씬 더 많이 쓰였고, 한국인들이 구텐베르크의 발명보다 딱 반세기 전에 전혀 아무런 연관도 없이 금속활자로 인쇄하기 시작했다는 것은 묘한 우연의 일치로 보인다"고 하면서도 "이런 연관에 대해서는 아무런 증거가 없고" 또 "저 반세기 동안 유럽과 극동 간의 교류는, 우리가 지금 아는 한, 거의 부재했다"고 덧붙인다.50) 카터는 1368년 원나라가 멸망하고 중국에 명나라가 들어선 뒤에도 계속 이어졌던 14-15세기 북원北元과 초기 조선 간에 이루어지던 육로무역도 놓치고, 15세기 초반 아프리카 동부해안까지 항해해 간 정화鄭和(Zheng

---

49) Carter, *The Invention of Printing in China and its Spread Westward*, 240쪽.
50) Carter, *The Invention of Printing in China and its Spread Westward*, 240쪽.

He; Cheng Ho)의 30년 대항해('하서양下西洋', 1405-1433)에 의해 15세기 중반까지 활짝 열렸던 해로 무역도 몰각하고 있다.

그러나 카터는 가능한 서천의 끈을 놓지 않고 바로 이렇게 덧붙인다. "중국·한국의 금속활자와 유럽의 그것 간에 어떤 연관도 없었다고 정언적으로 단언하는 것은 시기상조일 것이다. 다른 한편으로, 이러한 연관에 대한 어떤 명백한 증거도 발견되지 않았고, 이러한 증거가 – 또는 반대의 증거가 – 입수될 때까지는 마음을 열어둘 필요가 있다."[51] 여기서 카터는 "아무런 연관이 없다"고 했다가 바로 이를 "단언하는 것은 시기상조"라고 말하는 등 조금 오락가락하고 있다.

카터는 한국의 금속활자 인쇄술이 구텐베르크에게 전해진 '직접적 전파'의 증거는 없을지라도 '간접적 전파'의 여러 '정황증거'는 존재한다고 본다. "유럽 인쇄술에 대한 중국(또는 한국)의 영향이 중국(한국)의 활판술(typography, 활자조판 인쇄술)을 통한 것이 아니라면 중국(한국)의 영향이 효과를 발휘했을 것으로 보이는 몇 항목을 개괄하는 것은 가능할 것이다."[52] 그러면서 그는 여섯 항목을 제시한다.

첫째, 종이를 통해서 중국과 한국의 인쇄술은 유럽의 인쇄술에 영향을 발휘했다. 중국의 제지술이 이슬람세계를 거쳐 서양으로 전파된 것은 사실이다. 종이는 인쇄술 발명의 기초로 이바지했다.

둘째, 카드(화투)를 통해서다. 카드는 14세기 후반 시기에 중국으로부터 직간접적으로 유럽으로 도입되었다. 목판인쇄와 인쇄를 통한 카드의 제작은 "늦어도 14세기 말엽"부터 시작되었었다. 유럽에

---

51) Carter, *The Invention of Printing in China and its Spread Westward*, 240쪽.

52) Carter, *The Invention of Printing in China and its Spread Westward*, 241쪽. 괄호는 인용자.

서 인쇄된 대상들 가운데 사용법이 당시 기준으로 최근 시점에 중국으로부터 도입된 것으로 알려진 카드보드의 이런 조각들이 끼어있다는 것은 적어도 시사적이다.

셋째, 지폐를 통해서다. 우리는 상당량의 지폐들이 아시아를 가로질러 멀리 이송되었다는 것을 안다. 몇 장의 지폐가 유럽에 도달했으리라는 것은 "불가능하지 않다". 왜냐하면 몽골군대는 "한 순간에 아드리아 해에 도달해서 폴란드와 헝가리를 정복하고 독일 실레지아 지방을 침공했기" 때문이다. 이후 다른 것들이 통상적 무역로로 운송되었을 것이다.

넷째, 삽화인쇄를 통해서다. 우리에게 전래된 가장 오래된 유럽의 목판인쇄물들은 "종교적 삽화들"인데, 이것은 유럽적 디자인, 주제와 의도, 잉크, 기술에까지 중앙아시아의 인쇄물들을 "시사"한다.

다섯째, 중국에서 인쇄된 대량의 서적들을 통해서다. 중국에서 유럽으로 돌아간 유럽인들, 특히 성직자들은 유럽의 서적인쇄를 양적으로 "훨씬" 능가하는 인쇄된 중국 서적들의 "엄청난 확산"에 대한 보고들을 "틀림없이 퍼트렸을" 것이다. 유럽에서 널리 퍼트려진 이런 보고들은 지적 각성의 시기에 있던 유럽에 전해지면서 "발명의 인센티브가 되었음"이 "틀림없다". 이런 보고들이 비록 인쇄술에 관한 아지랑이 같이 흐릿한 정보에 지나지 않았을지라도 "희미하게나마 보이는", 타국이 이룩한 성취의 이런 배후 환경은 조만간 인쇄술이 개발되게 만들 "저 좋은 분위기(that favorable atmosphere)"를 배가시켰을 것이다. 여기에 중국의 목판인쇄술과 유럽의 활판인쇄술 간의 "불분명한", 그러나 "직접적인 연결"이 존재할 수 있다. 두 방법은 기술적으로 다를지라도 "문화적 성과에서 일정한 점까지 유사했다".

여섯째, 여기에 극동에서 사용되던 실제 활자인쇄술의 구체적 방법이 "모종의 방도로(in some way)" 유럽에 보고되었다는 "개연성 (probability)은 아닐지라도 가능성(possibility)"이 덧붙여질 수 있다.[53] 카터는 이 여섯 가지 가능한 영향관계를 제시한 뒤 다시 약간 망설이며 직접적 증거를 찾기보다 "정황증거"의 "강력성"에 의존한다. "그래서 우리는 인쇄술이 중국으로부터 왔는지, 또는 어떻게 건너왔는지 하는 물음에 대한 어떤 정언적 답변도 줄 수 없다는 것을 안다. 말할 수 있는 최선의 것은 중국으로부터 종이의 도입이 확실하다는 사실, 유럽의 인쇄술에 대한 중국 목판인쇄술의 영향이 합당한 정도의 확실성으로 받아들여질 정도의 강력한 정황증거 (strong circumstantial evidence)에 기초한다는 사실, 그리고 중국이나 한국의 활자인쇄술이 유럽의 인쇄술에 영향을 미쳤다는 것을 입증해주는 거의 어떤 증거도, 아니 어떤 신뢰할 만한 증거도 아직 발견되지 않았다는 사실이다."[54] 그러던 끝에 카터는 '인간정신의 동서평행론'으로 물러선다. "유럽의 인쇄술에 대한 중국의 영향을 긍정·부정하는 찬반 증거보다 더 의미심장하고 또한 더 확실한 것은 이 탐구가 동서간 인간정신의 평행에 대해 제공하는 증거다. 이 점에서는 아무런 논란이 있을 수 없다. 동방의 불가해성에 대해 글을 쓰는 자들, 중국인들이 우리 자신의 정신적 과정과 완전히 다른 정신적 과정을 가진 신비한 민족이라고 믿는 자들은 이 점에서 사고를 위한 식량을 발견할 것이다. 중국에서도 유럽에서처럼 정교하게 새긴 도장들의 사용은 기독교 시대 이전에 시작되었다. 중국에서도 유럽에서처럼 장식에 대한 욕망이 일찍이 직물에 대한 인쇄를 낳았다. 세계의 양단兩端에서 종교적 충동은 수도원에서 강화되어 목판

---

53) Carter, *The Invention of Printing in China and its Spread Westward*, 241-242쪽.
54) Carter, *The Invention of Printing in China and its Spread Westward*, 242쪽.

인쇄술을 발단케 했고, 두 경우에 카드놀이로 표현된 유희 충동도 제 몫을 찾았다. 중국과 유럽, 이 두 지역에서 문명이 대규모의 인쇄가 필요한 시점에 도달했을 때 인쇄술이 나타나 서적과 교육을 (적어도 그럴 여유가 있는 사람들에게) 일반적으로 확산시켰다."55)

그리고 카터는 유럽에서와 달리 중국에서 금속활자가 발명되었음에도 목판인쇄가 유행한 이유를 두 문자의 차이에 기인한 것으로 본다. "인쇄술이 유럽에서보다 중국에서 더 일찍이 나타났다는 것은 중국이 더 빨리 암흑시대로부터 벗어나 서적의 증가에 준비된 문명을 더 일찍이 발전시켰다는 사실에 기인한다. 궁극적으로, 중국과 유럽이 둘 다 활자사용을 위한 정교하고 독창적인 도식을 발전시켰다. 유럽에서 활자인쇄술이 석권한 반면, 중국에서 목판인쇄술이 석권한 것은 중국문자와 유럽문자의 차이에 기인한다."56) 그러나 중국에서 목판인쇄술이 금속활자인쇄술이 1490년 화수華燧에 의해 회통관會通館에서 개발된57) 뒤에도 이보다 더 유행한 것, 즉 목판본이 전체 인쇄본의 98-99%에 달했던 것은58) "중국문자와 유럽문자의 차이"에 기인하는 것이 아니다. 카터는 많은 다른 학자들처럼 알파벳이 26개 자모字母밖에 되지 않으므로 적은 수의 활자가 필요한 반면, 한자는 보통 10만 자, 많으면 30만 자에 달하므로 한문인쇄에는 엄청나게 많은 수의 활자들이 필요했을 것이라고 생각한 것이다. 한 마디로 '문자 덕', '문자 탓'이다. 이런 사고가 그릇된 것이고, 활자인쇄에서 한문과 영문 조판의 작업효율은 정반대로 뒤집힌다는 것

---

55) Carter, *The Invention of Printing in China and its Spread Westward*, 242쪽.

56) Carter, *The Invention of Printing in China and its Spread Westward*, 242-243쪽.

57) 張秀民, 『中國印刷史』(浙江古籍出版社, 2006); 장수민(강영매 역), 『중국인쇄사(三)』(서울: 세창출판사, 2016), 1290-1293쪽.

58) 참조: 장수민(강영매 역), 『중국인쇄사』, 1433쪽.

- 68 -

은 서론에서 잠시 시사했었다. 그러나 카터 식의 오추리는 유럽에서 이미 18세기 초반에도 나타난다. 1735년 뒤알드는 이렇게 말한다. "우리의 알파벳이 상이한 조립으로 최대량의 책을 만들 수 있는 소수의 글자로만 구성되어 있는 만큼 거대한 수의 활자를 주자鑄字할 필요가 없다. 첫 장에 쓰인 활자들이 다시 두 번째 장에 쓰일 수 있기 때문이다. 반대로, 한자의 수가 거의 무한대이기 때문에 그토록 엄청난 수의 활자를 주자하는 것은 불가능하고, 이 활자들이 주자되더라도 대부분은 아주 적게 사용될 것이다."59) 중국 연구자들조차 서구 학자들의 이런 주장에 말려들어 있는 실정이다. 가령 장수민도 이렇게 말한다. "서양의 활자인쇄는 자모로 되어 있고 한자의 자수처럼 많지 않기 때문에 그 활자제조법은 조각한 강철거부집을 만들어서 끓는 것을 부어 글자틀을 만들고 다시 활자를 만들어 인쇄에 사용하면 되었다. 그러나 중국 활자인쇄 방법은 달라서 조선에서처럼 그렇게 대규모의 활자를 주조하지 않고 서툴게 금속활자를 조각했다."60) 그러데 뒤에 보면 알겠지만 중국계 미국인 전존훈錢存訓도 장수민과 마찬가지로 생각한다. 20세기에 중국인들 사이에서는 서양인들이 하는 말이면 기가 죽어 무조건으로 옳은 것으로 받아들이는 문화적 굴종의식이 일반화되었던 것으로 보인다.

조선에서는 금속활자로 활인活印한 책들 중에서 수요가 많은 책을 골라 목판으로 번각하는 체계가 갖춰져 있었다. 따라서 중앙정부

---

59) Jean-Baptiste Du Halde, *Description géographique, historique, chronologique, politique, et physique de l'empire de la Chine et de la Tartarie chinoise, enrichie des cartes generales et particulieres de ces pays, de la carte generale et des cartes particulieres du Thibet, & de la Corée,* T. 2. (Paris: A la Haye, chez Henri Scheurleer, 1735). 영역판: P. Du Halde, *The General History of China,* Volume II (London: Printed by and for John Watts, 1736), 435쪽.

60) 참조: 장수민(강영매 역), 『중국인쇄사』, 1433쪽.

는 200-1000부 정도 활인한 뒤 수요가 많은 책을 지방감영에서 목판에 '번각'하도록 명했다. '번각'은 목판본 각판刻版보다 쉽고 빨리 할 수 있었다. 달필이 정서正書하는 힘든 필사작업이 생략될 수 있기 때문이다. 그래서 조선은 조판組版·인쇄 후에 막 바로 해판解版하여 다른 책을 연달아 조판·인쇄하는 작업을 계속할 수 있었다. 그리하여 금속활자는 조선에서 확립된 활인-번각 체계의 기술적 보조 덕택에 명실상부한 '출판혁명'을 일으켰다.

서양에서 이런 자유로운 조판·해판이 가능하게 된 것은 19세기 후반에 이르러서였다. 19세기 후반에야 '지형紙型-연판鉛版기술'이 개발되었기 때문이다. 뒤에 상론하겠지만 조판 후에 이 조판 틀을 특수한 종이(혼응지混凝紙)에 찍어 '지형'을 뜬 뒤 이 지형 위에 녹인 납을 부어 얇은 연판을 얻고 그러고 나면 막 바로 해판할 수 있었다. 그러나 구텐베르크는 활인-번각 시스템도, 지형-연판 기술도 없었기 때문에 가령 성서를 찍은 1000개의 조판 틀을 십수 개월, 아니 수년 이상 창고에 보관해야 했다. 그러면 수십만 개, 수백만 개의 활자들이 이 조판 틀에 묶여 있어야 했다. 따라서 뜻밖에도 구텐베르크는 조선에서 한문서적을 활인할 때 사용한 활자 수(가령 태종조의 계미자癸未字 20-30만 개,[61] 세종조의 갑인자甲寅字 20만여 개[62])보다 수십 배 이상 많은 알파벳 활자를 만들어야 했다. 혹자는 성서인쇄에

61) 權近, 『陽村先生文集』「卷22 跋語類·大學衍義跋」(태종 9, 1409년 이전에 활인된 '大學衍義' 발문): "(...) 自期月十有九日 二始鑄數月之間 多至數十萬字. (...)." 남권희, 『한국 금속활자 발달사 - 조선시대』, 17-18쪽 각주3, 161쪽 각주3에서 재인용. 여기서 "數十萬字"는 20-30만자로 풀이했다.

62) 김빈(金鑌), 『高麗史節要』跋, 또는 '眞西山讀書記乙集 大學衍義' 甲寅字本 卷末 金鑌鑄字跋. 선덕9년 9월(세종 16년, 갑인년, 1434): "(...) 自期月十有二日始事 再閱月而所鑄 至二十有餘萬字 越九月初九日 始用以印書 一日所印可至四十餘紙. (...)." 천혜봉, 『한국 금속활자 인쇄사』 (서울: 범우사, 2012), 93쪽 각주1에서 재인용.

"10만개의 활자"가 필요했을 것이라고[63] 현격히 낮춰 잡았다. 그러나 이것은 허언이다. 존 맨(John Man)의 추산대로 평균 500단어로 이루어진 성서 1쪽 당 2600개 활자가 필요했다면,[64] 1275쪽짜리 구텐베르크 성서에 소요된 활자 수량은 이론적으로 최소한 필요한 331만5000개(구텐베르크 성서의 1페이지에 들어가는 활자 2600개 × 1275 성서 페이지)의 활자 수와, 이에 더해 대·소大小 대문자 활자와 대·소문자 합성자(가령 æ, ff, fi, fl, ffi, ffl, ft, st 등)의 대·소활자가 필요했을 것이기 때문이다. 그리하여 유명했던 활판인쇄기술자 겸 인쇄업자의 말을 빌리면 1470년대에 유럽의 출판사는 큰 책을 인쇄하려면 실제로 680만 자의 알파벳 활자가 필요했다.[65] 이 수치는 조선 500년 동안 조선정부가 제조한 주자 총량(400-500만 개)을 훨씬 상회한다! 구텐베르크 활판인쇄술은 이와 같이 가령 조선 세종조의 갑인자甲寅字 20만여 개보다 16배 이상 더 많은 330만여 개(+ 대문자 활자의 대소체大小體 와 대·소문자 합성자의 대·소체), 또는 34배 더 많은 680만여 개의 알파벳 활자를 주자鑄字해야 했다. 따라서 이 330만 개 내지 680만 개의 알파벳 활자들이 책 주문이 끊어져 절판시킬 때까지 수개월, 아니 1년 이상도 조판 틀에 묶여 있어야 했다. 가령 구텐베르크 아래서 인쇄공으로 일했던 페터 쇠퍼(Peter Schöffer, 1425-1503)가 구텐베르크를 이어받아 운영한 인쇄소는 15세기 후반 인쇄소들 중 가장 번성한 인쇄소였다. 그런데 이 인쇄소의 절정기인 1485년부

---

63) Stephan Füssel, *Gutenberg und Seine Wirkung* (Frankfurt am Main & Leipzig: Insel Verlag, 1999). 국역본: 슈테판 퓌셀, 『구텐베르크와 그의 영향』 (서울: 연세대학교 대학출판문화원, 2014), 25쪽.

64) John Man, *The Gutenberg Revolution* (London: Bantam Books, 2002·2009), 164쪽.

65) Elizabeth L. Eisenstein, *The Printing Revolution in Eearly Modern Europe*, Second Edition (Cambridge: Cambridge University Press, 1983·2005), 322쪽.

터 13년 동안 34종의 책을 찍어냈고, 1480년부터 22년 동안에는 15종의 책을 찍어냈다.66) 말하자면 쇠퍼는 35년 동안 48종, 연간 평균 기껏 1.4종을 인쇄한 셈이다. 실로 '소책종 소량출판'에 불과한 이 적은 인쇄 횟수는 수백만 개의 활자들이 조판된 책마다 평균 8개월 23일 동안 한번 문선·식자된 조판 틀에 묶여 있었다는 것을 함의한다. 따라서 유럽에서 가장 잘 돌아가던 쇠퍼의 인쇄소도 그 기간 동안 해판을 할 수가 없어 8개월 23일 이내에 새 책을 조판활인 하려면 다시 수백만 개의 활자를 앞서 조판 틀에 식자되어 묶여있는 기존의 활자 폰트와 별도로 추가로 주자해야만 했던 것이다.

구텐베르크의 인쇄술은 뜻밖에도 'ABC 알파벳이 소수'라는 사실 이 야기하는 착시나 착각과 정반대로 한 책종의 활인에 수백만 개에 달하는 엄청난 수량의 활자가 소요되었던 것이다. 따라서 조선 의 활인-번각 연계공법과 같은 기술적 지원체계나 19세기 후반의 지형-연판기술 같은 새로운 선진적 인쇄술을 결한 구텐베르크 인쇄 술의 '기술적 고립성'은 조판과 해판의 반복을 통한 활자들의 자유로 운 사용과 다多책종의 출판을 신속하고 원활하게 하는 금속활자의 고유한 기술적 이점을 다 무효화시켜버린 것이다. 그리하여 구텐베 르크의 '활자活字(movable types)'는 '사자死字(dead types)'로 전락하고, '활판술活版術(typography)'은 '동판술銅版術'이나 다름없는 '사판술死版 術(dead typography)'이 되고 말았다.

따라서 조선에서 금속활자 활판인쇄술은 활인-번각 시스템을 확 립함으로써 일대 '출판혁명'을 일으켰던 반면, 독일과 유럽에서 구

66) Friedrich Kapp, *Geschichte des deutschen Buchhandels bis in das siebzehnte Jahrhundert* (Leibpzig: 1886). 국역본: 프리드리히 카프(최경은 역), 『독일의 서적인쇄와 서적거래 의 역사 - 구텐베르크의 발명에서 1600년까지』 (서울: 한국문화사, 2020), 100쪽:

텐베르크의 금속활자 활판술은 겨우 '미미한 변화'만을 일으켰을 뿐이다. 이 '미미한 변화'는 시간이 오래 걸리는 값비싼 필사본 생산에 비하면 분명 일대 '혁신'이었으나 병존하던 목판인쇄술이나 목활자 활판술에 비하면 그야말로 '미미한' 변화에 지나지 않았던 것이다. 이에 대해서는 나중에 본격적으로 논할 것이다.

그리고 낱낱의 한자漢字가 개개의 독립적 말소리에 조응하는 조립문자이고 한글도 자모字母글자일지라도 활인 시에 개개의 말소리에 조응하는 조립형 문자이어서 (필기와 목판인쇄의 경우든, 활인의 경우든 자음과 모음의 음소音素 문자들을 횡적으로만 결합시켜 개개 음과 단어를 만들어내야 하는) 알파벳 글자에 비해 인쇄술상 엄청난 이점이 있었다. 그리고 단어와 문장을 구성하기 문선·식자해야 할 때는 한자와 한글이 영어나 불어, 독일어에 비해 문선·식자 동작의 획기적 절약을, 따라서 엄청나게 신속한 작업을 가능케 했다. 앞서 여러 문장의 사례를 들어 설명했듯이 가령 한문 "龍飛御天"은 문선·식자공이 손을 4번만 움직이면 문선·식자가 완료되고, 같은 뜻의 한글문장 "용이 하늘을 날다"는 7번이면 완료되지만, "The dragon flies over the sky"의 문선과 식자는 20번의 동작을 해야만 완료된다. 이 경우의 알파벳 문선·식자 동작 20번은 한문 문선·식자 동작(4번)보다 5배 노고를 요하고, 속도는 한문문선·식자보다 5배 느린 것이다. 문선·식자 전에 음音 단위로 조립되어 있지 않는 자모字母문자 알파벳은 뜻밖에도 한자나 한글문자보다 활자인쇄에 있어 작업효율을 크게 떨어뜨리는 결정적 장애물이었던 것이다.

따라서 "유럽에서 활자인쇄술이 석권한 반면, 중국에서 목판인쇄술이 석권한" 이유는 "중국문자와 유럽문자의 차이"가 아닌 다른 이유에 기인하는 것이라고 봐야 할 것이다. 만약 '유럽에서 활자인쇄술의 석권'과 '중국에서 목판인쇄술의 석권'이 "중국문자와 유럽문자의 차이에 기인했다"는 카터의 판단이 옳은 것이라면, 중국문자를 빌려 썼던 조선에서는 중국과 반대로 500여 년 동안 활자인쇄가 목판인쇄를 압도했던 역사적 사실을 아무도 설명하지 못할 것이다. 단언컨대, 명·청대 중국에서 목판인쇄가 우세했던 이유는 명·청대에 이미 1-3억을 넘었던 중국의 거대한 인구, 즉 거대한 독서인구였다. 단기간에 조판組版과 해판解版을 거듭하며 다양한 책종을 찍어내는 금속활자 인쇄는 다책종多冊種 소량생산에 적합한 반면, 해판 압박에 내몰리지 않고 장기간 계속 찍어낼 수 있는 목판인쇄는 소책종小冊種 대량생산에 적합하다. 그런데 중국처럼 거대한 독서인구가 현존하는 경우에는 다책종 소량생산이 아니라 책종의 다소多少를 가릴 것이 없이 무조건 매번 수천·수만 부, 경우에 따라 수십만 부의 서적의 대량생산이 요구되므로 이에 적합한 목판인쇄가 경향적으로 선호되었던 것이다. 반면, 인구가 600-700만 명에 지나지 않았던 조선에서는 정부가 다책종을 소량(200-1000부) 생산하여 중앙관서와 지방관청에 반사頒賜하고(나눠 내려주고) 지방관청으로 하여금 수요가 큰 책종을 선택해 '번각'하도록 명했다. 조선에서는 주자(금속활자) 활인술活印術이 이미 갖춰진 '활인-번각 시스템' 덕택에 활인술에 고유한 장점을 최대로 활용할 수 있었던 것이다.

다른 한편, 카터는 또 이렇게 결론짓는다. "유사한 조건을 전제할 때 세계의 양단은 유사한 일들을 해냈다. 교류는 의심할 바 없이 존재했다. ─ 일정한 항목들에서 우리는 그것을 추적할 수 있었다. 그러나 이 탐구에 의해 입증된 커다란 현저한 사실은 세계의 양단에 위치한 인간정신의 작용에서 보이는 평행선, 인쇄 역사의 무대에서 매번 명백해진 평행선이다."67) 카터는 여기서 "교류는 의심할 바

없이 존재했다"고 말하고 있지만, 기실 그는 정황증거 외에 그리 결정적인 증거를 대지는 못하고, 동서교류에 대한 자신의 마지막 논변을 바로 "인간정신의 작용에서 보이는 평행선"으로 소실시키고 있다.

이것은 카터 자신이 앞서 제시한, "저 반세기 동안 유럽과 극동 간의 교류는, 우리가 지금 아는 한, 거의 부재했다"는 명제와 합치된다. 그러나 그는 이 명제에 이런 주석을 달아두고 있다. "하지만 1441년까지 중국과 아라비아와 이집트 간에 접촉이 있었다. (⋯) 15-16세기 테헤란과 16세기 이스탄불에 유입된 중국 도자기의 거대한 컬렉션들도 대륙을 횡단하는 지속적 연결을 입증해준다."[68] 또한 유럽과 중국·한국 간의 "이러한 연관에 대한 어떤 명백한 증거도 발견되지 않았다"라는 단정과 관련해서는 이런 길고 긴 주석을 붙이고 있다. "1546년에 쓰인 조비우스(Jovius)의 진술(Chapter 16, note 4를 보라)은 중국으로부터 활자인쇄술의 서천西遷에 대한 이른 직접증거에 가장 가깝게 접근한 것이다."[69] 앞서 카터는 이탈리아 역사가 파울루스 조비우스(Paulus Jovius, 이탈리아 이름 Paolo Giovio, 1483-1552)를 유럽 활판술의 중국적 유래에 대해 분명히 언급한 최초의 인물로 제시했었다.[70] 조비우스는 1546년 베니스에서 발간된 그의 책 *Historia sui temporis*(『자기 시대의 역사』)에서 인쇄술이 중국에서 발명되어 러시아를 거쳐 유럽에 도입되었다고 기록했다.

---

67) Carter, *The Invention of Printing in China and its Spread Westward*, 243쪽.
68) Carter, *The Invention of Printing in China and its Spread Westward*, 244쪽 후주3.
69) Carter, *The Invention of Printing in China and its Spread Westward*, 244쪽 후주4.
70) Carter, *The Invention of Printing in China and its Spread Westward*, 159쪽.

그런데 아주 놀랍게도 목도한 것은 거기(광동)에는 안으로 접혀 네모난 페이지를 이루는 아주 긴 2절지에 역사와 예법을 담은 책들을 우리 식으로 (more nostro) 인쇄하는 활자인쇄공들(typographos artifices)이 있다는 것이다. 교황 레오(Leo)는 포르투갈 왕이 그에게 코끼리와 함께 선물로 준 이런 종류의 책 한 권을 아주 감사하게도 내게 보여주었다. 그리하여 이것으로부터 우리는 포르투갈사람들이 인도에 닿기 전에 이런 종류의 서책 견본들이 스키타이사람과 모스크바사람들을 통해 읽고 쓰기에 비할 데 없이 도움이 되는 것으로서 우리에게 도래했다고 쉬 믿을 수 있다.[71]

이 글에다 카터는 이런 주석을 달고 있다. "중국인쇄술에 대한 이 가장 이른 언급은 런던의 성 바이드 도서관(St. Bide's Library)에 소장되어 있던, 리처드 스미스(Richard Smith)가 1670년에 쓴 미공간 원고 외에 분명하게 예전에 알아채지 못했다. 이 원고에서는 인쇄가 '스키타이사람과 모스크바사람들'에 의해 '카타이아(Cataia)의 인도인들'로부터 도입되었다는 조비우스의 견해를 차라리 비우호적으로 논의하고 있다. 조비우스는 새로운 러시아 국가가 몽골 지배로부터 해방된 지 얼마 지나지 않아 모스크바로 파견된 외교사절이었다. 조비우스는 러시아의 역사와 이 나라를 묘사하는 여러 책들을 남겼다. 그러므로 러시아에 관한 그의 의견개진은 상당한 무게를 지니고 있다. 다른 한편, 그는 어떤 자료출처도 인용하지 않고 있고, 그래서 그의 의견개진은 단지 러시아 역사와 중국 인쇄술에 대한 일반적

---

71) Carter, *The Invention of Printing in China and its Spread Westward*, 159쪽, 그리고 Tsien Tsuen-Hsuin, *Paper and Printing*. Joseph Needham, *Science and Civilization in China*, Volume 5. *Chemistry and Chemical Technology* (Cambridge: Cambridge University Press, 1985), 314쪽의 영역문 재인용. 라틴어 원문은 Carter, *The Invention of Printing in China and its Spread Westward*, 164쪽 Notes 4.

지식에 기초한 추정일 수 있다."72) 그리고 카터는 플랑드르 문필가이자 오스트리아 외교관 "부스베크(Busbecq; Ogier Ghiselin de Busbecq, 1522-1592)가 1562년 중국 인쇄술에 관한 편지를 썼다는 사실에도 주목하라"고 덧붙인다. 그리고 여기에 대해서는 사턴(George Sarton)의 1942년 논문("Third Preface to Volume XXXIII: Brave Busbecq", 562쪽)을 참조하라고 안내하고 있다.73)

그러나 자기가 제시한 저 조비우스 인용문과 관련해서도 카터는 다시 갈팡질팡한다. "이 인용문의 권위로운 출처를 너무 강조하는 것은, 특히 활자인쇄술과 관련해서 너무 강조하는 것은 현명치 못한 것으로 보인다. 'typographos artifies(활자인쇄공)'과 'more nostro(우리식으로)'는 쉬 느슨하게 쓰일 수 있는 말들이다. 이 단계에서 말할 수 있는 모든 것은 한국에서 개발된 것과 같은 금속활자를 포르투갈 사람들이 당도하기 20년 전인 1494년 양자강 하류 계곡지역에서 확실히 사용하고 있었다는 사실과, 베르나르 신부(Father Bernard)가 (저 인용문의) 첫 문구를 활판인쇄공들(artisans of typogaphy)을 뜻하는 것으로 간주한다는 사실이다."74) 카터는 화수華燧가 중국에서 금속활자 인쇄를 시작한 연도(1490년)를 '1494년'으로 약간 잘못 기술하고 있다. 여기서 '버나드 신부'는 "Les origines chinoises d'ouvrages de l'imprimerie aux Philippinoes(필리핀 인쇄서적의 중국적 기원)"(MS 7, 1942)와 "Les adaptations chinoises d'ouvrages européens(유럽작품들의

---

72) Carter, *The Invention of Printing in China and its Spread Westward*, 165쪽 Notes 4.

73) Carter, *The Invention of Printing in China and its Spread Westward*, 165쪽 Notes 4.

74) Carter, *The Invention of Printing in China and its Spread Westward*, 244쪽 Notes 4. 괄호 속 우리말은 인용자.

중국적 변안)"(MS 10, 1945)을 쓴 앙리 베르나르 예수회 신부(Henri Bernard, S.J., 1889-1975)를 가리킨다.

이어서 카터는 이렇게 덧붙인다. "피에르 구스망(Pierre Gusman)은 1916년 (La grauvre sur bois et d'éparggne sur métal, Paris, 37, 38쪽에서) 극동으로부터 활자인쇄술의 서천을 설명하는 것에 대한 두 개의 다른 이론적 가능성을 제기했다. 한 이론은 그것이 러시아를 거쳐 들어와 구텐베르크가 프라하에 체류한 것으로 추정되는 시기에 그것을 배웠다는 것이다. 두 번째 이론은 (추정컨대) 더 이른 시기부터 위구르인들과 접촉해왔고 훗날 코스터(Coster[홀란드 인쇄술 발명가 Laurens Janszoon Coster, 1370-1440])가 살던 때 홀란드에 정착해 살았던 한 아르메니아인 상단에 의해 유럽으로 도입되었다는 것이다. 그러나 이 이론들은 둘 다 신빙성이 없어 보인다. 코스터가 최초로 목판을 잘라내어 만든 목활자로 인쇄를 했다는 코스터 이야기 버전이 진실로 입증된다면, 이것은 왕정王禎이 묘사하고 펠리오가 발견한 그 활자와의 연관을 긍정하는 방향으로 일정한 추정을 추가할 것이다. 그러나 최근의 조사들은 차라리 코스터 이론의 적어도 이 부분에 대한 신뢰를 떨어뜨리는 경향이 있어 왔다. 더 신빙성 있는 증거가 발견될 수 있기까지 의문은 이 절의 마지막 지점에 열거된 간접적 채널들을 통한 것, 즉 종이의 발명과 목판인쇄술을 통한 것과 다른, 유럽 활판술의 중국과의 어떤 연관도 부정하는 추리와 함께 열린 형태로 남아 있어야 할 것이다."75)

결국 카터는 유럽의 활판인쇄술이 중국(한국)으로부터 유래했다는 것에 대한 직접적 증거가 아직 없고 앞으로 그런 증거가 나올

---

75) Carter, *The Invention of Printing in China and its Spread Westward*, 244쪽 Notes 4.

때까지 이 문제에 대한 최종결론을 유보하지만 유럽의 활판술이 중국의 제지술과 목판인쇄술의 응용에서 개발되었을 것이라는 '정황증거' 쪽으로 기울어진 결론을 내놓고 있다. 조비우스의 증언은 증거능력이 없다고 본 것이다. 조비우스는 1546년에 그 글을 썼다. 그의 이 기록은 중국에서 활자인쇄가 1490년에 시작되었으므로 바른 것일 수 있다. 그러나 구텐베르크가 중국 금속활자 활인술을 배웠다면 늦어도 1420-1440년간에 중국 활인술이 유럽에 당도했어야만 한다. 그러나 1440년 이전에는 중국에 금속활자 인쇄술이 존재하지 않았다. 따라서 카터는 구텐베르크의 금속활자 활판술이 중국에서 왔다는 조비우스의 증언은 증거능력이 없다고 결론지은 것으로 보인다.

그러나 나중에 살피겠지만 조비우스의 증언 외에도 구텐베르크의 금속활자활인술이 중국에서 왔다는 소문은 구텐베르크 인쇄술이 확산되던 1500년대에 파다했던 것으로 보인다. 그리고 이 소문들에 대한 기록과 구텐베르크 인쇄술이 중국(한국)에서 왔다는 것을 증언하는 문헌기록은 조비우스의 기록 외에도 르루아·멘도자·베이컨·보디에의 기록 등 네 건이 더 있다. 따라서 조비우스의 증언을 간단히 증거능력 없는 기록으로 제쳐버리는 것은 "현명치 못한" 반면, 그의 의견개진에 "상당한 무게"를 부여하는 것이 현명할 수 있다. 가령 교황이 조비우스에게 보여준 포르투갈 왕의 선물인 활인본活印本 서적이 한국 서적인데, 그가 이것을 중국에서 왔기 때문에 중국서적으로 오인한 것일 수 있기 때문이다. 그 당시에는 고려와 조선의 한국문물이 무엇이든 대부분 중국을 통해 서천했기 때문에 서양인들이 한국문물을 중국문물로 오인하거나, 한국이 지리적으로 중국에 붙어있기 때문에 서양인들이 한국을 중국의 일부로 오인하는 것은 다반사였다. 18세기 초까지도 서양인들이 심지어 중국·한국·일본을 인도와 묶어 "*Indies*"라고 부르기도 하고, 거꾸로 인도를 중국에 포함시켜 몽땅 '중국'이라고 부르기도 하는 시대였기 때문에 서양에서 한국을 중국에 포함시켜 중국으로 오인하는 것은 일상적이었던 것이다.

그러나 이런 오인에도 불구하고 1540년대에 광동에 "책들을 우리식으로 인쇄하는 활자인쇄공들이 있다는 것"은 100% 사실이라고 봐야 할 것이다. 왜냐하면 1490년에 등장한 화수의 중국 금속활자 인쇄술은 이후 여러 지역으로 확산되었고 광동에도 전해졌을 것이기 때문이다. 이런 까닭에 조비우스가 포르투갈 왕에게서 선물받은 활인본 서적을 광동에서 본 그 활자인쇄공들의 작품으로 오인하고, 유럽의 금속활자 활인술도 이 중국 활자인쇄술을 모방한 것으로 착각하도록 오도당했을 것이다. 원대 중국에서 고려를 중국에 포함시켜 중국을 12개 성省으로 나누고 다만 이 중 고려 등 3성을 외부로 분류했을 뿐이기[76] 때문에 한국(고려·조선)은 당시 유럽에 오랫동안

---

76) 헨리 율(Henry Yule)은 이렇게 말한다. "(...) 이 관념은 요임금 치하(BC 2286)의 중국의 태고대적 9성 분할과 관련된 전통적 칭호로부터 온 것일 것이다. 제국을 12개의 싱(sing, 성省)으로 나눈 몽고인들 치하의 제국분할에서도 이 중 세 싱, 즉 Solaka, Corea, Yunan은 외부로 간주되고 다른 아홉 개 성(省)이 중국 본토를 구성하는 것으로 여겨졌다. 9성은 고래로 중국본토에 적용되던 이름이다." Henry Yule, "Preliminary Essay on the Intercourse between China and the Western Nations Previous to the Discovery of the Sea-Route by the Cape", §111(cxxxix쪽) 각주1. Henry Yule (trans. and ed.), *Cathay and the Way Thither: Being a Collection of Medieval Norices of China, with a Preliminary Essay on the Intercourse between China and the Western Nations Previous to the Discovery of the Cape Route*, vol. 1 (London: Printed for the Hakluyt Society, 1866; Cambridge: Cambridge University Press, Republished 2009). 참고로 율은 '1375년의 카탈로니아 지도(Catalan Map of 1375)'에서 나타난 고려의 지리적 지식에 대해 이렇게 쓰고 있다. "극단적 동남쪽에는 *Taprobane*섬이 있다. 그것은 수많은 도시를 보여주는 데, 이 도시들의 이름은 상상의 것인 것 같다. 그리고 제목에서는 타타르에 의해 *Great Kauli*라고 불리는 가장 먼 동쪽 섬인 것으로 얘기된다. *Kauli*는

중국의 일부로 소개되었다. 따라서 원대부터 18세기 청대까지 '한국'을 '중국'의 한 성省으로 오인하는 것은 유럽에서 흔한 일이었던 것이다. 이런 오인이 바로 조비우스에게도 엿보이고, 이 오인은 포르투갈 국왕의 선물 서적이 16세기 초에 광주에서 목도된 활자인쇄공들과 오버랩되면서 더욱 강화된 것으로 보인다.

1500년에서 1560년에 걸친 시기에는 이미 중국의 활자인쇄술에 대한 정보가 여러 가지 통로로 들어와 있었다. 베니스 대사 라무시오(Giovani B. Ramusio)가 1550년경 대황大黃상인 하지 모하메드(Hajji Mahomed)의 이야기를 받아쓴 '중국기中國記'에서 라무시오는 이렇게 말하고 있다. "중국인들은 그 나라 안에 인쇄술을 가지고 있고, 그들의 서적들을 인쇄한다. 나(라무시오)는 그들의 인쇄방법이 우리 자신의 것과 동일한 것인지에 대해 분명히 하고 싶었던 만큼, 어느 날 그 페르시아사람(마호메드)을 데리고 산 귈리아노(San Giuliano)에 있는 토마소 균티(Thomaso Giunti) 씨의 인쇄사무소를 보러갔다. 그는 주석 활자들과 그들이 압인하는 나사압착기(screwpress)들을 보았을 때 그의 눈에는 이것들이 (중국의) 저것들과 아주 많이 유사하게 보인다고 말했다."77) 마호메드는 1550년 훨씬 이전에 중국에서 이 금속활자 인쇄를 목도했을 것이다. 따라서 광동의 활자인쇄공들에 대한 조비우스의 1546년 전언은 100% 사실이라고 판단해야 한다.

중국인과 타타르인이 부르는 Corea의 명칭이었다. 이 거대한 *Tarprobane*는 아마 Corea 와 Japan의 뒤범벅일 것이다." Henry Yule, "Supplementary Notes", Note XX: On the Maps in the Work. ccxxv쪽. Henry Yule (trans. and ed.), *Cathay and the Way Thither*, Vol. 1. 한국과 일본을 뭉뚱그려 '타르프로바네 섬'으로 인식하는 것이 참 우습다. 이처럼 당시 유럽인들의 지리지식이 유치했다.

77) Yule, "Supplementary Notes", Note XVIII: "Hajji Mahomed's Account of Cathay, as Delivered to Messer Giovani Battista Ramusio (Circa 1550)", ccxix쪽.

오제 부스베크(Auger Gislen de Busbeck, 또는 Ogier Ghiselin de Busbecq)는 그가 1560년경에 받아쓴 터키 수도사의 보고에서 이렇게 덧붙이고 있다. "지난 수세기 동안 중국인들 사이에서는 인쇄술이 쓰였고, 그가 거기서 보았었던, 활자(types)로 인쇄된 서적들은 이 사실을 충분히 입증했다. 이것을 위해 중국인들은 누에의 허물과 고치로 만든 종이를 쓴다. 이 종이는 아주 얇아서 종이의 한쪽에만 활자를 압인하는 것을 견디는 까닭에 다른 쪽은 비워 둔다."[78] 부스베크는 여기서 분명히 "활자로 인쇄된 서적들"이라고 말하고 있다. 그러나 그가 겨우 1560년 시점을 기준으로 삼을 때 겨우 70년 전에 시작된 중국의 금속활자 인쇄를 마치 "수세기" 전에 시작된 것으로 오해하고 있다.

중국에서 활자인쇄공, 활자인쇄술, 활인活印서적을 보았다는 조비우스의 전언, 저 터키 수도사의 이야기, 모하메드의 이야기는 모두 다 100% 사실로 판단된다. 1490년부터 1540년대 또는 1560년대에 이르는 시기는 이미 화수의 금속활자 인쇄술과 그의 활인서적들이 중국 전역에 충분히 알려지고 확산되었을 때이기 때문이다. 따라서 15-16세기 유럽인들은 이탈리아상인과 기타 유럽상인, 그리고 이슬람 상인들이 우글대던 송·원대와 명대 초 세계 최대의 국제 항구도시였던 천주泉州에 드나든 많은 고려 상인들 또는 조선상인들(1392년 건국된 '조선'은 이후에도 중국인들에 의해 줄곧 '고려'로 불렸다[79])이나, 위구르인 대원제국 관원들과 북원北元의 몽고인들이 서양상

78) Yule, "Supplementary Notes", Note XIX: "Account of Cathay by a Turkish Dervish, as related to Auger Gislen de Busbeck (Circa 1560)", ccxxi쪽.

79) 장수민(강영매 역), 『중국인쇄사(三)』, 1550쪽: "과거 중국에서 관(官)이나 개인들의 저서에 '조선본' 서적을 모두 '고려본'이라고 칭했지만 실은 그 서적들은 주로 조선 인본(印本)이고 진짜 고려시대 인본은 아주 적었다." (강영매의 국역문을 손질했음)

인이나 외교사절들에게 전해준 한국 금속활자인쇄술 정보와, 판매하거나 예물로 준 한국산 활인본 서적들을 '중국산'으로 착각하기 십상이었을 것이다. '팍스 몽골리카'(Pax Mongolica; 몽고평화) 시대와 이후 시대 천주와 북원을 통한 한국 금속활자의 서천에 대해서는 뒤에 상론한다.

■ 조프리 허드슨: 한국활자의 서천과 구텐베르크의 모방

카터의 연구를 이어 더욱 발전시킨 조프리 허드슨(Geoffrey F. Hudson, 1903-1974)은 1931년 중국을 다녀간 유럽인들, 특히 성직자들은 유럽보다 훨씬 앞서 중국 전역에 확산된 금속활자 활판인쇄술에 대한 정보를 전했을 것이라는 카터의 정황증거를 입증하기 전사前史를 상세하게 추적한다. 1428년 항해왕 헨리(Henry the Navigator)의 형제인 포르투갈의 페드로 왕자(Prince Pedro)가 마르코 폴로의 책과 지도 한 장을 가지고 베니스로부터 포르투갈로 돌아왔는데, 이로부터 약 10년 뒤 활자(movable type)로 인쇄하는 혁신적 활판인쇄가 유럽에서 개시되었다는 것이다. 따라서 이것은 "이 혁신이 극동에서 예전의 어느 때 대규모로 사용된 유사한 인쇄술에 관한 보고 덕택에 이루어졌을 것이라고 여기는 타당한 이유"라는 것이다. 종이는 105년 중국에서 처음 만들어졌고 활자를 쓰지 않은 목판인쇄는 적어도 9세기부터 나타났으며, 가장 오래된 인쇄본 중국서책은 868년의 불교경전이다." 그리고 "953년"에는 목판본 유교경전들이 나왔다. 또한 "11세기 중반에는 도陶활자로 인쇄하는 활판인쇄술이 필승畢昇(Pi Sheng)이라는 사람에 의해 고안되었다. 이것이 세계 최초의 활자이고 활판인쇄술이다. 원나라 때에는 목활자가 도자기활자를 대체했으나 이 인쇄법은 널리 활용되지 못했다. 활판인쇄술의 거대한 진보는 15세기 초에 일어났는데 "그것은 중국에서가 아니라 한국에 서였다". 이 거대한 진보는 중국의 글자문화를 백성들 사이에 보급 하고 몽골군대에 의해 황폐화된 나라를 "재再문명화"하려는, 1392 년에 개창된 조선왕조의 "강렬한 욕구" 때문이었다. "1400년부터 1418년까지 지배한 태종"은 "중국 학문에 대한 헌신자"였고 교육에 대한 "불타는 열정"을 가지고 있었다. 그는 서적을 가급적 신속하게 늘리기를 바라면서 중국식 활판인쇄법을 택해 개선했고, 1403년 주자소鑄字所를 세워 서적을 간행하기 시작했다. 그 결과, 30년 동안 엄청난 양의 서적들이 이 주자소에서 인쇄·간행되었다.[80] 허드슨은 고려 후기에 금속활자로 활인된 『증도가』(1211), 『상정예문』(1234), 『직지』(1377) 등을 다 무시하고 태종이 "중국식 활판인쇄법을 택해 개선한 것'으로 착각하며 이렇게 말한다. "한국(조선)의 활자는 금속 이었고 기술은 초기 유럽 활판술(typography)과 아주 유사했다."[81] 그는 카터처럼 활자주조가 활판인쇄술 발명의 열쇠이고 한국인들 이 개발한 것은 바로 활자주조였으며 이것이 한국 인쇄술의 중요한 의의라고 생각했다.[82] 15세기에 비로소 유럽은 "성공적 인쇄의 일 차적 조건인 종이"를 생산했는데, 종이를 만든 이 제지술도 중국에 서 중국 인쇄공들을 포로로 잡아온 아랍인들을 통해 유럽에 전해진 것이다. 그리고 유럽인들은 당시 목판인쇄술을 알고 있었지만 실제 서적 인쇄에 쓰지 않았던 것으로 보인다."[83] 허드슨은 여기서 오류 를 범하고 있다. 유럽에서 13세기 말엽에 처음 등장한 목판인쇄술은

---

80) Geoffrey F. Hudson, *Europe and China: A Survey of their Relations from the Earliest Time to 1800* (Boston: Beacon Press, 1931·1961), 165쪽.

81) Hudson, *Europe and China*, 165쪽.

82) Hudson, *Europe and China*, 165쪽.

83) Hudson, *Europe and China*, 165쪽.

17세기까지도 금속활자 인쇄술보다 많이 쓰였기 때문이다.

이어서 허드슨은 "중국은 이미 이 인쇄설비에 기여했었다"고 말한다. 중국의 목판인쇄는 몽고의 정복전쟁 과정에서 유럽인들의 아주 큰 관심을 끈 중국의 인쇄된 지폐를 통해, 그리고 몽고인들이 유럽에 가져온 인쇄된 화투를 통해, 또한 불교도들이 만든 종교적 삽화 인쇄물을 통해 유럽에 전해졌다. 유럽의 초창기 카드와 종교화보는 아시아적 모델들과 거의 똑같았다. 그리하여 카터에 의하면, 구텐베르크가 한국 금속활자 인쇄술의 영향을 받았다는 주장은 "합리적 확실성의 정보로 받아들여질 정도로 강력한 정황증거에 근거한다"는 것이다.84)

유럽역사에서 실제적 '인쇄술의 발명'을 뜻하는 것은 1440년경 활판술의 시작이다. 그것은 활자조립·사용 없이 한 판의 목판에 움직일 수 없는 글자들을 새겨 찍는 목판인쇄법에 의한 서적생산 산업을 앞설 수 없었다. "그것은 선진적 공법으로 등장해 일거에 인쇄업계를 장악했기" 때문이다.85) 그러나 허드슨도 구텐베르크 찬양자들처럼 여기서 실언하고 있다. 구텐베르크의 인쇄술이 반세기 동안 신속하게 유럽 주요도시로 확산된 것은 사실이지만, 구텐베르크 금속활자인쇄술은 19세기 후반까지도 인쇄되는 서적의 전체 권수卷數에서 비교적 '작은 부분'만 점했을 뿐이기 때문이다. 이에 대해서는 뒤에 상론할 것이다.

허드슨은 카터가 구텐베르크 인쇄술을 한국 활판기술자들의 작업에서 유래하는 것으로 보지 않는다고 비판한다. 카터는 한국의 활판인쇄술을 "방계지엽傍系枝葉, 말하자면 유럽 활판술의 발명가의

---

84) Hudson, *Europe and China*, 165-166쪽.

85) Hudson, *Europe and China*, 166쪽.

조상이라기보다 사촌" 쯤으로 간주한다는 것이다.86) 사실 카터가
조심스럽게 중립적으로 논하고 있지만 연관 증거의 부족을 들어
한국 금속활자 활판인쇄술과 구텐베르크의 금속활자 활판술의 등
장이 '묘한 우연의 일치'라는 데 무게를 싣는 듯했다.

그러나 상술했듯이 카터는 유럽 인쇄술에 대한 중국의 영향이
중국의 활판인쇄술을 통하지 않았을지 몰라도 중국의 영향이 있을
것으로 추정되는 정황증거들을 제시했다. 그리고 그 시대 50년간에
도 동서 교섭이 있었다는 주석을 달아두었었다.87) 허드슨은 이 대목
을 중시하고 여기서 한 걸음 더 전진해 한국과 독일 간의 연결선과
15세기 초반의 동서교역로를 보다 확실하게 입증하려고 하면서
카터의 입장을 비판한다.

> 우리는 그 인쇄공법이 한국정부에 의해 서적생산 제고提高방법으로 채택
> 된 후에 곧 이와 완전히 독립적으로 유럽에 나타났다는 것이 묘한 우연의
> 일치로 보인다는 말에 동의하지만, 한국의 인쇄산업에 관한 이야기가 유
> 럽에 도달하게 할 수 있었을 그 어떤 그럴법한 채널이 존재하지 않았다는
> (카터의) 주장을 의문시한다.88)

허드슨은 1400년에 몽고제국은 완전히 붕괴되었지만, 그 해체로부
터 생겨난 몇몇 집단들이 여전히 부강했고 중앙아시아의 장거리
카라반 무역이 아직 계속 이루어지고 있었다는 표시들이 많이 존재
한다고 주장한다. 이 거친 지역에서의 무역은 시작하기 어려웠지만,

---

86) Hudson, *Europe and China*, 166쪽.
87) Carter, *The Invention of Printing in China and its Spread Westward*, 244쪽 후주3.
88) Hudson, *Europe and China*, 166쪽.

일단 시작하면 말살하기 어려웠다. "이탈리아인들이 더 이상 중앙아시아 교역로를 따라 침투할 수 없었다는 것은 사실이지만, 주로 그들은 기독교인들이었고 산적행위만이 아니라 몽고의 이슬람 개종자들에 의한 박해도 당해야 했다. 그리고 중앙아시아의 혼돈 시기에 스텝 생활과 스텝지대의 강탈 및 전쟁에 맞게 태어나고 길러진 유목민들 자체가 카라반을 형성하기에 가장 적합했다. 1403-1405년 카스티야 왕국에서 티무르에게 파견한 특사 클라비조(Ruy Gonzalez de Clavijo, ?-1412)에 의하면, 티무르 시대에 사마르칸트는 교역로의 원거리 네트워크의 중심지였다. 1404년에는 실크·보석·사향·대황을 실은 800마리의 낙타가 중국에서 왔고, 동부 시베리아에 사는 것으로 보이는 한 부족으로부터 매·흑담비·담비 가죽을 가지고 티무르에게로 왔으며, 러시아 상인들이 아마포와 가죽을 가지고 왔다. 그리고 이렇게 시사되는 무역노선들은 서쪽의 또 다른 무역노선, 즉 보호습지 덕택에 몽고의 정복을 피했던 도시 노브고로드를 통해 이어지는 독일 한자(Hansa) 무역노선과 연결된다. 노브고로드는 당시 가죽 중에서 가장 소중한 가죽인 시베리아 흑담비 가죽을 찾아 상업활동을 동쪽으로 넓혀 우랄산맥 너머로까지 확장했다. 볼가강 상류와 중부지역에는 주로 유목민들의 야만적 행동에 노출된 남부 지역으로부터 이주한 인구로 인해 증가일로에 있는 주민들이 있었다. 여기서 1480년 몽고지배로부터 해방된 모스크바의 새로운 러시아 세력은 13세기 유럽에 원정했다가 볼가 지류에 반半 정착한 황금 씨족(Golden Horde, 칭기즈칸의 가문인 보르지긴 가문) 몽고족(칭기즈칸의 직계후손이 있는 몽고족)이 세운 킵차크 칸국(Kipchak Khanate, 또는 Unlus of Jochi, 1255-1480)'과 대립했다. 킵차크 칸국에서 분해된 크림 칸국과 카자흐 칸국은 각각 1783년과 1847년까지 존속했고, 전성기의 킵차크 칸국은 그 영토가 시베리아와 중앙아시아에서 동유럽까지, 우랄에서 다뉴브까지, 그리고 흑해에서 카스피 해까지 뻗치고, 몽고왕조에 속한 일 칸국 및 코카서스 산맥과 접경했다. 황금군단의 볼가 지류支流는 1438년부터 카잔에 독립 칸국을 세웠다. 여기에서 니즈니노브고로드는 이미 유명한 시장으로 발전하고 있었다.[89] 그래서 조프리 허드슨은 니즈니노브고로드와 카잔이 한국 금속활자 정보가 전해진 상업거점이었을 것으로 추정한다. "사마르칸트에서 클라비조가 북경에서 6개월을 보낸 한 타타르 카라반 수행원으로부터 중국에 관한 모종의 진실과 많은 우화를 들었던 것과 똑같이, 니즈니노브고로드나 카잔에서 어떤 독일 한자 상인은 멀리 여행하는 그 어떤 비단·가죽 무역업자로부터 서적을 금속활자로 찍어내는 극동의 한 나라에 관한 이야기를 들었을 것이다." 왜냐하면 "한국의 국영인쇄는 한 귀퉁이에서 하던 일이 아니었기" 때문이다. 그것은 바로 카라반 숙소의 수다 속에서 들을 법한 종류의 "경이로운 이야기"였다. 독일의 한자(Hansa) 상인에 의해 전해졌을 이런 아이디어는 "독일에서 옥토를 발견했을" 것이다. 정확한 공법工法이 알려지지 않은 경우에도 "일이 성공할 수 있다는 것을 아는 것"은 가장 큰 "발명 자극"이다.[90]

허드슨이 무심하게 말하고 있지만 니즈니노브고로드가 "당시 가죽 중에서 가장 소중한 가죽인 시베리아 흑담비 가죽을 찾아" 상업활동을 우랄산맥 너머로까지 확장했다는 그의 말에 주목할 필요가 있다. 18세기 조선시대까지 흑담비 가죽은 인삼·한지韓紙·붓·금은·철·(황금빛)유약·꼬리긴닭·조랑말·소금·비버(해리海狸)가죽 등과 더불

---

89) Hudson, *Europe and China*, 166-167쪽.
90) Hudson, *Europe and China*, 167-168쪽.

어 한국의 주요수출품이었기[91) 때문이다. 따라서 노브고로드 상인
들과 중앙아시아 상인들은 상업목적으로 떼를 지어 한국인들과
지속적으로, 그리고 빈번히 집단적으로 접촉했을 것이다.

그러나 허드슨은 한국 금속활자의 서천에 관한 자기의 주장을
"물론 이 모든 것은 다 밝혀지지 않은 단순한 추측이다"는 말로
제한한다. 그래도 그는 장담한다. "우리는 상당한 확신을 갖고 불가
강과 몽고 간에는 어떤 넘을 수 없는 장벽도 없었고, 또 1400년부터
1440년까지의 중앙아시아의 사정이 이 경우의 개연성에 과도한
부담을 주는 것 없이 극동으로부터 온 시사적 정보(suggestion)가 유럽
에 도달했을 것이라고 추정해도 된다고 말할 수 있다".92) 허드슨은
카터보다 더 확실한 구체적 정황증거를 들이대면서 한국 금속활자
의 서천론西遷論을 뒷받침하고 있다.

그리고 허드슨은 곁들여 구텐베르크 독창설獨創說을 무력화시키
기 위해 1929년의 『엔사이클로피디아 브리타니카』(제14판)의 '인쇄
(printing)' 항목을 제시한다. "중국인에 의한 원리의 발견과 독립된
유럽의 활판인쇄 발명의 실제적 날짜에 관한 어떤 확실성도 없지만,
1440년경 일어났다고 가정된다. (…) 유럽의 활판인쇄 발명의 실제
적 날짜에 관한 아무런 확실성이 없는 것처럼 누가 진짜 발명가인지,
그리고 그 발명이 어디서 일어났는지도 의심스럽다."93) 1920년까지
도 서구에서 구텐베르크 발명설은 UFO와 같은 단순한 미확인의

---

91) Pere Regis(Jean-Baptiste Régis, 1663-1738), "Geographic Obsevations on the Kingdom
of Corea", taken from the *Memoirs of Pere Regis*, 387쪽. Du Halde, *The General History
of China*, Vol. IV (London: Printed by and for John Watts, 1736); Du Halde, "An
Abridgment of the History of Corea", 425쪽. Du Halde, *The General History of China*,
Vol. IV.

92) Hudson, *Europe and China*, 168쪽.

93) Hudson. *Europe and China*, 168쪽.

'설說'이었던 것이다.

그리하여 허드슨은 구텐베르크가 유럽의 알파벳 금속활자를 제작할 때 한국의 금속활자를 전혀 참조·모방하지 않았다는 것에 대한 거증책임을 그의 독자성을 주장하는 사람들이 져야 한다고 결론짓는다.

그러나 분명 우리는 유럽에서 그 발명이 언제, 어디서, 또는 누구에 의해 이루어졌는지 확실히 알려져 있지 않다면 그것이 이미 더 이른 시기에, 그리고 눈에 튀게 사용된 중국-한국 공법과 독립적이었음이 어떻게 정언적으로 주장될 수 있는지를 물을 권리가 있다. 그리고 한국의 활판인쇄술이 유럽에서 바로 그 공법의 등장 이전에 그토록 놀라운 발전을 완료했기 때문에, 그리고 극동과 독일 사이에 뉴스 전달이 가능한 연결선들이 존재했기 때문에 증명의 책임은 실제로 유럽적 발명의 완전한 독자성을 주장하는 사람들에게 있다.[94]

이것은 구텐베르크가 동서를 오간 수많은 유럽인들을 통해 한국의 금속활자에 대해 들었을 것이라는 추리논증이자, 구텐베르크가 한국의 금속활자를 모방하지 않았다는 것에 대한 거증책임을 독일인들에게 돌리는 논변이다. 이로써 그는 자신의 한국 금속활자 서천론과 구텐베르크 발명설에 대한 자신의 전적인 부정을 못박고 있다.

허드슨의 핵심논지는 구텐베르크가 한국의 금속활자를 전해 듣고 이를 모방해 유럽의 알파벳 금속활자를 만들었다는 것이다. 그러나 그는 세 가지 면에서 미흡성을 보여주고 있다. 첫째, 그는 한국 금속활자의 다양한 서천루트를 제시하지 않고 있다. 그는 다만 북방

---

94) Hudson, *Europe and China*, 168쪽.

루트만을 간략히 제시하고 있다. 그러면서도 그의 설명은 명국에 의해 내쫓겨 몽고 원거주로 돌아간 북원北元과 15세기 조선 간의 관계에 대한 설명을 전적으로 결하고 있다. 게다가 천주를 통해 동서를 연결하던 해로를 완전히 배제하고 있다.

둘째, 허드슨도 카터처럼 정화의 30년 대항해(1405-1433)와 이를 통해 30년간 더욱 활짝 열리게 된 해양루트도 망각하고 있다. 명대 대항해의 영향과 파장이 진동하던 이 15세기 초반은 태종·세종조(1403-1450)에 제1차 정점에 도달한 조선 금속활자 인쇄문화의 황금기였다. 또한 조선은 상술한 바와 같이 18세기 초까지 인삼·한지·붓·금은·철·유약·꼬리긴닭·조랑말·소금·비버가죽·흑담비 가죽 등을 수출하고 있었고, 아울러 많은 서적들도 수출하고 있었다. 뒤알드(Jean-Baptiste Du Halde, 1674-1743)는 세 종류의 중국서책을 간추린 논고 「코리아 약사(An Abridgment of the History of Corea)」(1735)에서 저 세 중국서책 중 어느 책에 묘사된 조선 무역상인의 서적판매 광경을 이렇게 옮겨 놓고 있다.

(조선) 상인들은 서적들을 팔려고 내놓을 때 가장 고운 옷을 입고, 가격을 논하기 전에 모종의 향을 피운다.95)

이것은 조선들의 국제적 서적판매에 따른 관행을 기술한 것으로서 조선 상인들이 대대로 해외에 인쇄된 서적을 팔았다는 것을 뜻한다. 조선 무역상이 판매한 이 책들은 활인본·번각본·간인본이 뒤섞여 있었을 것이다. 그러나 상담에서는 간기刊記나 발문跋文을 보고 인본印本을 면밀히 구별했을 것이고, 가격차이가 크게 났을 것이다. 따라

---

95) Du Halde, "An Abridgment of the History of Corea", 425쪽.

서 이것을 구입한 중국인, 베니스·제노바상인이나 이베리아상인들, 모스크바상인이나 아랍상인, 몽고상인이나 위구르상인들은 구입한 책들 중 금속활자 활인본을 골라내 본국에서 좀 더 높은 가격에 팔았을 것이다. 왜냐하면 주변에서 글씨를 대충 잘 정서正書하는 필사자筆寫者의 글자체를 반영하는 목판본과 달리 활인본은 반드시 한국과 중국의 역대 명필의 글씨를 자본字本으로 삼아 주자된 금속활 자로 찍은 아름다운 서체의 인쇄본이기 때문이다.

마지막으로, 허드슨은 일체의 문서기록을 증거로 제시하지 않고 있다. 카터는 그래도 스스로 그 타당성을 희석시켰을지라도 조비오 (조비우스)의 글을 문서증거로 제시했었다. 허드슨은 중국 서책과 인쇄술의 서천에 관한 르루아, 멘도자, 베이컨, 보디에 등의 언급을 몰랐던 것으로 보인다.

■ 앙드레 블룸의 한국활자 서천론과 구텐베르크 발명설에 대한 부정

앙드레 블룸(André Blum)도 궁극적으로 구텐베르크 발명설을 부정하고 한국 금속활자의 서천을 주장하지만, 처음에는 서천론을 단호하게 부정하고 구텐베르크 발명설만을 내세웠었다. 1935년 그는 『종이, 인쇄술, 조판술雕板術의 기원(Les origines du papier, de l'imprimerie et de la gravure)』에서96) 이렇게 주장한다.

몇몇 사람들은 활자의 기원을 퀸틸리안(Quintilian)과 키케로의 저서에 들어 있는 구절들의 힘에 의거해 고전적 고대가 아니라 차라리 극동의 9세기로

96) André Blum, *Les origines du papier, de l'imprimerie et de la gravure* (Paris: La Tournelle, 1935); 영역본: *The Origins of Printing and Engraving*, trans. by H. M. Lyndenberg (Charles Scribner's Sons, 1940).

추적해 올라가려고 애썼다. 10세기에 언필칭 조판雕板(=刻板)된 텍스트들이 존재했다는 사실에 대해서는 가령 사마광의 역사 매뉴얼에 오직 경미한 증거밖에 존재하지 않는다. 그러나 마르코 폴로가 그 나라들에서의 그의 여행 이야기에 이러한 것들에 대해 한 마디도 언급하지 않는 것은 주목할 만하다. 14세기까지 각판된 텍스트에 대한 어떤 다른 언급도 없었다. 쿠랑(Courant) 씨는 주자鑄字로 인쇄되었다는 간기刊記가 붙어있는 1377년 날짜의 한국 서적 한 권에 대해 기술한다. 이 책은 고립된 사례가 아니었다. 26년 뒤, 1403년에 출판된 국왕 태종의 칙령은 이런 성명聲明을 담고 있다. "나는 서책들의 확산을 제고提高할 목적으로 인쇄하는 데 쓰기 위해 동활자를 주자하기를 바라노라." 이 왕명은 너무 빨리 닳아버리는 목활자를 대체할 더 오래가는 활자를 마련할 것을 의도했다.97)

블룸은 증거가 "경미하고" 또 마르코 폴로가 극동제국 견문록에서 인쇄술이너 인쇄서적에 관해 "한 마디도 언급하지 않았다"는 것을 들어 서천 가능성을 무시하고 있다. 그리고 마지막에 그는 "그러나 (한국에서의) 이 혁신은 중국으로부터 유럽으로 수입되지 않았다"고 단언함으로써98) 카터와 허드슨의 한국 금속활자의 서천론을 봉쇄해버렸다.

그러나 앙드레 블룸은 18년 뒤인 1953년 발표한 도발적 제목의 「구텐베르크가 인쇄술의 최초 발명자인가?(Gutenberg est-il le premier inventeur de l'imprimerie?)」라는 논고에서99) 입장을 정반대로 뒤집어

---

97) Blum, *The Origins of Printing and Engraving*, 20쪽.

98) Blum, *The Origins of Printing and Engraving*, 20쪽.

99) André Blum, "Gutenberg est-il le premier inventeur de l'imprimerie?". *La Chronique graphique* (janvier 1953).

한국 금속활자 서천론을 대변한다. 그는 이 논고에서 구텐베르크의 독창설을 부인하고 한국 금속활자 모방론을 피력했다.

블룸은 1953년의 이 논문에서 역사적 사실로부터 구텐베르크가 한국의 활자인쇄기술에 의해 어떤 식으로든 영향받았다는 결론을 도출할 수 있다고 생각했다. 그는 자기의 견해를 눈앞에 분명하게 드러내기 위해 붉은 선들이 쳐진 유라시아의 지도 속에 한국(과 중국)의 활판인쇄술이 유럽으로 갔을 수 있는 길을 그려넣었다. 한국 활판인쇄술은 투르키스탄을 통해 실크로드와 페이퍼로드를 따라 바그다드까지 이동했다는 것이다. 그러나 그 다음 이 인쇄술은 지중해로 가는 자연적(서양적) 길을 택한 것이 아니라, 흑해와 카스피해 사이로 코카서스를 가로질렀다. 이 인쇄술은 러시아 상업도시 노브고로드에 도달해서 거기로부터 먼저 모스크바로 간 다음 바르샤바로, 그리고 최종적으로 프라하로 이식되었을 것이라고 주장한다. 그 다음 그것은 프라하로부터 부챗살처럼 홀란드, 프랑스, 독일, 이탈리아로 확산되었다는 것이다. 그리고 이 확실시되는 보고들과, 이어진 시기에 극동에서 주자된 동활자로 찍힌 책들의 현존을 통해 한국 서울에서 활자인쇄술을 늦어도 마인츠 시민 구텐베르크가 10살보다 많이 먹지 않았던 1409년에 알고 활용했다는 것이 분명하다는 것이다.[100] 그리고 블룸은 조비우스의 글도 인용했다.[101]

뒤에 살펴보는 바와 같이 블룸의 이 주장에 대해 1953년 독일인 알로이스 루펠(Aloys Ruppel)은 반박문을 제기한다. 이 반박은 억울하게 도둑으로 몰린 사람의 항변처럼 결연하고 단호했다.

---

100) Blum, "Gutenberg est-il le premier inventeur de l'imprimerie?",
101) Blum, "Gutenberg est-il le premier inventeur de l'imprimerie?".

1.3. 극동 인쇄술의 서천과 리메이크에 관한 20세기 후반의 이론들

1950년대를 넘기면서부터는 더 많은 서천론자들이 등장했다. 마이클 에드워디스, 전존훈, 알베르트 카프르, 새뮤얼 어드쉬드 등이 그들이다. 블룸의 서천론부터 분석해보자.

■ **마이클 에드워디스의 막연한 서천론과 구텐베르크의 모방론**

1971년 마이클 에드워디스(Michael Edwardes)도 극동 인쇄술의 서천론을 개진했다. 에드워디스는 일단 목판인쇄술의 서천으로부터 논의를 시작한다. "유럽에서도 중국에서처럼 종교적 삽화·화보畫譜의 확산은 목판인쇄의 주된 인센티브였다." 최초의 인쇄물도 텍스트가 아니라 그림이었다는 것이다. "그러나 15세기 초엽 인쇄된 그림과 인쇄된 텍스트가 나타났고, 최종적으로 최초의 목판인쇄 서적들이 출현했다. 학자들 간에 출현 연도와 날짜에 대해 논란이 있을지라도 이 서적들이 활자가 사용되기 전에 제작되고 있었다는 것은 개연적인 것으로 보인다. 사실, 유럽에서 구텐베르크의 '발명'을 불러온 인쇄술의 발달에서 나타난 단계들은 유럽에서의 인센티브들 – 새로운 지적 호기심과 변화와 혁신을 향한 일반적 욕망 – 이 10세기 송대 중국의 르네상스와 평행한 것처럼 중국에서의 인센티브들과 상당히 정확하게 비교된다."102) 그러나 에드워디스는 중국과 유럽의 이 평행적 유사성으로부터 중국 목판인쇄술의 서천이라는 결론을 바로 도출하지 않는다.

서천 루트가 아직 명확하게 확인되지 않았기 때문이다. 에드워디

---

102) Michael Edwardes, *East-West Passage: The Travel of Ideas, Arts and Interventions between Asia and the Western World* (Cassell·London: The Camelot, 1971), 92쪽.

스는 먼저 이 점을 지적하며 논의를 전개한다.

중국 목판인쇄물들이 유럽으로 들어온 루트는 의심할 바 없이 확인되지 못하고 있다. 하지만 적어도 러시아를 경유하는 하나의 루트가 존재했다는 이론을 뒷받침하는 근거 있는 주장을 펼칠 수 있다. 몽골지배 시대에 볼호프(Volkhov) 강 연안에 있는 노브고로드 시장은 극동으로부터 수입된 물품의 중요한 집하장이었다. 그곳에 북방 무역로를 지배하던 지역 북독일 도시들의 느슨한 연합체였던 '한자동맹(Hanseatic League)'의 상인들은 그들의 *Kontor*(회계사무소)를 가지고 있었다. 카드는 아마 그들의 상품 품목에 들어 있을 것이다. 페르시아도 권리가 있었다. 무슬림들이 코란이 글자로 쓴 형태로 주어졌던 만큼 복사본들도 손으로 써야 하기 때문에, (그리고 인쇄는 사실상 1825년까지 이슬람세계에 받아들여지지 않았기) 때문에 이슬람이 인쇄물의 서천을 막는 장벽 노릇을 했을지라도, 페르시아의 타브리즈에서 이루어진 목판인쇄의 기록들은 현존하고 지폐 인쇄물을 포함하고 있다. 14세기에는 타브리즈에 상당수의 유럽주민들이 거주했고, 목판인쇄가 이 루트를 경유해서 또는 노브고로드를 통해서 유럽으로 들어왔다는 주장을 뒷받침하는 기록 자료가 존재하지 않을지라도 유력한 정황증거는 존재한다. 아무튼 유럽과 중국의 교류가 정점에 달했을 때 이루어진 유럽의 목판인쇄가 독립적 발명이라고 믿기보다 저 두 가능성을 수락하기가 더 용이하다.[103]

에드워디스는 페르시아장벽론도 부정하고 또 페르시아 유일루트론도 미연에 막아버리고 페르시아루트에 허드슨처럼 동서중계 역할을 한 노브고로드 시장을 덧붙임으로써 두 루트를 제시하고

---

103) Edwardes, *East-West Passage*, 92쪽.

있다.

그리고 바로 여기에 잇대서 에드워디스는 극동에서 들어온 이 목판인쇄술 내지 목판인쇄물을 유럽의 활자발명의 아이디어 온상으로 간주한다. "이것은 1440년경 마인츠의 구텐베르크의 공으로 통상 돌려지는, 유럽 활자 발명의 배경이다. 활자는 중국에서 이것 이전 약400년 동안 쓰였다. 활자 제조와 활자조판은 11세기 후반에 기술되었고, 1313년에는 보다 더 상세한 기술이 출판되었다. 나무로 깎은 수백 단위의 활자가 서양으로 가는 길목에 있는 돈황의 석굴에서 발견되었다. 그러나 중국의 몽골왕조가 붕괴되었을 때의 무역루트의 폐쇄와 구텐베르크에 의한 활자의 사용 간에 1백년의 지체가 끼어있었다. 이런 이유에서 몇몇 학자들은 중국으로부터의 활자서천의 사상(the idea of westward transmission of movable type from China)을 배척했다. 찬반을 뒷받침해줄 어떤 구체적 증거도 없지만, 무역루트는 결코 완전히 닫힌 적이 없었다. 정보는 단지 귀동냥에 의한 것이었을지라도 여전히 중국과 유럽 사이를 오가고 있었다. 유럽은 이미 목판인쇄술까지도 중국의 패턴을 따랐다. 자료적 사례들이 없어도 다음 단계는 불가피하게 활자를 향해 있었다. 인쇄기술에 대한 판이하게 유럽적인 기여는 알파벳 활자와 인쇄기였을 것이다."[104] 자못 명쾌한 듯하다.

그러나 에드워디스의 서천론은 아무런 자료제시도 없고, 각주도 없다. 목활자와 금속활자의 구별도 없다. 그렇기 때문에 한국에 대한 언급도, '금속활자'가 서천했다는 주장도 없다. 그리하여 구텐베르크가 중국에서 들어온 목판인쇄술이나 목판본 서적을 보고 영감을 얻어 알파벳 금속활자를 만들었다는 막연한 주장이 되고

---

104) Edwardes, *East-West Passage*, 92-93쪽.

말았다. 이것은 허드슨이나 블룸의 주장에 비하면 상당히 후퇴한 이론이고, 심지어 한국 금속활자의 서천에 대한 정황증거를 제시하려고 애썼던 카터의 주장보다도 더 후퇴한 '막연한 서천론'이다.

■ **전존훈의 중국 인쇄술 서천론과 구텐베르크 발명론 비판**

1985년 시카고대학교의 서지학書誌學과 중국학 교수 전존훈錢存訓(Tsien Tsuen-Hsuin, 1910-2015)은 그의 저서 『종이와 인쇄(Paper and Printing)』에서 이전의 이 네 가지 이론들을 깊이와 폭에서 뛰어넘는 서천론을 전개했다. 전존훈은 일단 "종이가 중국으로부터 서천하여 아랍세계를 거쳐 유럽에 도달한 여정은 매번의 발자취를 따라 추적할 수 있지만, 인쇄술의 서천은 그렇게 분명하지 않다"고 인정한다.105) 그러나 그는 종이의 확실한 서천루트를 활용하여 추리한다.

입수해서 볼 수 있는 이러한 정보는 인쇄술도 종이보다 훨씬 늦은 연도에 서천했을지라도 실크로드를 따라 육로로, 또는 해로로 동일한 루트를 택해 서양으로 갔을 것이라는 것을 시사한다. 인쇄물은 유럽에 알려지기 전에 중앙아시아와 서부 아시아에, 그리고 아프리카에도 출현한 한편, 트럼프카드를 포함한 인쇄된 물건, 인쇄된 직물, 목판화, 목판으로 인쇄된 서적들이 구텐베르크 전에 유럽에 존재한 것으로 알려져 있다. 유럽의 활자인쇄술과 중국의 인쇄술 사이에 어떤 직접적 관계도 확인되지 않았을지라도 유럽 기술들의 중국적 기원을 인정하는 수많은 이론들이 제기되어 왔다. 그것들 중 어떤 기술은 이른 언급들에 기초하고 다른 기술들은 특히 몽골

---

105) Tsien Tsuen-Hsuin, *Paper and Printing* , 303쪽. Joseph Needham, *Science and Civilization in China*, Volume 5. *Chemistry and Chemical Technology*, Part 1 (Cambridge: Cambridge University Press, 1985).

정복 기간의 긴밀한 동서접촉이 유럽의 활자인쇄술 발명의 중국적 배경을 제공했다는 정황증거에 기초한다.106)

전존훈도 카터, 허드슨, 블룸, 에드워디스 등과 같이 직접적 연관증거가 아니라 '정황증거'를 찾고 있다. 그러나 '정황증거'에 대한 그의 추적이 좀 다른 것은 인쇄술의 서천루트를 종이의 서천루트와 동일한 것으로 제시하는 점이다.

전존훈은 이에 대해 이렇게 자세하게 설명한다. "인쇄물은 아마 종이의 서천과 유사한 길로 중국의 북서국경을 제일먼저 가로질러 투르키스탄의 동쪽 땅에 도달했을 것이다. 투르판으로 알려진 이 지역은 6세기부터 터키민족에 의해 점령되었었는데, 100년 뒤에는 중국의 지배권 아래 들어왔다. 하지만 8세기 중반에 그 지역은 터키 민족의 한 부족인 위구르인들에 의해 정복되었고 이들은 13세기 벽두에 몽골인들에 복속될 때까지 거의 500년 동안 지속된 제국을 창설했다. 위구르 시대 내내 투르판은 많은 지역과 문화가 혼합되는 장소였다. 이것은 프러시아, 일본, 중국의 원정대들이 금세기 동안 17개의 상이한 언어로 쓰인 문서들과 다른 문화유물들을 발견함으로써 증명되고 있다. 발견된 문서들은 대부분 위구르어, 중국어, 산스크리트어, 탕구트어(서하어西夏語), 티베트어, 몽골어로 된 많은 목판인쇄 사례들을 포함하는 종교적 글과 상업서류들이고, 돈황의 문서들 안에서 발견된 언어들과 부합한다."107) 그는 이 고고학적 설명을 더 부연한다.

위구르 인쇄물들은 모두 소그드 알파벳으로 쓰인, 가끔 위구르어

---

106) Tsien, *Paper and Printing*, 303-304쪽.
107) Tsien, *Paper and Printing*, 304쪽.

학자들이 쓴 서문격의 문건이 낀 불교서적들의 번역본들이다. 아주 흥미로운 것은 몇몇 서적들에 한자漢字로 된 제목과 쪽수가 쓰여 있다는 사실이다. 이것은 책을 다루고 제본하는 가운데 한자를 사용하는 중국 공인工人들이 이 목판들을 새기거나 인쇄했다는 것을 시사해준다. 중국어 서적들도 대자大字로 인쇄되고 대부분 접은 포맷으로 묶인 불경들인데 중국식으로 두루마리로 된 서적도 몇 권이 끼어 있다. 13세기로 추정되는 시기에 란사(Lantsa)문자로108) 쓰인 산스크리트어 불경도 발견되었다. 그것은 두 장의 좁고 긴 종이를 서로 붙인 포티(pothi) 형태로 되어 있다. 거기에는 속이 빈 진흙 불상 안에 넣은 티베트 부적, 파스파문자로 쓰인 몽골어 인쇄물, 목판화, 그리고 탕구트어(西夏語)로 된 몇몇 문건들도 포함되어 있다. 탕구트인(서하인)은 11세기부터 13세기 초까지 중국 북서부 지역에 투르판과 국경을 맞대는 제국을 창설했는데, 인쇄에 광범하게 목판과 활자를 둘 다 사용했다. 위구르의 활자인쇄물과 투르판 지역의 목판인쇄물은 다른 기회에도 발견되었다. 1928-30년간에 발굴을 진행한 중국원정대는 중국어로 된 불교문서의 세 개의 추가적 인쇄 조각들을 발견했는데, 그중 두 건은 종이 뒷면에 위구르어로 쓰여 있고, 붉은 중국 인장이 찍혀 있다. 1300년경에 제작된 위구르어용의 수백 개의 목활자도 한 벌(폰트) 돈황에서 발굴되었다. 전존훈은 이것이 목판인쇄에서 활자로의 전환이 유럽언어들만이 아니라 위구르와 같은 알파벳 언어에 있어 자연스럽다는 것을 입증해준다고 해석한다.109)

---

108) 란사 또는 라냐나(Rañjanā) 문자는 11세기에 개발된 아부기다 문자 체계로, 20세기 중반까지 카트만두 계곡의 유서 깊은 주민인 네와르(Newar)민족이 산스크리트어와 네팔바사어(Nepalbhasa)를 쓰기 위해 네팔과 티베트 지역에서 사용했다. 요즘은 인도의 불교 수도원에서도 사용되고 있다.

그리하여 전존훈은 중국 목판·목활자 인쇄술의 서천이 몽골치하의 위구르를 통해 이루어졌다고 주장한다.

인쇄술이 더 멀리 서방에 도입된 것은 몽골시기 동안 위구르인들에 의해 아마 완결되었을 것이다. 몽골이 투르판을 정복한 뒤에 아주 수많은 위구르인들이 몽고군의 소집에 응했다. 위구르 학자들은 몽골제국의 브레인들로 복무했고 위구르문화는 몽골권력의 시원적 토대가 되었다. 아시아와 서방 사이에 인쇄술이 확산되는 데서 어떤 연결이라도 있다면, 목판과 활자를 둘 다 사용한 위구르인들은 이 서천에서 중요한 역할을 할 좋은 기회가 있었다. 몽골의 정복은 페르시아를 수도를 중국에 두는 제국에 통합시켰다. 그리하여 페르시아에 대한 중국문화의 충격은 13세기 중반과 14세기 초기 동안 명명백백했다. 중국의 인쇄술이 문예작품 속에서 최초로 보고되고 아시아 서역에서 최초로 쓰인 곳은 바로 여기(페르시아)였다. 일반적으로 알려져 있듯이 지폐는 1294년 타브리즈에서 정확하게 중국제도를 따라 인쇄되었고, 돈을 뜻하는 '차오(chhao)'라는 중국어 단어도 채택되었고, 나중에 페르시아 어휘 속으로 통합되어 들어갔다. 페르시아에서 이 화폐제도가 오래가지 못했을지라도 이 프로젝트에 고용되었던 각수刻手들은 우리에게 알려지지 않은 다른 소재들을 인쇄하는 데 참여했을 수 있다.110)

그러나 서천론에 반대하는 논자들은 뒤에 논하듯이 이 페르시아 지폐실험 케이스를 지폐와 인쇄술의 서천을 가로막은 불행한 사건으로 과장한다.

그러나 전존훈은 일(Ⅲ) 칸국이 지배하던 당시 페르시아에서 재상

109) Tsien, *Paper and Printing*, 304-306쪽.
110) Tsien, *Paper and Printing*, 306쪽.

을 지낸 라쉬드 알딘의 기록을 중시하고 중국 인쇄공법에 대한 그의 상세한 설명을 요약한다. "어떤 문헌에서보다 이른 시기에 중국 인쇄공법工法을 기술한 것은 몽골 지배자 가잔 칸(Ghazan Khan) 아래서 재상을 지낸 페르시아 학자관리 라쉬드 에딘(Rashid-eddin, 즉 라쉬드 알딘[Rashid al-Din])에 의해서 이루어졌다. 라쉬드는 1301년부터 1311년까지 10년이 걸려 중국서적들의 재생산과 분배에 대한 묘사를 포함한 세계사를 완성했다. 그는 누군가 어떤 책을 원할 때 능란한 달필이 이 책을 목판 위에 필사하고 교정자들은 주도면밀하게 교정한다고 말했다. 그리고 이 교정자 이름들은 목판의 뒷면에 기입된다고 덧붙였다. 그 다음, 전문적 각수들이 글자들을 깎아 새기고 책의 모든 쪽수를 일렬로 매겼다. 이것이 완성되면 목판들은 믿을 만한 사람들이 보관하기 위해 봉인된 가방에 넣었고, 누구든 책의 복사본을 원하면 정부가 정한 비용을 지불했다. 그러면 목판을 가방에서 꺼내 종잇장 위에 목판을 놓고 문질러 인쇄된 책장들을 원하는 대로 얻었다. 이런 식으로 변경은 행해질 수 없었고 문서들은 신의 있게 이송될 수 있었다. 몇 년 후에 중국인쇄술에 대한 이와 동일한 기술이 한 아랍 저술가(Abu Sulaymán Da-ud)에 의해 책 속으로 통합되어 들어갔다. 이렇게 하여 필사·교정·각판刻版·인쇄·분배 등으로 이루어진 중국 인쇄공법이 최초로 면밀하게 기록되었다."111) 라쉬드 알딘이 기술한 이 인쇄법은 활자인쇄술이 아니라 목판인쇄술이었다.

전존훈은 코란의 인쇄를 적대하는 이집트에서 발굴된 인쇄물도 사례로 제시한다. "이슬람교가 인쇄를 좋아하지 않는다는 사실에도 불구하고 900년과 1350년 사이에 제작된 것으로 여겨지는 약 50건

---

111) Tsien, *Paper and Printing*, 306-307쪽.

의 인쇄물이 19세기 말엽에 이집트에서 발견되었다. 이 인쇄물들은 모두 옛 이집트 문자로 쓰인 이슬람 기도문 조각, 부적, 코란경문들이었다. 붉은 잉크로 인쇄된 것 하나를 제외하면 이것들은 압인壓印에 의해서가 아니라 중국공법과 유사한 방식으로 솔로 문지름으로써 종이 위에 검은 잉크로 인쇄되었다. 전문가들은 사용된 재료들, 문서들의 종교적 성질과 사용된 인쇄기술로 판단하여 이 인쇄된 견본들이 독립적 개발이라기보다 중국과 중앙아시아의 인쇄술과 연결되어 있다고 믿는다. 이것이 이집트로 전해진 때는 불확실하지만, 학자들은 비교적 늦은 시기, 중국의 인쇄술이 몽골정복기간 동안 투르키스탄을 가로질러 아랍세계로 이동하기 시작한 이후 시기로 기울어진다. 그것은 페르시아를 통해서 또는 다른 루트로 오간 여행자들이나 무역상인들에 의해 도입되었을 수 있을 것이다. 왜냐하면 중국과 북아프리카 간의 교류는 14세기 초엽에 아주 긴밀했기 때문이다."112) 전존훈은 중국과 북아프리카의 긴밀한 교류가 있었던 증거로 아프리카에서 중국까지 여행한 이븐 바투타(Ibn Batuta)의 사례를 들고 있다.113)

전존훈은 이슬람 교리를 물리치고 코란조차도 목판으로 인쇄한 이집트 사례에 이어 북경·복건·양주 등지에서 선교사업을 하며 성서 번역본과 삽화를 인쇄해야 했던 가톨릭 선교사의 사례들을 든다.

1206년 위구르들, 1231년에 여진(금나라)과 한국인(고려인)들, 1234년 페르시아인들을 복속한 뒤 몽골군은 1240년 러시아를 치고 1259년 다시 폴란드를, 그리고 1283년 헝가리를 침공하기 위해 북쪽으로 더 멀리 기동했다.

---

112) Tsien, *Paper and Printing*, 306-307쪽.
113) Tsien, *Paper and Printing*, 307쪽 각주g.

그렇게 하여 그들은 몽골정복이 절정에 달한 뒤 오래지 않아 목판인쇄가 출현한 독일의 국경에 도달했다. 군사적 팽창에 따라 13세기와 14세기 초 상업적·외교적·문화적 관계가 유럽과 몽골 중국 간에 발전했다. 중국과 페르시아와 러시아를 연결하는 육상의 공로公路들은 조정관리들, 카라반들, 공인工人들, 사절使節들의 길에서 증가된 교통량의 흐름을 돕기 위해 건설되었다. 1245년 교황은 몽골조정으로 사절단을 보냈고, 교황은 어떤 러시아인이 한자로 새긴 국새國璽가 붉은 인주로 찍힌 서한을 답신으로 받았다. 조금 뒤에, 즉 1248년과 1253년에 프랑스 국왕은 두 무리의 다른 사절단을 파견했는데, 그중 한 사절은 우리가 보았듯이 윌리엄 뤼스브뢰크(William Ruysbroeck, 즉 윌리엄 오브 뤼브룩쿠[Willian of Rubruck])였다. 그는 중국의 지폐 사용에 관해 유럽에 보고한 최초의 유럽인이었다. 마르코 폴로가 그의 여행기에서 기술한 동일한 관행은 좀 늦은 것이지만 폴로가 1294년 중국을 떠난 뒤 교황은 가톨릭 선교사 존 오브 몬테 코르비노(John of Monte Corvino)를 거기로 파견했고, 존은 1328년 사망할 때까지 30여 년간 거기에 체류했다. 그와 기타 선교사들은 북경, 복건, 양주에서 일하면서 교회를 짓고 언어를 배우고 성서를 번역하고 기독교를 설교하기 위한 보조 자료로 종교화보를 준비했다. 불화佛畫의 인쇄가 이 시기 전에, 그리고 이 시기 동안 중국에서 아주 흔해빼졌기 때문에 번역된 성서와 종교화보를 재생산하는 이 간단하고 편리한 방법의 사용은 자연스러웠을 것이다. 이 자료들의 복사본이 중국인 기독교도들 사이에서, 그리고 또 비非개종자들 사이에서도 유통되기 위해 아주 큰 수량으로 필요한 만큼 이 복사본들이 인쇄되지 않았다면 그것이 놀랄 일일 것이다. 그 복사본들이 인쇄되었다면, 14세기 초 유럽에 종교화보와 목판인쇄가 갑자기 출현한 것은 이치에 닿게 설명될 수 있는 일이다.[114]

---

114) Tsien, *Paper and Printing*, 307-309쪽.

전존훈은 이 정치한 설명에서 1320-30년대에 천주泉州에서 상주하며 선교한 천주주교 앤드류 오브 페루기아(Andrew of Ferugia)를 비롯한 천주의 가톨릭 선교사들을 몰라서 언급하지 못하고 있고, 또 15세기 초반 7차에 걸쳐 아프리카 동부해안까지 항해해 간 정화鄭和의 30년 '하서양下西洋'(1405-1433)에 의해 15세기 중반까지 활짝 열렸던 동서해로海路도 몰각하고 있다. 전존훈의 정보지식은 아직 앤드류 오브 페르기아를 비롯한 여러 명의 가톨릭 선교사들과 이탈리아에서 온 수많은 베니스·제노아 상인들이 상주하던 천주 국제무역항과 정화의 30년 대항해 활동을 15세기 바다비단길의 개방과 연결시키는 선에까지 미치지 못한 것으로 보인다.

다른 한편, 전존훈은 14세기 말엽에 유럽에 출현한 트럼프 카드를 인쇄된 중국 화투의 서천에 대한 증거물로 중시한다. 15세기 중반 유럽에서 활자인쇄술을 사용하기 전에 "다양한 종류의 인쇄물"이 이미 존재했고, 그 시기는 구텐베르크보다 "1세기쯤" 앞섰다는 것이다. 카드, 인쇄된 직물, 종교적 화보 인쇄물, 목판인쇄 서적 등이 있었는데, 이 모든 것은 복제를 위해 목판인쇄를 썼다. 그중 카드는 유럽에 출현한 가장 이른 목판인쇄물 사례 가운데 하나다. 이것은 의심할 바 없이 동방에서 카드가 일찍이 광범하게 사용되었기 때문이었다. 카드 게임(화투놀이)은 중국에서 9세기 이전, 서적이 두루마리에서 쪽수를 매긴 형태로 발전하는 시점에 나타나서, 십자군 원정 이전에 아시아대륙의 많은 지역에 확산되었었다. 아마 카드는 몽골군과 무역상인들, 그리고 여행가들에 의해 14세기 어느 때 유럽으로 전해졌을 것이다. 가장 이른 카드는 "1377년 독일과 스페인에, 1379년 이탈리아와 벨기에, 그리고 1381년 프랑스에" 출현했다. 1925년 이미 카터가 『중국의 인쇄술의 발명과 서천』(192쪽 각주24)에서 입증했듯이 17세기 이탈리아 저술가 발레레 자니(Valére Zani)는 베니스를 중국카드가 알려진 유럽 최초의 도시로 언급했다. 모든 사회영역에서 사람들이 카드놀이를 했기 때문에 카드의 대중적 인기는 "카드의 대량생산"을 요구했다. "카드놀음에 대한 열광"으로 인해 정부와 종교관청이 나서 경제적·도덕적 이유에서 카드놀이를 금지할 정도였다.115)

서양 최초의 카드는 다양한 형태로, 그리고 상이한 방식으로 제작되었다. 처음에는 손으로 그려서, 또는 테두리와 그림의 아웃라인만 인쇄하고 나머지는 손으로 색칠을 채워서, 또는 목판이나 구리동판으로 인쇄해서 제작했다. "카드가 비쌀수록 음각으로 조각된 모형母型으로부터 인출해냈다". 최근의 연구는 "구텐베르크가 놀이카드를 제작하기 위해 모형을 조각하는 동판화의 초창기 발전에서 주도적 역할을 했다"는 것을 밝혀냈다. 왜냐하면 재정파탄으로 구텐베르크가 마인츠 작업소의 문을 닫아야 했을 때 원래 42행 성서의 장식에 쓰려고 준비했던 도형들이 성서장식을 위해 쓰는 대신 카드를 인쇄하기 위해 쓰였다는 사실이 드러났기 때문이다. 전존훈은 카드가 인쇄술에 대해 손에 잡힐 만한 어떤 영향이라도 미쳤는지를 의심하는 비평가들이 있다고 하더라도 서적인쇄와 놀이카드의 연관은 양자간에 "긴밀한 관계"가 있다는 것을 시사한다고 단언한다.116)

다음으로 전존훈은 직물에 찍은 무늬 인쇄에도 주목한다. 직물인쇄는 일반적으로 종이인쇄의 한 선구자로 여겨져 왔다. 방법이 동일하기 때문에 이 재료에서 저 재료로의 이행은 간단하다. 직물인쇄공과 초기 목판인쇄공은 유럽에서 긴밀히 연결되어 있었다. 전문적

---

115) Tsien, *Paper and Printing*, 309-310쪽.
116) Tsien, *Paper and Printing*, 310-311쪽.

목판각수刻手들은 물론 어떤 재료에다 인쇄를 하든 고용될 수 있었다. 직물인쇄를 위해 각판刻板하는 기술은 실로 종이인쇄를 위한 각판기술과 정확히 동일한 것이었다. 동일한 종류의 목판이 선택되고 디자인의 종이에서 목판으로의 이전, 그리고 양각으로 판각하여 목판 위에 옷감을 놓고 말갈기로 만든 닦는 기구나 패드로 그것을 압인하는 공법工法은 모두 다 동일한 것이었다. 종잇조각이 직물조각을 대체하면 결과는 인쇄된 종이다. 유럽에 현존하는 인쇄된 직물의 최초 견본은 돈황과 투르판(吐魯蕃)에서 출토된 인쇄직물보다 더 이른 6-7세기로 거슬러 올라가는 프랑스와 독일의 인쇄된 견본이다. 그러나 장사長沙의 마왕퇴馬王堆에서 최근 출토된, 일정한 패턴의 직물인쇄를 보여주는 비단직물은 "기원전 2세기"까지 소급한다. 유럽의 직물인쇄가 중국 직물인쇄의 영향을 받았는지는 명백하지 않지만, 페르시아직조공들이 차용한 중국적 기원의 어떤 패턴들은 서유럽으로 전해졌다고 얘기되고, 또 확실히 중국의 많은 장식 모티브가 1500년 이전 무늬 있는 직물들을 생산한 유럽 직조공들이 성공적으로 복제되었었다.117)

전존훈은 인쇄된 종교화보와 목판인쇄 서적들을 구텐베르크 직전의 가장 가까운 물증들로 중시한다. 종교화보와 목판인쇄 서적들이 구텐베르크에 가장 근접한 인쇄물들이기 때문이다. 이 종잇장들은 본성상 유사하고 단지 포맷에서만 다를 뿐이라서 낱장의 화보인 쇄물 종잇장들을 하나로 묶었을 때 자연스럽게 책 형태로 발전했다. 그림 인쇄물들은 남부 독일과 베니스에서 처음 제작되어 "1400년과 1450년 사이에" 점차 중구中歐의 대부분 지역으로 확산되었다. 그들의 테마 주제는 배타적으로 종교적이었고, 일정한 성인들의 화상이

---

117) Tsien, *Paper and Printing*, 311쪽.

나, 종잇장의 밑 부분에 또는 주요인물의 입에서 나오는 카르투시(소용돌이무늬 장식)에 라틴어로 새겨진 명銘(legends)을 담은 성서 이야기를 담았다. 아직 현존하는 수백 개의 그림 인쇄물은 대부분 날짜가 기입되어 있지 않지만, 14세기 후반과 15세기 초엽에 제작된 것으로 여겨진다. 소수의 화보는 상당한 예술적 특징特長이 있지만, 나머지 그림들은 대부분 스타일과 솜씨가 조잡하다. 이 그림들은 아웃라인이 인쇄되었고 나머지 면은 손으로 또는 스텐실(등사판)으로 색깔이 채워졌지만, 하나같이 중국 인쇄술과 어쩌면 상당히 연관되어 있었을 수 있다. 불화佛畵에 목판인쇄를 사용한 것은 중국에서 오랫동안 실행되어왔었다. 불교 도형과 명銘을 담은 단장單狀 인쇄물들은 돈황에서 많이 발견되었고, 비단과 종이에 수만 점의 그림을 인쇄했다는 사실은 문헌에 기록되어 있다. 바로 그즈음 유럽 선교사들이 중국으로 파견된 14세기에 선교사들이 무식자들에게 나눠주기 위해 종교화보를 사용했다고 얘기된다. 그러므로 전존훈은 "중국에서 종교적 포교를 위한 이 옛 관행들이 다른 나라에서 유사한 목적으로 차용되었다는 것은 충분히 가능한 일"이라고 결론짓는다.[118] 13-14세기에 외교관들과 선교사들, 그리고 상인들이 유럽과 중국을 오갔던 쌍방통행 루트들이 몽골대제국의 아시아 통일 덕택에 외교·상업적으로 완전히 활짝 열려 있었기 때문에 그의 결론은 아주 적절한 것으로 보인다.

처음에는 그림들을 단장 종이에 인쇄하거나 종종 한 장의 종이에 쌍으로 인쇄했지만, 어떤 종이들은 뒷면을 서로 붙이거나 종이의 양면에 인쇄하여 책으로 모아 묶었다. 보존된 목판인쇄물들 중 어떤 인쇄물들은 그림만을 담고 있지만, 기타 인쇄물들은 텍스트와 함께

---

118) Tsien, *Paper and Printing*, 311-312쪽.

얼마간의 그림을 포함하고 있고, 오직 텍스트만 있는 인쇄물은 아주 소수다. 이 인쇄물들은 성직자나 수도원 수도사들이 제작한 것이 아니라 "종종 놀이카드, 화보인쇄물, 심지어 무늬 직물도 생산하는 독립적 인쇄공들"이 제작한 것이다. 아직 현존하는 소수의 이런 서적들이 수많은 판본으로 발간된 것으로 알려진 것처럼 목판인쇄 서적에 대한 수요는 아마 아주 컸을 것이고, "이런 목판인쇄 서적의 생산은 활자인쇄술이 유행이 되었을 때도 계속되었다". 이것은 아마 "목판인쇄 서적이 유럽 전역의 소비자들에게 친밀하고, 생산비용이 덜 먹히고, 자기 세대가 사라질 때까지 전통적 사업방식을 계속 이어가는 목판각수들이 존재했기 때문이었을 것"이다.[119] 뒤에 상론하겠지만 '구텐베르크혁명' 운운하는 서양학자들의 구텐베르크 인쇄술 예찬과 정반대로 19세기 후반까지 구텐베르크의 인쇄술이 매우 부진했기 때문에 목판인쇄술은 목판각수들의 한 세대가 끝날 때까지 잔존한 것이 아니라, 15세기 중반 각수들의 세대를 넘고 넘어 구텐베르크 시대로부터 200여년 뒤인 17세기까지도 계속 잔존했다. 그러나 전존훈조차도 저 예찬자들의 '구텐베르크혁명론'에 얼마간 말려들어 "자기 세대가 사라질 때까지"만 "목판각수들이 존재했다"고 실언하고 있다.

전존훈은 놀이카드, 화보인쇄, 직물인쇄, 목판인쇄 서적 등과 관련하여 최종적으로 '공법工法의 유사성'에 주목한다. "유럽의 초기 목판인쇄 서적과 중국의 인쇄서적 간의 긴밀한 유사성은 아마 유럽 인쇄공들이 중국의 모델을 따랐다는 것에 대한 가장 확실한 증거(the most convincing evidence)일 것이다. 판각, 인쇄, 그리고 제본의 공법만 유사한 것이 아니라, 이 공법이 적용되는 재료와 방법도 유사하다.

---

119) Tsien, *Paper and Printing*, 312-313쪽.

유럽 목판인쇄술에 사용된 목판이 판판한 목판의 나뭇결과 평행하게 잘린 것이라고 얘기된다. 더구나 인쇄될 재료는 종이에서 종이를 풀로 붙인 목판으로 바뀌고, 책의 두 쪽이 하나의 목판에 새겨지고, 수성 잉크가 사용되고, 압인押印이 얇은 종이의 한 면에 문지르는 것(탁본)으로 이루어지고, 이중의 종잇장이 인쇄가 되지 않은 빈 쪽이 안으로 접히도록 두 장씩 합쳐진다. 이 모든 절차는 중국의 공법과 정확히 동일할 뿐만 아니라, (나중에) 널리 보급된 유럽적 실행공법과 반대였다. 유럽의 공법은 보통 나무를 나뭇결을 가로질러 자르고, 유액 잉크를 쓰고, 종이의 양면에 인쇄하고, 문지르기보다 압력을 사용하는 것이었다."120) 전존훈은 "유럽의 초기 목판인쇄서적"의 인쇄공법에 대한 – 필자가 보기에 결정적으로 중요한 – 설명에서 인쇄술 전문가 이사야 토마스(Isaiah Thomas)의 *The History of Printing in America* (vol.1, 1810, 75-76쪽)와 드 빈(T. L. de Vine)의 *The Invention of Printing*(1876, 119-20, 203쪽)에 주로 의거하고 있다.121)

그리고 전존훈은 로버트 커즌(Robert Curzon, 1810-1873)이 그의 저서 *The History of Printing in China and Europe*(1860, 23쪽)에서 토로한 유명한 단언, 즉 "유럽과 중국의 목판인쇄 서적들은 거의 모든 측면에서 아주 정확하게 일치해서(so precisely alike), 우리 시대까지 그 이름이 전해지지 않은 여행자들이 그 나라(중국)로부터 유럽으로 가져온 고대중국의 견본들로부터 저 서적들을 인쇄하는 유럽의 공정이 복제된 것이 틀림없다고 봐야 한다"는 확언에 주목한다. 그리고 전존훈은 이에 대해 부연한다. "모든 기술적 공정이 유럽전통보다

---

120) Tsien, *Paper and Printing*, 313쪽. 괄호 속의 우리말은 인용자.
121) Tsien, *Paper and Printing*, 313쪽 각주b.

중국전통과 아귀가 들어맞기 때문에 유럽의 목판인쇄공들은 중국의 샘플을 보았을 뿐만 아니라, 아마 중국에 체류하는 동안 이 비非유럽적 공업을 중국 인쇄공들로부터 배운 선교사들이나 기타 어떤 사람들이 그들을 가르쳤을 것이다."122) 훗날 맥더모트와 버크(Joseph P. McDermott and Peter Burke) 같은 비판자들은 중국 인쇄공들로부터 목판인쇄를 배운 선교사들이나 기타 인물들이 "유럽 인쇄공을 가르쳤을 것"이라는 전존훈의 추정을 비웃기 위해 과도히 단순화하여 소개하지만, 기실 전존훈의 논증은 근거 있고 훌륭할 정도로 치밀하다고 평가해야 할 것이다. 우리는 이에 대해 뒤에 다시 상론한다.

여기까지가 중국 목판인쇄술이 유럽으로 서천했을 것이라는 전존훈의 추리 논변이다. 이어서 전존훈은 극동의 금속활자가 유럽으로 전해진 것을 입증하려고 한다. 그러나 중국계 미국인으로서 그는 이 논의에서 얼마간 '중국 중심주의(cinocentrism)'에 눈이 가려 그가 입수한 결정적 시료의 해석에서 '중화주의적 실책'을 범하면서 '한국 금속활자의 서천' 주제를 아예 몰각해버린다.

전존훈은 일단 "13세기 유럽의 여행자들이 중국의 종이에 관해 언급했지만 오히려 중국의 인쇄술은 유럽문헌에 약300년 뒤에야 비로소 분명하게 기록되었다"고 확인하고 논의를 시작한다. "구텐베르크와 다른 인쇄공들의 성과가 16세기 중반에 알려진 뒤에야 유럽 저술가들은 발명을 기록하고 인쇄술의 기원을 들여다보기 시작했다"는 것이다. "중국에서 인쇄술이 유럽에서 사용되기 여러 세기 전에 사용되었다는 사실"은 "유럽 인쇄술이 중국 인쇄술의 영향을 받았다는 견해를 제공한 역사가들과 기타 저술가들에 의해 인정되었고, 이 이론들 중 어느 것도 더 이상 실증되지 않았을지라도

---

122) Tsien, *Paper and Printing*, 313쪽.

그들은 이 이론들을 부정하지 않았다".123) 전존훈은 중국과 한국의 금속활자의 서천론를 부정하고 유럽 금속활자의 자생론自生論을 강력히 주장하는 더글라스 맥머트리(Douglas C. McMurtrie, 1888-1944)가 얼떨결에 내뱉은 양보적 언사조차도 역이용하여 자신의 논변을 강화한다. "다른 한편, 보다 이른 이 견해들은 중국과 유럽 인쇄술의 가능한 연결을 추적하려고 애쓰는 훗날의 학자들에게 상당한 자극이 되었다. 어떤 구체적 증명도 아직 제시되지 않았지만 정황적 증거는 강력하다. 오늘날은 15세기 유럽의 인쇄술이 '유럽 고유의 시대와 조건의 전적으로 독립적인 산물'이었다고 믿는 사람조차도 '유럽인들이 동방과의 다면적 접촉 중에 인쇄술의 어떤 요소를 배웠다거나 아마 종이에 인쇄된 서류와 서적들을 보았을 것이라는 것'을 인정한다."124)

맥머트리는 뒤에 다시 상론하겠지만 극동 금속활자의 서천론을 부정하며 유럽의 독자적 금속활자발명을 주장하는 맥락에서 언뜻 이렇게 그 핵심논지를 밝힌 바 있다.

15세기 유럽에 출현한 그 대로의 인쇄술은 유럽 고유의 시대와 조건의 전적으로 독립적인 산물이었다. 인쇄술 공법工法은 아닐지라도 인쇄술의 아이디어가 극동으로부터 유럽으로 들어왔다는 말은 어떤 확실성으로 가지고서든 얘기조차 할 수 없다. 유럽인들이 동방과의 다면적 접촉 중에 인쇄술의 어떤 요소를 배웠다거나 아마 종이에 인쇄된 서류와 서적들을 보았을 것이라는 것은 물론 불가능하지 않다. 그러나 유럽인들이 그랬다면 그 아이디어는 - 목판인쇄술에서 그 아이디어를 응용하는 것을 제외하는 것

---

123) Tsien, *Paper and Printing*, 313-314쪽.
124) Tsien, *Paper and Printing*, 314쪽.

이 가능하다면 - 유럽의 토양에서 뿌리내리고 자라지 못했을 것이다. 왜냐하면 아이디어는 발명품이 아니기 때문이다. 레오나르도 다 빈치가 15세기에 비행기의 아이디어를 가졌고, 그보다 1500년 전에 알렉산드리아의 그리스 과학자 헤로(Hero)는 그 아이디어만이 아니라 증기기관의 원리도 가졌기 때문이다.125)

그러나 이 논변은 자가당착적이다. 맥머트리가 "목판인쇄술에서 아이디어의 응용을 제외하는 것"을 보면 그 자신도 "유럽의 토양"에서 목판인쇄술이 발달하여 금속활자에 대한 열망이 피어나고 있었던 사실을 잘 알고 있다. 그럼에도 불구하고 자가당착적으로 그는 극동에서 도래하여 어떤 선진적 인쇄술 아이디어든 '뿌리내려 자라게 할' 당시의 "유럽의 토양"에 투사投寫된 금속활자의 '아이디어'를 그럴만한 토양이 전혀 없는 15세기 레오나르도 다 빈치의 비행기 아이디어나 고대 그리스 과학자 헤로의 증기기관 아이디어와 등치시켜 사장死藏시켜버리려고 하고 있다. 그리고 그는 증기기관이 고대그리스에서 단순한 '아이디어'로 그친 것이 아니라, 실제로 제작되어 널리 사용되었고 그 설계도까지도 알렉산드리아 도서관에 현존한다는 기술사적 사실을 까맣게 모르고 있다. 다만 고대그리스에서는 당시 노예경제적 토대에서 노예가격의 폭락을 염려한 노예소유주들의 저항으로 인해 증기기관이 경제분야를 피해 정원장식용과 위락용으로만 투입·확산되었을 따름이다.

전존훈도 맥머트리의 논리적 허점을 정확하게 찌른다. 그는 "유럽적 인쇄술의 독립적 기원을 옹호하는 거의 모든 사람들은 중국

125) Douglas C. McMurtrie, *The Book: The Story of Printing & Bookmaking* (London·New York: Oxford University Press, 1924·1943·1948), 123쪽.

목판인쇄술과 (자기들의) 활자인쇄술 간의 기술적 차이를 강조하지, 앞서거나 뒤따르는 많은 저술가들이 제시한 문화적 고려(소위 '유럽의 토양')를 고려치 않는다"는126) 점을 지적하며 맥머트리의 논변을 기각한다.

전존훈은 '정황증거'의 제시를 넘어 문헌·문서기록이라는 일련의 '직접증거'를 찾아 제시한다. 그는 도널드 래크(Donald F. Lach, 1917-2000)가 찾아낸,127) 포르투갈 시인 가르시아 데 레센데(Garcia de Recende, 1470-1536)가 16세기 초엽 시문에서 던진 인쇄술 발명의 선후先後에 대한 물음을 인용한다. "인쇄술은 최초에 독일에서 발명되었는가, 중국에서 발명되었는가"? 전존훈은 이 물음의 제시를 통해 "유럽인들이 인쇄술에 관한 책을 쓰고 인쇄술이 중국에서 훨씬 일찍 시작되었다는 것을 찰지察知하기 한 시점은 그 세기의 중반이었다"는 점을 상기시킨다.128) 동시에 저 선후의 물음은 1510년대나 1520년대에도 구텐베르크의 독창성을 의심하는 시선들이 일반적으로 존재했다는 것을 증명한다.

그리고 전존훈은 유럽학자가 활자인쇄술이 중국에서 발명되어 유럽으로 도입되었다는 것에 대한 최초의 언급으로 카터가 인용한 파울루스 조비우스의 1546년의 문헌기록을 제시한다.129) 그러나 그는 "포르투갈사람들이 인도에 닿기 전에", 즉 바르톨로뮤 디아스가 희망봉을 발견되고 바스코 다가마가 인도로 가는 항로를 개척한 1488-1497년 이전에 "이런 종류의 서책 견본들이 스키타이사람과

---

126) Tsien, *Paper and Printing*, 314쪽.
127) Donald F. Lach, *Asia in the Making of Europe*, vol. 2 (Chicago: University of Chicago Press, 1965-), 118, 127쪽.
128) Tsien, *Paper and Printing*, 314쪽.
129) Tsien, *Paper and Printing*, 314-315쪽.

모스크바사람들을 통해 (…) 우리에게 도래했다"는 조비우스의 문헌기록을 곧이곧대로 금속활자인쇄술이 '중국'에서 유럽으로 서천한 것으로만 이해한다. 구텐베르크와 관련된 금속활자의 서천 문제라면 서천은 구텐베르크가 참조할 수 있게끔 1440년 이전에 이루어졌어야 한다. 그러나 화수가 금속활자로 서적들을 활인한 1490년까지 중국에서는 금속활자가 실용되지 않았다. 따라서 이 중국의 금속활자가 1440년 이전에 유럽으로 서천했다는 것이 어불성설이다. 따라서 앞서 지적한 대로 조비우스의 문헌기록이 합당한 의미를 가지려면, 조비우스 문헌기록 속에서 그 '광동의 많은 활자인쇄공들' 및 교황에게 바친 포르투갈 국왕의 중국서적 선물과 관련하여 언급되는 금속활자 인쇄기술은 중국 인쇄술이 아니라, 한국의 금속활자 인쇄술이어야 할 것이다. 오직 한국만이 1211년부터 1440년까지 230년 동안 금속활자 인쇄술을 일반적으로 상용常用했기 때문이다. 다시 말하지만 한국은 고려 때『증도가』를 동활자로 활인한 1211년 이래 조선의 태종조를 거쳐 세종조 1440년까지 꼬박 230년 동안 이미 주자鑄字를 전면적으로 사용하여 출판혁명을 일으키고 있었기 때문이다. 그러나 전존훈은 중화주의에 눈이 가려 "스키타이사람과 모스크바사람들을 통해 (…) 우리에게 도래했다"는 조비우스의 저 문헌기록을 중국에서 왔다는 뜻으로만 고정시키고 한국에서 왔다는 뜻으로 풀이할 제3의 눈이 없다. 우리는 저 조비우스의 기록을 금속활자 인쇄술과 활인본 서적이 한국에서 유럽으로 전해졌다는 뜻으로 해독해야 할 것이다. 앞서 시사하고 뒤에 또 상세히 논하겠지만 적어도 1440년까지 한국상인과 유럽상인들이 육로와 해로로 만날 수 있는 기회는 활짝 열려 있었고, 고려상인들이 가톨릭 선교사들과 제노바·베니스상인들, 그리고 아랍상인들이 붐비던 천주에까지 진출하여 무역을 했다는 명확한 문헌기록과, 한국 상인들이 해외에서 책을 판매했다는 문헌기록 등 직간접적 증거들, 즉 정황증거와 기록증거들이 둘 다 존재하기 때문에 우리는 전존훈 논변의 미진함과 이 속에 숨겨진 은연한 중화주의를 지적하지 않을 수 없는 것이다. 그러나 이후 다른 사료들의 해석에서도 전존훈은 중화주의에서 벗어나지 못한다.

전존훈은 다른 문헌자료들을 더 제시한다. 그는 가스파르 다 크루즈(Gaspar da Cruz, 1520-1570), 마르틴 데 라다(Martin de Rada, 1533-1578), 후앙 곤잘레스 멘도자(Juan Gonzalez de Mendoza, 1545-1618) 등의 + 보고들도130) 놓치지 않고 직접적 기록증거로 들고 있다. "조금 뒤에 가스파르 다 크루즈와 마르틴 데 라다, 이 두 초기 중국방문자들은 (…) 또한 중국 인쇄에 대해서도 상당히 언급했다. 크루즈는 '중국이 인쇄술을 사용한 지는 900년도 넘었고 그들은 인쇄된 책만이 아니라 상이한 그림들도 제작한다'로 말했다. 그는 이 말에서 책뿐만 아니라 그림이나 화보를 위한 인쇄술의 가장 이른 사용 시기를 가리켜준 최초의 중국방문자였다. 인쇄술이 6-7세기 수나라나 초기 당나라에서 기원했다는 이론들은 명조의 후기, 즉 화보나 별개의 그림 지면과 함께 인쇄된 수많은 서적들이 크루즈도 입수할 수 있었던 동안 그가 중국에 머물던 때에 일반적으로 거론되었다. 라다는 그의 보고서들 안에서 중국 인쇄술을 언급하고 수많은 중국 서적들을 스페인으로 가지고 돌아왔다. 그는 중국 관리와 담소했는데, '그는 우리도 문자가 있고 그들이 우리가 쓴 것보다 많은 세기

---

130) 크루즈, 라다, 멘도자 등의 보고 일반에 대한 상세한 논의는 참조: 황태연, 『공자철학과 서구 계몽주의의 기원 – 유교문명의 서천과 계몽사상의 태동(상)』 (파주: 청계, 2019), 661-701쪽.

이전에 인쇄술을 썼기 때문에 우리도 그들처럼 서적 인쇄술을 쓴다는 것을 알고 크게 놀랐다.' 그는 또한 '모든 학문을 망라하는 인쇄된 서적들, 점성술과 천문학, 그리고 관상학, 수상술手相術', 산술, 법률, 의학, 검도, 모든 종류의 놀이, 신들에 관한 인쇄된 서적들을 획득했다. 중국에서 가져온 서적들 중에는 금은과 같은 귀금속들이 기록된 것으로 그가 언급한 8권의 지방지地方誌도 들어있었다."131) 그러나 전존훈은 크루즈와 라다보다 먼저 중국에 들어가 죄수로 수감된 바스코 칼보(Vasco Calvo)와 16세기 중반 아시아에 관한 4부작의 책을 쓴 주앙 데 바로쉬(João de Barros, 1496-1570)의 중국서적 언급에 대해서는 논하지 않고 있다.

중국제국과 외교관계를 맺으려는 열망 속에서 포르투갈 국왕 마누엘 1세(재위 1495-1521)는 중국의 광동정부와 접촉하기 위해 1511년 사절단을 파견했다. 그러나 포르투갈이 중국의 속방 말라카를 점령했다는 소식이 포르투갈 사절단이 접촉하기 전에 먼저 광동에 도착했고, 이로 인해 포르투갈의 첫 사절단은 광동에서 냉대를 받았다. 더구나 정덕제正德帝의 붕어로 인해 포르투갈사절단의 행렬은 발이 묶였고, 수행원들과 동행한 무역상들은 수감되었다. 이 수감된 포르투갈사절단에 딸린 바스코 칼보(Vasco Calvo)라는 상인이 보낸 여러 서신은 유럽의 수신인들에게 중국 정보를 제공할 목적으로 여러 인쇄된 중국문헌을 참고한 최초의 글이다. 포르투갈 외교당국이 그를 석방하려고 노력하는 동안 그는 광동에서 여러 해 수감되어 있었다. 16세기 초반 중국에서 수감생활을 한 다른 포르투갈사람들의 서신들과 함께 그의 서신들은 '포로들의 편지들'이라는 제목으로 출판되어 오랫동안 유럽 학자들에 의해 읽혔다.132)

131) Tsien, *Paper and Printing*, 315쪽.

칼보는 동포들에게 그의 소재를 알려주기 위해 편지를 썼다. 1524년 몇몇 포르투갈사람들이 명대 중국제국을 방문했기 때문에 중국에 대한 상세한 지리정보를 포함시켰다. 중국의 지리적 위치와 영토 규모, 도시와 성읍城邑들, 그리고 이것들의 많은 수에 대한 이러한 관심은 초창기 이베리아 중국학의 특징이었다. 칼보의 서신들은 이 주제를 명백하게 입증하고 있다. 감옥에서 입수한 중국서적들은 구속상태의 그에게 중국에 대한 광범한 전망을 제공했다. 그는 "공부를 좋아하는 사람이기"에 "그 나라의 글자들을 읽고 쓸 줄 알게" 되었다. "왜냐하면 (갇힌 죄수로서 무료한 시간에) 넌더리가 나서 중국인들을 관찰하고 한자를 배우고 있기 때문이다."133) 그는 "15개 모든 성省에 관한 – 각 성마다 얼마나 많은 도시를 가졌는지, 그리고 얼마나 많은 읍과 기타 장소들을 가졌는지, 그리고 전국에 지배적인 예의범절과 풍속, 그리고 전국의 통치 등 (…)에 관한 – 서적을 가지고 있다"고 밝힌다.134) 이 서적은 1394년에 나온 운송 매뉴얼인 『환우통구寰宇通衢』로 보인다. 이런 유형의 매뉴얼 지도는 1520년대에 쉽사리 입수할 수 있었다.135) 칼보는 도로지도에서 중국으로 가는 열쇠, 즉 포르투갈이 남중국을 정복할 정교한 계획을 기안하기에 충분한 정보를 그에게 제공한 서적을 손에 넣은 것이다.

1557년 마카오에 포르투갈 기지가 설치되면서 포르트갈 죄수는

---

132) Liam Matthew Brockey, "The First Hands: The Forgotten Iberian Origins of Sinology", 72-73쪽. Christina H. Lee (ed.), *Western Visions of the Far East in a Transpacific Age, 1522-1657* (London and New York: Routledge, 2012).

133) Donald Ferguson (trans. and ed.), *Letters from the Portuguese Captives in Canton written in 1534 and 1536* (Bombay: Eduction Society's Steam Press, 1902), Calvo's Letter,159쪽. 괄호는 인용자.

134) Ferguson, *Letters from the Portuguese Captives in Canton*, Calvo's Letter,159쪽.

135) 참조: Brockey, "The First Hands", 74쪽.

희귀해진다. 그 직전까지 다른 억류자들도 중국어를 배우고 중국 서적을 이해할 줄 알았다. 1550·1560년대에 마지막 포로들이 쓴 서신들은 명대 중국제국의 국가조직과 관료행정구조에 관한 정보를 담고 있다. 이 서한들은 그들이 참조한 중국 문헌들을 밝히고 있지 않지만 그 내용으로 봐서 중국의 공식문헌을 봤음이 틀림없어 보인다. 그밖에 갈레오테 페레이라(Galeote Pereira)의 보고서는 중국 도시와 성省들에 관한 정보를 가득 담고 있다. 그도 중국의 인쇄된 텍스트를 본 것이 확실하다.136)

16세기 초반에 날아든 이런 서한들의 지식정보를 활용한 최초의 연구서는 리스본에서 출간된 포르투갈 역사가 주앙 데 바로쉬의 『아시아의 시대(Décadas da Ásia, I·II·III·IV)』(1552, 1553, 1563, 1615)였다. 바로쉬는 그가 보유한 중국 문헌들을 제시하며 명대 중국제국을 묘사하고 있다. 그는 이런 중국 문헌들을 리스본의 Casa da India(포르투갈의 아시아무역 어음교환소)의 국왕대리인으로서의 그의 지위를 이용해 입수했다. 중국 만리장성을 논하면서 바로쉬는 "모두 중국한자로 쓰인 이름을 단 산, 강, 도시, 읍이 그려진 동일한 중국 제작의 지도책"을 가지고 있다고 밝힌다. 이것은 약 1555년에 인쇄된 『광여도廣輿圖』일 가능성이 높다. 바로쉬는 "중국인들이 그린 이 장성을 지금 보는 것은 우리에게 커다란 감탄을 자아내게 했다"고 쓰고 있다. 바로쉬는 『환우통구』도 가지고 있었던 것으로 보인다. 그는 한자를 몰랐지만 이미 리스본에 들어와 살던 중국인 통역사를 고용해서 중국서적들을 읽고 중국 행정조직을 설명하고 있다. 그는 『아시아의 시대』(제1권 book 2)에서 "이 목적을 위해 채용된 한 중국인"이 자신의 중국 문헌과 지도를 "해석해주었다"라고 밝힘으로써 1550

---

136) 참조: Brockey, "The First Hands", 74-75쪽.

년대에 이미 포르투갈에 이주해 살던 중국인들의 존재를 언급하고 있다.[137]

그러나 크루즈, 라다, 칼보, 바로쉬의 기록들은 모두 극동 금속활자 인쇄술의 서천에 관해, 또는 구텐베르크의 한국 금속활자 리메이크에 관해 증언하는 기록은 전무하다. 그러나 멕시코와 필리핀에서 근무한 멘도자 신부의 기록은 구텐베르크 활자인쇄술의 동아시아적 기원에 대해 직접 언급하는 점에서 이전의 보고들과 달랐다. 멘도자는 1585년 로마에서 첫 출판된 스페인어판 『중국대제국의 주목할 만한 모든 것과 제례와 관습의 역사(Historia de las cosas mas notables, ritos y costumbres del gran Reyno de la China)』(1-2권, 이하: '중국대제국의 역사')에서[138] 이 논제를 언급한다. 전존훈은 이 구절들을 비교적 상세하게 분석한다. 멘도자는 두 절에서 중국 서적과 인쇄술에 대해 설명하는데, "이 두 절 중 하나, '헤라다 탁발승과 그의 동료들이 중국으로부터 가져온 서적들의 내용과 방식'이라는 절에서 멘도자는 그가 거기서 입수한 온갖 서적들을 범주화하여 기술하고 있다. 이 목록은 역사, 지리, 조보, 연대기, 항해, 의식과 제례, 법률과 형벌, 약초와 의학, 지질학, 천문학, 유명인물들의 전기, 게임, 음악, 수학, 건축, 점성술, 수상술, 관상학, 서예, 점술, 군사저작들을 포함한다. 이 모든 책들은 선교사들의 체재하는 필리핀에 사는 중국출신 중국인들의 도움으로 읽었음에 틀림없다. 멘도자가 쓰고 있듯이

---

137) 참조: Brockey, "The First Hands", 75-76쪽.

138) Juan Gonzáles de Mendoza, *Historia de las cosas mas notables, ritos y costumbres del gran Reyno de la China* (1-2권, Roma, 1585; Madrid & Bercelona, 1586; Medina del Campo, 1595; Antwerp, 1596). 영역본: Juan Gonzalez de Mendoza, *The History of the Great and Mighty Kingdom of China and The Situation Thereof*, the First and the Second Part (London: Printed for the Hakluyt Society, 1853).

탁발승들은 "상당한 많은 서적들을 구입했고, 우리가 작은 역사책 속에 집어넣었던 대부분의 것들은 거기서 끌어온 것들이다". 흥미롭게도 16세기 소수의 중국책들은 스페인과 포르투갈의 도서관에 살아남아 있다.139)

이것에 바로 이어서 전존훈은 결정적 구절을 끌어온다. 또 다른 절, "유럽에서 쓰이기 오래 전에 이 왕국에서 쓰이는 서적인쇄술의 유구성과 공법工法에 관하여"에서 멘도자는 독일의 존 구텐베르크에 의해 1458년 유럽에서 시작된 경탄할 만한 인쇄술 발명을 논하고, 동일한 발명이 거기로부터 이탈리아로 도입되었다고 부연한다. 멘도자는 덧붙였다. "그러나 중국인들은 첫 발단이 그들 나라에 있었고 발명가는 그들이 성인으로 추앙하는 사람이었다고 단언한다. 중국인들이 그것을 사용한 지 여러 해 뒤에 러시아와 모스크바를 거쳐 독일(Almaine)로 들어왔고, 확실한 것처럼 여기로부터 몇 권의 책들이 확실한 것처럼 육로로 올 수 있다는 것, 그리고 거기(중국)로부터 홍해를 경유해, 그리고 풍요로운 아라비아(Arabia Felix; 아라비아 반도 남부)로부터 온 몇몇 상인들이 상당한 양의 서적을 가지고 왔을 것이고, 역사책들이 창시자로 삼는 존 쿠텐베르고(John Gutembergo)가 거기로부터 최초의 기초(his first foundation)를 얻은 것이 명백하다." 이에 대해 전존훈은 "구텐베르크가 중국 인쇄술의 영향을 받았다는 그의 주장 외에도 그가 해로로 아라비아로부터 오는 무역을 통하는 또 다른 루트를 언급하는 것이 흥미롭다"고 말한다.140) 그런데 그는 부주의로 중간의 "that some merchants that came from thence into this kingdome, by the Redde Sea, and from Arabia Felix(거기로부터

---

139) Tsien, *Paper and Printing*, 315-316쪽.
140) Tsien, *Paper and Printing*, 316쪽.

홍해를 경유해, 그리고 풍요로운 아라비아로부터 이 왕국[스페인]으로 들어온 몇몇 상인들"에서 "from thence into this kingdome, by the Redde Sea(거기로부터 홍해를 경유해 […], 이 왕국으로 [들어온])"를 누락시키고 있다. 그리하여 그는 중국서적의 서천로가 모스크바를 거치는 육로와 홍해를 거쳐 스페인으로 들어오는 해로와, 아라비아반도 남부에서 스페인으로 들어오는 해로+육로+해로, 즉 멘도자가 명시한 세 개의 서천루트를 두 개로 축소해버리고 있다.

전존훈은 멘도자로부터 관련 구절을 계속 더 인용한다. 멘도자는 이렇게 결론지었다는 것이다. "이 발명이 중국인들로부터 우리에게로 왔다는 것은 중국인들이 동일한 것에 대한 창시자 지위를 가지는 만큼 분명히 진리인 것으로 보인다. 신빙성을 더하자면, 독일(Almaine)에서 그 발명이 시작되기 500년 전에 인쇄된 많은 책들이 오늘날도 중국인들 사이에서 발견된다. 그리고 나도 이 책을 한 권을 가지고 있고, 인도에서처럼 스페인과 이탈리아에서도 이 같은 다른 책들을 보았다." 그런데 전존훈은 멘도자의 이 결론을 지나치게 확장한다. "중국의 일들에 관한 멘도자의 일반화는 훗날의 몇몇 저술가들에게 굉장한 영향을 미쳤고, 16세기를 관통해 줄곧 걸출한 프랑스 역사가 루이 르루아(Louis Leroy, 1510-1577), 유명한 시인이자 번역가 프란세스코 산소비노(Francesco Sansovino, 1521-1586), 명석한 수필가 몽테뉴(Michel de Montaigne, 1533-1592)와 같은 저술가들이 모두 인쇄술이 유럽에 도래하기 수백 년 전에 중국에서 기원해서 구텐베르크에게 발명의 영감을 불어넣고 고취했다는 동일한 이야기를 반복했다."141)

나아가 전존훈은 멘도자의 견해까지 포함한 "이런 견해들"을 "모

---

141) Tsien, *Paper and Printing*, 316쪽.

두 다 조비우스의 설명으로부터 파생한 것"으로 보는데142) 이것은
그야말로 말도 안 되는 과언 또는 허언이다. 왜냐하면 르루아는
멘도자의 책이 나오기 10년 전인 1575년부터 그런 주장을 했기
때문에 그가 멘도자의 말(1585)을 반복했다고 말하는 것은 연도가
(맞지 않아) 불합리하고, 산소비노는 전문적 인쇄업자이기도 했기
때문에 그에 대해 함부로 그렇게 단정하는 것은 지나치게 주제넘은
것이고, 몽테뉴는 극동인쇄술의 서천에 말한 적이 없기 때문이다.
몽테뉴는 나름의 전거들에 근거해서 다만 "우리는 대포와 인쇄술의
발명이라는 위력적 사업을 하고 있는데, 이것들을 세계의 다른 끝인
중국에 사는 사람들은 1,000년 전에 가지고 있었다"라고143) 말했을
뿐이다.

멘도자의 견해에 대한 전존훈의 이런 가벼운 해석은 올바른 것도,
정확한 것도 아니다. 멘도자는 중국에 가보지 못한 대신 중국 본토에
가까운 지역인 필리핀에서 공무를 수행했고 필리핀에 터잡고 무역
하던 수많은 중국인들과 접촉했고, 또한 중국 근처에도 가보지 못한
조비우스의 책 *Historia sui temporis* (1546)보다 훨씬 오래된 14세기
서적들까지도 망라하여 『중국대제국의 역사』를 저술했다. 또한 조
비우스는 스키타이사람과 모스크바사람들의 육로를 통한 서천루트
만을 제시한 것에 반해 이 육로만이 아니라 두 개의 해로를 더
지목했다. 따라서 멘도자의 구텐베르크 인쇄술 관련 견해를 간단히
조비우스 언술의 아류나 파생 견해로 보는 것은 실로 부적절한
것이다. 또한 멘도자가 언급하는 구텐베르크의 인쇄술은 금속활자

---

142) Tsien, *Paper and Printing*, 316쪽.

143) Michael de Montaigne, "Of Coaches", 420쪽. *The Complete Works of Michael de Montaigne, comprizing The Essays* [1571-1592] etc. ed. by W. Hazlitt (London: John Templeman, 1842).

인쇄술이다. 따라서 멘도자가 지리상의 무지로 인해 부정확하게 금속활자를 창작한 나라를 중국이라고 두루뭉수리 말하더라도 이 '중국'은 '중국 본토'를 가리키는 것이 아니라, 궁극적으로 한국(고려· 조선)으로 이해했어야 옳은 것이다. 왜냐하면 첫째, 한국과 일본은 종종 서양인들에게 중국의 일부지역으로 비쳐졌기 때문이고, 둘째, 1440년 이전에 중국에는 동銅·연鉛·철鐵로 주자된 금속활자가 없었 기 때문이고, 셋째, 서양인들에게 한국의 금속활자 인쇄술 정보를 전하거나 주자활인본 서적을 판매하기 위해서는 천주泉州·장가계張 家界·만주 등 중국 도시나 중국 변경지역, 즉 아무튼 중국 땅을 통해 야 했기 때문이다. 그러나 이런 뻔한 사실에도 전존훈이 올바로 말하지 못한 것은 그의 '숨은' 중화주의 때문일 것이다.

또한 "인쇄술이 유럽에 도래하기 수백 년 전에 중국에서 기원해서 구텐베르크에게 발명의 영감을 불어넣고 고취했다"는 르 루아, 산소 비노 등의 인쇄술 서천론은 멘도자의 서천론을 "반복"하는 "동일한 이야기"라고 볼 수 없다. 왜냐하면 멘도자의 서천론은 상인들이 직접 금속활자 인쇄술 정보나 활인본 서적이 중국으로부터 세 루트 를 통해 유럽(독일과 스페인)으로 가지고 들어왔고 이 금속활자 인쇄술 정보나 활인된 서적에서 구텐베르크기 그의 금속활자 인쇄 술의 "최초의 (기술적) 기초"를 "얻었다"고 이야기한 반면, 저 세 사람은 "수백 년 전"부터 발달해온 중국의 인쇄술, 따라서 중국의 목판인쇄술과 목판본 서적들이 구텐베르크에게 단지 발명의 "영감" 을 "불어넣었다"고(inspire)만 말하고 있기 때문이다.

특히 많은 논고를 쓰고 많은 고전과 외국 서적을 번역·출판한 프란체스코 산소비노의 금속활자 인쇄술 서천론을 멘도자 견해의 반복으로 보는 것은 실로 큰코다칠 일이다. 산소비노는 16세기 베니스의 다작多作 저술가였을 뿐만 아니라 인쇄술을 잘 아는 전문 출판가였다. 새로운 정보를 출판하여 휴머니즘 교육을 확산시키려는 사명감과 결합시킬 능력이 있는 그는 특히 서적 시장에 대한 예리한 눈을 가진 출판업자였다. 그는 동시대의 서적시장에 대한 이런 이해력으로 '인쇄소'를 개업해서 큰 성공을 거두었고, 이 인쇄업종에 20년 이상 종사했다. 따라서 중국 금속활자 인쇄술의 서천과 구텐베르크의 리메이크에 대한 그의 주장은 인쇄술에 대해 사실상 문외한이다시피 한 조비우스나 멘도자의 주장과 차원이 다른 중요한 인쇄공학적 의미를 가질 수 있는 것이다.

전존훈은 멘도자와 '아류들'의 견해 외에 "중국 인쇄술과의 직접적·개인적 접촉을 가리켜주는 상이한 견해가 있다"고 말한다. 이 "대안적 이야기"는 앞서 우리가 다룬 이탈리아 조각가 판필로 카스탈디에 대한 로버트 커즌의 이야기다. 그러나 전존훈은 헨리 율이 "많은 여행자들과 육로 무역상들이 중국 목판들을 고국으로 가지고 왔을 수 있다고 생각하면서도 이 이야기가 옳다는 견해를 지지할 마음이 없었다"는[144] 이유에서 이 이야기를 가벼이 흘러 보낸다. 그러나 앞서 우리가 상론했듯이 집요하리만치 카스탈디의 이야기와 커즌의 이론을 부정하던 율은 카스탈디의 이야기와 커즌의 설명에서 '마르코 폴로'의 이름만 뺀다면 전체 이야기는 신빙성이 있다고 판단했었다. 따라서 카스탈디에게 중국 인쇄본 서적을 준 사람을 폴로가 아닌 복수의 아무개들로 바꾼다면 카스탈디와 커즌의 나머지 이야기는 그대로 되살릴 수 있는 것이다. 율은 동일한 방식으로 카스탈디의 업적을 마르코 폴로와 연결시키는 것만을 제거하고 카스탈디를 사실상 구텐베르크에 앞서 중국에서 온 목판인쇄 서적

---

144) Tsien, *Paper and Printing*, 316쪽.

을 보고 목활자·금속활자인쇄술의 발명했고, 구텐베르크가 베니스에서 이 인쇄술을 접하고 이것을 모방하여 다시 금속활자를 제작하고 금속활자 인쇄술을 발전시켰다는 커즌의 이론을 부활시켰었다. 토마스 카터도 1925년에 이미 "언급된 이야기가 어떤 식으로든 사실에 기초한 것이라면, 카스탈디가 본 목판인쇄물은 마르코 폴로에 의해서가 아니라, 마르코 폴로의 귀국 후 이어진 반세기 동안 칸의 영역으로부터 이탈리아로 돌아온 많은 무명 여행자들 중 하나에 의해 중국으로부터 전해졌을 가능성이 더 크다"라고 함으로써 카스탈디 이야기를 거의 그대로 살려냈다.145) 따라서 율의 마지막 입장전환과 커즌의 이 말을 중시한다면 전존훈이 구텐베르크에 앞서 중국의 목판인쇄 서적을 보고 목활자·금속활자를 만든 카스탈디의 공적을 싱거운 가공의 에피소드로 전락시킨 것은 현명하지 않은 것이고, 어찌 보면 큰 오류다.

그러나 카스탈디의 이야기와 관련하여 주의해야 하는 것은 그가 중국의 목판인쇄 서적을 보았을 뿐이고 어디까지나 목활자·금속활자와 활자인쇄술을 발명·개발한 것은 카스탈디 자신이라는 점이다. 따라서 금속활자와 활자인쇄술을 발명한 공적은 이탈리아 유럽인 카스탈디에게 귀속시키는 이 이야기에서는 한국 금속활자와 한국의 활인본 서적이 전혀 거론되지 않고 있다. 따라서 카스탈디 이야기와 커즌의 이론도 중국과의 방계적 연관만을 거론할 뿐이기 때문에 애초에 카터와 허드슨이 '역사적 사실'로 입증하려고 시도했던 한국 금속활자의 서천과 구텐베르크(혹은 카스탈디)의 리메이크 이론의 핵심에 조금도 접근하지 못하고 있다.

한편, 전존훈은 구텐베르크의 금속활자와 중국 금속활자의 기술

---

145) Carter, *The Invention of Printing in China and Its Spread Westward*, 160-161쪽.

적 차이를 들어 구텐베르크의 발명적 독창성을 부각시키려는 이론
을 한국의 주자鑄字기술에 대한 언급으로 분쇄한다.

많은 저자들이 인쇄술의 중국적 기원과 유럽 활판인쇄술에 대한 그것의
영향을 제시하는 한편, 문화적 이론을 부정하지 않지만 그들의 주장의 기
반을 일차적으로 중국 공법과 유럽 공법 간의 기술적 차이에 두는 다른
견해를 가진 몇몇 사람들이 있다. 이 견해를 일찍이 피력한 사람은 구텐베
르크의 활자가 중국 인쇄술과 기술 측면에서 달랐다고 믿은 이탈리아 학
자이자 저술가 귀도 판키롤리(Guido Panciroli, 1523-1599)였다. 그는 "활판인
쇄술은 중국에서 오래 되었고, 멘츠(Mentz, 마인츠[Mainz]의 이탈리아어 - 인
용자)에서 발견해낸 기술은 현대적인 것이다"고 말했다.146) 그는 양자 간의
차이가 무엇인지를 자세히 설명하지 않았지만, 옛 공법을 뛰어넘는 현대
적 기술의 개량임을 함의했다. 종이와 인쇄술의 기원에 관한 존경할 만한
저술가 앙드레 블룸이 설명하는 대로 "서구에서 인쇄술을 발명한 것의 본
질적 요소는 그것이 목판인쇄술로부터 생겨난 것이 아니라 (…) 그것이 차
라리 가용성可溶性 금속으로 만들어진 활자의 창조에 있었다는 것이다".
그는 활판술을 위해서는 글자가 음각으로 새겨진 모형母型(matrix) 또는 주
형鑄型(mould), 모형 속에 지어 부어지는 합금, 펀치 위에 양각으로 재현된
활자 등 세 가지가 필요했다고 말한다. 실제로 펀치로부터 금속활자를 주
조하는 유사한 공법은 극동에서 적어도 구텐베르크보다 반세기 전에 사용
되었다. 그리고 거기로부터 활판술이 유래했을 수 있다는 이론들도 존재
한다.147)

---

146) Guido Panciroli, *Nova reperta sive Rerum Memorabilium Recenz Inventarum, & Veteribus
incognitarium* (1608). 영역본: *The History of Many Memorable Things Lost, which were
in Use among the Ancients* (London: Printed for John Nicholson, 1715), 342-343쪽.
147) Tsien, *Paper and Printing*, 317쪽.

그리고 전존훈은 조프리 허드슨이 한국 금속활자 서천론에서 제기한 거증 책임론을 들이대는 것으로 자기의 논변을 마무리한다.

G. F. 허드슨이 말하는 것처럼 "한국의 활판인쇄술이 유럽에서 바로 그 공법의 등장 이전에 그토록 놀라운 발전을 완료했기 때문에, 그리고 극동과 독일 사이에 뉴스 전달이 가능한 연결선들이 존재했기 때문에 증명의 책임은 실제로 유럽적 발명의 완전한 독자성을 주장하는 사람들에게 있다".148)

전존훈은 여기서 서천한 것이 단지 중국의 목판인쇄 서적이 아니라 한국의 금속활자라는 것을 처음으로 인정하고 있다. 한국의 금속활자를 들어 구텐베르크와 극동의 주자 활판술 간의 '본질적' 기술차이를 부정하고 있다. 그러나 구텐베르크의 활자를 중국의 낡은 활자를 개량한 현대적 활자로 보는 판키롤리의 오류를 지적하지 않고 있다. 13세기 말엽(송말·원초) 중국의 활자는 '태어난 때가 죽는 때'였기 때문에 이 활자가 서천할 리는 전무했다. 따라서 판키롤리의 주장은 오류인 것이다. 만약 서천한 활자가 있었다면 그것은 위구르의 목활자이거나 고려·조선의 금속활자일 것이다. 그리고 1935년 동서 인쇄공법 간의 기술적 차이를 강조하던 블룸은 상론했듯이 1953년 입장을 바꿔 한국 금속활자의 서천과 구텐베르크의 리메이크를 주장했다. 그러나 전존훈은 블룸의 이런 입장전환을 몰랐던 것으로 보인다. 그런데 전존훈은 "한국으로부터 활판술이 유래했다"고 주장하는 이론들로 허드슨의 이론만이 아니라 콜롬비아대학교의 팡 차오잉(Fang Chao-ying, 房兆楹) 박사의 주장을 주석에서 길게

148) Tsien, *Paper and Printing*, 317쪽.

소개하고 있다. "팡 차오잉은 미공간 논문 「한국의 인쇄술에 관하여
(On Printing in Korea)」에서 아담 샬과 한국 왕세자가 만난 것처럼
14세기 몽골수도 북경에 살던 유럽 거류민들과 한국 학자들의 접촉
을 통해 획득된 한국 활자에 대한 지식과 더불어 유럽 활판술이
도래했을 가능성을 제기했다."149) 전존훈은 이러한 주석과 언급에
도 불구하고 한국 금속활자의 서천 가능성에 대해서는 더 이상
말하지 않는다.

전존훈은 유럽의 활판술이 독창적 발명품인지 기존 기술의 단순
한 결합물인지를 논란하는 문제로 넘어간다.

논쟁의 또 다른 문제는 활판술이 독립적 발명인지 단순히 기존 기술의 조
립인지 하는 것이었다. 테오로드 드 빈(Theodore De Vinne)이 언급한 것처럼
몇몇 학자들은 '활판술이 독창적 발명품이 아니라, 옛 이론들과 압착공법
들의 새로운 응용 이상의 것이 아니었다'고 생각한다. 이 견해에 의하면,
판각板刻은 이집트 인장으로까지 소급하고 잉크로 인쇄하는 것은 로마의
손 스탬프로 소급하고, 활자들의 조립은 키케로와 성 제롬(St Jerome)에 의
한 제안으로 소급한다. 그러므로 구텐베르크는 종이 위에 인쇄한 최초의
인물이 아니었다. 왜냐하면 놀이카드, 화보인쇄, 인쇄된 서적 등의 형태의
인쇄자료는 그가 태어나기 전에 이미 매매에 적합한 물품이었기 때문이라
는 것이다. 활판술이 독창적 발명이 아니라면 기존의 기술들이 동방에서
왔는지, 서방에서 왔는지 하는 물음이 제기된다. 영국의 수집가이자 골동
품상 존 백포드(John Bagford, 1659-1716)는 「인쇄술의 발명에 관한 에세이(An
Essay on the Invention of Printing)」에서 이렇게 썼다. "대부분 저자들의 일반적
관념은 우리가 중국인들로부터 힌트를 얻었다는 것이다. 그러나 나는 그

---

149) Tsien, *Paper and Printing*, 317쪽 각주 h.

런 견해를 취하는 것으로 조금도 경사되지 않는다. 왜냐하면 그때 우리는 중국인들에 대해 전혀 몰랐기 때문이다. 나는 우리가 그것을 고대로마인들로부터, 그들의 메달, 인장, 그들의 제사용 단지 밑의 마크나 이름으로부터 취했을 것이라는 것이 더 개연성이 있다고 생각한다."150)

전존훈은 백포드의 이 반론을 백포드 자신이 자신의 논고 「인쇄술의 발명에 관한 에세이」에 붙인 더글러스 맥머트리의 서론에서 개진된 '아이디어는 아직 발명이 아니다'는 취지의 궤변을 논파함으로써 보기 좋게 물리친다.

이 저자(백포드)와 몇몇 다른 저자들이 인장사용, 잉크, 그리고 다른 재료들과 시설들을 포함한 기존 기술들을 중국문명의 공이 아니라 서구문명의 공으로 돌릴지라도 이 논고에 붙인 (더글러스 맥머트리의) '서론'에서 상세하게 논의되듯이 진실은 거꾸로다. 인쇄에 필수적인 모든 기본요소들은 서구와 중국 양편에서 입수할 수 있었지만, 그것들의 결합은 인쇄술이 서구에서가 아니라 중국문화 속에서 일찍이 출현하는 것으로 이끌어졌다. 유럽에서 인쇄술의 발명으로 이끈 다양한 요인들을 논한 뒤에 인쇄술의 역사에 관한 현대 권위자 더글러스 맥머트리는 인쇄술 공법은 아닐지라도 인쇄술의 아이디어는 동방으로부터 배웠을 것이지만, "아이디어는 (아직) 발명품이 아니다"고 주장한다. 이 명제는 확실히 논박할 만하다. 발명은 언제나 새로운 고안물과 실행을 포함하고, 새로운 아이디어 없이 수행된 공법들은 발명품의 자격을 얻지 못한다. 잉크와 금속과 압착기를 포함한 유럽적 활판술을 위한 재료들과 시설들은 동방에서 사용된 것과 얼마간 다를 수 있지만, 그것들은 상이한 상황에 적합하게 만들기 위한 기존 아이

---

150) Tsien, *Paper and Printing*, 318쪽.

디어와 공법의 개량에 지나지 않는다. 인쇄술의 기본원리가 거울 이미지로부터 종이 위에 잉크를 묻혀 양각으로 압인한 것의 다수 복제물을 획득하는 것이라면, 바로 이 아이디어는 (이미) 하나의 발명을 시사하는 것이다. 이 원리에 근거하여 목판인쇄술은 나무를 쓰든 금속을 쓰든, 목판·동판이든 활자든, 평판이든 음각이든 양각이든 모든 인쇄공정의 시조다. 활판술이 목판인쇄술과 기술적으로 다른 것이 활판술을 별도의 발명으로 간주하는 것을 정당화해준다면, 석판인쇄술, 옵셋, 그라비어 사진인쇄술, 현재의 필름 세팅과 같은 모든 다른 새로운 인쇄공법들도 동등하게 독립적인 발명들로 간주되어야 할 것이다.[151]

전존훈은 앞서 맥머트리의 아이디어 서천설을 활용해 자기 주장을 정당화했었지만, 여기서는 '아이디어는 아직 발명품이 아니다'는 맥머트리의 핵심논지 자체를 분쇄해 버리고 있다.

하지만 전존훈은 "목판인쇄술이 모든 인쇄공정의 시조다"라는 테제를 정당화하려다가 목판인쇄술과 금속활자 활판인쇄술 간의 현격한 문명사적 기술격차를 뭉개버리고 있다. 독립된 활자를 재조립해 장기간 재사용함으로써 수많은 책종을 계속 찍어낼 수 있는 활판술의 다多책종 생산능력은 필사본과 목판본 간의 엄청난 격차만큼이나 단일 책종이나 소少책종만을 대량 생산할 수 있는 목판인쇄술과 엄청나게 큰 격차를 보인다는 것은 두말할 것 없는 사실이다.

전존훈은 지금까지 여러 영역을 건드린 자기의 아주 긴 논변을 이렇게 간단히 결론짓는다.

종합하자면 유럽에서 인쇄의 기원은 세 개의 핵심적 질문을 포함하고 있

---

151) Tsien, *Paper and Printing*, 318-319쪽.

는 것으로 보인다. 첫째, 활판술이 전적으로 독자적인 발명인가, 아니면 그것은 목판인쇄술의 원리와 실행방법에 의해 영향받은 것인가? 목판인쇄술과 목판인쇄 서적들은 활판인쇄술의 개시 전에, 또는 이것의 개시와 동시에 유럽에 존재했기 때문에 대부분의 의견들은 유럽의 인쇄공들이 목판인쇄술의 실행공법은 아닐지라도 적어도 목판인쇄술의 원리에 노출되어 있었다는 데 동의한다. 둘째, 이것이 사실이었다면, 유럽의 목판인쇄술은 중국으로부터 도입되었는가? 이 물음 앞에서 여태 발표되어온 모든 견해들은 양자 간의 긴밀한 관계에 대해 거의 의문을 제기하지 않고, 그들의 가까운 유사성은 판각에 대한 유럽의 지식이 중국에서 가져왔다는 믿음을 보증해주었다. 셋째, 유럽 활판술의 최초 제조자는 중국의 인쇄술이나 극동의 금속활자에 직간접적 접근 기회를 가졌던가? 한 명의 특별한 이름이나 이름들을 제시하는 이야기들이 의심스러운 한편, 인쇄된 서적들이나 인쇄목판, 또는 금속활자의 샘플들이 미지의 여행자들이 육지나 바다의 무역루트로 극동으로부터 유럽으로 가지고 왔을 것이라는 것은 일반적 믿음이다. 이 모든 정황증거는 유럽 인쇄술의 기원에서 중국적 연관의 존재를 강력하게 시사한다.[152]

전존훈의 서천론은 앞서 나온 어떤 서천론보다 더 광범한 문헌자료의 추적과 폭넓은 독서에 기초한 만큼 튼튼하고 유력한 논지의 이론으로 평가받을 만하다. 그의 이 이론을 통해 동서고금의 거의 모든 관련 문헌들이 소개되었다고 해도 과언이 아니다. 그러나 앞서 간간히 지적했지만, 그의 이론은 여러 결함도 노정하고 있다. 첫째, 그의 중화주의가 그의 시야를 중국으로만 좁히는 통에 한국 금속활자 활판술의 서천에는 거의 눈길을 주지 않는 결함이 있다. 둘째,

---

152) Tsien, *Paper and Printing*, 318-319쪽.

이로 인해 서양 금속활자의 기원을 중국에서 사실상 쓰이지 않았던 금속활자에서가 아니라, 서양에 전해진 중국의 목판인쇄술이나 목판인쇄 서적에서 얻은 것으로 추정하는 그 어떤 막연한 '영감적 아이디어'에서 찾고 있다. 그러나 이것은 실로 전혀 그럴싸하게 들리지 않는다. 셋째, 전존훈은 중국의 목판인쇄 서적이든 한국의 주자활인본 서적이든 이 서적들이 서천하는 루트를 찾는 데 합당한 노력을 기울이지 않고 있고, 서천의 해로는 아예 거의 거론치 않고 있다. 따라서 그의 논변에서는 천주泉州, 정화鄭和 제독의 대항해 등이 전혀 언급조차 되지 않고 있다. 넷째, 전존훈은 많은 자료를 섭렵했으나 어떤 자료들, 가령 조비우스, 멘도자, 루아, 산소비노, 카스탈디 등에 대한 분석은 부실하고 경박하기 짝이 없다.

■ 알베르트 카프르: 한국 활판술의 서천과 구텐베르크의 리메이크

알베르트 카프르(Albert Kapr)는 독일의 유명한 활자디자이너이고 활자인쇄술 전문가다. 그는 독일인임에도 순수한 과학적 관심에서 1996년 그의 책『요하네스 구텐베르크: 인간과 그의 발명(Johannes Gutenberg: The Man and His Invention)』에서 양심껏 한국 금속활자의 서천과 구텐베르크에 의한 한국 금속활자의 ('모방'이라기보다) '리메이크'를 주장한다. 그는 "극동 인쇄술 지식이 슈트라스부르크나 마인츠로 길을 헤쳐 왔을 수 있다는 관념이 보다 더 주의를 끌고 더 설득력 있다"고 생각하기 때문이다.153)

카프르는 유교경전과 불경을 인쇄한 중국의 목판인쇄술의 흥기, 한국 금속활자의 발명, 그리고 성서와 종교회의 회의록을 인쇄한

---

153) Albert Kapr, *Johannes Gutenberg: The Man and His Invention*, trans. by George Martin (Brookfield, VT: Scolar, 1996), 109쪽.

구텐베르크의 한국 금속활자 리메이크를 모두 종교적 자극과 동기의 견지에서 바라본다.154) 이 공통된 종교적 자극에 대한 그의 인식은 바른 것으로 보인다.155) 다만 그는 유학이 명대부터 단지 '불교'와 '도교'라는 명칭에 대응하기 위해 '유교'라고 불려왔을 뿐이고 실은 종교가 아니라 '도덕·정치과학'이라는 사실을 모를 뿐이다.

카프르는 1437년의 종교적 사건을 화두로 삼아 한국 금속활자 정보의 전달루트를 논한다. "(…) 바슬레 공회의(the Council of Basle; Basle는 Basel의 옛 이름)가 진행 될 때 쿠자누스(Nicholaus Cusanus)는 1437년 교황 에우게니우스 4세에 의해 황제·총대주교 및 28인의 대주교를 포함한 그리스정교회의 고위 사절단을 부르러 콘스탄티노플에 파견되었다. (이들은 피렌체공의회로 바뀔 회의에 참석할 예정이었다.) 이 사절단에는 유명한 인문주의자이자 장서가 베사리온 오브 니카에아(Bessarion of Nicaea)도 끼어 있었는데, 쿠자누스는 그와 우정을 유지해 왔다. 나는 콘스탄티노플에서 – 동방으로 가는 통로로서의 이 도시의 위치 때문에 – 쿠자누스가 한국에서 개발한 금속활자 인쇄의 현대적 공예술에 대한 뉴스를 듣고 이 정보를 구텐베르크에게 전했을 것이라는 흥미로운 가능성을 깔아뭉개버리고 싶지 않기 때문에 이 동방여행을 언급했다."156) 그러나 카프르는 이 정보를 그런 기술이 '존재'한다는 정도의 정보로 한정한다. 따라서 그는 구텐베르크가 한국 금속활자를 '모방(imitation)'했다고 말하기보다

---

154) Kapr, *Johannes Gutenberg*, 109쪽.

155) 티모시 바레트도 인쇄술의 발전에서 종교의 역할에 주목한다. 참조: Timothy H. Barrett, *The Woman who Discovered Printing* (New Haven·London: Yale University Press, 2008), 21쪽.

156) Kapr, *Johannes Gutenberg*, 63쪽. 쿠자누스(Nicolaus Cusanus, 1401-1464)는 'Nicholas of Cusa' 또는 'Nicholas of Kues'라고도 부른다. 그는 독일의 철학자, 신학자, 가톨릭 성직자, 법학자, 수학자, 천문학자였고, 독일 르네상스 인문주의의 비조다.

단순히 '리메이크(remake)' 했다고 말하고 싶은 것이다. "이 정보는 공정의 어떤 기술적 세부내용이나 직접적 지식을 거의 담을 수 없었을 것이고, 이 기술이 다른 곳 어딘가에 존재한다는 단순한 확인이 이 전기轉機에 있던 미래의 그 발명가에 대해 박차를 가했을 것이다."157) 이것은 특이한 주장인데 무슨 근거가 있는가?

카프르에 의하면, 쿠자누스는 브릭센(Brixen)의 주교가 된 뒤 1453년, 1455년, 1457년에 개최된 종교회의에서 가톨릭 미사전서典書의 개정·표준화를 제안하는 노력을 거듭했다. 그는 이 사실로부터 "그가 마인츠에서의 일의 진척에 대한 정보를 듣고 있었다는 그 이상의 추정"을 도출한다. "쿠자누스는 어쩌면 구텐베르크가 이후에도 인쇄를 계속하도록 그 이상의 주제들을 제안했을 것이다. 그는 위대한 추기경의 교회정책에 따라 1453년 콘스탄티노플을 집어삼킨 터키인들에 대항하는 전쟁을 벌이기 위해 프로파간다의 책임을 맡는 사람이 되었다. 아무튼 구텐베르크는 이 목적에 이바지하기 위해 소위 '터키 책력과 터키에 반대하는 교서' 그리고 '키프로스 면죄부'를 인쇄했다 1286년 요한 발부스(Johann Balbus)가 편찬한, 라틴어 문법도 수록한 대형 라틴어사전 『카톨리콘(Catholicon)』의 인쇄도 니콜라스 쿠자누스가 가했을 많은 코멘트들의 결과였음이 틀림없다. 우연히 그 추기경은 『카톨리콘』 한 부를 가지고 있었고, 그것은 오늘날 모젤강 연안의 베르카스텔-쿠에스에서 그의 장서의 나머지와 함께 아직도 볼 수 있다. 그는 마인츠로부터 직접 이 책을 얻었을 것이다. 왜냐하면 그는 새로운 인쇄술이 이탈리아에 도입된 것을 아는 것에 중요성을 부여했기 때문이다. 1470년 로마에 나타난 세인트 제롬의 스웨인하임(Sweynheym)과 판나르츠(Pannartz) 인쇄본 속에

---

157) Kapr, *Johannes Gutenberg*, 63쪽.

교황에게 바친 지오반니 안드레아 데이 붓시(Giovanni Andrea dei Bussi)의 머리말이 있는데, 이 머리말은 인쇄술에 대해 알고 이 인쇄술을 독일에서 이탈리아로 이식한 사람이 쿠자누스라고 이야기하고 있다."158) 카프르는 그 증거로 이 머리말을 번역해 제시하고 있다. 그중 핵심적 부분을 소개하면 이렇다. "(…) 이전의 재능 있는 사람들이 산출했고 필경사들의 무한한 노력과 엄청난 가격 때문에 먼지와 벌레 속에 숨겨져 있었지만, 그것들 당신의 지배권 아래서 풍부한 원천들로부터 흘러나와 이미 전 지구를 적시기 시작했다. 왜냐하면 우리의 인쇄업자와 활자발명가의 작품은 우리가 고대든 현대든 인류에게 유사한 중요성을 갖는 발명들을 거의 보고할 수 없을 정도의 공예작품이기 때문이다. 이 기술작품은 빈쿨리스(Vinculis)의 성 베르로 추기경인 니콜라스 오브 쿠에스(Nicholas of Cues - 쿠자누스)의 - 영광과 하늘의 공덕을 많이 받은 - 영혼이 독일에서 그때 가시화된 새싹을 틔운 이 거룩한 공예가 로마 땅에 이식될 것을 아주 열렬하게 원했던 그 작품이다."159)

카프르는 이것으로부터 "인쇄술의 기원이 '독일에서 그때 가시화되었다'고 보는 쿠자누스가 그 발명가도 알고 있었어야 한다는 사실이 아주 확실하다"는 결론을 도출한다. 그리고 그는 이것을 "구텐베르크가 이윤욕과 이윤추구의 동기에서 움직였을 뿐만 아니라, 그만큼 - 그리고 나이 들수록 점차 더 - 교육과 학습에 대한 종교적·윤리적 헌신의 동기에도 움직였을 것이라는 추정"의 단초로 간주한다. 이 종교적·윤리적 대중교육과 학습은 로마교황청의 뜻이 아니었다. "지식의 보급은 교황청의 절대적 관심 속에 들어 있지 않았다. 교회

---

158) Kapr, *Johannes Gutenberg*, 63쪽.
159) Kapr, *Johannes Gutenberg*, 64쪽.

는 그 존재기반을 하느님의 말씀과 신도들 간에 매개하는 데 두고 있었기 때문이다. 단지 아우구스티누스 에레미테스(Augustinian Eremites)와 공동생활형제단(Brethren of the Common Life)과 같은 개별적 모임들만이 교육의 확산을 종교적 의무로 간주했을 뿐이다."160)

카프르는 이런 마당에 "구텐베르크가 1429년과 1434년 사이에 바슬레(바젤)에서 활동했다는 것"을 "여전히 단순한 가설"로 간주하지만, 구텐베르크가 "쿠자누스와 긴밀하게 알고 지낸 것"은 "지극히 개연적인 일"이라고 힘껏 주장한다. 이런 일들을 "구텐베르크의 지평을 넓히고 그를 새로운 경험으로 인도하는 방랑과 훈육의 세월"로 생생하게 그려보는 것은 "쉬운 일"이라는 것이다. 반면, "그가 단순히 물러앉아 그 시기의 마인츠에서 그 자체가 불안정적이었던 연금을 먹고 살았을 것"이라고 상상하는 것은 "거의 신빙성이 없다"고 본다. 카프르는 구텐베르크가 금속기술에 간여해서 이 분야에서 두각을 나타내는 전문가가 되었는데, 이것은 슈트라스부르크에서 벌어졌던 일로부터 추론될 수 있는 사실이라고 본다.161)

카프르는 여기서 방향을 바꿔 "아시아의 인쇄술이 구텐베르크의 발명에 영향을 미쳤는가?"라는 본격적 질문과 함께 인쇄학적·전문적 논의 속으로 파고든다. 그는 일단 "한국 금속활자 인쇄와 구텐베르크의 발명 간의 평행"을 "머리를 때리는 충격적인 일(striking)"로 본다. "극동 인쇄술 지식이 슈트라스부르크나 마인츠로 길을 헤쳐 왔을 수 있다는 생각이 보다 더 주의를 끌고 더 설득력 있기" 때문이다.162) 따라서 그는 알로이스 루펠(Aloys Ruppel)의 (1939년에 제기하고

---

160) Kapr, *Johannes Gutenberg*, 64쪽.
161) Kapr, *Johannes Gutenberg*, 64쪽.
162) Kapr, *Johannes Gutenberg*, 109쪽.

1967년까지 견지한) 주장, 즉 "한국의 이른 인쇄기술이 구텐베르크 시대에 유럽에 도달해서 그의 발명에 영향을 미칠 수 있었는지 묻는 물음은 한국의 발명과 구텐베르크의 발명 간의 최소한의 연결을 확인하는 것이 지금까지 가능한 것으로 증명되지 않았기 때문에 부정적 답을 받아야 한다"는 결론을163) "면밀하고 포괄적인 재평가"를 받아야 할 주장으로 끌어내린다.164) 카프르는 유구한 중국 과학과 문화에 대한 유럽의 채무는 많은 분야에서 논란의 여지가 없다는 것을 전제한다. "4만 자가 넘는 글자가 필요한 글을 가진 한국인들이 우리가 서양에서 26개의 문자로 활자로부터 얻을 것보다 활자의 세팅에 접근하는 것으로부터 얻을 것이 더 적다"는 루펠의 추정은 중국인들에게는 타당하지만, 한국인들의 경우에는 정자체와 보다 기본적인 글씨체를 분화시키는 것이 필수적이다. 한국에서는 690년만큼 이른 시점부터 단순화된 음절문자가 사용되었는데, 이것은 중국 한자를 확실하게 닮았지만 본질적으로 더 적은 수의 글자에 의거했다. 이李왕조의 굉장히 탁월한 임금인 세종대왕(1419-1450)은 공자의 가르침을 진흥하는 여러 조치를 명했는데, 이중 가장 의미심장한 조치는 13개의 이중모음을 가진 11개의 모음과 14개의 자음으로 구성된 표음문자 언문을 도입한 것이다."165) 카프르가 한문인쇄와 관련하여 "루펠의 추정"을 수락하는 것은 앞서 입증했듯이 그릇된 말이다. 그리고 이어지는 한글과 출판정책에 대한 카프르의 기술들, 즉 조선국왕이 서적출판을 제한했다거나 서적인쇄술의 상업화

---

163) Aloys Ruppel, *Johannes Gutenberg: Sein Leben und sein Werk*, 3rd edn, unrevised reprint (Nieuwkoop: Gebr. Mann, 1939·1947·1967).

164) Kapr, *Johannes Gutenberg*, 109쪽.

165) Kapr, *Johannes Gutenberg*, 114쪽.

와 서적의 자유판매를 금했고 한글 인쇄를 광범한 활판인쇄에서 배제했고 불경인쇄를 제한했고 이 유교적 보수주의 때문에 한국 금속활자가 동양세계로 퍼져나갈 수 없었다는 등 주장들은[166] 모두 손보기 교수의 그릇된 해석에 의존하다가 오류에 오류가 꼬이고 겹친 그릇된 말들이다.

그러나 다행히도 카프르는 팍스 몽골리카 시대에 한국의 활인본 서적의 국제적 확산에 주목한다.

한국의 인쇄된 책들은 중국과 일본에 수출되었을 뿐만 아니라, 몽골제국의 고향 땅과 수도에도 수출되었고, 그래서 그곳에서 일하는 상인들과 장인匠人들에게 친숙해졌다."[167]

그러나 카프르는 이에 대한 전거를 전혀 제시하지 않고 있다. 그리고 그는 묻는다.

이제 이 활자인쇄술 지식이 어떻게 카라코룸으로부터 유럽에, 그리고 슈트라스부르크나 마인츠에 도달할 수 있었나? 이 연결에서 우리는 즉시 몽골수도로부터 투르판, 중가리아, 타시켄트, 사마르칸트, 부하라와 키바를 거쳐 황금씨족의 수도 볼가강 유역의 사라이로, 거기서 크림반도로 이어지는, 그 시대에 많이 이용된 실크로드를 생각한다. 13-14세기에 몽고인들에게 서기와 자문관으로서 핵심 지위를 고유했던 불교적 위구르인들과 네스토리우스 교파는 중앙아시아의 실크로드와 접해있는 문전 이웃들로 포진해 있었다.[168]

---

166) Kapr, *Johannes Gutenberg*, 114쪽.
167) Kapr, *Johannes Gutenberg*, 114쪽.

카프르는 잘 알려 사실들을 다시 상기시킨다. 아람어 알파벳으로부터 유래한 위구르인들의 알파벳은 몽고인들이 넘겨받았다. 그리하여 위구르인들은 이래저래 동서문화 사이의 중계자로서 특별한 역할을 위임받게 된다. 아드리아 해안에까지 다다라서 보헤미아로 들어갔던 몽골군대의 침공 후에 몽골제국은 자리를 굳히려 시도했다. 몽골 지배자들은 무역을 먼 나라까지 확장하는 동안 과학자, 상인, 장인, 예술가들을 궁궐에 붙들어두었다. 이 말에 잇대서 카프르는 "13-14세기에 교황과 대칸의 사절들 간의 외교적 상봉이 중앙아시아에서 반복적으로 벌어졌다"는 사실에 주목한다.169)

그리고 카프르는 1246년 8월 24일 카라코룸에 도착한 교황사절 카르피니와 베네딕트 더 폴(Benedict the Pole)이 새 대칸 귀윅(Kuyuk)의 대관식에 참석한 중국과 한국 사절들을 보고 쾰른으로 돌아온 사실을 언급한다. 그리고 그는 여기로부터 대단히 합당한 추정을 도출한다.

한국으로부터 온 책들이 이 방문객들이 가지고 온 예물들 사이에 끼어 있었을 것이고, 이 프란체스코파 수도승들이 활자인쇄술의 첩보를 가지고 그처럼 이른 시점에 유럽으로 돌아왔을 수 있다는 것을 깔아뭉개버릴 수 없다. 사실 그들의 귀향 여정 끝에 그 형제들은 1247년 10월 3일 쾰른에 도착했고, 베네딕트가 그들의 임무보고서를 쓰기에 충분하게 오랫동안 거기에 체류했다. 교량의 가장 중요한 교각들 중의 하나가 카라코룸에 놓였었다는 사실이 일단 알려지자마자 그것은 그 시절에 한국과 유럽을 연결하는 교량이 정말 존재했다는 것을 증명해준다. 다른 한편으로, 활자인쇄술의 어떤 구체적 지식이 2세기 동안 보존되었을 것이라는 것은 그럴싸해

---

168) Kapr, *Johannes Gutenberg*, 114쪽.
169) Kapr, *Johannes Gutenberg*, 114쪽.

보이지 않는다. 다른 다양한 사절단들의 방문 후에 1253년 12월 27일 플레미시 탁발승 윌리엄 오브 뤼브루크가 카라코룸에 도착해 거기서 수개월을 머물러 있었다. 그는 몽골 수도에서 독일인들, 러시아인들, 프랑스인들, 헝가리인들, 그리고 영국인 1인을 포괄하는 유럽 예술가들과 장인들의 거류민단이 거기서 일하면서 주재하고 있다는 사실을 보고했다. 그는 자신이 모종의 수공기예와 기술적 노하우 전달센터와 우연히 마주쳤다고 생각했다. 윌리엄은 중국 문자시스템에 감명을 받았다고 천명했는데, 그는 이 말로써 인쇄물도 같이 염두에 둔 것으로 보인다. 그러나 그때 아직 유럽에 알려지지 않은 지폐를 모호하지 않게 언급하고 있다. 그의 여행기는 훗날 로저 베이컨이 *Opus Majus*에서 많이 써먹었다. 윌리엄 오브 뤼브루크가 인쇄술에 관해 알았던 무슨 지식이든 그의 고향 플란다스의 목판인쇄 서적의 발전에 영향을 미쳤는지는 추정의 사실로 남아 있을 수밖에 없을 것이다. 지오반니 디 몬테 코르비노(Giovanni di Monte Corvino)는 1307년 대칸의 수도 북경의 대주교로 임명되었다. 1328년 그가 죽을 때까지 그는 로마가톨릭 교회의 영향력을 제국 전체에 걸쳐 강화하고 선교거점들의 사업을 확장하는 데 유능했다. 이탈리아 상인들은 해상루트의 무역의 양과 이윤율이 증가하는 것을 발견했다. 지오반니 디 마리뇰리(Giovanni di Marignolli)가 1346년 장주章州 항을 방문했을 때, 압도적으로 이탈리아인들이었던 유럽 무역상들을 위해 거기에 설립되어 있던 화물창고를 발견했다. 같은 의미에서 마르코 폴로는 더 이른 시기에 중국의 도시들에서 조우한 유럽인들에 대한 우호감정에 대해 썼었다.170)

카프르가 이렇게 길게 동서교류 사실을 펼쳐 보이는 것은 "한국 책들이 몽골황제에 바친 한국 사절들의 예물들 사이에 끼어 있었을

---

170) Kapr, *Johannes Gutenberg*, 116-117쪽.

것이고, 그 시기에 교황의 사절들이 활자인쇄술의 첩보를 가지고 유럽으로 돌아왔을 수 있다"는 합당한 추정을 뒷받침하기 위한 것이다.

그리고 카프르는 폴 펠리오의 발굴을 근거로 몽고제국이 분열되고 명나라가 1368년 대원제국을 붕괴시킨 뒤에도 동서전달 루트가 다른 방식으로 작동했을 것이라고 추정하고 위구르 목활자에 주목한다. "그래도 그러는 사이에 인쇄기술 지식은 서쪽으로 더 멀리 밀고 나아가 몽골제국의 계승국가들 속으로 들어갔을 수 있다. 20세기 전환기에 폴 펠리오의 발굴로 실크로드가 남북루트로 갈라지는 장소인 돈황의 사찰 석굴의 바닥에서 그가 보기에 1300년경에 제작된 수백 점의 작은 인쇄목판들이 출토되었다. 이 목판들은 종종 수직적 활자 짝으로 놓이고 결합해서 조성雕成된 위구르 문자를 보여주고 있다는 점을 빼고 왕정이 더 이른 시기에 기술한 목활자를 닮았다. 이 발견은 위구르인들이 활자로 인쇄했다는 것을 입증해주고, 연자連字활자들(logotypes), 연자기호(ligatures), 다른 연결 부호들의 사용을 발견하는 것은 유사하게 흥미롭다. 이 활자들은 중국·한국 활자들처럼 정사각형이 아니라, 길이가 다양한 직각사각형 블록이다."171)

카프르는 토마스 카터와 안네마리 폰 가바인(Annemarie von Gabain)에 의거하여 추리를 여기로부터 더 밀어붙인다.

실크로드의 북방루트 언저리에서 동경 90도의 서쪽 부근 투르판의 복각伏角에 위치한 투르판에서 발견된 유물들은 우리의 목적에 더 흥미로운 것으로 입증될 수 있다. 독일 학자 그뤼네발트에 의해 거기서 발견되어 베를린

---

171) Kapr, *Johannes Gutenberg*, 117-118쪽.

으로 이송된 필사본과 인쇄물은 안네마리 폰 가바인이 최초로 일부 정밀 검토했다. 목판인쇄물은 대부분 중국어, 위구르어, 몽골어 산스크리트어, 티베트어 또는 탕구트어로 된 불교 문적들이었다. 불교도들은 그들의 신앙이 팽창단계에 들어감에 따라 성스런 문적들의 복제, 인쇄, 분배를 가치 있는 것으로 간주하도록 고취되었다. 카터는 심지어 이 전개를 다음과 같이 설명했다. "인쇄술이 이룬, 새로운 영역으로의 매번의 진전마다 팽창하는 종교를 동기로 삼았다고 동등한 진리성으로 얘기될 수 있다." (이것은 우리가 이 일반화된 논변을 구텐베르크의 발명 및 종교개혁을 위한 당대의 투쟁에 연결시켜도 되는지 하는 물음을 제기한다.)172)

카프르는 앞서 시사한 대로 여기서도 종교적 동기의 일반적 중요성을 확인하고 투르판의 목활자에 관심을 집중한다. "더 이상의 조사를 통해 투르판의 인쇄물들 중에 몇몇이 활자로 제작된 것이라는 사실을 밝혀냈다. 그러나 아마 가바인이 밝힌 가장 놀라운 발견은 그녀가 대장장이 필승의 재현물을 발견했다고 주장한 투르판의 벽화에 대한 해석에 있다. 이 그림 아래 '보 타뮈르치'(대장장이)라는 단어가 나타난다. 명문銘文의 나머지 부분은 망실되었다."173) 카프르는 오늘날 조지프 맥더모트(Joseph P. McDermott)가 비웃는174) 가바인의 벽화해석을 역으로 중시한다. 그는 가바인의 벽화 해설을 이렇게 길게 제시한다.

---

172) Kapr, *Johannes Gutenberg*, 118쪽.

173) Kapr, *Johannes Gutenberg*, 118-119쪽.

174) Joseph P. McDermott and Peter Burke, "Introduction", 26쪽. Joseph P. Mcermott and Peter Burke, *The Book Worlds of East Asia and Europe 1450-1850* (Hong Kong: Hong Kong University Press, 2015).

긴 가운을 입고 관리나 학자의 모자를 쓴 사람이 작업하는 자세를 취하고 있다. 즉, 한 무릎을 땅에 대고 쭈그리고 앉아 다른 무릎을 굽히고 있고, 그 앞에 있는 다른 사람을 가르치고 그에게 얇은 막대기 또는 봉을 넘겨주고 있는 것으로 보인다. 이 막대기는 분명 이런 유형의 유일한 대상물이 이 아니다. 땅바닥에 유사한 막대기 놓여 있기 때문이다. 그리고 앞에 있는 사람은 모빌 위의 해머로 같은 종류의 제3의 막대기를 만들고 있는 것으로 보인다. 이 사람도 그 뒤에 있는 사람과 같은 작업 자세를 취했다. 그의 머리카락은 일꾼 스타일로 묶었다. 그러나 손노동에도 불구하고 짧은 웃옷과 바지가 아니라 지위와 한가를 나타내는 동일한 '긴 예복'을 입고 있는 일이 벌어진다. 이 부적합한 의상과 주인의 머리장식은 화가가 일상의 손노동을 그리고 있는 것이 아니라 문화적으로 중요한 직업을 그리고 있는 것을 보여주는 것으로 보인다. 아마 투르판의 이 예술가는 주석활자를 마련하는 작업을 하는 중요한 사부 대장장이를 보여주려고 했을 것이다. 그리하여 필승은 결국 대장장이였을까?[175]

필승은 도陶활자를 만든 농민이라서 "긴 예복"을 입을 기회가 없었다. 왕정王禎에 의하면, 중국에서 주석활자는 "근세에" 이름을 알 수 없는 시중市中의 사람들이 만들어 사용했다고 한다. 여기서 "근세"란 원元제국이 1271년 국호를 '대원大元'으로 정하고 (1211년 이미 『증도가』 등 여러 책을 금속활자로 활인한) 고려를 지배할 때이므로 원초의 이 주석활자는 고려의 금속활자 활판술의 영향을 받은 것으로 추정되는 금속활자다.[176]

---

175) Annemarie von Gabain, "Die Drucke der Turfan-Sammlung", *Sitzungsberichte der Deutschen Akademie der Wissenschaften zu Berlin* (1/1967), 16쪽.

176) 천혜봉, 「韓中兩國의 活字印刷와 그 交流」, 『民族文化論叢』 제4집(1983), 48-49쪽.

가바인은 이 그림의 주인공들을 시중의 무명인사들이 아니라 '필승'이라고 고정시킴으로써 맥더모트의 비웃음을 산 것이다. 그러나 이것 하나만 고친다면 가바인의 해석은 통할 수 있다.

그러나 카프르는 가바인의 이 문제점을 모르는 듯이 그냥 그녀의 윗말에 잇대어 해석한다. "나는 동전이나 메달 제작자가 여기서 보이고 있고 그가 그 밑에 깔려있는 얇은 철제형판으로부터 비교적 부드러운 금속에다 압인을 때려 넣는 중이라고 가정한다. 보다 부드러운 금속의 압인은 모형母型을 산출하는데, 이 모형을 마무른 뒤에 이 모형으로부터 습진 진흙으로 거푸집(주형)을 얻은 다음 불로 구워 낼 수 있다. 어떤 동전제조자나 어떤 메달제조자와 친숙한 이 원리에 따라 심괄沈括이 기술한 종류의 도활자를 만들어내는 것도 가능할 것이다."177) 카프르도 가바인만큼이나 심각하게 헷갈리고 있다. 심괄은 필승의 도활자 제작공정에 대한 기록을 남긴 사람이고, 필승은 주석활자가 아니라, 도활자를 만든 사람이다. 그러나 카프르는 가바인의 문제점을 해결하기 위해 윗말을 꺼낸 것이다. 그가 방금 꺼낸 "이 이론은 대장장이가 도활자를 만든 것으로 가정하는 명백한 모순을 처리해준다. 이것이 진짜사실이라면 문제의 대장장이는 금세공업자나 동전제작자였을 것이고, 그러면 필승은 결과적으로 요한 구텐베르크에 더 가까이 접근했을 것이다. 사실, 구텐베르크의 발명이 궁극적으로 의거하는, 즉 『카톨리콘』의 간기刊記에서 '펀치와 활자 간의 경이로운 합치, 비례, 조화'라고 시적으로 비유되는 펀치와 모형과 활자 간의 저 결정적 상호작용은 11세기에 벌써 발명된 셈이다."178) 카프르는 맥더모트와 달리 가바인의 그릇되고 부조리

---

177) Kapr, *Johannes Gutenberg*, 119-120쪽.
178) Kapr, *Johannes Gutenberg*, 120쪽.

한 벽화 해석을 살려서 풀이하고 있다. 그러고 나서 그는 다시 서천 루트 논제로 관심을 돌린다.

서양으로 통하는 실크로드의 발자국을 다시 취하면 인쇄술도 몽골 지배자 티무르(1333-1405)의 수도인 사마르칸트에 도달했을 수 있었을 것이다. 사 마르칸트 자체, 그리고 타시켄트와 알마아타에서의 나 자신의 물음들은 그때 비생산인 것으로 입증되었지만, 티무르 치세에 과학의 괄목할 만한 진보는 그가 인쇄술의 중요성도 아울러 파악했을 것이라는 결론을 재촉한 다. 아마 관련된 증거들은 나중에 발견될 것이다. 더 서쪽으로 이동하면 우리는 페르시아 일 칸국에 오는데, 거기서 우리는 지폐가 아주 짧은 세월 동안 인쇄되었다는 것을 안다. 안 좋은 재정상황 때문에 국가가 상인들에 게 금 보유고를 지폐와 바꾸도록 강요해야 했었다. 이 지불 증서는 중국 인쇄술과 아랍 문자에 대한 이슬람적 신앙을 실어서 직사각형이었다. 타 브리즈에 9대의 인쇄기가 설치되어야 했지만, 주민들이 인쇄된 증권에 대 한 신뢰가 없는 만큼 이 화폐개혁은 경제적 붕괴로 끝났다. 지폐통화는 1294년 10월에서 11월까지만 유통되었다. 그럼에도 불구하고 인쇄술 지식 은 그만큼 멀리 도달했다.[179]

일 칸국에서의 지폐개혁 실패를 인쇄술의 서천까지도 불가능하 게 만든 파멸적 계기로 해석한 맥더모트와[180] 반대로 카프르는 이 실패도 인쇄술 서천의 견지에서 "그럼에도 불구하고 인쇄술 지식 은 그만큼 멀리 도달했다"라고 적극적으로 해석하고 있다. 그리고 허드슨처럼 그도 황금씨족(Golden Horde) 왕국으로 불린 킵차크 칸국

---

179) Kapr, *Johannes Gutenberg*, 120쪽.
180) McDermott and Burke, "Introduction", 18-19쪽.

(1223-1502)에 주목한다.

타타르, 즉 황금씨족들은 몽골제국의 서쪽으로 가장 먼 잔해였고, 그들의 수도는 처음에 볼가강변 하류지역의 사라이(Sarai)였다가 나중에는 현재 볼고그라드라고 부르는 곳인 가까운 데 있던 뉴사라이(New Sarai)였다. 반복된 승강이로 인해 이 장소들로부터 어떤 가능한 흔적도 지워졌다. 그래도 황금씨족은 중국-유럽 관계의 붕괴 이래 이탈리아인들과 좋은 관계를 유지했다. 1303년처럼 이른 시점에 도미니크파 타데우스(Thaddeus)가 황금씨족의 로마가톨릭 주교가 되었다. 그리고 1370년에는 코스마 오브 트레비존드(Cosmas of Trebizond)가 뉴사라이의 주교직에 옮겨 앉았다. 1333년에는 주교직이 체르손(현, 세바스토폴)에도 세워졌다. 이탈리아상인들, 특히 제노바상인들은 이곳과 타타르의 지배권 아래 있던 크림반도의 다른 도시들에 터 잡고 사는 것이 허용되었고, 황금씨족과의 무역과 실크로드를 거쳐 극동으로 가는 무역은 다시 한번 번창했다. 이런 식으로 통로들은 뉴스들이 동서를 통과하도록 열려 있었다.[181]

카프르는 이집트에서 발견된 900-1300년경의 목판인쇄서적도 언급하지만 그 발생연도를 의심하고 또 동방에서 온 것이 아니라 이집트 자체의 문화 속에서 자생적으로 산출되었을 수 있다고 의심한다. 그러나 놀이 카드는 십자군을 타고 동방에서 들어왔다고 인정한다. 그러나 그는 유럽에 현존하는 과거 카드들은 손으로 그린 것이고 15세기 초부터야 남부독일에서 목판으로 인쇄되었다고 지적한다.[182]

---

181) Kapr, *Johannes Gutenberg*, 120-121쪽.
182) Kapr, *Johannes Gutenberg*, 121쪽.

그리고 최종 결론을 짓기 위해 카프르는 원점으로 돌아가 구텐베르크가 "극동의 서적인쇄술"에 대해 "듣게 되는 것"과 관련된 "특별한" 이론을 더 펼친다.

교황청 위원회가 그리스 황제, 총대주교, 28인의 대주교들을 소집해서 페라라 공의회(Council of Ferrara)에 모시기 위해 콘스탄티노플로 니콜라스 오브 쿠에스(쿠자누스)를 데려갔을 때(1437년 - 인용자) 그가 중개자(go-between)였을 수 있는가? 이 교황청 손님들 중에는 당대의 책에 관한 최고의 권위자인 유명한 그리스 학자 바실리루스 베사리온(Basilius Bessarion)도 있었다. 그가, 아니면 교회실력자들 중 또 다른 누군가가 한국 인쇄기술을 접했거나 심지어 활자인쇄의 샘플을 얻는 일이 있을 수 있었을까? 우리는 베사리온이 서양에서 당대의 책들의 가장 풍부한 콜렉션을 수집했다는 것을 안다. 그는 훗날 이 콜렉션을 베니스에 기증하여 세인트 마르크(St Mark) 도서관의 핵심도서가 되게 했다. 동서 간에 외견상 보이는 장벽의 투과성은 이미 특기되었고, 사람들이 극동에서의 문화적·기술공학적 발전에 관해 로마에서보다 콘스탄티노플에서 훨씬 더 잘 정보를 알고 있었을 가능성은 있음직하다. 니콜라스 오브 쿠에스가 중개자였다는 테제는 당대의 사건연쇄에 의해서도 뒷받침된다. 니콜라스 오브 쿠에스가 그리스 손님들을 모셨던 페라라 공회의는 1438년 4월 5일 교황 에우게미우스 4세에 의해 개막되었다. 공회의가 아직 열리고 있는 동안 교황은 니콜라스를 새로이 터질 것 같은 불화를 막으려고 의도한 슈바벤도시연맹(Swabian League of Cities)으로 편지를 들려 독일로 파견했다. 그는 무엇보다도 먼저 코브렌츠로 향했고 거의 확실하게 거기에서 슈트라스부르크와 마인츠를 경유했을 것이다. 아무튼 1438년 중반경 구텐베르크는 니콜라우스가 시사했을 것임이 틀림없을 어떤 것보다도 우월한 실용적 해법을 얻기에 충분히 긴 시간

동안 금속활자 인쇄술의 고안에 집중적으로 달라붙어 일했을 것이 틀림없다.[183]

카프르는 요약하자면 팍스 몽골리카 시대에 북경에 수도를 둔 몽골제국과 로마교황청 간에 오간 공식적 외교사절과 가톨릭 성직자들을 통해 한국 금속활자와 위구르 주석활자(?)가 서양으로 전달되었을 것이라고 논변하고, 인적 전달루트는 주자鑄字인쇄술 지식을 포함한 극동의 정보가 누적된 콘스탄티노플에서 열린 페라라 공회의에서 그리스 손님들을 모셨던 인쇄술 애호가 니콜라스 쿠자누스가 당대 최고의 서지학자 베사리온으로부터 한국의 금속활자 인쇄술을 전해 듣고 회의도중 독일로 파견된 기회에 슈트라스부르크나 마인츠에 있던 구텐베르크에게 전했을 것이라고 주장하고 있다. 이 주장과 논변은 그럴싸하고 어느 정도 합당한 이야기들 중 하나라고 생각한다. 특히 쿠자누스는 − 그와 구텐베르크가 잘 알고 지내던 사이였다는 것이 사실이라면 − 한국 금속활자에 관한 정보를 직접 구텐베르크의 귀에 대고 속삭여 주었을 여러 사람들 중에 1인에 지나지 않은 것으로 추정될지라도 그가 열정적 인쇄술 애호가이자 고위 성직자라는 점에서 '가장 큰 영향을 미쳤을 1인'이라고 생각한다.

그러나 한국 금속활자 인쇄술이 서양에 전해질 기회와 통로는 아주 많았다. 일단 육상 루트만이 아니라 천주泉州를 기점으로 하는 해상 루트도 있었고, 이 시기에는 해상 루트가 더 분주했다. 또 공식외교사절이나 성직자들만이 가능한 전달자가 아니라, 수많은 대상隊商과 무역상들도 전달자일 수 있었다. 또 이탈리아와 스페인

---

183) Kapr, *Johannes Gutenberg*, 121-122쪽.

으로 팔려온 수많은 극동출신 노예들(중국인·몽고인·위구르인 등)도 매개자일 수 있었다. 그리고 이 전달자들을 통과할 중간지대 노릇을 해준 나라로는 황금씨족 킵차크 칸국만이 아니라 대원제국이 북으로 밀려가 세운 북원北元에도 주목해야 한다. 따라서 가장 합당한 가설 또는 추정은 여러 루트로 들어온 한국 금속활자 인쇄술에 대한 지식·정보와 소문들이 제노바·피렌체·베니스를 비롯한 이탈리아 도시국가들과 슈트라스부르크·마인츠·프랑크푸르트·쾰른 등 국제적으로 열린 독일도시들 안에서 파다했고, 구텐베르크는 이 파다한 소문을 여러 사람들로부터 들었을 것이라는 것이다. 그리고 구텐베르크는 이 파다한 소문을 들은 많은 사람들 중 이 소문을 실행으로 옮긴 가장 용감하고 가장 영리하고 가장 솜씨 좋은 소수에 속한다는 것이다. 그러나 카프르는 시계를 너무 좁혀서 하나의 루트, 하나의 전달자를 찾는 데 초점을 맞춰 논의하다가 가능한 여러 전달자들과 가능한 여러 루트들을 다 시야에서 놓쳐버리고 있다. 그러나 전존훈의 말대로 "한 명의 특별한 이름이나 이름들을 제시하는 이야기들이 의심스러운 것"이다. 반면, "인쇄된 서적들이나 인쇄목판, 또는 금속활자의 샘플들이 미지의 여행자들이 육지나 바다의 무역루트로 극동으로부터 유럽으로 가지고 왔을 것이라는 것은 일반적 믿음이다".184)

카프르의 논변은 그래도 구텐베르크만큼 용감하고 영리하고 재기발랄하다. 또한 학술적으로 보탬이 된다. 특히 그가 1502년까지 존속한 킵차크 칸국의 황금씨족이 이탈리아상인들과 오랫동안 우호관계를 맺고 있었다는 역사적 사실을 최초로 서천론의 논장論場에 투입한 것은 그의 학술적 공이라고 할 만하다.

---

184) Tsien, *Paper and Printing*, 318-319쪽.

구텐베르크의 '독창적 발명'을 굳게 믿는 사람들이 세계에서 가장 많은 독일에서 태어나고 자란 독일인 학자로서 카프르는 독일여론의 부담을 느끼지 않을 수 없었을 것이다. 그래서 그런지 그는 논변 끝에 이런 말을 덧붙이고 있다.

나는 구텐베르크의 명성을 어떤 식으로든 축소시키기 위해 '그가 극동 인쇄술의 영향을 받았을까'라는 문제를 제기하지 않았다. 이런 형태의 활판술에 대한 포괄적 지식이 그의 손에 입수되었고 그가 이런 종류의 인쇄된 종이나 책을 봤다고 할지라도, 그는 그 자신의 시련試鍊과 발명에 공을 들이는 남은 작업의 어떤 측면도 여전히 면해질 수 없었을 것이다.185)

이것은 독일사람들에 대한 카프르의 일종의 사과다. 이런 사과를 하면서도 그는 구텐베르크 독창설을, 먼 극동의 한국으로부터 온 주자鑄字활판술 소문에 용기를 얻어 "남은" 재발명 작업을 성취했다는 의미의 '리메이크론' 또는 '재발명론(re-invention theory)'으로 낮춰 재조정하고 있다. 그런데 '리메이크론' 또는 '재발명론'은 바로 필자의 지론이 아니던가!

■ 새뮤얼 어드쉬드의 중국 인쇄술 서천론
1997년 새뮤얼 어드쉬드(Samuel A. M. Adshead)는 20세기 마지막 서천론을 대변했다. 그는 중국에서 목판인쇄술이 주자鑄字활판술을 압도한 이유를 한자漢字의 복잡성과 엄청난 숫자 탓으로 돌리는 뒤알드·카터·전존훈 등의 오류를 반복하고 또 종교적 편협성을 드러내면서 활자의 서천을 추정해나간다. 그는 일단 중국 활자인쇄술의

---

185) Kapr, *Johannes Gutenberg*, 121-122쪽.

서천을 거론한다. 그는 엘리자베스 아이젠슈타인(Elizabeth L. Eisenstein)의 『근세 초 유럽에서의 인쇄혁명(The Printing Revolution in Early Modern Europe)』(1983·2005)을 비판하는 것으로 화두를 연다.

아이젠슈타인은 극동 인쇄술의 발전과 역사적 우선성 및 구텐베르크에 대한 이것의 영향에 대해 언급하는 것을 의도적으로 피하고 구텐베르크 금속활자의 정치사회적·문화적 영향력 파급을 대단한 것으로 오인하여 여느 구텐베르크 예찬자들처럼 그의 인쇄술이 일으킨 '미미한' 변화를 책 제목부터 '인쇄혁명(Printing Revolution)'으로 과장한다.[186] 구텐베르크의 금속활자와 관련된 이런 만연된 과장은 실은 매우 어리석은 인식에서 빚어진 (자기)기만적 날조거나 허풍이다.

그러나 어드쉬드는 아이젠슈타인의 이런 어리석은 과장과 기만적 허풍을 지적하는 것이 아니라, 그녀의 논의가 노정하는 '극단적 단순화'과 '지방적(유럽적) 편협성'만을 화제로 삼아 논의를 전개한다.

문해율(literacy)에서의 유일무이한 도약은 다시 산업혁명과 민주주의의 흥기를 뒷받침해주었다. 아이젠슈타인은 인쇄술에 이렇게 초점을 맞춤으로써 르네상스, 종교개혁, 과학의 출현을 통한 유럽의 흥기라는 본질적으로 휘그당적인 관점에 새로운 기술적 차원을 보탰다. 하지만 이런 풍요화에도 불구하고 관점 그 자체는 여전히 극단적 단순화와 지방적 편협성에 사로잡혀있고, 아이젠슈타인의 가설은 인쇄술의 일반이론이라기보다 차라리 특수이론으로 남아 있다.[187]

---

186) Elizabeth L. Eisenstein, *The Printing Revolution in Early Modern Europe*, (Cambridge: Cambridge University Press, under the original title *The Printing Press as an Agent of Change* in two vols. 1983, New Edition, 2th Ed. 2005).

새뮤얼 어드쉬드는 이런 비판에 이어 여러 가지 항목의 구체적
비판들을 제기한다.

몇 가지 비판이 속히 제기될 수 있다. 그녀는 중세사보다 근대사에 더 친숙
했고, 근대사 안에서 그녀는 가톨릭교도나 정교도라기보다 프로테스탄트
였고, 인쇄술의 공으로 돌려진 것은 실제로는 문자의 공으로 돌려져 더
일찍이 존재했다. 다른 것들은 점차 생성되었다. 인쇄술을 받아들이지 않
았으나 고도의 경전문자주의를 달성한 이슬람세계에 대해서, 그리고 오랫
동안 인쇄술을 보유했으나 유럽에서 그 인쇄술의 공으로 돌려지는 혜택을
뽑아내지 않은 중국에 대해서는 불충분한 관심이 주어졌다고 주장되었다.
특히, 중국과의 비교는 아이젠슈타인이 인과관계를 거꾸로 뒤집었다는 것
을 보여준다. 문화를 산출한 것이 인쇄술이었던 것이 아니라, 인쇄술을 택
한 것이 문화였다. 인정되지 않는 진짜 혁명은 유럽문화의 상호연관된 세
측면에 있었다. 그것들은 중국에서 적어도 근세 초 시기에 동일한 정도로
발견되지 않았다. 그 세 측면은 계시종교, 소비주의 자체, 특별한 가족구조
였다."188)

어드쉬드의 이 논변을 보면 어드쉬드 자신이 오히려 아이젠슈타
인보다 더 심한 "극단적 단순화와 지방적(유럽적) 편협성"을 노정하
고 있는 것으로 보인다.
그리고 바로 이어서 어드쉬드는 중국에서 주자활판술이 목판인
쇄술에 밀린 이유를 한자의 엄청난 수 탓으로 돌리는 뒤알드·카터·

---

187) Samuel A. M. Adshead, *Material Culture in Europe and China, 1400-1800* (London: Macmillan Press, 1997), 199쪽.

188) Adshead, *Material Culture in Europe and China, 1400-1800*, 199-200쪽.

전존훈·카프르 등의 오류를 그대로 반복한다. "전존훈은 이러한 석권(목판인쇄의 압도)의 이유를 파헤쳤다. 첫째, 한자는 본성상 알파벳 문자에서 요구되는 100여 조각과 비교되는 20만 조각과 40만 조각의 활자폰트를 의미했다. 둘째, 활자조판은 힘들었고, 중국 출판을 특징짓는 적은 인쇄부수의 견지에서 시간을 들일 가치가 없었다. 1574년 100부가 상대적으로 많은 인쇄부수였다. 셋째, 인쇄목판은 보관하기 쉽고 무한정 재사용될 수 있었다. 중국 출판인들은 긴 기간에 걸쳐 적은 인쇄부수의 계속을 내다봤다. 인쇄목판은 활자의 큰 초기 투자를 필요로 하지 않았다. 인쇄목판의계속적 가용성可用性과 빈번한 사용은 자본이 책에 묶여있는 것을 면했다. 출판업자들은 다른 중국 사업가들처럼 고정자본 투자를 최소화하고 자본의 빠른 회전을 극대화하려고 추구했다. 넷째, 중국인은 활자가 잉크를 목판보다 덜 잘 먹고 오탈자를 나오기 더 쉬운 반면, 활자의 글자체는 덜 예술적이고 활자의 페이지는 목판보다 (덜 엄격하기 때문에) 덜 반듯하다고 느꼈다."189) 전존훈의 분석을 반영한 어드쉬드의 이 분석은 모두 그릇된 것이거나, '이유답지 않은 이유들'이다.

첫째 이유부터 그릇된 것이다. 앞서 분석했듯이 구텐베르크는 1년 가까이 성서를 찍을 때 조판에 장기간 묶여 있어야 했던 활자의 폭증으로 330만개 이상(+ 대·소大小 대문자 활자와 대·소문자 합성자의 대·소활자)의 활자를 만들어야 했고, 그의 계승자는 680만 개의 활자를 만들어야 했기 때문이다. 그리고 둘째와 셋째 이유는 상호 모순된다. "무한정 재사용한다"는 것은 장기적으로 보면 인쇄부수가 100부가 아니라 무한히 많다는 말, 즉 소수의 책종이 판각된 목판으로 대량생산된다는 말이기 때문이다. 어드쉬드는 목판인쇄술의 소품

---

189) Adshead, *Material Culture in Europe and China*, 201쪽.

종대량생산의 특징을 소량생산으로 뒤집어 놓고 있다. 넷째 이유는 이유답지 않은 이유다. 오탈자는 활판술에서도 철저한 교정작업으로 충분히 배제할 수 있다. 또 중국인들이 "활자의 글자체"를 "덜 예술적"이라고 느꼈다는 말은 그릇된 말이다. 활자의 글자체는 전국적·국제적·역사적 명필들의 멋진 글자체를 본뜨는 까닭에 동네의 이름 없는 달필의 필사체를 반영하는 목판인쇄 글자체보다 훨씬 더 아름다웠기 때문이다. "활자의 페이지가 목판보다 (덜 엄격하기 때문에) 덜 반듯한" 것도 점차 기술적으로 극복되었다. 따라서 어드쉬드의 저 이유들은 모두 근거가 없거나 반대로 뒤집힌 것이다.

어드쉬드는 이 그릇된 분석에 근거해서 한문 서적에 부적합한 활자인쇄술이 알파벳 서적에 더 적합해서 서천했다고 추정한다. "그러므로 중국인들은 활자를 발명했으나 오직 제한된 용도로만 그것을 사용했다. 활자는 알파벳 문자와 상이한 출판조건에 더 적합하여 서구로 서천되었는데, 아마 활자를 종교적 포교에, 특히 정교나 네스토리우스교로부터 가톨릭으로의 기독교 알란들(Christian Alans; 중세 이란의 유목민족)의 개종에 사용한 몽골시기의 프란체스코 선교단의 성과로서 서천했을 것이다. 크리스토퍼 드 하멜(Christopher de Hamel)이 입증했듯이 인쇄술이 유럽에 도달했을 때, 적어도 구텐베르크의 발명 반세기 전에 유럽에 도착했을 때, 프란체스코회 신부들이 초창기에 진흥한 종류의 문헌들, 즉 성서, 기도서, 예배 보조물, 면죄부를 위해 사용되었다."[190]

여기서 어드쉬드는 금속활자 서천의 전달자를 꼭 집어서 몽골시기의 프란체스코 선교단으로 지목하고 있다. 그러나 논거는 전무하다. 그리고 그는 "적어도 구텐베르크 발명 반세기 전"에 중국인쇄술

---

190) Adshead, *Material Culture in Europe and China*, 201쪽.

이 서천했다고 말하는 결정적 대목에서 하멜을 인용하면서도 출처를 밝히지 않고 있다. 아무튼 1490년까지 실질적으로 존재하지 않았던 중국 금속활자 인쇄술이 서천했다는 그의 이런 추정은 완전히 그릇된 것이다. 오직 위구르인들의 목활자에 대해서만 그런 추정적 주장이 가능할 것이다.

종합적으로 볼 때, 어드쉬드의 서천론도 '한국 금속활자의 서천'을 시야에서 놓친 까닭에 신빙성이 거의 없어 보인다. 이제 21세기의 서천론으로 관심을 돌려 1920년대에 카터와 허드슨이 처음 밝히려고 시도한 한국 금속활자의 서천 문제에 점차 논의를 집중해보자.

1.4. 더욱 거세진 21세기 서천론

21세기에 들어 서천론은 더욱 거세진다. 더 많은 자료들이 나타나고 좀 더 정교한 논변들이 가능해졌기 때문이다. 물론 이것은 한국 학자들이 아니라, 주로 서양학자들에 의해 이루어졌다.

■ 토마스 올슨의 중국 책력인쇄술 서천론

21세기에 들어 제일 먼저 극동 활자의 서천문제를 논한 학자는 토마스 올슨(Thomas T. Allsen)이다. 그는 2001년 그의 저서 『몽골 유라시아에서의 문화와 정복(Culture and Conquest in Mongol Eurasia)』에서 그 문제를 상론한다. 그는 한국의 금속활자 활판술을 제한적으로 인정하면서 '개발새발' 이렇게 적는다.

금속활자는 한국인들이 그 활자의 개발에서 중요한 역할을 했는데 13세기에 홍기했지만, 몽골시대 이후에까지 완벽화되거나 널리 사용되지 않았다.
이 인쇄공법工法은 주요한 기술적 돌파를 나타낼지라도 수천 자의 상이한
한자漢字를 가진 한문 문어의 성질 때문에 중국에서 목판인쇄를 대체한
적이 없다.191)

한국에서 발명·개발된 금속활자를 인정하지만 그 평가는 아주
왜곡되고 또 그릇되었다. 조선시대 태종·세종·세조·영조·정조대의
금속활자에 대한 평가는 소실시키고 갑자기 중국에서 금속활자
인쇄술이 목판인쇄술을 압도하지 못한 사실만을 지적하고 있다.
그마저도 "수천 자의 상이한 한자漢字를 가진 한문 문어의 성질"(한자
는 최소 8만 자다) 때문이라고 스테레오타입의 그릇된 이유를 대고
있다.
  올슨은 좀 뜬금없게도 카터와 전존훈이 논증한 방식의 구텐베르크
금속활자 중국기원설을 비판한다. 일단 그는 카터와 전존훈의 주장
을 두 가지로 요약한다. "카터와 전존훈 같은 구텐베르크 발명의
중국적 혈통에 대한 변론자들은 중국의 영향이 유럽에서 발휘되었
을 수 있는 다양한 방도를 지목했다. 첫째, 이제 증명되어야 한
채널을 통해 활판술의 중국기술들이 유럽으로 직접 이동했다는
것이다. 둘째, 지폐, 놀이카드와 같은 다양한 간접적 수단들, 또는
중국 서적의 유럽으로의 이전이다. 후자의 경우에는 약간의 무슬림
매개가 주장되거나 가정된다."192)
  그러나 올슨은 중국에서 유럽으로의 '직접적' 서천이라는 첫 번째

191) Thomas T. Allsen, *Culture and Conquest in Mongol Eurasia* (Cambridge: Cambridge
    University Press, 2001), 176-177쪽.

192) Allsen, *Culture and Conquest in Mongol Eurasia*, 181쪽.

가능성을 자기 능력 밖의 일일 뿐만 아니라 자기의 논제와 무관하다고 하면서 논의에서 배제한다. 그리고 '간접적' 서천에 대해서만 의견을 개진한다. "내 생각에 '초(chaw, 원대 지폐 '초鈔'를 흉내낸 이란 지폐 — 인용자)'를 실험한 것은 공간과 시간이 아주 제한된 까닭에 기술이전의 그럴싸하지 않는 운반수단이다. '차오(ch'ao)'에 관해 주석한 많은 서방 여행자들이 중국으로부터 샘플을 가지고 왔다는 것은 가능한 한편, 이란의 chaw는 기술이전의 사슬에서 연결고리가 아니다. 무슬림들이 중국인들로부터 인쇄술을 가져왔고 나중에 이 기술을 유럽으로 확산시켰다고 주장하는 것도 그럴싸하게 들리지 않는다. 카터가 오래 전에 인정했듯이 서부 아시아에서의 목판인쇄술은 몽고인들의 도래보다 앞섰지만, 중국적 영향은 9세기 이집트에서의 이 기술의 출현을 가장 잘 설명해준다고 그는 주장했다. 이 가설의 한 가지 문제는 연대기적 문제다. 어떤 방식으로 형성단계의 중국 인쇄술이 수천 마일 떨어져 있는 이집트의 발전에 영향을 미친다는 식의 사고에서 나타나는 연대기 문제다. 더구나 최근의 조사연구는 아랍세계에서의 목판인쇄가 중국과 독립적인 것이라고 주장한다. 대부분 초창기의 무슬림 인쇄술은 악의 방지를 위해 디자인된, 보통 코란의 문구를 인용한 부적符籍의 형태를 취했다. 인쇄판은 온갖 표식들로 볼 때 중국인들이 선호하던 목판이 아니라 주조된, 또는 지어 부은 금속이었는데, 가장 큰 개연성으로 이 금속은 아마 '주석'이었을 것이다. 이 기술은 토착적이든 아니든 1400년경 사멸했다. 가장 큰 이유는 인쇄된 부적의 조달자들이 종종 무슬림 지하세계인 바누 사산(Banu Sasan)과 연계된 협잡꾼들이었기 때문이다. 리처드 불리에트(Richard W. Bulliet)의 의견에 의하면, 이것은 이 토착 기술이 무슬림 사회 일반으로부터 동떨어지게 된 이유다. 나아가 중국에서 들어온 놀이카드가 유럽에서 인쇄술을 자극했다는 의견제시가 있다. 그렇다면 무슬림 세계가 중간자로 기여했다는 것은 그럴싸하지 않다. 이슬람에 등장한 최초의 놀이카드는 12세기와 15세기까지 거슬러 올라가는데 모두 손으로 그린 것이었고 초창기의 이란과 스페인의 카드에 대해 원형 카드가 된 것으로 보인다. 무슬림 카드는 인쇄된 중국 모델로부터 영감을 얻었을 수 있지만, 무슬림 카드는 이 원천 기술을 거의 전달하지 않았다."[193] 올슨은 이렇듯 카터의 모든 가설을 다 부정한다. 그러나 비판적 논변들이 오류투성이다. 가령 15세기까지 놀이카드는 "모두 손으로 그린 것"이 아니라 카프르가 앞서 밝혀주었듯이 15세기 초부터는 거의 다 인쇄되었다.

그러나 올슨은 서양인들이 유럽으로 반입된 중국 서적들을 보고 영감과 자극을 얻었을 것이라는 주장에 대해서는 큰 관심을 보인다. "마지막으로, 몽골지배 시기 동안에 중국에는 인쇄된 서적들의 수가 아주 거대했기에 서방 여행자들이 이 책들을 빈번히 접했고 소수의 견본을 고국으로 가지고 왔다는 주장이 있다. 나중에 이어서 유럽에서 중국 서적들을 두고 토의하면서 발명의 인센티브, 즉 자극 확산이라 불리는 과정이 만들어졌다. 이 흥미롭고 전도를 약속하는 연구 노선은 엄격히 말하면 우리의 탐구의 일부가 아닐지라도 중국과 이란 관계를 들여다보는 또 다른, 명백히 작은 창문을 열어주기 때문에 더 깊이 검토될 것이다."[194]

토마스 올슨은 이른바 여러 전제를 적시함으로써 이 논증을 정당화하려고 시도한다.

---

193) Allsen, *Culture and Conquest in Mongol Eurasia*, 180-181쪽.
194) Allsen, *Culture and Conquest in Mongol Eurasia*, 181-182쪽.

이 논증은 여러 전제에 기초해 있는데, 그중 첫째 전제가 원대 중국에서 접한 많은 서적들이 존재했다는 것이다. 이것은 의심할 바 없이 참이다. 송대 동안 사설 인쇄업은 큰 사업이 되었다. 그들의 인쇄소들은 온갖 저작들을 공간했고, 간행이 중단된 판본들을 도입해, 상당한 수의 리프린트를 생산했고 판권 논쟁에 이르는 것에 연루되었다. 원대에도 동일한 패턴은 지속되었다. 정부 인쇄소와 사설 인쇄소들은 고전경전, 역동적 역사서, 백과사전, 교과서, 문집, 의료서적, 불경 등 부피가 인상적으로 큰 저작들도 냈다. 몇몇 학자들은 인쇄술의 질이 원대에 떨어졌다고 생각하지만 미학적 판단이 어찌하든 기술이전의 문제에서 의미 있는 것은 수량이고, 모든 증거는 몽고인들이 인쇄술을 대대적 수준으로 후원하고 고취했다는 견해를 지탱해준다. 기본기술은 의문의 여지 없이 중국인들로부터 온 한편, 인쇄와 서적제작과 관련된 몽골 어휘를 분석해보면, 위구르인들이, 그리고 좀 적은 정도로 티베트인들이 칭기즈칸 후예 군주들에게 이 매체(인쇄된 책 – 인용자)를 소개한 장본인들이라는 사실이 강력하게 드러난다. 가장 이른 시기의 몽골 인쇄사업들 중 하나는 오고타이(Ögödei) 치세의 도교경전 발간사업이었다. 오고타이의 아내 퇴레게네(Töregene)의 명의로 집행된 중국어와 몽고어 양兩국어로 쓰인 비명碑銘 기록은 그들의 관심과 후원을 증언해주고 있다. 더구나 이것은 고립된 현상이 아니었다. 몽골정부는 북부 중국에 활동성 있는 수많은 인쇄센터를 창설했다. 1236년 옐루 추사이(Yeh-lü Ch'u-ts'ai)의 제언으로 몽골조정은 산서의 평양성에 문예청(Chingchi-so)을, 연경에 편집청(Pien-hsiu-so)을 설립했다. 1266년에는 문예청이 새로운 수도 대도大都(북경)로 이전하고 다음해에 홍문원興文院(Hung-Wen Academy)으로 개칭했다. 위에 거명된 국가기관들은 이와 같이 1273년에 창설된 제국문예관리국(Imperial Library Directorate)의 전신이었고, 이 제국문예관리국은 원나라에서 주요 정부인쇄기관들 중 하나가 되었다.195)

올슨은 원대 서적생산 관행에 관한 이 상세한 설명을 많은 전문적 연구서와 논고로써 뒷받침하고 있다.

그러나 올슨은 18세기 말 청대 중국을 공식 방문한 조지 매카트니 (George Macartney) 특사의 일지와 태도를 근거로 들며 원대의 이 서적들이 서양인을 깨우쳤을 것이라는 가설에 대해 의구심을 표한다. "그러므로 많은 중국 서적들이 몽골의 보호 하에 인쇄되었고 그것들 중 상당한 수의 서적들은 유럽에 도착했을 것이라는 점을 인정하더라도, 이러한 매체가 진짜로 기술이전의 실행가능한 운반수단을 제공했는지 하는 문제는 여전히 역점을 주어 검토해야 한다. 그렇게 해볼 첫 번째 인물은 1793-94년에 청대 중국에 파견된 영국특사 조지 매카트니였다. 그는 아주 명민하게 그의 일지에 유럽 인쇄술이 마르코 폴로 150년 뒤에 출현한다는 데 주목한 다음 '그(마르코 폴로)가 보았을 중국 서적들을 그는 필사본으로 오인했고, 그 서적들은 정말로 이방인의 눈에 아주 그렇게 보인다"고 재미있게 이야기하듯 덧붙이고 있다. 환원하면 중국 인쇄서적들은 유럽인을 계몽시켰을 것 같지가 않다. 오히려 그것들은 그들을 혼란시키고 당혹하게 만들었을 것이고, 사실상 그 서적의 근저에 있는 기술로부터 관심을 딴 데로 돌리게 만들었을 것이다."196) 올슨은 여기서 잘못된 비교로 무리한 논변을 전개하고 있다. 포교 목적으로, 또는 기타 목적으로 중국의 여러 도시에 수십 년 동안 또는 일평생 집단적으로 거주하며 중국인쇄술을 이용해 종교 서책과 화보 및 기타 상업적 안내·지리 서적 등을 인쇄해 전교(傳敎)와 무역에 이용했던, 그리고 자유로이 동서를 오간 선교사와 상인들을 중국을 공식 방문하여 단기간 그곳

195) Allsen, *Culture and Conquest in Mongol Eurasia*, 181-182쪽.
196) Allsen, *Culture and Conquest in Mongol Eurasia*, 182쪽.

에 체류하며 주마간산 식으로 중국사회를 잠깐 엿본 매카트니 특사와 비교하는 것은 가당치 않기 때문이다. 이런 까닭에 우리는 올슨의 의구심을 오히려 더 이상하게 느낀다.

그러나 올슨은 인쇄기술의 서천을 부정하지 않고 기술이전의 두 가지 동서중계자를 제시한다. 하나는 위구르인들의 인쇄서적이고, 다른 하나는 마르코 폴로가 본 점술책력이다. 먼저 그는 위구르 인쇄술의 서천 가능성을 시사한다. "나의 의견에 의하면, 더 전도를 약속해주거나 적어도 더 그럴싸한 운반수단은 알파벳언어들로 인쇄된 서적들이다. 그리고 몽고인들 치하에서 위구르문자와 파스파문자, 이 두 문자로 그들 자신의 문자체계들을 포함한 알파벳 문자시스템들의 인쇄술이 흔한 것이었다는 사실을 인정하는 것이 여기서 결정적으로 중대한 것이다. 한 불교저작(탐가 나글류tamgha laghulju)은 북경에서 1000부가 목판으로 인쇄되었다. 다른 인쇄된 종교적·세속적 텍스트들의 단편적 문건들이 원나라 영토에서 발견되었다."[197] 이 위구르인들의 인쇄서적은 일찍이 허드슨이나 전존훈 등도 언급한 전달매체다.

그리고 이어서 올슨은 마르코 폴로가 중국에서 본 '점술적 예언책력'을 전달매체로 언급한다. "그러므로 알파벳문자들로 인쇄한 샘플들은 몽골 중국의 서방 여행자들에게 용이하게 활용가능한 것이었지만, 그들이 실제로 그것들을 보고 획득했을까? 많은 사람들이 지적하듯이 가장 확실한 것은 유럽에서 온 여행자들이 빈번하게 지폐를 언급했다는 사실이다. 가령 마르코 폴로는 쿠빌라이의 차오(ch'ao)를 상당히 자세하게 기술하고 뽕'나무'의 껍질로 만든다고 정확하게 기록했다. 그런데 덜 인식되고 있는 것은 마르코 폴로가

---

197) Allsen, *Culture and Conquest in Mongol Eurasia*, 183쪽.

다른 형식으로 인쇄술을 접하고 논한 사실이다. 그는 몽골조정의 중국·무슬림·기독교 점성가들을 언급하면서 그는 그들이 얻는 소득의 원천을 이렇게 기록하고 있다.

또한 그래서 점성가들은 그 해의 매달 일어날 모든 것을 기입해 넣은 작은 팸플릿을 많이 만드는데, 이 팸플릿은 타쿠이니(*tacuini*)라고 부른다. 그리고 그들은 이 팸플릿을 하나에 1그로트(groat, 옛 영국의 4펜스 은화 – 인용자) 값을 주고 그 해에 일어날 일을 알려고 사고 싶어 하는 아무에게나 판다. 그리고 보다 적중하게 예언한 것으로 밝혀진 점성가들은 그 기술의 더 완벽한 사부師父로 여겨지고 더 큰 영예를 얻을 것이다.

마르코 폴로는 어떤 행동이든 그것을 계획하는 사람은 누구나 '당신들의 책에서 바로 지금 하늘의 상태가 어떤지를 보고 싶다'고 말하면서 언제나 이 점성가들의 저작을 참조한다고 계속 이야기한다. 올슨은 이 팸플릿을 기술하기 위해 마르코 폴로가 사용한 '타쿠이니'라는 술어는 그 자체로서 뜻을 밝혀주고 있다고 말한다. 이것은 아랍어의 '타큄(*taqwim*)', 즉 '책력', '캘린더'라는 것이다. 이것은 중세 라틴어 텍스트에서 *tacuinum*의 형태로 나타나 거기서 '테이블(도표)'을 뜻하는 단어로 쓰였던 것이고, 아랍어 저작의 라틴어 번역서에서는 *taqwim*은 *dispositio per tabellas*(도표에 의한 배치)로 옮겨졌다고 말한다. 마르코 폴로의 자료로부터 *tacuini*가 방대한 수량으로 생산되었고 이것들은 인쇄되었으며, *tacuini*의 저자들 또는 편집자들의 여러 문화적 배경을 고려할 때 이것들이 여러 상이한 언어들과 문자들로 출판되었다고 똑바로 결론지을 수 있다는 것이다.[198]

198) Allsen, *Culture and Conquest in Mongol Eurasia*, 183쪽.

올슨은 자기의 이 주장을 다른 사실들로도 뒷받침한다. "이 결론은 다른 정보 원천에 의해 지탱된다. 1324년 날짜에 종이에 목판으로 인쇄된, 투르판에서 들어온 몽골 캘린더의 큰 섹션은 인쇄된 *tacuini*의 언어적 다양성을 증명해준다. 위구르 문자로 된 이 특별한 샘플은 주어진 날이 길일일 수 있거나 아닐 수 있는 활동들의 일람표를 제공하는 중국적 원본 샘플에 기초한다.[199] 중국의 (인쇄기술적) 원천들은 이러한 팸플릿들의 발행에 관한 유용한 정보도 제공한다. 『원사元史』에 의하면, 1278년 어느 때인가 설치된 책력연구원 태사원太史院(Tai-shih youn)은 역서와 책력을 편집하고 공공수요를 위해 공간했다. 특별한 관리, 즉 책력인쇄관원(Yin-li kuan-kou)은 책력생산을 감독했다. 1328년 연간 약 312만 3185부의 책력이 팔렸고, 호기심을 끄는 것은 그중 5257부가 무슬림(Hui-hui)책력이라는 점이다.[200] 이 *taqwim*이 누구나 합당하게 가정할 수 있듯이 대부분 페르시아어인 무슬림언어로 출판되었다면, 이것은 아랍 문자가 원대 중국에서 광범하게 인쇄되었다는 것을 의미한다."[201]

바로 여기로부터 올슨은 서천론의 중요한 단서를 끌어낸다. "명백하게, 이 시기에 중국에서 이루어진 총 서적생산량을 고려할 때, 약간의 인쇄된 저작들이 특히 알파벳 문자들로 된 책력과 역서들의 형태로 서양으로 가는 길에 올랐다는 것은 더 가능하다. 내 생각에

---

199) 올슨의 원주(原註): Herbert Franke, "Mittelmongolische Kalenderfragmente aus Turfan," Bayerische Akademie der Wissenschaften, philosophisch-historische Klasse, Sitzungsberichte 2 (1964), 9-11 and 33-35쪽. 38 YS, ch. 88, p. 2219, and ch. 94, p. 2404.

200) 올슨의 원주(原註): Rashıd al-Dın, *Tanksuq-namah*, 38쪽; Jahn, "Some Ideas of Rashıd al-Dın on Chinese Culture," 146쪽.

201) Allsen, *Culture and Conquest in Mongol Eurasia*, 183-184쪽.

이 인쇄된 책력과 역서들은 놀이카드나 지폐 또는 중국 서적보다 기술이전의 훨씬 더 좋은 운반수단을 제공하는 것이다. 하지만 이 주장이 증명될 때까지 유럽에서 인쇄술을 독자적으로 발명했다는 것은 생존능력 있는 가설로 여겨져야 할 것이다."[202]

마지막 말을 '양다리 걸치기'로 끝맺기는 했지만 인쇄된 책력과 역서에 초점을 맞춘 올슨의 이 서천론은 기존의 서천론에 보탬이 되는 나름의 근거 있는 논변이라고 생각한다. 그리고 이 논변은 여러 논거들로 잘 뒷받침되어 있다. 그러나 두말할 것 없이 그의 논변이 바라보는 시야는 무척 제한적인 것이다.

일단 인쇄된 서적들을 유력한 운반수단에서 빼놓으려는 올슨의 논증은 원대 중국의 여러 대도시에 집단적으로 상주하며 설교·전교 용 책자들과 화보들, 그리고 기타 상업용 책자들을 인쇄했을 공식 선교사들과 기타 유럽상인들을 시야에서 완전히 놓치고 있다. 또한 그는 금속활자 또는 금속활자로 활인된 책자 자체의 서천 가능성도 시야에서 완전히 배제하고 목판인쇄본만을 문제삼고 있다. 이것은 구텐베르크가 중국에서 들어온 목판인쇄 서적을 보고 거기에서 소위 '영감'을 얻어 금속활자 인쇄술을 개발했다는 말이다. 따라서 한국 금속활자 샘플이나 금속활자 활인본 서적의 서천 가능성을 철저히 배제한 통에 금속활자 활인본 또는 금속활자 활판술 정보의 서천 루트로 꼽힐 수 있는 1231년(몽고침략) 이후 대원大元 몽고인들 과 고려인들, 또는 1368년(대원 멸망) 이후의 북원北元 몽고인들과 1445년 이전의 조선인들 간의 외교·무역·무력충돌·포로·약취 등 각 종 상호접촉과 육상 서천 루트나, '고려(조선)상인들'과 베니스제노 바상인들 간에 수백 년 동안 무수한 접촉이 있었을 중국의 천주항

---

202) Allsen, *Culture and Conquest in Mongol Eurasia*, 184쪽.

같은 국제무역항과 해상 루트를 시야에서 완전히 제거해버리고 있다.

■ 존 홉슨의 한국 금속활자 서천론과 구텐베르크 발명론 비판

2004년 홉슨(John M. Hobson)은 유명한 저서 『서구문명의 동양적 기원(The Eastern Origins of Western Civilization)』에서 올슨과 달리 중국 목판인쇄술의 서천이 아니라 한국 금속활자 인쇄술의 서천을 주장한다. 홉슨은 일단 극동의 인쇄술 일반에 대해 이렇게 이해한다.

화폐경제의 발전은 또 다른 결정적 혁신, 즉 인쇄술과 제지술과 현저하게 연관되어 있다. 인쇄된 지폐의 광범한 사용이 마르코 폴로에게 그토록 감명을 준 중국의 많은 측면들 중 하나였다는 것은 주목할 가치가 있다. 종이가 다양한 독창적 방식으로, 특히 갑옷 (…), 벽지, 옷 종류, 화장지, 연, 피륙, 기타 많은 것들에 쓰였다는 것도 못지않게 주목할 만하다. 중국의 제지산업은 대규모 서적 수요에 의해 촉발되기도 했다. (송대) 수도 개봉開封, 나중에는 항주의 한림원은 대규모 출판에 종사했다. 그럼에도 서적의 제작과 판매는 국가에 갇혀 있지 않았고 - 사적 영역에서도 떠맡았다.203)

이어서 홉슨은 한국의 금속인쇄술을 상세히 기술하며 인쇄술의 동양적 기원: 구텐베르크의 신화를 분쇄하려고 한다. "인쇄술의 등장이 유럽에 광대한 귀결을 가져왔다는 데는 의심이 있을 수 없다. 첫째, 그리고 단연 르네상스와 과학혁명의 충격은 인쇄된 책이 없었다면 상당히 약화되었을 것이다."204)

---

203) John M. Hobson, The Eastern Origins of Western Civilization (Cambridge: Cambridge University Press, 2004), 56쪽.

이어서 홉슨은 일단 유럽중심주의를 질타하며 중국 목판인쇄술을 변호한다.

"(…) 불공정하게 보이는 것은 인쇄출판의 발명자로서의 공을 요한 구텐베르크에게 돌리는 것이다. (…) 우리가 아는 것은 인쇄술의 기원이 6세기 중국과 14세기 초 한국으로 직접 소급될 수 있다는 사실이다. 목판인쇄술은 6세기 중반 중국에서 출현했다. 목판인쇄술은 868년에 제작된 가장 이른 인쇄책자의 현존본이 있는 목판인쇄술은(주어 반복) 9세기 초에 고안되었다. 그다음 서적의 인쇄는 약950년 이후 흥기했다. 953년만큼 이른 시기에 풍도馮道(Feng Tao)는 공자경전을 인쇄해서 가지고 있었다. 이 인쇄된 공자경전은 '훗날 구텐베르크의 성경이 유럽의 인쇄에 대해 한 것과 같은 역할을 중국인쇄술에 대해 한 서적'이다(카터). 그러나 이것은 구텐베르크의 인쇄가 훨씬 더 많이 세련된 활자를 사용했다는 주장에 의해 종종 기각당한다. 이것은 최초의 활자인쇄가 1040년경 중국에서 필승에 의해 발명되었다는 단순한 사실을 모호하게 만든다. 심지어 그렇게 유럽중심주의적 학자들은 활자인쇄가 중국에서 결코 석권하지 못했고 목판인쇄가 선호되었다고 주장함으로써 때로 이것을 반박한다. 하지만 이것은 중국 측에 아무런 독창성도 없는 탓이 아니라, 중국문자 한자의 본성이 목판인쇄술을 더 수월하게 수행할 수 있게 만드는 사실에 기인한 한 귀결(function)이다.

---

204) Hobson, *The Eastern Origins of Western Civilization*, 183쪽. 홉슨은 여기에다 마리 보아스의 이 논변을 덧붙이고 있다. "인쇄출판은 (…) 과학의 진보를 더 쉽게 만들었다. 누군가의 발명을 공개 출판하여 이로써 새로운 아이디어들이 유실되는 것이 아니라 타인들의 작업에 기초를 제공하는 데 쓰일 수 있는 것이 정상이 되었다. (…) 공개출판이 아이디어의 확산을 엄청나게 용이화했고, 인쇄되지 않은 과학적 작업이 타인들에게 영향을 미칠 가능성이 아주 적다는 것은 일반적으로 사실이다." Marie Boas Hall, *Scientific Renaissance 1450-1630* (New York: Harper & Brothers, 1962; New York: Dover Publication, 1990·1994), 29-30쪽.

예수회 선교사들이 주목했듯이 "활자방법보다 중국 인쇄술은 수많은, 그리고 복잡한 중국 한자들에 더 잘 들어맞았다."[205]

"중국문자 한자의 본성이 목판인쇄술을 더 수월하게 수행할 수 있게 만든다"는 구절은 그릇된 말이다. 중국에서 목판인쇄가 선호된 까닭은 서적의 대량생산을 요하는 중국의 '거대한 인구'에 있었다. 목판인쇄술은 앞서 시사했듯이 '소책종 대량생산'에 유리한 인쇄술이고, 서적에 대한 대량수요를 가진 중국의 '거대한 인구'에 적합했던 것이다. 그리고 "활자방법보다 중국 인쇄술은 수많은, 그리고 복잡한 중국 한자들에 더 잘 들어맞았다"는 마지막 구절은 도널드 래크와 에드윈 클레이(Donald F. Lach and Edwin J. Van Kley)의 설명을[206] 인용한 말이다. 홉슨은 이 마지막 말을 덧붙임으로써 안타깝게도 동서구별 없이 범해지는, 서양 알파벳과 중국 한자漢字의 문자 차이에서 금속활자 인쇄술이 서양에서 발달하고 중국에서는 미발달한 원인을 찾는 논자들(뒤알드·카터·전존훈·어드쉬드·올슨·래크·클레이 등)의 집단적 오류를 반복하고 있다.

그러나 홉슨은 단순히 이런 오류를 넘어 중국 목판인쇄술의 효율성을 변호한다.

아이러니컬하게도, 이것은 구텐베르크 인쇄술은 유럽적 활판인쇄술이 단 26개의 알파벳 글자에 기초하기 때문에 궁극적으로 더 효율적이고 더 신속하다는 표준적 유럽중심주의 주장을 피상적으로 강화시킨다. 하지만 래

---

205) Hobson, The Eastern Origins of Western Civilization, 183-184쪽.
206) Donald F. Lach and Edwin J. Van Kley, Asia in the Making of Europe, Vol. III (Chicago: Chicago University Press, 1993), 1598쪽 각주209.

크와 클레이는 예수회 선교사들이 중국의 인쇄방법은 유럽의 인쇄방법만큼 효율적일 뿐만 아니라, 유럽 인쇄를 뛰어넘는 이점이 있는 것으로 여겼다는 사실을 적시한다.[207]

그리고 홉슨은 역으로 구텐베르크식 유럽 인쇄술이 19세기까지 느리고 비쌌다는 자크 게르네(Jacques Gernet)의 말을 인용하여 유럽 인쇄술의 혁명적 효율성 신화를 깨고, 유럽 전체의 총 서적생산량을 능가하는 중국의 엄청난 서적생산량을 들이댐으로써 유럽 인쇄술의 '폭발적 발전' 신화를 분쇄하고, 그래도 구텐베르크는 활판술을 발명했으므로 위대하다는 구텐베르크 발명설을 이보다 더 앞서 개발된 한국 금속활자를 들어 봉쇄한다.

더구나 오직 19세기에야 유럽 인쇄술이 아시아 인쇄술보다 빨라졌고 그때까지는 줄곧 텍스트를 재생산하는 느리고 비싼 형태로 남아있었다는 사실을 논급하는 것(Jacques Gernet)은[208] 흥미롭다. 그래도 데이비드 랜디스(David Landes)는 유럽에서와 달리 중국에서는 인쇄술이 '폭발적 발전을 보인' 적이 없다고 주장한다. 그러나 15세기 말엽 중국은 아마 다른 모든 나라의 책을 다 합친 것보다 많은 책을 찍었을 것이다. 심지어 978년만큼 이른 시점에도 중국의 한 도서관은 (그 당시 몇몇 이슬람 도서관들은 이것을 쉽사리 넘어설지라도) 8만 권의 장서를 보유했다. 그럼에도 불구하고 유럽중

---

207) Hobson, The Eastern Origins of Western Civilization, 184쪽.

208) Jacques Gernet, A History of Chinese Civilization, 2nd ed., trans. by J. R. Forster and Charles Hartman (Originally published in French as Le Monde Chinois by Librairie Armand Colin, Paris 1972 and Librairie Armand Colin 1972; First published in English by Cambridge University Press 1982: Cambridge: Cambridge University Press, 1982·1083·1985·1996[2nd]·1997·1998·1990), 336쪽

심주의자들은 이 도서관 중 어떤 것도 금속활자인쇄술을 최초로 개발한 사람이 구텐베르크라는 사실로부터 사람들을 멀어지게 할 수 없다고 시사한다. 그러나 사실은 금속활자인쇄술은 1403년(만 50년 먼저) 한국에서 발명되었다는 것이다."209)

이로써 홉스는 유럽 인쇄술의 '혁명' 신화, 유럽 인쇄술의 '폭발적 발전' 신화, 구텐베르크 발명설을 모조리 분쇄해버리고 있다. 그간 중국과 유럽의 인쇄된 책종 수에 대한 다른 통계수치도210) 나타났는데, 이 수치 자체가 '오산誤算' 또는 '날조'로 보이므로 홉스의 이 논지는 이 다른 통계수치의 출현에도 충분히 견딜 수 있다.

홉슨은 방향을 제대로 잡고 본격적으로 한국 금속활자 인쇄술의 서천 가능성을 논증한다. "도대체 어떻게, 그리고 어느 정도로 이 중국과 한국의 발명이 서천했는가?" 이 물음에 그는 로버트 커즌의

---

209) Hobson, *The Eastern Origins of Western Civilization*, 184-185쪽. 홉슨이 데이비드 랜디스의 주장을 인용한 곳은 참조: David Landes, *The Wealth and Poverty of Nations, Why Some Nations Are So Rich and Some So Poor* (New York: Norton, 1998), 51쪽.

210) 버링과 잔덴은 2009년 이렇게 말한다. "1522년에서 1644년까지 서유럽에서의 연간 평균 서적생산은 3750종으로 추산될 수 있고, 이것은 같은 기간 중국의 최고 추계치보다 약 40배 높은 것이다." Eltjo Buringh and Jan Lutien van Zanden, "Charting the 'Rise of the West': Manuscripts and Printed Books in Europe, A Long-Term Perspective from the Sixth through Eighteenth Centuries", *The Journal of Economic History*, Volume 69, Issue 2 (June 2009). 437쪽. 그런데 버링과 반덴의 통계수치는 '오산' 또는 '날조'로서 엉터리 수치다. 일단 이들은 17세기까지 유럽에서 목판간인본이 주자활인본보다 압도적으로 많았는데도 간인본과 활인본을 합산한 것으로 보이는 수치를 제시하고 있고, 또 유럽 각국에서 출판한 책종의 단순합산이라서 가령 『돈키호테』의 스페인어 원본·영역본·불역본·독역본·이태리어본·포르투갈어본·폴란드어본을 7종으로 센 7-10중重 이상의 중복계산 수치라는 의심을 피할 수 없다. 그러나 이들의 수치는 존 맨의 통계수치와 크게 어긋나고, 구텐베르크 인쇄술로 찍힌 새 책은 전체의 "적은 부분"이었다는 아이젠슈타인의 확인과도 엄청나게 동떨어진 수치다. 이에 대해서는 뒤에서 다시 상론한다.

관찰보고에 바탕을 둔 전존훈의 논증을 인용해 "중국의 목판인쇄술이 대륙을 가로질러 유럽으로 확산되었고 13세기에 독일에서 처음 사용되었다는(몽고의 정복 중에 대륙을 횡단하여 폴란드[1259]와 헝가리 [1283]에 전해졌다는) 강력한 증거가 있다"고 주장한다.211)그리고 그는 "그러나 금속활자는 어떻게 봐야하나?"고 자문하고 한국 금속활자의 서천을 세 가지 논거로 논증한다.

첫째, 구텐베르크가 그 일반적 개요가 11세기 중엽에 중국에서 발명된, 그리고 그 특수한 개요가 약 50년 먼저 한국에서 발명된 그 인쇄술을 돌연 떠올렸다는 것이 정확히 순수한 우연인지를 물어야 한다. 토마스 카터는 그것의 직접적 확산에 대한 어떤 증거도 식별해내지 못하고 있을지라도 간접적 확산론을 지지한다. 첫째, 제지술은 의심할 바 없이 (…) 서쪽으로 전파되었고, 이것은 인쇄의 필수조건이다. 둘째, 카드(14세기 후반), 지폐, 화보 인쇄물, 중국서적들을 포함한 일련의 인쇄된 생산물들이 대륙을 가로질러 유럽으로 전파되었다. 그리고 셋째, 카터는 활자인쇄술의 실제적 방법에 대한 지식이 중국에 체류했던 수많은 유럽인들 중 그 누군가에 의해 보고되었다고 시사한다.212)

그러면서 서천론을 부정하고 금속활자 발명의 유럽적 독창성을 주장하는 사람들에게 그 독창성에 대한 거증 책임을 돌리는 허드슨의 논변을 인용하며 한국 금속활자 서천론을 옹호한다.213)
홉슨의 간략하고 함축적인 한국 금속활자 서천론은 카터와 허드

---

211) Hobson, The Eastern Origins of Western Civilization, 185쪽.
212) Hobson, The Eastern Origins of Western Civilization, 185쪽.
213) Hobson, The Eastern Origins of Western Civilization, 186쪽.

슨이 20세기 초에 제기한 한국활판술 서천론을 21세기에 다시 부활시킨 점에서 큰 의미가 있다. 또한 홉슨은 "오직 19세기에야" 유럽 인쇄술이 아시아 인쇄술보다 빨라졌고 "그때까지는" 줄곧 텍스트를 재생산하는 "느리고 비싼 형태로 남아있었다는 사실을 밝혀준 쟈크 게르네의 제대로 된, 그러나 1970년대 이래 줄곧 묻혀있던 상황인식을214) 발굴해 적시에 활용하고 있다. 게르네의 이 인식은 구텐베르크혁명 신화의 도취경을 깨는 올바른 역사적 상황파악이기 때문이다. 이 바른 탈脫신화적 인식은 나중에 구텐베르크혁명을 부정하고 반대로 한국의 출판혁명을 입증하는 우리의 논의를 위해 아주 중요한 단서다. 게르네의 유일한 문제점은 그도 서양 알파벳과 중국 한자漢字의 문자 차이에서 금속활자 인쇄술이 서양에서는 발달하고 중국에서는 미발달한 원인을 찾는 논자들(뒤알드·카터·전존훈·어드쉬드·올슨·래크·클레이·홉슨 등)의 집단적 오류를 반복하고 있다는215) 점이다.

■ 장수민의 중국인쇄술 서천론과 중화주의

인쇄술의 서천론을 주장하는 중국인 학자 장수민張秀民(1908-2006) 도『중국인쇄사中國印刷史』(2006)에서 특별히 중국에서 "활자인쇄가 주도적 지위가 되지 못한 이유"라는 소제목의 절을 두고 "활자본의 수량이 겨우 목판본의 1-2%에 불과한" 이유를216) 중국문자 한자漢字의 엄청난 수와 복잡성에서 찾는 여러 동서양 논자들의 집단적 오류를 '거의' 그대로 재현하고 있다. 그는 일단 서양 알파벳보다

---

214) Gernet, A History of Chinese Civilization, 336쪽.
215) Gernet, A History of Chinese Civilization, 336쪽.
216) 장수민(강영매 역), 『중국인쇄사(三)』, 1433쪽.

중국 한자 자수가 많다는 사실과, 중국의 금속활자 제조방식이 '주조'가 아니라 '조각'이라는 사실(이것은 그가 처음 밝혀주는 사실), 이 두 가지 사실을 원인으로 든다. "기술적인 각도에서 볼 때 활자제조 공예는 목판인쇄에 비해 복잡하다. 서양의 활자인쇄는 알파벳이 자모로 되어 있고 한자의 자수처럼 많지 않기 때문에 그 활자제조법은 조각한 강철거푸집을 만들어서 끓는 것을 부어 글자 틀을 만들고 다시 활자를 만들어 인쇄에 사용하면 된다. 그러나 중국 활자인쇄 실행방법은 달라서 조선에서처럼 그렇게 대규모의 활자를 '주조'하지 않고 서툴게 금속활자를 '조각'했다. 그 다음 조판 역시 간편하게 실행하기 어려웠다. 최초의 니妮활자(=도陶활자 - 인용자)는 송진과 밀랍을 철판 위에 칠하고 불로 녹여 활자를 고정시켜야만 해서 몹시 불편했다. 게다가 이동도 할 수 없었다. 그밖에 활자인쇄는 일반적으로 활자 고르기, 판짜기, 활자 제자리 놓기 등 일의 순서를 거쳐야 해서 목판본보다 복잡하다. 금속활자의 착묵着墨기술도 역시 해결되지 못했다. (…) 활자제조에 있어 1회성의 원가가 높은 것도 역시 중요한 원인이다. 중국문자의 최대특징은 자수가 많다는 것으로 전체 수만 개의 한자가 있는데, 보통 서적의 인쇄에 필요한 한자는 수천 개에서 1만여 개로 이것들을 조각하여 제작해야 한다. 일반적 상황에서 상용한자는 몇 개, 심지어 몇 십 개를 준비해야 하고 게다가 조판인쇄를 위해서는 서로 다른 글자체, 즉 본문과 주해가 있어서 동일한 글자라도 종종 두 종류 이상의 글자가 있어야 하며 이리하여 한 벌의 활자는 대략 20만 개를 넘을 수밖에 없었다. 이런 활자를 '조각'하는 원가原價는 일반적으로 인쇄종사자들이 감당하기 어려운 것이다. 큰 투자를 하여 한 세트의 활자를 제조하는 사람은 드물었다."217) 결국 요약하면, 장수민은 중국에서 목판인쇄술이 금속활자인쇄술을 압도한 이유를 ①한자 자수字數가 엄청나게 많다는 점, ②중국 금속활자인쇄술의 기술적 낙후성으로 들고 있는 셈이다.

장수민은 '중국 금속활자인쇄술의 기술적 낙후성'을 사례로 설명한다. "만일 니泥활자(=도陶활자)를 이용하면 비록 원가가 높지 않아도 많은 시간이 걸렸다. 청나라 적금생은 고심 끝에 30년 세월을 들여 10만여 개의 니활자를 만들었다. 원나라 왕정은 2년의 세월을 들여 목활자 3만 개를 조각했다. 만일 정부가 득실을 따지지 않고 투자한다면 활자인쇄는 그 특징이 있을 것이다. 활자인쇄가 그 우수성을 발휘하려면 반드시 경제적으로 대량 주조하거나 또는 철제 거푸집에 부어서 활자를 만들어야 한다. (…) 원가의 각도에서 보면 금속활자 주조鑄造는 각자刻字에 비해 훨씬 경제적이다. 그러나 중국에서 대규모 금속활자를 제조하는 것은 주로 수공조각手工彫刻 방법을 이용했다. 가령 『고금도서집성』과 임춘기의 동활자는 둘 다 '주조'한 것이 아니라 '조각'한 활자다."218)

그런데 장수민의 설명을 더 뜯어보면 두 번째 이유인 이 '중국 금속활자인쇄술의 기술적 낙후성'에는 구텐베르크금속활자 활판술과 공통된 '활인-번각시스템의 결여'도 끼어있다는 것을 알 수 있다. 장수민은 말한다. "(중국의) 인쇄업종사자들은 일반적으로 많이 인쇄하려고 하지 않았고 그래서 활자본의 인쇄수량은 대체로 100부 안팎이었다. 그렇지 않으면 팔 수 없어 사장되기 때문이다. 만일 재판 인쇄가 필요하다면 다시 조판을 해야 하는데 여기에는 시간이 들고 일꾼이 필요하여 채산이 맞지 않았다."219) 중국의 인쇄업종사

---

217) 장수민(강영매 역), 『중국인쇄사(三)』, 1434-1435쪽. 강조('')는 인용자.
218) 장수민(강영매 역), 『중국인쇄사(三)』, 1435쪽.

자들은 "많이 인쇄하려고 하지 않은" 이유는 "팔 수 없어 사장되기 때문"이 아니라, 조판과 해판의 시간적 간격을 줄임으로써 조판에 묶인 활자들을 다시 써서 가급적 신속하게 다른 책을 계속 인쇄하기 위해, 즉 '다多책종 생산'이라는 금속활자 활판술의 고유하고 본질적인 이점을 극대화하기 위한 것이다. 다책종 생산의 이점을 극대화하면서도 수요 많은 서적을 대량 생산하려면 당시로서는 조선에서 활용된 '활인-번각 시스템'이 필요했다. 그러나 이런 시스템을 구축하기 위해서는 중앙정부·대大사찰·대형서원의 역할이 거의 필수적이었으나 중국의 중앙정부는 한국 정부와 달리 인쇄출판에서 주도적 역할을 하지 않았고, 중국의 사찰과 서원은 금속활자를 몰랐다. 이런 까닭에 중국에는 '활인-번각 시스템'이 전혀 구축되어 있지 않았던 것이다. 따라서 조판과 해판을 가급적 짧은 시간적 간격으로 반복할 수 있어야만 그 고유한 이점을 극대화할 수 있는 금속활자 활판술로는 수요가 많은 책을 대량으로 찍어낼 수가 없었다. 한 서책에 대한 - 오래 누적되면 - 큰 수요를 장기간에 걸쳐 충족시키기 위해 간간히 인쇄하는 동안 모든 활자를 장기간 조판에 묶어두면 활자인쇄의 고유한 이점이 사라져 버리기 때문이다. 이런 까닭에 독서인구가 엄청나게 많은데220) 활인-번각 시스템이 미비한 중국에서는 애당초 특정 서책을 수십 년 동안 찍어낼 수 있어 거대한 독서인구의 엄청난 책 수요에도 충분히 대처할 수 있는 목판인쇄술을 택할 수밖에 없었던 것이다. 이것도 중국에서 목판인쇄가 금속활자 인쇄를 압도한 한 이유일 것이다.

219) 장수민(강영매 역), 『중국인쇄사(三)』, 1436쪽.
220) 래크와 클레이는 "15세기 말엽 중국은 아마 다른 모든 나라의 책을 다 합친 것보다 많은 책을 찍었을 것이다"고 말한다. Lach and Kley, *Asia in the Making of Europe III*, 1598쪽 각주 209. 이것은 중국의 독서인구가 그만큼 많았다는 것을 뜻한다.

장수민은 한국 금속활자 인쇄술을 '청출어람'으로 높이 평가하면서도 한국에서 금속활자가 목판인쇄를 압도한 이유를 조선 중앙정부가 인쇄출판을 주도했다는 사실에서만 찾고, 조선의 '활인·번각 시스템'의 존재를 전혀 인지하지 못하고 있다. "한국 출판의 특징은 활자가 판각을 압도한다는 점이다. 조선에서 서유구는 (「누판고鏤板考」에서) 관민官民이 소장한 책들은 태반이 활판본이고 '대추나무에 판각한 것은 열의 하나, 백의 하나뿐이다'고 말했다. 이는 중국이 목판 위주이고 활자가 보조였던 것과 정반대다."221) 나아가 조선에서 "성묘(성종)의 학문이 깊고 넓으니 거듭 교서관에 명하여 인행印行하지 않은 책이 없다"는 성현成俔의 보고,222) "주자鑄字로 책을 인행하니 경經·사史·자子·집集이 없는 것이 없다"는 사실, "조선이 흥성할 때 교서관은 하루에도 책을 인쇄하지 않은 날이 없었다"는 사실, 그리고 "매번 북경에 갔던 사신들이 돌아올 때는 중국서적 중에서 국내에서 귀하다고 생각되는 서적은 반드시 사 가지고 와서 인행하여 널리 유포했으므로 관官 서적이나 개인 서적이 많아 다 읽을 수가 없었다"는 김종직金宗直의 기록,223) 그리고 "운각(교서관)에서 인쇄하니 인쇄하지 않은 책이 없었다"는 정원용鄭元容의 19세기 기록 등도 인용하여224) 교서관에서 끊임없이 조판과 해판, 해판과 조판이 반복되며 수많은 책종을 활인해 냈다는 '다책종 생산' 사실을 기술하고 있다. 무엇보다도 "경經·사史·자子·집集이 없는 것이 없고", 또는 "관 서적이

---

221) 장수민(강영매 역), 『중국인쇄사(三)』, 1542쪽.

222) 장수민(강영매 역), 『중국인쇄사(三)』, 1546쪽.

223) 장수민(강영매 역), 『중국인쇄사(三)』, 1547쪽.

224) 장수민(강영매 역), 『중국인쇄사(三)』, 1547쪽. 정원용의 이 인용은 오류로 보인다. 정원용은 주자와 주자소에 대해 여러 기록을 남기고 있는 그의 서책 『袖香編』[1854] (서울: 동문사, 1971)에서 그런 말을 전혀 하고 있지 않기 때문이다.

나 개인 서적이 많아 다 읽을 수가 없었고" 또 "운각에서 인쇄하니 인쇄하지 않은 책이 없었다"는 이런 의미에서 중국인들은 조선을 "문헌지방文獻之邦", 즉 '책의 나라'라고 불렀던 것이다.225)

그러나 이런 사실을 잘 알면서도 장수민은 그 이유를 깊이 따지지 않고 다만 조선 정부의 역할의 주도성을 과장하고 민간의 역할을 과소평가하고 있다. "세 차례의 민간 주조를 제외하면 나머지는 모두 관에서 주조했으니 정부에서 이처럼 활자주조를 중시한 것은 중국의 명·청 양대에서도 따를 수 없었던 일이었다. 주자할 때마다 매번 반드시 대량의 서적을 인쇄·간행했다. (…) 조선이 흥성할 때는 교서관이 하루도 책을 찍지 않는 날이 없었다."226) 장수민은 "주자할 때마다 매번 반드시 대량의 서적을 인쇄·간행했다"고 말하면서도 이 대량생산이 활인·번각 시스템으로 이루어졌다는 사실을 끝내 몰랐기 때문에 매번의 이 대량생산이 활인活印방식으로 이루어진 것으로 착각하고, 심지어 "민간 주조"는 "세 차례"밖에 없었다고 잘못 말해도 한참 잘못 말하고 있다.

천만에! 조선에서 민간 출판주체는 서원, 사찰, 주자계鑄字契·출판계契·책계冊契, 문중, 문도門徒, 개인(私家) 등 다양했다. 특히 사가私家 판본은 "우리나라의 판본 중에 가장 많은 부수를 차지하고 있다". 사가본 서적은 저자의 자손들이 자기들의 조부에 대한 추효追孝의 성의를 표시하기 위해 너도나도 출판했기 때문이다.227) 그리고 사가 문집은 보통 각판본이었으나, 서유구의『누판고鏤板考』가 나온

---

225)『中宗實錄』, 중종 35년(1540) 11월 28일: "(…) 尹殷輔等議啓曰 (…) 且天使若出來則以我國爲'文獻之邦' 必以詩文相接也. 中朝之重我國 亦以此也."

226) 장수민(강영매 역),『중국인쇄사(三)』, 1546-1547쪽.

227) 김두종,『韓國古印刷技術史』(서울: 탐구당, 1974·2021), 448-449쪽.

뒤(정조 중기)부터는 사가 문집들도 정부 활자나 지방 목활자로 활인한 경우가 많이 늘어났다.[228] 한편, 보광사·운문사·범어사 등 사찰의 목활자, 임고·영봉·천곡서원 등 서원에서 각자刻字한 목활자, 자지동紫芝洞(현, 서울 창신동)의 휘어책계彙語冊契[229] 목활자, 청해문회헌도자계의 도활자靑海文會軒陶字契, 장혼이 만든 이이엄자而已广字(장혼목활자, 장혼자) 외에도 개인과 지방 관청이 어우러져 제작·사용한 기타 수십 종의 지방 목활자(문계박자, 금성 을해자체목활자, 전주 갑인자체목활자, 남원 필서체목활자, 고흥 갑인자체목활자, 나주 갑인자체목활자, 무주 인서체목활자, 전주 지겟다리획 인서체자, 송사 필서체목활자, 광주 대치사 필서체목활자 등)가 있다. 그리고 낙동계 주자, 율곡의 문도들이 주자한 율곡전서자, 사가私家에서 주자한 한구자韓構字, 정리자체 철활자, 박종경朴宗慶이 사주私鑄한 전사자全史字, 백기환白琦煥의 상용商用 필서체 철활자 등 수없이 많다.

　이런 오류들을 제하면 한국 금속활자에 대한 장수민의 평가는 공정한 것으로 보인다.

　조선의 공인들이 필승의 활판 원리를 이용해 옛것을 새롭게 바꿔 각양각종의 활자를 만들어 냈으니 청출어람이라고 할 수 있겠다. (…) 1376년부터

---

228) 김두종, 『韓國古印刷技術史』, 458쪽.

229) '휘어책계'는 1684년 백과사전 『신보휘어(新補彙語)』를 인쇄·출판·판매하기 위해 김류·한홍일·유경집·심택·권우 등이 서울 장안에서 묻은 서책계書冊契다. 權珪 등 두세 명이 1692년 이 책계를 재건하고 『신편휘어』를 다시 활인·판매했다. 權珪 簡札(壬申年[1692] 12월 3일): "洛中舊有彙語冊契 中廢棄置矣. 今與數三士友 重修改刊 印出累十件 將欲發賣於湖中士夫間 委送契中人 幸須訪問願買人賣給 且題給粮太 俾免狼狽之患如何(책값으로 식량을 많이 주어 낭패를 당할 걱정을 면케 해주면 어떻겠습니까?)". 박철상, 「冊契로 본 17세기 南人들의 상업출판」, 『大東漢文學』 제52집(2017), 16-17쪽에서 인용.

1895년까지 목활자를 전부 28차례 제작했는데, 어떤 때는 1년에 두 차례나 제작한 적도 있다. (…) 한국 인쇄사印刷史에서 가장 탁월한 성과는 가장 먼저 대량의 금속활자를 제작했다는 점인데 주로 동활자였다. 동활자를 주조하기 전에 먼저 황양목에 글자를 새기고 해변에서 채취한 고운 모래(유기물을 씻어낸 극세極細 갯벌모래 - 인용자)에 눌러 찍어 음각문陰刻紋의 흙 모형母型을 만든다. 그런 후에 동을 녹여 모형의 구멍에 부어 넣어 하나하나 글자를 만들었다. 그 주조시기가 이르고 수량이 많은 점은 세상에 필적할 것이 없다.230)

고려의 공인들은 동전을 주전鑄錢하던 공법을 발전시켜 주자鑄字를 만들었지, 필승의 도陶활자를 본뜬 것이 아니다. 따라서 "조선의 공인들이 필승의 활판 원리를 이용해 옛것을 새롭게 바꿔 각양각종의 활자를 만들어 냈다"는 장수민의 말은 이중적으로 오류다. 첫째, 주자를 만든 공인들은 '조선의 공인들'이 아니라 '고려의 공인들'이고, 둘째, 고려의 공인들이 주전공법을 발전시켜 주자를 고안하게 된 것이지, 필승의 활판 원리를 응용한 것이 아니기 때문이다. 장수민의 위 설명과 평가는 이 대목만 빼면 비교적 정확하다. 그러나 화덕 안에서 녹인 동을 "모형母型(거푸집)의 구멍에 부어 넣어 하나하나 글자를 만들었다"는 구절은 부정확하다. 같은 글자가 많이 필요한 경우, 가령 '야也'나 '지之'의 경우에는 상하 한 벌의 극세 갯벌모래 상자 곽의 갯벌모래 위에 이 글자들의 목활자를 여러 개 올려놓고 가지 쇠를 연결한 뒤 그 위에 위판의 갯벌모래 틀을 누르고 작은 나무방망이로 살살 두드려 다져 거푸집을 뜨고 이 가지 쇠의 끝에 만들어진 구멍에 쇳물을 부어서 여러 활자를 한꺼번에 만들었고

230) 장수민(강영매 역), 『중국인쇄사(三)』, 1543쪽.

또 고운 극세 갯벌모래로 본을 뜬 갯벌 거푸집은 갯벌모래의 특성상 쉬 부셔지지 않기 때문에 여러 차례 지어 부을 수 있었다. 또 같은 글자가 아니라 상이한 목활자들을 여러 개(가령 8-9개) 놓고 갯벌모래에 본을 떠서 한꺼번에 여러 자를 지어 부어 냈다. 따라서 "하나하나 글자를 만들었다"는 말은 완전히 그릇된 기술이다.

이어서 장수민은 태종과 세종의 공적을 이렇게 평가한다. "이李태종(방원)은 중국 서적이 모두 조선에 전해질 수도 없고 목판은 천하의 책을 다 새길 수도 없고 더구나 오래되면 글씨가 희미해지는 단점이 있음을 알았다. 그리하여 태종이 동으로 글자를 주자하고자 주자소를 설립하니 몇 개월 만에 수십만 자를 주자했다. 그때가 영락 원년 계미년(1403)이라서 이 주자를 계미자라 했다. 그의 아들 세종은 1420년에 경자자를 제작했다. 또 1434년 선덕 9년 갑인년에는 이천李蔵에게 갑인자를 주자하게 하여 20여만 자를 만드니 보석같이 아름답고 하나하나가 모두 균일하고 글자체도 아름다워 '전국지부서傳國之符瑞(나라의 대통代統을 전해줄 상징물)', '조선만세지보朝鮮萬世之寶(조선만대의 보물)'라 불렸다."[231] 뒤의 표현 '조선만세지보朝鮮萬世之寶'는 갑인자 주자에 참여한 김빈金鑌이 「갑인자주자발甲寅字鑄字跋」에서[232] "성아조선만세지보야재誠我朝鮮萬世之寶也哉(진실로 우리 조선 만대의 보물이다)"에서 따온 말이고, '전국지부서傳國之符瑞'는 서명응徐命膺(1716-1787)이 훗날 「규장자서기奎章字瑞記」에서 갑인자를 칭한 말이다.

이어서 장수민은 한국 금속활자를 계속 호평한다. "갑인자가 나

---

231) 장수민(강영매 역), 『중국인쇄사(三)』, 1544쪽.
232) 『世宗實錄』, 세종 16년(1434) 7월 2일자 기사; 『진서산독서기을집상대학연의』 ·『근사록』 등의 권말 김빈의 발문.

온 지 300년 동안 갑인자를 모방한 주자가 다섯 차례 있었는데 그중 철鐵갑인자가 한 번 있었다. 세종 18년 병진년(정통원년, 1436)에 또 병진자를 주조했는데 특대자特大字 연鉛활자였다. 이것은 세계 최초로 출현한 연활자였다. 이 연활자로 본문을 찍고 갑인자로 주석 문을 찍어 연활자·동활자 인쇄가 혼성된 『자치통감강목資治通鑑綱目』을 활인했다. 조선에서는 또 독특한 철활자를 창제했는데 1729년 철활자로 『서파집西坡集』, 1741년 『노릉지魯陵志』, 1808년 『순암집醇庵集』 등 6-7종의 책을 인행印行했다. (…) 조선에서 주자鑄字는 중복된 것을 제하면 34차례 있었다. 그중 연활자 2회, 철활자 6회이고, 나머지는 모두 동활자였다. 15세기에 주자가 가장 많았는데 총 12회 , 16세기에는 4회, 그 이후에는 각각 5회, 6회, 7회가 있었다. 30만 개 주자는 2회, 다음으로 20만 또는 15-16만 개, 그리고, 적어도 8만 또는 6만 개 주자도 있었으므로 조선시대에 제조한 주자 총수는 400-500만 개에 달한다."233)

조선의 인쇄술이 당시 이렇듯 세계최고 수준이었기 때문에 고려와 조선의 많은 서적들이 중국으로 흘러들어갔다. 그리하여 중국의 국가도서관에는 『대승삼취참회경大乘三聚懺悔經』이 있는데 간기에 "임인년 고려국 대장도감에서 칙지를 받들어 각인했음(壬寅歲 高麗國 大藏都監 奉勅 雕造)"라고 적혀 있다. 이것은 1242년에 간행된 고려장경高麗藏經의 영본零本(미비본)이다. 이 국가도서관에는 조선의 주자본과 목판본 서적이 500여 종이 소장되어 있다. 그리고 절강성도서관에는 조선본 책종이 거의 220종이 소장되어 있고, 명대 선덕 3년(1428) 동銅주자 활인본 서적 43종, 『문선오신주文選五臣注』(천순원년), 『창진집瘡疹集』, 『본조경험방本朝經驗方』 등도 끼어있다. 다른 도서

233) 장수민(강영매 역), 『중국인쇄사(三)』, 1545-1546쪽.

관들의 소장본까지 합치면 약 일천수백 종이 소장되어 있다. 이 책들은 주로 중국도서를 재再활인한 것이지만 10분의 2-3은 조선인 저작이다."[234] 이렇게 국·공립 도서관에만 고려·조선 서적이 있는 것이 아니라 개인 장서가들의 개인서고에도 많은 고려·조선 서적들이 보관되어 있었다. 이미 "남송의 장서가 우무尤袤는 『고려역일高麗曆日』, 『고려행정록高麗行程錄』, 『해동삼국통록海東三國通錄』을 소장하고 있었다." 그리고 고려와 조선의 서적들에 대해 잘 알고 있었다. "송대 장단의張端義는 『귀이집貴耳集』에서 '고려에는 기이한 고대서책이 많다'고 했다."[235] 그리고 송·원·명·청대 중국인들은 줄곧 고려와 조선의 서책을 칭찬했다. 장수민이 그 평가를 전한다.

중국에서는 조선본 서적에 대해 줄곧 호평을 해왔는데 그 까닭은 내용이 완전하고 오자가 적기 때문이었다. 간혹 일서逸書(중국에서 사라진 책)와 이본異本(중국본과 다른 본)도 있다. 희고도 견고하기가 비단 같은 고려지高麗紙를 써서 인쇄했는데 먹색의 농담濃淡이 균일하고 굵은 실로 장정을 한 것이 튼실하며 대자大字대본大本으로 좋지 않은 것이 하나도 없었다.[236]

그야말로 내용이 완전하고 오탈자가 적고 먹색의 농담이 균일하고 장정이 튼실한 조선본 서책의 품질과, 비단처럼 희고 견고한 한지의 품질에 대한 극찬일색이다. 조선본 서책의 품질 면에서도 조선은 "문헌지방", 즉 '책의 나라'이었던 것이다.

장수민은 중국인들이 줄곧 조선을 이렇게 '책의 나라'라고 불러온

---

234) 장수민(강영매 역), 『중국인쇄사(三)』, 1550쪽.
235) 장수민(강영매 역), 『중국인쇄사(三)』, 1549-1550쪽.
236) 장수민(강영매 역), 『중국인쇄사(三)』, 1550쪽.

것을 잘 알고 있음에도 불구하고, 그리고 한국 서적의 세계최고 품질에 대한 중국인들의 전통적 극찬을 잘 알고 있음에도 불구하고 인쇄술의 서천과 관련해서는 한국을 완전히 제쳐놓고 또 한국 금속 활자 활판술의 서천도 거론치 않고, 일관되게 중국 인쇄술의 서천만을 논한다. 이것도 중국계 미국인 전존훈이 벗어나지 못했던 바로 그 '중화주의'의 발로일 것이다.

장수민은 일단 원나라 때 목판인쇄술만이 아니라 동판인쇄술도 있었고 원대 초에는 주석활자를 주자하여 활인하는 활판인쇄술도 있었다는 역사적 사실을[237] 전제로 삼아 논의를 시작한다. 주석활자가 있었다는 것도 사실이다. 원대 왕정王禎은 1304년 이전에 쓴 그의 저서『농서農書』의 부록「조활자인서법造活字印書法」에서 이렇게 적고 있다. "또 근세에는 주석으로 글자를 만들고 철사로 연결시켜 행을 만들고 틀 안에 집어넣어 계선을 만들고 책을 찍어냈다. 그러나 꼭대기 부분의 글자는 먹칠이 어려워 인쇄가 나빠서 오래가지 못했다."[238] 이「조활자인서법」에서 말하는 "근세"를 장수민은 '송말'이나 '원초'일 것으로 추정했다.[239] 또 양고楊古는 필승의 도陶 활자 활판법을 모방하여 책을 활인했다. 왕정과[240] 마칭덕馬稱德 은[241] 환남皖南(안휘성의 양자강 이남 지역)과 절동浙東(절강성의 절강 동부지역)에서 목활자를 이용해 활인했다. 이 원대 목활자는 위구르에

---

237) 장수민(강영매 역),『중국인쇄사(三)』, 1586쪽.

238) 王禎「造活字印書法」.『農書』부록. 장수민(강영매 역),『중국인쇄사(三)』, 1267쪽에 전재된 원문국역 전문.

239) 장수민(강영매 역),『중국인쇄사(三)』, 1276쪽.

240) 장수민(강영매 역),『중국인쇄사(三)』, 1266쪽. 목활자 제조와 활인법에 대한 왕정의 설명은 참조: 1267-1270쪽에 원문국역 전문.

241) 장수민(강영매 역),『중국인쇄사(三)』, 1272-1273쪽.

게 전해져242) 한때 서하지역과 몽골제국 전역에서 크게 성행했다.

이에 잇대어 장수민은 이 주석활자나 목활자가 서천했을 것으로 추정한다. "마르코 폴로나 오도릭 오브 포르도노네(Odoric of Pordonone) 같은 사람은 항주에서도 살았고, 북경에서도 몇 년간 살았으며 또 다른 유·무명인 유럽 여행가, 상인, 선교사들도 어쩌면 이런 활자로 인쇄하는 법을 풍문으로 들었을 터이므로 돌아가서 자기나라 사람들에게 말했을 것이다."243) 이 활자는 금속활자가 목활자를 말하는 것이다. 이 활자는 금속활자가 아니라 목활자를 말하는 것일 게다. 양보하여 마르코 폴로나 오도릭 등이 "풍문"으로 들은 활자가 왕정이 "근세"에 시중市中의 사람들이 만들어 썼으나 곧 폐기되었다는 주석활자라 하더라도 이 주석활자는 이미 『증도가』(1211)를 활인한 고려 금속활자의 모방물이기 때문에 중국 금속활자라기보다 실은 고려의 금속활자의 모방물을 "풍문"으로 들은 것이다. 왕정王禎이 말하는 "근세"는 "송말원초"가 아니라 1271년 원元이 국호를 정한 뒤인 '13세기 후반'이다. 천혜봉 교수는 말한다. "'근세近世'라는 것은 몽고가 원元으로 국호를 정한 1271년을 전후한 무렵인 13세기 후반기가 될 것이므로 원이 이미 고려를 지배하던 때에 해당한다. 이와 같이 그 시기, 그리고 당시의 주종관계를 아울러 고려한다면 석錫활자의 주성鑄成은 고려로부터 자극을 받고 이루어졌던 것으로 여겨지는데, 그 조판법이 위에서 든 주자본 『증도가』의 중조판重雕板을 비롯한 여말선초의 주자본에서는 찾아볼 수 없는 특징을 지니고 있다. 고려의 금속활자에서 자극을 받고 착수했으나 그 조판법이 아주 까다로워 교니膠泥활자 이후의 난제를 독자적으

---

242) 장수민(강영매 역), 『중국인쇄사(三)』, 1273쪽.
243) 장수민(강영매 역), 『중국인쇄사(三)』, 1587쪽.

로 해결하려 시도하다가 끝내 뜻을 이루지 못했던 듯하다."244) 천혜봉의 이 친절한 설명을 고려하면 장수민의 위 주장은 근거가 희박하다고 할 것이다.

그리고 장수민은 지폐인쇄의 서천에 대해서도 언급한다. "당나라 초기에 이미 지폐가 있었고 남송 수도에서는 지폐를 파는 전문 점포가 있었다. (…) 지폐는 중국에서 유럽으로 대략 14세기경에 건너갔다." 장수민은 프랑스 동방학자 아벨 레뮈사(Jean-Pierre Abe-Rémusat, 1788-1832) 등의 말을 인용해 이렇게 종합한다.

> 모두들 마르코 폴로가 베니스사람이라는 것을 알고 있으며 그때는 많은 베니스사람들이 항주杭州에 왔다. 항주는 원대 중엽에도 여전히 세계적으로 가장 위대한 도시였고, 또 많은 페르시아 사람들도 살고 있었다. "항주 성문에는 유태문猶太門이라 부르는 대문이 있었는데 그 부근에는 유대인·기독교인·터키사람들이 아주 많았다." 또한 이집트 대상인의 후예들도 있었다. 그곳은 유럽과 아프리카 각국의 상인과 선교사, 여행자들의 밀집지역이었다. 송·원대에 항주는 서점들이 즐비했고 각자공刻字工들의 숙련된 솜씨는 '항각杭刻'으로 유명했다. 1441년 이전에 베니스에서는 한때 지폐사업이 흥행했다. 1469년 베니스는 활자인쇄술을 채택하여 1481-1500년 새로이 100여 개소의 인쇄소를 설립했고, 출판서적은 약200만 권에 달하여 유럽 서적산업의 중심지가 되었다. 베니스의 지폐와 도서인쇄사업은 항주와 비슷하여 단서를 찾아낼 수 있다.245)

이 논술에서 장수민은 15세기 말엽의 이탈리아 인쇄업의 흥기가

---

244) 천혜봉, 「韓中兩國의 活字印刷와 그 交流」, 48-49쪽.
245) 장수민(강영매 역), 『중국인쇄사(三)』, 1587-1588쪽.

구텐베르크예찬자들이 주장하듯이 구텐베르크 금속활자 활판술의 확산 현상이 아니라, 이탈리아사람들이 중국 목판인쇄술에서 '영감'을 얻어 개발한 이탈리아 고유의 현상으로 보고 있는 것 같다. 이것은 그가 카터·전존훈·율 등이 논한 카스탈디를 인용하는 것에서[246] 거의 확실하다. 그는 카스탈디 이야기 다음에 바로 "마르코 폴로가 가져온 것이든 다른 여행자가 가져온 것이든 간에 그것은 베니스의 인쇄판도에 커다란 영향을 미쳤다"고 단정한다.[247]

마르코 폴로가 13세기 당시에 알렉산드리아보다 크다고 칭송하고 이븐 바투타가 14-15세기 당시 세계 최대의 도시라고 경탄한 '천주', 책을 파는 고려(조선)상인과 베니스상인이 만나던 항구도시인 '천주'는 장수민이 빼먹고 항주만 수차례 들먹이는 것은 분명히 이상하다. 그리고 장수민 자신이 앞서 얘기한 주석활자와 목활자 인쇄술을 제치고 이탈리아사람(들)이 중국의 목판인쇄술을 보았다는 사실만 언급하는 것은 앞뒤가 맞지 않는다.

한편, 장수민은 커즌이 밝혔고 전존훈도 강조했듯이 압인기 없이 "솔로 쓸어" 인쇄하고 "종이의 한 면만 쓰는" 이탈리아의 초기 목판인쇄술이 "중국 목판인쇄술과 결코 다르지 않았다"고 논변하고,[248] 전존훈의 논의를 인용해 조비우스와 앙리 베르나르 신부의 말도 인용했다.[249] 그리고 금속활자의 서천과 무관한 내용이지만 크루즈와 라다의 보고도 인용했다.[250] 전존훈을 논할 때 알 수 있듯이 구텐베르크를 직접 언급하며 그의 인쇄술이 중국에서 들어왔다는

---

246) 장수민(강영매 역), 『중국인쇄사(三)』, 1588쪽.
247) 장수민(강영매 역), 『중국인쇄사(三)』, 1588쪽.
248) 장수민(강영매 역), 『중국인쇄사(三)』, 1589쪽.
249) 장수민(강영매 역), 『중국인쇄사(三)』, 1590-1591쪽.
250) 장수민(강영매 역), 『중국인쇄사(三)』, 1592-1593쪽.

언급을 최초로 입 밖에 낸 사람은 멘도자다. 장수민은 멘도자도 언급하지만 구텐베르크를 빼먹고 인용하고 있다. 그것도 영역본이 아니라 영역본을 중역中譯한 중역본重譯本을 인용하고 있다.251)

멘도자가 말한 대로 구텐베르크의 이름을 인용하면 바로 금속활자가 부상하고, 금속활자가 부상하면 인쇄술과 인쇄된 서적으로 즉각 한국의 금속활자가 부상한다. 이 때문에 장수민은 '구텐베르크'를 슬쩍 빼놓고 인용했을 것이다. 멘도자는 구텐베르크가 중국에서 육상과 해상 루트를 거쳐 유럽으로 들어온 중국 인쇄서적을 보고 배워 금속활자를 리메이크했다는 취지로 말하고 있다. 그렇다면 이 인쇄서적들이 들어온 시점은 1440년 이전이어야 한다. 따라서 1440년 이전에 유럽으로 건너간 인쇄술과 인쇄된 서적은 송말-원초에 잠시 등장했다가 "오래가지 못하고" 사라졌고 1490년까지 실용된 적이 없는 중국의 주석활자 인쇄술과 주석활자로 인쇄된 중국서적일 수 없는 것이다.

장수민은 멘도자 인용과 관련된 이런 불성실한 조작적 논변과 더불어 중국의 인쇄술 발명이 구텐베르크의 그것보다 앞선다는 말만 반복하고 있다.252) 그런데 앞서 분석했듯이 전존훈도 멘도자의 글을 아주 불성실하게 인용했었다. 그는 "from thence into this kingdome, by the Redde Sea(거기로부터 홍해를 경유해 [...], 이 왕국으로 [들어온]"라는 구절을 누락시켰다. 그리하여 그는 중국서적의 서천로가 모스크바를 거치는 육로와, 홍해를 거쳐 스페인으로 들어오는 해로와, 아라비아반도 남부에서 스페인으로 들어오는 해로+육로+해로, 즉 멘도자가 명시한 세 개의 서천루트를 두 개로 축소해 버렸

---

251) 장수민(강영매 역), 『중국인쇄사(三)』, 1593-1594쪽 및 1609쪽 각주176.
252) 장수민(강영매 역), 『중국인쇄사(三)』, 1594-1595쪽.

었다. 두 중국계 학자들이 극동 인쇄서적의 서천 사실과 연관해서 구텐베르크의 이름이 거명되는 결정적 사료를 이처럼 불성실하게 다루는 것은 결코 우연일 수 없을 것이다.

장수민은 구텐베르크의 금속활자도 중국 인쇄술의 영향을 받은 것이라고 주장하기 위해 아벨 레뮈사만이 아니라 리하르트 빌헬름 (Richard Wilhelm)도 인용하고 있다.253) 그러나 레뮈사는 "활판인쇄술도 극동에서 유럽으로 반입된 것으로 여긴다"고254) 말했을 뿐이다. 일급 중국전문가 레뮈사가 '중국의 발명품들'(나침반·화약·지폐·지패紙牌·주산)이 몽골을 거쳐 유럽에 들어갔다고 말하다가 활판인쇄술의 발명 원점은 굳이 '중국'이 아니라 "극동"이라고 표현한 것은 한국을 염두에 둔 것이라고 봐야 한다. 그리고 『역경』의 독역에 큰 공을 세운 독일학자 리하르트 빌헬름이 서지학자나 인쇄전문가가 아니라서 그의 말이 증거능력이 거의 없다는 점은 "송나라에 필승이라는 사람이 있어 활자인쇄를 발명했는데, 통상通商의 결과 예전에 이런 발명품이 종이나 나침반 발명품처럼 서양으로 전해져서 구텐베르크와 유럽 인쇄공이 채용한 것은 인류사에서 신기원을 창조했다"고 말하는 그의 말에서 능히 알 수 있다. 주지하다시피 필승이 활자를 발명한 것은 구텐베르크의 1440년대로부터 400년을 거슬러 올라가는 1040년대(1041-1048)의 일이었고, 제작·사용한 활자도 금속활자가 아니라 도陶활자였으며, 무엇보다도 이 활자인쇄 사건은 필승과 더불어 사라졌던 일회적 실험에 지나지 않았던 까닭에 이 도활자마저도 실용된 적이 없는 것이었기 때문이다. 그럼에도 장수민은 "현재 비록 물증과 문헌이 발견되지 않았지만 16세기 이래의 각종

---

253) 장수민(강영매 역), 『중국인쇄사(三)』, 1595쪽.
254) 장수민(강영매 역), 『중국인쇄사(三)』, 1595쪽.

자료와 각 전문가의 기록에 근거하면 유럽 활자인쇄는 중국 영향을 받은 것이 가능하다고 여겨진다”고 결론짓는다.[255] 그의 서천론의 어디에도 한국은 없다. 장수민의 중화주의는 전존훈의 그것과 더불어 결정적 사료의 '조작적' 인용도 불사할 만큼 참으로 지독하다.

■ 티모시 바레트의 중국 목판인쇄술과 한국 활인술 서천론

티모시 바레트(Timothy H. Barrett)는 2008년『인쇄술을 발명한 여성 (The Woman who Discovered Printing)』에서 장수민과 반대로 한국 금속활자와 위구르 목활자가 유럽 금속활자 인쇄술의 '영감적' 원천일 것이라고 논변한다. 일단 바레트는 전존훈처럼 유럽의 초창기 목판인쇄술과 중국 목판인쇄술이 몇몇 기술양식에서 동일하다는 점을 들어 중국 목판인쇄술의 서천을 분명히 인정한다.

이제 마이센(Meissen) 스토리를 망쳐놓는 하나의 단순한 사실은 약 1000년 더 이른 시기에 중국에서 도자기를 먼저 발명했다는 것이다. 뵈트거 (Böttger; 뷔팅어 또는 뵈팅어[Büttinger, Böttinger]의 오기 – 인용자)가 도자기 제조를 어떻게 성공할 수 있을지를 몰랐을지라도, 그와 오거스터스 (Augustus, 작센공국 아우구스트 강건왕 – 인용자)는 둘 다 그 제조가 가능하다는 것을 의심할 수 없었다. 그러나 구텐베르크가 인쇄에 대해 무엇을 알았을까? 적어도 이론에서나마 여기에도 활용가능한 선례들이 있었다.[256]

오늘날도 자기생산의 명성을 유지하고 있는 마이센은 1708-1709

---

255) 장수민(강영매 역), 『중국인쇄사(三)』, 1596쪽.

256) Timothy H. Barrett, The Woman who Discovered Printing (New Haven·London: Yale University Press, 2008), 15쪽.

년 작센공국 선제후 아우구투스 강건왕(August II der Starke)의 명을 받아 뵈팅어(Johann F. Böttinger, 또는 Büttinger)가 중국도자기의 거의 완벽한 '모조품생산'에 성공한 뒤 본격적 자기생산을 위해 옮겨간 독일 도시다. 바레트는 뵈팅어와 마이센이 1000여 년 전부터 도자기를 생산해온 중국 때문에 그 명성이 모조품생산이라는 불명예를 얻어 '발명'의 명성을 망치고 말았다고 생각하는 것 같다. 따라서 그가 이 뵈팅어와 마이센을 언급한 것은 구텐베르크의 발명과 마인츠도 그가 태어나기 180여 년 전부터 금속활자를 상용常用해온 고려조 한국 때문에 그 명성을 망쳤다고 말하고자 한 것이다. 동시에 바레트는 뵈팅어가 중국 도자기를 보기만 하고도 수많은 실험 끝에 제조공법의 비밀을 끝내 알아내 중국의 '고온소성高溫塑性 경질硬質 도자기'를 "재再발명"(리메이크)했듯이257) 구텐베르크도 한국 금속활자 인쇄서적을 보기만 했어도 수많은 시행착오를 거쳐 한국 금속활자를 리메이크한 유럽식 금속활자를 '재발명'했을 것이라는 강력한 시사를 던지고 있다.

그러나 바레트는 한국 금속활자기술 서천의 특이한 루트(이탈리아 등지로 팔려온 아시아 노예들을 통한 전달 루트)를 말하기 위해 서천루트와 관련해서 잠시 말을 비튼다.

하지만 분명 나는 1403년에 한국인들이 금속활자로 인쇄하고 있었다는 사실에 최근의 몇몇 학자들만큼 감명받지 않았다. 기술적 차이는 별도로 하

---

257) Lothar Ledderose, "Chinese Influence on European Art, Sixteenth to Eighteenth Centuries", 222쪽. Thomas H. C. Lee, *China and Europe: Images and Influence in Sixteenth to Eighteenth Centuries* (Hong Kong: The Chinese University of Hong Kong Press, 1991); Hugh Honour, *Chinoiserie. The Vision of Cathay* (New York: Harper & Row Publishers, 1961), 103-104쪽.

고 훨씬 더 이른 시기인 14세기 동안 아시아를 가로질러 유럽으로 오는 무역루트는 몇몇 사람이 생각하고 싶어 하는 것처럼 결코 안전하지 않았고, 한국의 발명 날짜가 서천을 좀 더 가능하게 만들 만큼 충분히 멀리 소급하는 것이 가능할지라도 존 라너(John Larner)가 마르코 폴로에 관한 그의 훌륭한 연구서(*Marco Polo and the Discovery of the World* [1999] 118-119쪽)에서 지적하듯이258) 이 세기말 상황은 상당히 더 나빠졌었다.

그런데 "이 세기말 상황"은 원元제국이 강대한 유라시아 통일국가였던 때보다 나빠진 것은 사실일지라도 몽골세력은 옛 몽골본토로 후퇴하여 북원北元(1368-1635)으로 잔존하고 있었고, 러시아 남부지역의 황금씨족 킵차크 칸국도 건재했으며, 또 명대에도 영락제(1402-1424) 이래 정화제독의 30년 대원정으로 해상 무역루트는 이전만큼 열려 있거나 이전보다 더 활짝, 더 멀리 열렸다. 바레트는 이것을 전혀 모르는 것 같다. 이런 까닭에 그는 "한국인들이 금속활자로 인쇄하고 있었다는 사실"로부터 최근의 다른 학자들만큼 "감명"을 받지 않고, 구텐베르크의 "동전금형"에 더 큰 감명을 받았다고 말한다.

나는 중세 영국에서도 펀치의 형태로 제한된 형식의 금속활자인쇄술이 동전금형의 제작에서 사용되고 재사용되었다는 사실에259) 훨씬 더 감명받았다. 어떤 경우든 활자를 대량으로 생산하기 위해 필수적인 주형鑄型(mould)과 금속에 적합한 잉크, 그리고 인쇄기(압인기) 자체의 개발은 구텐베르크

---

258) John Larner, *Marco Polo and the Discovery of the World* (New Haven: Yale University Press, 1999), 118-119쪽에서의 논의를 보라.

259) 이에 대한 꽤 정교한 실증적 설명은 참조: Andrew Burnett, Interpreting the Past: Coins (London: British Museum Press, 1991), 16-17쪽.

의 공으로 돌려야 한다. 손으로 쥐고 운용하는 활자 주형의 특별한 개발이 조금 뒤의 개발일지라도, 그리고 잉크의 정련이 얼마간 유류 페인팅에서의 발전 덕택일지라도 여러 다양한 요소들을 창조적으로 통합하여 하나의 단일한 기술을 만들어낸 것은 그에게서 부정될 수 없는 것이다. 나를 이해할 수 없이 헷갈리게 하는 것은 지면紙面 한 쪽을 만들기 위해 활자들을 한 틀 안에 조립하는 결정적 아이디어의 기원이다. *Cambridge Medieval History*에서 인정된 것처럼, 구텐베르크는 동일한 목표를 향해 노력하는 수많은 사람들 중 1인이었을 뿐이다.260)

여기서 "동전금형(coin dies)"은 화폐·메달기술에서 동전을 두들겨 만들면서 디자인을 동전의 앞뒷면에 때려 넣어 압인하기 위해 짝으로 쓰이는 금속 스탬프를 말한다.

바레트는 구텐베르크가 금속활자 인쇄술의 발명을 향해 노력하는 "수많은 사람들 중 1인이었을 뿐"이라는 자기의 말에다 데이비드 맥키테리크(David McKitterick)의 논증을 끌어다 댄다. 맥키테리크는 말한다. "문서류文書類의 정보원천情報源泉과 현존하는 책들을 정밀 검토하면 1450년대 마인츠에서 인쇄가 시작된 것과 관련된 굉장한 양의 배경적 세부사항과 재정적·실천적 세부사항이 드러난다. 그러나 오직 처음 인쇄된 책종들, 크기, 디자인, 십중팔구 독자층, 시장, 책들의 생산을 고취한 사람들을 고려함으로써만 그토록 많은 노력과 돈이 결코 상당히 확실한 미래가 보이지 않는 발명과 기술에 투자된 이유를 이해할 수 있을 따름이다. 구텐베르크 주위에 모인 집단은 다수의 복제물을 산출할 길을 발견하려는 시도에서 홀로 고립된 집단이 아니었던 것으로 보인다. 또 다른 집단들이 아비뇽에서 작업 중이었

---

260) Barrett, *The Woman who Discovered Printing*, 15-16쪽.

고 아마 다른 곳에서도 작업 중이었을 것이다."261) 여기에 잇대서 바레트는 중요한 질문을 던진다. "그런데 그들은 그 목표가 달성될 수 있는지를 어떻게 알았을까? 목판인쇄 서적의 역사가 우리에게 모종의 흥미로운 단서들을 주는 대목은 여기다."262) 바레트는 구텐베르크 집단과 여러 경쟁적 집단들이 자기들의 목표가 달성할 수 있다는 것을 중국에 유사한 인쇄술이 실용되고 있다는 현실로부터 알았다고 생각한다.

바레트는 유럽의 인쇄공들이 목판인쇄가 성공할 수 있다는 것을 중국의 현실로부터 배웠기 때문에 처음에는 목판인쇄술에서 중국의 '기술양식(style)'까지도 따라 배우고 거의 그대로 본떴다는 것이다. "중세 유럽의 목판인쇄의 실증적 설명에서 기술양식 측면(stylistic features)이 동방으로부터의 영향을 가리킨다는 것은 오랫동안 인정되어 왔다. 이 형태의 인쇄가 독자적 발명이 아니라 아시아에서 왔다는 관념은 명백하게 여전히 전문가들에 의해 아주 문제없는 것으로 여겨지고 있다. 그러나 전존훈은 중국 인쇄의 간명한 표준 보고서에서 이 도입이 도자기의 경우와 같이 정확히 한낱 모방의 문제가 아니라는 사실을 시사한다. 차라리 동서양에 공통된 각판기술의 일정한 측면들이 우연적일 수 없을 정도로 동일하다는 것이다. 이것은 공예적 솜씨(craft)가 모방된 것이 아니라, 일련의 연쇄적 중간자들을 통해서나 직접적으로 중국에 있던 어떤 중국 각수刻手에 의해 가르쳐진 것을 함의할 것이다. 이 후자의 경우는 언뜻 듣기와 달리 결코 터무니없는 것이 아니다. 왜냐하면 내가 짧게 설명할

---

261) David McKitterick, "The Beginning of the Printing", 289쪽. Christopher Allmand (ed.), *The New Cambridge Medieval History*, Vol. 7; c.1415-1500 (Cambridge: Cambridge University Press, 1998).

262) Barrett, *The Woman who Discovered Printing*, 16쪽.

것인 바, 이탈리아 무역업자들이 정열적으로 활용한 몽골제국의 노예무역이 확실히 몇몇 동아시아 사람들을 이탈리아로 데려왔을 것이기 때문이다."[263] 바레트는 다른 곳에서[264] 이 테제를 더 확장하여 극동 활자인쇄술에 관한 '아이디어'의 서천에 대해서 더 강한 주장을 내놓았었다. 바레트는 유럽의 초창기 목판인쇄술이 유럽의 독자적 발명이 아니라 아시아에서 왔다는 관념을 어드쉬드[265] 등 서천론자들만이 아니라, 심지어 금자활자 인쇄술의 서천론을 강력하게 부인하는 전문가 더글라스 맥머트리(Douglas C. McMurtrie)도[266] "아주 문제없는 것"으로 받아들인다는 점을 강조한다. 앞서 분석했듯이 금속활자의 '관념'은 동방으로부터 왔을지 모르나 금속활자 인쇄술은 유럽의 '발명'이라고 주장하는 맥머트리의 이런 모순된 논조는 이미 전존훈도 활용하면서 동시에 비판했었다.

그런데 노예무역을 통해 이탈리아에 들어와 사역당하던 대규모의 동방노예들을 통한 기술이전과 관련해서 바레트는 린 화이트(Lynn White)에만[267] 의거하고 있다.[268] 그러나 이에 대한 연구는 아이리스 오리고(Iris Origo)의 연구가[269] 더 앞서고 더 근원적인 것이다.

---

263) Barrett, *The Woman who Discovered Printing*, 16쪽.

264) Timothy H. Barrett, *The Rise and Spread of Printing: A New Account Religious factors*. SOAS, Working Papers in the Study of Religions (London: SOAS, March 2001), 23-26쪽; (Burlinton, Ontario: Minnow Books Inc, 2008), 37-40쪽.

265) Adshead, *Material Culture in Europe and China*, 201쪽.

266) Douglas C. McMurtrie, *The Book: The Story of Printing and Bookmaking* (New York: Oxford University, 1943), 108-110쪽; S. A. M. Adshead, *Material Culture in Europe and China, 1400-1800* (London: Macmillan Press, 1997), 201쪽. Adshead는 인쇄술이 구텐베르크 발명 반세기 전에 유럽으로 도래했다는 주장을 Christopher de Hamel에 돌리고 있는데, 이 주장이 어디에 나오는지 정확하게 상세히 밝히지 않고 있다.

267) Lynn White, Jr., "Tibet, India, and Malaya as Sources of Western Medieval Technology", *The American Historical Review*, Vol. 65, No. 3 (Apr., 1960), 515-526쪽.

268) Barrett, *The Woman who Discovered Printing*, 20쪽.

바레트는 활판술의 서천과 관련하여 우선 위구르·탕구트(西夏) 목활자의 서천을 논하고 이것을 한국 금속활자의 서천 가능성까지 확장한다. 일단 그는 탕구트 목활자를 분석한다. "그러나 이것이 한 조판 틀의 개별적 활자 세트의 도입을 포함하는 방향으로 확장될 수 있는가? 분명 동아시아로부터 온 어떤 사람도 그것을 가르칠 입지에 있지 못했을까? 나는 그러지 못할 이유가 없다고 생각한다. 활자는 아마 중국에서의 한 옵션이 아주 이른 시점에, 특히 좀 뒤의 재단장 과정 이래, 그리고 추정컨대 거의 인쇄의 출발점부터, 잘못된 또는 흠 있는 한자를 오리지널 쇄판 또는 판목(block) 안에서 탐지해내는, 새로운 개별 한자들을 담는 플러그(plug)의 삽입을 포함했던 만큼 (서양에) 도달해 있었을 것이다. 이것은 이 인쇄형태가 오류를 탐지할 때마다 새로운 쇄판을 시작하지 않을 수 없게 했을 것이라는 존 맨(John Man)의 추정과 아주 상반된 것이다. '살아있는(living)' 또는 '움직일 수 있는 판목(movable block)'이라는 용어는 잘 알려진 바대로 도자기 기술의 투입으로 목활자를 개량하는 첫 발이 취해졌던 11세기 중반에 이미 사용 중에 있었음이 확실하다. 이것은 나중의 실험들에 의해 완전히 이행가능한 옵션임이 입증된 사실이지만, 이것은 유럽인들의 도자기 기술이 아주 낙후했던 점을 감안한다면 어떤 경우든 아마 유럽인들이 모방하기에 너무 세련된 것이었을 것이다. 하지만 대부분의 경우에 ─ 말 그대로 '부서뜨린 글자(broken-up characters)'라는 뜻의 ─ 탕구트의 활자용 술어가 보여주듯이, 전판全板 (whole-block) 어프로치는 줄곧 규칙이었다."270)

---

269) Iris Origo, "The Domestic Enemy: The Eastern Slaves in Tuscany in the Fourteenth and Fifteenth Centuries", *Speculum*, Vol.30, No.3 (Jul. 1955), 321-366쪽.

270) Barrett, *The Woman who Discovered Printing*, 16-17쪽.

탕구트인(서하인)은 누구인가? 그리고 목활자 활판인쇄술의 개발과 서천에서 그들은 어떤 역할을 했던가? 바레트는 이렇게 답한다. "탕구트인들은 칭기즈칸의 군대에 의해 지워져 버린 왕국들의 많은 백성들 중 하나로서 기억되는 경우가 아니라면 오늘날 거의 기억되지 않고 있다. 정말로 - 몽고의 위대한 지도자가 전투에서의 부상보다 질병에 무릎을 꿇은 것으로 보일지라도 - 강경한 저항으로 인해 칭기즈칸의 최후의 숙명적 원정을 필요하게 만든 백성이 탕구트인들이었다는 사실은 그들이 학살과 노예화 등 특히 사나운 통치를 당하게 된 것을 함의했다. 몽고인들에게 있어 성공은 단순히 테러와 대량학살에 근거한 것이 아니라 포획된 자원들의 주도면밀한 관리에도 근거했다. 이 덕택에 몽골의 팽창과정에는 많은 공인工人들이 보존되고 몽골에 대한 봉사를 위해 동원되었다. 그리고 탕구트가 북서부로부터 중국으로 들어가는 무역 루트를 지배했던 칭기즈칸 이전 시기에 탕구트인들은 중국 출신의 많은 공인들에게 많은 일자리를 제공하는 거부巨富와 개성의 문화를 창조했다. 탕구트인들은 그들의 글자가 겉보기에 충분히 규칙적이지만 실제로는 평균적으로 뚜렷이 알 수 있을 만큼 진짜 중국 한자보다 더 복잡했을지라도 일견에 한자와 비슷한 문자를 자기들의 글쓰기 체제로 창조했다. 중국 한자는 탕구트인들의 영역 안에서도 사용되었다. 이 복잡성은 의도적이었을지도 모른다. 탕구트인들은 실은 부분적으로 티베트 이웃들 덕택에 탄트라 불교(Tantric Buddhism)의 신비한 비의秘義에 대한 믿음으로 가득 찬 나라에서 그 문자를 채택한 종교적 이유가 있었을지라도 그 문자를 자기들의 비밀 코드로도 사용할 수 있었기 때문이다. 아무튼 그들이 고용한 공인들은 솜씨 좋게 불교에 봉사하는 중에 목판인쇄를 기술적 발전의 아주 높은 수준으로 끌어올렸을 뿐만 아니라, 목활자를 사용하는 데 필요한 기술들을 완벽화했다."271)

바레트는 탕구트 목활자에 잇대서 한국 금속활자의 서천 가능성을 언급한다. "활자는 동아시아에서 결코 중국의 독점물이 아니다. 활자는 다른 언어들이 쓰였던 중국의 여러 주변지역에서 최대의 성공을 거두었다. 이 지역들이 탕구트와 달리 중국 한자보다 더 복잡하기보다 차라리 덜 복잡한 문자들을 때로 가졌을지라도 중국어가 여전히 이 지역들에서 가장 먼저 인쇄된 언어라는 사실은 훈련된 필경사들이나 기타 요소들의 상대적 부족이 어떤 특별한 문자가 각판하거나 각자刻字하는 데 비교적 어려운지 여부와 무관하게 의미를 가질 수 있다. 한국은 이러한 사례 중 하나다. 이 나라에서는 별도의 판이한 한국문자가 발명되기 훨씬 전부터도 중국 한자로 서책들을 인쇄하는 데 금속활자를 사용했다. 이런 까닭에 제때 한국으로부터 유럽으로 이동한 명백한 루트가 없더라도 한국은 유럽 인쇄술의 탄생을 위한 영감의 가능한 원천으로 부상하는 것이다."272) 바레트가 한 금속활자의 서천 가능성을 논하는 것은 올바른 것이지만, 이것을 뒷받침하는 바레트의 이 추측, 즉 한국이 "훈련된 필경사들이나 기타 요소들"이 "상대적으로 부족해서" 금속활자를 만들어 인쇄하게 되었다는 이 추측은 완전히 빗나간 것이다. 조선정부가 주자인쇄를 본격화한 것은 태종이 자신의 입으로 말하듯이 가급적 많은 책종을 인쇄하려고 했기 때문이지, 필경사나 기타 요소들이 부족하기 때문에 그런 것은 아니었다. 그런데 그는 "훈련된 필경사들이나 기타 요소들의 상대적 부족"을 '목제각수나 목판각수의 공급부족'으로 수정하지만 이 방향의 연구가 미진함을 바로 자인

---

271) Barrett, *The Woman who Discovered Printing*, 17-18쪽.
272) Barrett, *The Woman who Discovered Printing*, 18쪽.

한다. "하지만 목제각수나 목판각수의 공급부족이라는 사실이 더 중요할 수 있을 것이다. 아래의 위구르 불교 인쇄에 관한 나의 주석을 보라. 나는 이 문제를 만족할 만큼 조사할 수 없었고, 따라서 나의 해석은 완전히 잠정적인 것으로 남아있다."[273] 하지만 이렇게 수정하더라도 그의 추측은 여전히 그릇된 것이다. 필경사만이 아니라 각수도 조선 팔도의 사찰, 관청, 학교 등에 대개 일감이 부족할 정도로 많이 널려 있었기 때문이다. 각수들이 팔도에 대중적으로 존재했기에 조선 정부는 전국적 차원에서 활인·번각 시스템을 구축하여 '다책종 대량생산'을 할 수 있었던 것이다.

바레트는 한국 금속활자의 서천가능성을 열어놓지만 정작 그의 관심을 탕구트·위구르 목활자의 서천에 집중한다. "그러므로 가능한 서천 영향의 견지에서 전문가들 사이에서의 동아시아에 대한 관심은 아시아 내륙 언어들에 쓰인, 특히 위구르어에 쓰인 목활자에 초점이 맞춰져 왔다. 위구르어에 쓰인 꽤 많은 목활자 폰트의 유물이 20세기 벽두에 발견되었다. 아시아 내륙에서 목제는 보다 희소했고, 인쇄는 상당히 제한된 종교적 어휘를 고수하는, 아마 필요한 폰트 크기를 제한했을 것 같은 불교경전들에 집중되었다. 불교경전은 경전을 유통에 쓸 수 있도록 유지하기 위해 목판으로 보존하는 것을 필요로 하지 않을 만큼 많기도 해서 재사용이 가능한 활자를 제작할 인센티브는 필요한 각판 기술의 상당한 정도에도 불구하고 아마 다른 곳에서보다 더 높았을 것이다. 탕구트보다 조금 더 서쪽에 살았던 위구르인들은 원래 유목민일지라도 아시아 내륙지역의 통상루트를 따라 오아시스에 사는 시기를 보내면서 무역과 농업에 기초한 세련된 문명을 발전시켰다. 위구르인들의 영토를 일찍이

---

273) Barrett, *The Woman who Discovered Printing*, 18쪽 각주28.

칭기즈칸의 정복지로 흡수한 것은 그들의 새로운 통치자들에게 문자 공무행정의 발단을 만들어주었다. 왜냐하면 위구르인들은 이미 자기들의 언어에 맞는 문자, 궁극적으로 알파벳으로 파생한 문자를 사용하고 있었기 때문이다."274)

이어서 바레트는 위구르인들이 몽골제국에 의해 유라시아 도처에서 행정서기와 그 주임主任들로 활용된 점, 그들의 인쇄열정, 그리고 알파벳(자모분리) 표기법와 (자모미분화의) 중국적 표의문자 표기법 간의 중도적 문자표기법(자모조립자를 한 단위로 쓰는 표기법)에 주목하여 위구르 목활자의 서천을 주장한다. "위구르인들은 몽골제국의 편재적遍在的 서기주임들로서 그때 당시 동아시아와 유럽 간의 광범한 연결을 유지했기 때문에 당연히 서양에 활자인쇄술을 도입하는 것을 맡았을 가장 그럴싸한 매개자로 보였을 것이다. 이 가능성은 두 가지 발견에 의해 최근 강화되었다. 첫째, 14세기 벽두에 위구르인들이 아시아내륙에서 중국으로 가는 주요 무역루트에서 자기들 언어로 된 불경 버전을 인쇄하려고 시도하고 있었다는 것은 이제 가능한 것으로 나타난다. 이것은 지나가는 무역상들이 목도할 만큼 큰 기도였다. 둘째, 단어 하나를 몽땅 한 번에 인쇄함으로써 중국 한자에 기초한 활자인쇄술을 노예적으로 흉내냈다는 이전의 보고들과 정반대로 그들이 이 짓을 한 것도 아니었고 그들의 문자의 바탕에 있는 알파벳 성질과 합치되게 인쇄한 것도 아니었다는 것으로 입증되었다. 차라리 그들은 활자 사용을 아주 독창적으로 이 두 옵션 사이의 중도노선에 적응시켜 그들의 언어의 특수한 면모에 적절하게 맞췄다. 이것을 할 수 있을 만큼 지능적이었던 활판인쇄공들은 아무런 어려움 없이 그들의 기술을 서양에 전했을 것이다."275)

---

274) Barrett, *The Woman who Discovered Printing*, 18-19쪽.

탕구트인들이 자모가 있는 탕구트 표음문자를 "이 두 옵션 사이의 중도노선에 적응시켰다"는 말은 우리가 한글 활자를 한자처럼 한 개의 활자가 한 단어가 되도록 만들지도 않고 또 ㄱ, ㄴ. ㄷ. ㄹ, 아, 야, 어, 여 등의 자모를 활자로 만들지 않고 가나다라, 갸냐댜 랴, 거·너·더·러, 겨·녀·뎌·려 식으로 적당히 음절 활자를 만들어 썼듯 이 탕구트 인들도 그렇게 했다는 말이다.

14세기 말엽 유라시아 몽고제국의 붕괴와 동족상잔 전쟁 및 원나 라를 대체한 쇄국주의적 명나라의 등장으로 인한 유라시아 실크로 드의 차단과 서천루트의 소멸로 구텐베르크 발명 이전에 활자인쇄 술이 유럽에 반입될 모든 가능성이 막혀버렸다는, 따라서 동방의 목활자·금속활자 인쇄술은 구텐베르크에게 어떤 직·간접적 영향도 미치지 못했다는 주장은 서천부정론자의 흔한 주장이다. 그러나 바레트는 특이하게도 몽고제국의 동족상잔 전쟁으로 많은 포로와 노예들이 발생했고 유럽으로 팔려온 이 동방노예들을 통해 오히려 기술이전이 가능했다고 추정한다.

하지만 몽골인들은 13세기 후반부터 줄곧 페르시아의 몽골 일칸국 사람들 (Ilkhans)과 러시아의 황금씨족(Golden Horde) 국가(킵차크 칸국 – 인용자) 간의 잦은 공개적 골육상잔 전투들이 증명하듯이 독점자들로서의 자기들의 지 위가 한 집단으로 행동할 수 없는 점진적 불가능성 때문에 얼마간 침식당 했을지라도 어떤 유용한 기술이라도 독점하려고 애쓰는 경향이 있었다. 이 기간 동안 아시아에서의 이러한 골육상잔으로 인해 이탈리아 무역상들 에게 항구적으로 대준 신선한 공급품들 중에서 원래 티베트의 북동부 지 방에서 잡혀온 포로집단이 있어 흑해의 잘 알려진 여러 노예시장에 끌려

---

275) Barrett, *The Woman who Discovered Printing*, 19쪽.

나왔다.276)

바레트는 유럽 노예의 등장이라는 이 사실을 갑자기 서양에 등장하기 시작한 티베트 기술의 이전과 연결시킨다.

왜냐하면 적어도 한 명의 기술사가技術史家(Lynn White를 가리킴 – 인용자)가 오래전에 깨달은 것처럼 우리는 직접적으로 가시적인 어떤 이유에서든 이 탈리아의 너른 들녘에 나타나지 않았던, 그때까지 저 문화지역(티베트 북동부지역 – 인용자)에만 전형적이었던 기술들을 갑자기 보기 때문이다. 정확을 기하자면 이 새로운 수입품목들은 탕구트 지역에서 온 (부분적으로, 또는 전부가 중국에서 온) 공인들이었을 것이고, 이미 언급한 대로 탕구트인들은 이 사실이 1930년대에 처음 발견되어 최근까지 아주 드물게 논의되는 경향이었을지라도 목활자를 사용했다. 적어도 족히 12세기까지 거슬러 올라가는, 탕구트 활자로 생산한 10종의 현존 자료 사례가 존재한다. 그리고 탕구트인들이 14세기 벽두에 중국에서 그들의 언어로 된 불경을 찍었기 때문에, 몽골인들이 그들을 정복한 뒤에도 그들의 목공들이 그 정교한 각판刻板·각자刻字기술을 보존했다는 것은 아주 확실하다."277)

바레트는 이 논의를 계속 잇는다. "목활자의 사용은 확실히 쉽지 않지만, 명백히 동아시아에서는 오랫동안 생존력 있는 옵션으로 보였다. (…) 그러나 그것은 아주 고도의 각자刻字기술을 요한다. 최근 흥미로운 증거가 실험되었는데, 그것은 탕구트 공인이 유럽에서 그 기술을 보여줄 수 있었더라도 유럽인들은 거의 아무도 그들을

---

276) Barrett, *The Woman who Discovered Printing*, 19-20쪽.
277) Barrett, *The Woman who Discovered Printing*, 20쪽.

모방할 수 없었을 것이라는 것을 보여주었다."278) 바레트는 푸르몽의 실험에서279) 밝혀진 목활자 제작의 수공적·기술적 어려움에 주목한다.

그리하여 바레트는 동방의 목활자의 유럽적 모방이란 결국 '모방'이 아니라, 유럽의 형편에 맞는 고유한 're-make'라고, 즉 'make'에 강세가 있는 're-make'라고 말하고 싶어 한다. "공인들을 뒷받침하는 근세 초 거대한 절대왕정의 후원 혜택 없이 15세기 초에 작업한 공인들에게 동방으로부터의 가르침은 행해질 수 있지만 아마 그들이 그것을 행하는 자기들의 고유한 길을 안출해내야 하는 것이었을 것이다. 이것은 물론 가설이지만, 마인츠와 마이센을 구텐베르크 예찬자들이 보통 인정하고 싶어 하는 것보다 더 훨씬 더 가까이 접근시킨다. 적어도, 나는 '역사에 대한 인쇄의 영향의 관점에서 중국에서 행하진 것과 같은 인쇄는 불모적이었다'는 20세기 중반의 단정을 그토록 확신하는 것이 가능하다고 생각하지 않는다. 이 단정은 단순히 동원가능한 증거를 지금 해석할 수 있는 유일한 길이 아니다."280) 이 단정, 즉 "역사에 대한 인쇄의 영향의 관점에서 중국에서 행하진 것과 같은 인쇄는 불모적이었다"는 단정은 맥머트리의 단정이다. 그러므로 바레트의 이 논변은 맥머트리의 서천부정론에

---

278) Barrett, *The Woman who Discovered Printing*, 20쪽. 바레트는 목활자 제작의 어려움을 푸르몽 실험에 의해 설명한다. "18세기에 선구적 중국학전문가 에티엔드 푸르몽(Etienne Fourmont)은 프랑스 섭정자로부터 후원을 받아 중국 목활자 폰트의 제작을 시도했다. 이 폰트는 중국 기준에 아주 크고 엉성했을지라도 완성에 도달하기까지 수많은 공인이 투입되고, 왕실 재정이 대량 투자되었어도 20년이 걸렸다."(20쪽)

279) 온전한 이야기는 지금 다음 책에 기술되어 있다. Cécile Leung, *Etienne Fourmont* (1683-1745): *Oriental and Chinese Languages in Eighteenth-century France* (Leuven: Leuven University Press, 2002), 241-246쪽.

280) Barrett, *The Woman who Discovered Printing*, 20-21쪽.

대한 점잖은 비판이다. 맥머트리는 일종의 '악담'이나 다름없는 이런 단정을 했었다. "우리는 인쇄술, 그리고 활자인쇄술조차도 중국과 기타 동양제국에서 유럽에 인쇄술이 출현하기 오래 전에 행해졌다는 것을 보아왔다. 그러나 우리는 저 극동제국에서 조건이 (활자)인쇄를 수용하기에 부적합해서 그 발명이 거기에 뿌리를 박고 번영하지 못했다는 것도 알았다. 역사에 대한 인쇄의 영향의 관점에서 중국에서 행하진 것과 같은 인쇄는 불모적(sterile)이었다. 획기적 사건은 15세기 중반경 유럽에 인쇄가 출현한 것이었다."281)

맥머트리는 '극동제국' 전체를 화두로 잡고서도 700여 년 번창했던 한국 금속활자 인쇄술과 위구르의 목활자 인쇄술을 몰각하고 엉뚱하게도 한국과 위구르에 비해 '불모적'이었던 중국 활자인쇄술을 걸고넘어지면서 저렇게 심한 '악담'을 했다. 그래서 바레트는 맥머트리의 이 악담을 가능케 한 그의 한국·위구르 몰각을 점잖게 비판한 것이다. 따라서 바레트는 그가 넌지시 인정한 한국 금속활자의 서천루트도 허드슨처럼 본격적으로 논해야 할 것이다. 이런 본격적 논의가 그에게서 결여된 것은 참으로 아쉽다.

■ 토마스 크리스텐슨의 한국 금속활자 서천론

바레트에 이어 토마스 크리스텐슨(Thomas Christensen)은 2014년 자신의 저서 『잉크의 강(River of Ink)』에서282) 금속활자 인쇄술과 목활자의 다책종 소량생산원리를 제대로 이해하지 못했으면서도 구텐베르크에 대한 한국의 출판혁명의 영향을 인정하고 아시아와 중국

---

281) McMurtie, *The Book*, 136쪽.

282) Thomas Christensen, *River of Ink: Literature, History, Art* (Berkeley: Counterpoint, 2014).

인쇄술의 서천과 한국 금속활자 활판인쇄술의 서천을 강력하게 주장한다. 그는 이 저서에서 '구텐베르크와 한국인들(Gutenberg and the Koreans)'이라는 절을 따로 두고 동아시아, 특히 한국의 인쇄 전통이 유럽의 르네상스에 영향을 미쳤다고 논증한다.

먼저 크리스텐슨은 구텐베르크 관련 사실이나 스토리들이 안개에 싸여 있는 점을 지적한다.

구텐베르크가 15세기 중반 마인츠에서 금속활자 인쇄술을 개발한 것은 엄청난 결과를 몰고 왔다. 그것은 문서 텍스트를 인구의 관심층에 가용하게 만들었고 유럽 르네상스를 발화시키는 데 도움을 주었다. 그래서 활자 창작의 연도와 같은 구텐베르크와 그의 발명에 관해, 그리고 인쇄기는 어떤 모양이었는지, 활자를 만드는 데는 어떤 연모가 사용되었는지, 어떤 재정 구조가 인쇄 작업을 지탱해주었는지에 관해 얼마나 많은 것이 미지의 것으로 남아있는지가 놀랍다.283)

여기서 15세기 중반에 출현한 구텐베르크 인쇄술이 14세기부터 일어난 르네상스를 '발화'시켰다는 말은 시대착오의 그릇된 기술일 것이다. 르네상스는 페트라르카(1304-1374), 보카치오(1313-1375) 등에 의해 이미 14세기 초반에 시작되었기 때문이다. 다만 구텐베르크의 인쇄술은 르네상스를 널리 확산시켜 유럽 차원에서 번창하게 하는 데 약간 도움을 주었을 뿐이다.

크리스텐슨은 구텐베르크가 극동의 금속활자 인쇄술을 알고 있었는지 묻고, 마인츠의 구텐베르크 박물관 측에서도 이것을 미지의 사실로 남겨 두고 있다는 것을 채록하고 한국 금속활자와 기타

---

283) Christensen, *River of Ink*, 39-40쪽.

인쇄기술들의 서천을 주장한다.

구텐베르크는 그가 금속활자로 인쇄한 최초의 인물과 거리가 멀다는 것, 그리고 이런 방식의 인쇄가 13세기 초 이래 아시아에서 행해지고 있었다는 것을 알았는가? 마인츠 구텐베르크 박물관(Gutenberg Museum in Mainz)에 근무하는 에바 하네부트-벤츠(Eva Hanebutt-Benz)는 '1490년경의 독일 금속활자 인쇄술에 대해 동방으로부터 직접적 영향이 있었는지 묻는 물음은 학문적 연구의 맥락에서 지금까지 풀릴 수 없다'고 말한다. 하지만 확실한 것은 그 목활자 인쇄술이 11세기부터 문서에 기록되어 있다는 것, 그리고 금속활자 인쇄술이 1234년 이래 한국에서 활발한 사업이었다는 것, 다른 인쇄기술들이 아시아에서 기원해서 그 뒤에 서양으로 이전되었다는 것, 단일한 제국(몽골 칸국들)이 13-14세기 대부분의 기간에 유럽으로 뻗쳐 있어 광역을 가로지르는 문화횡단적 교환을 용이하게 했다는 것, 이 기간 동안 상당한 규모의 동서 여행·접촉·교환이 있었다는 것, 이러한 접촉에 대한 문서기록은 실제로 일어난 일의 한 파편만을 기록하고 있다는 것, 그리고 구텐베르크 이전 여러 세기에 걸쳐 유럽에서 아시아 인쇄술에 대한 정보지식이 있었다는 것이다. 이러한 온갖 이유에서 유럽의 인쇄혁명이 독립적으로 일어난 것이 아니라, 아시아의 유사한 인쇄술에 의해 영향을 받았거나 이 인쇄술로부터 영감을 얻었을(influenced or inspired)가능성이 있는 것이다."284)

하네부트-벤츠의 말은 2000년 대한민국 청주에서 개최되었던 세미나에서 발표된 것이다.285) 크리스텐슨은 하네부트-벤츠의 다음

---

284) Christensen, *River of Ink*, 40-41쪽.
285) Eva-Maria Hanebutt-Benz, "Gutenberg's Metal Type", 41쪽. *Printing and Publishing*

관찰을 "적절하다"고 평가한다.286) "우리는 요하네스 구텐베르크가 그의 발명 오래 전에 금속활자 인쇄술이 동아시아에서 실행되었다는 사실에 대한 어떤 종류의 지식을 가졌었는지를 모른다."287) 하지만 크리스텐슨은 "새로운 정보가 발견된 만큼" 독일의 유명한 활자 디자이너이고 활자인쇄술 전문가이자 저술가인 알베르트 카프르 (Albert Kapr)의 다음과 같은 말을 들이댐으로써 하네부트-벤츠의 회피적 언술을 가로막는다.288) 앞서 살펴보았듯이 카프르는 "극동 인쇄술에 대한 지식이 슈트라스부르크나 마인츠로 길을 헤쳐 왔을 수 있을 것이라는 관념이 보다 더 주의를 끌고 더 설득력 있게 된다"고 말하고 있기 때문이다.289)

그런데 크리스텐슨은 한국 금속활자인쇄술을 평가하는데 조선시대 한국정부가 표준화와 텍스트 확산을 위해 금속활자인쇄술을 활용했다고 파악한다.

적어도 7세기 삼국통일 시기에 한국으로 수출된 중국식 관리임용시험 제도는 표준화 요구에도 기여했다. 학생들에게 국가가 실시하는 여러 시험을 준비시키기 위해 국립 고등교육제도가 확립되고, 사설학교들이 나라의 다양한 지역에 존재했다. 지방 학교들이 텍스트들의 비非신뢰성을 불평했을 때, 정부는 서적들의 복제인쇄본을 만들도록 명령하고 지방 감영으

Culture: Proceedings of the Third International Symposium (Chungbuk-do, Korea: Cheongju Early Printing Museum, 2000).

286) Christensen, River of Ink, 67쪽.

287) Hanebutt-Benz, "Gutenberg's Metal Type", 41쪽.

288) Christensen, River of Ink, 67쪽.

289) Albert Kapr, Johannes Gutenberg: The Man and His Invention, trans. by George Martin (Brookfield, VT: Scolar, 1996), 109쪽.

로 반사頒賜했다. 이와 같이 동아시아에서 국가와 종교의 두 가지 이유로 인쇄술은 전복적인 것이 아니라, 국가에 의해 위임된 일이었고, 그의 일차적 동기는 표준화 못지않게 복제확산이었다.290)

크리스텐슨의 이 설명은 손보기 교수의 논문 "Early Korean Printing"에291) 크게 의존하고 있다.

또한 크리스텐슨은 손보기·김금자·슐츠·천혜봉 등 한국인 학자나 한국학자들의 논문에 의거하여 한국의 목판인쇄 전통과 고려 금속활자에 대해서도 상당히 자세하게 설명한다. "Korea라는 국명이 유래하는 고려(Goryeo) 왕조"는 918년 나라를 통일하고 불교를 국교로 확립한 왕건에 의해 건국되었다. 중국이 906년 당 왕조의 붕괴 후에 과도기에 처해 있었기 때문에 고려는 외부사건들에 대한 과도한 걱정 없이 초창기에 번영할 수 있었다. 송나라 사신 서긍徐兢은 1123년 고려를 세련되고 잘 관리되는 사회로 묘사하는 여행기를 썼다. 하지만 이미 그 나라는 스스로 중앙아시아 민족들로부터 다가오는 위협에 대처하지 않을 수 없는 처지에 놓이게 되었다. 최종적으로 1231년에는 몽골군이 침입했다. 몽골군은 패퇴당했지만, 이후 30년 이상 다섯 번 더 공격을 해서 고려 조정을 강화도로 퇴각하도록 강요했다. 1270년 고려 국왕은 형식적으로 항복을 했고, 몽고인들은 한국에 대한 통제권을 장악했다. 하지만 많은 한국 백성들은 계속 몽골 점령군에 대한 저항을 이어갔고, 군사적 저항이 실패했기 때문에 정신적 권력을 불경의 인쇄를 통해 소환했다.

---

290) Christensen, *River of Ink*, 44-45쪽.
291) Sohn Pow-Key. "Early Korean Printing". *Journal of the American Oriental Society* 79, 2 (Apr.-June, 1959), 96-97쪽.

한국은 오랜 탁월한 목판인쇄 전통을 가졌다. 김금자(Kumja Paik Kim)에 의하면 "동아시아 최고最古의 현존 목판인쇄 종이문건은 1966년 경주 소재 불국사의 석가탑 안에서 발견된 다라니경이다. 이 탑이 751년에 완공되었기 때문에 그 안에 들어 있던 인쇄된 불경은 751년이 최종 날짜로 찍혀 있다."292) 김금자는 고려가 특기할 정도로 불경 재생산에 헌신했고 이 헌신이 최초의 금속활자 인쇄술로 귀결되는 것에 대해서도 기술한다. 크리스텐슨은 김금자를 길게 인용한다.

이 시기는 특히 완전한 불경 세트를 담는 기념비적 목판판각 프로젝트를 한 번만이 아니라 두 번이나 수행하는 것으로 유명했다. 첫 번째 프로젝트는 침략한 거란을 부처에 대한 기도문으로 물리치기 위해 1087년 완수되었는데, 1232년 몽고 침입 동안 불타 없어졌다. 오늘날 'Tripitaka Koreana'로 알려진 두 번째 프로젝트는 침략한 몽고인들로부터 나라를 보호하기 위해 불력에 대한 기도문으로 1251년 완성되었다. 80000개 이상의 목판을 담은 두 번째 불경 세트는 현재 대구와 가까운 해인사 장서각에 소장되어 있다. 고려는 다양한 유형의 종교적·세속적 서적들에 대한 대량 수요를 충족시키기 위해 13세기 초반 금속활자를 발명한 공도 인정받고 있다.『고금상정예문』은 1234년에 금속활자로 인쇄되었다.293)

김금자가 1211년의『증도가』는 아직 몰랐던 것으로 보인다. 이 때문에 앞서 보았듯이 크리스텐슨도 1234년의『고금상정예문』을

---

292) Kumja Paik Kim, *Goryeo Dynasty: Korea's Age of Enlightenment, 918-1392* (San Francisco: Asian Art Museum, 2003), 13쪽.

293) Kumja Paik Kim, *Goryeo Dynasty: Korea's Age of Enlightenment, 918-1392*, 13쪽.

고려 최고最古의 금속활자본으로 알고 있는 것으로 보인다.

정복된 영토 전역에 걸쳐 몽골에 의해 강요된 평화가 사절들과 무역상들에게 두 나라 사이를 자유로이 이동할 수 있도록 해주었기 때문에 몽골의 지배 하에서 한국과 중국은 더 가까워지기도 했다. 고려 관리들은 문예적 솜씨와 수완과 유교적 통치술 지식을 바탕으로 원나라의 정부에 복무했다.[294] 그리고 크리스텐슨은 용명츄를[295] 인용하여 "한국을 중국 및 그 너머 지점들까지 연결시키는 해상무역(sea trade)도 존재했다"고 말하면서 "지오반니 디 마리뇰리 (Giovanni di Marignolli, 1341년 교황청이 파견한 북경 주교 – 인용자)가 1346년 천주泉州항에 도착했을 때 그는 그를 맞아줄 준비가 된 유럽 여행자용 숙박업소를 발견했다"고 덧붙인다.[296] 그리고 김금자에 따라[297] 논의를 확대하여 이렇게 말한다.

왕건은 한국 해군에서 제독으로 복무했으며, 왕조 창설 이후 160년 동안 57회의 외교적 항해단이 매번 100-300명의 사절수행원을 대동하고 해로로 송나라에 파견된 것으로 기록되어 있고, 1274년 일본에 대한 고려-몽골 연합원정을 위해 한국인들은 4개월 반 만에 900척의 함대를 건조했다" 말한다. 고려 치세에 민간 상인들은 해로로 대륙 본토 항구들과 활발하게 무역을 했다. 11세기 동안 서西아시아 무역선박들이 여러 차례 도래했다는 기록이 남아 있다.[298]

---

294) Edward Shultz, "Cultural History of Goryeo", 30쪽. Kumja Paik Kim, *Goryeo Dynasty: Korea's Age of Enlightenment, 918-1392* (San Francisco: Asian Art Museum, 2003).

295) Young Myung-chui, "Korea's Sphere of Maritime Influence," *Koreana* 20, no.2 (Summer 2006), 18쪽.

296) Christensen, *River of Ink*, 64쪽.

297) Kumja Paik Kim, *Goryeo Dynasty*, 192쪽.

그리고 크리스텐슨은 다른 곳에서 이런 사실도 밝히고 있다. 대원 제국의 국제적 "무슬림 거류지"는 "코리아에 정착한 무슬림 공동체들의 존재를 역사문서에 기록한 코리아로까지 확대되었다."[299] 그리하여 "그 결과로 한국으로부터 유럽으로 의미심장한 기술정보가 이전될 모든 조건이 존재했다"고 결론짓는다.[300] 이것은 외국학자로서 크리스텐슨이 유일하게 추적하여 밝히고 있는 대단히 중요한 추리적 결론이다.

그리고 이어서 크리스텐슨은 한국 금속활자의 발명과 발전의 사회적·문화적 배경을 더 자세히 분석한다. "한국 금속활자의 개발이 몽골 침략기에 포기되거나 파괴된 문서들을 대체할 필요를 예견하거나 이 필요에 대처한 것인 한편, 기여 요인들은 중국에서 사용되던 배나무와 대추나무에 비견할 만한 적합한 단단한 재목材木의 상대적 희소성이었다. 주자 폰트를 생산하는 한국적 주물방법은 아마 주전鑄錢 경험에 기초했을 것이다. 한국인들은 동으로 종鐘과 동상을 주조鑄造하는 데 숙달되어 있기도 했다. 송대 중국 학자들은 한국 동전의 '탁월한 솜씨', '품격 있는 형태', '분명하고 균등한 기표記標들'을 예찬했다."[301] 이 대목에서 크리스텐슨은 손보기를 인용하고 있다.[302]

그리고 크리스텐슨은 1377년 청주 흥덕사에서 할인한 『직지』도 인용하고 있다.

298) Christensen, *River of Ink*, 64쪽.
299) Christensen, *River of Ink*, 59쪽.
300) Christensen, *River of Ink*, 64쪽.
301) Christensen, *River of Ink*, 64쪽.
302) Sohn Pow-Key, "Early Korean Printing", 100쪽.

고려 인쇄술에 대한 우리의 많은 지식은 한국의 소란스런 역사가 많은 저작이 잔존하는 것을 가로막았던 만큼 문자기록에 근거한다. 그러나 하나의 현존하는 책인『불조직지심체요절』은 이 책을 최초의 현존하는 금속활자 인쇄 서적으로 확정해주는, 1377년에 해당하는 날짜 간기를 담고 있다. 이 책은 청주 부근의 흥덕사에서 인쇄되었다. (사찰의 폐허는 1985년 건물 발굴 중에 주자소와 함께 발견되었다.) 저 책은 명확하게 금속활자로 활인活印되었는데, 재미나는 면모들 중에 몇몇 한자들은 거꾸로 인쇄되고, 이 한자들의 줄은 언제나 곧은 것이 아니었고, 잉크는 목판인쇄를 특징짓지 않는 식으로 불균일하다.303)

이 대목에서 크리스텐슨은 천혜봉을304) 인용하고 있다. 나아가 크리스텐슨은 성현成俔(1439-1504)의『용재총화慵齋叢話』를 인용하여 15세기 태종·세종조의 주자법鑄字法을 자세히 설명하기도 한다.305)

크리스텐슨은 중국인쇄술과 그 서천에 관해서도 상론한다. 그는 중국 인쇄술을 찬양한 일(Il) 칸국의 재상 라시드 알딘(Rashid al-Din)의 기록을 소개한다. 몽고는 인쇄술 지식을 확산시켰다. 중국의 서적생산은 몽골시대의 가장 중요한 연대기(실록) 기록자들 중 한 사람, 페르시아 관리 라시드 알딘이 그의 15세기 역사서에서 상세하게

---

303) Christensen, *River of Ink*, 65쪽.

304) Ch'on Hye-bong. "Pulcho chikchi simch'e yojol", *Korea Journal* 3:7 (July 1963), 20쪽.

305) Christensen, *River of Ink*, 65쪽: "먼저 너도밤나무 목재로 글자를 각자(刻字)한다. 홈통 수준을 갈대가 자라는 해변의 고운 모래 [진흙]으로 채운다. 각자된 글자들은 모래 속에 눌러 박는다. 그러면 압인 자국이 음각이 되고 글자 주형을 이룬다. 이 단계에서 한 홈통을 다른 홈통과 합쳐 놓고 녹인 동을 구멍에 부어넣는다. 용액이 흘러들어가 이 음각 주형을 채우면 하나씩 하나씩 주자(鑄字)가 된다. 마지막으로, 울퉁불퉁한 것을 갈고 줄질하고 가지런히 모은다."

기술했다. 라시드에 의하면, "누군가 어떤 책이든 원할 때 달필가가 그 책을 목재평판 위에 복제한 베낀 필사본을 만들고 목판 뒤에 자기 이름을 새기게 되는 교정편집자가 주의 깊게 교정했다. 그런 다음 전문 각수들이 글자들을 깎아내고 책의 모든 페이지에 연속적으로 숫자를 매겼다. 목판이 완성되면 믿을 만한 사람이 봉인된 가방에 집어넣어 보관하고, 누군가 책의 인쇄복사본을 원하면 그는 정부가 정한 요금을 지불했다. 그러면 목판을 가방에서 꺼내 종잇장들 위에 놓고 눌러 원하는 만큼 인쇄된 쪽수의 인쇄물을 얻었다. 이런 식이니 내용변경은 불가능했고 문서들이 충실하게 옮겨졌다." 라시드의 보고서는 텍스트의 통제가 중국 인쇄술의 일차적 동기였다고 확인한다. "그것은 목판인쇄의 상세한 지식이 몽골제국을 가로질러 동아시아에서 서西아시아로 이전되었다는 것도 어떤 의심도 초월해 확정해준다. 주자鑄字인쇄술에 관한 정보가 유사하게 이송되었을 것이라는 것은 가능한 것이다." 몽고제국의 네 개의 칸국 중 하나인 페르시아 일 칸국(Ilkhanate)은 이때 동아시아와만 정례적으로 접촉한 것이 아니라 "(부분적으로 페르시아와 유럽제국은 말무크 술탄국이라는 공동의 적을 두었기 때문에) 유럽과도 접촉해서 빈번하게 사절과 공문서들을 교환했다". 정말로, 라시드 자신이 마르코 폴로가 중국으로부터 귀국하면서 목도하고 자세히 보고한 어느 사절단의 도착을 설명하고 있다. 리시드는 *History of the Franks*라는 책을 집필함으로써 유럽에 대한 일 칸국의 관심을 증명했다. 이 책은 서유럽에 대한 공정한 이해를 보여주고 무슬림들이 유럽을 문명인이 관심을 가진 가치가 거의 없는 머나먼 야만인 지역으로 간주했다는 사실을 중시한다.

이러한 증거의 면전에서 아시아의 인쇄술 혁신에 관한 소식이 유럽에 도착했고 이 소식에 대한 기록이 우리에게 상실되었다는 말이 이 고도로 발전된 기술들이 땅과 바다의 잘 다져진 루트를 여행했다는 어떤 흔적도 없다는 말보다 더 많은 가능성이 있어 보인다.306)

이 돌려 차는 말로써 크리스텐슨은 "이 고도로 발전된 기술들이 땅과 바다의 잘 다져진 루트를 여행했다는 어떤 흔적도 없다"는 반反서천론자들, 즉 구텐베르크 발명론자들의 말을 간단히 물리치고 있다.

그리하여 크리스텐슨은 아예 본격적으로 중국 인쇄술의 발달과 서천을 논한다. 그는 중국 인쇄술의 발전을 탐사해 보면 한국의 금속활자를 더 자세하게 알 수 있다고 생각한다. "이른 시기의 인쇄 기술이 아시아에서 흥기해서 거기로부터 서양으로 여행했기 때문에 인쇄술이 발전함에 따라 이 과정이 계속되었다는 것은 다른 증거가 부재할 상황에서 합당한 가정으로 보인다."307) 크리스텐슨은 중국의 목판인쇄술에 관해 이렇게 설명한다.

중국에서 서적의 상거래는 서기 1세기만큼 이른 시기에도 존재했다. 서적들은 종교기관과 국가의 위임을 받기도 했다. 가장 이른 시기의 인쇄 서적은 돈황 석굴사찰에서 발견되었다. 16피트 길이의 두루마리, 이것은 868년에 해당하는 날짜 간기를 달고 있는 금강경의 인쇄복사본이다. 인쇄술의 수준은 특기하리만치 높고, 확립된 인쇄산업을 시사한다. 불경 전체는 1000년경 황제의 칙령에 의해 인쇄되었고, 이것은 이후 여러 세기에 걸쳐

---

306) Christensen, *River of Ink*, 45-46쪽.
307) Christensen, *River of Ink*, 46쪽.

여러 번 재再인쇄되었다. 이것들 중 하나는 인쇄를 위탁한 사원이 위치한 도서島嶼를 따라 이름이 붙여진 지사 판(Jisha edition)이다. 인쇄는 1231년에 시작되었지만 원조元朝 몽골지배 하에서 완성되었다. 완전한 불경인쇄본은 15만 장의 목판을 각판할 것을 요구하는 1532개의 텍스트를 담은 6362 권으로 구성되었다.308)

크리스텐슨은 중국의 이 목판인쇄술이 유럽으로 건너갔기 때문에 "목판인쇄는 14세기에 유럽에서 대중적이 되었다"고 말한다. 그에 의하면, "이 인쇄목판은 중국 목판과 특기할 만할 정도로 유사했다". 그는 여기서 전존훈처럼 로버트 커즌의 추적·관찰을 인용한다. "아시아와 유럽의 목판인쇄 서적 간의 유사성"을 근거로 커즌은 이렇게 말했다. "우리는 이 책들을 인쇄하는 공법이 그 이름이 우리 시대에까지 전해져 오지 않은 이른 시기의 모모 여행자들이 중국으로부터 가져온 고대 중국견본으로부터 복제되었음이 틀림없다고 상정해야 한다." 그리고 크리스텐슨은 여기에다 우리가 앞서 살펴본 전존훈의 해석을 덧붙인다. 전존훈은 해석한다. "모든 기술적 공법이 유럽적 전통이기보다 차라리 중국적 전통과 같기 때문에 유럽의 목판인쇄공들이 중국 샘플을 보았을 뿐만 아니라, 아마 중국에 거주하는 동안 이 비非유럽적 기법을 중국 인쇄공들로부터 배운 선교사들이나 기타 인물들로부터 가르침을 받았음이 틀림없는 것으로 보인다."309)

나아가 크리스텐슨은 필승畢昇과 심괄沈括을 길게 인용하며 중국의 활자인쇄의 발명과 포기를 상세히 설명한다. "중국에서 활자의

---

308) Christensen, *River of Ink*, 53-54쪽.
309) Christensen, *River of Ink*, 54쪽.

발명은 11세기에 송대 발명가 필승(Bi Sheng, 약 990-1051; 아래 발췌문에서 사용된 Wade-Giles 음역체계에서는 'Pi Sheng'이라고 철자화한다)의 공으로 돌려진다. 그의 공법을 심괄(Shen Kua, 약 1031-1095)이 기술해두었다. 필승의 활자는 진흙을 구어 만들었다. 이 활자들은 쇠틀 안에 조립되었고, 활자들의 위치는 송진과 밀랍으로 고정시켰다. 인쇄가 끝나면 밀랍과 송진을 녹여 나중에 재사용하기 위해 활자들을 해체시켰다. 심괄의 설명이다."310)

다음은 심괄이 기술해 놓은 필승의 활자제작 기술과 인쇄공법을 전존훈이 발췌·영역한 것을311) 크리스텐슨이 전재한 것이다. 애매한 표현을 쓰고 있는 한문원문을 국역하는 것보다 더 정확한 뜻을 알 수 있을 것 같아서 이 영역문을 우리말로 중역重譯해 본다.

필승은 관직에 있지 않는 평범한 사람인데 활자를 만들었다. 그의 기법은 다음과 같다. 그는 진흙을 택해 그 안에 동전 가장자리만큼 얇은 글자들을 새겨넣었다. 각 글자가 말하자면 단독 활자였다. 그는 이 활자를 불에 구워 단단하게 만들었다. 그는 쇠판을 미리 준비하고 송진과 밀랍과 종이 재를 섞어 만든 혼합물로 그 쇠판을 덮었다. 그는 인쇄하고 싶으면 쇠틀을 취해 그것을 쇠판 위에 오려 놓았다, 이 쇠판 안에 그는 활자들을 위치지어 집어넣고 서로 촘촘하게 조립했다. 쇠틀이 가득차면 전체는 하나의 단단한 활자판組版(one solid block of type)이 되었다. 필승은 그것을 불 가까이 놓고 뜨겁게 데웠다. [뒷면의] 풀(송진·아교 혼합물?)이 약간 녹으면 부드러운 판을 취해 쇠판 위에 놓고 눌러 활자판을 숫돌처럼 판판하게 만든다. 단지 3-4장의 복제인쇄물을 인쇄하려면 이 방법은 간단하지도 않고 용이하지도 않을

---

310) Christensen, *River of Ink*, 55쪽.

311) Tsien, *Paper and Printing*, 201-202쪽.

것이다. 그러나 수백 장 또는 수천 장의 복제물을 인쇄하는 경우에는 이 방법이 경이로울 정도로 신속하다. 보통 필승은 두 개의 쇠틀을 운용했다. 한 틀에서 압인押印을 하고 있는 동안, 다른 틀 위에서는 활자를 제 위치에 놓고(조판하고) 있었다. 한 틀의 인쇄가 끝나면 다른 틀은 그때 준비되어 있었다. 이런 식으로 두 개의 쇠틀이 교대로 일해서 인쇄가 아주 신속하게 이루어졌다. 각 글자마다 여러 활자가 있었고, 어떤 흔한 한자들은 각각 20개 이상의 활자가 있어 같은 페이지에서 한자의 반복적 사용에 대비했다. 활자들이 쓰이지 않을 때 필승은 한 쪽지가 각각의 음운 그룹을 표시하는 종이쪽지들을 붙여 활자들을 정돈해서 나무 상자에 보관했다.[312]

심괄은 "필승이 죽었을 때 그의 활자 폰트는 내 조카의 소유로 넘어왔고", 전존훈에 의하면, 필승의 활자는 쿠빌라이 칸의 치세에 이 황제의 한 자문관에 의해 여전히 언어학 입문서와 성리학 문서들을 인쇄하는 데 쓰이고 있었다고 한다.[313] 그리고 1313년 왕정王禎의 보고는 주석활자도 쓰였다고 부연한다. (중국인들은 주석이 중국의 수성水性 먹물을 먹지 않아서 주석을 활자용 재료로 포기했다.) 앞서 설명한 대로 이 주석활자는 고려 금속활자(동銅활자)의 모방물이다. 왕정은 목활자 인쇄에 사용하기 위해 6만 개의 활자를 각자刻字하는 데 2년 이상이 걸렸다. 회전판으로 활자를 놓는 그의 기술에 대한 설명은 계속 잔존했다.[314]

크리스텐슨은 이러한 중국 인쇄술의 서천을 설명하기 위해 몽고

---

312) Christensen, *River of Ink*, 55-56쪽.
313) Christensen, *River of Ink*, 56쪽. 무슨 근거에서 이 말을 하는지 알 수 없다. 크리스텐슨 은 아무런 주석도 달지 않고 있다.
314) Christensen, *River of Ink*, 56-57쪽.

제국에서 초국가적 유통과 소통이 이루어지고 중국 안에 유럽인들과 이슬람교도의 집단거주지가 있었다는 사실을 기술한다. 그에 의하면, 칭기즈칸(약1167-1227)의 치세에 몽고인들은 중앙지배권 아래 엄청난 지리적 영역들을 통합했다. 이 제국은 오늘날도 역사상 최대의 동일권역 제국이다. 몽골군은 이 제국을 완성하기 위해 집단 살해도 불사할 정도로 무자비했다. 이런 분위기에서 문화·기술 교환의 기회는 제한되었음이 틀림없다. 그러나 칭기즈칸의 손자 쿠빌라이 칸(1260-1294)의 치세에는 상황이 달랐다. 쿠빌라이 칸은 그의 칸국의 수도를 북경에 두고 거기서 그는 중국적 "천명"의 위임권력을 장악하고 원조元朝를 창설했다. 그는 중국을 단순히 유목적 전사들에 의한 약탈의 기회로 보지 않고 중국에서 농업과 도시생활의 가치를 보았고, 많은 중국 전통을 보존했다.315)

북경은 제국 전체의 통일된 지배를 달성하기에 충분히 중심적인 위치에 있지 않았다. 그리고 몽고인들은 제위계승 문제로 종종 갈등이 일어났다. 그 결과로 제국은 지역적 칸국들로 분열되었다. 그러나 쿠빌라이는 그의 형제인, 페르시아 일 칸국의 훌라구(Hulegu – Hulagu)와 좋은 관계를 유지했다. 훌라구는 많은 점에서 쿠빌라이보다 훨씬 더 많이 그의 신민들의 문화에 동화되었었고, 또 이슬람교로 개종했었다. 결과는 서아시아와 동아시아 간의 활발한 교환이었다. 유럽과 동아시아 간의 접촉을 북돋운 것은 이런 분위기였다.316)

몽골전문가 모리스 로사비(Morris Rossabi)에317) 의하면, "무슬림 무

---

315) Christensen, *River of Ink*, 58쪽.
316) Christensen, *River of Ink*, 58-59쪽.
317) 크리스텐슨은 여기서 출처를 밝히지 않고 있는데, 로사비는 *Khubilai Khan: His Life and Times* (2009), *The Mongols and Global History: A Norton Documents Reader* (2011), *From Yuan to Modern China and Mongolia: The Writings of Morris Rossabi*

역상들은 고려조 한국을 포함한 몽골영역의 대부분을 관통해 활동했다." 유교적 중국관리들은 상업을 천한 것으로, 상인들을 기생충으로 여겼으나 "몽고인들은 이 태도를 공유하지 않았다". 또 파트리시아 버거(Patricia Berger)와 테레제 바솔로뮤(Terese Tse Bartholomew)에 의하면, "쿠빌라이는 무역에 과해진 이전의 많은 제약들을 철폐하고 유라시아 상인들을 위해, 그리고 유럽과 동아시아 간의 최초의 상업적 직접접촉을 위해 길을 터놓았다."318) 언어적으로 터키어와 한국어, 이 양兩언어와 친족 관계에 있는 것으로 생각되는, 터키의 일족인 중앙아시아의 위구르족은 이 국제무역을 수월하도록 도왔다. 쿠빌라이는 그의 조정을 후추양념처럼 얼마간 위구르인과 기타 무슬림들로 채움으로써 토착 중국인들의 영향을 완화시키려고 했다. 그는 면세, 무기武器휴대권 등과 같은 다양한 특권을 무슬림들에게 부여하는 법규를 시행했다. 존 랭글루아스(John D. Langlois, Jr.)에 의하면, "그래서 무슬림들이 원대 중국의 모든 지방에서 발견되는 작은 기적이 일어났다."319) 크리스텐슨에 의하면, 계속 존속했던 무슬림 거류지는 중앙아시아로부터 북중국을 가로질러 뻗어 나갔다. 무슬림 학자들은 오늘날 호북에 해당하는 북경인근 지역에 학교도 하나 세웠다. 무슬림 거류지는 고려조 한국까지 확장되었는데, 한국의 역사서들은 한국에 정착한 이 무슬림 공동체들의 존재를 문서로 증명하고 있다.320)

(2014) 등을 썼다. 그런데 이 책들에서는 저 인용 구절이 나오지 않으므로 크리스텐슨이 그와의 직접 대화를 인용한 것으로 보인다.

318) Patricia Berger and Terese Tse Bartholomew. *Mongolia: The Legacy of Chinggis Khan* (San Francisco: Asian Art Museum, 1995), 32쪽.

319) John D. Langlois, Jr., *China under Mongol Rule* (Princeton: Princeton University Press, 1981), 273쪽.

나아가 크리스텐슨은 위구르 문자와 목활자를 몽고가 수용했다는 사실, 그리고 위구르인과 유럽여행자들이 중국·한국인쇄술을 유럽에 전달한 사실을 논증한다. 칭기즈칸은 중국 북서부 지역의 투르판에서 실크로드를 따라 집결된 위구르인들을 정복했지만, 몽고어를 적기 위해 위구르문자를 채택했다. 이때부터 많은 위구르인들이 이슬람교로 개종하고, 일부는 라마교(티베트불교)로 개종했다. 그들 중에는 학자계층이 포함되어 있었다. 투르판 지역에서는 활자로 인쇄된 위구르어 인쇄물들이 여러 목활자 폰트와 더불어 발견되었다. 위구르인들은 이와 같이 "중국과 한국으로부터 서西아시아의 이슬람 영토로 인쇄술에 관한 정보를 전달하기에 이상적으로 유식했고 또 이상적으로 위치해 있었다".321) 이 대목에서 크리스텐슨은 전존훈의 다음과 같은 추측을 활용한다. "인쇄술을 더 멀리 서방으로 반출한 것은 아마 몽골시기에 위구르인들에 의해 수행되었을 것이다. 몽골은 투르판을 정복한 뒤 아주 많은 위구르인들을 몽골군으로 선발해 받아들였다. 위구르 학자들은 몽골의 브레인으로 이바지하고 위구르 문화는 몽골권력의 초창기 기반이 되었다. 아시아와 서방 간에 인쇄술의 확산에서 어떤 연결이 있었다면, 목판인쇄술과 활자인쇄술을 둘 다 사용한 위구르인들이 이 반출에서 중요한 역할을 할 기회를 가졌었다."322) 그리고 크리스텐슨은 마르코 폴로처럼 유럽 여행자들이 북경의 원나라 조정을 예방한 것은 확실하다고 하면서 원나라 조정에서 그들은 "한국의 완벽화된 금속활자인쇄술을 배우기에 좋은 위치를 점했을 것"이라고 덧붙인다.323) 크리스텐

---

320) Christensen, *River of Ink*, 59쪽.

321) Christensen, *River of Ink*, 59-60쪽.

322) Tsien, *Paper and Printing*, 306쪽.

슨은 전존훈을 가끔 활용하기는 하지만 그와 달리 이와 같이 줄곧
한국 금속활자의 서천에 초점을 맞춘다. 그는 『월인천강지곡』의
한문삽입 언해본을 찍은 조판의 잔존유물을 촬영한 사진도 싣고,
그가 활자인쇄에 더 적합하다고 여기는 한글의 창제에 대해서도
언급하고 있다.324)

한편, 크리스텐슨은 금속활자인쇄가 반드시 목활자인쇄보다 빠
른 것은 아니라고 날카롭게 지적한다. "동일한 책의 목판본이 그
동일한 책을 금속활자로 인쇄한 지 꼭 1년 뒤에 인쇄되었다는 사실
을 알고 나서 구텐베르크의 후계자들은 놀랄지 모른다. 오늘날 우리
는 금속활자 활인活印을 목판인쇄보다 극적으로 우월한 것으로 생
각하고 확실히 유럽 알파벳이 이 인쇄기술에 이상적으로 적합하다
고 생각하는 데 익숙해져 있다. 그러나 동아시아에서 이점은 덜
명백했다. 예수회 선교사 마테오리치는 17세기 초에 중국의 각수들
이 목판을 유럽 조판공이 한 페이지를 문선·식자하는 것만큼 빠르게
제작할 수 있다고 기록했다. 더 나아가 목판은 인쇄가 끝나면 해판解
版해서 상자 속에 활자들을 다시 넣어 놓았던, 서방에서 쓰인 인쇄공
의 조판과 달리 나중의 사용을 위해 보관할 수 있었다. 또 목판인쇄
기술은 서방에서보다 동아시아에서 훨씬 더 진보하고 더 흔했던
화보를 용이하게 해주었다."325) 크리스텐슨은 17세기 서양 활판술
의 비효율성과 목판술의 만만치 않은 효율성을 지적하고 있다. 그러
나 그는 - "동일한 책의 목판본이 그 동일한 책을 금속활자로 인쇄
한 지 꼭 1년 뒤에 인쇄되었다는 사실"까지 알았을지라도 - 금속활

323) Christensen, *River of Ink*, 60쪽.
324) Christensen, *River of Ink*, 66쪽.
325) Christensen, *River of Ink*, 65-66쪽.

자 활판술과 목판인쇄술을 연결시켜 겸용하는 한국의 '활인-번각 시스템'의 존재에 대한 인식에까지 도달하지 못하고 있다.

나아가 크리스텐슨은 금속활자와 목활자의 기술효과와 특성을 비교·분석하는 대목에서 활판술과 목판인쇄술의 연결(활인-번각관계) 없이 기술적으로 고립된 구텐베르크 인쇄술의 비효율성과 출판문화에 역행적인 측면을 예리하게 지적한다. 그는 심괄의 부정확한 기술적 오판에 의거해 금속활자인쇄의 다책종 소량생산 원리와 목판인쇄의 소책종 대량생산 원리를 거꾸로 이해한 것이다. "심괄이 이미 11세기에 지적했듯이 활자인쇄는 아주 많은 복제본이 필요할 때 가장 값어치가 크다. 목판인쇄의 실용성은 동아시아에서 책이 한 번에 아주 제한된 부수로 생산되었다는 것을 뜻했던 반면, 서양에서 활자인쇄술의 채택은 장사가 될 만한, 또는 예약된 출판물만이 큰 어려움 없이 출판될 수 있다는 것을 의미했다. (이것은 오늘날까지 지속되어온 상황이다.)"326) 이 대목에서 크리스텐슨은 쟈크 게르네의 판단을 믿는다. 게르네는 그리하여 서방에서 인쇄술은 실제로 "글씨로 쓰는 전통의 궁핍화"를 야기했다고 분석한다. 그 이유는 "출판업자들이 아주 큰 판매를 보장받지 못하는 저작들을 내놓을 위험을 무릅쓸 수 없었기 때문"이다.327)

그런데 크리스텐슨의 이 분석에서 심괄의 부분적 오판에 경사되어 "목판인쇄의 실용성은 동아시아에서 책이 한 번에 아주 제한된 부수로 생산되었다는 것을 뜻했다"고 판단한 그의 생각은 근본적으로 교정되어야 한다. 조선조 한국에서 목판본은 서책의 대량생산이나 수십·수백 년 동안의 반半영구적 인쇄(결국 누적하면 다시 대량생산)

---

326) Christensen, *River of Ink*, 66-67쪽.

327) Gernet, *A History of Chinese Civilization*, 336쪽.

를 위해 사용되었기 때문이다. 활인본을 목판으로 다시 각판한 번각본도 목판인쇄의 이런 대량생산 효과를 활용하기 위한 것일 뿐이었다. 심괄의 판단이 부정확한 것은 종이 장수張數의 차원에서 두서너장 찍을 때보다 아주 많은 책장冊張을 찍을 때 활인이 가장 효율적이라는 말인데, 너무 일반화해서 말한 점이다. 그러나 종이 장수가아니라 종이 수만, 수십만 장張으로 이루어지는 한 책종을 여러권수로 인쇄하는 것을 생각해 보면 수만 권을 인쇄하는 것은 13-19세기라면 목판인쇄술이 적합하고 활판술은 적합지 않다. 활판술은앞서 짜인 조판을 신속히 해판해서 또 다른 책종을 연이어 조판인쇄할 수 있는 데 독특한 이점이 있기 때문에 한 종류의 책을 수만권 인쇄하는 동안 활자들이 이 조판에 묶여 또 다른 책의 조판에사용할 수 없다면 활판술의 독특한 이점은 사라져버리기 때문이다.따라서 크리스텐슨은 심괄의 부정확한 무차별 판단을 오용하지않았어야 했다.

그러나 다른 한편으로 크리스텐슨은 구텐베르크와 유럽의 금속활자 인쇄술을 새롭게 분석하여 독창적 관점을 제시하고 있다. 그는일단 유럽이 인쇄술에서 후발주자의 이점을 누렸다고 분석한다."그러나 인쇄술의 후발주자라는 것은 유럽에게 일종의 축복이기도하다. 전체적 인쇄술 발전은 고도로 압축되었다. 유럽은 11-12세기에 종이를 받아들였다. 13세기에는 이탈리아에서 양질의 종이를생산하고 있었다. 14세기에는 목판인쇄술이 널리 채택되었고 다음세기에는 경이로운 속도로 확산된 활판인쇄술의 발전이 이룩되었다. 이와 대조적으로 중국은 한대漢代 이래 종이를 글을 쓰는 원칙적재료로 활용했고, 찍고 문지르는 원형 인쇄기술도 한 대에 널리쓰였다. 목판인쇄는 적어도 8세기부터 채택되었다. 이 모든 기술은 첫 1000년대 말엽 동아시아 문화의 일상적 일부가 되었고, 그리하여 인쇄술이 동아시아에 대해서는 유럽에 대해 그랬던 것 같은 새로움의 충격을 몰고 오지 않았다. 환언하면, 동아시아에서의 인쇄술의 충격은 그 나름대로 유럽에서만큼 극적일지라도 오래 전부터 발생했던 것이고, 동아시아 문화가 많은 점에서 유럽 문화보다 더 진보하는 결과에 기여했다. 구텐베르크 붐은 일종의 '동방 따라잡기'였던 것이다."328)

크리스텐슨은 유럽이 극동으로부터 인쇄술을 배운 것을 후발주자 유럽의 축복으로 단언하면서 동시에 '영향(influence)'과 '영감(inspiration)'의 구분에 크게 신경 쓰지 않고 구텐베르크가 한국으로부터 영향이나 영감을 받았다고 확언한다.

그러므로 구텐베르크는 아시아 인쇄술로부터 직간접적으로 영향이나 영감을 받았던가? (…) "새로운 정보가 발견된 만큼 극동 인쇄술에 대한 지식이 슈트라스부르크나 마인츠로 길을 헤쳐 왔을 수 있을 것이라는 관념"은 한 서구 인쇄술 학자(알베르트 카프르 – 인용자)의 견지에서 "보다 더 주의를 끌고 더 설득력 있게 된다". 그 어떤 '스모킹 건'도이 없는 한편, 동아시아 인쇄술이 초기 르네상스 유럽에 영향을 미쳤다는 것을 시사하는 정황증거는 풍부하고, 우리는 활자인쇄술이 왜 그 발전과정 속에서 다른 인쇄술과 달라졌는지를 물어도 된다.329)

동시에 크리스텐슨은 "극동 인쇄술에 대한 지식이 슈트라스부르크나 마인츠로 길을 헤쳐 온" 루트를 추측한다. "동아시아로부터

---

328) Christensen, *River of Ink*, 67쪽.
329) Christensen, *River of Ink*, 67-68쪽.

유럽으로 오는 이전移轉의 연선連線이 한동안 중단된 한편, 성숙단계의 몽골제국 치하에서 광범한 무역과 교환이 재개되고, 이것은 고려조 한국이 활자인쇄술을 완성한 것과 동일한 시기 무렵에 벌어졌다. 14세기 내내 한국과 유럽 간에 존재했던 문화적 연결의 연선은 이 인쇄기술이 이것에 앞선 기술들과 유사한 이전루트를 따라 가는 것을 가능케 했다."[330]

목판인쇄술의 효율성이 기술적으로 고립된 구텐베르크 활판인쇄술에 비해 만만치 않고, 또 이 구텐베르크의 활판술에 대한 유럽인들의 충격적 지각이 후발주자의 기술적 낙후성의 정도에 비례했다면 진정한 의미의 '구텐베르크 혁명'이란 발생한 적이 없는 것이다. 그러나 구텐베르크 예찬의 최면에 걸린 후세 유럽인들은 "14세기", 아니 15세기까지도 유럽에서 "목판인쇄술이 널리 채택되었다"는 사실을 완전히 몰각하고 구텐베르크의 활판인쇄술을 15세기 말, 16세기 초까지도 번창하던 꽃무늬 장식의 필사본 생산과 비교하며 그 '혁명성'을 날조해낸다. 그러나 구텐베르크의 금속활자 활판술은 필사본 필사기술과 비교되어서는 아니 되고, 17세기까지도 실용되었던, 그리고 금속활자 활판술에 비해 효율 면에서 만만치 않았던 목판인쇄술에 비교되어야 할 것이다. 그러면 구텐베르크 금속활자 활판술의 효율은 목판인쇄술에 비할 때 전혀 혁명적이지도, 혁신적이지도 않았고, 하나의 '작은 부분적' 대용代用기술이었을 뿐이다.

그렇다면 금속활자 인쇄술이 목판인쇄술을 압도·대체하는 것은 불가능했을 것이다. 그러나 여기에는 다른 요인, 즉 동·연·주석 등의 금속과 품질 좋은 특수목재의 가격변동 요인이 개재되어 있었다. 17세기에 간간히, 그리고 18세기부터는 거의 전 시기에 걸쳐 (더 정확히

---

330) Christensen, *River of Ink*, 68쪽.

말하면, 지형-연판 시스템이 발명된 19세기 후반 이전 시점에) 이미 유럽에서 금속활자는 목판을 압도했을 수 있다. 이것은 아마 금속가격이 일시적으로 살구나무·사과나무·대추나무 목재가격보다 저렴한 시기에 벌어진 현상이거나, 아시아·아프리카·아메리카·호주에서 식민지 정복활동으로 많은 땅을 빼앗아 갈수록 많은 광산을 개발하고 광산기술이 진보할수록 현저히 저렴해지게 된 18세기 이후의 시기에 일어난 추세일 것이다. 구텐베르크가 한국 금속활자를 리메이크할 때도 금속가격은 저렴한 편이었다. (이에 대해서는 뒤에 재론한다.)

따라서 '구텐베르크 혁명'은 구텐베르크 예찬자들의 날조·과장일 뿐이기에 구텐베르크 인쇄술의 효과에 대해서는 아주 조심스런 접근이 요구된다. 그러나 크리스텐슨은 한국의 활인-번각 시스템을 모르기 때문에 솜씨 좋은 목판인쇄기술과 기술적으로 단절되고 고립된 유럽의 금속활자 인쇄술도 한국에서만큼 혁명적이었을 것으로 착각, 또는 과장하는 것으로 보인다. 그가 목판인쇄에 대한 구텐베르크 인쇄술의 기술격차를 금속활자 인쇄술과 제록스 간의 기술격차와 빗대기 때문이다. 그는 주장한다.

구텐베르크는 그의 지략, 발명적 재간, 솜씨로 올바로 갈채를 받고 있지만, 인쇄술의 충격은 단일한 기술혁신보다 사회변동의 표출이다. 인쇄기술은 사회발전에 연료를 주입하거나 이 발전을 가속화했지만, 동시에 이 사회발전에 대한 대답이었다. 더구나 인쇄기술은 한날 단일한 기계라기보다 상호작용들의 복합 시스템이다. 그것은 제지, 잉크생산, 금속주물, 분배 등의 기술을 포함한다. 이 기술들은 부분적으로 가용한 재료 때문에 동양과 서양 사이에서 달라졌고, 그리하여 활자인쇄술도 마찬가지로 달라졌다. 인쇄술의 목적은 무엇인가? 인쇄술은 무엇보다도 복제하는 공법工法이고, 구텐베르크는 그 시대의 제록스였다. 인쇄술은 직접 지식을 생산하지 않고, 기존 지식의 확산을 용이하게 한다. 그러므로 인쇄술 발전의 제1요건은 텍스트와 문서복제에 대한 수요다. 구텐베르크의 유럽에서 이런 수요는 폭발하고 있었고, 인쇄술은 이 기존 시장에 대답했다. 책에 대한 수요는 15세기 중반에 아주 커서 단일한 서적판매상이 500명의 필경사를 고용할 정도였다. 세기말에 베니스에만 150대의 인쇄기가 있었고, 거의 1500만 권의 책이 인쇄되었다. 많은 출판업자들에게 기쁜 결과는 증가하는 공급이 증가하는 수요를 충족시킨 역동성이었다.331)

15세기 말에 베니스 단 한 도시에서만 인쇄되었다는 "1500만 권"의 3분의 2는 아마 목판본과 동판본이고 다시 나머지(500만 권)의 절반은 필사본이었을 것이다. 결국 주자 활인본은 250만 권에 불과했을 것이다. 크리스텐슨은 "500명의 필경사" 운운하면서도 "1500만 권의 책"을 다 금속활자 활인본 서적으로 오인하고 있는 것으로 보인다. 그리고 구텐베르크가 숙성된 포도에서 포도즙을 짜내거나 올리브 씨에서 기름을 짜내는 데 쓰던 압착기를 응용해 만들었다는 "150대의 인쇄기"로는 활판인쇄만이 아니라 목판인쇄도 했을 것이다. 이것은 유럽학자들이 목판 간인본과 활판 활인본을 서지학적으로 거의 구별할 줄 모르기 때문에 특별히 지적하는 말이다.

또한 크리스텐슨은 구텐베르크 인쇄술의 정치사회적 영향도 동서차별적으로 과장한다. 인쇄술의 사회적 영향이 혁명적 민주화 성격을 초래한 반면, 극동에서는 그러지 못했다는 것이다. 일단 그는 인쇄술의 "표준화" 기능을 지적한다. "일반화하면, 서양에서는 복제기능에 더 무게가 부여되었고, 동양에서는 표준화 기능에 더

---

331) Christensen, *River of Ink*, 41-42쪽.

무게가 부여되었다." 그는 그 이유를 "두 지역에서 인쇄술의 상이한 사회적 맥락"에 있는 것으로 본다. 서방에서 초기 르네상스 인쇄술은 "전복적 색조"를 가졌다는 것이다. 인쇄술이 처음으로 주도적 방식으로 착근한 이탈리아 도시국가들에서 인쇄술은 부의 새로운 원천을 창조하고 전통적 문사 엘리트들의 이너서클 너머로 출판물을 확대함으로써 "교회와 귀족의 권위를 삭감하는 경향을 가진 자본주의 기업"과 연계되었다. 그러나 "동아시아에서, 특히 금속활자가 완성된 한국에서 상황은 달랐다"고 그는 말한다. 이 인쇄공법이 정규적으로 사용되는 기간에 한국은 불교를 국교로 삼은 고려 왕조에 의해 다스려졌다. 다가오는 몽골 위협에 직면하여 고려 필사 실筆寫室은 불덕佛德을 보존하기 위해 (Tripitaka [삼장三藏]이라고 부르는) 불경의 복사본을 만드는 일을 맡았다. 그러나 "필경사들은 때로 의도적이든 우연히든 어쩔 수 없이 텍스트를 차이 나게 옮겨 적었다. 문서들이 불경적 문자 정통성을 대표한다면 문서들이 표준화되는 것은 교조의 이유에서 중요한 것이었다." 크리스텐슨은 "서체가 서로 다른 각수刻手들에게 맡기기보다 차라리 글자 세트를 조목별로 확정하고 복제된 문서들을 동일한 자료 세트로부터 산출되게 할 수 있음으로써 이러한 표준화에 기여한 것으로 간주되었을 수 있다"고 추정했다.332)

실은 크리스텐슨의 무리한 추정은 여기서 그치지 않는다. 그는 이 글에서 인쇄술이 "교회와 귀족의 권위를 삭감하는 경향을 가진 자본주의 기업"과 연계되었다고 말하는 대목에다 이런 주석을 달아 놓고 있다.

---

332) Christensen, *River of Ink,* 42-43쪽.

마샬 맥루한(Marshall McLuhan)에 의하면, "인쇄는 민족적 단일성과 정부의 중앙집권주의를 창조할 뿐만 아니라, 개인주의와 정부에 대한 저항 자체도 창출했다". 인쇄술의 민주화 요소는 유럽적 전통의 관점에서 불가피한 것으로 보일 수 있다. 가령 헬무트 레만-하우프트(Hellmut Lehmann-Haupt)에게 그렇게 보인다. "인쇄술이 (…) 문화적 표현의 귀족적 차원이라기보다 대중적·민주적 차원과 연결되었다는 것은 상당히 이해가능한 것으로 보인다." 그러나 아시아적 관점에서는 이것이 그만큼 강할 정도로 사실이 아니다.333)

그야말로 제멋대로 말하고 제멋대로 단정하고 있다. 한민족韓民族과 중국민족(漢族)은 인쇄술의 발명 이전부터 단일민족이었고, 중앙의 중앙집권제도는 인쇄술이 전무했던 진시황의 진秦나라에서 이미 성취된 것이었다. 크리스텐슨은 단일민족과 중앙집권주의를 무리하게 인쇄술의 발명과 연결시키는 맥루한의 그릇된 주장을 무비판적으로 수용하고 있다. 그리고 그의 이 주석에는 동서차별과 한국차별의 논조가 노골화되고 있다. 우선 이런 차별과 오해는 유럽제국과 한국·중국의 '책의 역사'에 대한 크리스텐슨의 무지에서 비롯되는 것이다. 유럽에서 지형-연판 인쇄술이 등장하기 전까지, 즉 19세기에도 책값은 노동자 월급의 3분의 1에 달했다.334) 이 때문에 책이 일반대중의 손에 들어가고 방대한 양의 교과서 공급이 필요한 초등

---

333) Christensen, *River of Ink*, 44쪽 각주5.

334) 프랑스에서 "19세기에도 새 책은 아주 비쌌다. 가령 19세기 초 신간 소설의 경우 그 가격이 프랑스 농장노동자의 한 달 임금의 1/3에 달했다. 책값이 비싸다 보니까 책을 구해 읽는 독자도 또한 자연히 돈 있는 사람 위주로 한정될 수밖에 없었다." 이민희, 『16-19세기 서적중개상과 소설·서적 유통관계 연구』(서울: 역락, 2007·2009), 231-232쪽.

보통교육이 실시된 것은 19세기 후반이나 20세기 초에 가서야 가능했다. 반면, 15세기 초에 이미 출판혁명이 일어난 '책의 나라(文獻之邦)' 조선에서는 18-19세기에 유학경전 1권의 값은 농업 노동자 월수입의 15분의 1에서 22분의 1에 지나지 않았고, 19세기 중반 총인구 600만 명에 불과했던 조선의 초등학교인 '서당'은 2만2000 개소를 넘었고, 서당의 전국적 학생총수는 22만 명을 상회했다. 따라서 "전통적 문사 엘리트들의 이너서클 너머로 출판물을 확대함"으로써 사회를 민주화하는 전복적 경향은 유럽에서보다 조선조 한국에서 훨씬 더 강력했다. 1862년 진주민란을 기점으로 개막된 '민란의 시대'는 이를 웅변으로 증명한다. 중국도 이때쯤 민란의 소용돌이에 휩싸였다. 중국의 이런 사실도 필자의 반론을 보강해 준다.

크리스텐슨의 인쇄술 이론은 이러한 약점과 약간의 서구편향성에도 불구하고 앞으로의 논의에 도움이 될 몇 가지 유가치한 논점들을 제시해주고 있다. 그의 이론의 특기할 만한 논점은 첫째, 카터와 허드슨으로부터 발단해서 블룸·홉슨·블룸·카프르·홉슨·바레트로 이어진 한국 금속활자 서천론과 동일한 논증선상에서 한국 금속활자 인쇄술의 서천을 주장하는 점이다. 그는 일관되게 '금속활자' 인쇄술의 서천을, 그것도 '한국' 금속활자 인쇄술의 서천을 주장한다. 둘째, 그것도 중국과 북방으로 무역을 하며 국제적으로 개방되었던 고려의 육상·해상활동, 그리고 고려 내 위구르인 거류지, 유럽에서 한국까지 연결된 국제 여행루트의 제시 등을 통해서 좀 더 구체적인 정황증거들을 제시하는 점이다. 셋째, 구텐베르크의 금속활자 인쇄술의 리메이크에 대한 극동 '금속활자'의 '영향(influence)'을, 그것도 한국 금속활자의 '영향'을 줄기차고 일관되게 견지하는 점이다. 그는 전존훈처럼 서양인들이 중국의 목판인쇄술에서 소위 '영감

(*inspiration*)'을 얻어 금속활자 인쇄술을 발명했다는 설을 무시하거나 경시해버리고 있다.

■ 소피아 뉴먼의 고려 금속활자 서천론

2019년 소피아 뉴먼(M. Sophia Newman)은 「그래, 구텐베르크는 우리가 알고 있는 대로의 인쇄술을 실제로 발명하지 않았다 – 찬미되지 않는 중국과 한국의 활자의 역사(So, Gutenberg Didn't Actually Invent Printing As We Know It - On the Unsung Chinese and Korean History of Movable Type)」라는 논고에서 크리스텐슨과 유사한 방향에서 구텐베르크의 금속활자 인쇄술 '발명'을 부정하고 고려 금속활자의 서천과 구텐베르크에 의한 고려 금속활자의 리메이크를 주장한다. 그녀는 서지학이나 인쇄술학 전문가가 아니지만 다방면을 체험하고 연구해온 저술가로서 한국 금속활자의 서천, 그것도 '고려 금속활자'의 서천을 주장하는 것이 그녀의 이 논문의 한 특징이다.

소피아 뉴먼은 일단 모든 것을 구텐베르크의 공으로 돌리는 서구의 풍조를 꼬집는다.

정말로 구텐베르크의 혁신은 인간역사에서 하나의 변곡점으로, 즉 프로테스탄트 종교개혁, 르네상스, 과학혁명, 광범한 교육의 도래, 그리고 우리가 지금 알고 있는 거의 모든 것을 터치하는 1000가지 이상의 변화를 향해 문호를 개방한 혁신으로 간주되어 왔다. (…) 인쇄기는 1440년경 독일 마인츠에서 구텐베르크가 창조했고 언급된 성서의 인쇄와 함께 1450년에 유럽에 착근하기 시작했다고 종종 얘기된다. 서책 자체는 물론 그때보다 오래전에 유럽에 존재했었지만, 주로 성직자 구성원들만이 접근할 수 있는 손으로 베낀 필사본으로만 존재했었다. 대량생산 서적들에 접근해 간 것은

1400년대 말엽 유럽을 혁명화하고 고도화되는 문해율과 함께 종교·정치·생활양식을 전세계적으로 변화시켰다.[335]

물론 뉴먼의 이 기술은 과장되고 그릇된 말들이 많다. 우선 구텐베르크 이전에는 필사본만 있었던 것이 아니라, 구텐베르크 인쇄술의 출현 1세기 전에 이미 목판본 서책이 나와 있었고, 또 15-16세기에 크게 유행해서 유럽의 인쇄·출판계를 압도했었다. 그리고 앞서 지적한 대로 소위 '구텐베르크 혁명'이나 '구텐베르크 혁신'은 없었다. 물론 위 글은 뉴먼이 일부러 구텐베르크 예찬자들의 언사를 흉내내서 쓴 것이다.

뉴먼은 구텐베르크를 찬양하는 마가렛 데이비드(Margaret Leslie Davis)의 책 The Lost Gutenberg를[336] 소개하고, 이 책의 마지막 구절에서 그녀가 어쩔 수 없이 한국 금속활자를 언급하면서 다운플레이하고 있는 것을 예리하게 지적한다.

적어도 이것(위 찬양 글)은 책의 최대부분에서 그러한 The Lost Gutenberg를 포함한 대부분의 책들 안에서 그 스토리가 개진되는 방식이다. 그러나 이 책의 뒷부분의 단 한 문장만이 그 앞의 훨씬 더 긴 이야기에 고개를 끄덕인다. "활자는 이 활자를 번창하도록 허용한 유럽, 구텐베르크 시대의 유럽의 조건들을 만나기 전 11세기 중국의 발명이었고, 1230년 한국에서 세련되었다."[337]

---

335) M. Sophia Newman, "So, Gutenberg Didn't Actually Invent Printing As We Know It - On the Unsung Chinese and Korean History of Movable Type", *Literary Hub* (June 19, 2019), 1-2쪽.

336) Margaret Leslie Davis, *The Lost Gutenberg: The Astounding Story of One Book's Five-Hundred-Year Odyssey* (New York: TarcherPerigee, 2019).

뉴먼은 바로 이 데이비스의 마지막 말을 "이것은 실제 일어난 것을 다운플레이하고 허위진술하고 있다"고 비판한다.[338]

그리고 이어서 뉴먼은 고려 금속활자를 자세히 설명한다. 요약하면 이렇다. 중국으로부터 당당한 수입을 통해 중국의 혁신적 인쇄기술들이 '고려'라고 부르는 한국의 치자들에게 전해졌고, 이 고려 치자들은 인쇄의 역사에서 다음 단계로 나아가는 발걸음에서 "결정적인(crucial)" 존재들이었다. 그들의 임무는 외침에 직면하여 인쇄술의 혁신을 이룩해야 할 만큼 무거웠다. 첫째, 1087년 거란이라고 부르는 유목민족이 한반도를 침략하려고 시도했다. 이것은 침략자들에 대해 한국의 불교적 정체성을 보존할 목적에서 목판인쇄의 대장경을 제작하도록 고취했다. 이 시도는 과학 이전의 행위일 것이지만, 그것은 더 많은 침략자들이 결국 도래한 다음 여러 해를 위해 개념과 기술을 보존해주었다. 12-13세기에 몽골 지배자 칭기즈칸은 아시아의 태평양 연안으로부터 서쪽으로 페르시아까지 뻗치는 인류사상 최대의 제국을 창설했었다. 1227년 그가 죽은 뒤 그의 계승자 오고타이 칸은 정복을 계속해서 칭기즈칸이 장악한 적이 없던 땅까지 얻었다. 1231년 오고타이는 고려침공을 명했고 몽골 침략군대는 고려 수도에 도달해서 정복의 일환으로 고려대장경을 잿더미로 만들었다. 그러자 고려정부는 즉각 대장경을 다시 제작했다. 이것은 토마스 크리스텐슨에 제공한 텍스트에 의하면 "침입한 몽고인들로부터 민족을 보호하기 위한 불력(佛力) 기도문"이라고 생각되었으나, "나라의 문화를 보존할 의도"로도 제작되었다. 이것은 중요하다. 몽고인들의 공격이 다음 28년 동안 계속되었기 때문이다.

---

337) Davis, *The Lost Gutenberg*, 294쪽.
338) Newman, "So, Gutenberg Didn't Actually Invent Printing As We Know It", 2쪽.

대장경의 리부트는 한국 승려들이 1251년까지 이 일을 완수하도록 예정되었고, 그 사이에 치자들은 다른 서적들로 출판을 확대하기 시작했다. 1234년 그들은 이조판서 최윤의崔允儀(1128-1133)에게 『고금상정예문』이라 하는 서적을 인쇄할 것을 요청했다. 이 긴 책은 불가능할 정도로 수많은 목판을 필요로 했다. 그리하여 최윤의는 대안적 공법으로 이를 처리했다. 그는 "활자를 창조하려고 한 중국의 앞선 기도"의 기초 위에서 주전鑄錢 공법을 응용해 "3차원적 금속활자"를 주자鑄字했다. 그는 이 활자 조각들을 틀 안에 배열·정돈하고 그것들에 잉크를 묻히고 그 위해 종잇장을 눌렀다. 일이 끝나면 그는 금속활자를 재再조판해 목판을 끊임없이 각판할 필요를 없애버렸다. 그것은 일정정도 더 빨랐다. 그는 이 프로젝트를 1250년 완수했다. "아마 우리가 기억해야 할 이름은 구텐베르크가 아니라 최윤의일 것이다." 이것이 무엇을 의미하는지를 인식하는 것은 중요하다. 구텐베르크가 창출한 것으로 얘기되는 "혁신"은 틀 안에 배열되어 종잇장에 눌려지도록 "양각 글자가 거꾸로 새겨진 작은 금속조각들(small metal pieces with raised backwards letters)"이었다. 이것들이 책을 더 빨리 찍도록 만들어주었다. 그러나 "최윤의는 그것을 했고, 그것도 구텐베르크가 심지어 태어나기 150년 전에 그것을 해냈다." 하지만 고려의 인쇄서적들은 구텐베르크의 서적들이 200년 뒤에 그런 것처럼 빠른 속도로 확산되지 않았다. 한국이 당시 침략 상황에 처해 있었다는 것을 고려하라. 몽골의 이 침략전쟁은 글의 혁신을 확산시킬 고려인들의 능력을 저해했다. 이에 더하여 "그때 당시 밀접하게 한자漢字에 기초한 한국의 문자는 아주 수많은 상이한 글자들을 사용했고, 이로 인해 금속활자들을 주사하고 이것들을 책장冊張 쪽수들로 조립하는 것이 느린 과정이 되었다." 그리고 또 가장 중요한 것은 고려 치자들은 그들의 인쇄 프로젝트들을 대부분 "귀족들만의 용도"로 쓰려고 의도했다는 것이다.[339]

뉴먼의 이 올바르기도 하고 그릇되기도 한 설명에서 특별한 내용은 대장경의 인쇄가 불력으로 침략군을 막아보려는 비과학적 이유에서만이 아니라 "나라의 문화를 보존하려는 의도"가 있었다는 것을 강조하는 것이고, 또는 기억되어야 할 이름은 구텐베르크가 아니라 '최윤의'라고 강조하는 것이다. 그러나 작은 오류도 끼어 있다. 고려 최초의 금속활자 활인본은 『상정예문』(1234-1250)이 아니라 『증도가』(1211)이고, 또 앞서 '용비어천龍飛御天(용이 하늘을 나르샤)' 등의 문선·식자 사례로 간략히 입증했듯이 "아주 수많은 상이한 (한자) 글자들" 때문에 금속활자 인쇄작업이 "느린 과정이 된" 것이 아니라, 오히려 알파벳보다 빠른 과정이 되었다.

이어서 뉴먼은 고려 금속활자의 서천을 주장한다. 글자 그대로 옮기면 이렇다. "그럼에도 불구하고 인쇄기술이 동에서 서로 확산된 것은 가능한 일이다. 몽골의 지도자 오고타이 칸은 쿠빌라이라는 아들이 있었는데, 이 쿠빌라이는 지배로서 북경에 터를 잡았다. 쿠빌라이 칸은 한국과 중국의 인쇄기술에 접근 통로가 있었으므로 이 지식을 칭기즈칸의 또 다른 손자 카라 훌라구(哈剌旭烈)와 공유했을 것이다. 훌라구는 몽골제국의 페르시아지방을 다스리고 있었다. 이것은 인쇄기술을 동아시아로부터 수천 마일 서쪽으로 이동시켰을 것이다."[340] 몽고인들은 바로 그들이 도달하는 도처에 그들의 기술을 가지고 가는 경향이 있었고, 그리하여 이 기술들은 때로 인정받고 때로 인정받지 못하는 지역 토착문화의 일부가 되었다.

---

339) Newman, "So, Gutenberg Didn't Actually Invent Printing As We Know It", 2쪽.

340) Newman, "So, Gutenberg Didn't Actually Invent Printing As We Know It", 2쪽.

당시 상인들과 외교사절들은 동아시아로부터 페르시아로 가려고 실크로드를 여행했다. "이 루트의 중간에는 이전에 오랫동안 몽골군에 참여해온 터키 민속집단 일파인 위구르족의 고향들이 (곳곳에) 있었다." 여기에서 그는 전존훈의 말을 인용한다. "아시아와 서방 간의 인쇄술 확산의 어떤 연결이 있었다면, 목판인쇄술과 활자를 둘 다 사용하던 위구르인들이 이 기술이전에서 중요한 역할을 하는 좋은 기회를 가졌다." 이는 13세기에 위구르인들이 "뛰어난 배운 사람들"이었기 때문이다. "그들에게 이런 종류의 인쇄술은 환영받는 혁신이었을 것이다. 그들은 그때까지 그 밖의 어느 민족도 가지고 있지 않았던 어떤 것, 즉 말하고 싶은 모든 단어를 쓰는 비교적 소수의 간단한 글자 그룹이 있었다. 서부 몽고제국에서 인쇄술의 폭발은 없었다." 이 대목에서 그는 서천론을 가장 강력하게 부정하는 역사가들 중의 하나인 존 맨(John Man)이 그의 책 *The Gutenberg Revolution*에서 지적한 말도 활용한다. "어떤 시장도, 신민들에게 손을 뻗칠 지도자들의 필요도, 자본을 일으켜 새로운 산업에 투자할 필요도 없었다."

뉴먼은 이에 대갈하여 말한다. "그럼에도 불구하고 위구르 활자 인쇄물들은 그 지역에서 발견되어 왔고, 이것은 기술이 거기서 쓰였다는 것을 보여주는 것이다. 나아가 몽고인들은 그 기술을 위구르와 페르시아 영토를 관통해서만 운반한 것이 아니라 독일을 포함한 유럽 안으로까지 운반했다. 몽골제국은 약 1000년부터 1500년까지 반복적으로 유럽을 침공했다. 이 시기는 서아시아 징병들과 포로들이 들어와 터키어로부터 유럽언어들 속으로 외래어 어휘를 가지고 온 시기였다.341) 이 대목에서 뉴먼은 인디아나 대학교 중앙유라시

---

341) Newman, "So, Gutenberg Didn't Actually Invent Printing As We Know It", 2쪽.

아학 교수 크리스토퍼 앳우드(Christopher Atwood)와의 인터뷰에서 개인적으로 들은 말을 제시한다. "일반적으로 뭔가 동아시아에서 서쪽으로 가고 있다면, 몽고인들 없이 상상하는 것은 어려울 것이다." 뉴먼의 주장에서 놀라운 것은 필자처럼 '구텐베르크 신화의 날조'를 직공直攻으로 비판하는 점이다.

정말로, 인쇄출판의 전 역사는 빈틈으로 이루어진 수수께끼다. 구텐베르크는 그 자신의 이야기를 그가 건조한 인쇄기 위에서 창출된 문서들로 하지 않았다. 현대에 알 수 있는 최선의 지식에서 봐도 그는 그의 작업에 관한 어떤 노트조각도 전혀 남기지 않았다. 그리고 그는 과묵했고, 몽고인, 위구르 애국자들, 동아시아 정부는 훨씬 더 과묵했다. 그러나 의심이 자연스런 것이라면 우리가 이 의심들로부터 얻는 결과는 자연스럽지 않다. 구텐베르크가 혼자서 인쇄출판을 발명했다는 환상적 관념은 전全대륙과 관련된 노력들의 여러 세기들을 무시하고, 기술이 어떻게 또는 왜 확산되었는지를 이해하기 위한 어떤 노력도 하지 않는 것이다.342)

뉴먼은 구텐베르크의 활자배치 공법을 연구하면서 이것이 "얼마나 이상한 말"인지를 알게 된 블레세 아귀라 이 아르카스(Blaise Agüera y Arcas)의 단언을 소개한다.

기술이 시작할 때부터 완전한 형태로 출현한다는 관념은 말도 되지 않는 것이다. 기술을 다루는 사람은 누구나 그 관념이 기술이 작동하는 방법이 아니라는 것을 안다(The idea that a technology emerges fully formed at the beginning is nuts. Anyone who does technology knows that's not how it works).343)

---

342) Newman, "So, Gutenberg Didn't Actually Invent Printing As We Know It", 3쪽.

여기에 바로 잇대서 뉴먼은 스스로 솔직하게 실토하는 데이비스의 말을 인용한다.

아마 인류문화를 변혁시킨 외로운 단독적 천재로서의 요하네스 구텐베르크의 이미지는 뒤따른 것의 진보범위가 아주 방대해서 그 이미지가 거의 신화적으로 느껴질 정도이고, 그리고 이에 필적할 오리지널 스토리를 필요로 할 정도이기 때문에 지속되는 것일 것이다.344)

그리하여 뉴먼은 "데이비스가 동일한 것을 특기하면서 이런 식으로 설명한다는 것"을 "그녀의 치하할 만한 점"이라고 말한다.345) 그렇지만 뉴먼은 이 구텐베르크 예찬자 마가렛 데이비스의 불공정과 오류를 지적한다. "그러나 이 논고를 쓰기 위해 인터뷰를 할 수 없었던 데이비스는 *The Lost Gutenberg*에 들어있는 기록을 조금도 고치지 않았다. 그녀는 중국을 두세 번 언급하고 한국을 딱 한 번 언급하고, 몽고인, 위구르인, 인쇄역사의 비기독교적 측면들은 아예 전혀 언급하지 않았다. 진정으로, 그녀는 구텐베르크 성서가 역사상 가장 중요한 책이라고 보편적으로 갈채를 받는 것이 아니라는 사실을 결코 설명하지 않는다. 독자가 *The Lost Gutenberg*로부터 그런 감명을 받는 것을 용서받을 수 있을지라도 성서의 인쇄복제본들은 오늘날 아직 현존하는, 활자로 제작된 최고最古의 서적도 아니다. 오히려 가장 이른 현존 활자인쇄 서적은 한국의 『백운화상초록

---

343) Paul Needham and Blaise Aguera y Arcas, "What Did Gutenberg Invent?", At the BBC / Open University (Content last updated: 05/04/2005).

344) Davis, *The Lost Gutenberg*, Chapter 10, 234-235쪽.

345) Newman, "So, Gutenberg Didn't Actually Invent Printing As We Know It", 3쪽.

불조직지심체요절(*Baegun Hwasang Chorok Buljo Jikji Simche Yojeol)*』(The Anthology of Great Buddhist Priests' Zen Teachings)이다. 이 책은 1377년 활인본이고 활자의 기원에 관한 학문에 출발점으로 이바지했다. 한국은 이 책과 다른 고대 서적들을 가장 중요한 책에 속하는 국가적 자랑 항목으로 간주한다. 그러나 그들의 관점과 인쇄기술을 창조한 아시아인들이 어쨌든 인정받기 시작한 것은 아주 최근, 대부분 지난 10년간일 뿐이다. 대부분의 사람들은 – '나는 내가 고대 인쇄술의 주제에 관해 진짜 더 보탤 말이 없을 것 같아 겁이 나서 못하겠다'는 말로 인터뷰를 거부한 데이비스를 포함하여 – 여전히 풀 스토리를 모른다."346)

한국의 최초의 금속활자 발명과 이 활자의 서천에 대한 뉴먼의 선명한 주장은 서양에서 실로 보기 드문 것이다. 그러나 그녀의 논증은 동서남북으로, 그리고 좌우로 치밀하게 짜인 논증은 아니지만 대강에서 중요한 사실史實들의 정곡을 때리는 논증이다. 더욱이 그녀는 저서를 쓴 사람들이나 동아시아학을 전공해온 전문가들과 가진 인터뷰를 동원하는 것은 그의 진정한 의도와 생생한 마인드를 알 수 있어 아주 새로운 것이다. 특히 마가렛 데이비스의 서구에 전형적인 무지를 지적하는 대목들은 압권이라 할 만하다.

그러나 그녀가 크리스텐슨처럼 고려와 조선의 구체적 대외관계나 대외적 연결고리, 그리고 색목인들(서방 또는 서역 외국인들)의 국내 집단 거주 등을 살피지 않은 것은 아쉽고, 또는 그녀가 조선의 금속활자 인쇄술과 그 서천 가능성에 대해서 침묵하고 고려 금속활자의 서천만을 논한 것도 아쉽고, 다른 학자들처럼 그녀가 구텐베르크의 인쇄과정보다 빨랐던 고려의 인쇄과정을 거꾸로 글자 수가 너무

---

346) Newman, "So, Gutenberg Didn't Actually Invent Printing As We Know It", 3쪽.

많아서 느렸던 것으로 거듭거듭 되뇌는 서구 학자의 '고질적' 오류를 반복한 것도 아쉬운 점이다.

또한 서천설을 주장하는 다른 학자들도 마찬가지였지만 그도 유럽의 도서관이나 서고에 소장된 1440년대 이전에 인쇄된 한국서적의 발견이나 한국 금쇄활자 활인본을 보았거나 건네 들었다는 구텐베르크의 자백 같은 '스모킹 건'은 아니더라도 15-16세기 학자들의 서천西遷 증언을 담은 문서기록이나 문건 같은 어떤 직접증거를 단 한 건도 제시하지 않고 정황증거에만 의존하고 있다. 이것도 실은 아쉬운 점이다.

제2절 서천론의 부정과 구텐베르크독창설

한국 금속활자와 인쇄술 중국 목판인쇄술의 서천西遷에 대한 반
대론은 카터와 허드슨이 서천론을 제기하면서부터 일어났다. 반대
론을 펴며 구텐베르크의 독창설을 주장한 학자들은 모두 서양학자
들인데 20세기에는 더글러스 맥머트리(Douglas C. McMurtrie)와 알로
이스 루펠(Aloys Ruppel)이 있고, 21세기에는 존 맨(John Man), 리카도
두체스네(Ricardo Duchesne), 조시프 맥더모트(Joseph P. McDermott)와 피
터 버크(Peter Burke)다. 이상하게도 반대론자들은 그리 많지 않다.

2.1. 20세기 반론과 구텐베르크독창설

앞서 다룬 서천론자들에 비해 서천론을 반박하고 구텐베르크의
독창절 발명설을 주장하는 연구자는 수적으로 매우 적다. 그리고
반反서천론자는 인쇄기술의 역사를 연구한 기술사가나 인쇄기술자

들이 아니라, 이 분야에 대해서는 아마추어적인 연구자들이다.

■ 더글러스 맥머트리의 서천론 부정과 빗나간 구텐베르크 찬양

인쇄기술을 거의 모르는 미국의 서체書體·그래픽 디자이너 더글러스 맥머트리(Douglas C. McMurtrie, 1888-1944)는 1924년 공간한『책 — 인쇄와 책제본 이야기(The Book: The Story of Printing & Bookmaking)』라는 저서에서[347] 서천론을 부인하고 있다. 맥머트리는 역사가도 아니고 사회과학자도 아니지만 그의 서천부정론은 자못 강력하다.

맥머트리는 일단 금속활자 인쇄술이 수많은 한자로 이루어진 중국 문자체계 때문에 중국과 한국에서 큰 이점이 없었다는 판에 박힌 그릇된 주장을 피력한다. "(…) 활자도 구텐베르크의 획기적 발명 오래 전에 중국에서 만들어졌다. 활자는 중국문자의 인쇄적 재생산에 적합했다면 의심할 바 없이 훨씬 더 일찍 만들어졌을 것이다. 그러나 방대한 수의 개별 한자들 때문에 활자는 큰 이점이 없었다. 활자는 그것이 발명된 뒤에도 결과적으로 불용不用상태에 빠졌다. 한 책장을 개개 한자에 대응하는 활자들로 조립하는 것보다 표의문자적 캐릭터들로 구성된 그 책장을 목판에 새기는 것이 더 쉬웠기 때문이다. 유럽에서는 알파벳으로 쓰인 언어들의 경우에 인쇄술의 발명은 모든 의도와 목적에서 원하는 어떤 수량의 활자를 만들기에 만족할 만한 공정工程의 발명에 있었다. 하지만 중국에서는 책을 만드는 실용적 방법으로서의 인쇄술의 발명이 목판인쇄의 발명에 있었던 것이다."[348]

---

347) Douglas C. McMurtrie, The Book: The Story of Printing & Bookmaking (London·New York: Oxford University Press, 1924·1943·1948).

348) McMurtrie, The Book, 84쪽.

맥머트리는 구텐베르크보다 수백 년 앞서 활자를 발명한 중국의 도陶·목木·주석朱錫활자 등을 알고 있기 때문에 '알파벳이 우수하다'는 가공적架空的 이야기를 견지한다. 그는 필승·왕정 이야기에[349] 이어 중국 돈황의 (알파벳과 같은 자모문자를 쓴) 위구르 목활자를 거론하면서도 알파벳이 활자인쇄에서 우수하다고 주장한다. "(…) 왕정이 어떻게 활자를 만들었는지, 그리고 그의 독창적인 회전 조판케이스에 관한 이야기는 검증을 요한다. 하지만 목활자가 실제로 중국에서 만들어졌다는 사실에 대해서는 의심할 바 없다. 목활자는 돈황 석굴에서 프랑스 고고학자 폴 펠리오가 발견했고, 파리와 뉴욕에서 지금도 볼 수 있다. 이 목활자는 제작 연도가 14세기 초이고, 중국에서 만들어졌어도 중앙아시아 위구르 문자로 되어있다. 이 위구르 문자는 궁극적으로 고대 아람어(Aramaic, 옛 시리아·팔레스타인 등지의 셈계 언어 - 인용자)로부터 유래한 알파벳식 글자이지만, 활자는 글자활자(letter types)가 아니라 단어활자(word types)다. 극동의 천재는 이렇게 간발의 차로 구텐베르크 발명의 관점을 빗나갔던 것이다!"[350] 결국 인쇄를 위해 문선·식자를 할 때 비로소 자모를 낱말 단위로 횡렬·연립시키는 알파벳은 한문은 말할 것도 없고 위구르의 '단어활자'로 이루어진 그 문선·식자 노동의 효율을 능가한다는 말이다.

그런데 맥머트리는 여기서 '음절활자'(가령 레[le], 터[tter], 핸,[han], 들[dle] …)를 '단어활자'(레터[letter], 핸들[handle] …)라고 잘못 기술하고 '자모활자'(ㅂ[b], ㅏ[a])를 '글자활자'(바[ba])라고 잘못 기술하고 있다. 그리고 그는 알파벳이 마치 구텐베르크의 발명인 양 "극동의 천재는 이렇게 간발의 차로 구텐베르크 발명의 관점을 빗나갔던 것이다!"

349) McMurtrie, *The Book*, 86쪽.
350) McMurtrie, *The Book*, 87쪽.

라고 외치고 있다. 그는 가나다라마바 식의 조립된 음절에 대응하는 활자가 식자조판에서 자모활자보다 얼마나 유리한지를 모르고 있다.

맥머트리는 언어문자학적 지식도, 고찰능력도 없고, 문자와 인쇄의 관계도 잘 모르는 것으로 보인다. 그렇기 때문에 더욱 그는 중국 문자체계를 물고 늘어지는 것 같다. 그는 한자漢字의 복잡성과 서예, 그리고 이에 말려든 한글과 일본 가타가나 문자의 문자적 미완성을 극동 활자인쇄의 저조성의 원인으로 논증하려고 든다. "한국에서 활자인쇄는 1544년 멈췄으나 1770년경 한동안 다시 재개되었다. 일본에서 활자로 인쇄된 최초의 책은 1596년에 나왔으나, 이 인쇄방법은 1629년에 갑자기 종말을 고했다. 중국에서는 활자의 사용이 18세기를 관통해 계속되었다. 이 인쇄공법이 심지어 여러 세기의 사용 뒤에도 이 나라들에 항구적으로 확립되지 못하고 실패한 데는 여러 이유가 있다. 첫째, 수천, 수만 개의 개별적 캐릭터로 이루어진 중국의 문자체계는 개별 활자들로 (서적을) 재생산하는 데 부적합했다. 너무 많은 활자가 필요했고, 너무 많은 시간과 노동이 해판解版은 말하지 않더라도 조판작업에 요구되었다. 한국과 일본이 표의문자체계보다 표음문자 체계를 개발했을지라도 전통과 관습은 그들 사이에 아주 확고하게 중국 표의문자를 확립해서 이 표의문자를 통째로 철폐하고 알파벳 인쇄체계를 발전시키는 데 성공하지 못했다. 모든 것을 고려할 때 한때 목판에 페이지를 새긴 캐릭터들로 인쇄하는 방법이 훨씬 실용적이고 개인용으로도, 상업용으로도 훨씬 더 저렴했다. 활자인쇄술은 제국의 재정 또는 왕의 내탕에서 나온 풍부한 지원을 포함한 정부의 찬조를 제외할 때 저 모든 극동제국에서 결코 번영한 적이 없다."351)

맥머트리는 활자인쇄 공법이 문자체계의 문제점들 때문에 이 나라들에서 항구적으로 확립되지 못했다고 하고 있는데, 19세기 후반에 뒤늦게 지형-연판 시스템이 발명되기까지 구텐베르크의 활판술도 마찬가지로 서양에서 확립되지 못했었다. 극동에서 조선의 경우 금속활자인쇄술은 박문국이 신설된 1883년(고종 20) 10월에 처음으로 들어온 초창기의 아직 세련되지 못한 지형-연판 시스템(신新연활자 시스템)과도 효율과 가격 면에서 1940년대까지도 거의 60년간 여전히 경쟁력을 유지했고, 전통적 금속활자들을 모방한 목활자는 심지어 해방 후 1963년까지도 사용되었다.

그리하여 1883년 신연활자가 처음 도입되어 『한성순보』(1883)와 『한성주보』(1885년 11월)를 인쇄한 이래 『충효경집주합벽合璧』, 『농정신편』 등의 서적인쇄를 시작으로 『태서신사泰西新史』(1896) 『한영사전』(1897) 등도 인쇄했으나,[352] 공사公私의 인쇄에 적적으로 이용되지 못했고, 단지 소형의 활자를 필요로 한 인쇄물에 국한되어 사용되었다. 그리하여 연활자는 수입 후에도 15년이 흐르도록 한정적으로만 이용되었고 1897년 이후에야 조금씩 확장세를 보였을 뿐이다 우리의 전통활자들이 그만큼 실용적 경쟁력을 발휘했던 것이다.[353] 일부 서지학자들과 안다니들은 조선말엽 서구식 인쇄술이 도입되면서 한국의 전통적 인쇄술은 맥 못 추고 사라진 것으로 오해하지만 실제상황은 전혀 그렇지 않았던 것이다. 2차 세계대전 이후에야 지형·연판 공법의 완벽화와 확산의 혜택을 충분히 받게 되는 서양의 구텐베르크식 (신新)연활자 인쇄술은 그만큼 아직 낙후

---

351) McMurtrie, The Book, 99-100쪽.
352) 김두종, 『韓國古印刷技術史』, 465쪽.
353) 김두종, 『韓國古印刷技術史』, 466쪽.

했던 반면, 한국의 전통적 활판술은 그만큼 강하고 끈질긴 경쟁력을 발휘했던 것이다.

나중에 신연활자가 도입된 1883년 이후에도 1963년까지 계속 쏟아져 나온 한국의 전통적 인쇄술로 활인한 서적들의 목록을 제시함으로써를 이를 경험적으로 입증할 것이다. 이런 목록 제시는 필자가 지금까지 입수한 주자활인본 서적목록에 불과하지만, 이 정도의 목록만으로도 1883년 이후에도 계속 쏟아져 나온 한국 금속활자 활판술의 생생한 사용을 알 수 있다. 그러나 대한제국 전후 시기는 근대화개혁과 군비증강에 총력을 기울이던 시기라서 국가의 전통적 교민敎民기능과 출판기능이 약화되면서 민간에서 비교적 저렴한 목활자 활판술이 발달하기 시작했고 때로 정부도 목활자를 개발해 쓰기도 했다. 나아가 일제의 한국병탄 이후에는 중앙정부의 출판기능이 소멸하면서 전통적 금속활자를 모방한 목활자 인쇄가 급증하면서 양식 신연활자 인쇄술과 계속 대등하게 경쟁했다. 이것은 1883년 이후 목활자 활인본 서적의 목록을 보면 금방 알 수 있다. (목록은 뒤에 제시) 일제의 병탄과 더불어 유교국가 한국의 전통적 출판복지기능이 와해되면서부터는 전통적 금속활자를 모방한 목활자를 써서 활인하는 흐름이 민간에서 일종의 붐을 일으키면서 번져가 서양식 신연활자 인쇄술과 대등한 경쟁을 벌였고, 그 여세는 해방 이후까지 이어졌다. 목활자 붐 시기에 더욱 정교화된 목활자 인쇄술이 그 여세를 해방 이후에도 이어갔다는 사실은 매우 중요하다. 한국 목활자 활판술은 부분적으로 그럴 만큼 경쟁력을 가지고 있었다. 특히 1963년에도 『극재선생유집克齋先生遺集』이 목활자로 인쇄된 것을 보면 한문학계와 유학계에서는 고풍스러움이 전무한 서양식 신연활자를 여전히 '경멸'했던 것으로 보인다. 아무튼 서양식 인쇄

- 245 -

술이 한국에 들어온 이후에도 한국 인쇄술은 60년 이상 양식 인쇄술과 경쟁을 벌일 만큼 고도로 능률적이었던 것이다.

따라서 금속활자 인쇄공법이 한자·한글 문자체계의 문제점들 때문에 극동제국에서 항구적으로 확립되지 못했다는 맥머트리의 단정은 전혀 근거 없는 소리다. 또 "활자인쇄술은 정부의 찬조를 제외할 때 저 모든 극동제국에서 결코 번영한 적이 없다"는 그의 단정도 그의 무지에서 비롯된 것이다. 상술했듯이 조선에서 민간 출판주체는 서원, 사후祠宇, 사찰, 주자·출판계契·책계, 문도, 문중, 개인 등 다양했기 때문이다. 사찰의 목활자, 서원에서 각자刻字한 목활자, 책계의 목활자·도활자, 개인의 목활자·도활자·포활자 외에도 개인과 지방 관청이 어우러져 제작·사용한 기타 수십 종의 지방 목활자가 있다. 그리고 민간에서 만든 동·철활자 등 수많은 민간 금속활자들이 있다.

맥머트리는 극동제국에서 금속활자가 부진하고 중국에서 목판인쇄가 선호된 또 다른 이유를 지어낸다. "목판인쇄에 대한 중국의 선호의 또 다른 이유는 예술의 한 분야로서의 서예에 대한 중국인들의 미적 평가였고 지금도 여전히 그렇다. 중국인 학자가 갖고 싶어 하는 책은 올바르고 공신력 있는 텍스트를 제공해야 할 뿐만 아니라, 한자漢字 캐릭터의 구성에서 대가의 붓 터치를 제공해야 한다. 붓글씨의 대가가 산출한 미美는 단조롭게 거듭거듭 사용되어 나빠지는 개별적 목활자로 생산한 것보다 면밀하게 각판된 목판으로 재생산해야 찬미자들에게 만족스러울 수 있다. 이러니 모래에서 주조된 금속활자에 대해서는 말할 것이 없다."[354] 맥머트리는 여러 번 말했듯이 목판의 글씨체가 동네 달필의 글씨라면 금속활자의 자본은

---

354) McMurtrie, *The Book*, 100쪽.

국제적 역대 명필의 것이라서 웬만한 동네 달필의 붓글씨보다 훨씬 아름답고 고귀하다는 것을 전혀 모르고 어드쉬드와 같은 오판을 하고 있다. 이런 까닭에 그의 이 주장에 대해서는 더 왈가왈부할 것이 없다.

맥머트리 때문에 말이 나왔으니까 어쩔 수 없이 인쇄기술과 관련하여 알파벳활자를 한자漢字·한글활자와 비교·분석해 볼 수밖에 없는 것 같다. 영어 자모는 26개이고, 한자의 부수는 총 97개, 한글 자모는 24개다. 이렇게 자모와 부수를 비교하면 영어가 한자에 비해 간단해 보이고 한글과 엇비슷해 보이지만, 단어와 문장으로 삼자를 비교하면 문제가 완전히 달라진다. 단어부터 보자. 영어 한 단어는 한 개의 한자漢字에 대응한다. 우선 영어는 문장 속에서 거의 언제나 관사冠詞를 요하지만 한자는 그렇지 않다. 그리고 영어 단어를 쓰거나 자모를 조립해 한 단어를 만드는 것은 한자를 쓰거나 문선·식자하는 것보다 더 많은 손동작을 요한다.

미리 알아두어야 할 것은 한 단어의 변형태들(가령 forget, forgot, forgotten)을 한 단어로 칠 때 영어 단어의 총수가 17만여 개이고 통상적으로 실용에서 쓰는 영어단어의 수는 7만여 개인 반면, 한자 총수는 9만여 자(『康熙字典』에 수록된 한자는 4만여 자, 『中華字海』에 수록된 한자는 8만7019자, 북경 국안國安자문설비공사의 수록된 한자는 9만1251자)이고 상용常用한자의 수는 3000-4000자라는 사실이다. 이것을 전제로 문장 중에 반드시 관사를 필요로 하는 인쇄체 영자 단어들의 문선 동작을 계산해보자.

일단 가령 the sky는 天에 대응하고, the sun은 日에, the moon은 月에 대응하고, the(a) river와 the(a) water는 水와 江에 대응하고, the(a) tree는 木에, the(a) table은 床에, the(a) boat는 舟에 대응하고, the(a) law는 法에, the(a) system은 制에, the(a) country는 國에, the(a) civilization은 文明에 대응한다.

이를 감안하여 단어를 문선과 식자를 할 경우에 위에 제시된 영어 단어 한자·한글단어의 문선동작 횟수를 비교해보자.

the sky는 6회, 天은 1회, 한글단어 '하늘'은 2회
the sun은 6회, 日은 1회, 해는 1회
the moon은 7회, 月은 1회, 달은 1회.
the(a) river는 6-8회(무관사면 5회), 江은 1회, 강은 1회.
the(a) water는 6-8회, 水는 1회, 물은 1회
the(a) tree는 5-7회, 木은 1회, 나무는 2회
the(a) table은 6-8회, 床은 1회, 상은 1회
the(a) boat는 5-7회, 舟는 1회, 배는 1회
the(a) law는 4-6회(무관사면 3회), 法은 1회, 법은 1회
the(a) system은 7-9회(무관사 6회), 制는 1회, 체계(제도)는 2회
the(a) country는 8-10회(무관사 7회), 國은 1회, 나라는 2회
the(a) civilization은 13-15회. 文明은 2회, 문명은 2회

보는 바와 같은 영어 단어는 관사 있을 때나 없을 때나 조판할 때 손동작이 한자보다 획수가 5-7배 이상 많다. 그리고 한글단어들의 조판동작은 한자보다 한 횟수 정도 많거나 거의 같다. 영어 단어의 문선·식자 동작은 한자어 단어나 한국어 단어보다 이 무려 5-7배 많은 것이다.

그런데 우리의 관심사인 문장의 문서·식자 작업의 경우에는 영문과 한문, 그리고 영문과 한글 간의 동작횟수 격차는 단어의 경우보다

더 현격하게 벌어진다. 앞서 설명했듯이 "The dragon flies the sky"는 20번의 문선·식자 동작을 요하는 반면, 이에 조응하는 한문 "龍飛御天"은 단 4번의 동작으로 완결된다. 한문 "龍飛御天"의 문선·식자 동작이 영문 "The dragon flies the sky"의 경우보다 5배 빠른 것이다. 그리고 한글로 표현하면 "龍飛御天"은 "용이 하늘을 날다"인데, 이 한글문장을 조판하는 데 필요한 문선·식자 동작은 7번에 지나지 않는다. 따라서 이 한글문장의 조판도 영문보다 거의 3배 빠른 것이다.

영어문장 "Nourishing the people"과 "Thank for everything"의 문선·식자도 비교해 보자. 영어문장 "Nourishing the people"은 무려 19회의 동작이 요구되지만, 한문 "養民"은 2회 동작으로 완료되고, 한국어 "백성을 기름"은 5회면 족하다. 영어문장 "Thank for everything!"은 18회의 동작이 필요하지만, 한문 "感謝凡事!"는 4회 동작으로 끝나고, 한국어 "범사에 감사하라"는 7회 동작으로 충분하다. 영어문장은 한문보다 4.5배에서 9.5배 더 많은 문선·식자 동작을 요하고, 한국어보다는 약2.6배에서 3.8배 더 많은 동작을 강요하는 것이다. 여러 문장을 상호 비교함으로써 한문과 한국어 문장의 문선·식자가 영어문장의 그것보다 늘 수배 빠르다는 것이 분명해졌다.

그리고 문선·식자는 활자상자 속에 정돈되어 배치된 글자의 종류와 수가 많고 적음에 별 영향을 받지 않는다. 문선·식자공은 3000-4000개 글자(상용 한자활자)에서 필요한 글자를 고르든, 390여 개의 자모음 子母音조립 글자(상용 한글활자)에서 필요한 글자를 고르든, 약 370개의 알파벳 자모음분리 글자(영자)에서 필요한 자모음 글자를 골라 결합시키든 작업효율에 거의 영향을 미치지 않는다. 숙달된 장인匠人들은 운동감각적으로, 즉 PAM(Perception-Action Mechanism)의 조건반사 방식으로 움직이기 때문이다. 한문·한글의 작업효율이 알파벳의 작업효율보다 대폭 높은 것은 문장과 문장 속의 단어를 문선·식자할 때이고, 필요한 주자의 수량을 결정적으로 좌우하는 것은 '활인·번각 시스템'의 유무다.

한편, 알파벳으로 쓰이는 서적의 인쇄는 24자의 활자만 필요한 것이 아니라, 우선 소문자(24개)와 대문자(24개)를 각각 대·소자로 만들어야 하고(96개 종류), 그리고 같은 수의 이탤릭체 알파벳이 있어야 하고(96개), 합성자의 대·소문자(À Á Â Ã Ä Å Æ Ç È É Ê Ë Ì Í Î Ï Ð Ñ Ò Ó Ô Õ Ö Ø Ú Ù Û Ü Ý Þ ß à á â ã ä å æ ç è é ê ë ì í î ï ð ñ ò ó ô õ ö ø ù ú û ü ý þ ÿ ¿ ff fi fl ffi ffl ft st, Œ, œ 등 70여 개)도 대·소자로 만들어야 하고(140개), 각종 문장부호와 표시(. , ! : ; ? ※ § ♀ ♂ = + ± × ÷ ≠ ≤ ≥ → ⌣ ⊃ ⊂ ⊇ ⊆ ʃʃ ʃ), 희랍어문자 대소문자 및 대·소자 등 활자들을 더 만들어야 한다. 따라서 일단 적어도 370-400개 정도의 알파벳 활자를 주자鑄字해야 한다.[355] 그래도 여기서 그치지 않는다. 여기에 자주 쓰는 글자를 사용빈도에 비례해서 더 만들어야 한다. 그리고 서적인쇄의 경우에 19세기 후반에 발명된 '지형-연판 시스템'이나 조선의 '활인-번각 시스템' 같은 기술적 보조 시스템의 뒷받침이 없이 15세기부터 19세기 초반까지 그랬던 것처럼 인쇄하면 서책의 인쇄가 완결되고 더 이상 팔리지 않을(인쇄할 필요가 없을) 때까지 해판이 불가능하기 때문에 이 책의 조판에 들어간 모든 활자들은 조판상태로 묶여 있어야 하므로 엄청나게 많은 활자를 주자해야 한다. 그래서 상술했듯이 라틴자나 영자 성서의 인쇄에는 이론적으로 최소한 필요한 331만5000개(구텐베르

---

355) 존 맨은 구텐베르크가 290가지의 알파벳 문자와 부호(83종)로 인쇄했다고 말한다. Man, *The Gutenberg Revolution*, 163쪽. 그러나 퓌셀은 448가지 글자(대210, 소 185, 이니셜 장식글자 53)로 인쇄했다고 말한다. 슈테판 퓌셀, 『구텐베르크와 그의 영향』, 49쪽.

크 성서의 1페이지에 들어가는 활자 2600개 × 1275 성서 페이지)의 활자와, 이에 더해 대문자의 대·소大小 활자와 대·소문자 합성자의 대·소 활자가 필요하다. 그리하여 1470년대에 실제로 책을 인쇄할 때 한 출판사는 680여만 개의 알파벳 활자를 갖춰야 했다.

이에 반해 조선에서는 한문서적을 인쇄할 경우에도 적으면 대·소자大小字 도합 10만여 개, 특대자·대자·소자·특소자를 따로따로 주자한 경우에도 많아야 20-30만 개만 만들면 『사기史記』(130권)나 『한서漢書』(100권)와 같이 어마어마한 거질巨帙의 책을 포함하여 천하의 그 어떤 책이든 다 인쇄할 수 있었다. 태조 3년(4003)의 경자자는 "수십만 자"에 불과했고,356) 세종 16년(1434)의 갑인자는 "20여만 자"에 불과했다.357) 한글인쇄의 경우에는 필요한 주자의 수가 더욱 대폭 줄어든다. (특)대·소자를 만드는 경우에도 – 상용한자가 3000-4000자인 것과 실용 한글 글자가 약 390자인 점을 비례적으로 고려하여 얼추 계산할 때 – 인쇄에 쓰는 한글활자는 줄잡아 2-3만자 정도면 아무 큰 책이라도 다 인쇄할 수 있었다.

따라서 영문서적의 경우에는 한문서적의 경우보다 실제로 34-68배 많은 활자가 필요하고, 한글서적의 경우보다 230-340배 더 많은 활자를 필요로 한다. 또한 앞서 분석했듯이 영문서적의 문선·식자 노동은 평균적으로 한문서적의 경우보다 약5-9배 느리고, 한글의 경우보다 3-4배가량 느리다. 이것을 몽땅 비용으로 환산해보라.

---

356) 權近, 「跋語類·鑄字跋」. 『陽村集』 권22. 천혜봉, 『한국 금속활자 인쇄사』 (파주: 범우, 2012), 79쪽 각주3과, 남권희, 『한국 금속활자 발달사 – 조선시대』, 17-18쪽 각주3, 161쪽 각주3에 수록.

357) 김빈金鑌, 「주자발鑄字跋」. 『高麗史節要』 拔, 또는 『眞西山讀書記乙集 大學衍義』(갑인자본) 卷末. 『世宗實錄』, 세종 16년(1434) 7월 2일 기사, 또는 천혜봉, 『한국 금속활자 인쇄사』 (파주: 범우, 2012), 93쪽 각주1에 게재.

서적 인쇄 시에 소요된 주자의 수와 문선·식자의 작업효율이라는 두 요인을 합쳐 고려하면, 주자작업(금속활자 제조작업)을 일단 제쳐 놓고 문자체계에 기인한 영문서적의 활자인쇄 효율만을 따져 볼 때, 알파벳 영문서적 인쇄작업은 한문·한글서적 인쇄의 경우보다 수백 배 더 비효율적이고 그만큼의 배수로 비용이 더 드는 것이다. 따라서 맥머트리의 저 주장은 한낱 실제와 동떨어질 뿐만 아니라 활자인쇄 현장의 현실과 정면 배치되는 (자기)기만적 알파벳 예찬일 뿐이다.

맥매트리가 고려의 역사나 고려·조선의 금속활자인쇄술을 전혀 모르는 것이 아니다. 그렇기 때문에 그의 알파벳 예찬과 한문·한글 무시는 더욱 기만적인 것으로 느껴진다. 그는 고려와 몽골 간의 강화협정의 내용을 정확하게 "몽골대칸의 '지명'으로 자기의 고려 계보의 왕들이 왕위를 잇는 것을 조건으로 몽골제국의 종주권을 '명목상' 인정했었던 왕국"으로 기술한다. 이어서 그는 고려와 조선 의 목판인쇄술과 금속활자 인쇄술을 말한다. "그러나 몽골이 전복되 자마자 한국정부는 오히려 혼동에 빠졌고, 상태는 나라가 고려의 영웅, 이李 장군에 의해 회복될 때까지 나쁜 상태에서 더 나쁜 상태 로 변했다. 이성계는 한국에 생동하고 개명된 행정을 부여하고 문예 와 기술을 진흥한 치자들로 이어지는 새 왕조를 창건했다. 그래도 구텐베르크를 반세기 앞서는 1392년의 한국 연대기에서 우리는 "주자와 서적인쇄"를 맡은 서적부서(태조 때의 교서감校書監 → 태종 때의 교서관校書館[병칭: 예각藝閣] – 인용자)의 설치에 관한 기록을 발견 한다. 한국에서 활자인쇄가 13세기 초반으로 멀리 거슬러 올라가는 시기에도 알려져 있었다는 기록들이 있다. 그러므로 14세기를 마감 하는 시기의 활동은 아마 불용상태에 빠진 인쇄방법의 재생으로 간주되어야 할 것이다. 이 재생의 경우에도 사용된 활자는 금속으로 만들어졌다. '교서관'은 약간 지체한 뒤 1403년부터 실제로 돌아가기 시작했고, 바로 이 해에 이李 장군의 아들이자 왕위계승자인 태종이 사비私費를 출연하여 동으로 '수십만 자의 활자를 주자鑄字하게 했다'. 여기 한국에서 금속활자 인쇄는 실험 이상의 것이 되었다. 1403년과 1544년 사이에 새로운 활자폰트의 주자에 관한 7번의 왕명이 있었다. 1420년에는 소자 활자가 제작되었으나, 읽기 어려운 것으로 드러나서 1434년에 더 큰 신형 활자가 주자되었다. 그리하여 두 달 만에 20여만 자의 신형 활자가 제작되었다. 한국역사에서 이 영광의 시기에 서적들이 대량으로(large quantities) 인쇄되었다는 것은 의심할 바 없다. 1422년의 연대기는 황홀경에서 이렇게 쓰고 있다. '인쇄되지 않은 채 남겨진 어떤 책도 없을 것이고, 배우지 않는 어떤 사람도 없을 것이다. 문교文敎(literature and religion)는 매일 진보할 것이고, 도덕의 대의는 엄청나게 증진될 것이다. 군주의 첫 번째 책무를 재정과 전쟁으로 여긴 당나라와 한나라의 치자들은 같은 날 이 일의 공이 마땅히 돌아가야 할 군주와 함께 언급될 수 없을 것이다.' 15세기 한국의 인쿠나불라(incunabula – 초창기에 찍은 책들)는 여전히 큰 수량이 한국의 도서관과 일본의 사원들에 소장되어 있다."358)

태종은 1403년(계미년, 태종3) 2월 13일 주자소鑄字所를 세우고 왕과 대소신료들의 사재를 모아 고전(시경·서경·춘추좌씨전)의 글자를 자본字本으로 삼아 "2-3개월" 걸려 동활자 "수십만 자"를 주자하고 이 활자를 '계미자'라고 했다. 세종은 이 계미자의 모양이 가지런하지 않고 주성鑄成이 거칠어 인쇄 도중 동요가 자주 일어나 능률이 떨어

---

358) McMurtrie, *The Book*, 97-98쪽.

지므로 1420년(경자년, 세종2) 새로 동활자를 주자했는데, 7개월이 걸렸다. 이것이 바로 경자자庚子字다. 맥머트리가 1422년의 연대기 (실록)에 "황홀경에서 썼다"고 말하는 저 글은 변계량卞季良이 1422 년 10월 29일에 쓴 「주자발鑄字跋」을 발췌·영역한 것이다. 원문 전문을 국역하면 이렇다.

주자鑄字를 만든 것은 많은 서적을 인쇄하여 길이 후세에 전하려 함이니, 진실로 무궁한 이익이 될 것이다. 그러나 처음 만든 그 글자는 모양이 다 잘 되지 못하여, 책을 인쇄하는 사람이 성공하기 쉽지 않음을 근심하던 차, 영락 경자년 겨울 11월에 우리 전하께서 이를 친히 걱정하사 공조참판 이천李蕆에게 명하여 새로 글자 모양을 고쳐 만들게 하니, 매우 정교하고 치밀했다. 지신사知申事 김익정과 좌대언左代言 정초鄭招에게 명해 그 일을 맡아 감독하게 하여 7개월 만에 일이 성공하니, 인쇄공들이 이를 편히 여겨 하루에 인쇄한 것이 20여 장에 이르렀다. 삼가 생각하건대, 우리 광효대 왕光孝大王(태종)이 앞에서 창작하시고, 우리 주상 전하께서 뒤에서 계승하셨는데, 조리條理의 주밀周密함은 그전 것보다 더 나은 점이 있다. 이로 말미암아 글은 인쇄하지 못할 것이 없어, 배우지 못할 사람이 없을 것이니, 문교文敎의 일어남이 마땅히 날로 앞서 나아갈 것이요, 세도世道의 높아감이 마땅히 더욱 성해질 것이다. 저 한漢·당唐의 임금들이 단지 재리財利와 병혁兵革에만 정신을 쏟아 이를 국가의 급선무로 삼은 것에 비교한다면, 천양지차뿐만이 아닐지니, 실로 우리 조선 만세萬世에 무강한 복이다.[359]

359) 『世宗實錄』, 세종 4년(1422) 10월 29일(계축), 원문 전문: "上命鑄字所 改鑄字樣印書 命卞季良跋之曰 鑄字之設 可印群書 以傳永世, 誠爲無窮之利矣。 然其始鑄, 字樣有未盡善者, 印書者病其功未易就。 永樂庚子冬十有一月 我殿下發於宸衷 命工曹參判李蕆 新鑄字樣 極爲精緻。命知申事金益精左代言鄭招 監掌其事 七閱月 而功訖。 印者便之 而一日所印 多至二十餘紙矣。 恭惟我光孝大王作之於前 我主上

맥머트리의 영역문을 이 원문국역문과 대조해보면 그의 영역문은 크고 작은 오역들이 금방 드러난다.

이어서 맥머트리는 한국 금속활자 인쇄술에 대해 완전히 그릇된 말들을 쏟아 놓는다.

동시대에 한국인들은 모험적으로 자모字母글자(single letters)용 활자의 창조에 가까이 접근하기도 했다. 한국 불교승려들은 대량의 산크리트와 티베트 서적들을 수입했고, 외국어 학습이 번창했다. 한국 학자들은 이와 같이 알파벳식의 자모글자(alphabet letters)를 읽는 것을 배우고, 최종적으로 15세기 초반에는 대체로 산스크리트어에 기초한 한국 표음알파벳을 개발했다. 이 알파벳을 위해 실제로 활자가 주자되었고, 이 활자로 인쇄된 책 한 권이 기록되어 있다. 그것은 1434년에 인쇄되었으나, 한국인들은 100여년에 위구르인들처럼 완전히 알파벳 인쇄술로 넘어가기 직전에 멈춰 섰다. 왜냐하면 그들은 각 활자의 조각이 대응적 한국 음운상징으로 중국한자를 담는 방식으로 새로운 표음 알파벳을 옛 중국 표의문자와 결합시켰기 때문이다.360)

여기서 맥머트리는 자모를 조립한 음절활자가 조판 시에 비로소 단어별로 자모들(a, l, p, h, b, e, t)을 횡렬·연접시켜야 (→ alphabet) 하는 알파벳 자모활자보다 인쇄에서 훨씬 더 능률적인 줄 모르고 한글의 음절활자 인쇄술을 깎아내리고 있다. 심지어 맥머트리는 "그토록 복잡한 인쇄방법은 불가피하게 실패로 운명지어졌다"고361) 단정함

殿下述之於後 而條理之密 有又加焉者. 由是而無書不印 無人不學 文敎之興當日進 而世道之隆當益盛矣. 視彼漢·唐人主 規規於財利兵革 以爲國家之先務者 不啻霄壤矣 實我朝鮮萬世無疆之福也."

360) McMurtrie, *The Book*, 98쪽.

으로써 한글 활자인쇄술을 '실패'로까지 폄하하고 있다. 이것은 거의 망언 수준이다.

하지만 맥머트리는 헐뜯고 깎아내리기만 하기가 멋쩍었는지 바른 말로 마무리하고 있다.

한국인들은 원시적 활자 거푸집 또는 주자방법도 개발했다. 15세기 말에 글을 쓴 성현成俔이 기록한 것처럼 그들의 활자는 형판型板으로 쓰이는 목활자로 모래 주형鑄型을 만들어 모래에 지어 부었다. 뉴욕의 미국자연사박물관(American Museum of Natural History)에 소장된 얼마간의 18세기 한국 활자들은 금속표면의 조직구성에서 모래에 지어 부은 것임을 입증하는, 오인할 수 없는 증거를 제공한다.362)

그러나 이 설명 끝에 덧붙인 다음과 같은 말은 완전히 그릇된 것이다. "내 의견에 의하면, 인쇄를 위해 조판할 때 활자들은 배열의 지침으로 쓰이는 막대기, 즉 활자의 발 부분의 반원형 밑 홈에 꼭 들어맞는 둥글거나 반둥근 막대기로 이랑이 만들어진 찰흙 바탕 속에 묻었다고 생각한다."363) 조선의 금속활자는 계미자의 경우 밀랍을 녹여 이 무른 밀랍에 활자를 꽂은 뒤 식혀 고정시켰고, 갑인자의 경우에는 막대기 이랑과 활자 사이의 빈틈에 얇은 대쪽(竹木)을 박아 넣어 활자를 고정시켰다.364) 조선인쇄술에서 찰흙에 활자를

---

361) McMurtrie, *The Book*, 99쪽.
362) McMurtrie, *The Book*, 99쪽.
363) McMurtrie, *The Book*, 99쪽.
364) 成俔(김남이·진지원 외 옮김), 『慵齋叢話』[1525·1909] (서울: 휴머니스트 출판그룹, 2015·2016), 370-371쪽(7권-24; 원문: 666쪽): "始者不知列字之法 融蠟於板 以字着之 以是庚子字 尾皆如錐 其後始用竹木塡空之術 而無融蠟之費 始知人之用巧無窮也."

박아 고정시킨 경우는 전무했다.

그러나 이처럼 고려와 조선의 금속활자 인쇄술을 소개하던 맥머트리는 느닷없이 방향을 돌려 서양 인쇄술의 발전이 극동인쇄술로부터 전혀 영향을 받지 않았다고 주장하고 구텐베르크의 독창성을 거듭 내세운다. "동방이 목판인쇄와 활자인쇄에서 많은 것을 성취했어도 중국의 발명이 유럽의 활자 발명에 그 어떤 영향을 미쳤다는 증거는 조금도 없다. 활자인쇄술의 발명이 온 인류의 사상사에서 새로운 시대를 연 것은 극동에서가 아니라 알파벳으로 쓰는 언어들을 가진 유럽에서였다."365) 맥머트리는 다른 구텐베르크 예찬론자들처럼 프랑스와 미국에서 지형-연판 인쇄공법工法이 등장하여 인쇄혁명을 일으킨 지 반세기가 지난 1924년 시점에 이 글을 쓰면서 구텐베르크의 활자인쇄술이 그때 이미 1924년 수준의 출판혁명을 일으킨 것으로 착각하고 있다. 거듭 말하지만 출판혁명은 지형-연판 시스템이나 거의 다름없는 효과를 내는 활인-번각 시스템을 갖춘 조선의 금속활자 인쇄술이 오히려 출판혁명을 일으킨 반면, 구텐베르크의 인쇄술은 1860년대까지 필사방식의 서적생산에 비해 혁신적이었을지 몰라도 유럽에서 그때 당시 절정에 도달한 목판본 인쇄술에 비해 효율 측면에서 격동이 아니라 미동을, 격랑이 아니라 잔물결을 일으켰을 뿐이다. 따라서 17세기까지도 목판인쇄술은 여전히 압도적으로 우월한 위치에서 구텐베르크 금속활자 인쇄술의 경쟁자로 존속했던 것이다. 구텐베르크 인쇄술은 "온 인류의 사상사에서 새로운 시대를 연 것"과 거리가 멀었다. 이에 대해서는 뒤에서 상론한다. 그리고 "중국의 발명이 유럽의 활자 발명에 그 어떤 영향을 미쳤다는 증거는 조금도 없다"는 맥머트리의 말은 신빙성이 조금

---

365) McMurtrie, *The Book*, 100쪽.

도 없다. 왜냐하면 '스모킹 건'이 없을 뿐이지, 카터·허드슨·블룸에
드워디스·전존훈·어드쉬드·올슨·흡슨·장수민·바레트·크리스텐슨·
뉴먼 등이 줄줄이 입증하듯이 서천의 '정황증거'는 넘쳐나고, 로버
트 커즌이 증언하듯이 서양 목판인쇄술의 초창기 공법은 중국의
목판인쇄 공법을 거의 그대로 빼닮았었기 때문이다.

　나아가 맥머트리는 아무런 근거도 없이 한국·중국·위구르의 인쇄
술을 각 나라에서 번영하는 데도 실패하고 외부에 영향을 미치는
데도 실패한 '불임' 기술로 몰고 유럽 인쇄술의 획기적 혁명성을
날조한다. "우리는 중국과 기타 동방제국諸國에서 인쇄술, 심지어
활자인쇄술도 유럽에서 인쇄술이 출현하기 오래전에 실행된 것을
알았다. 그러나 저 극동제국에서는 조건들이 인쇄술의 수용에 적합
하지 않아서 발명이 거기서 뿌리 내리고 번영하지 못했다는 것도
우리는 알았다. 역사에 대한 그것의 효과의 관점에서 중국에서 실행
된 것과 같은 인쇄술은 불임(sterile)이었다. 획기적 사건은 15세기
중반 무렵 유럽에서의 인쇄술의 출현이었다."366) 그야말로 마구잡
이 주장이다.

　그리고 다시 인쇄술의 서천을 부정하고 구텐베르크의 독자성을
주장하는 다른 곳에서 맥머트리는 궤변적으로 '아이디어'와 '발명'
을 구분하는 등 결정적 자가당착의 오류를 범한다.

15세기 유럽에 출현한 그대로의 인쇄술은 유럽 고유의 시대와 조건에서
자라난 전적으로 독립적인 산물이었다. 인쇄술의 공법工法은 아닐지라도
인쇄술의 '아이디어'가 극동으로부터 유럽으로 들어왔다는 말은 어떤 확실
성을 가지고서도 입에 올릴 수조차 없다. 유럽인들이 동방과의 다면적 접

---

366) McMurtrie, The Book, 136쪽.

측 중에 인쇄술의 어떤 요소를 배웠다거나 아마 종이에 인쇄된 서류와 서적들을 보았을 것이라는 것은 물론 불가능하지 않다. 그러나 유럽인들이 그랬다면 그 아이디어는 - 목판인쇄술에서 아이디어를 응용하는 것을 제외하는 것이 가능하다면 - 유럽의 토양에 뿌리내리고 자라지 못했을 것이다. 왜냐하면 아이디어는 발명품이 아니기 때문이다. 레오나르도 다 빈치가 15세기에 비행기의 아이디어를 가졌고, 그보다 1500년 전에 알렉산드리아의 그리스 과학자 헤로(Hero)가 그 아이디어만이 아니라 증기기관의 원리도 가졌기 때문이다. 두 가지 조건 세트가 어떤 창조적 아이디어든 유용한 발명으로 전개되기 위한 선결요건이다. 하나는 아이디어를 물리적 형태로 전환시킬 시설과 재료들의 존재다. 다른 하나는 발명에 대한 사회적 필요나 수요, 아니면 적어도 정신적 준비태세다. 두 선결요건 중 후자는 성공을 위해 더 본질적이다. 사회가 그것에 준비가 되어 있지 않고 그것을 수용하지 않는다면 발명은 그런 정도로 무용하고 살아남지 못하기 때문이다.[367)

맥머트리는 앞서 극동의 인쇄술이 "유럽의 활자 발명에 그 어떤 영향을 미쳤다는 증거는 조금도 없다"고 주장했었으나 여기서는 "유럽인들이 동방과의 다면적 접촉 중에 인쇄술의 어떤 요소를 배웠다거나 아마 종이에 인쇄된 서류와 서적들을 보았을 것이라는 것은 물론 불가능하지 않다"고 실토함으로써 자가당착적 오류를 범하고 있다. 또한 앞서 이미 지적했듯이 이 논변은 자기부정적이고 동시에 그릇된 것이다. 우선 그는 증기기관이 고대그리스에서 단순한 '아이디어'로 그친 것이 아니라, 실제로 발명되어 정원장식용과 위락용으로 널리 사용되었고 그 설계도까지도 알렉산드리아 도서관에 현존

---

367) McMurtrie, *The Book*, 123쪽.

한다는 기술사적 사실을 전혀 모르고 있다. 그리고 양력揚力의 원리를 몰랐던 레오나르도의 비행기 아이디어는 그릇된 것이었고, 그것은 지구상의 어디에선가 실제로 운행되는 비행기의 실물을 보고 안출해낸 리메이크 아이디어도 아니었다. 다빈치의 아이디어는 "아이디어를 물리적 형태로 전환시킬 시설과 재료들"이 없거나 "발명에 대한 사회적 필요나 수요"가 없어서 구현되지 못한 것이 아니라, 그 원리가 그릇된 것이라서 구현되지 못한 것이다. 그런 "시설과 재료들"은 중세말의 수공업자들의 공방에 넘쳐났고, 비행기에 대한 "필요나 수요"는 까마득한 고대로부터 새처럼 하늘을 날고 싶었던 인류의 보편적 소망만큼이나 오래된 것이었다. 양력揚力의 원리를 모르는 다빈치의 그릇된 비행기 아이디어 설계도는 발명품도 아니었고 발명품이 될 수도 없었지만, 그렇다고 모든 아이디어가 발명품이 아닌 것이 아니다. 올바른 원리에 입각한 아이디어나, 다른 곳에서 이미 쓰이고 있는 물건을 보거나 이에 대한 소문 또는 정보를 전해 듣고 안출한 리메이크 아이디어는 이미 절반의 '발명'이거나 절반의 '리메이크, 재창조'인 것이다. 따라서 동방의 먼 나라에서 금속활자 인쇄술의 '존재'나 '상용常用' 사실을 소문으로 알았거나 그곳에서 들어온 금속활자 활인본活印本을 보고서 유럽형 금속활자 활판인쇄술의 아이디어를 안출했다면 이 아이디어는 언제든 재발명품, 재창조물이나 리메이크로 구현될 수 있는 것이다. 이런 견지에서 올바른 아이디어 자체가 이미 절반의 (재)발명인 것이다. 아이디어 없는 발명품도 없고, 아이디어 없는 리메이크도 없다. 티모시 바레트의 말대로 독일의 뷔팅어가 18세기 초 중국 자기를 보고 제조공법을 터득해 고온소성의 경질자기를 모조模造 방식으로 '재발명'했듯이 구텐베르크는 활인본 서적을 보거나 금속활자의 존재에 대한 소문을 듣고 알파벳 금속활자를 모조 방식으로 '재발명'(re-invention, re-make)한 것이다.

앞서 소개했듯이 전존훈은 오래 전에 이미 이런 방향에서 맥머트리의 "아이디어는 (아직) 발명이 아니다"는 명제를 반박했었다. "발명은 언제나 새로운 고안물과 실행을 포함하고, 새로운 아이디어 없이 수행된 공법들은 발명품의 자격을 얻지 못한다. (…) 인쇄술의 기본원리가 거울 이미지로부터 종이 위에 잉크를 묻혀 양각으로 압인한 것의 다수 복제물을 획득하는 것이라면, 바로 이 아이디어는 (이미) 하나의 발명을 시사하는 것이다."368) 전존훈은 이 말로써 "아이디어는 발명이 아니다"는 맥머트리의 핵심명제를 분쇄해 버리고 있다.

그리고 맥머트리가 "목판인쇄술에서 아이디어의 응용을 제외하는 것"을 보면, 그 자신도 동방의 목판인쇄술이 들어와 "유럽의 토양"에서 발달하여 여기로부터 금속활자에 대한 열망과 아이디어가 피어나게 된 역사적 사실도 알고 있는 듯하다. 그렇다면 구텐베르크의 금속활자 인쇄술은 동방의 목판인쇄술로부터도 간접적으로나마 영향을 받은 점을 부지불식간에 인정하는 것이다. 이 점에서도 맥머트리의 주장은 자가당착적이다. 따라서 구텐베르크 발명의 독창성과 알파벳에 대한 무조건적 찬양, 한국·중국 인쇄술에 대한 터무니없는 '실패' 판정, 서천론에 대한 자가당착적·기만적 부정 등으로 짜인 그의 저 100년 전 주장은 이제 더 이상 돌아볼 것이 없을 것이다.

---

368) Tsien, *Paper and Printing*, 318-319쪽.

■ 알로이스 루펠의 구텐베르크 독창설과 알파벳 찬양

빗나간 문자론적 구텐베르크 인쇄술 찬양은 이 인쇄술의 찬양이
아니라 알파벳 찬양이지만 맥머트리의 그것으로 그치지 않는다.
1924년 서천론을 부정하는 맥머트리의 이 주장이 나온 지 30년
뒤 독일학자 알로이스 루펠(Aloys Ruppel, 1882-1977)은 1953년 『중국인
들과 한국인들이 서적인쇄술을 발명했는가?(Haben die Chinesen und
die Koreaner die Buchdruckerkunst erfunden?)』라는 제목의 단행본 논문(1954
년 공간)에서 또 다시 한국 금속활자의 서천을 강력 부인했다. 이
논문의 핵심논지는 그의 이전 저서 『요하네스 구텐베르크: 그의
삶과 업적(Johannes Gutenberg: Sein Leben und sein Werk)』(1939)에서369)
피력했던 한국 금속활자 관련 논지의 반복이기 때문에 새로울 것이
없다. 그러나 이 논문에서는 논지를 아주 공격적으로 다듬어 놓고
있다.

이 논문 『중국인들과 한국인들이 서적인쇄술을 발명했는가?』에
서 루펠은 서천론을 주장하는 학자들이 늘어나자 비위가 틀어져서
다음과 같이 운을 뗀다.

그러나 한국에서 온 그 인물은 동아시아적 비웃음으로 (구텐베르크를 포함
한) 모든 유럽인들의 주장을 기각한다. 그는 '이 유럽인들 중 아무도 1392
년 한국에서 글자를 동으로 지어 붓는 계획을 세웠을 때 살지 않았다'고
말한다. 그리고 구텐베르크가 학교에 가기에도 아직 충분한 나이가 되지
않았던 1403년경 서울에서 수십만 자의 주조된 개별적 금속활자로 인쇄하
는 커다란 국가인쇄소의 설립 명령이 하달되었다. 그리고 1409년 서울에

---

369) Aloys Ruppel, *Johannes Gutenberg: Sein Leben und sein Werk*, 3rd ed., unrevised
reprint (Nieuwkoop·Berlin: Gebr. Mann, 1939·1947·1967).

서 최초의 활자인쇄물이 나왔다. 한국 발명가의 이름이 더 이상 알려지지 않았어도 이것은 의심할 바 없는 사실이다. 그러나 유럽인들에 대해서만이 아니라 한국인들에 대해서도 발명의 영예를 부정하는 중국인들의 비웃음은 완전히 한술 더 뜬다. 한국인들에 350년 앞서, 정확히 1041년과 1048년 사이에 중국 대장장이 필승은 (그렇다, 우리는 시점만이 아니라 이름도 안다) 물론 아직 금속활자가 아닌 개별 활자로 인쇄했다. 중국인들은 필승도 개별 활자에 의한 기계적 글자복제의 아이디어를 최초로 행동으로 옮긴 인물로 경축되고 기려질 수 있다고 생각한다.370)

그리고 루펠은 구텐베르크 독창설을 흔드는 불리한 저간의 학술적 상황을 자기 말로 이렇게 요약한다.

동아시아에서 15세기의 유럽적 발명 이전에 사용되고 활용된 인쇄기술들에 대해서는 중국·일본·스웨덴·프랑스·독일·미국 학자들의 펜에서 나온 아직 상당히 최근에 쓰인 것이긴 하지만, 진짜 엄청나게 많은 문헌이 존재한다. 최초로 미국인 카터가 1925년에 낸 책 *The Invention of Printing in China*에서 이 문제를 종합적으로 다루었다.371)

그러나서 루펠은 1950년대 당시에 나온 앙드레 블룸(André Blum)의 서천론 논문을 반박대상으로 설정한다. "최근에 파리 루브르 박물관 관리자(Konservator) 앙드레 블룸(André Blum)은 잡지 *La Chronque graphique* 1953년 1월호에서 "Gutenberg est-il le premier

---

370) Aloys Ruppel, *Haben die Chinesen und die Koreaner die Buchdruckerkunst erfunden?* (Vortrag am ii. Mai 1953 in der Universität Kopenhagen; Mainz: Verlag der Gutenberg-Gesellschaft, 1954), 4쪽.

371) Ruppel, *Haben die Chinesen und die Koreaner die Buchdruckerkunst erfunden?*, 4쪽.

inventeur de l'imprimerie?(구텐베르크가 인쇄술의 최초 발명자인가?)"라는 제목의 삽화를 곁들인 논문을 발표했다. 앙드레 블룸이 새로이 제기한 이 물음에 오늘날 답변해야 할 때다."372)

그러면서 루펠은 한국의 금속활자 인쇄술이 시간적으로 구텐베르크에 앞선다는 사실을 부정확하지만 얼추 인정한다. "그러나 우리는 이제 1409년 한국 서울에서 나타난 인쇄물의 권말 발문跋文에서 조선국왕 태종이 1403년 모든 기존 서적을 불완전한 목판인쇄가 아니라 주조한 동활자로 찍고 싶은 소망을 표명했다는 사실을 읽는다. 그리하여 수십만 자의 동활자가 주자鑄字되었다. 그리고 지어부은 동활자의 인쇄로 입증된 1409년 인쇄물의 간기는 이 활자들이 수만 권의 책으로 나타나 그만큼 많은 세대에 걸쳐 유증되기를 바라는 소망으로 끝난다. 따라서 이 확실시되는 보고들과, 이어진 시기에 극동에서 주자된 동활자로 찍힌 책들의 현존을 통해 한국 서울에서 활자인쇄술을 늦어도 마인츠 시민 구텐베르크가 10살보다 많이 먹지 않았던 1409년에 알고 활용했다는 것은 분명하다."373) 이 대목을 보면 루펠은 고려조 한국에서 1211년에 이미 금속활자를 사용해 책을 찍은 사실을 전혀 모르고 있다는 것을 알 수 있다. 또 그는 1403년에 주조된 계미자로 찍은 최초의 서책이 1406년의 『도은문집陶隱文集』이라는 사실을 모르고 활인 날짜를 1409년으로 잘못 제시하고 있다. 여기서 루펠이 말하는 "1409년 인쇄물의 간기"는 권근權近(1352-1409)이 1409년 이전에 계미자로 활인된 『대학연의大學衍義』에 붙인 발문跋文을 말한다. 이 발문의 원문 전문의 국역문은 이렇다.

---

372) Ruppel, *Haben die Chinesen und die Koreaner die Buchdruckerkunst erfunden?*, 4쪽.
373) Ruppel, *Haben die Chinesen und die Koreaner die Buchdruckerkunst erfunden?*, 9쪽.

영락원년(태종3, 1403년) 봄 2월 전하가 좌우에게 일컬어 말했다. 무릇 정치를 하려고 하면 반드시 전적典籍을 널리 보고 난 뒤에야 궁리정심窮理正心하여 수제치평修齊治平의 효과를 이룰 수 있다. 우리 동방은 해외에 있어 중국의 책이 드물게 들어오고 판각본은 쉬 이지러지고 천하의 책을 뒤섞어 다 간행하기 어렵다. 나는 동銅으로 본을 떠서 글자를 만들어 책을 얻을 때마다 반드시 인쇄하여 책을 널리 퍼트린다면 진실로 무궁의 이익이 있을 것이다. 그러나 그 비용은 마땅히 백성들에게서 걷지 않고 나는 친훈親勳 신료들과 더불어 비용을 같이하여 여럿이 만들 도다! 이에 내탕을 남김없이 내고 판사평부사判司平府事 이직李稷, 여성군驪城君 민무질, 지신사 박성명, 우대언右代言 이응李膺 등에게 이를 감독하라 명하고, 군자감 강천주姜天霔, 장흥고사長興庫使 김장간金莊侃, 대언사주서代言司注書 유이柳荑, 수녕부승壽寧府丞 김위민金爲民, 교서관저작랑著作郎 박윤영 등이 일을 맡도록 명하고 또 경연에서 옛날 주석한 시경·서경·좌씨전을 내어 자본으로 삼게 하니 그 달 19일부터 주자를 시작하여 두세 달 동안 다량으로 만드니 수십만 자에 달했다. 삼가 우리 전하는 준철濬哲의 밑바탕, 문명의 덕, 만기萬機의 겨를로 경전과 사서史書에 정신을 집중하고 힘쓰고 힘써 피곤할 줄 모른다. 심오하게 다스림의 원천을 드러내고, 문화를 열고 닦고, 덕교德教를 사려깊게 넓혀 당시當時를 맑히고 후세에 전하니 이에 참마음을 다해 정성스럽게 간직할 것이로다. 이 주자를 주자한 덕에 군서群書를 활인하여 만권萬卷에 이를 수 있고, 만대에 전할 수 있게 되었으니, 규모가 광대하고 사려가 심장深長함이 이와 같도다. 왕의 가르침을 전하고 성력聖曆을 영구히 하여, 진실로 마땅히 오래고 두루 견고할 따름일지어다. 금년 늦게 11월 초하루 배수하고 머리를 조아려 경발敬跋하다."374)

---

374) 權近,『陽村先生文集』「卷22 跋語類·大學衍義跋」(태종 9, 1409년 이전에 활인된 '大學衍義' 발문): "永樂元年春二月 殿下謂左右曰 凡欲爲治 必須博觀典籍 然後可

루펠은 그가 부정확하지만 권근의 이 발문까지 이용하고 있는 것을 보면 한국 금속활자와 관련된 글들을 꽤나 본 것으로 보인다.

이어서 루펠은 자기 논제의 초점이 되는 물음을 바로 제기한다. "그리하여 이 구텐베르크가 1436년 (따라서 한국의 최초 활자인쇄 27년 뒤) 슈트라스부르크에서 인쇄술의 유럽적 발명을 위해 애쓰기 시작했을 때 앞서 묘사된 한국 인쇄술을 알고 이용했는가를 묻는 중요한 물음이 제기된다."375) 이어서 그는 역사적 사실로부터 "구텐베르크가 한국의 활자인쇄기술에 의해 어떤 식으로든 영향받았다"는 결론을 도출하는 앙드레 블룸의 논문을 문제삼는다. "그(블룸)는 자기의 견해를 눈앞에 분명하게 드러내기 위해 붉은 선들이 쳐진 유라시아의 지도 속에 한국(과 중국)의 활판인쇄술이 유럽으로 갔을 수 있는 길을 그려넣었다. 한국 활판인쇄술은 튀르크스탄을 통해 실크로드와 페이퍼로드를 따라 바그다드까지 이동했다는 것이다. 그러나 그 다음 이 인쇄술은 지중해로 가는 자연적(서양적) 길을 택한 것이 아니라, 흑해와 카스피 해 사이로 코카서스를 가로질렀다. 이 인쇄술은 러시아 상업도시 노브고로드에 도달해서 거기로부터 먼저 모스크바로 간 다음 바르샤바로, 그리고 최종적으로 프라하로 이식

以窮理正心 而致修齊治平之效也. 吾東方在海外 中國之書罕至 板刻之本 易以剜缺. 且難盡刊天下之書也 予欲範銅爲字 隨所得書 必就而印之 以廣其傳 誠爲無窮之利. 然其供費 不宜斂民 予與親勳臣僚有志者共之 庶有成乎! 於是悉出內帑. 命判司平府事臣李稷 驪城君臣閔無疾知申事臣朴錫命, 右代言臣李膺等監之, 軍資監臣姜天霔 長興庫使臣金莊侃 代言司注書臣柳萇壽 寧府丞臣金爲民 校書著作郞臣朴允英等 掌之, 又出經筵古注詩書左氏傳 以爲字本 自其月十有九日而始鑄 數月之間 多至數十萬字. 恭惟我殿下 濬哲之資 文明之德 萬機之暇 留神經史 孜孜無倦. 濬出治之源 而闡修文之化 思廣德敎 以淑當時而傳後世 拳拳焉. 爲鑄是字 以印群書 可至於萬卷, 可傳於萬世 規模宏大 思慮深長 如此. 王敎之傳 聖曆之永 固當並久而彌堅矣. 是年後十一月初吉 拜手稽首敬跋. 남권희, 『한국 금속활자 발달사 - 조선시대』, 17-18쪽 각주3에서 인용.

375) Ruppel, *Haben die Chinesen und die Koreaner die Buchdruckerkunst erfunden?*, 9쪽.

되었을 것이란다. 그 다음 그것은 프라하로부터 부챗살처럼 홀란드, 프랑스, 독일, 이탈리아로 확산되었다는 것이다."376)

그러나 루펠은 "구텐베르크의 모방에 대한 어떤 증거도 없다"는 것을 마치 '투쟁구호'처럼 연호한다. 그리고 그는 블룸의 주장을 조목조목 반박하려 든다. 우선 조비우스(Jovius) 관련 주장부터 물리친다. "동아시아로부터 중부유럽으로 이동한 활판인쇄술의 길에 관한 이 테제에 대해서는 한 조각의 증거도 현존하지 않는다. 블룸이 인용한, 이탈리아 주교 조비우스가 비로소 1550년에 표명한 – 유럽의 인쇄술이 중국으로부터 유래했다는 – 견해는 과학에 있어 아무런 가치가 없다. 왜냐하면 그 주교가 전혀 인쇄전문가가 아니어서 1520년경 교황 레오 10세가 그에게 보여준, 광동에서 온 책은 활판인쇄물이 아니라 목판인쇄물로 짐작되기 때문이다. 게다가 조비우스의 소위 '증거물'은 사건으로부터 100년 이상 뒤쳐져서 절름거리고 있다. 그렇다, 우리는 (아마 중국 기술의 영향을 받았을) 한국 활판술이 15세기의 첫 10년대(따라서 구텐베르크보다 먼저)에 이미 중국으로 되돌아와서 다시 이동했다는 사실에 대해 증거조차 없다. 정치적 관계 상황은 한국의 발명의 중국으로의("의" 반복) 이러한 이식에 유리하지 않았다."377) 우리는 조비우스의 주장을 이미 분석했다. 16세기 초에 유럽인들이 광동에서 보았다는 활판인쇄술은 1490년 개발된 화수의 금속활자 인쇄술일 가능성이 크고, 포르투갈 국왕이 그전에 교황에게 선물했다는 책은 중국 책이 아니라, 고려조나 조선조 태종 세종 때 출판된 한국 책일 수 있다. 장수민이 입증했듯이 중국 국·공립도서관과 중국인들의 개인서고에는 한국 책들이 여기저기 흩어

---

376) Ruppel, *Haben die Chinesen und die Koreaner die Buchdruckerkunst erfunden?*, 9쪽.
377) Ruppel, *Haben die Chinesen und die Koreaner die Buchdruckerkunst erfunden?*, 9쪽.

져 소장되어 있었기 때문에 그럴 개연성은 매우 현실적이다. 따라서 조비우스가 "전혀 인쇄전문가가 아니라"는 이유에서 조비우스의 견해를 "과학에 있어 아무런 가치가 없다"고 단정할 수 없다. 그가 역사가이자 외교관인 조비우스의 견해를 비전문적인 것으로 물리친다면, 우리는 도서관 사서이자 문서전문가에 불과한 루펠이 조비우스를 물리친 것과 동일한 이유에서 루펠의 반박 의견을 그대로 물리칠 수 있을 것이다. 이 문제의 논의에는 도서관학 지식이나 문서지식이 아니라 무엇보다도 서지학 지식과 인쇄기술사 지식이 필요하기 때문이다. 물론 이런 지식이 필요하다고 해서 논자가 반드시 서지학자이거나 인쇄술 기술사가일 필요는 없다. 따라서 역사학적 지식과 시대적 견문지식에 기초한 역사학자이자 고위급 외교관이었던 조비우스의 판단을 상당히 무게 있게 받아들여야 할 것이다.

그리고 13세기 후반부터 15세기 중반까지의 "정치적 관계상황은 한국의 발명이 중국으로 이렇게 이식되는 데 유리하지 않았다"는 루펠의 판단은 완전히 오판이다. 몽골군은 1231년부터 고려를 침입하기 시작하여 30년 동안 여섯 차례에 걸쳐 고려와 주요도시들과 수도를 약탈했었다. 따라서 이 약탈물에는 금속활자나 활인본 서적이 끼어 있을 수 있는 것이다. 또한 1271년부터 고려와 몽골 간의 관계는 1368년까지 안정되었고, 이후에도 고려와 북원 간의 외교관계와 인적 접촉·충돌은 15세기 중반까지 이어졌다. 또한 명대에도 15세기 말까지 번창한 중국의 천주를 통해, 그리고 정화의 대항해(1405-1433) 덕택에 서방과 극동을 잇는 바닷길은 더욱 활짝 열려 있었다.

루펠의 중국 인쇄술 지식은 일천하다. "우리는 1595년경 중국에 한자의 주지鑄字를 새로 도입해야 했던 사람들은 선교사들이었다는 것을 알고 있기도 하다"는 그의 말에서 그가 1490년 회수의 동활자 개발과 동활자 인쇄술을 전혀 모르고 있다는 것을 알 수 있다. 앞서 보았듯이 한국역사나 한국의 금속활자에 대한 지식도 일천하다.

그러나 루펠은 단언한다. "마찬가지로 한국의 서적복제 기술이 처음 그것이 등장한 지 30년 뒤에 중부유럽에 알려지고 구텐베르크에 의해 서적인쇄술의 발명에 이용되었다는 것에 대한 단 한 조각의 증거도 없고, 단 한 점의 근거도 없다. 아니, 그 어떤 근거 있는 개연성도 없다. 우리가 알고 있는 모든 것에 따라, 구텐베르크가 한국의 활자인쇄기술을 알았거나 단지 알 수만이라도 있었다는 것은 최고로 그럴싸하지 않다, 아니 바로 불가능하다."[378] "한 조각의 증거도 없고, 단 한 점의 근거도 없다"는, 아니 "어떤 근거 있는 개연성도 없다"는 루펠의 이 거듭된 막무가내 식 부정은 무조건 그릇된 것이다. 왜냐하면 우리가 보았듯이 수많은 학자들은 여러 가지 방식으로 서천의 '정황증거들'을 제시해왔기 때문이다. 필자는 뒤에서 이 문제를 더 본격적으로 논증할 것이다.

그리고 루펠은 국제적 기술이전·이식에 필요한 장구한 세월을 들어 서천 불가능론을 더욱 굳히려 든다.

제지기술이 발명국가에서 독일로 전해지는 데 거의 1300년 걸렸고 목판인쇄술이 800년이 걸렸다는 사실을 생각한다면, 우리는 (당시 종이나 목판인쇄보다 훨씬 덜 중요한) 활판인쇄술이 1409년에서 1436년까지의 기간에, 즉 27년의 기간에 동일한 길로 전해졌다고 믿을 수 없다.[379]

---

378) Ruppel, *Haben die Chinesen und die Koreaner die Buchdruckerkunst erfunden?*, 9-10쪽.
379) Ruppel, *Haben die Chinesen und die Koreaner die Buchdruckerkunst erfunden?*, 10쪽.

루펠은 이 대목에서 두 가지 오류를 동시에 범하고 있다. 첫째, 그는 칭기즈칸의 유라시아 대제국 성립 전에 제지술이 이전되는 데 걸린 세월과 이후의 나침반·화약·인쇄술이 이전되는 데 걸린 세월을 같은 잣대로 재는 오류를 범하고 있다. 칭기즈칸으로 말미암아 세계사가 성립한 이래 동서의 교류와 기술이전은 전시대에 비해 수십 배 빨라졌고 이전되는 물건들과 지식·정보·아이디어들의 종류와 양도 수십 배 많아졌다. 1250년부터 1368년까지 "14세기"는 아비뇽에서 개성까지 "세계체제"가 성립해 있었던 것이다.[380] 그 이후에도 개경−중국−북원−볼가 강 유역 황금씨족(킵차크 칸국)−이탈리아를 잇는 무역로는 살아 있었다. 쿠빌라이 대원제국 5대 황제(재위 1260-1294) 대도(북경)−상도上都−카라코룸을 잇는 역참로를 개통하고 이어서 북경·카라코룸에서 중앙아시아를 관통하여 킵차크 칸국(볼가 황금씨족)에 이르는 실크로드에 역참을 추가로 설치했다. 그리하여 교황의 친서를 휴대한 카르피니 사절使節 일행은 1246년 4월 8일 카라코룸에 가기 위해 볼가 강 유역을 떠나 역참을 이용해 "100일 남짓"(3개월 보름) 만에 카라코룸에 도착했고,[381] 이탈리아에서 출발해 북경까지 가는 데는 사신들과 동행할(역차로를 이용할) 경우에 5-6개월밖에 걸리지 않았다.[382] 역차로를 이용하지 못하는 경우에도 타나에서 출발해 북경에 닿는 데 8-9개월밖에 걸리지 않았다.[383] 이런 '팍스 몽골리카' 시대에 동서 기술이전 문제에다 "800년"

380) 참조 남종국, 「이탈리아 상인들, 아시아로 진출하다」, 49쪽. 남종국 외 8인, 『몽골 평화시대 동서문명의 교류』 (서울: 이화여자대학교출판문화원, 2021).

381) 남종국, 「이탈리아 상인들, 아시아로 진출하다」, 52쪽.

382) 몬테코르비노의 북경도착 보고. 남종국, 「이탈리아 상인들, 아시아로 진출하다」, 54쪽에서 인용.

383) 1330-1340년 사이에 활동한 피렌체 반디 상사의 타나 주재원 페골로티의 『상업지침

의 비유를 들이대는 루펠의 사고방식은 가히 반反역사학적이다.

두 번째 오류는 루펠이 고려·조선의 금속활자 인쇄술이나 활인본 서적이 서방으로 전해졌을 수 있는 기간, 또는 한국의 발명과 구텐베르크의 '발명' 간의 시간 격차를 '무식'하게도 "27년"으로 단축하고 있는 것이다. 『증도가』(1211)로부터 구텐베르크의 리메이크(1440년 대)까지 기간을 치면 실은 그 기간은 230여 년에 달한다. 이 230여 년의 기간은 어떤 식으로든 한국 인쇄술이 서천하고도 남을 충분한 세월이다. 따라서 '시간' 문제를 들먹일 일이 아닌 것이다.

이렇게 막무가내 식으로 서천론을 부정하면서 루펠은 예상대로 구텐베르크의 독창적 발명론을 피력하고 그를 찬양한다. "기량이 풍부한 금세공사 구텐베르크가 (밀랍압인을 위한 모자母字주형을 제작하려고 놋쇠 알파벳인장에서 시작된) 그에게 친숙한 인장생산 기술로부터 개별 알파벳을 위한 영구적 모자母字주형을 제조할, 따라서 수세기 이래 유럽에서 알려져 있던 금세공기술을 새로운 유형의 서적 복제에 활용할 생각이 생겨났다는 것이 훨씬 더 유력했다."384) 이것을 강력하게 주장하기 위해 전달노선 문제를 제쳐버리고 구텐베르크 인쇄술의 기술적 특이성과 차이를 부각시킨다. 그러나 여기서도 그의 무지는 현격히 눈에 띈다.

그러나 풀리지 않은 전달노선 문제보다 훨씬 더 중요한 것은 한국 활자인 쇄가 구텐베르크의 유럽적 발명과 완전히 다른 것이라는 점이다. 한국인 들이 참으로 수없이 많은 글자를 개별적으로 나무에 새겨 모래에 찍어 이 렇게 생긴 모래 모자母字주형으로부터 매번 오직 하나의 활자만 지어 부을

서』. 남종국, 「이탈리아 상인들, 아시아로 진출하다」, 56쪽에서 인용.

384) Ruppel, *Haben die Chinesen und die Koreaner die Buchdruckerkunst erfunden?*, 10쪽.

수 있었던 반면, 유럽의 발명가는 단단한 철제 알파벳 인장을 제작해서 그것으로 영구적 동銅 모자母字주형을 만들어내서 이것으로부터 항상 서로 동일한 납 알파벳을 마음대로 많이 지어 부을 수 있었다. 이를 위해 그는 빠르고 절대 정밀한 주자鑄字작업을 보장하는 수동 주조기구를 발명했다. 바로 이 주조기구가 유럽적 발명의 본질적 부분으로 통한다. 그리고 이것은 동아시아에 아무런 모델도 없었다. 그러나 한국인들과 중국인들에게 아직 알려지지 않았던 인쇄기도 구텐베르크의 발명에 속한다. 왜냐하면 한국인과 중국인은 종이를 물감이 발라진 텍스트조판 위에 누르고 천 뭉치로 문질러 종이가 활자로부터 물감을 취하도록 했기 때문이다. 이 경우에 종이 뒷면에는 인쇄할 수 없었다.385)

기술이전이나 기술적 아이디어의 이전은 이전받는 쪽에서 그것을 그대로 흉내내거나 똑같이 모방·모조할 수 없다. 왜냐하면 그렇게 하려고 해도 각 지역에서 가용한 재료와 솜씨의 유무有無 또는 차이로 인해 그대로 모방할 수 없고 어떤 식으론가 변형이 일어나기 마련이기 때문이다. 아무튼 기술과 기술적 아이디어는 모방과정에서 기술적으로 달라지더라도 얼마든지 이전될 수 있고 똑같은 형태로 전해지지 않더라도 우리는 이것을 '기술이전' 또는 '리메이크'라고 부르는 것이다. 그래서 가령 앞서든 뷔팅어의 고온소성 경질자기가 중국의 그것과 좀 다르더라도 그것은 중국의 경질자기를 모조한 것으로 보고, 또 러시아의 칼라 TV 세트의 전파송출·수상受像 방식이 원산지 미국의 그것과 기술적으로 좀 다르더라도 러시아 TV는 미국 TV의 기술적 아이디어나 기술을 모방했거나 리메이크한 것으로 보는 것이다. 기술이전과 리메이크에서 기술적 차이는 아무리

---

385) Ruppel, *Haben die Chinesen und die Koreaner die Buchdruckerkunst erfunden?*, 10쪽.

서로 다르더라도 모방이나 리메이크의 본질적 측면을 전혀 건드리지 못한다는 말이다.

그럼에도 불구하고 "한국인들이 참으로 수없이 많은 글자를 개별적으로 나무에 새겨 모래에 찍어 이렇게 생긴 모래 모자母字주형으로부터 매번 오직 하나의 활자만 지어 부을 수 있었다"는 말은 반드시 지적해야 할 루펠의 무지한 오류다. 왜냐하면 한국 주자공들은 가지 쇠를 써서 같은 활자 10여 개를 한꺼번에 주조했고 하나의 갯벌모래 거푸집을 여러 번 사용해서 많은 활자를 단기간에 주자했기 때문이다.

루펠이 한국 인쇄공들이 "종이 뒷면에 인쇄하지 않는 것"을 무슨 결함이나 되는 것처럼 언급하는 것은 그의 두 번째 오류다. 왜냐하면 종이 뒷면에 인쇄하지 않는 덕택에 오히려 활인본 책을 낱장으로 분해해 한 장 씩 목판에 붙이고 번각할 수 있었고 이 번각 시스템 덕택에 한국 금속활자 인쇄소는 수요가 큰 책들을 (기술적 고립무원 상태의) 구텐베르크 인쇄술보다 훨씬 더 많이 대량생산하여 출판혁명을 일으킬 수 있었기 때문이다.

이어서 루펠은 구텐베르크의 기술적 우위론으로부터 알파벳 문자의 우월성 이론으로 논의를 이동시킨다. "그러나 유럽의 발명과 한국의 발명 간의 본질적 차이는 아주 간단하게 문자 자체에 있다. 동아시아인들이 당시에 (그리고 아직 오늘날도 대체로) 사물, 생각, 느낌의 가시적 특징을 짓기 위해 배타적으로 상형문자로부터 생겨난 전체적 단어들의 표의문자만을 사용하는 반면, 유럽과 이와 경계를 접한 아프리카아시아지역에서는 2000년래 자모字母문자가 지배적이었다. 그리하여 동아시아인들이 약 4만 개의 상이한, 고도로 복잡한 문자를 필요로 하는 반면, 유럽인들은 26개의 아주 간단한 알파벳

문자로 충분하다. 알파벳이라는 이 경이롭게 간단한 도구로 유럽인들은 극히 복합한 생각들도 동아시아인들이 엄청나게 많은 복잡한 문자로 표현하는 것보다 훨씬 더 명백하게, 그리고 더 잘 이해할 수 있게 표현할 수 있었다. 유럽의 발명품이 보인 큰 효율성은 바로 소수의 단순한 문자들을 대량으로 주조하고, 이 금속활자들을 단어들로, 문장들로, 페이지로 조합하고 찍은 뒤에 그것을 다시 해체하여 다른 단어들로, 문장들로 조합하는 데 근거한다."386) 이 논변은 앞서 충분히 입증했듯이 완전히 그릇된 것이다. 이 논변은 소위 구텐베르크혁명에 속한 논변이 아니라, 인쇄에 오히려 불리한 알파벳 문장의 열등성을 알파벳의 '우월성'으로 둔갑시킨 '날조'일 뿐이다.

루펠의 결론은 본론의 종합과 논리적 도출이 아니라 '기염氣焰'으로 대체된다.

동아시아 발명품은 그 수만 개의 상이한 단어들의 분해불가능성 때문에 자모문자가 아니라 표의문자를 사용하는 동아시아제국에만 국한되어 있을 수밖에 없었다. 그러나 유럽의 발명품은 자모글자가 일반적으로 사용되게 된 세계의 모든 나라를 정복할 수 있었다. 한국의 활판술은 동아시아에서도 오직 조금만 확산되었다. 오래 전에 도입되고 탁월하게 조작되는 목판인쇄가 수만 개의 상이한(그리고 복잡한) 개별 활자의 제조보다 더 실용적이고 더 합리적인 것으로 입증되었기 때문이다. 세계를 정복한 인쇄술의 발명자는 중국인들도, 한국인들도 아니고, 유럽인, 독일인, 마인츠시민 요하네스 구텐베르크다.387)

---

386) Ruppel, *Haben die Chinesen und die Koreaner die Buchdruckerkunst erfunden?*, 10쪽.
387) Ruppel, *Haben die Chinesen und die Koreaner die Buchdruckerkunst erfunden?*, 11쪽.

조선의 한글활자는 제쳐 놓고 하는 이 알파벳 찬가도 전혀 근거가 없다는 것은 뒤알드·카터·전존훈·카프르·어드쉬드·올슨·래크·클레이·흡슨·게르네·장수민·맥머트리 등의 알파벳과 한자의 인쇄술적 유불리론에 대한 비판적 논평에서 충분히 입증했으므로 우리의 논의는 이 인용문의 이러한 인용과 노출만으로도 훌륭한 반박이 될 것이다. 그리고 상론했듯이 무엇보다도 같은, 그러나 양심적인 독일인 알베르트 카프르가 한국 활판술의 서천과 구텐베르크의 리메이크의 이론 (1996)을 나름 설득력 있게 전개함으로써 루펠의 핵심논지를 충분히 반박했다는 사실을 상기하는 것으로 족할 것이다.

2.2. 21세기 반 서천론

한국 금속활자 서천론에 대한 반론은 루펠의 반박 이후 거의 50년 동안 조용했다. 그러나 서구세계에서 진행된 '구텐베르크 탄생 600주년 기념행사'(1998년) 이후 세 건의 반론이 튀어나온다.

■ 존 맨의 구텐베르크혁명론과 反서천론

2002년 존 맨(John Man)은 『구텐베르크 혁명(The Gutenberg Revolution)』이라는 거창한 제목의 책에서388) 구텐베르크를 새삼 역사적으로 영웅화하면서 한국 금속활자 서천론을 강력히 반박했다. 일단 그는 구텐베르크의 발명을 '혁명'으로 격상·과장·날조·찬양한다. 구텐베르크의 발명은 단도직입적으로 '근대를 이룩한 혁명'이라는 것이다.

---

388) John Man, *The Gutenberg Revolution: How Printing Changes the Course of History* (London: Bantam Books, 2002·2009).

그의 금속활자 인쇄술의 발명 이후 "삶의 한 측면도 건드려지지 않은 것이 없다"는 것이다. 치자들은 자기의 시민들을 세금과 표준적 법률로 더 잘 구속할 수 있었다면, 신민들에게 이제 폭동과 봉기를 조직할 지렛대가 생겼다는 것이다. 학자들은 발견한 것들을 서로 비교하고 서로의 어깨에 앉아서 세계를 더 잘, 더 신속하게 지각할 수 있었다. "구텐베르크의 발명은 근대의 역사·과학·대중문학·민족국가 출현, 우리가 근대라고 정의하는 모든 것을 아주 많은 것을 생성시킨 토양을 만들어주었다."389) 구텐베르크의 금속활자 인쇄술이 없었으면 근대도 없었을 것이라는 엄청난 과장이다.

그러나 근대는 필사본 서적과 목판인쇄본 서적들의 시대에도 발아했고, 서적시장은 필사본과 목판본이 지배하던 13-15세기에도 만개했기 때문이다. 구텐베르크 금속활자 활인본 서적은 17세기까지 유럽의 이 서적 시장에서 아주 작은 부분을 담당했을 뿐이다. 필사본과 목판본의 주도적 역할을 아는 엘리자베스 아이젠슈타인은 그래서 금속활자 인쇄술이 근대사의 유일한 동인, 또는 결정적 동인이거나 혁명적 동인이 아니라고 말한다. "나는 나의 큰 버전의 제목이 지시해주듯이 인쇄술을 서유럽의 변화의 유일한 동인이기는커녕 현격한 요인(the agent)도 아니고 그저 하나의 요인(an agent)으로 간주한다. 어떤 특수한 혁신이 낳은 효과들이든 이 효과를 탐구하는 바로 그 아이디어가 단일원인적 해석을 선호한다는 혐의나 환원론과 기술결정론으로 기울어 있다는 혐의를 야기하기 때문에 이 구별을 짓는 것은 필수적이다."390) 이것은 경험적으로도 입증된다.

---

389) Man, *The Gutenberg Revolution*, 14쪽.

390) Elizabeth L. Eisenstein, *The Printing Revolution in Early Modern Europe* (Second Edition. Cambridge: Cambridge University Press, 1983·2005), Preface to the Second Edition, xviii쪽. 그러나 아이젠슈타인은 자가당착적으로 자기 책을 제목을 '출판혁명'이라고 하고

왜냐하면 활자의 영향은 혁명적인 것이 아니라, "누증적"·"점증적" 현상이었을 뿐이고,[391] 따라서 금속활자로 인쇄한 "새 책들은 초창기 서적들의 작은 부분이었기"[392] 때문이다. 아이젠슈타인의 이 상황인식은 심지어 서천론에 대한 단호한 반대론자들인 조지프 맥더모트(Joseph P. McDermott)와 피터 버크(Peter Burke)도 또한 뒷받침해준다. 그들은 "책과 기타 목적을 위해 목판인쇄를 유럽에서 사용한 것"은 "구텐베르크의 발명에 약 1세기 앞선다"고 하고, 목판으로 인쇄한 "책자들은 1440년대부터 점점 더 많은 수량이 생산되었다"고 확인해주고 있다.[393]

존 맨은 과장과 날조를 위해 필사본과 목판인쇄본을 제쳐 놓고 금속활자 인쇄본만을 거론한다. 맨은 1455년 당시 인쇄된 서적이 모두 합쳐서 수레 한 대 정도의 수량이었으나 "1500년경 책종은 수만 종"이었다고 한다.[394] 그러나 그가 "이 수만 종"의 대부분은 아마 목판인쇄본일 것이지만, 필사본과 구텐베르크인쇄술로 찍은 활인본 책만을 대비시킨다. 서적시장을 압도했던 목판본을 잊고 필사본과 활인본만을 대비시키는 이 이상한 비교방식은 아인젠슈타인도 탈피하지 못한다. "1500년경 필경사들의 시대가 끝나고 인쇄공의 시대가 시작되었다고 상당히 확실하게 말할 수 있다"는 것이

금속활자의 발명을 "An Unacknowledged Revolution(인정되지 않는 혁명)"라고 부르며 이렇게 말한다. "15세기 후반 문서자료들의 재생산은 필경사의 데스크에서 인쇄공의 작업장으로 이동하기 시작했다. 학습의 모든 형태를 혁명화한 변동은 역사적 학문에 대해 특히 중요했다. 그때 이래 죽 사가들은 구텐베르크의 발명에 빚을 졌다." Eisenstein, *The Printing Revolution in Early Modern Europe*, 3쪽.

391) Eisenstein, *The Printing Revolution in Early Modern Europe*, 119쪽.
392) Eisenstein, *The Printing Revolution in Early Modern Europe*, 113쪽.
393) Joseph P. McDermott and Peter Burke, "Introduction", 21쪽.
394) Man, *The Gutenberg Revolution*, 16쪽.

다.395) 서구학자들은 대부분 맨과 아이젠슈타인처럼 필사의 시대에서 바로 활자인쇄의 시대로 넘어간 것으로 생각하고 마치 목판인쇄가 압도하던 시대는 없었던 것인 양 필사본과 활인본만을 대비시키기 일쑤다.

맨은 구텐베르크가 찍은 1440연대의 *Donatus* 인쇄에서부터 1500년까지 60년간, 실은 61년간 유럽에서 "수만 종"의 책종을 찍었다는 자기의 앞 말을 '약3만 종'으로 좀 더 구체화해서 제시한다.

"(…) 구텐베르크의 첫 *Donatus*로부터 1500년까지 활자로 출판한 모든 것을 목록화함으로써 전체 주제를 적어도 고정시키는 것이 가능해졌다고 한다. 런던의 대영도서관이 코디네이트하는 프로젝트는 인큐나불라 간단제목 카탈로그(ISTC)로 알려져 있다. 카탈로그는 16개국의 96개 참여 도서관로부터 거의 3만 개의 제목을 목록화하고 있고, 실제로 모든 유럽 언어마다 상승한다(이 제목 중 3000개는 마이크로필름 카드에 올라 있다). 1500년경 유럽 출판사들은 약1500-2000만 부를 인쇄했다."396)

맨이 2002년도 판에서 제시한 책종 수치는 '3만종'이 아니라 '2만 8360' 종이었다. 그리고 맨은 "1500년경 유럽 출판사들은 약 1500-2000만 부를 인쇄했다"고 하고 있으나 슈테판 퓌셀(Stephan Füssel)은 이보다 훨씬 더 적은 수치(900만-1000만 부)를 유럽에서 60년간 출판한 책 부수로 제시하고 있다.397) 맨이 2002년도 판에서 제시

---

395) Eisenstein, *The Printing Revolution in Early Modern Europe*, 127쪽.

396) Man, *The Gutenberg Revolution*, 213쪽.

397) 퓌셀은 첫 50년간 인쇄서적의 부수를 900만 부(독일어판 「서문」) 내지는 1000만 권으로 추산하거나(「한국인 독자를 위한 서문」), 책종은 3만 책종은 900만 종으로 추산하고 있다. 슈테판 퓌셀, 『구텐베르크와 그의 영향』, 7, 10쪽.

한 책종 수 "2만8360종"를 대입해 계산하면 16개국은 60년간(실은 61년간) 1국 평균 1772종, 각국이 연간 평균 29종을 출판한 셈이다. 60년간 1국의 평균 출판부수는 뮈셀의 통계치를 쓰면 56만2500-62만5000 부다. 그런데 여기에는 목판본이 압도적 다수로 포함되어 있을 것이다. 왜냐하면 금속활자로 찍은 "새 책들은 근세 초 서적들의 작은 부분이었기" 때문이다. 그리고 16개국의 도합 3만종은 2만8360종은 16개국 사이에서 중복출판된 라틴어본 책종들을 중복계산한 수치일 것이다. 합당한 예를 들자면 구텐베르크가 당대의 유명한 라틴어 문법서 *Donatus*를 인쇄한 1440년부터 1500년까지 (61년간이지만 계산의 편의상 잡으면) 60년간 16개국에서 모든 인쇄업자들도 인쇄해 판매했을 이 책은 16종의 책으로 '16중重' 중복계산을 면치 못했을 것이다. 존 맨이 제시한 "2만8360' 종이라는 숫자는 16개국의 96개 도서관에서 넘겨준 책종 수의 단순합계임이 틀림없기 때문이다.

따라서 목판본 수치와 중복계산 수치를 빼면 활인본은 2만8360종의 20%(5672종)도 되지 않을 것이다. 전체 책종 수에서 금속활자 인쇄본이 점하는 비중을 20%로 잡고 다시 계산하면 60년간 1국이 출판한 실제 책종 수는 평균 355종, 연평균으로는 6종을 활인活印한 셈이다.

조선 일국一國에서 계미자를 주자해 첫 책『도은문집』을 활인하기 시작한 1406년(태종6)부터 1466년(세조12)까지 61년간, 생산한 총 2137책종은 최초 60년간 유럽제국의 활인본 출판 책종의 1국 평균수치 355종보다 약6배(6.02배) 많다. 조선은 정부에서만 이 60년간 연평균 약35종(35.03종)의 책을 출판한 것이다. 이 책종을 번각본까지 합하여 부수를 추산정한다면 각 책종을 활인본으로 평균 300부씩,

번각본 평균 5000부씩만 찍었다고 하더라도 60년간 1132만6100부 (2137×5300부)를 찍었을 것이다. 이것만 해도 유럽 1국 활인본 평균부수(56만2500-62만5000부)보다 약18-20배 많은 부수다. 이 수치에는 관민官民의 목판인쇄본과 목활자인쇄만이 아니라 민간에서 생산한 금속활자 활인본도 제외하고 순전히 금속활자 활인본을 추산한 수치다. 따라서 거듭 확인한 것처럼 금속활자 출판'혁명'은 유럽에서 일어난 것이 아니라 1400년대 초반 조선에서 일어났던 것이다. 앞서 확인했듯이 유럽에서는 19세기 후반까지 어떤 출판혁명도, 인쇄혁명도 없었다.

맨은 독일로부터 각국으로 퍼진 인쇄공이 기하급수적으로 증가하고 1500년경 1-2만 명에 달했다고 말한다.[398] 그런데 구텐베르크의 금속활자 인쇄술이 기술적 고립을 탈피하지 못해 조판에 묶인 활자가 너무 많아서 수많은 활자를 거듭 추가로 주조해야 했고 또 잘 팔려 나가지 않았기 때문에 책은 대중이 구입하기에 여전히 비쌌고 17세기까지도 목판인쇄본에 비해서도 아주 비쌀 수밖에 없었다. 책값의 동향을 보자. 맨은 구텐베르크가 290가지의 알파벳 문자와 부호(83종)로 성서(1275쪽)를 약 150권 인쇄했다고 말한다.[399] 구텐베르크 인쇄소는 펀치(자모를 만드는 타인打印봉) 제작에만 4개월이 걸렸고, 평균 500단어로 이루어진 성서 1쪽 당 2600개 활자가 필요했다. 그리하여 여섯 명의 식자공이 한 번에 3페이지씩 식자한다면, 한 번에 최소한 4만6000개의 활자(2600×6×3)가 필요했다.[400]

---

398) Man, *The Gutenberg Revolution*, 221쪽.
399) Man, *The Gutenberg Revolution*, 163쪽. 퓌셀은 448가지 글자(대210, 소 185, 이니셜 장식글자 53)로 180권을 찍었다고 말한다. 퓌셀, 『구텐베르크와 그의 영향』, 49쪽.
400) Man, *The Gutenberg Revolution*, 163, 164쪽.

따라서 대·소문자나 대·소자를 제외하더라도 성서 1권에 331만5000 개의 활자가 필요했을 것이다. 그리하여 구텐베르크인쇄소에서 6명의 조판·인쇄공이 격렬히 작업하여 3대의 인쇄기로 성경을 인쇄하는 데 2년 이상이 걸렸다. 1454년에야 인쇄가 끝났다.[401]

또한 구텐베르크의 금속활자 인쇄본 서적은 목판인쇄본과 경쟁할 만큼 싸지지 않았고 또한 튼튼함과 아름다움 면에서 때로 필사본에도 밀렸고, 이런 이유로 필사본의 수명은 계속 늘어났고, 필사본 길드의 제재 때문에도 더욱 그랬다. "그것은 제약으로부터 완전히 자유롭지 않았다."[402] 구텐베르크의 계승자인 페터 쇠퍼는 10년 동안 그의 수련생들에게 금속인쇄 관련 비밀을 말하지 않는다는 약속을 하게 만듦으로써 자기의 독점권을 유지하려고 애를 썼다. 그런데 구텐베르크의 한때 동업자였던 요한 푸스트(Johann Fust)는 서점길드의 저항에 직면하기도 했다. 그는 42행 성서의 샘플들을 파리에서 팔아보기 위해 파리로 가지고 갔을 때 서적상 길드회원들은 한 번 보고 나서 그를 "악마와 손잡았다"는 이유로 그를 도시에 몰아냈다. "필사 관행은 계속되었고, 필사 생산물은 이후 20년 동안 수요가 있었다." 그리고 "인쇄본 서적의 가격은 어떤 새로운 기술의 경우에든 그렇듯이 단번에 필사본 가격보다 싸지지 않았다. 그러나 비밀은 새나갔고, 시장은 굶주렸으며 가격은 떨어져 붉은 불이 붙었다."[403] 여기서도 맨의 관점은 목판인쇄를 망각하고 계속 활판인쇄본과 필사본의 비교만을 염두에 두고 있다. 그러나 정작 치열한 경쟁은 실은 목판인쇄본 서적과 벌어지고 있었다.

401) Man, *The Gutenberg Revolution*, 178쪽.
402) Man, *The Gutenberg Revolution*, 213쪽.
403) Man, *The Gutenberg Revolution*, 213-214쪽.

그런데 맨의 말을 들어보더라도 금속활자 인쇄본의 가격은 필사본과 비교해서도 그렇게 많이 떨어지지 않았다. 활인본 책값은 겨우 필사본의 5분의 1로 하락해서 금 100조각 가격대에서 겨우 "금 20조각" 가격대로 떨어졌을 뿐이다.404) 하지만 목판인쇄본 책값은 아마 17세기까지도 금 20조각보다 조금 더 쌌을 것이다.

구텐베르크가 성경을 출판해서 팔기 시작한 지 70년 뒤인 1520년대에 신약성서 염가보급품의 경우는 30파운드(600실링)에서 4실링으로 깎아 팔기도 했지만,405) 이것은 정상가격이 아니었다. 그러나 이마저도 노동자 한 달 월급 3.3333실링(연봉 2파운드/12)에406) 비하면 너무 비쌌다. 필사본 신약 1권이 노동자 월급의 25배였지만, 틴들의 염가 보급판신약 1권도 노동자 월급의 1.2배에 달할 정도로 여전히 고가였기 때문이다. 그 얇은 책 신약성서의 활인본조차도 대중이 접근할 수 없는 고가품이었던 까닭에 성서는 여전히 오직 귀족과 부르주아지, 그리고 성직자들만이 독점적으로 구입해 소장하는 품목이었다.

그럼에도 맨은 구텐베르크 혁명론을 계속 밀어붙인다. 극동 같은 다른 지역에서도 금속활자 인쇄술이 나왔으나 오직 구텐베르크만이 혁명적일 수 있었다는 것이다.

---

404) Man, *The Gutenberg Revolution*, 223쪽. Giovanni Andrea de Bussi로부터 인용한 문장을 보라. 프리드리히 카프는 요하네스 폰 알레아(Johannes von Aleria) 주교가 교황에게 보낸 편지에서 "이전에 금화 100굴덴으로 살 수 있었던 서적을 오늘날(1467) 로마에서 20굴덴 이하로 살 수 있다고 말했다"고 표현하고 있다. Friedrich Kapp, *Geschichte des deutschen Buchhandels bis in das siebzehnte Jahrhundert* (Leibpzig: 1886). 프리드리히 카프(최경은 역), 『독일의 서적인쇄와 서적거래의 역사 - 구텐베르크의 발명에서 1600년까지』 (서울: 한국문화사, 2020), 93쪽.

405) Man, *The Gutenberg Revolution*, 275-276쪽.

406) 1파운드 = 40실링.

구텐베르크의 발명의 구성요소들이 대부분 수세기 동안 독립적으로 존재해 왔기 때문에 활자인쇄가 그 밖의 다른 곳에서, 그리고 더 일찍이 출현하지 않았다는 것은 이상하게 느껴질 것이다. 물론 다른 곳에서도 출현했다. 그러나 구텐베르크가 보탠 소수의 결정적 요소 없이 출현했다. 오직 이 새로운 레시피만이 잠재적 혁명을 실제적 혁명으로 전환시킬 수 있었다.407)

이런 시각에서 맨은 중국과 한국의 활판술에 대해서 설명하는데 그야말로 아무렇게나 중언부언한다. 그는 먼저 중국의 활판술을 소개한다.

발명은 11세기 필승의 공으로 돌려진다. 필승의 아이디어는 한자를 무른 진흙에 (거꾸로) 새겨 굽는 것이었다. 그는 인쇄하기 위해 활자들을 문선하고 이 문선된 활자들을 틀에 끼워 조판하고 거기에 먹(ink)을 묻혀 옷감이나 종이로 탁본을 떴다. 이것은 잘 될 수 없었다. 무른 진흙으로 그려진 한자들은 중국의 높은 서예 수준에 거의 필적할 수가 없었을 것이다. 그러나 서예가들이 부드러운 종이 위에 거꾸로 된 글자를 쓴 다음 목판에 붙여 새기는 식으로 원리는 곧 개선되었다. 같은 원리는 금속활자를 만드는 선까지 확장되었다. 목판을 모래에 압인했고 압인은 황동, 동, 주석, 철이나 납을 위한 주형으로 썼다. 결과물은 모아서 일종의 조판으로 만들 수 있는 얇은 도장들의 콜렉숀으로 나타났고, 이것을 문질러 탁본을 떴다. 그러나 어떤 기계류도 지난 세기에 지극히 복잡한 인쇄기가 개발될 때까지 수만 개의 활자를 도저히 감당할 수 없었다.408)

---

407) Man, *The Gutenberg Revolution*, 105쪽.
408) Man, *The Gutenberg Revolution*, 108쪽.

맨은 여기서 중국에서 철활자나 황동활자를 만든 적이 없는데 마치 그랬던 것인 양 기술하고, 심괄이 기술한 필승의 도활자, 그리고 왕정의 목활자나 왕정이 기술한 주석활자는 빼먹고, 또 1490년 중국에서 회수華燧가 동활자를 주자하여 서적들을 대량 활인活印했다는 역사적 사실, 그리고 이후 이 주자활판술이 중국 전역에 확산되었다는 중요한 역사적 사실을 빼먹고 있다. 그야말로 제멋대로의 중언부언이다.

또 맨은 한국 금속활자에 대해서도 비문非文들로 중언부언하며 이를 '혁명 없는 불임 금속활자'로 만들어 놓고 있다.

아마 개조된 한문이 아마('아마' 반복) 더 적은 활자를 쓸 것이기 때문에 한국인들이 이 기술을 사용하는 데서 선두를 달렸고 그리하여 금속활자를 사용해 1234년 50권의 『고금상정예문』을 인쇄한 최초의 민족이 되기에 이르렀다. 이 공법工法은 용도를 얻었지만 혁명은 아니었다. 왜냐하면 그것이 여전히 고도로 노동집약적이었기 때문이다. 4만 개 이상의 활자에서 바른 글자를 문선하여 탁본을 뜨는 일은 디자인에서 아무런 이점도 제공하지 않았고 속도에서도 많은 이점이 없었다. 유일한 이점은 제일성齊一性이었지만, 이 제일성은 전통적 서예를 대체하기에 충분치 않았다. 이 모든 것에서 빠진 것은 기계적 이용에 쉽사리 적용할 수 있는 문자체계였다. 중국인들, 그리고 더 넓혀 보면, 중국 한자를 채택해 개량한 일본인들과 한국인들은 구텐베르크 스타일의 인쇄기를 발명할 수 없었다. 그들의 문자체계가 너무 복잡했기 때문이다.409)

---

409) Man, *The Gutenberg Revolution*, 108-109쪽.

그야말로 제멋대로 말하고 있고 있다. 일단 첫 구절부터 그릇된 말이다. 한국인들은 한문을 개조하지 않고 그대로 썼고, 세계 최초의 금속활자 활인본은 『고금상정예문』이 아니라 『증도가』(1211)이기 때문이다. "이 공법은 용도를 얻었지만 혁명은 아니었다"는 말도 완전히 그릇된 것이다. 앞서 누차 시사했듯이 출판혁명은 15세기 후반 유럽에서가 아니라 15세기 전반 조선조 한국에서 먼저 일어났기 때문이다. 기술적 고립무원의 구텐베르크 인쇄술에 혁명은 있을 수 없었다. 그리고 한자 문자체계를 탓하는 것은 더 문제 삼을 것도 없는 헛소리다. "전통적 서예를 대체하지 못했다"는 말도 비문非文이다. 왕휘지 스승이라던 '위부인衛夫人'의 이름을 따서 '위부인자'로도 불린 갑인자는 상술했듯이 "보석 같이 아름답고 하나하나가 모두 균일하고 글자체도 아름다워 '전국지부서傳國之符瑞', '조선만세지보朝鮮萬世之寶'라 불리었을" 정도였기 때문이다.

위 글의 큰 모순은 다른 곳에도 있다. 그는 앞서 한국 금속활자가 혁명적이지 못한 이유로 "구텐베르크가 보탠 소수의 결정적 요소"의 결여, "이 새로운 레시피"의 결여로 들더니 여기서는 "이 모든 것에서 빠진 것은 기계적 이용에 쉽사리 적용할 수 있는 문자체계" 때문이라고, 아니 "그들의 문자체계가 너무 복잡했기" 때문이라고 하고 있다. 구텐베르크 활판술이 혁명적인 모든 이유가 오로지 단순한 알파벳 글자체계의 탁월성이고, 한국·중국 활판술이 후진적인 모든 원인은 궁극적으로 복잡한 문자체계 탓이라고 주장하는 셈이다. 여기서 맨은 논점을 인술기술에서 문자체계로 전환시킴으로써 자신의 '구텐베르크혁명론'을 깡그리 무너뜨리고 있다.

맨은 자기의 논변을 요약하면서 극동 금속활자의 (출판혁명에 필수적인) 요소들의 결여를 거듭 강조한다. 동방문화는 "인쇄발명에 선천적 소질을 갖게 만드는 혜안을 가진 것처럼 보이는 수많은 요소들"을 가졌지만, 이러한 논의된 긍정적 요소들은 "구텐베르크 발명의 출현에 필요했던 수많은 다른 요소들의 부재"를 은폐한다는 것이다. 그는 동방인쇄술에 결여된 요소를 다섯 가지로 열거한다. "문자체계가 너무 복잡하다. 인쇄술은 알파벳 기초를 필요로 한다.", "기존의 문자체계는 내재적으로 보수적이다. 변화의 행위자가 황제가 아니라면 아무도 변화에 관심을 갖지 않았다." "종이는 잘못된 종류였다. 한지는 서예나 목판인쇄에만 적합했다." "동방에는 나사에 기초한 그 어떤 인쇄기도 없었다. 왜냐하면 그들은 와인드링커가 아니었고, 올리브가 없었고, 종이를 문질러 닦는 다른 수단을 썼기 때문이다." "인쇄는 비쌌고, 중국, 한국, 일본에는 연구와 개발에 자본을 투자할 어떤 시스템도 없었다." 이와 대조적으로 "1440년경 유럽의 모든 주요도시에는 구텐베르크의 발명을 위해 모든 요소들이 갖춰져 있었다"는 것이다. 맨은 유럽의 사정이 이랬기 때문에 구텐베르크가 아니더라도 "아무나 그런 아이디어를 제시했다"고 말한다.410)

그런데 맨의 이 요약문은 읽기 힘들 정도로 기고만장하고 그릇된 비문非文·비언非言들들(글이 아닌 글, 말이 아닌 말들)의 집약이다. 맨의 첫 번째 비판, 즉 문자 타령은 이제 더 이상 비판할 필요가 없을 것이다. "기존의 문자체계는 내재적으로 보수적"이라서 "변화의 행위자가 황제가 아니라면 아무도 변화에 관심을 갖지 않았다"는 말은 맨 자신의 설명과도 충돌한다. 그가 인용한 필승, 그가 빼먹은 왕정과 화수는 다 중국에서 변화를 일으켰지만, 그들은 '황제'가 아니라 모두 다 민간인들이었고, 황제와 무관하게 생겨나 정부의 출판을 압도했던 중국의 상업적 출판업은 송대 이래 번창했다. 조선조 한국

---

410) Man, *The Gutenberg Revolution*, 116-117쪽.

에서도 사찰·서원·책계·개인·책방冊坊 등 수많은 출판주체들이 활약했고, 정부가 개인에게서 활자를 빌려 쓰는 경우도 있었다. 맨의 종이 타령도, 인쇄기 타령도 둘 다 그릇된 비문非文이다. 극동의 한지韓紙와 한지漢紙가 조판의 먹물을 쉬 흡수하는 종이였기에 탁본하듯 솜뭉치로 쓰윽싸악 쓰윽싸악 문지르기만 하면 탁본식 인쇄동작이 완료되었고, 따라서 극동제국에서는 이 덕택에 나사인쇄기같은 복잡한 기계장치를 쓸 필요 없었기 때문이다. 맨은 와인이나 올리브기름을 짜는 압착기를 응용해 만든 구텐베르크의 압인 인쇄기를 찬양하고 있으나, 그것은 종이 한 장을 인쇄할 때마다 종이를 압인기 밑에 밀어 넣고 매번 압인기의 나사를 서너 번 돌리고 다시 서너 번 돌려 풀어야 하는, 이 때문에 실은 인쇄시간을 탁본인쇄보다 더 많이 잡아먹는 매우 굼뜬 복잡장치였다. 그리고 무엇보다도 구텐베르크의 인쇄기는 – 맨 자신이 인용한 레오나르트 호프만(Leonard Hoffmann)의 비용 계산서에 의하더라도 – 배보다 배꼽이 더 클 정도로 너무 비쌌다. 인쇄능률을 위해 필수적이었던 6대의 구텐베르크 나사식 인쇄기의 가격은 무려 240굴덴이었던 반면, 주자용鑄字用 금속재료의 가격은 겨우 100굴덴에 불과했기[411] 때문이다. 그래서 그런지 몰라도 1570년대 유럽에서 120년간 누적된 노하우를 갖춘 일급 인쇄공법을 상세하게 기술한 루이 르루아의 인쇄공정 설명에서는 '나사식' 압착인쇄기가 등장하지 않는다.[412]

---

411) 참조: Man, *Gutenberg Revolution*, 282쪽(Appendix I).

412) 르루아는 1577년 나사 없는 스핀들 압박 인쇄기에 대해 설명한다. "(...) 인쇄기 운용자는 마지막 조판 틀을 들어 인쇄기의 대리석 위에 놓고 나서 흰 가죽으로 덮인 – 잘 혼합된 잉크로 먹이거나 문질러진, 털실로 채워진 – 나무공으로 조판 틀을 톡톡 치고 인쇄될 종잇장을 이중의 압지(壓紙) 틀(인쇄면에 압력을 고루 분산시키는 틀 – 인용자)이나 양피지(이것들 사이에 털실헝겊을 끼어 넣는다)와, 종잇장이 얼룩지지 않도록 막아줄 습기 먹은 아마포 위에 놓는다. 그리고 종잇장의 여백을 덮는

한국에서는 얇은 한지의 한 면에만 인쇄를 한 까닭에 번각본 생산을 가능케 하는 이점이 있었는데, 이점은 이미 앞서 밝혔다. "인쇄가 비쌌다"는 맨의 말도 그릇된 말이다. 중국과 한국의 서책이 구텐베르크의 책보다 더 쌌기 때문이다. 뒤에 상론하듯이 중국에서는 목판인쇄는 큰 자본을 요하지 않았다.[413] 또 조선에서『논어』 주석서 1권의 값은 노동자 월수입의 15분의 1에서 22분의 1에 불과했던 반면, 19세기 유럽에서는 새 책은 소설책이라도 한 권의 값이 노동자 월급의 3분의 1을 호가呼價했다.[414] 중국과 한국에는 "연구와 개발에 자본을 투자할 어떤 시스템도 없었다"는 맨의 기고만장한 지적도 순전히 무식자의 비방에 불과한 것이다. 중국에서 책방冊坊 자본은 송대 이래 번창했고, 조선조 한국에서도 16세기 이후부터는 책방이 등장했고, 18세기 말부터는 아주 번창했다. 그리고 서양에서도 일찍이 맑은 눈을 가진 학자들이 유럽에서 출판사업의 너무 이른 자본주의적 상업화가 오히려 출판업자의 궁핍화를 초래하고 필자들의 수를 줄이고 문예발달을 저해했다고 비판해 왔다는 것

양피지의 프리스케(frisquet?)를 내려놓고 (수레 위에 있는) 인쇄기의 차미(車尾)를 플래틴(plattin?)이 꽉 묶여있는 바이스(vice) 또는 주축(spindle) 아래로 들어갈 때까지 구르게 한다. 그리고 손에 바를 잡고 종잇장의 한 면에 인쇄가 될 때까지 가급적 단단하게 당긴다. 하루의 반나절 동안 한 면을 인쇄하고, 나머지 반나절은 다른 면을 인쇄한다. 그리하여 하루에 1250쪽 내지 1300쪽을 인쇄했다(in a day twelve hundred and fiftie sheetes, or thirteen hundred imprinted). (...) 인쇄기에는 두 사람이 필요하다. 한 사람은 가져오고 모으고 종이쪽이나 종잇장들을 가지런히 정렬하고, 다른 한 명은 인쇄기 위에 놓여 있는 조판 위를 툭툭 쳐 잉크를 돌 또는 블록 위에 고루 분산시키거나 얇게 편다. 이것은 인쇄기를 한 사람 뒤에 한 사람이, 또는 번갈아 끌어당기지 않는다면 이에 필요한 광장한 노고 때문에 혼자서 순차례로 할 수 없다. (...)" Luis Leroy, Of the Interchangeable Course, or Variety of Things in the Whole World, transl, by R. Aschley, 1577 (London: Printed by Charles Yetsweirt Esq., 1594), 21-22쪽.

413) Gernet, A History of Chinese Civilization, 336쪽.

414) 이민희,『16-19세기 서적중개상과 소설·서적 유통관계 연구』, 231-232쪽.

을415) 이 맥락에서 상기시켜야 할 것이다.

그런데 앞뒤가 맞지 않게 맨은 한글발명을 들고 '서구식 인쇄술의 발전'을 이룩한 나라는 한국이었다고 인정하고 세종을 구텐베르크에 빗댄다. "우연히도 나란하지만 먼 세계에서 구텐베르크와 거의 정확한 동시대이었던 황제 세종의 천재성 덕택에 다음의 본질적 단계를 취한 나라는 한국이었다."416) 그는 신하들의 반대를 물리치고 계미자를 만든 태종을 건너뛰고 있다. "세종의 출발점은 한국사회와 한국의 대형大兄 중국 사이의 미스매치였다. 한국은 일본처럼 중국문화에 무겁게 의존했고 중국문자를 응용했다. 그러나 한자는 그 언어에 잘 맞지 않았다. 구텐베르크가 대학 공부를 막 시작하던 1418년 22살의 세종이 왕위에 올라서 명석, 헌신, 야망, 이타주의의 희귀한 결합을 자신의 임무로 삼았다. 그의 연구기관 집현전의 자문을 받아 그는 책력을 개정하고 역사연구에 지침을 세우고, 통역관들의 실라부스를 고안하고 그 결과들을 최신 공법으로 출판했다. 32년의 치세 동안 생산된 308종의 책 중 거의 절반은 활자로 활인했다."417) 세종 치세에 금속활자로 활인된 책종을 308종의 절반, 즉 154종으로 잡은 것은 완전히 그릇된 수치다. 세종 때 주자鑄字로 활인된 책종은 총 1049종이기 때문이다.

맨은 한글발명도 기술하지만 한국사에 무지해서 다시 깎아 내린다. "그러나 세종은 또 다른 빛나는 발걸음도 앞으로 내딛었다. 그는 옛 한자 문자체계의 복잡성과 자국언어에 대한 한자의 부적합

---

415) Gernet, *A History of Chinese Civilization*, 336쪽.

416) Man, *The Gutenberg Revolution*, 114쪽.

417) Man, *The Gutenberg Revolution*, 114쪽.

성을 염려하여 새로운 문자체계를 고안하기로 결심하고 학자들에게 일련의 가능한 해법을 연구하도록 임무를 주었다. 학자들은 두 개의 힌트를 산출했는데, 하나는 (고려조) 한국에서 지겹게 익숙한 언어, 몽골어를 적는 데 쓰인 위구르문자였고, 두 번째 힌트는 티베트승려 파스파(Phags-pa)가 몽골제국 안에서 중국어를 포함한 여러 다양한 언어를 쓰기 위해 고안한 제2문자였다. 파스파문자도 알파벳(자모문자)이었다. 그리하여 세종은 그렇게 시작하여 한국을 위해 그 자신의 알파벳을 만들어냈다. 그 결과는 1443-1444에 출판되었다. (때는 대충 유라시아의 다른 끄트머리에 있던 구텐베르크가 슈트라스부르크에서 신비스런 '모험과 기술'에 달라붙어 골몰하고 있던 때였다.) 세종의 알파벳은 걸출한 명민성의 소산으로 간주되었고, 또 지금도 그렇게 간주된다. (…) 하지만 어떤 혁명도 뒤따르지 않았다. 한글은 세종이 추진한 소수의 총애하는 프로젝트와 불교서적에서 사용되었다. 그러나 그것은 전국을 휩쓸지 못했다. 왜냐하면 한국 엘리트들이 엘리트주의 뱃지인 한문을 잃는다는 생각에 섬뜩했기 때문이었다. 황제 자신이 만든 논란의 여지없는 명민의 고안물도 보수주의의 무게를 극복하지 못했고, 어디에서도 기술적·사회적 변화를 고취할 충동에 접근하지 못했다. 사실, 한글은 다만 천천히, 1945년 이후에, 처음에는 공산주의 북한에서, 그리고 나중에는 세종이 언제나 영웅, 민족적 아이콘이 된 남한에서 1990년대 동안에 아주 도움이 되었을 뿐이다."418)

존 맨은 세종과 세조, 그리고 그 이후에도 계속 수많은 경서·사서· 훈칙을 언해서로 발간된 사실을419) 모를 뿐만 아니라, 백성과 긴밀

---

418) Man, *The Gutenberg Revolution*, 114-115쪽.
419) 불경언해본 외에도 수많은 언해활인본이 있다. 『禮記大全諺解』(세종조), 『內訓諺

히 관련된 농경·축산 관련 언해본들과 의서醫書 언해본들,420) 그리
고 「자휼전칙字恤典則」 등421) 수많은 법령들이 언해본과 같이 발행
된 것을 모르고 있고, 언해본 발간을 위해 주자된 많은 종류의 한글
금속활자들도 전혀 언급하지 않고 있다. 그리고 고종은 1895년 1월
5일과 5월 8일 공문식칙령(제86호)으로 "모든 법률과 명령은 국문을
기본으로 삼고 한역漢譯을 붙이거나 국한문을 혼용한다"는 국문식
법령(제9조)을 반포함으로써 언문 또는 한글을 '국문'으로 승격시켰
다.422) 그리고 남한 정부는 해방 후 1948년 10월 9일 한글전용에
관한 법률을 제정·시행했다. 이런 사실을 모른 채 맨은 저렇게 함부
로 말하고 있는 것이다.

　저런 엉터리없는 기조의 연장선상에서 맨은 13-14세기 동서연결
과 구텐베르크의 모방 가능성을 전면적으로 부정한다.

解』(1460), 『杜詩諺解』(1480), 『女戒諺解』(1517), 『呂氏鄕約諺解』(1518), 『皇后內訓
(諺解)』(1522), 『女訓諺解』(1532), 『老乞大諺解附集覽』(중종조, 현종조 1670), 『朴通
事諺解附集覽』(중종조), 『中庸諺解』(중종조, 또 선조조 1589, 1590), 『孟子諺解』(중
종조, 또 선조조 1590, 1668), 『四書栗谷先生諺解』(1668), 『小學諺解』(1545, 1587,
1668, 1695), 『論語諺解』(1589, 1810), 『大學諺解』(1589, 1611, 1668), 『孝經諺解(孝
經大義諺解)』(1590), 『詩學集押韻諺解』(선조조), 『詩經諺解』(1668, 1613, 1668,
1704), 『御書孟子諺解』(1693), 『增修無寃錄諺解』(1723년 이전), 『女四書諺解』
(1736), 『諺解警民編(諺解)』(1748), 『十九史略諺解』(1749), 『大學栗谷先生諺解』
(1749), 『明義錄諺解』(1772, 1777), 『續明義錄諺解』(1772), 『(增修)無冤錄諺解』
(1791), 『童蒙先習諺解』(순한글, 1797), 『(詳說)古文眞寶諺解』(18세기말), 『孟子大
全諺解』(18세기 방인본), 『周易大全諺解』(18세기 방인본, 1810), 『諺解圖像童文先
習』(한문+언역문+화보, 1915) 등 무수하다.

420) 『救急方諺解』(1466), 『農書諺解』(1518년), 『蠶書諺解』(1518), 『正俗諺解』(1518),
　『三綱行實撰類諺解』(1518), 『辟瘟方諺解』(1518), 『瘡疹方諺解』(1518), 『二倫行實
　諺解』(1518), 『續辟瘟方諺解: 簡易(抄錄)辟瘟方』(1515), 『新傳煮取焰硝方諺解』(간
　인, 1635), 『諺解胎産集要』(1608), 『諺解痘瘡集要』(1608) 등.

421) 황태연, 『유교국가의 충격과 서구 근대국가의 탄생』, 제3권 『유교적 양민국가의
　충격과 서구 복지국가의 탄생』 (서울: 솔과학, 2022), 2320-2324쪽.

422) 『高宗實錄』, 고종32(1895), 3월 1일, 5월 8일.

어떤 이들에게 동서의 연결은 아시아의 발전이 어떻게든 유럽에서의 인쇄술 발전에 영향을 끼쳤을 수 있다고 시사해주었다. 이런 접촉들은 그 아이디어가 여러 문화권과 대륙들을 가로질러 확산되기에 확실히 충분했다. 동정녀를 테오토코스(Theotokos, '신을 잉태한 사람')로 규정하는 것을 거부함으로써 15세기 이교도 네스토리우스를 따랐던 네스토리우스교 전도사들은 칭기즈칸 시대 이전부터 북부 몽골리아에서 활발히 활동했었다. 여러 수도승들이 몽고인들과 접촉했고, 여기에는 13세기 중반 몽골을 여행했던 2명의 수도승도 포함된다. 그리고 무역연결은 중앙아시아를 통해 계속되었다. 마르코 폴로와 다른 여러 여행자들은 몽골제국에서 중국 지폐가 통용되는 것에 대해 보고했다. 그러나 아무도 목판인쇄를 아주 특기할 만한 것으로 여기지 않은 것으로 보였다. 결국 유사한 것들이 유럽에서 생산되고 있는 중이었다. 그들은 목활자나 도활자 인쇄를 언급한 적이 없다. 서양에서 한국의 금속활자 사용에 대해서는 한 마디 찍소리도 없었다.(Of Korea's use of movable metal type there was not a squeak in the west.)" 세종이 알파벳을 발명하고 혁명을 가능하게 만들었을 무렵 몇몇 서양인들이 눈치 챘더라도 세종의 그 뉴스가 어떤 차이를 만들어내기에 너무 늦었고, 그들은 눈치 채지도 못했었다.[423]

맨은 서양에서 한국 금속활자 사용에 대해서만 "한마디 찍소리도 없었던 것"이 아니라 극동에서 서양으로 건너간 것임이 확실한 종이·나침반·화약 등에 대해서도 마찬가지로 "한마디 찍소리가 없었다"는 사실을 잊고 있다. 자기가 배우거나 개발한 기술을 독점하려는 욕망에서 비롯되는 '기술비밀주의'는 그 기술의 기원이나 출처 또는 핵심적 아이디어를 철저히 비밀에 붙여 "찍 소리도 없게" 만든

---

423) Man, *The Gutenberg Revolution*, 115-116쪽.

다. 구텐베르크도, 그를 이은 쇠퍼도 말로나 글로나 그 기술적인 것들에 대해 "찍 소리"도 하지 않았을 뿐만 아니라, 직공들에게 자기들의 활판인쇄술을 "찍 소리 없이" 비밀에 붙일 것을 서약케 했다는 것은 잘 알려져 있다.

베이컨은 1620년에 심지어 "발견의 힘과 권능과 중요한 귀결"을 "가장 명백하게 보여주는" 세 가지 물건, 즉 "인쇄술, 화약, 나침반"이 "그 기원이 최근일지라도 모호하다"고까지 말하고, 또 "찬미되지도 않는다"고 타박하기까지 했지만,[424] 그럼에도 불구하고 그의 다른 글에서는 인쇄술이 중국에서 왔다고 인정한다. 맨은 "서양에서 한국의 금속활자 사용에 대해 한마디 찍소리도 없었지만" 이 인쇄술도 한국에서 서양으로 건너갔을 가능성을 인정해야만 할 것이다. 다른 맥락에서 맨 자신도 그랬을 가능성을 자인할 수밖에 없는 한 가지 분명한 사실을 부지불식간에 실토하고 있기 때문이다.

고려시대의 『고금상정예문』도 알고 있는 맨이 부지불식간에 토설하는 '분명한 사실'이란 원元나라가 한국의 활인본들을 많이 약탈해 보유했을 가능성을 앞서 인정한 것이다.

몽고인들이 1231년, 즉 완수하는 데 20년이 걸린 정복의 초기에 처음 한국을 침입한 뒤 그들이 장악한 보물들 가운데는 금속활자로 찍은 수많은 서적들이 물론 들어있었을 수 있을 것이다. 그들은 그래서 13세기 중반 그들의 소유물 안에 서구식 인쇄술의 발전에 필요한 세 가지 결정적 요소인 종이, 금속활자, 그리고 알파벳 문자체계가 들어있었다. 중국문명의 계승

---

424) Francis Bacon, *The New Organon* [1620] (Cambridge: Cambridge University Press, 2000), Bk. I, CXXIX(129).

자로서 그들은 기술적 능력도 결하지 않아서 재빨리 그렇지 않은 난공불락일 도시들을 돌파해 들어갈 가공할 수단인 중국의 파괴적 발명품 - 화약 -을 장악했다.425)

"알파벳 문자체계"는 한글이 아니라 위구르문자나 파스파문자일 것이다. 이 작은 수정을 하고나서 위 글을 다시 읽어보면 서양인들이 종이와 화약(또는 흑색화약제조법 및 최선의 혼합비율)을 "한마디 찍소리도 없이" 가져가 리메이크했듯이 한국의 금속활자도 마찬가지로 "한마디 찍소리도 없이" 가져가 리메이크했다는 말로 읽힌다. 의미맥락상 달리 읽을 수가 없기 때문이다. 따라서 '달리 읽을 수가 없는' 이 말은 금속활자의 서천을 전면적으로 부정하는 맨의 앞 주장을 전면적으로 분쇄해버린 셈이다.

■ 리카도 두체스네의 反서천론과 구텐베르크 독창설
존 맨에 이어 리카도 두체스네(Ricardo Duchesne)는 2006년 「아시아가 최초인가?(Asia First?)」라는 논고에서426) 다시 금속활자 서천론을 부정하고 구텐베르크 독창설을 주장했다. 두체스네는 중세말 또는 근세 초 시기에 어느 때 유럽이 다른 문명권들로부터 결정적으로 이격하는 역사적 행로를 택했다는 전통적 논변을 옹호하려는 의도를 명시적으로 밝힌다. 그러나 그의 주장은 중세와 근세 초 유럽이 이미 경제력 전반, 기술력, 그리고 생활수준의 견지에서 아시아보다 더 발전했다는 것이 아니다. 그의 주장은 12세기부터 줄곧 유럽이

---

425) Man, *The Gutenberg Revolution*, 113쪽.
426) Ricardo Duchesne, "Asia First?", *Journal of The Historical Society*. First published: 10 February 2006.

동화·혁신·발명의 누적적 자기강화 과정에서 "위대한 학습자"임을 스스로 보여주었다는 것이다. 이것이 유럽에 근대적 특징의 독특한 발전동학을 부여했다는 것이다.427)

시작은 이렇지만 두네스네의 인쇄술 관련 논변은 그 정반대로 내달린다. 그는 한국 금속활자의 세계적 영향을 터무니없이 부정하고 구텐베르크의 독창성만을 강조한다. 구텐베르크만은 "위대한 학습자"가 독창적 '발명천재'라는 것이다. 그는 존 맨의 그릇된 주장을 반복하고 엉터리 통계를 제시한다. "구텐베르크가 최초의 인쇄기를 발명한 것이 아니라 단순히 11세기 중국에서 오래 전에 발명된 활자인쇄 기술이나 1403년 한국에서 최초로 발명된 금속활자 인쇄술의 아이디어가 확산된 것으로부터 혜택을 입었다는 추가적 주장을 취해보자. '표준' 주장은 중국과 한국 인쇄술이 우선한다는 것을 인정하지만, 활자를 저렴하게, 그리고 정교하게 만드는 문제를 해결한 공은 구텐베르크에게 돌아가야 한다는 점도 인정한다. 중국문자 (그리고 넓혀서 한국 문자)는 쉽사리 기계적 용법에 응용될 수 없었다."428) 여기에서 두체스네는 "유럽에 보편적으로 확산된 26개 글자를 가진 로마 알파벳은 특히 기계적 인쇄술에 적응할 만했었다"는 카드웰(Donald Cardwell)의 − 우리가 이미 충분히 비판한 − 비문非文을429) 무슨 진리나 되는 양 인용하고 있다.

이어서 두체스네는 존 맨을 인용해 그릇된 논변을 이어간다. "어떤 직접적 증거도 없을지라도 사가들은 동서 연결이 초창기 중국 인쇄

---

427) Duchesne, "Asia First?", 82쪽.

428) Duchesne, "Asia First?", 82쪽.

429) Donald Cardwell, *Wheels, Clocks, and Rockets, A History of Technology* (New York: Norton,2001), 55쪽.

아이디어가 대륙을 가로질러 유럽으로 전파되기에 충분히 광범했다는 것을 잘 알고 있었다. 그러나 금속활자의 발명이 한국으로부터 곧장 50년보다 짧은 연수年數 동안에 독일로 전파되어 구텐베르크가 복제했다는 어떤 증거도 없다. 존 맨은 그의 책 *The Gutenberg Revolution*(2002)에서 '동방문화권에서 구텐베르크 식 인쇄기의 발명을 촉진할 수 있을 다른 요소들이 부재하다'는 것을 증거 부재 못지않게 충분히 강조하고 있다. '중국 종이는 서예나 목판인쇄술에만 적합했다. 동방에는 나사에 기초한 그 어떤 인쇄기도 없었다. 왜냐하면 그들은 와인드링커가 아니었고, 올리브가 없었고, 종이를 문질러 닦는 다른 수단을 썼기 때문이다.' 맨은 1403년 금속활자가 발명된 뒤 권좌를 20년 동안 장악하고 인쇄에 더 적합한 문자를 고안할 것을 결정한 세종 황제의 32년 통치기에 한국에서 100종 이상의 책이 인쇄된 기간에 '한국의 엘리트들이 그들의 엘리트주의 뱃지인 한문을 잃을 것이라는 생각에 섬뜩해 했기 때문에' 아무런 혁명도 뒤따라 일어나지 않았다고도 논평한다."430) 이런 비문非文들은 몽땅 다 앞서 존 맨에 대한 비판에서 해치운 주장이므로 여기서 그 비판을 재탕할 필요가 없을 것이다.

두체스네는 존 맨처럼 구텐베르크 발명을 '혁명'이라고 역사를 조작한다. "이와 대조적으로, 유럽에서는 구텐베르크가 1452-1455년에 최초의 인쇄된 책, 성서를 발간한 순간 활자로 인쇄된 책들의 폭발이 있었다"는 것이다. 기가 막힌 날조다. 앞서 인용했듯이 게르네는 "오직 19세기에야" 유럽 인쇄술이 아시아 인쇄술보다 빨라졌고 "그때까지는" 구텐베르크 인쇄술은 줄곧 텍스트를 재생산하는 "느리고 비싼 형태로 남아있었다고 명백하게 밝혀주었고,431) 심지

---

430) Duchesne, "Asia First?", 82-83쪽.

어 구텐베르크 예찬자 아이젠슈타인도 '혁명적' 변화가 아니라, "누증적·점증적" 변화를 말하기[432] 때문이다. 그런데 두체스네는 자기 논변을 정당화하기 위해 데이비드 랜디즈(David Landes)를 인용하여 가름하려고 한다. "다음 50년 안에 인쇄술은 라인란트로부터 유럽 전역으로 확산되었다. 인쿠나불라(incunabula, 1501년 이전에 출판된 책들)의 추계량은 수백만 부에 달했고, 이탈리아만 추산해도 200만 부에 달했다."[433] 그런데 두체스네는 랜디즈에 대한 홉슨의 반박을 인용하고 다시 반비판을 하고 있다. "홉슨은 '15세기 말경 중국은 아마 다른 모든 나라를 합한 것보다 더 많은 책들을 발간했을 것이다'는 아주 오도하는 주장으로써, 유럽에서 인쇄가 폭발한 것처럼 중국에서는 '폭발한 적'이 없다는 랜즈의 주장을 반박한다. 논쟁의 화제는 인쇄혁명이고, 중국은 더 많은 책을 인쇄하지 않았다. 1518년과 1524년 사이의 짧은 기간에 독일에서만 책 발간은 7배 상승했다. 1518년과 1520년 사이에 루터는 약 30편의 논고를 썼고, 이 논고들은 30만 부의 인쇄된 복제물로 분배되었다. 활자와 저렴한 종이가 책과 팸플릿의 이 홍수를 가능하게 만들었다면, 지식을 갈구하는 성장하는 문해력 있는 독서대중 없이 인쇄술의 발명은 혁명일될 수 없을 것이다."[434]

여기서 두체스네가 인용하는 "수백만 부"니, "200만 부"니, "30만 부"니 하는 추정치는 목판본과 목활자본, 그리고 중복계산을 빼지 않은 수치이기 때문에 의미가 없는 것으로 무시하거나, 당시 활판인

---

431) Gernet, *A History of Chinese Civilization*, 336쪽.
432) Eisenstein, *The Printing Revolution in Early Modern Europe*, 119쪽.
433) David Landes, *The Wealth and Poverty of Nations, Why Some Nations Are So Rich and Some So Poor* (New York: Norton, 1998), 52쪽.
434) Duchesne, "Asia First?", 83쪽.

쇄보다 압도적으로 우세했던 목판인쇄를 감안하여 금속활자 인쇄본으로는 이 추정치의 반의 반(85만 부, 50만 부, 7만500부) 정도만을 인정해야 할 것이다. 그리고 "15세기 말경 중국은 아마 다른 모든 나라를 합한 것보다 더 많은 책들을 발간했을 것이다"는 홉슨의 말을 두체스네는 "아주 오도하는 주장"으로 격하하고 있는데, 그의 말은 "오도하는 주장"이 아니라, 아시아연구의 권위자들인 도널드 래크와 에드윈 반 클레이(Donald F. Lach and Edwin J. Van Kley)의 말이다.[435] 예수회 선교사 마테오리치도 16세기 말엽 중국에서 유통되는 엄청나게 많은 인쇄된 책들과, 이 책들이 매매되는 우스꽝스러울 정도로 낮은 가격에 대해 『중국인들 사이에서의 기독교 포교(De Christiana expeditione apud Sinas)』(1615)에서 비교적 자세히 보고한 바 있다. 맨·랜즈·두체스네 같은 서천론 반대자들이 중국의 출판량과 책가 등에 대해 하도 말이 많아서 현지목격자 마테오리치의 말을 길게 인용해 본다.

인쇄술은 중국에서 유럽에서 인쇄술의 시작에 배정되는 145년경의 시점보다 얼마간 더 이른 날짜에 실용되었다. 중국인들이 적어도 5세기 전에 인쇄술을 알았다는 것은 아주 확실하고, 어떤 중국인들은 인쇄술이 기독교 시대의 시작 전에, 기원전 50년경에 그들 민족에 알려져 있었다고 주장한다. 그들의 인쇄 공법은 유럽에 채택된 공법과 아주 다르고, 그들에게는 우리의 공법이 한자漢字와 활자의 수가 너무 많아서 아주 실용불가하다. 현재 그들은 거꾸로 뒤집어서, 그리고 단순화된 형식으로 비교적 작은 목판에 한자들을 새기는데, 이 목판은 대부분 배나무나 사과나무로 된 목재

---

435) Donald F. Lach and Edwin J. Van Kley, *Asia in the Making of Europe III* (Chicago: Chicago University Press, 1993), 1598쪽 각주209.

를 써서 만들되, 때로는 대추나무의 목재도 이 목적에 쓰인다. 인쇄서적을 만드는 그들의 공법은 아주 독창적이다. 아주 고운 머리카락으로 만든 붓으로 먹을 묻혀 텍스트를 종잇장 위에 쓰고, 이 종잇장을 뒤집어 목판에 붙인다. 종이가 철저히 말랐을 때, 한자를 담은 고운 종이 외의 어떤 것도 목판 위에 남지 않을 때까지 목판의 표면을 재빨리, 그리고 아주 능란한 솜씨로 문질러 벗겨낸다. 그 다음, 각수는 강철 조각칼로 이 한자들만 낮은 양각으로 우뚝 솟을 때까지 한자의 아웃라인을 따라서 표면을 깎아낸다. 이 목판을 가지고 능란한 인쇄공이 믿을 수 없는 속도로 복사본을 만드니 단 하루에만 1500장만큼 많은 복사본을 생산할 수 있다. 중국 인쇄공들은 이 목판을 각판하는 데 아주 능란해서 목판 하나를 만드는 데는 우리의 인쇄공 한 명이 하나의 활자 조판을 짜고 필요한 교정을 보는 데 드는 시간보다 더 많은 시간이 들지 않는다. 이 각판 방식은 한자들의 수적으로 크고 복잡한 성질에 잘 맞지만, 나는 이것이 작은 크기 때문에 목판에 거의 새길 수 없는 유럽 활자에 아주 쉬사리 차용되지 않을 것이라고 생각한다. 그들의 인쇄공법은 하나의 결정적 이점이 있는데, 그것은 바로 일단 목판이 만들어지면 보존될 수 있고 원하는 만큼 자주 텍스트를 바꿀 수 있다는 점이다. 목판이 쉬 붙여질 수 있는 만큼 텍스트의 가감도 될 수 있다. 다시 이 공법으로 인쇄공과 저자는 지금 여기서 너무 큰 판의 책을 생산할 부담을 지는 것이 아니라, 그때그때의 수요를 맞추기에 충분한 다소의 수량으로 책을 인쇄할 수 있다. 우리가 그 책들이 원래 쓰인 언어로부터 중국어로 번역한 종교적·과학적 주제에 관한 여러 책의 복사본들을 인쇄하기 위해 우리 집안의 가사보조 일손을 쓰는 만큼 우리는 중국 인쇄공법으로부터 큰 이익을 얻어왔다. 실로, 그 공법은 전체적으로 너무 간단해서 그 과정을 한번 지켜본 뒤에 혼자서 그것을 시도해보고 싶을 정도다. 중국 인쇄술이 이렇듯 간단하기 때문에 여기서 유통 중에 있는 책들의 수량이 엄청나게

많고 파는 책들의 가격이 우스꽝스럽도록 낮은 것이다. 이와 같은 사실들
은 이것을 목격하지 않은 사람이 거의 믿지 않을 것이다.436)

마테오리치는 여기서 "중국 인쇄술의 간단성", 16세기 말엽 중국
에서 "유통 중에 있던 너무 큰 수량의 책", "파는 책들의 우스꽝스럽
도록 낮은 가격" 등을 현장목격자로서 생생하게 기록하고 있다.
두체스네는 이 글이 실린 마테오리치의 『중국인들 사이에서의 기독
교 포교』을 전혀 읽지 않은 것으로 보인다.
　따라서 두체스네는 중국 목판인쇄술의 이런 빠른 효율과 저렴성
을 둘 다 몰각한 것에 그치지 않고, 15세기 말경 이미 엄청났던
중국 인구(약 1억 명), 특히 중국 독서인구가 그만큼 많았다는 사실도
몰각한 것이다. 이런 수준이니 그가 조선조 '한국의 출판혁명'을
알기를 기대할 수가 있겠는가!

■ 조지프 맥더모트와 피터 버크의 강력한 반反서천론
　21세기 들어서 금속활자·목판 인쇄술을 포함하는 인쇄술 일반의
서천론에 대해 가장 강력한 반론을 제기한 학자는 조지프 맥더모트
와 피터 버크(Joseph McDermott & Peter Burke)였다. 그들은 2015년 편집·
공간한 『1450-1850년 동아시아와 유럽의 책의 세계(The Book Worlds
of East Asia and Europe 1450-1850)』의 「서론(Introduction)」에서437) 치밀하

---

436) Nicolas Trigault, De Christiana expeditione apud Sinas (Augsburg, 1615), Chap. V.
　영역본: Luis J. Gallagher, China in the Sixteenth Century: The Journals of Matthew
　Ricci (New York: Random House, 1942·1953), 20-21쪽.

437) Joseph McDermott and Peter Burke, "Introduction". Joseph P. Mcermott and Peter
　Burke, The Book Worlds of East Asia and Europe 1450-1850 (Hong Kong: Hong Kong
　University Press, 2015).

고 정교한 반박론을 전개했다.

맥더모트와 버크는 서천론을 부정하는 다른 서양학자들과 달리 16세기 말엽에도 활자인쇄의 비용이 목판인쇄보다 더 많이 들었고 이에 비해 종이와 노임이 아주 싸서 중국 목판인쇄술의 경우에 비용이 아주 적게 먹혔고 중국 종이와 서적의 가격은 지극히 낮았다고 밝히고 있다. "활자인쇄는 한 벌의 활자를 사거나 빌릴 때 전체적으로 각판刻板인쇄보다 더 비쌌을 것이다. 여러 나라, 여러 세기, 여러 통화를 가로질러 통계작업을 해보면, 그것은 역사가들이 종종 당황스런 일에 손대는 식의 고도로 위험한 작업이다. 그러나 16세기 세기 말엽의 인쇄의 저렴성 – '여기서 유통 중에 있는 너무 큰 수량의 (인쇄된) 책'과, '파는 책들의 우스꽝스럽도록 낮은 가격' – 은 예수회 선교사 마테오리치의 선구적 노고에 의해 채록되어 있었고, 청대 중국에서의 각판인쇄의 상대적으로 낮은 비용은 그 이후에 활동한 19세기 유럽 선교사들이 확인했다. 종이비용은 (각판인쇄가 훨씬 더 얇은 종이의 사용을 허용하는) 중국에서 덜 먹혔고, 거기서 낮은 노임비용은 종종 더 간단한 각판방법의 채택과 가사노동의 활용으로 종종 더 낮아졌다."438) 그리하여 "어느 때 어떤 유형의 활자인쇄도 소수의 장소에서의 소수의 책종(즉, 휘주성의 안휘현의 족보나 18세기 말엽 제국 인쇄프로젝트)을 제외하면 거기서 석권하지 못했다"는 것이다.439)

이어서 맥더모트와 버크는 '구텐베르크의 발명에 대해 극동의 영향이 있었는가?'라는 결정적 물음을 던진다.

---

438) McDermott and Burke, "Introduction", 13-14쪽.
439) McDermott and Burke, "Introduction", 15쪽.

(단순한 그림의) 최초의 판각인쇄는 이탈리아의 경우에 시험적으로 14세기 후반보다 이른 시점까지 거슬러 올라가지 않고, 독일의 경우에도 바로 같은 세기의 말경에 시작되었다. 화보(그림)의 각판인쇄는 독일에서 15세기 초에 나타났지만, (중국의 그 각판인쇄와 같은) 책의 각판인쇄는 약1440년경에야, 즉 구텐베르크가 금속활자와 인쇄기로 돌파했다고 우리가 알고 있는 그 시점에야 출현했다. 그리하여 유럽 출판업자들과 장인들이 다음 반세기에 상이한 기술 세트를 확립하는 별도의 길을 가기 전에 책의 각판인쇄의 방법과 실행이 동아시아로부터 어떤 식으로 도입되어 유럽에서 신속하게 채용되었다는 것은 생각할 수 있는 일이다. 제지술, 비단제조기술, 기타 많은 다른 물건들의 제작 기술이 이미 (총기류와 유리렌즈가 나중에 반대방향으로 전해지게 되는 것처럼) 중국으로부터 유럽으로 전해지는 긴 여정을 밟았다면, 우리는 왜 인쇄 노하우, 목판이나 활자에 대해 동일한 것을 기대할 수 없겠는가? 이 동아시아 인쇄방법들 중 어느 것이든 이에 관한 정보가 유럽에 도달하여 결과적으로 옳든 그르든 "구텐베르크의 발명"이라는 것을 촉발하는 것을 돕거나 가르쳐 줄 수 있었을까?[440]

이런 물음을 던지고서 맥더모트와 버크는 구텐베르크에 대한 한국 금속활자의 영향을 짐짓 진지하게, 짐짓 객관적으로 부정하려고 든다. 그는 우선 카터와 전존훈의 주장을 고찰한다. "많은 세대 동안 서구학자들은 옳든 그르든 이러한 노선들에 따라 사색해왔지만, 1925년 카터의 획기적 연구서 *The Invention of Printing in China and Its Spread Westward*의 공간을 통해서만 그런 주장에 대한 강력한 경험적 뒷받침을 얻었을 뿐이다. 카터는 중국, 중앙아시아, 중동, 유럽의 광범한 기록들을 활용해서 '유럽 인쇄에 대한 중국 각판인쇄

---

440) McDermott and Burke, "Introduction", 15-16쪽.

의 영향은 합당한 정도의 확실성으로 받아들여질 만큼 강력한 정황증거에 근거한다'는 견해를 각인시켰다. 그의 이 책은 중국어로 재빨리 번역되어 중국(과 나중에 한국)의 독자들에게 그의 견해를 암석처럼 확고한 사실로 받아들이도록 고취하고, 카터의 몇몇 유럽 선구자들과 일치되게 각판인쇄에 대한 범汎유라시아적 중국·한국 영향에 관한 그의 주장을 구텐베르크의 활자인쇄에까지도 확장하도록 고취했다. 동아시아의 이 현대 저자들은 서양인들이 우리가 생각하듯이 영리하거나 그들이 생각하듯이 절반만 영리하다면 동아시아를 여행한 서양의 중세 방문자들이 동아시아의 인쇄 발명에 대해 배웠고 돌아가서 그 발명을 중시했음이 확실하다고 생각하는 것으로 보였다. 이 두 동아시아 나라와 문화는 어느 방식으로든 그들 자신의 땅에서 서적인쇄의 발명에, 그리하여 근대세계의 형성에 참여한 것이 확실하다."441)

맥더모트는 서천론에 대한 중국과 한국의 이해관계를 상기시키고 자신의 논변을 이렇게 이어간다. "과거 세기가 흐르면서 새로이 발견된 정보는 이 학자들의 믿음을 평범한 중국적·한국적 확신으로 전환시키는 것을 도왔다. 몇몇 학자들은 1987년 출토된 탕구트어(西夏語) 불경 인쇄본의 시기를 세계에서 가장 오래된 12세기 중반 활인본 인쇄물의 현존 사례로 판별했다.(이러한 인쇄물의 숨길 수 없는 징표는 텍스트 속에서 적어도 글자 하나가 뒤집혀 있다는 것이다.) 하지만 다른 전문가들은 탕구트어 목활자로 인쇄된, 티베트의 탄트라 경문의 더 이른 탕구트어 번역본을 숙고하기 위해 이 특징을 중시하고 그것을 12세기 초로부터 시작된 것으로 기산起算한다. 어떤 식으로든 활자로 인쇄된 가장 오래된 현존 서적은 중국 인쇄기술로 탕구트

---

441) McDermott and Burke, "Introduction", 16-17쪽.

어로 발간된 탕구트 인쇄물인 것으로 보인다. 이 탕구트어 서적들을 찍어내는 데 쓰인 활자는 의심할 바 없이 다른 탕구트 텍스트들도 찍는 데 쓰였다. (활자로 인쇄된 약 12개 책종의 탕구트 서적이 대체로 중국 감숙영하寧夏·내몽고 지방에서의 발굴 덕택에 살아남았다.) 그리고 실크로드를 따라 유럽으로 향하는 여행자들은 탕구트문자가 아니더라도 위구르문자나 한자에서 활자인쇄의 이러한 또는 유사한 실례를 분명 마주쳤을 것이라고 주장된다. '인쇄된 서적들, 목판, 또는 금속활자들'과의 이러한 만남은 중국의 과학과 기술에 관한 니덤 시리즈로 나온 전존훈의 권위적 저작에 따르면 '유럽 인쇄술의 기원', 그리고 그가 함의하듯이, 유럽 목판인쇄술과 활판인쇄술의 '기원에서의 중국적 연관의 존재'를 입증해주는 것이다."[442] 맥더모트는 이렇게 약간 냉소적 어투로 카터와 전존훈의 입장과 입지, 그리고 영향 및 한국과 중국의 이해관계를 약술한 다음, 느닷없이 바레트의 서천론을 이렇게 요약·비판한다.

근년에 바레트(Timony H. Barett)는 인쇄기술의 유라시아 이전에 관한 사색 노선에 관해 중요한 기여를 해왔다. 그의 책 *The Woman Who Discovered Printing*은 증명의 다양한 실마리를 풍요로운 역사 카펫으로 짜서 동아시아와 중앙아시아의 인쇄기법, 목판술, 활판술이 어떻게 유럽에 도달했을까, 결과적으로 구텐베르크의 관심을 끌게 되었을까를 기술하고 있다. 가령 14세기 내내 많은 노예들이 중국이나 오늘날의 몽골만큼 멀리서 유럽의 문화중심지로 왔고(그들은 심지어 르네상스 회화들에서도 나타난다), 그는 그들이 인쇄와 인쇄기법의 지식을 유럽인들에게 건네주었을 것이라고 추측했다. 그러나 카터의 저서에서처럼 유럽의 어느 곳으로든 이 기술정보

---

442) McDermott and Burke, "Introduction", 17쪽.

이전에 대한 분명한 텍스트적·자료적·가시적 증거는 제공되어있지 않고, 우리 독자들은 매혹적 '정황증거'와 매력적 결론의 큰 덩어리에 던져진 채 남겨진다. 학술은 결국 확신을 주는 데 실패할지라도 현혹시킬 정도로 눈부시다.[443]

한마디로, 맥더모트는 바레트의 주장이 "정황증거와 매력적 결론의 큰 덩어리" 외에 "기술정보이전에 대한 분명한 텍스트적·자료적·가시적 증거"를 제공하지 못하고 있기 때문에 그의 학술논변이 "현혹시킬 정도로 눈부실"지라도 "결국 확신을 주는 데 실패했다"고 결론짓고 있다. 아무튼 그는 바레트가 직접증거를 제시하지 못했을지라도 정황증거에 근거한 "결론"은 "매력적"임을 부지불식간에 인정하고 있다.

이어서 맥더모트는 장수민과 토마스 올슨(Thomas Allison)의 서천론을 요약하면서 최초의 그 물음을 세 개로 분할한다. "바레트의 추론은 그럼에도 불구하고 장수민과 같은 걸출한 중국학자의 유사한 주장과, 원元왕조 때 이슬람과 기독교 땅으로 여행해 들어가 거기서 근무한 중국인들의 굉장히 다양한 거류지에서 나온 토마스 앨리슨의 발굴물들이 뒷받침해준다. 그들은 그것들 자체로서 유럽 인쇄술과 특히 구텐베르크의 인쇄술에 대한 동아시아의 영향을 가리켜주는 가능한 지표들에 대한 재고찰을 요구한다. 이 연구를 위해 우리의 원래 물음 - 동아시아 인쇄술이 유럽에 도달하고 결과적으로 유럽의 '인쇄혁명'을 촉발시켰거나 이에 정보를 제공했는가? - 은 유익하게 세 개의 상호연결된 질문들로 정제될 수 있다. 유럽인들은 언제 처음으로 동아시아 인쇄술과 인쇄된 책들을 어떤 종류든 배웠는가?

---

443) McDermott and Burke, "Introduction", 17-18쪽.

그들은 언제 처음으로 동아시아 서적인쇄술의 우월성을 배우게
되었는가? 그리고 그들은 언제 처음으로 인쇄물이나 서적, 또는
심지어 직물을 인쇄하는 방법을 배웠는가? 마지막 두 질문은 목판인
쇄술인지, 활자인쇄술인지를 물었을 때 동아시아와 유럽 서적인쇄
기술의 독립적 기원과 발단을 일반적으로 가리키는 대답들을 제공
해줄 것이다."444)

　　맥더모트는 "유럽인들은 언제 처음으로 동아시아 인쇄술과 인쇄
된 책들을 어떤 종류든 배웠는가?"라는 첫 번째 물음에 대해 일단
서천이 가로 막혔던 지폐와 팸플릿(책력)의 사례를 들어 부정적으로
답한다.

　　우리의 첫 번째 문제에 대한 답변은 완전히 만족스럽지 않을지라도 직설
적이다. 어떤 유형의 중국 인쇄술에 관한 가장 이른 서방 보고서들은 1254
년과 1344년 사이에 중국을 방문했던 마르코 폴로를 포함한 8명의 유럽
여행자들의 기행문 기록에서 발견된다. 이 사람들은 모두 지폐를 인쇄하
는 중국과 몽고의 관행을 언급한다. 이 유럽인들이 일차적으로 특유한 화
폐형태가 어떻게 그 가치와 이익을 보유하는지에 관심을 가졌기 때문에
불행히도 그들이 생산과정을 묘사하는 데 가장 근접한 것은 저 보고서들
중 가장 이른 것, 즉 윌리엄 오브 뤼브루크(William of Rubruck)의 보고 속의
짧은 문단이다. "카타투아(Catatua, 즉 Cathay = 북중국)의 일상적 화폐는 종
이 제품인데, 망구(Mangu, 즉 Mönke) [칸]의 인장에 찍은 것처럼 선線들이
찍힌 손바닥 크기의 나비와 길이의 종이돈이다." 결과적으로, 근대 역사가
들은 중국 인쇄술 일반이든 중국식의 지폐 인쇄든 이에 대한 이른 지식을
판단하려고 모색할 때 중세 페르시아 자료원에 의거해야만 했다. 하지만

---

444) McDermott and Burke, "Introduction", 18쪽.

몽고의 지폐 도입에 관한 페르시아 자료원은 한결같이 독자들에게 이런 식의 어떤 인쇄든 이 인쇄의 어리석음을 경고했다. 1294년 몽고의 최근 페르시아 정복자가 페르시아의 동전부족 문제에 당대의 '중국 몽고식' 해법을 강요했다고 우리는 읽는다. 이 정복자는 지폐를 인쇄하는 데 목판이나 금속판을 썼을 가능성이 가장 높다. 이 칸을 경악시켰듯이 그의 화폐혁신은 풀썩 주저앉고 말았다. 태부리즈(Tabriz)의 상인들은 인쇄된 돈을 단호하게 거절하고 시장을 닫도록 강요하고 지배자에게 지폐를 시장으로부터 퇴출시키도록 강요했다. 그래서 금속에 대한 상인들의 이해할 수 있는 선호는 금속화폐로의 700년 복귀로 이끌어졌을 뿐만 아니라, 더 밀접한 인과관계로는 어떤 동아시아 인쇄술이든 페르시아로 이전하는 잠재적 가능성을 가로막는 나쁜 조짐이 되었다. 그리하여 페르시아에서는 19세기 초까지 어떤 책도 목판이나 활자로 인쇄되지 않았다. 즉, 그때까지 어떤 출판업도 없었다. 13세기 말엽 타브리즈에서 무역하던 제노바·베니스 상인들은 카터의 추측대로 인쇄된 지폐 이야기를 가지고 이탈리아로 돌아가지 않았다면 분명 인쇄의 이익이 자명하다는 우리의 현대적 상념常念을 공유하지 않았을 것이다. 그들은 그것에 의한 무역과 이윤의 확대를 보고하기보다 차라리 그것이 일으킨 시장 혼란과 붕괴를 고국으로 보고했을 것이다. 인쇄술의 도입이 여기서 시도된 단순한 형태로도 대혼란을 일으키고 인쇄술의 경제적 또는 사회적 이익의 어떤 약속에 대해서든 완고한 반대를 야기한 것은 인쇄의 세계사에서 이것이 마지막이 아니었다.445)

거창하게 끝맺는 맥더모트의 이 지폐서천 부정론은 지폐조폐제도의 서천을 부정하는 반면, 그는 원나라의 실물 지폐나 조폐造幣정보의 서천을 인정하고 있다. 원대 중국의 지폐 사용에 대한 정보와

---

445) McDermott and Burke, "Introduction", 18-19쪽.

소문은 뤼브루크·폴로·페골로티·오도릭·콰트렘드레(Quatremdre)·바르바로·바투타 등 많은 사람들에 의해 유럽에 전해졌었다. 따라서 페르시아 일 칸국의 지폐제도 도입의 실패 사례를 아무리 부풀리더라도 지폐인쇄·사용 정보를 얻어 이것으로부터 인쇄 아이디어의 영감을 얻거나 이 정보를 인쇄에 응용했을 가능성에 대한 추정을 봉쇄할 수 없는 것이다. 그리하여 장수민에 의하면 구텐베르크가 활자인쇄술을 '발명'하기 전에, 즉 "1441년 이전에 베니스에서는 지폐사업이 한때 흥행했다".446)

이어서 맥머모트는 올슨이 특별히 중시하는 팸플릿 인쇄물인 점술적 일진日辰 책력을 필사본 잡기장으로 오인하면서 이 인쇄된 책력 또는 이 책력 정보의 서천가능성을 전면 부정한다.

아시아에서의 (돈과 반대되는 것 같은) 서적의 인쇄에 관한 서구인들의 지식을 위해 토마스 올슨은 마르크 폴로의 몽고 중국 여행기에서 또 다른 문장에 우리가 관심을 갖도록 만든다. "그리고 그래서 그들은 연중 매달 일어날 모든 일(scribent omnium)을 기입하는 소책자(quantrini)를 많이 만들(facient) 것이다. 그리고 연중 무슨 일이 일어날지를 알기 위해 이 소책자를 사고 싶어 하는 누구에게든 한 권에 1그로트(groat)에 판매한다." 올슨은 이 소책자를 인쇄된 책력을 뜻하는 것으로 해석한다. 이것은 그가 원대元代정부 책력인쇄 관청의 중국적 텍스트 증거로, 그리고 1세기 전 (→20) 독일 학술 모험가들이 중앙아시아 투르판에서 발견한, 위구르 문자로 인쇄된 1324년도 몽고책력의 현존하는 유일한 사례로 뒷받침하는 견해다. 하지만 엄격히 말해서 마르코 폴로 기행문 속의 그 구절은 - 이 기행문은 물론 전근대 유럽인들에게 알려진 세 가지 자료원 중 유일한 것일 것이다 - 단순히

446) 장수민(강영매 역), 『중국인쇄사(三)』, 1587-1588쪽.

사람들이 "기입해 넣는(write)" 소책자를 말하고 있다. 이 구절을 읽거나 듣는 어떤 15세기 또는 그 이후의 유럽인들도 여기서 목판이나 활자로 인쇄하는 것을 생각할 이유가 없었을 것이다.[447]

맥더모트는 여기서 많은 실수와 실책을 범하고 있다. 그는 마르코 폴로의 기술도, 올슨의 논변도 제대로 이해하지 못하여 그 소책자가 단순히 잡기장이 아니라 점술책력이라는 것을 알지 못했고, 또 "기입한다(write)"는 말도 곧이곧대로 '손으로 필기한다'는 뜻으로 오해하고, 폴로의 원문에 등장하는 '책력'을 뜻하는 'tacuini'라는 단어나 마르코 폴로가 말하는 구절 "many little pamphlets"에서 'many'라는 말을 놓치고 있다. 이 때문에 이 소책자 인쇄물을 필사본으로 오인한 것이다.

상론했듯이 마르코 폴로가 중국에서 본 '점술적 예언책력'을 중국 목판인쇄술의 전달매체로 언급한다. 그는 "덜 인식되고 있는 것은 마르코 폴로가 다른 형식으로 인쇄술을 접하고 논한 사실"에 주목하여 몽골조정의 중국·무슬림·기독교 점성가들을 발견하고 그들이 얻는 소득의 원천을 밝혀준다. "(…) 점성가들은 그 해의 매달 일어날 모든 것을 기입해 넣은(write) 작은 팸플릿을 많이 만드는데, 이 팸플릿은 타쿠이니(tacuini)라고 부른다. 그리고 그들은 이 팸플릿을 하나에 1그로트(groat) 값을 주고 그 해에 일어날 일을 알려고 이것을 사고 싶어 하는 아무에게나 판다. 그리고 보다 적중하게 예언한 것으로 밝혀진 점성가들은 그 기술의 더 완벽한 사부師父로 여겨지고 더 큰 영예를 얻을 것이다."[448] 말하자면 몽골조정의 중국·무슬

---

447) McDermott and Burke, "Introduction", 19-20쪽.

448) Allsen, *Culture and Conquest in Mongol Eurasia*, 183쪽.

림·기독교 점성가들은 이 '타쿠이니'라는 일진책력을 팔아 소득을 얻는 것이다. 맥더모트는 "작은 팸플릿을 많이 만든다"는 폴로의 기록에서 "많이"라는 말을 빼먹고 옮기고 있다. "1그로트"의 푼돈으로 "그 해에 일어날 일을 알려고 그것을 사고 싶어 하는 아무에게나 팔" 정도로 "많은" 소책자라는 말은 이것이 소량의 필사본이 아니라 '방대한 수량'의 책자이라는 것, 따라서 인쇄본이라는 것을 함의한다. 그리고 여기서 "기입하다(write)"는 말은 'handwrite'(필기하다)라는 뜻이 아니라, 'describe'(묘사하다, 기술하다)는 일반적 의미이다. 맥더모트는 "write"라는 단어의 이런 의미 변화, 소책자의 "많은" 수량, 인쇄본을 내포하는 이 수량의 의미론적 함의 등 중요한 표현과 내포를 모두 다 놓치고 있는 것이다.

마르코 폴로는 『동방견문록』에서 어떤 행동이든 그것을 계획하는 사람은 누구나 "당신들의 책에서 바로 지금 하늘의 상태가 어떤지를 보고 싶다"고 말하면서 언제나 이 점성가들의 저작을 참조한다고 계속 이야기하고 있다. 올슨에 의하면, 이 팸플릿을 기술하기 위해 마르코 폴로가 사용한 '타쿠이니'라는 술어는 그 자체로서 뜻을 밝혀 주고 있다는 것이다. "이것은 아랍어의 '타큄(taqwim)', 즉 '책력', '캘린더'다. 이것은 중세 라틴어 텍스트에서 tacuinum의 형태로 나타나 거기서 '테이블(도표)'을 뜻하는 단어로 쓰였던 것이다. 아랍어 저작의 라틴어 번역에서 taqwim은 dispositio per tabellas(도표에 의한 배치)로 옮겨진다. 마르코 폴로의 자료로부터 우리는 tacuini가 방대한 수량으로 생산되었고 이것들은 인쇄되었고, tacuini의 저자들 또는 편집자들의 여러 문화적 배경을 고려할 때 이것들이 여러 상이한 언어들과 문자들로 출판되었다고 똑바로 결론지을 수 있다."[449]

---

449) Allsen, *Culture and Conquest in Mongol Eurasia*, 183쪽.

올슨은 이 해석을 다른 사실들로도 뒷받침한다. "1324년 날짜에 종이에 목판으로 인쇄된, 투르판에서 들어온 몽골 캘린더의 큰 섹션은 인쇄된 *tacuini*의 언어적 다양성을 증명해준다"는 것이다. "위구르 문자로 된 이 특별한 샘플"은 주어진 날이 길일吉日일 수 있거나 아닐 수 있는 활동들의 일람표를 제공하는 "중국적 원본 샘플"에 기초한다. 그런데 『원사元史』에 의하면, 1278년 어느 때인가 설치된 책력연구원 태사원太史院(Tai-shih youn)은 역서와 책력을 편집하고 공공수요를 위해 공간했다. 특별한 관리, 즉 책력인쇄관원(Yin-li kuan-kou)은 책력생산을 감독했다. "1328년 연간 약 312만 3185부의 책력"이 팔렸고, "호기심을 끄는 것은 그중 5257부가 무슬림(Hui-hui) 책력이라는 점"이다. "이 *taqwim*이 (…) 대부분 페르시아어인 무슬림 언어로 출판되었다면, 이것은 아랍 문자가 원대 중국에서 광범하게 인쇄되었다는 것을 의미한다."[450] 1328년 한 해에 팔린 "약312만 3185부의 책력"과 "5257부의 무슬림 책력"이 필사본이다? 이것이 맥더모트의 가당치 않은 우김질인 것이다. 이 방대한 수량의 중국과 무슬림 책력은 인쇄된 것이었다.

올슨은 이 역사적 사실로부터 서천론의 중요한 단서를 끌어낸다. "명백하게, 이 시기에 중국에서 이루어진 총 서적출판량을 고려할 때, 약간의 인쇄된 저작들이 특히 알파벳 문자들로 된 책력과 역서들의 형태로 서양으로 가는 길에 올랐다는 것은 더 가능하다. 내 생각에 이 인쇄된 책력과 역서들이 놀이카드나 지폐 또는 중국 서적보다 기술이전의 훨씬 더 좋은 운반수단을 제공하는 것이다."[451] 인쇄된 일진책력과 역서曆書에 초점을 맞춘 올슨의 이 인쇄술 서천론은

450) Allsen, *Culture and Conquest in Mongol Eurasia*, 183-184쪽.
451) Allsen, *Culture and Conquest in Mongol Eurasia*, 184쪽.

튼실한 논변이다. 따라서 이 논변은 맥더모트의 오독과 오인으로는 반박될 수 없는 성질의 것이다.

그럼에도 불구하고 맥더모트는 이런 결론을 도출한다. "그리하여, 유럽인들이 중앙아시아와 중국을 갔다 온 여행자들로부터 인쇄기법을 구두로 배웠을지 몰라도 중국의 서적인쇄 관행에 관한 유럽적 지식을 증언하는 가장 이른 텍스트 증거는 그 날짜가 16세기 초로부터 시작하는 것으로 보인다. 여러 포르투갈 항해가들이 동아시아 수역을 뒤지고 다니다가 귀국했고, 중국과 동방무역 루트에 관한 정보를 독점하려고 했을지라도 포르투갈 국왕은 중국 항구들로부터 가져온 가장 언급할 만한 여행기념품 중 하나인 인쇄된 중국 서적을 놀란 교황과 같이 나누지 않을 수 없었다. 동아시아 인쇄서적에 관한 유럽인들의 이 최초 날짜의 언급에 대한 정보는 곧 유럽에 퍼졌고, 그 책 자체는 바티칸 장서고에 들어갔다. 환언하면, 바로 13세기 후반부터 몇몇 유럽 문사들은 중국의 지폐 인쇄를 분명 알았지만, 유럽이 중국의 서적인쇄를 알게 된 것은 훨씬 뒤에 시작되었다(알게 된 것은.. 시작되었다). 그 앎은 유럽에서 목판으로 서적인쇄를 개시하고 마인츠에서 구텐베르크가 기술적 돌파를 이룬 시점으로부터 세 번의 4반세기가 지난 뒤에 일어난 것으로 보인다."[452] 맥더모트는 여기서 목판인쇄술까지도 유럽의 독자적 발명으로 전제하면서 조비우스가 교황이 보여줘 목격했다는 포르투갈 왕의 공식선물인 중국 서적을 증명가치가 없는 "16세기 초" 이후에 입수된, 즉 구텐베르크가 인쇄술을 발명한 지 45년이 지난 뒤에 들어온 책으로 격하시키고 있다. 그러나 인쇄된 점술책력은 곧 인쇄된 책자이고, 점술책력 소식을 접하는 것은 중국 인쇄서적 정보를

---

452) McDermott and Burke, "Introduction", 20쪽.

접하는 것이나 다름없다. 그리고 교황청에서 파견한 13-14세기 또
는 15세기 초 북경과 항주·천주 등지의 선교사들도 16세기 말엽의
선교사 마테오리치처럼 종교서적들과 책자들을 중국의; 그 편리한
목판인쇄술로 인쇄해 자신들의 중국내 포교와 설교 활동에 활용했
고 이 인쇄정보를 유럽으로 가져갔을 것이 틀림없다.

그럼에도 맥더모트는 두 번째 물음("그들은 언제 처음으로 동아시아
서적인쇄술의 우월성을 배우게 되었는가?")과 세 번째 물음("그들은 언제
처음으로 인쇄물이나 서적, 또는 심지어 직물을 인쇄하는 방법을 배웠는가?")
에 대해서도 부정적으로 답한다. 문서증거가 없다는 것이다. "동아
시아 인쇄와 그 제작 방법의 우수성을 유럽이 아는 것에 대한 두세
번째 물음에 답하자면, 우리는 목판인쇄와 활자인쇄에 관한 지식을
뒷받침해주는 유럽의 증거를 분리하여 보아야 한다. 13세기 말엽
어떤 페르시아사람(라쉬드 알딘 – 인용자)이 모종의 언어로 쓴, 중국
목판인쇄 서적들에 대한 기록이 가장 이른 기술로서 현존하는 반면
(그의 기록은 여러 세기 뒤에 처음으로 여러 서구어로 번역되었다), 중국 목판
인쇄술에 대한 설명이 유럽 출판물 속에서 어떤 식으로든 상세하게
나타난 것은 오직 프랑스 예수회신부 뒤알드(Du Halde)의 1735년
중국 관련 서책으로부터 비롯되었을 따름이다."453) 이 말은 맥더모
트의 무지의 소치다. 목판인쇄에 대해서는 라쉬드 알딘(Rashíd al-Dín)
의 중국 목판인쇄술 설명은 14세기 초엽 "유럽 출판물 속에" 나타났
을 뿐만454) 아니라, 1550년경 하지 모하메드(Hajji Mahomed),455) 1560

---

453) McDermott and Burke, "Introduction", 20쪽.
454) 조지 스톤턴(George T. Staunton)은 이렇게 말한다. "(...) 중국 인쇄출판의 기술적
조작에 대한 묘사는 중국(Khatai) 지배자들에 대한 라시드 알딘의 페르시아어 역사서
에서 1310년만큼 이른 시점에도 서양제국에서 읽혔을 것이다." Juan Gonzalez de
Mendoza, *The History of the Great and Mighty Kingdom of China and The Situation*

년경 터키 수도사,456) 앞서 소개한 16세기 말엽의 멘도자와 마테오 리치 등도 중국 인쇄술의 우수성에 대해 다소 또는 상당히 자세하게 소개했다. 특히 13세기 말경의 라쉬드 알딘의 저술은 중요하다. 알딘의 저술은 14-15세기 유럽에 목판인쇄술이 출현하기 전에 소개되어 읽혔기 때문이다.

그러나 맥더모트는 알딘을 제쳐놓는다. 그리고 그는 조비우스의 기록을 언급한다. "하지만 두 세기 앞선 시점인 1546년 파올로 죠비오 (Paolo Giovio)의 영향력 있는 책에서 우리는 서적인쇄술에서 중국의 가능한 우월성에 대해 인정하는 최초의 서양 텍스트를 발견한다."457)

Thereof, the First and the Second Part, ed. by George T. Staunton (London: Printed for the Hakluyt Society, 1853), 132쪽 각주2.

455) Henry Yule, "Supplementary Notes", Note XVIII − "Hajji Mahomed's Account of Cathay, as Delivered to Messer Giovani Battista Ramusio" (Circa 1550), ccxix쪽. Henry Yule (trans. and ed.), Cathay and the Way Thither, Vol. 1 (London: Printed for the Hakluyt Society, 1866; Cambridge: Cambridge University Press, Republished 2009). 해당 구절: "중국인들은 그 나라 안에 인쇄술을 가지고 있고, 그들의 서적들을 인쇄한다. 나(Ramusio)는 그들의 인쇄방법이 우리 자신의 것과 동일한 것인지에 대해 분명히 하고 싶었던 만큼, 어느 날 그 페르시아사람(Hajji Mahomed)을 데리고 산 귈리아노(San Giuliano)에 있는 토마소 귄티(Thomaso Giunti) 씨의 인쇄사무소를 보러갔다. 그는 주석 활자들과 그들이 압인하는 나사압착기(screwpress)들을 보았을 때 그의 눈에는 이것들이 (중국의) 저것들과 아주 많이 유사하게 보인다고 말했다."

456) Henry Yule, "Supplementary Notes", Note XIX − "Account of Cathay by a Turkish Dervish, as related to Auger Gislen de Busbeck" (Circa 1560), ccxxi쪽. Henry Yule (trans. and ed.), Cathay and the Way Thither (London: Printed for the Hakluyt Society, 1866; Cambridge: Cambridge University Press, Republished 2009). 해당 구절: "이 방랑자는 중국인들이 비상한 성취를 이룬 백성이고 고도로 문명화되고 생활방식에서 예절바른 백성이고 기독교도 아니고 유대교도 아니고 마호메트교도 아니지만 제식에 관한 것만 빼면 유대교와 가장 유사한 그들만의 종교를 가지고 있다고 이야기했다. 지난 수세기 동안 중국인들 사이에서는 인쇄술이 쓰였고, 그가 거기서 보았었던, 활자 (types)로 인쇄된 서적들은 이 사실을 충분히 입증했다. 이것을 위해 중국인들은 누에의 허물과 고치로 만든 종이를 쓴다. 이 종이는 아주 얇아서 종이의 한쪽에만 활자를 압인하는 것을 견디는 까닭에 다른 쪽은 비워 둔다."

457) McDermott and Burke, "Introduction", 20-21쪽.

그러나 앞서 그는 포르투갈 왕의 공식선물인 중국 서적을 증명가치가 없는 "16세기 초" 이후에 입수된 책으로 격하시킴으로써 조비우스의 기록을 무가치한 것으로 만들었다. 따라서 그는 이에 대해 더 언급하지 않고 싱겁게 넘어간다. 그 대신 그는 다른 문서증거(textual evidence) 쪽으로 방향을 돌린다.

> 문서증거가 구텐베르크 이전 유럽으로 동아시아 목판인쇄술의 어떤 서천(transfer westward)도 부정하는 것으로 보일지라도 몇몇 현존하는 물증(material evidence)은 학자들에 의해 바로 그 반대를 주장하는 방향으로 해석되어왔다. 책과 기타 목적을 위해 목판인쇄술을 유럽에서 사용한 것은 우리가 이미 보았듯이 구텐베르크의 발명에 약 1세기 앞선다. 14세기 중엽 무렵 몇몇 유럽 직조물은 목판디자인으로 인쇄되었고, 동일한 세기 말엽에는 종이 책자에 그림형상이 인쇄되었다. (이 책자들은 1440년대부터 점점 더 많은 수량이 생산되었는데 종종 활자인쇄물 속에 삽입용으로도 생산되었다.)458)

일단 여기서 맥더모트는 우리가 '구텐베르크의 혁명은 없었다'는 우리의 명제와 관련하여 중요한 것을 부지불식간에 확인해 주고 있다. 맥더모트는 "책과 기타 목적을 위해 목판인쇄를 유럽에서 사용한 것"은 "구텐베르크의 발명에 약 1세기 앞선다"고 하고, 목판으로 인쇄한 "책자들은 1440년대부터 점점 더 많은 수량이 생산되었는데 종종 활자인쇄물 속에 삽입용으로도 생산되었다"고 말하고 있다. 이것은 15세기 후반과 16-17세기에 활인본 서적이 간인본에 비해 아주 적었고 전체 인쇄서적 중에서 작은 비중을 차지했다는 말이다.

---

458) McDermott and Burke, "Introduction", 21쪽.

이어서 맥더모트는 중국의 인쇄된 부적이 유럽에 직간접적으로 전해져 유럽에서 목판인쇄술을 일으켰을 것이라는 추정을 먼저 부정한다.

전존훈과 같은 몇몇 중국인들이 유럽의 이 인쇄된 자료들의 출현을 "동방"의 목판인쇄 자료와 실행방법의 사전 도입으로까지 추적하는 동안, 우리는 설득되는 모양새로 가만히 있었다. 우리의 확신에서 현존하는 자료증거들 중 어떤 것도 현재의 학문수준의 관점에서 정밀 검토할 때 목판인쇄술 노하우(practices)가 직접 동아시아로부터 서천했다는 주장이든, 중앙아시아와 중동을 거쳐 간접적으로 서천했다는 주장이든 이 서천 주장을 확증해주지 않는다. 먼저 중동으로부터 들어온 아랍의 종이인쇄의 유일한 현존 사례, 즉 이슬람 이집트로까지 추적할 수 있는 77여 개의 아랍 인쇄 부적을 고찰해보라. 이 부적들의 서예적 스타일, 고고학적 맥락, 얼마간의 가능한 문서적 참조물들을 접하고 몇몇 학자들은 이것들에 의해 설득되어 이 부적을 생산한 시점을 900년과 1400년 사이의 기간으로 추정했다. 이 시점의 대략적 확인은 두 장의 출토된 부적(카이로에서 가까운 푸스타트[Fustat]에 있는 그 부적들의 발굴 장소의 조성 시기는 950년과 1050년 사이의 세기였다)의 고고학적 맥락에, 그리고 다른 두 장의 부적(이 부적 종이의 생산 시기는 13세기와 15세기 초로 산정되었다)의 과학적 분석에 근거한 것이다.[459]

맥더모트는 올슨이 인쇄서적의 전파를 중시하는 말로 이 부적의 의미를 격하시키고 동시에 서적을 찍는 중국의 목판인쇄술에 대한 알딘의 찬양서적으로 부적의 중요성을 뭉개버린다.

---

459) McDermott and Burke, "Introduction", 21-22쪽.

나아가 올슨이 오직 한 명의 페르시아 저술가, 유별난 라시드 알딘만이 중국의 인쇄술을 "시대의 경이 중의 하나"라고 평가했다고 예리하게 논평하듯이, 14세기의 교육받은 페르시아사람들은 중국의 인쇄된 서적을 알고 있었고, 그들의 치자들은 원나라 황실로부터 중국 서적들을 거의 확실하게 인쇄물로 받았다. 그리하여 이 아랍 부적의 인쇄에 대한 중국의 직접적 영향에 대한 주장은 소수였다. 유럽의 목판인쇄술과 인쇄에 대한 아랍의 이 인쇄된 부적의 영향을 이슬람 전문가들이 주장하는 것은 훨씬 더 드물었다.460)

그러나 맥더모트의 이 논변은 마치 진리를 다수결로 정하려고 하려는 것 같아서 매우 옹색하고 아주 찜찜하고 불편하다. 다수결로 한다면야 서천론 대 반反서천론이 논고 편수로 계산해서 14 대 5이므로 맥더모트를 포함한 반서천론자들은 진위眞僞공방에서 이미 처참하게 패한 셈이다. 그리고 그는 인쇄술에 대한 알딘의 분석적 소개와 예찬, 그리고 이에 대한 올슨의 – 앞서 우리가 살펴본 – 공정한 요약적 재현의 중요성을 간단히 "오직 한 명의 페르시아 저술가, 유별난 라시드 알딘만"이라고 경시하는 언표로 깎아내리고 있다.

그리고 맥더모트는 중국 카드를 통한 중국 인쇄술의 전파 가능성도 13-14세기 유럽 카드가 손으로 그린 '그림 카드'였다는 사실과, 카드에는 텍스트가 없었다는 사실을 주장함으로써 부정한다.

가능한 중국 또는 중동의 영향의 또 다른 수단, 인쇄된 놀이카드는 그 이유가 오로지 중국에서 9세기보다 늦지 않게, 그리고 (지금 그것들이 15세기로부

---

460) McDermott and Burke, "Introduction", 22쪽.

터 내려와 현존하는 가장 흔한 종류의 인쇄된 종이 품목인) 유럽에서 14세기 무렵 목판으로 인쇄되었다는 것일 뿐이라면 보다 신뢰할 만한 설명을 제공하는 것처럼 보인다. 하지만 중국의 인쇄된 카드나 이것의 생산기술이 유라시아를 가로질러 유럽으로 전해진 어떤 지목된 행로도 추적하기 아주 어렵다. 왜냐하면 중세 중동에서 온 어떤 인쇄된 카드의 자료 증거도 잔존하지 않기 때문이다. 그게 아니라 중세 중동에서 온 모든 현존 카드는 그려진 것이다.(아랍 부적이 인쇄된 것으로 얘기된 여러 세기 동안 거기서 인쇄술의 사용이 얼마나 제한된 것인지에 대한 지표다.) 나아가 우리가 인쇄된 카드의 실종된 중동 링크의 불편을 잊을지라도, (수가 약 70개에 달하는) 1450년 이전에 인쇄된 유럽의 현존 카드들은 하나도 문자텍스트(text)를 포함하고 있지 않다. 그리하여 카드놀이의 방법이 아주 먼 거리를 넘어 이 노름꾼으로부터 저 노름꾼에게로 구두로 전해졌다손 치더라도, 중국이나 중동의 인쇄된 카드가 중세 유럽으로 전해진 직간접적 행로에 대한 주장들은 잘 해야 사변적 추정이고, 확신컨대 텍스트나 더 넓혀서 책의 재생산이 아니라 단순한 이미지(그림)의 재생산과 관련된 것이다. 누군가 중국이나 중앙아시아의 몇몇 인쇄된 카드가 몽골군이 14세기 초에 침략함과 동시에 동유럽으로 직접 들어갔을지 모른다는 것을 지적함으로써 이 결론에 시비를 걸지도 모른다.461)

카드는 14세기 초부터는 다 인쇄되었고 문서텍스트가 들어 있든 아니든 목판인쇄술의 서천과 관련해서는 고찰해 볼 만한 의미가 있다. 그러나 맥더모트는 그 의미를 전면적으로 부정하고 있다. 전체적으로 그리 중요하지 않은 지엽적 문제인 카드인쇄의 서천과 관련해서는 이쯤 해두자.

---

461) McDermott and Burke, "Introduction", 22-23쪽.

맥더모트는 유럽 목판인쇄술과 아시아 목판인쇄술 간의 기술적 유사성을 들어 중국 목판인쇄술의 서천을 추정하는 논변들을 분연히 부정한다.

인쇄기술의 유라시아 이전을 입증하는 데 관심을 가진 다른 학자들은 지각 있게도 유럽과 아시아의 목판인쇄와 그 생산방법을 비교하는 길을 선택했다. 중국과 유럽의 초기 목판 팸플릿에 찍힌 텍스트와 그림의 공간배치에서 유사성을 발견한 가운데 몇몇 학자들은 중세 중국인과 유럽인들이 각기 목판 팸플릿과 필사본 위에서 텍스트와 그림을 배치하는 여러 방법을 가지고 있었다는 사실, 그리고 이 문제에 대한 유럽의 목판 해법이 그들의 필사본과 직물조각과 관련된, 더 이른 시기의 방법들을 닮았고 이것으로부터 유래했다는 사실을 편리하게 망각하는 "영향"에 관한 결론으로 돌진했다. 현존하는 중국과 유럽의 목판인쇄물에 근거한 제2선의 주장은 보다 직접적이다. 이 주장은 목판인쇄와 서적생산을 위한 중국과 유럽 기술 간의 유사성에 초점을 맞추기 때문이다. 우리가 기술들의 이런 모든 현대적 비교가 최근의 탐사발견 사실을 달리 알려져 있지 않은 먼 과거의 기술에다 투사하는 점에서 무無역사적이라는 사실을 당분간 잊는다면, 유명한 19세기 인쇄공이자 애서가愛書家 테오도르 드 빈(Theodore de Vinne)의 관점에서 일정한 목판생산 방법들은 중국과 유럽 장인들에게 공통되었다. 종이 위에 선과 그림을 그리는 일차작업, 종이로부터 나무로 선들의 이전, 나머지 목판면의 깎아 내버림, 액체 필사 잉크의 사용, 종이 한 장의 한 면만 인쇄에 사용하는 것 등이 그렇다.462)

맥더모트는 이 직접적 목격자로서 유럽의 초기 목판인쇄술과

---

462) McDermott and Burke, "Introduction", 23쪽.

중국 목판인쇄술 간의 유사성을 기술한 로버트 커즌을 제쳐놓고 두 인쇄술의 공통성을 기술한 드 빈을 인용하고 있다. 그러다 보니 누가 보아도 알 수 있는 두 기술의 결정적 공통점 하나를 빼먹고 있다. 그러나 맥더모트는 드 빈이 빼먹었다고 비판하고 두 기술의 차이를 강변한다.

하지만 주목하라. 이 리스트로부터 무엇이 실종되었나. 드 빈이 언급한 생산의 핵심적 차이만이 아니라, 목판준비 방법, 새기는 방법, 그것으로부터 종잇장들을 찍어내는 방법, 종잇장을 묶는 방법 등에 관한 본질적 지식도 실종되었다. 그 다음, 각각의 목판인쇄의 전통에서 나온 인쇄된 종잇장 샘플을 마주하면, 몇몇 사람이 15세기의 현존하는 유럽 목판인쇄물들에서 발견한 "원시적 아름다움" – 또는 보다 정확하게는 기술적 미숙성 – 이 동아시아의 숙련된 각수刻手는 아무도 자기의 손기술을 유럽 각수에게 그때 이전하지 않았다는 것을 가리키는 것이라고 결론짓는 것을 피하지 않을 수 없을 것이다. 더구나 목판인쇄물의 제작의 경우에 발견되는 소수의 특별한 유사점들은 마찬가지로 유라시아의 이 두 지역에 살며 혼한 문제들에 대한 혼한 해법에 독립적으로 도달한 공인工人들의 희귀한 정황과 거리가 먼 것으로부터 생겨났을 수 있을 것이다. 그 다음 유럽의 목판인쇄물에 그려진 어색한 그림들은 꼭 유럽 목판인쇄 전통의 짧음과 15세기 후반 유럽에서의 결정적 변동, 즉 목판인쇄로부터 말하자면 텍스트의 활자인쇄로의 변동과 경우에 따른 그림의 동판인쇄로의 변동만을 증명하는 증거가 아니다. 어색한 점은 유럽 공인들과 아시아에서 온 숙련된 카운트파트 – 적어도 숙련된 교사 – 간의 만남의 부재도 표명해 준다. 인쇄된 카드의 서천에 기초한 인쇄술 이전의 주장이 잘해야 결론이 안 날 소리라면, 동아시아와 유럽의 목판인쇄술의 생산방법의 유사성에 기초한 여기 이전 주장은 빈약한 증거 위를 뛰어다니는 것이다. 그 주장도 우리가 세련된 동아시아와 중앙아시아의 각판刻板 전통의 비숙련 전달자의 매개를 가정할 때 가장 강하다. 그러나 요약하자면 중간매개자의 존재를 지정하는 것은 여전히 텍스트 증거든, 물증이든 확신시키는 증거가 있다면 아주 적은 증거에 의해 뒷받침되는 기술이전의 모호한 주장을 지탱하기 위해 설정된 하나 더 추가된 가정이다.463)

맥더모트가 실종되었다고 열거하는 네 가지 점 중에 가장 중요한 것은 "그것으로부터 종잇장들을 찍어내는 방법"과 "종잇장을 묶는 방법"이다. 로버트 커즌은 이 두 가지 측면에서의 공통점 또는 유사성을 분명히 언급했다. 앞서 소개했듯이 "압인은 종이의 한 면에만 이루어지고, 제본에서 중국과 독일·화란의 목판인쇄 서적들을 제본할 때처럼 둘 다 종이의 빈 면들을 제각기 반대로 접고 때로는 서로 풀로 붙이기도 한다"고 말하고 "압인은 인쇄공의 잉크로 찍는 것이 아니라 중국 서적을 인쇄할 때 쓰이는 이른바 인도잉크(먹)의 성질을 더 띠는, 훨씬 더 옅은 종류의 갈색 페인트나 색깔로 찍는다"고 말했다. 이런 측면들까지 유사한데 두 목판인쇄술의 차이를 논하는 것이 무슨 의미가 있겠는가? 그것은 강변일 뿐이다. 그리고 유럽의 목판인쇄의 "미숙성과 어색함"을 들어 중국의 인쇄술로부터 배우지 않았다는 것을 입증하려는 것은 아예 "빈약한 증거 위를 뛰어다니는" 논변 정도가 아니라 '가련한' 논변이라고 할 것이다.

맥더모트는 이런 허술한 논변으로 목판인쇄술의 서천 가능성을 단호하게 부정하고 이어서 한국 금속활자의 서천도 강력하게 부인한다. 일단 그는 인쇄기(압착기, 압인기)를 든다.

---

463) McDermott and Burke, "Introduction", 23-24쪽.

동아시아 활자인쇄 기술의 서천에 대한 증거는 뒷받침이 훨씬 더 적다. 구텐베르크의 생산과정은 위에서 묘사된 것처럼 활자주형, 질서바른 금속 틀, 새로운 종류의 잉크로 읽을 수 있게 또렷한 종잇장들을 인쇄하는 압인 기, 그리고 한 벌의 금속활자와 같은 많은 기계적 부분들에 의거한다. 바레 트가 인정하듯이 구텐베르크의 발명에 대한 동아시아적 영향과 관련된 어 떤 주장이든 이 부분들 중 마지막 부분과 관련될 수 있다. 인쇄하는 압인기 자체는 부분적으로 술을 얻기 위해 포도나, 기름을 얻기 위해 올리브를 짜는 나선 기어를 사용한 옛 지중해의 기름이나 와인 압착기에 기초한다. 이것은 전통적 동아시아 기술에서 대응물이 없었다.464)

압착기는 유럽의 종이 품질이 나빠서 필요했던 것이고, 종이가 먹을 잘 먹는 얇은 한지韓紙나 한지漢紙라면 솜뭉치로 한번 쓱 문지 르면 끝나는 것이라서 압착기 같은 것은 전혀 불필요한 것이다. 그리고 앞서 밝혔듯이 구텐베르크의 압착 인쇄기는 쓱 문지르는 솜뭉치 기법보다 비능률적이고, 인쇄기의 이 비능률 문제는 1860년 이후의 지형-연판시스템의 발명에 의한 실린더식 윤전기에 의해서 야 비로소 해결될 수 있었다.

그러나 맥더모트는 계속 강변한다. "어떤 활자주형도 활자 제작에 대한 중국의 어떤 구텐베르크 이전 설명들에서도 기술되어 있지 않다. 중국인들은 15세기까지 금속활자 사용 시 잉크 제어와 활자 배치의 문제들을 해결하지 못했다. 나아가 맥킬럽(Beth McKillop)에 의하면, 금 속 틀은 최소한 (금속활자인쇄가 구텐베르크보다 한 세기 이상 전에 달성한) 한국에서 구텐베르크에게 가르쳐줄 것이 거의 없었다."465) 맥더모트

---

464) McDermott and Burke, "Introduction", 24쪽.
465) McDermott and Burke, "Introduction", 24쪽.

는 모방이나 리메이크 관계에서 늘 있을 수 있는 사소한 기술적 차이를 들어 구텐베르크에 대한 극동의 영향을 설득력 없이 계속 부정한다.

그리고 최종적으로 맥더모트는 문서기록(text)과 물증의 부재를 들어 중국 목판인쇄술과 한국 금속활자의 서천을 단호하게, 그리고 전면적으로 강력 부정한다.

우리가 바레트의 관점에서 어쩌면 동아시아 영향으로부터 혜택을 받았을 수 있는 구텐베르크 기계의 유일한 금속 부분 - 금속활자 - 에 관한 증거를 정밀 검토해 볼 때, 증거는 실재하지 않는다. 어떤 문서도 1450년 이전 유럽에 어떤 유형의 아시아 활자 또는 활자인쇄물이 존재했다는 사실이나 이에 관한 지식을 가리켜주지 않는다. 물증은 이것을 훨씬 더 결론적으로 확증해준다. 1450년 이전에 인쇄된 텍스트들이 투르판에서만 17개의 상이한 언어들로 발견된 반면, 어떤 비유럽적 인쇄 서적이나 종잇장도 목판인쇄물이든 활자인쇄물이든 16세기 초 이전에 유럽에 도달한 것으로 입증되지 않는다.[466]

이 글을 읽다보면 도둑이나 산업스파이가 기술이나 정보를 훔친 정황증거와 심증이 뚜렷한 상황에서도 '물증'이나 '문서기록'을 대라며 절취범행을 끝까지 부인하는 꼴을 보고 있는 듯하다. 이런 식이라면 맥더모트는 동에서 서로 전해진 총포화약, 종이, 나침반, 삼차방정식, 구고정리句股定理(피타고라스정리) 등도 전파의 물증이나 문서기록이 없다고 모조리 부정할 태세다. 그는 학술적 논증을 '수사극'으로 착각하고 있다.

더욱 우스운 것은 그의 마지막 말이다. "어떤 원고 글을 위해 1450년

---

466) McDermott and Burke, "Introduction", 25-26쪽.

이전에 만들어진 중국 또는 아시아의 활자도 중앙아시아의 돈황과 투르판 이서以西 지역에서 발견된 적이 없다.(폴 펠리오는 그가 거기서 발견한 위구르 활자의 시점을 약 1300년으로 추정했다.)"467) 돈황과 투르판보다 더 서쪽에 위치한 땅에서 1450년 이전의 중국·아시아 활자가 발견되지 않더라도 폴 펠리오가 거기서 발견한 1300년경의 위구르 활자만으로도 극동 활자의 서향西向 이동을 입증하는 물증이 되기에 충분한 것이다.

또한 다음에 필자가 제시할 문서기록들과 서천루트에 관한 좀 더 명확한 정황증거들을 제시할 것이다. 예상되는 이런 학술적 발견과 심층적 발전 앞에서 맥더모트의 장담도 누그러질 수밖에 없다.

유럽의 '발명'은 확실히 중국과 한국의 인쇄에 뒤따라 나왔지만, 그 발명이 파생적이라는 증거는 고도로 추정적이다. 심지어 목판인쇄술의 경우에도 그렇게 추정이다." 그러나 바로 꼬리를 내린다. "물론 중동의 동굴이나 고고학적 발굴지가 어느 날 인쇄된 놀이카드, 한자 금속활자나 심지어 중국 인쇄서적을 방출할 수 있을지도 모른다. 그러나 당분간 우리가 지각 있게 14-15세기 유럽의 구텐베르크와 그의 동료 인쇄인들이 대부분의 유럽인들이 오늘날 우주로 발사되는 중국의 로켓을 모르는 만큼 여러 세기 이전에, 그리고 8000마일 떨어진 곳에서 그들의 수공업 안에서 벌어진 중대한 사건들을 몰랐다고 결론지을 수 없을까?468)

당연히 결론지을 수 없다! 로켓산업에 종사하는 유럽인들은 유럽대중은 모를지라도 8000마일이 아니라 2만 마일 떨어진 타국에서

---

467) McDermott and Burke, "Introduction", 26쪽.
468) McDermott and Burke, "Introduction", 26쪽.

"우주로 발사하는 로켓"도 다 체크하고 있기 때문이다. 그리고 유럽의 로켓산업 종사자들은 2022년 한국의 통신위성 나로호의 발사 성공도 체크하고 한국의 달 궤도우주선 다시리의 발사 소식도 다 체크하고 있었을 것이다. 마찬가지로 600여 년 전 유럽의 출판업자(서적상)들과 인쇄공들도 극동에서 발간되는 인쇄서적과 인쇄술에 관한 가급적 모든 정보를 다 체크하고 있었을 것이다.

제2장

한국 금속활자의 서천루트와 문서증거

앞서 14건의 서천론과 5건의 반反서천론을 살펴보았다. 그러나 14건의 서천론은 나름대로 강점과 약점, 그리고 여러 문제점이 있었다. 14인의 서천론자들의 공통된 약점은 정황증거에 의거하고 문서 증거를 거의 대지 못하거나 조비우스의 글을 다룰 때에는 해석이 아예 미진하다는 것, 그리고 대부분 극동 출판혁명을 인정치 않고 그 원인을 문자 탓으로 돌리고 있는 점 등이었다. 서천루트를 논증할 때도 모두가 육상루트를 압도했던 해상루트는 거론치 않았고, 동서를 이었던 13-15세기의 세계최대 항구 천주泉州를 몰각했다. 그리고 중국인 학자(장수민)와 중국계 미국인 학자(전존훈)는 중화주의에 사로잡혀 한국 금속활자의 서천가능성을 배제했고, 따라서 멘도자의 서천 관련 기록을 제대로 인용하지도, 제대로 분석하지도 않았고 그럼으로써 그 문맥을 파괴하거나 희석시켜 해석했다.

이와 다르게 맥머트리·루펠·맨·두체스네·맥더모트·버크 등 6인의 반反서천론자들은 온갖 증거를 수집하고 중시하려는 연구 자세가 아니라 일체의 정황증거와 심증을 무시하고 오직 물증만 중시하는 어리석은 수사관처럼 거의 막무가내로 반박하려는 자세로만 일관했다. 그리고 구텐베르크의 독창적 발명설을 주장할 때면 그들은 모든 모방과 리메이크에서 그럴 수밖에 없는 기술적 차이를 강조하거나 알파벳 문자가 금속활자 인쇄술에 적합하다는 엉터리 논리만을 내세움으로써 구텐베르크의 독창론을 스스로 무력화시키고 그의 금속활자 인쇄술의 우월성이 아니라 엉터리 문자론을 근거로 알파벳의 우월성만을 전면에 내세웠다.

그러나 조판단계에서야 비로소 자모字母활자들을 결합시키는 알파벳 문장의 조판이 한문조판이나 한글·위구르 문자로 쓴 글의 조판보다 금속활자 인쇄술에 더 적합하다는 선입견은 14편의 서천론과 5편의 반대론를 가리지 않고 거의 공통된 견해였다. 이런 선입견을 표명한 논자들은 카터·전존훈·카르프·어드쉬드·올센·흡슨·장수민·바레트·맥머트리·루펠·맨·두체스네 등 12인의 논자다. 여기서 분석대상으로 삼지 않고 간단히 인용·언급하기만 한 뒤알드·래크·클레이·게르네 등의 논자들도 유사한 의견을 피력했다. 따라서 인쇄술과 관련된 문자 편견이 이 분야 동서학자들의 중우衆愚인 셈이다. 그러나 알파벳 문자가 활자인쇄술에 최적이라는 이 주장은 모든 사실을 다 거꾸로 뒤집어놓는 완전히 그릇된 선입견이라는 점을 간략하게나마 틈틈이 밝혔다. 이에 대해서는 제3장에서 최종적으로 더욱 철저히 논증할 것이다.

한국 금속활자의 서천을 입증하는 것은 가능한 서천루트를 밝혀주는 '정황증거(circumstantial evidence)'와, 한국과 극동의 인쇄술이나 활인본 서적 또는 이 서적의 서천에 대해 증언하는 '문서증거(textual evidence)'로 구분된다. 정황증거는 간접증거이고, 서적·기행문·일지·서간 등의 기록물로 존재하는 문서증거는 직접증거다. 그런데 유럽

지역이나 여기로부터 멀지 않은 소아시아·러시아 지역에서 1440년 이전에 출판된 한국 인쇄서적이 발견된다면 이것은 '물증(material evidence)'이 될 것이다. 물증은 가장 명확한 직접증거다. 넓게 보면 한국 서적만이 아니라, 구텐베르크나 기타 유럽인이 한국 금속활자 인쇄본 책을 보고 아이디어를 얻었다는 기록이나, 금방 말한 '문서증거'도 광의의 물증에 속한다.

그러나 교황청의 서고나 유럽 각국의 옛 국왕서고가 세상에 전부 다 개방되지 않았기 때문에 한국산 활인본 서적의 유럽 내 존재에 대한 물증은 아직 찾을 길이 없다. 이 때문에 가령 1546년 이전 조비우스가 보았다는 교황의 중국산 활인본 서책, 즉 포르투갈 국왕이 교황에게 선물로 바쳤다는 중국 서적이 진짜 활인본인지, 또는 언제 입수한 것인지(1440년 이전에 입수한 것인지, 이후에 입수한 것인지), 또는 그것이 중국산 서적인지 한국산 서적인지를 확인할 수도 없다. 그것이 1440년 이전에 중국에서 입수된 활인본 서적이라면 중국에서 입수되었더라도 그것은 중국산 서적이 아니라 한국산 서적일 것이다. 왜냐하면 1490년 회수華燧가 동활자 주자와 활인活印에 성공하기까지 중국에서는 상용常用 금속활자 인쇄술도, 금속활자로 활인한 책도 존재하지 않았기 때문이다.

따라서 일단 한국산 활인본 서적의 유럽 내 존재에 대한 직접적 '물증'을 찾는 것은 여기서 제쳐놓고 이 논의에서는 정황증거로서의 '가능한' 서천루트의 발견과 ― 구텐베르크시대에 가까운 시점에 출판된 ― 문서증거들의 제시에 집중할 것이다. 전자는 간접증거이고, 후자는 전자를 뒷받침해주는 직접증거로 이바지한다.

이 논의에서 논제는 중국 인쇄술의 서천이나 중국 카드·부적·책력 또는 위구르 목활자 인쇄본 서적의 서천문제가 아니라, 한국 금속활

자의 서천 문제다. 따라서 중국의 목판인쇄술이나 중국 카드·부적·
책력 또는 위구르 목활자 인쇄본 서적과 관련된 논의들을 모두
배제한다. 우리의 논의는 한국 금속활자의 서천루트와 유럽 측의
문서증거에 초점을 맞춰질 것이다.

제1절 한국 금속활자 인쇄술의 서천루트

한국 금속활자 인쇄술의 서천은 한국 주자鑄字(금속활자)의 서천, 주자로 인쇄된 한국 서적, 주자 인쇄술 정보의 서천 등을 다 포괄한다. 인쇄술은 이 세 가지 형태 중 어떤 형태로든 전파될 수 있기 때문이다. 그런데 한국 주자鑄字인쇄술의 서천에서는 육상의 옛 실크로드를 '활자루트'로 활용하는 것과 해상 무역루트를 '활자루트'로 이용하는 것, 이 두 길이 있었고, 육로는 육로대로 남북으로 갈렸고 팍스 몽골리카 이후에는 더 다양하게 갈렸다. 해로도 아라비아 해에서 호르무즈 방향과 홍해 방향으로 갈렸다. 따라서 주자인쇄술의 서천루트는 다양했다. 따라서 우리는 13세기 말엽부터 15세기 말엽까지[469] 200년간 이탈리아의 로마·피렌체·제노바·베니스와 프랑스의 아비뇽과 리용, 그리고 이 두 나라와 가까운 독일·스페인 등 제국諸國의 개방된 대도시들에서는 다양한 루트로 들어온 한국 활판인쇄술 관련 소문들이 파다했을 것이라고 상정해야 한다. 그래

---

[469] 러시아 중남부 땅을 차지한 칭기즈칸 직계 황금씨족이 다스리던 볼가 강 유역의 킵차크 칸국은 1502년까지 존속했다.

도 편의상 일단 서천루트를 크게 육로와 해로로 나누어 살펴보자.

1.1. 한국 금속활자 서천의 육상루트

한국 금속활자 서천의 육상루트는 중국의 원대와 명대의 시대 구분에 따라 나눌 수밖에 없다. 원대는 중국과 고려가 유라시아를 가로질러 유럽까지 전 세계를 향해 개방되었던 '팍스 몽골리카(Pax Mogolica)' 시대였던 반면, 명대에는 중국이 북방에 대해 적대적·방어적으로 폐쇄되어 중국을 가로질러 서역으로 가는 육상의 실크로드가 대부분 차단되었기 때문이다. 명대에 불완전하게나마 고려 말 마지막 20여 년과 조선 초기 50여 년 동안 한국과 유럽을 연결하는 중간지대 역할을 수행한 나라는 몽골지역으로 물러난 대원제국大元帝國의 잔존국가 북원北元(1368-1635)과, 러시아남부와 흑해·카스피해 연안지역에 자리 잡은 킵차크 칸국(금장金帳칸국, 1240-1502)이었다. 칭기즈칸의 직계 후손들로 구성된 보르지긴 가문 '황금씨족(Golden Horde)'이 대대로 왕위를 이은 킵차크 칸국은 대원제국의 붕괴 후에 성립한 4대 몽골국가 중 가장 크고 가장 강력한 제국이었다.

■ 팍스 몽골리카와 고려 금속활자의 실크로드

고려는 1211년경 세계 최초로 『증도가』를 금속활자로 활인함으로써 금속활자의 시대를 열었다. 그 뒤 고려 정부와 사찰에서 『고금상정예문』(1234-1241), 『동국이상국집東國李相國集』(1241), 『심요법문心要法門』(1297-1298),   『자비도량참법집해慈悲道場懺法集解』(1351-1376), 『직지』(1377) 등을 모두 주자로 활인했다. 그러나 몽골군은 1231년부터 고려를 침공하기 시작하여 도합 6차례 공략하고 1271년에야 겨우 고려로부터 형식적으로 패배를 인정하는 강화講和를 얻어냈다. 고려군은 40년 동안 몽고의 침공을 막아낸 덕에 고려국의 강토·풍속·주권·왕조 등 "토속土俗"의 권리 전반을 보존하는 조건으로 몽골에 대한 조공 의무를 받아들이는 유리한 강화를 맺을 수 있었다. 물론 몽고군은 1231년부터 1271년까지 40년 동안 여섯 차례 침공하는 동안에 고려의 수도 개경과 전국의 주요도시들을 유린·약탈했고, 많은 공인工人들과 부녀자를 약취해갔다. 따라서 이 약탈물에는 금속활자나 활인본 서적이 끼어 있을 수 있었고,[470] 약취되어 노예화된 고려인들 중에는 금속활자 인쇄에 경험이 있는 공인들도 끼어 있었을 것으로 추정된다. 그리하여 "13세기 중반" 몽고인들은 팍스 몽골리카의 활짝 열린 실크로드를 따라 "그들의 소유물 안에" 보유한 "서구식 인쇄술의 발전에 필요한 세 가지 결정적 요소"인 중국과 고려의 "종이", 고려의 "금속활자", 위구르의 "알파벳 문자체계"를[471] 서쪽의 일 칸국과 킵차크 칸국에 전달했을 것이다. 또한 고려에서 약취한 고려 인쇄공들도 각지로 보냈을 것이다. 고려 인쇄공들의 일부는 흑해연안에 전개되었던 타나, 카파 (Caffa, 크림반도의 도시; 현, 페오도시야), 타브리즈(아제르바이잔 수도) 등의

---

470) 존 맨도 이를 인정한다. Man, *The Gutenberg Revolution*, 113쪽. 여기서 다시 한번 인용한다. "몽고인들이 1231년, 즉 완수하는 데 20년이 걸린 정복의 초기에 처음 한국을 침입한 뒤 그들이 장악한 보물들 가운데는 금속활자로 찍은 수많은 서적들이 물론 들어있었을 수 있을 것이다. 그들은 그래서 13세기 중반 그들의 소유물 안에 서구식 인쇄술의 발전에 필요한 세 가지 결정적 요소인 종이, 금속활자, 그리고 알파벳 문자체계가 들어있었다. 중국문명의 계승자로서 그들은 기술적 능력도 결하지 않아서 재빨리 그렇지 않은 난공불락일 도시들을 돌파해 들어갈 가공할 수단인 중국의 파괴적 발명품 – 화약 –을 장악했다."

471) Man, *The Gutenberg Revolution*, 113쪽.

노예시장에서 유럽으로 팔려가 투스카니, 피렌체, 베니스와 제노바 등지에서 수공手工노동을 했을 것이다.

1231년부터 1270년까지 몽고와 고려 관계는 침략·약탈 관계만 있었던 것이 아니다. 이때 오히려 분주한 외교가 전개되어 이 기간에 고려는 30회 이상 매번 대규모 외교사절단을 카라코룸(화림성和林城) 에 파견했다. 이 외교에서 엄청난 규모의 공식예물이 오갔다. 몽골 의 2대 황제 오고타이 칸의 1231년 침공에 직면해 고려는 처음으로 대몽사신을 파견했다. 때는 1232년 4월이었고 상장관 조숙창과 시 어사 설신을 사신으로 보내 "청신請臣"의 표문과 함께 예물을 바치 며 철군을 요청했다. 고려 고종은 몽골 사령관 탕구트(唐古)의 (1235년 부터 1239년까지 예정된) 침공을 미리 막기 위해 1232년 10월 다시 카라코룸에 사신단을 파견해 예물을 바쳤다. 그럼에도 몽고군이 침공해오자 고종은 1238년 12월 김보정 장군과 송언기 어사를 보내 공격 중지를 요청하는 표문을 올리며 막대한 예물을 바쳤다. 효과가 없자 1239년 12월 다시 신안공 왕전을 위시한 148명의 대교무 사절 단을 파견해 또 엄청난 예물을 바쳤다. 그리고 최씨 무인정권은 고종의 친조를 요구하는 몽골에 고종의 먼 조카뻘인 영녕공 왕준을 왕자라 속여 질자質子(투르칵)로 보냈다. 1241년 11월 오고타이 칸이 죽고 투레게네 카툰 황후가 대리청정(監國)을 1246년 7월까지 행한 시기에 침공이 더 거세지자 고려는 모두 7회의 사신을 보냈다. 짧게 통치하고 죽은 3대 황제 구육의 3년 재위기간에도 고려는 1248년 2월 사신을 파견했다. 그가 죽은 뒤 3년 동안 그의 부인 오굴 카이미 시가 대리청정을 할 때도 고려에 대한 "압박과 공격"이라는 몽골의 이중적 대외정책이 불변이었으므로 고려는 7회나 사신단을 보냈다. 그리고 4대 황제 뭉케가 1251년 6월 즉위하고 1259년 7월 죽을 때까지 약 8년 동안에는 1253년 12월, 1257년 5월, 12월, 1259년 4월 등 도합 11회의 사신단을 파견했다. 그 사이에 고려원정군 사령관은 에쿠(야고也古), 잘라이트타이(찰랄아대札剌兒帶), 홍차구(홍다구洪茶丘)로 바뀌었다.[472]

1231년부터 1271년까지 40년 전쟁기간에도 30여 차례 파견된 고려 사신들은 매번 카라코룸 방문 시마다 엄청난 규모의 최고급 보화들을 갖다 바쳤다. 이 보화들 중에는 고려의 자랑거리인 금속활자 활인본 서책들도 들어 있었을 것이다. 그리고 몽골의 역대 황제들은 이 대對고려 원정기에도 고려의 활인본 서책들을 과시용으로 뤼브르크, 카르피니 등[473] 서방 사신들에게 선물로 들려 보냈을 것이다. 1200-1300년대 당시 고려는 유럽에 "카올리, 카울리, 콜리 ((Kaoli, Kauli, Koli)" 등의 국명으로 잘 알려져 있었다.[474]

---

472) 참고: 성백용 외 7인, 『사료로 보는 몽골평화 시대 동서문화 교류사』 (서울: 이화여자대학교출판문화원, 2021), 98-101쪽. 다음도 참조 김장구, 「대몽골 초기 카라코룸으로 간 고려 사신들」, 218-231쪽. 남종국 외 8인, 『몽골 평화시대 동서문명의 교류』 (서울: 이화여자대학교출판문화원, 2021).

473) 참조 김장구, 「대몽골 초기 카라코룸으로 간 고려 사신들」, 231-237쪽. 헨리 율은 프란치스코파 선교사 루브루퀴스(William of Rubruquis, 1248-1255)를 인용해 카라코룸의 한국 사절에 대해 이렇게 전한다. "루브루퀴스는 그가 카라코룸의 조정에서 본 고려국(Corean nation; "Solangas")의 어떤 사절들을 언급하면서 이렇게 말한다. '우두머리 사절은 광택 낸 상아로 된 명패를 손에 들고 칸이나 다른 어떤 대인들에게 말을 걸 때마다 그의 눈을 이 명패에 고정시키고 마치 그가 말해야 하는 것을 그 명패에서 읽는 것처럼 왼쪽도 오른쪽도 보지 않았다.'" Henry Yule (trans. and ed.), *Cathay and the Way Thither*, Vol.1, 141쪽 각주; 플라노 드 카르피니(외, 김호동 편역), 『몽골제국 기행』 (서울: 까치, 2015), 「몽골의 역사」, 제4장, 제9장("솔랑기의 수령").

474) 헨리 율은 1375년의 카탈로니아 지도에 실린 "Kauli"(Corea)에 대해 이렇게 주석한다. "극단적 동남쪽에는 타르프로바네(Tarprobane) 섬이 있다. 그 섬은 수많은 도시를 보여주는데, 이 도시들의 이름은 상상의 것인 것 같다. 그리고 제목에서는 타타르에 의해 대大카울리(Great Kauli)라고 불리는 가장 먼 동쪽 섬인 것으로 얘기된다. 카울리 (Kaoli)는 중국인과 타타르인이 부르는 Corea의 명칭이었다. 이 거대한 타르프로바네는 아마 Corea와 Japan를 합쳐 부르는 뒤범벅 명칭일 것이다." Henry Yule,

1271년부터 1368년까지 약100년 동안 고려와 몽골 간의 관계는 안정되었다. 고려는 30년 장기항전의 결과 몽고제국 안에서 전래된 왕조와 영토 및 풍속제도를 훼절 없이 유지한 유일한 왕국이었다. 이후 고려의 지위는 명실상부한 세계제국 '대원제국' 안에서 원元황실과 혼인동맹을 대대로 맺으면서 부마국으로서 국가의 국제적 위상을 더욱 높였다. 그리하여 원과 고려 사이에는 서책을 포함한 문물의 교류가 전무후무할 정도로 성황을 이루었고, 고려는 국제적으로 완전히 개방된 나라가 되었다. 고려 상인들은 국가가 발행하는 '문인文引'(출입국증명서)을 소지하고 국경을 통과해 원의 대도大都(북경)에 들어가 물품을 매매하고 고려인들이 좋아하는 귀한 물품들을 사가지고 귀국했다. 당시 원의 대도는 육해로를 통해 동서세계의 물산이 모이는 곳이었고, 고려는 그 교역망의 중요한 종단終端지점이었다.[475]

1290년대 고려 상인들은 지주 우마를 데리고 강역 밖으로 나가 원의 대도로 들어갔다. 이 대원對元무역의 정황을 가장 잘 보여주는 것이 몽골어 학습서 『노걸대老乞大』다. 이 책에서 말하는 예화例話에서 고려 상인은 개경을 출발할 때 말 10여 필, 모시 130필, 인삼 100근을 싣고, 요동을 거쳐 대도로 가서 물건을 팔고 물건 값을 보초寶鈔로 받는다. 그런 다음 산동의 고당高唐에 가서 이 보초로 견직물 등 여러 가지 잡화를 사고 직고直沽(현, 천진)에서 이 화물을 배에 싣고 고려로 귀국했다. 또 중국어 학습서 『박통사朴通事』도 고려 상인들이 대도에서 잡화를 주문하거나 물건 값을 흥정하는

"Supplementary Notes: Note XX: On the Maps in the Work. II. Catalan Map of 1375", ccxxv쪽.

475) 이진한, 『고려시대 무역과 바다』 (서울: 경인문화사, 2014·2015), 68쪽.

것에 관한 내용을 보여준다. 1년 전에도 교역을 위해 중국에 왔다는 것을 예화의 배경으로 설정하는 『노걸대』의 고려 상인은 압록강을 건너기 위해 문인을 가지고 갔다고 하는 점에서 관청의 허가를 받은 정식 무역상이다. 그리고 매년 정기적으로 왕래하는 것으로 설정되었다. 가면서 형제 2명을 데리고 가고 대도에도 친척이 있는 그 상인은 일족이 꾸리는 전문적 상단商團의 일원이다.[476]

'팍스 몽골리카' 시대 북경은 유럽 성직자들만이 아니라 외국상인들도 많이 드나들었고 유럽인과 기타 색목인들이 가문단위로 상주하기도 한 국제도시였다. 중국문헌에 나타난 사례를 보면, 가령 제노바 출신 안달로 데 사비뇨네(Andalo de Savignone)는 그의 가문이 이전부터 몽골제국에서 활동했고, 특히 그 자신은 북경을 세 번이나 다녀왔다. 1330년 10월 안달로는 동료 베지아(Leone Vegia)와 함께 북경에 체류하면서 그곳에서 사망한 제노바 상인 사르모레(Antonio Sarmore)의 유산 처리를 맡았다. 안달로는 3월 제노바에서 그 유산을 채권자 마초노(Perciavale Mazzono)에게 넘겼고, 1334년 북경으로 떠났다. 1336년 그는 톡테무르(대원제국 12대, 14대 칸 문종, 재위 1323-1332)의 명을 받고 15명의 수행원과 함께 교황청으로 파견되었다. 톡테무르는 유럽과 우호관계를 원했다. 안달로 사절단은 상인 나시오(Andrea de Nassio)와 함께 아비뇽에 도착했다. 그곳에서 그들은 1338년 교황 베네딕투스를 만나 교황 칙서를 받아 다음해 6월 파리에 들러 프랑스 국왕을 알현하고 이탈리아로 귀향했다. 그는 제노바에서 칸이 원하는 물건을 사고 나폴리로 가서 교황의 특사 마리뇰리를 만난 뒤 1339년 나폴리를 떠나 중국으로 향했다. 그러나 그의 기록은 이후 사라졌고, 조반니라는 사람만 제노바에서 구입한 5-10마리의 말들을 데리고 북경에 도착했다.[477]

---

476) 이진한, 『고려시대 무역과 바다』, 208-209쪽.

고려 금속활자 활인본 서적들은 이런 정식 상단에 의해 중국상인
들에게 희귀본 책으로 팔려나갔을 것이다. 중국상인들은 한국본
서적들을 도매가격에 구입하여 일본상인이나 이탈리아상인·색목
인·몽고상인들에게 비싸게 되팔았을 것이다. 이런 판매방식은 고려
자기의 국제적 판매로를 추적하면 바로 짐작할 수 있다. 1323년
침몰한 신안 해저의 일본무역선에서 7점의 고려청자가 발견된 사실
은 원대 중국상인들이 우수한 고려자기를 사서 일본상인에게 되팔
았다는 것을 보여준다. 이 선박은 중국 경원을 출발해서 일본으로
직항하던 배였기 때문이다. 특산품 고려 활인본 서적을 비롯한 고려
물건들이 중국상인들의 이런 중계무역방식으로 중국과 해상무역을
하던 동아제국과 유럽·아랍제국諸國으로 퍼져갔을 것이다.[478]

다른 이야기를 상상할 수도 있다. 중국 북경에 체류하던 유럽
선교사가 고려인들을 접촉하여 인쇄기술을 유럽으로 전했을 수가
있다. 앞서 살펴 보았듯이 콜롬비아대학교의 팡 차오잉(Fang
Chao-ying, 房兆楹) 박사는 미공간 논문 「한국의 인쇄술에 관하여(On
Printing in Korea)」에서 "17세기에 아담 샬과 한국 왕세자가 만난 것"처
럼 "14세기 몽골수도 북경에 살던 유럽 거류민들"도 "한국 학자들"
을 접촉하고 이를 통해 "획득된 한국 활자에 대한 지식과 더불어
유럽 활판술이 도래하게" 했을 "가능성"을 제기했다.[479] 이것도 충
분히 상상할 수 있는 유력한 접촉·전달통로라고 생각한다.
  개경에까지 들어온 색목인 상인들이 고려 활인본 서적들을 사서

---

477) 남종국, 「이탈리아 상인들, 아시아로 진출하다」, 75-76쪽.
478) 이진한, 『고려시대 무역과 바다』, 215쪽.
479) Tsien, *Paper and Printing*, 317쪽 각주h.

자기들의 본국이나 중국으로 돌아갔을 수도 있다. 개경에는 위구르인·회회인(아랍인)을 비롯한 색목인色目人 집단거류지가 있었고, 중앙아시아·중국·동남아·아랍 등지에서 온 다양한 색목인들이 무역상으로 벽란도碧瀾渡와 개경을 드나들었다. '색목인'은 '제색목인諸色木人'의 약어로서 몽고인과 중국인을 제외한 다양한 서역사람들(24족)을 총칭하는 용어였고, 때로 유럽인도 포함하는 의미로 쓰였다.

몽골공주가 대대로 고려왕의 후비后妃가 되면서 공주들을 따라 중국인이나 몽골인, 색목인이 고려로 유입되었고, 원나라 관료나 다루가치도 임무를 띠고 고려를 방문했다가 그대로 눌러앉기도 했다. 상업목적만이 아니라 종교적 목적으로 고려를 방문하여 정주하는 사람들도 늘었다. 중국인들만이 아니라 이슬람 아라비아인, 즉 회회인回回人들은 몽골제국을 거쳐 고려에 들어와 교역을 했고 몇몇 거상들은 고려에서 관직에 나아가 왕실과 밀접한 관계를 맺기도 했다. 『고려사』「세가」 충렬왕 2년(1279)에는 "회회인들이 왕을 위해 잔치를 열었다(庚子 諸回回宴王于新殿)"는 기록도 있다.480) 심지어 평양부윤을 지낸 회회인도 있었다. 충선왕 2년(1310)에는 "무진일(음력 10월 25일) 민보閔甫를 평양부윤 겸 존무사存撫使로 삼았는데, 민보는 회회인이다(戊辰 以閔甫爲平壤府尹兼存撫使, 甫回回人也)"는 기록도 있다.481) 이들은 조선 초까지도 색목인 명색으로 중요한 관직을 수행했다.

이와 같이 다양한 연유로 고려에는 다양한 민족과 인종이 유입되어 있었다. 어떤 경우에는 특이한 임무로도 중국인과 색목인들이 고려를 드나들었다. 원元정부는 가령 진주를 캐러 조선에 회회인을

---

480) 『高麗史』「世家」, 忠烈王 5년(1279) 10月 26日.
481) 『高麗史』「世家」, 忠宣王 2年(1310), 陰曆 10月 25日(戊辰).

파견하기도 했다. 『고려사』에는 1275년 "윤3월 2일 원나라가 임유간林惟幹과 회회인 아실미리阿室迷里를 보내 탐라에서 진주를 캐 오게 했다(閏月 丁酉 元遣林惟幹及回回阿室迷里, 來採珠于耽羅)"는 기록이[482] 보인다. 그러나 제주도는 진주가 많이 나는 곳이 아니었기 때문에 거기서 진주를 얻지 못하고 백성들이 소장한 진주 100여 줄을 가지고 돌아갔다.[483] 그리고 대원제국에서 파산하여 정부대부금을 갚지 못한 회회 상인(오르탁)들이 고려로 도망 와서 숨어사는 경우도 적지 않았다는 1295년 기록도 있다.[484] 고려 후기와 조선 전기 개경시내에는 다수의 회회인과 기타 색목인들이 상업과 고리대금업, 그리고 도축업에 종사했다. 『고려사』에는 "회회인 집에게 직물포를 급부하고 그 이자를 취했고, 소를 도축해 고기를 날마다 15근씩 바치게 했다"는 1334년 기록도[485] 있고, "원 정부가 만자蠻子(남부중국인) 해아海牙라는 사람을 파견해 황제의 칙령으로 군국君國에 도망병을 숨겨주는 것과 회회인이 가축 도살을 자행하는 것을 금지했다"는 기록도 있다.[486] 그리하여 고려 안에서는 여러 말이 쓰였다. 공민왕 때에는 이런 기사가 보인다. "성은 이 씨이고 이름은 화자火者인 사람은 몽고(達達)인·회회인 등 각색의 사람들을 데리고 왔는데 이들은 모두 장사를 벌였다. 자세히 보니, 이화자李火者는 두세 번 와서 몽고인을 보면 몽고어로 말하고, 일반인을 보면 고려어로 말하고, 한인漢人을

482) 『高麗史』「世家」, 忠烈王 2年(1275) 倫3月 2日(丁酉).
483) 『高麗史』「世家」, 忠烈王 2年(1275) 6月 壬申日.
484) 『高麗史』「世家」, 忠烈王 21年(1275) 閏4月 己未日.
485) 『高麗史』「世家」, 忠惠王 5年(1344) 8月 4日(庚申): "給布回回家 取其利 令椎牛進肉 日十五斤".
486) 『高麗史』「世家」, 忠烈王 6年(1280) 3月 17日(戊午): "戊午 元遣蠻子海牙來 帝勅禁郡國舍匿亡軍 回回恣行屠宰."

보면 한어漢語로 말했다."487) 여기서 '달달達達'은 '달단韃靼'과 같은 뜻으로서 동부 몽고인을 가리킨다. 대원제국이 붕괴된 뒤에도 몽고인들은 고려에 들어왔고, 또 일부 몽고인들은 고려에 많이 남아 살았고 조선 전기에도 터 잡고 살고 있었다. 『세종실록』에는 "무식한 사람이 농우農牛를 갖다가 몽고인(韃靼)이나 화척禾尺에게 팔았다"는 기록이 있고,488) "황해도·평안도에 수유적酥油赤이 있는데, 스스로 몽골(韃靼)의 유종遺種이라 하면서 도재屠宰(도살업자)을 직업으로 삼고 있었다"는 기록도489) 있다.

그리고 고려에서는 위구르(畏吾兒, 畏兀, 畏兀兒) 문자도 썼다. 노국대장공주는 위구르문자로 몽골어 편지를 썼다.490) 그리고 국제적 교류·소통차원에서 일반적으로 위구르문자를 상용常用했다.491)

우왕禑王이 회회인의 딸에 청혼했다가 거절당한 것을 보면 회회인은 고려 말에도 사회적 지위가 높았던 것으로 보인다. 1387년 11월 "우왕은 김비金鼻라는 회회인 집에 가서 그 딸을 청했으나 얻지 못했다. 그러자 우왕은 회회인의 아들에게 안장 없는 말을 하사하고 이어서 편발編髮(장가가기 전 땋은 총각머리)로 시종케 했다. 그런 후에 다시 그 딸을 취하니 남자 옷을 입고 그를 따라왔다."492)

---

487) 『高麗史』「世家」, 恭愍王 32年(1373) 7月 13日(壬子): "今年正朝使臣四箇月前到來, 不知怎的, 的是正意來打細. 前者, 一隻船七日到來我這龍江, 件件事都如此, 姓李的火者幷達達·回回諸色人都來推做買賣打細, 李火者來了兩三番, 也見達達說達達話, 見一般火者說高麗話, 見漢兒說漢兒話, 這般打細呵."

488) 『世宗實錄』, 세종 2년(1420) 11월 7일.

489) 『世宗實錄』, 세종 3년(1421) 11월 28일.

490) 『高麗史』「列傳·后妃」, "계국대장공주(薊國大長公主, 충선왕의 비, 충선왕 복위후 韓國大長公主에 봉해짐)가 자신을 저주했다고 원에 조비를 무고하다.": "公主妬趙妃專寵 作畏吾兒字書 付隨從闊闊不花·闊闊歹二人如禾 達于皇太后."

491) 『高麗史』「列傳·姦臣」, "송방영 등이 위구르 문자로 된 표문으로 충선왕을 음해하려다 발각되다": "邦英及璘, 嘗說王作畏兀兒字書, 獻帝沮前王還國."

- 343 -

고려시대의 여세로 조선 전기에도 회회인이 활동했고, 이슬람성 직자인 '회회사문回回沙門'들도 있었다. 태종조에는 "회회사문 도로 都老가 처자妻子를 데리고 함께 와서 머물러 살기를 원하니, 임금이 명하여 집을 주어 살게 했다"는 기록이 있고,[493] "회회사문 다라多羅에게 쌀 10석을 내려 주었다"는 기록도[494] 있고, "회회인 서지西地에게 쌀 5석을 내려 주었다"는 기록도[495] 있다. 세종조에는 "임금은 (…) 인정전에서 여러 신하의 하례를 받았는데, 승도僧徒·회회인·왜인들까지도 예식에 참례했다"는 기록도 있다.[496] 그리고 회회인을 위해 동화를 권장하는 정책도 논의되었다. "회회교도는 의관이 보통과 달라서, 사람들이 모두 보고 우리 백성이 아니라 하여 더불어 혼인하기를 부끄러워합니다. 이미 우리나라 사람인 바에는 마땅히 우리 의관을 좇아 별다르게 하지 않는다면 자연히 혼인하게 될 것입니다. 또 대조회大朝會 때 회회도回回徒의 기도하는 의식儀式도 폐지함이 마땅합니다"는 기록이 보인다.[497] 또 "수시역授時曆과 회회역법回回曆法은 이미 내·외편에 갖추어 있다"는 기록도[498] 있다. 『조선왕조실록』에도 회회인 관련 기록이 아무 많은 편이다.

그리고 위구르인들도 조선조에서 활약했다. 설장수偰長壽(1341-1399)는 특기할 만한 위구르인이다. 설장수를 이해하기 위해서는 몽골에서 동투르크스탄과 중원을 거쳐 고려로 들어오는 설씨의 기원과

---

492) 『高麗史』「列傳」, 禑王 13年(1387) 11月 未詳日: "禑如金鼻回回家 索其女不得. 賜回回子鞍馬 仍令編髮侍從. 後又取其女 著男服隨之."
493) 『太宗實錄』, 태종 7년(1407) 1월 17일.
494) 『太宗實錄』, 태종 12년(1407) 11월 9일.
495) 『太宗實錄』, 태종 13년(1408) 2월 24일.
496) 『世宗實錄』, 세종 1년(1416) 1월 1일.
497) 『世宗實錄』, 세종 9년(1427) 4월 4일.
498) 『世宗實錄』, 세종 25년(1443) 7월 6일.

유전流轉을 이해해야 한다. 구양현歐陽玄(1273-1358)이 편찬한 「고창설씨가전高昌偰氏家傳」에 의하면, 설씨는 카라코룸(현, 하르호린)의 북쪽 설렝게 강(설련걸하偰輦傑河)에서 살았고 '설偰씨' 명칭은 여기로부터 유래했다. 시조 톤유크는 당나라 때 돌궐인이었다. 자손들은 대대로 위구르의 고관을 지냈다. 그들은 중국 고창 지역의 거대 가문이 되었다. 몽골시대에는 그 자손들인 위린 테무르, 하르부카, 설철독偰哲篤 등이 대원제국 조정에서 고관대작을 지내면서 대원국의 저명한 성씨로 올라섰다. 설철독의 증손 설순偰循은 대도에서 황제의 친위병(케식)으로 활동할 때 청년 공민왕과 우정을 나눈 인물이었다. 홍건적의 난이 났을 때 설순은 공민왕이 재위에 있던 시기에 고려로 망명을 했고 공민왕의 환대를 받았다. 설씨 가문의 다국어 능력은 고려의 큰 자산이었다. 설순의 후손들은 조선시대에도 출세를 계속 이어갔다. 대표적 인물은 설장수였다.[499)

설장수는 고려 말과 조선 초 문신으로 크게 이름 떨친 인물이다. 그는 위구르족의 실크로드 교역도시 고창高昌(현, 웨이얼 자치구 지역)에서 태어났다. 그는 원나라 말기 혼란을 피해 부친 설손을 따라 설미수(동생)와 함께 고려로 건너와 귀화했다. 공민왕은 원래 북경에서부터 알던 설손에게 토지와 집을 주고 부원군富原君에 봉했다. 설장수는 귀화 당시 19세였는데, 이미 몽고어와 중국어에 능통했고, 귀화 전에도 고려어를 얼마간 알고 있었다. 그는 고려조정에 등용되어 외국어교육 및 통역과 중국외교에서 중요한 역할을 담당했다. 1362년에는 22세의 나이로 과거에 합격했다. 이후 그의 벼슬은 밀密직제학에 이르렀는가 하면, 완성군完城君에 봉해지고, 추성보리공신推誠輔理功臣의 호를 받았다. 1387-88년에는 지知문하부사로, 그리고

---

499) 참고: 성백용 외 7인, 『사료로 보는 몽골평화 시대 동서문화 교류사』, 179-180쪽.

정당문학政堂文學으로 명나라에 사신으로 파견되었다. 1389년에는 이성계와 함께 창왕을 폐위하고 공양왕을 세우는 병란兵亂을 주도하여 이른바 '9공신'에 끼었고, 이듬해 충의군忠義君으로 봉해지고, 문하찬성사가 되었다. 조선이 창건되고 나서는 1392년에는 정난공신定難功臣의 칭호를 얻었으며, 판삼사사判三司事로서 지공거知貢擧를 겸했다. 1393년 사역원司譯院 제조提調에 등용되어 사역원의 운영과 생도의 선발, 교육과정 등에 대한 정책을 내기도 했다. "3년마다 한 번씩 시험을 보이는데, 본원에 생도로 재학했든 안 했든 그것은 논하지 말고, 7품 이하의 사람으로서 사서四書와 소학·이문吏文·한어·몽고어에 통하는 사람은 다 응시하게 하고, 한어를 공부하는 사람으로서 사서·소학·이문·한어에 다 통하는 자를 제1과로 하여 정7품 출신의 교지를 주고, 사서의 반쯤과 소학 및 한어를 통하는 자를 제2과로 하여 정8품 출신과 같게 하고, 소학과 한어만 능통하는 자를 제3과로 하여 정9품 출신과 같게 하며, 몽고어를 공부하는 자로서 문자를 번역하고 글자를 쓸 줄 알되 겸하여 위구르(偉兀) 문자를 쓰는 자를 제1과로 하고, 위구르 문자만을 쓸 줄 알고 몽고어에 통하는 자를 제2과로 하며, 출신의 품급은 전과 같이 할 것"을 건의했다.500) 1399년(정종1)에 간행된 『직해소학直解小學』은 설장수가 지은 것이다.501) 또 「세종실록지리지」에는 임천군의 "이현李玄은 본래 위구르국 사람으로 귀화해 통역의 공이 있으므로, 명하여 적籍을 임천林川에 붙이게 했다(李玄 本畏吾兒國人 來投化 有通譯之功 命付籍林川)"는 기록이 있다.502) 조선 초의 이런 역사기록들을 보면 조선은

---

500) 『太祖實錄』, 태조 3년(1394) 11월 19일.
501) 『正宗實錄』, 1399년(정종1) 10월 19일: "(判三司事偰長壽)所撰直解小學行于世 且有詩藁數帙." 『소학』은 송나라의 유자징이 8세 안팎의 아동들에게 유학을 가르치기 위하여 1187년에 편찬한 수양서.

건국 후 적어도 50년 동안 고려와 같은 수준으로 개방된 인적·사업적 국제관계를 유지하고 있었음을 알 수 있다.

'팍스 몽골리카(Pax Mongolica)' 시대에는 또한 고려를 출발하여 세계 각지로 무역을 하러 나가는 고려상인들도 늘어났다. 따라서 고려상인이 중국의 북경이나 남경, 천진 등지에서 직접 제노바·베니스상인이나 기타 색목인들을 만나 이들에게 고려 서적을 직판했을 수도 있다.

'팍스 몽골리카' 시대에 다양한 교류가 아주 원활했던 중국과 고려의 긴밀한 국제적 교류관계의 여파는 건국 초 조선에도 미쳤다. 조선 건국 초 회회인들과 설장수나 이현을 비롯한 위구르인들의 활약을 통해 알 수 있듯이 색목인들은 대對중국 외교에 중요한 몫을 담당하여 고려를 이어 조선을 세계와 연결시켰다. 유의해야 하는 것은 조선 건국 후 100여 년이 흐른 뒤에도 중국에서 조선은 '고려'라고 불렀고 서방인들은 오늘날까지도 'Korea'라고 부르고 있다는 사실이다. 따라서 중국에서는 오랫동안 줄곧 조선에서 출판된 책도 다 '고려본' 책이라고 불렀다.503)

고려조·조선조 한국과 원대·명대 중국 간에는 활발한 외교와 무역 교류 외에도 국제적 서적 교류도 못지않게 많았다. 중국에서 고려(조선)는 중국에서 사라진 기이한 고대서적이나 희귀본 책이 많다고 알려져서 중국 조정은 조선에서 인쇄한 서책들을 대량으로 보내줄 것을 요청하여 조선정부가 난감해 하는 경우가 많았고, 또 유구琉球와 일본도 자주 조선에 귀한 서책을 요청했다. 조선은 이 경우에 요청한

---

502) 『世宗實錄』 149권, 「地理志」, 충청도 공주목 임천군.
503) 장수민(강영매 역), 『중국인쇄사(三)』, 1550쪽: "과거 중국에서 관官이나 개인들의 저서에 '조선본' 서적을 모두 '고려본'이라고 칭했지만 실은 그 서적들은 주로 조선 인본印本이고 진짜 고려시대 인본은 아주 적었다."

분량의 일부만을 보내주는 것으로 주변국의 요구를 해결했다.

따라서 고려·조선에서 인쇄한 책들은 중국·일본·유구도 많이 소장하고 있었다. 특히 중국은 많은 고려조·조선조의 한국책을 대량으로 소장하고 있다. 앞서 잠시 살폈듯이 장수민에 의하면, 중국의 국가도서관에는 『대승삼취참회경大乘三聚懺悔經』이 있는데 간기에 "임인년 고려국 대장도감에서 칙지를 받들어 각인했음(壬寅歲 高麗國大藏都監 奉勅 雕造)"이라고 적혀 있다. 이것은 1242년에 간행된 고려장경高麗藏經의 일부다. 국가도서관에는 조선의 주자본과 목판본이 500여 종이 소장되어 있다. 그리고 절강성 도서관에도 조선본 책종이 약 220종이 소장되어 있고, 명대 선덕3(세종 10년, 1428)에 출판된 동銅활자 활인본 서적 43종, 『문선오신주文選五臣注』(천순원년, 1457), 『창진집瘡疹集』(조선 세조조 을해자 활인본 – 인용자), 『본조경험방本朝經驗方』(고려말 향약의서 – 인용자) 등도 끼어있다. 그리고 다른 성省들의 도서관들에 소장된 조선본까지 합치면 약 일천수백 종이 소장되어 있다. 이 책들은 주로 중국도서를 재再활인한 것이지만 10분의 2-3은 조선인 저작이다."504) 중앙과 각성의 정부도서관에 약 1200-1300권의 고려·조선조 한국본 책이 소장되어 있다는 말이다. 그런데 이렇게 관립 도서관에만 고려·조선 서적이 있는 것이 아니라 개인 장서가들도 많은 고려·조선 서적들을 개인서고에 소장하고 있었다. 이미 "남송의 장서가 우무尤袤는 『고려역일高麗曆日』, 『고려행정록高麗行程錄』, 『해동삼국통록海東三國通錄』을 소장하고 있었고", 고려본 서적들을 잘 알고 있었다. "송대 장단의張端義는 『귀이집貴耳集』에서 '고려에는 기이한 고대서책이 많다'고 했다."505) 고려·조선의 책을

---

504) 장수민(강영매 역), 『중국인쇄사(三)』, 1550쪽.

505) 장수민(강영매 역), 『중국인쇄사(三)』, 1549-1550쪽.

얻기를 원한 중국조정과 중국인들은 줄곧 고려·조선을 "문헌지방文
獻之邦", 즉 '책의 나라'라고 불렀던 것이다.506)

중국으로 건너간 책들은 송대에 중국인들과 중국정부가 구한
한국본 책들, 1231-1271년 여몽전쟁 시기에 몽고인들이 고려에서
약탈해간 책들, 정식 교류를 통해 고려정부나 민간으로부터 예물로
받거나 구입한 책들, 그리고 조선조에 진상받거나 구입한 책들로
구성되어 있을 것이다. 이중 송대에 얻은 한국 책들은 모두 목판본일
것이지만, 고려 정부가 최초 주자로 책을 인쇄한 1211년 이후 중국
이 얻은 한국 책들은 목판본과 주자鑄字활인본이 섞여 있을 것이다.

그런데 여기서 유의해야 할 것은 중국 정부와 개인이 소장한
고려본·조선본 책 또는 고려·조선조 한상韓商들이 중국에서 판매한
책이 어쩌다 서양인들이나 서역인들의 손에 들어가는 경우에 이
서양인들과 색목인들은 이 한국본(고려본·조선본) 책을 중국산 책으로
오인하기 일쑤였다는 사실이다. 따라서 조비우스나 멘도자, 포르투
갈국왕과 교황 레오, 보디에, 베이컨 등이 어떤 활인본 서적이 중국
에서 건너온 중국 책이라고 말하거나 금속활자 인쇄술이 중국에서
왔다고 말할 경우에 이 언표 속의 '중국'은 고려·조선조의 '한국'이
기가 십중팔구였다.

1231년 몽골침략 이래 전시 약탈과 공사公私의 교류를 통해 중국
으로 넘어간 한국 서책들은 목판본과 활인본이 뒤섞여 있었을 것이
지만 1200-1300종의 한국서책의 상당수가 고려 금속활자 활인본이
든가, "명대 선덕3(세종 10년, 1428)에 출판된 동銅활자 활인본 서적
43종"처럼 1440년, 즉 구텐베르크가 활자인쇄술을 '발명'했다는

---

506) 『中宗實錄』, 중종 35년(1540) 11월 28일: "(…) 尹殷輔等議啓曰 (…) 且天使若出來
　　則以我國爲'文獻之邦' 必以詩文相接也. 中朝之重我國 亦以此也."

연도 이전에 출판된 금속활자 활인본이었을 것이다. 그리고 민간인들이 소유한 한국본 책들도 유사하게 구성되었을 것이다. 이 중 상당수의 한국산 서적은 팍스 몽골리카 시대에, 그리고 그 이후에도 한동안 다양한 실크로드를 통해 관리들과 외교사절들의 외교행랑과 성직자·여행자·무역상들의 짐 속에 꾸려져 '중국산 서적'이라는 명색으로 원활하게 서천했을 것이다. 때로 고려의 동활자·철활자도 몇 개씩 한국의 금속활자 인쇄술을 알리는 물증처럼 서천했을 것이다. 그리하여 100년 팍스 몽골리카 시대에 실크로드(silk roads)는 '활자로드(type roads)'로도 기능했을 것이다. 그러나 '팍스 몽골리카'에 서천한 활인본 서적들이 있다면 그것들은 모두 다 고려 금속활자로 찍은 고려본 서적이었을 것이다.

■ 북원과 명대 육상루트

중국에서 대명제국大明帝國이 흥기하면서 1368년 대원제국이 무너져 북방으로 쫓겨 가 '북원'으로 축소되면서 '팍스 몽골리카'는 종식되었다. 다만 몽골 땅의 북원, 인도의 무굴제국, 페르시아의 일 칸국, 러시아의 킵차크 칸국이 황금씨족의 왕권 하에 들어 있었지만 서로 분열된 채 동족상잔을 하며 각축했다.

고려는 북원이507) 북방 몽골 땅에 존속하는 동안 고려는 북원과도 한 동안 국교를 유지했다. 또 이 북원과 단교하고 명국과 조공관계를 맺은 조선도 국초에 북원과 전투나 모종의 군사적 충돌, 북원 몽고족의 조선 약탈이나 조선인 약취, 통상이나 밀무역, 외교교섭 등 정상적·비정상적 접촉이 계속되었다. 주원장(홍무제)이 "철령鐵嶺

---

507) '북원'이라는 명칭은 고려인들이 만들어낸 것이다. 박원길, 『조선과 몽골』 (고양: 소나무, 2010) 168쪽.

을 따라 이어진 북쪽과 동쪽과 서쪽은 원래 개원로開元路에서 관할하던 군민軍民이 소속해 있던 곳이니, 중국인·여진인·몽고인(達達人)·고려인을 그대로 요동에 소속시켜야 된다"고508) 말하는 것으로 보아 만주와 요동에는 여러 부족들이 뒤섞여 살고 있었던 것으로 보인다. 따라서 충돌도 잦았다. 1410년 통사通事 이자영李子瑛은 요동에서 돌아와 임금(태조)에게 이렇게 보고하고 있다.

몽골군(達達軍)이 개원開元·금산金山 등처等處에 많이 돌아다니는데, 관군이 만나기만 하면 번번이 패합니다. 몽골의 순초군巡哨軍이 정월 초2일에 요동 북문北門을 쳤는데 이기지 못하고, 성 밖의 거민居民을 노략질하고 돌아갔습니다.509)

또 1422년에는 정조사正朝使 통사 섭공분葉孔賁도 북경으로부터 돌아와 "몽고인(達達)들이 변방을 침요侵擾하여 길이 통하지 않습니다"라고 보고했다.510) 최부崔溥(1454-1504)가 바다에서 풍랑을 만나 6개월 표류·방랑하다가 중국을 통해 귀국한 여정을 기록한 『표해록漂海錄』에서 1488년 5월 24일 요동에서 만난 '계면'이라는 조선인 승려가 "조상이 여기로 도망 온 지 벌써 3대가 지났다"고 하고 "조선인 가운데 여기로 내왕하는 사람들이 많은데 (명국군대가) 귀화한 조선인들을 뽑아 정병이나 선봉을 삼는다"고 하는 말을 채록하고 있다.511) 3대는 90여년이므로 계명의 조상들은 1398년 이전에 이미

---

508) 『太祖實錄』 1권, 총서 81번째 기사.
509) 『太祖實錄』, 태종 10년(1410) 1월 14일.
510) 『世宗實錄』, 세종 4년(1422) 2월 13일.
511) 최부(허경진 역), 『표해록』 (파주: 서해문집, 2019·2021), 253쪽.

요동으로 옮겨와 살고 있었다는 것을 뜻한다. 이와 같이 조선 전기에 국경 밖의 요동과 만주에서 고려·조선인, 야인(여진인), 몽고인들, 회회인, 위구르인들이 뒤섞여 살며 충돌과 제휴를 반복하고 있었던 것이다. 그리고 몽골군이 만주와 요동에 자주 침입했고, 몽골군에 쫓긴 중국인들이 빈번히 조선에 와서 보호를 청했다.512)

고려와 만주지역(만주인·몽골인·여진인)간의 밀무역은 조선 초까지도 계속되었고 이 밀무역으로 부를 축적한 북변사람들도 나타났다. 팍스 몽골리카 시대에 고려 상인들은 여권에 해당하는 '문인文引'만 있으면 국경을 넘어 원의 대도에 가서 무역할 수 있었다. 그러나 공민왕 즉위 이후 30년간 중국의 요동과 고려의 서북면 지역은 군사적 충돌이 계속되는 전시 또는 준전시 상황이었기 때문에 고려 상인들이 대원제국 시절처럼 자유롭게 국경을 넘어 무역할 수 없게 되었다. 명국이 공마貢馬·군마軍馬 무역을 요구하면서 말이 중국으로 많이 반출되어 국내에서 말이 부족해지고 비싸지자 말을 운반수 단으로 쓰던 고려무역상들은 큰 어려움을 겪게 되었다. 그리고 명 태조는 1371년 해금海禁정책을 발령하고 1383년부터 시행하기 시작함으로써 고려무역상들의 어려움을 가중시켰다. 이에 고려무역상들은 고려의 주요 무역현장을 부분적으로 예성항에서 서북면 변경지역으로 옮기고 변경지대에서 밀무역을 강화함으로써 대처했다. 또한 조선 정부는 명국의 만주지방 군영관리의 요구에 응해 호시互市를 열어 숨통을 틔웠다. 1384년 명국이 만주에 설치한 정요위定遼衛에서 황명을 받아 무역하기를 청하자 고려는 의주 호시를 열고 금·은·우마를 제외한 품목의 무역을 허용한 것이다. 이렇게 되자 1380년대부터 서북면 국경지대에 무관직(원수·만호·천호)이 남설濫設

512) 『世宗實錄』, 세종 4년(1422) 5월 25일; 26일; 6월 2일; 윤12월 24일; .

되고 부적절한 인사가 행해졌다. 상인이 천호로 임명되기도 하고, 호시가 권세가들에 의해 주도되기도 하고, 권세가들이 일반상인들에게서 물건들을 징렴懲斂하거나 백성들에게 물건을 강매했다. 그러나 많은 백성들은 이런 수탈을 피해 압록강을 건너 도망갔다. 이와 같이 국가의 통제가 잘 미치지 않는 서북면 변경지역에서 국경무역이 지방토호들과 중앙 권세가들의 영향 하에서 어지럽게 번성했다. 공양왕 때 서북면 토호세력은 명국정부가 국경을 폐쇄하여 일시적으로 타격을 입었지만 양국의 통제력 약화를 틈타 밀무역을 번창시킨 것이다. 그리하여 많은 고려·조선상인들이 물건들을 우마에 싣고 요동과 심양에 가서 매매했고, 변방 관리들은 구전을 받고 이를 조직적으로 눈감아 주었다. 그리하여 고려·조선상인들은 줄지어 명태조의 국경폐쇄 조치를 비웃으며 국경을 넘나들며 밀무역을 했다.513)

북원은 1368년 8월 원나라 순제順帝(토곤 테무르)가 주원장의 군대에 의해 포위된 대도大都 북경을 버리고 북동방의 상도上都·응창應昌으로 옮겨가고 다시 그의 아들 소종昭宗이 외몽고로 들어감으로써 원나라가 완전히 멸망한 뒤 원나라 잔존세력이 세운 몽골국가다. 그런데 1388년 토구스 테무르 우스칼 칸(북원 3대 황제)이 암살됨으로써 칭기즈칸 직계의 북원이 멸망했다. 하지만 그 뒤에도 에센 타이시(오이라트연맹의 황제), 다얀 칸, 부얀 서천 칸 등 방계傍系황제들은 국호를 여전히 '대원大元'으로 내걸고 한때 번창했다. 그리하여 1449년에는 하북성 토목土木에서 명국의 정통제 영종英宗을 포로로 잡고514) 영종을 명국으로 돌려보내 복벽復辟시킨 뒤부터 명국으로부

513) 참조: 이진한, 『고려시대 무역과 바다』, 267-270쪽.
514) 참조: 박원길, 『조선과 몽골』, 213쪽.

터 조공을 받으며 북방에서 내내 명국을 압박하며 1635년까지 원조元朝를 이어갔다.

원래 1406년부터는 명국의 대몽관계가 이미 정상화되었었다. 그리하여 명국정부는 오이라트부족과 무역을 승인했다. 이때부터 1635년까지 대원몽골과의 국경무역은 마시馬市를 중심으로 확장일로에 있었고, 여기에 위구르 무역상들도 참여했다. 1455년 오이라트 부족출신 에센이 대칸에 올랐다. 그리하여 조선조 세종 후반기에 북방의 정세가 점차 격동하기 시작하였다. 에센이 이끄는 몽고의 오이라트 족의 세력이 점차 강성해지면서 북방의 몽고 일대를 통일하고 '토목의 변'이 발생한 여파로 몽고의 일부 세력이 조선의 국경 근처까지 진출하여 충돌을 야기했다. 그런데 에센은 칭기즈칸 직계 후손인 황금씨족(Golden Horde)에 속하지 않았다. 이 때문에 오이라트 부족은 다른 몽고부족들의 공격과 항의를 받았다. 그러던 중 에센은 부하들에게 살해당했었다. 이 때문에 오이라트는 약화되어 서쪽으로 물러갔다. 하지만 그들은 황금씨족 국가 킵차크 칸국과 더불어 몽골 서부지역에서 오랫동안 존속한다. 반면, 오이라트족이 '토목의 변'으로 몽골세계에서 위세를 얻으면서 팽창할 때 쇠퇴했던 동부 몽골족들은 스스로를 '달단韃靼족'이라고 자칭하고 외몽고를 오이라트로부터 확보하여 '대국'으로 발전했다. 그 사이 조선은 불가피하게 처음에 3대 북원 몽골과, 그 다음에는 오이라트 몽골과, 마지막에는 달단 몽골과 계속 접촉할 수밖에 없었다.

오이라트 몽골은 1442년 조선과 외교관계를 맺기 위해 사신을 파견하기도 했다. 그러나 조선은 이를 거절하고 명국에 보고했다. "함길도 도절제사 이세형李世衡이 '몽골(達達)의 독토올왕篤吐兀王 등 16인이 몽고황제蒙古皇帝의 칙서勅書를 가지고 4월 16일에 아적랑이

阿赤郎耳 지면地面에 도착했는데, 신臣이 의리로써 거절하고 받아들이지 않았습니다'라고 치계馳啓하므로, 임금이 황희·신개申槪하연河演·황보인과 승문원 제조 권제權踶·김종서·정인지·유계문柳季聞·안지安止 등을 불러서 중국에 주문奏聞함이 편리한지 여부를 의논하게 하니, 여러 사람이 아뢰기를, '이것은 큰일이오니, 도리상 마땅히 주문해야 될 것입니다'라고 했다. 즉시 첨지중추원사院事 이변李邊을 주문사奏聞使로 삼았다."515)

명나라 정통제(영종) 주기진朱祁鎭이 겪은 '토목보土木堡의 변'은 조선에도 알려졌다.

절일사節日使 정척鄭陟이 요동에서 "황제가 몽골인(達達)을 친히 정벌하다가 잘못하여 오랑캐의 나라에 잡혀갔으므로, 황태후가 정통正統의 서자 견심見深을 봉하여 황태자로 삼고, 황제의 아우 성왕郕王 기옥祁鈺을 즉위케 해 원년을 경태景泰라 고치고, 멀리 정통제를 태상황제太上皇帝라 존칭했나이다"라고 치보馳報하니, 임금이 듣고 깜짝 놀라, 의정부와 육조를 불러 이르기를, "황제가 잘못 오랑캐에게 잡혀 가고 새 황제가 즉위하여 이 같은 큰 변이 있으니, 진하進賀와 진위陳慰를 속히 해야 할 것이며, 또 양계兩界 방어를 더욱 경계하고 엄하게 해야 할 것이다"라고 했다.516)

조선은 '토목보의 변'을 전후에 명나라가 조선에 3만 필의 군마와 10만 병력의 지원을 요청하자517) 세종은 고민 끝에 군마 1만 필과 이 군마를 몰고 갈 수백 명의 군사를 보내는 것으로 끝냈다. 명군이

---

515) 『世宗實錄』, 세종 24년(1442) 5월 4일.
516) 『世宗實錄』, 세종 31년(1449) 9월 29일.
517) 『世宗實錄』, 세종 11년(1423) 1월 16일.

북경을 수호하기 위해 오이라트와 일전일퇴하는 시기에 1만 필의 군마를 몰고 간 조선병사들과 공인工人들의 일부는 몽골군의 포로가 되었을 가능성이 있다. 그리하여 이들을 송환하기 위해 오이라트 몽골과 조선 조정 간에 명군 몰래 비밀교섭이 있었을 가능성도 배제할 수 없을 것이다.

북원과 단교를 단행하고 명국과 조공관계를 맺은 조선도 이렇듯 국초에 북원과 군사적 충돌, 북원의 약탈이나 조선인 납치, 밀무역, 정식 외교교섭 등 정상적·비정상적 접촉을 계속할 수밖에 없었다. 그리고 조선 상인들은 명대 한인들과 무역했을 뿐만이 아니라 북원 몽고인들과도 음양으로 무역했을 것이다.

밀무역을 통해서든, 정식교역을 통해서든 조선상인들은 몽골인들에게 서적도 팔았을 것이다. 이것은 15-17세기 중국 서책에 쓰인 기록을 보고 짐작할 수 있다. 앞서 한번 소개 했듯이 뒤알드는『세계의 무대(Tsien kiokiu loüi chu)』,『광여기廣輿記(Quang yu ki)』(육응양陸應陽 찬술, 1686),『세계지리탐사(Tang yu ching tio)』 등 15-17세기 중국서책 3종을 간추린 논고「코리아 약사(An Abridgment of the History of Corea)」(1735)에서 1680년대에 조선조 한상韓商들이 외국인 또는 외국상인들에게 서적을 판매하는 광경을 "(조선) 상인들은 서적들을 팔려고 내놓을 때 가장 고운 옷을 입고, 가격을 논하기 전에 모종의 향을 피운다"고518) 묘사하고 있다. 조선중기에 기록된 이 장면은 조선상인들의 국제적 서적판매에 따른 관행을 묘사한 것이다. 이것으로부터 조선 상인들이 여말선초부터 해외에 활인본·간인본 서적을 팔아왔다는 것을 미뤄 알 수 있다. 이 서적판매 장면은 중국인들이 묘사한 것이지만, 이 장면으로부터 조선 전기 조선상인들이 북원의 몽골

---

518) Du Halde, "An Abridgment of the History of Corea", 425쪽.

상인이나 몽골인들에게도 조선 서적을 판매했을 것이라고 익히 짐작할 수 있다.

그리하여 킵차크칸국과 북원의 몽고인들이 만주 국경지대에서 귀화한 위구르인·회회인·몽고인 출신 조선상인들과 이들을 대동한 조선상인들로부터, 또는 조선에서 서책을 사들인 만주상인들로부터 구입한 조선서적들은 러시아 남부지역과 흑해연안 지역으로 넘어갔을 것이다. 이 조선서적들이 여기로부터 다시 흑해 연안의 여러 무역항에 진출해 있던 이탈리아 상인들에 의해 베니스·제노바·포르투갈·스페인 등지로 반입되어 유럽에 확산되었을 것이다.

이것은 만주에까지 이르렀던 킵차크 칸국 상인들과 노브고로드 상인들의 대외활동 영역을 보면 어렵지 않게 금방 추리할 수 있다. 앞서 살펴보았듯이 허드슨에 의하면, 15세기 초 동부 시베리아에 사는 것으로 보이는 한 부족으로부터 매·흑담비·담비 가죽을 가지고 티무르제국의 사마르칸트에 왔고, 러시아 상인들이 아마포와 가죽을 가지고 왔다. 그리고 이런 무역루트들은 서쪽의 또 다른 무역루트, 즉 몽고의 정복을 면했던 도시 노브고로드를 통해 이어지는 독일 한자(Hansa) 무역노선과 연결된다. 지즈니노브고로드는 당시 가죽 중에서 가장 소중한 가죽인 시베리아 흑담비 가죽을 찾아 상업활동을 우랄산맥 너머로까지 확장했다. 볼가강 상류와 중부지역에는 주로 유목민들의 야만적 행동에 노출된 남부지역으로부터 이주한 인구로 인해 증가일로에 있는 주민들이 있었다. 여기서 1480년 몽고지배로부터 겨우 해방된 모스크바의 새로운 러시아 세력은 13세기 유럽에 원정했다가 볼가강 하류 유역에 반쯤정착한 칭기즈칸 직계 황금씨족이 세운 킵차크 칸국(1255-1480)과 대립했다. 1480년부터 킵차크 칸국에서 분해된 크림 칸국과 카자흐 칸국은 각각

1783년과 1847년까지 존속했고, 전성기의 킵차크 칸국은 그 영토가 시베리아와 중앙아시아에서 동유럽까지, 우랄에서 다뉴브까지, 그리고 흑해에서 카스피 해까지 뻗치고, 몽고왕조에 속한 일 칸국 및 코카서스 산맥과 접경했다. 황금씨족의 볼가 지류支流는 세종이 계미자로 수많은 책을 인출하던 1438년부터 카잔에 독립 킵차크 칸국을 세웠다. 여기에서 니즈니노브고로드는 이미 유명한 시장으로 발전하고 있었다.519)

볼가강 유역의 황금씨족은, 알베르트 카프르가 재발견한 베르톨트 슈풀러(Bertold Spuler, 1911-1990)의 연구(1943)에 따르면, 황금씨족들은 서쪽으로 가장 떨어져 있는 몽골제국의 잔해였다. 수도는 처음에 볼가강 하류지역의 사라이(Sarai)였으나 나중에 뉴사라이(New Sarai; 현, 볼고그라드 부근)로 천도했다. 반복된 자잘한 전쟁들로 인해 수도의 흔적도 남아 있지 않다. 우리에게 아주 중요한 사실史實은 황금씨족이 중국-유럽 관계가 완전히 붕괴된 뒤에도 이탈리아인들과는 우호관계를 계속 유지했다는 것이다. 이미 1303년 로마 교황청은 도미니크파 타데우스(Thaddeus) 수도승을 황금씨족의 로마가톨릭 주교로 파견했고, 1370년에는 코스마 오브 트레비존드(Cosmas of Trebizond)를 뉴사라이의 주교로 파견했다.520) 1333년에는 주교직을 체르손(현, 세바스토플)에도 창설했다. 이탈리아상인들, 특히 제노바 상인들은 체르손과 타타르의 지배권 아래 있던 크림반도의 다른 도시들에 터 잡고 사는 것을 허가받았다. 이 덕에 황금씨족과의 무역만이 아니라 실크로드를 거쳐 극동으로 가는 무역도 다시 한번

---

519) Hudson, *Europe and China*, 166-167쪽.

520) Bertold Spuler, *Die Goldene Horde: Die Mongolen in Russland, 1223-1502* (Wiesbaden: Harrasowitz, 1943·1951·1965), 234쪽.

크게 번창했다.521) 그러므로 한국 금속활자 소문이 황금씨족 국가에 도달하면 이 정보는 즉각 콘스탄티노플과 이탈리아 여러 도시로, 다시 독일의 여러 도시로 쏜살같이 전해질 수밖에 없었다. 그래서 허드슨은 볼가 황금씨족의 영역인 니즈니노브고로드·카잔 등지를 한국 금속활자 정보가 전해진 상업거점들이었을 것이라고 추정한 것이다.

한편, 상론했듯이 허드슨은 1403-1406년간 사마르칸트의 티무르 조정에 파견된 카스티아(Castilla, 옛 스페인 왕국 – 인용자) 왕국의 외교사절 루이 곤잘레스 클라비조(Ruy Gonzalez de Clavijo)가 6개월 동안 북경에서 체류한 타타르 카라반 수행원으로부터 중국에 관한 모종의 진실과 많은 우화를 들었던 것과 똑같이, 1420-40년대 "니즈니노브고로드나 카잔에서 독일 한자(Hansa) 상인들은 멀리 여행하는 그 어떤 비단·가죽 무역업자로부터 서적을 금속활자로 인쇄하는 극동의 한 나라에 관한 이야기를 들었을 것이다"라고 추정한다. 왜냐하면 "한국의 국영인쇄는 한 귀퉁이에서 하던 일이 아니었기" 때문이다. 그것은 바로 카라반 숙소에서 들을 법한 종류의 "경이로운 이야기"였을 것이고, 한자상인에 의해 독일로 전해졌을 이 아이디어는 "독일에서 옥토를 발견했을" 것이라는 것이다. 그리고 허드슨은 정확한 공정工程이 알려지지 않은 경우에도 "일이 성공할 수 있다는 것을 아는 것"은 가장 큰 "발명 자극"이라고 확언한다.522)

니즈니노브고로드가 "당시 가죽 중에서 가장 소중한 가죽인 시베리아 흑담비 가죽을 찾아" 상업활동을 우랄산맥 너머로까지 확장했다는 허드슨의 지적은 매우 주목할 만한 정보를 담고 있다. 18세기

521) Spuler, *Die Goldene Horde: Die Mongolen in Russland, 1223-1502*, 395쪽.
522) Hudson, *Europe and China*, 167-168쪽.

조선시대까지도 흑담비 가죽은 인삼·한지韓紙·붓·금은·철·유약·꼬리 긴닭·조랑말·소금·해리海狸가죽 등과 더불어 한국의 주요수출품이 었기523) 때문이다. 따라서 노브고로드 상인들과 중앙아시아 상인들은 무더기로 상업목적으로 한국인들과 지속적으로, 그리고 빈번히 집단적으로 접촉했을 것이다.

허드슨은 한국 금속활자의 서천에 관한 자기의 주장을 "물론 이 모든 것은 다 밝혀지지 않은 단순한 추측이다"는 말로 제한하면서도 이렇게 장담한다.

우리는 상당한 확신을 갖고 볼가강과 몽고 간에는 어떤 넘을 수 없는 장벽도 없었고, 또 1400년부터 1440년까지의 중앙아시아의 사정이 이 경우의 개연성에 과도한 부담을 주는 것 없이 극동으로부터 온 시사적 정보가 유럽에 도달했을 것이라고 추정해도 된다고 말할 수 있다.524)

허드슨의 이런 확언을 근거로 우리는 위에서 킵차크 칸국과 북원의 몽고상인들이 만주 국경지대에서 조선·만주·요동상인들로부터 사들인 조선서적들을 러시아 남부지역과 흑해연안 도시들로 실어 갔을 것이고, 남러시아와 중앙아시아 상인들은 다시 이 한국산 서적들을 흑해 연안의 여러 무역항에 진출해 있던 이탈리아 상인들에게 판매했을 것이라고 추정한 것이다.

그런데 허드슨이 말하는 이 무역로 외에도 또 다른 길이 있었다. 오이라트 몽골상인들과 중국인들 간에는 국경지역에서 공식무역과

---

523) Pere Regis(Jean-Baptiste Régis), "Geographic Obsevations on the Kingdom of Corea", taken from the *Memoirs of Pere Regis*, 387쪽; Du Halde, "An Abridgment of the History of Corea", 425쪽.

524) Hudson, *Europe and China*, 168쪽.

밀무역이 끊이지 않고 있었다. 그리고 앞서 말했듯이 전성기의 오이라트와 명국의 외교·통상관계가 1406년 이래 정상화되어 있었기 때문이다. 상술했듯이 1406년부터 1635년까지 230년간 양국 간의 국경무역이 마시馬市를 중심으로 확장일로에 있었고, 위구르 상인들까지도 이 양국의 국경무역에 끼어들었다. 이로 인해 중국의 인가된 대對서방 공사公私무역과, 정부가 눈감아 주는 밀무역은 1635년까지 매우 활발하게 전개되었다. 중국인들은 낙타에 짐을 싣고 사마르칸트까지도 진출했다. 1403-1406년간 사마르칸트에 파견된 카스티야 외교사절 루이 곤잘레스 클라비조는 이를 증언해준다. 그는 그의 체험기록에서 이렇게 말하고 있다. "캄발루(Cambalu), 즉 카테이(Cathay: 중국)의 수도(북경 – 인용자)는 사마르칸트로부터 여섯 달이 걸리는데 그 중 두 달은 스텝을 건너는 기간이다. 사절들이 오가는 해에는 800마리의 짐 실은 낙타가 캄발루에서 사마르칸트로 왔다. 사람들은 그들과 더불어 그 수도가 바다와 가까운 데 소재하고 타브리즈(Tabriz, 아제르바이잔의 수도 – 인용자)보다 20배 크다고 말했다."525) 사마르칸트(현, 우즈베키스탄 중동부 사마르칸트 주의 주도)는 당시 "교역로의 원거리 네트워크의 중심지"였다. 중국 무역상들이 한 해에 800마리의 낙타"에 "실크·보석·사향대황 등을 싣고526) 사마르칸트에 왔다는 것은 매달 평균 60-70마리의 낙타가 중국에서 도착했다는 것을 뜻하는 것이다. 이것은 당시로서 엄청난 규모의 항구적 무역을 말해준다. 이를 통해 조선의 활인본 서적들이 서역으로 넘어

---

525) Ruy Gonzalez de Clavijo, *Narrative of the Embassy of Ruy Gonzalez de Clavijo to the Court of Timour at Samarcand AD 1403-6*, transl. in English by C. R. Markham {1859] (Cambrideg: Cambridge University Press, 2010), 133쪽 이하, 171쪽, 173쪽 이하도 참조.

526) Hudson, *Europe and China*, 166, 167쪽.

갔을 것이다.

　중국의 민간 무역상들은 15-16세기 조선 전기에도 조선상인들로부터 서적을 포함한 많은 물건들을 구입할 수 있었다. 명대 중국과 초기 조선 사이에는 허가받은 사私무역 외에도 많은 불법적 밀무역들이 이미 15세기부터 성행했기 때문이다. 명국은 외국과의 국제무역을 조공체제 안으로 포섭하여 합법무역은 조공국가들이 파견하는 사행무역使行貿易으로 한정했고, 비非사행무역은 불법으로 규정했다. 적발되면 극형에 처하는 등 강력히 금지했다. 그러나 동아시아 교역 양상은 명국 조정의 대외무역 기조대로 전개되지 않았다. 15세기 이후 명국과 주변 동아시아 지역에서는 농업생산력과 상업이 비약적 발전을 거듭하고 있었고, 이것은 국가 간의 활발한 교역욕구를 자극했다. 그러나 홍무제 주원장(재위 1368-1398)은 세원稅源 마련을 위해 해외무역을 고취하던 민란지도자 시절과 반대로 제위에 오르고 나서 다른 반란세력들의 자금원을 끊는답시고 1371년 해금海禁정책을 취했다. 그러자 외국인과의 해상무역을 금지당한 중국인들이 왜구 복장으로 변복한 뒤 약탈적 해적질과 불법무역에 가세함으로써 밀무역과 약탈행위가 만연했다. 이슬람사람들도 중국과의 불법적 밀무역에 대거 참여했다. 이로 인해 해금정책은 무력화되어 갔고, 사실상 엄격한 시행은 불가능해져 다양한 교역이 방해없이 이루어졌다. 1567년 명국정부는 결국 해금정책을 대폭 완화하거나 폐지할 수밖에 없었다. 명국과 보다 많은 무역을 원하는 세력들은 명국정부가 부과한 무역기회의 제한과 교역량 규제에 맞서 불법무역이나 약탈을 확대해 간 것이다.

　15-16세기 유럽 상인들은 아메리카의 은銀을 들고 아시아로 들어와 불법무역을 계속했고, 일본 왜구들은 약탈과 폭력 행사를 반복적

으로 자행하며 명국과의 무역을 확대했다. 또한 15-16세기 내내 명국의 북변 국경지대에서는 몽고인들이 월경하여 약탈과 불법무역을 자행했다. 이렇게 하여 불법무역은 일국—國과 지역의 중요한 재정원천으로 자리 잡았고 명국정부는 밀무역을 묵인하기에 이르렀다. 제도권과 국경을 넘나들며 밀무역을 주도했던 중국·한국·아랍·위구르상인들은 모두 다 '경계인境界人들'이었다.[527] 이런 상황에서 중국의 사상私商들이 "문헌지방文獻之邦", 즉 '책의 나라' 조선의 무역상들과 색목인 출신 조선상인들로부터 주자활인본 책을 포함한 한국산 서책을 구입해 티무르와 오이라트족에게 되팔지 않았다면 이상할 것이다. 그리고 티무르와 오이라트 상인들은 다시 이 서적들을 중국산 서적으로 여기고 타브리즈 등지에서 활동하는 이탈리아·카스티야·포르투갈 상인들에게 넘겼을 것이다.

한편, 동서 연결루트가 사라진 것으로 알려진 명대 초에도 중앙아시아와 중국을 방문한 사실을 여행담으로 알려주는 사람들도 적지 않다. 우선 요하네스 쉴트베르거(Johann Schiltberger, 1380-1440?)의 여행기다.[528] 그는 1390-1420년대 중앙아시아와 시베리아에서 여러 칸국의 군대에 군인으로 복무하다가 1427년에 독일 바이에른 고향으로 귀향한 독일인이다. 그는 자신의 여행기에서 티무르와 중국의 외교사절 교환, 그가 체험한 티무르 군대, 그가 목도한 시베리아 '붉은 타타르'의 풍속, 거대한 제노바 거류지가 있는 크림반도의 카파 시, 몽고의 야생마 프르제발스키의 목격사례 등에 대해 간략하

---

527) 참조: 구도영, 「16세기 조선 對明 불법무역의 확대와 그 의의」, 『한국사연구』, 170 (2015).

528) Johann Schiltberger, *Reisen des Johannes Schiltberger* (München, 1859). 영역본: Johann Schiltberger, *The Bondage and Travels of Johann Schiltberger* (London: Printed for the Hakluyt Society, 1879; New York: Cambridge University Press, 2010).

게 기술했다. 그의 여행기는 1420년 말엽부터 여러 버전의 필사본과 목판본으로 쏟아져 나왔다. "15-16세기의 수많은 버전들로 판단할 진댄 각 본이 그것에 선행한 원본의 거의 정확한 사본寫本(transcript) 들이기에 쉴트베르거는 그 시기에 내내 인기 작가였음이 틀림없다 ."529) 따라서 1420년 말엽부터 나돌기 시작한 그의 여행기 필사본을 구텐베르크도 충분히 읽었을 것이다. 나아가 그 자신이 쉴트베르거를 찾아가 여행기에서 빠트린 기타 사실들이 인쇄서적에 관해 귀담아 들었을 수도 있다.

1400-30년대에도 중앙아시아를 여행하고 명국에까지 들어온 이탈리아 상인들도 있었다. 베니스 상인 니콜로 콘티(Nicolo Contic.1395⁻1469)는 1444년경 포기오 브라치올리니(Poggio Bracciolini, 1380-1459)가 라틴어로 받아 적은 「15세기의 인도(India in the Fifteenth Century)」를 남겼다. 여기서 인도는 당대의 표현습관에 따라서 중국도 포함했다. 헨리율은 "이 이야기는 니콜로 자신이 Cathay(중국)에 가 있었다고 분명하게 주장하지 않지만, 나는 그가 틀림없이 그곳에 가 있었다는 내적 증거가 있다고 생각한다"고 단언한다.530) 그리고 율은 부연한다.

콘티는 북경(Cambalec, Cambaleschia)과, 황제에 의해 수립된 거대한 규모의 또 다른 도시를 간략하게 기록하고 있다. 이 도시에 황제가 넴프타이 (Nemptai, 남경으로 추정됨)라는 명칭을 수여했고 인구는 모든 도시 중 가장 많다는 것이다. 콘티는 그 나라의 거대한 부와 이탈리아 백성과 아주 대등

---

529) Buchen Telfer, "Preface", iii쪽. Johann Schiltberger, *The Bondage and Travels of Johann Schiltberger* (London: Printed for the Hakluyt Society, 1879; New York: Cambridge University Press, 2010).

530) Yule, "Preliminary Essay on the Intercourse between China and the Western Nations Previous to the Discovery of the Sea-Route by the Cape", §109(cxxxvi쪽).

한 그 백성들의 예의범절과 문명화 수준에 관해 이야기한다. 그들의 상인들은 엄청나게 부유하고, 3면에 안전을 위해 방수 칸막이를 설치한, 유럽의 선박보다 훨씬 더 큰 대형 선박들이 있었다. 그는 말한다. "그들은 우리를 프랑크인들(Franks)이라고 부른다. 그리고 다른 민족들이 장님인 반면 우리 프랑크인들은 한 눈으로 본다." 오로지 모든 동방 민족들 중 그들만이 식사에서 식탁과 은접시를 사용한다는 것이다. 여성들은 얼굴에 화장을 한다. 그들의 무덤은 언덕의 한 면을 파고 들어가서 아치를 세워 덮고 멋진 담장으로 둘러쳐지고 외부로부터 단단히 봉쇄된 토굴이라는 것이다. 이 모든 세부사항들은 아주 정교하고 개인적 지식으로부터가 아니라면 거의 얻을 수 없는 것들이다.531)

콘티는 1419년 베니스를 떠나 다마스커스에서 자리를 잡았다가 여러 곳을 여행하고 1439년 해로로 돌아왔다. 그는 정화鄭和 제독의 방문지와 일치하는 곳들을 여행했고, 그의 관련 기록은 정화 원정단의 수행원 마환馬歡(1433), 비신費信 등(1436)의 기록과 일치한다. 니콜로는 사막을 가로질러 바그다드로 가서 거기서 티그리스 강을 아래로 항해해 바스라에 이르고 그 다음 해로로 페르시아 만을 건너 이란으로 들어갔다. 그는 1420년 전까지 인도 곳곳을 여행하고 1421년 수마트라에 도착했다. 그때는 정화의 대항해 덕택에 중국과 수마트라 간의 무역이 전성기에 있었다. 그곳에서 언어를 익히며 1년을 보내다가 버마를 관통해 여행하고 자바로 갔다가 다시 베트남(참파)으로 들어갔다. 그는 동남아시아를 "부, 문화, 웅장함에서 다른 모든 지역을 능가하고 문명에서 이탈리아와 어깨를 나란히 한다"고 묘사

---

531) Yule, "Preliminary Essay on the Intercourse between China and the Western Nations Previous to the Discovery of the Sea-Route by the Cape", §109(cxxxvi-cxxxxvii쪽).

했다.532) 콘티는 1444년 에우게니우스 교황을 접견했는데, 이탈리아 철학자(수학자) 토스카넬리(Paolo Toscanelli)는 1474년 콜럼버스에게 보낸 편지에서 이 접견과 관련된 일화를 쓰고 있다. 그는 콘티를 "중국에서 온 사람"이라 부르며 이렇게 말한다.

에우게니우스 교황 시대 중국에서 온 사람들 중 한 명이 에우게니우스 교황에게 와서 기독교인들에 대한 중국인들의 큰 친절을 확증해주었고, 나는 그와 많은 주제에 관해, 길이와 폭에서의 그곳 강들의 웅장함에 관해 강 연안의 도시들의 수다함에 관해 긴 담화를 가졌다. 그는 하나의 강 언저리에 길이와 너비가 굉장한 대리석 교량들을 가진, 그리고 도처에 기둥들로 장식된 거의 200개의 도시가 있었다. 이 나라는 그곳으로부터 우리에게 오는 금은, 온갖 보석, 향신료 등 큰 부를 얻을 수 있기 때문만이 아니라 그곳의 배운 사람들, 철학자들, 천문학 전문가들 때문에, 그리고 어떤 기술과 기량으로 그토록 강력하고 장대한 지방들을 다스리는지, 또한 그들이 어떻게 전쟁을 수행하는지를 알기 위해 라틴사람들이 찾을 가치가 있다.533)

여기서 토스카넬리가 콘티를 "중국에서 온 사람들 중 한 명"이라고 말하는 것으로 보아 1410-30년대에 중국을 방문한 이탈리아 상인들이 콘티 외에도 더 있었다는 것을 알 수 있다. 콘티가 아니더

---

532) Gordon Campbell, "Conti, Niccolò de'", The Oxford Dictionary of the Renaissance (Oxford University Press, 2003).

533) Paolo Toscanelli, Extract of the "First Letter of Paolo Toscanelli to Columbus". In The Journal of Christopher Columbus: (during His First Voyage, 1492-93), and Documents Relating to the Voyages of John Cabot and Gaspar Corte Real, Translated and edited by Clements R. Markham (London: Hakluyt Society, 2010).

라도 여러 이탈리아·포르투갈·스페인 상인들은 중국을 방문하고
나서 상업비밀주의 때문에 자기들의 중국체험을 공개출판하지 않
았지만 가까운 친구들과 인쇄업자들에게 중국의 것으로 오인된
한국 금속활자 활인본 서적이나 활판술을 가십으로 얘기했을 수도
있다.

중앙아시아를 여행한 베니스 상인으로는 바르바로(Giosafat Barbaro,
1413-1494)가 있다. 그는 베니스의 외교관이자 상인이었다. 1436년에
서부터 1452년까지 16년간 바르바로는 상인으로서 아조 해海 연안
의 타나로 여행했고 오랫동안 타타르에서 체류했다. 베니스와 타나
사이에는 이 시점에 정례적 무역관계가 있었기 때문에 바르바로는
무역을 하러 타나를 자주 오가며 일정한 시기를 보내고 겨울에
베니스로 돌아왔다.534) 바르바로는 크림 칸국이 오토만 터키의 보
호국이 되었을 때 이 여행을 중단했다. 바르바로는 1452년 러시아·
폴란드·독일을 돌아서 여행하여 베니스로 돌아갔다. 1455년 바르바
로는 베니스에서 발견한 한 쌍의 타타르 사람(몽고인)들을 해방하여
두 달 동안 숙박시키고 나서 그들을 타나로 돌려보냈다.535)

헨리 율은 바르바로에 대해 이렇게 적고 있다. 바르바로가 수집한
"중국 소식들은 그가 페르시아에 사절로 파견되었을 때에 관한
그의 이야기 속에서 상세하게 개진되었다. 그가 이 임무 중에 있는
동안, 군주 아쌈베이(Lord Assambei)는 홍첨정석紅尖晶石 루비를 감식
할 때 바르바로가 보여준 그 날카로운 통찰력에 크게 기뻐하며
'오, 중국(Cathay) 사람들, 중국 사람들이여! (그대들이 옳게 말하지 않았도

---

534) Otto H. Storz, *Die Persische Karte: Venezianisch-persische Beziehungen um 1500 -
Reiseberichte venezianischer Persienreisender* (Berlin: Deutsch LTD Verlag, 2009), 41쪽.
535) Henry Hoyle Howorth, *History of the Mongols: From the 9th to the 19th Century*
(Boston, Mass.: Elibron Classics, 2003), 300쪽.

다!) 인류에게 세 개의 눈이 부여되었는데 그대들은 그 중 두 개를 가졌고, 프랑크 사람들은 세 번째 눈을 가졌도다.'라고 외쳤다. 바르바로는 그가 무엇을 말하는지 알아 들었다. 그는 이미 볼가 타타르의 칸을 모시는 어떤 외교사절로부터 그 속담을 들었기 때문이다. 이 외교사절은 1436년 중국(Cathay)으로부터 왔고, 바르바로는 '이 사절로부터 약간의 보석을 얻으려는 희망에서' 그를 타나나 아조프에 있는 집에서 대접했었다. 그는 이 외교사절로부터 중국에 관한 상세한 정보를 상당히 많이 들었다. 그는 그의 저서의 뒷부분에서 이 정보들을 제공하고 있다."536)

프랑체스코 페골로티(Francesco B. Pegolotti)의 전언기록에 의하면 1310-1440년대에 이들 외에도 흑해를 거쳐 중국으로 가는 많은 '유럽상인들'이 있었다. 로버트 로페즈(Robert S. Lopez)는 우리가 "피렌체의 전문적 상인 페골로티"의 저서에서 마르코 폴로의 보고 이후에 중국에 대한 "가장 상세한 보고"를 발견한다고 확언한다. 페골로티는 중국에 간 적이 없지만 "굉장히 많은 목격자들"의 이야기들로부터 "가치 있는 정보"를 끌어냈다. 그가 책을 쓰던 때 (1310-1340) "크림반도에서 중국으로 가는 루트에는 많은 유럽인 여행자들이 존재했다"고 한다. 이 루트를 그는 "전혀 위험이 없는 것"으로 묘사했다. 그의 정보제공자들 중 몇몇은 피렌체 고향사람들이었다. 당시 영국 관세청의 당대 보고서는 1340년에 이미 프레스코발디 회사(Frescobaldi company)의 대리점들이 런던으로 "중국 비단(seroco nomivato Catewy)"을 수입한 사실을 보여준다. 프레스코발디

---

536) Yule, "Preliminary Essay on the Intercourse between China and the Western Nations Previous to the Discovery of the Sea-Route by the Cape", §112(cxil-cxl쪽). '아셈베이'는 티무르 왕조의 멸망에 뒤따른 내전에서 서부 페르시아 전역을 획득한 투르크멘 족장 우준 하싼(Uzun Hassan)이다.

소속 상인들이 이 비단을 중국 본토로부터 가져왔을 가능성이 "매우 크다".537) 중국 비단이 런던까지 갔다면, 한국 금속활자 활인본 서적이 이탈리아나 독일에 반입되는 것은 더 쉬운 일이 아니겠는가?

그런데 로페즈는 그래도 제노바상인들이 유럽상인의 대다수를 이루었다고 기술한다. 무역에 관한 제노바의 "수만 통의 공증문서들"이 존재하는데, "제노바사람들이 극동에서 유럽상인들의 다수를 차지하고" 이 중 몇몇 문서들은 인도와 중국을 언급하고 있다. 심지어 피렌체에서도 죠바니 보카치오(1313-1375)는 제노아사람들을 "중국에서 벌어진 것으로 알려진 이야기를 보증해줄 최선의 권위"로 인용했다. "우리가 몇몇 제노바사람들과 거기에 갔다 온 다른 사람들의 이야기에 신뢰를 부여한다면, 일단 그 사람들이 중국땅에 살았다는 것은 절대적으로 확실하다."(보카치오)538) "선교사들과 제노아사람들"은 피렌체사람 보카치오의 귀에다, 반은 혹하고 반은 못 믿는 그 귀에다가 그들의 이야기를 조잘댄 "주요 동방전문가들"이었다.539) 주지하다시피 보카치오는 이러저런 중국소식을 전해 듣고 거란(요나라)의 귀족 나탄(Nathan)이라는 사람의 덕을 칭송하는 『데카메론』(1351)의 제10일 세 번째 이야기를 썼다.

베니스·플로렌스사람들은 말하기 좋아하고 사교모임을 즐기는 개방적 성격인 반면, 제노바사람들은 개인주의적이고 과묵하고 유보적이어서 글을 많이 남기지 않았다. 또 제노아사람들은 사업비밀이 새나갈까 경계하여 여행기를 남기는 것을 삼갔을 뿐만 아니라,

---

537) Robert S. Lopez, "European Merchants in the Medieval Indies: The Evidence of Commercial Documents", *Journal of Economic History* 3 (1943), 166쪽.

538) Lopez, "European Merchants in the Medieval Indies", 167쪽.

539) Lopez, "European Merchants in the Medieval Indies", 168쪽.

종종 공증인 앞에서 작성하는 계약서에서도 그들의 출장여행의 최종목적지를 언급하는 것을 거부했다. 이 비밀주의의 이유는 오직 추측할 수 있을 뿐이다.540) 비밀 목적지는 물론 중국이었을 것이다. 제노바상인들은 많은 경쟁자들이 뛰어들까 봐 이 목적지를 입 밖에 내고 싶지 않았던 것이다. 아무튼 "너무 많은 제노바사람들"이 이미 "중국으로 가는 여정에 있었다". 그러나 분명 매우 큰 여행경비 때문에 중국행은 경쟁자가 거의 없는 경우에만 이윤을 올릴 수 있었을 것이다.541)

동서를 잇는 루트는 여러 개가 있었지만 시기에 따라 안전수준에서 변동을 보였다. 스탄코네(Percivalle Stancone)라는 상인과 비발리(Benedetto Vivaldi)라는 상인은 극동과의 육상 무역에 아주 상서로운 시기에 여행을 떠났다. "거대한 4개 몽골제국을 통과하는 루트"는 "활짝 열려" 있었다. "북방루트"에 관한 페골로티의 진술("전혀 위험이 없음")은 이 시기와 관련된 것이었다. 소아시아와 페르시아를 통과하는 다른 루트에 관한 한, 페골로티가 수없는 세관에 관해, 그리고 일 칸국도 진압하지 못하는 산적들에 관해 얘기하고 있는 것은 사실이다. 그럼에도 불구하고 "훌라구 칸이 이라크, 이란과 동부 아나톨리아를 확고한 블록으로 장악하고 있는 동안, 상인들에 대한 위험은 지나치게 위험하지 않았다". 그러나 1338년 일 칸국이 여러 소국으로 분열하자 예전의 수도였고 중요한 교통로였던 타브리즈는 결국 유혈의 찬주에게로 넘어갔다. 1339년에는 이 찬탈자가 중앙 제국의 수도 알말리그(Almaligh)를 일시 장악했다. 그는 북방루트의 중요한 지점의 주민들을 불안에 빠뜨리고 선교사들과 상인들을

---

540) Lopez, "European Merchants in the Medieval Indies", 168쪽.
541) Lopez, "European Merchants in the Medieval Indies", 168쪽.

학살했다. 그리하여 "중국으로 가는 육상루트들이 둘 다 봉쇄되고" 말았다. 그러나 "타나로부터 (킵차크 칸국의) 우렌크(Urjench)로 가는 북방루트를 택해 인도로 간 다음, 가즈니(Ghazni)를 통해 남부를 가로 지르는 것은 여전히 가능했다."542)

가즈니를 경유하는 루트는 설명이 좀 더 필요하다. 가즈니를 거쳐 인도로 가는 유럽상인들의 여정에 관한 "유일하게 현존하는(그러나 지금까지 미간행된) 정보"는 "상인들의 일부가 도중에 죽었다"는 사실에 의해서도 설명된다. "1338년" 여섯 명의 상인이 델리를 향해 베니스를 떠났다. 당시 델리 술탄은 잔악했지만 외국인들을 좋아했다. 이 사실은 페르시아에 정착한 수많은 베니스 상인들을 통해 유럽에 소문으로 나돌았다. 이 소문 때문에 베니스상인들이 주변의 만류에도 불구하고 길을 떠났던 것이다. 이 상인들은 의심할 바 없이 크림반도에 상륙해서 아스트라한까지 나아갔다. 여정의 다음 부분, 특히 부하라에서 파미르고원까지의 길은 아주 힘들었다. '로레다노'라는 상인이 가즈니 부근에서 병사했다.543) 이 불행한 병사 사건을 통해 유럽상인들이 가즈니를 경유하여 인도로 가는 루트로 중국으로 들어갔다는 것, 따라서 흔히 가정하듯이 칸국들의 유혈갈등 중에도 동서를 잇는 육로가 '완전' 단절된 적이 없었다는 것을 알 수 있다.

그런데 1334년 베니스상인이 타타르인을 살해함으로써 타타르 주민들이 서방에 대해 분기憤起하고 킵차크 칸이 타나를 공격하자 남러시아의 제노바 식민지가 혼란에 빠지는 일이 발생했다. "팍스 몽골리카"는 "빠르게 종말을 향해 가고 그 결과 아시아의 육상

---

542) Lopez, "European Merchants in the Medieval Indies", 172-174쪽.
543) Lopez, "European Merchants in the Medieval Indies", 174-176쪽.

루트들이 하나둘 차례로 무역을 하지 못하도록 폐쇄되었다." 더구나 모든 외국인이 여러 세기 동안 "대접"을 받고 "안전한 질서와 종교적 관용"을 누렸던 중국에서도 위기상황이 펼쳐졌다. 북경 주교 죠바니 마리뇰리는 1342년 대칸에게서 장엄한 알현 기회로 영접 받았으나, 이것은 여러 세기 동안 알려진 서방인에 의한 육로의 중국여행 중 마지막 여행이었다. 1368년 명국이 몽고인들을 영원히 추방하고 유럽인들을 몽고인들보다 "훨씬 덜한 관용"으로 맞았다. 동시에 중앙아시아의 몽골제국(차가타이 칸국)은 두 나라로 쪼개졌다. 하나는 무력한 왕들이 다스렸고, 다른 하나는 무정부상태에 처했다가 외국증오 광신주의에 빠졌다. 킵차크 칸국은 카파의 단호한 방어세력에 밀려 1350년 철수하여 강화협정을 맺었다. 킵차크 칸국은 그 왕이 죽으면서 수년간 무정부상태였고 제노바와 타브리즈의 지배자 간의 관계는 갈수록 악화되어 제노바는 타브리즈에 상업적 금수조치를 취해야 했다.544)

한편, 중국과의 교역이 활발할 때는 제노바에서 중국 비단의 가격이 유럽에서 제조한 비단의 시장가격에 아주 가깝게 접근했으나 동서교역로가 이렇게 애로에 빠지자 비단과 향신료의 가격이 "50-100퍼센트" 급등했다. 동시에 이것은 중국과의 무역이 다시 큰 부를 만들 기회로 강력히 떠올랐다. 그런 만큼 이탈리아 상인들은 즉시 중국행을 포기하지 않았다. 이때 오히려 극동으로 떠난 여행의 증거가 한 공증문서에서 발견되었다.545) 1343년 토마소 겐틸레 (Tommaso Gentile)라는 제노바상인은 중국을 향해 제노바 항을 출항하여 페르시아 만의 호르무즈에 도착했다. 그는 그 부근의 전쟁 때문에

544) Lopez, "European Merchants in the Medieval Indies", 181쪽.
545) Lopez, "European Merchants in the Medieval Indies", 181쪽.

크림반도로부터 접근하는 루트를 이용할 수 없었다. 타브리즈를
경유하는 첩경은 새 금수조치에 의해 봉쇄되었다. 이집트와 시리아
항구들은 유럽인들에게 허용된 통로가 아니었다. "유일하게 이용가
능한 접근로"는 아르메니아 기독교왕국의 주항인 라이아스(Laias)였
다. 거기를 통해 젠틸레는 호르무즈에 도착할 수 있었다. 이것은
분명히 약 70년 전 마르크 폴로가 선택할 루트였다. 그러나 앞서
말한 베니스 상인들은 호르무즈로부터 인도와 인도차이나를 돌아
항해한 것이 아니라 파미르고원으로 되돌아갔다가 거기서 타브리
즈로부터 뻗어 나오는 주된 육로에 도달했다. 아마 그들은 처음에
뱃길로 항해하려고 의도했었지만 그 지역 선박들이 취약해서 그만
두었을 것이다. 1342년 젠틸레가 호르무즈에 도달하기 1년 전 이븐
바투타는 인도에서 중국으로 가는 도중에 난파를 당해서 몰디브제
도로 대비했다. 이와 대조적으로 오도릭 탁발승은 호르무즈에서
항해하여 다행히 중국에 닿았다. 그러나 그는 뙤약볕에 타는 이
장소를 뚫고 간 모든 외국인들이 주도면밀한 예방조치를 하지 않는
다면 앓아 눕게 될 것이라고 말했다. 그도 결국 앓아 누웠다. 그리하
여 그는 그의 화물을 동료들에게 위탁했고 그들은 중국으로 앞서
떠났다. 그는 첩경으로 해서 귀국했다.546) 이것이 공증문서에 나타
난 내용의 요약이다. 동서 루트가 막히면 유럽시장에서 비단 등
극동산 고급물건들의 값이 천정부지로 오르고 그럴수록 이탈리아
상인들은 한 몫을 잡을 기회를 놓치지 않으려고 목을 걸고 새 길을
개척해 중국을 향해 떠났다. 따라서 팍스 몽골리카 이후에도, 명대
에도 동서루트는 완전히 단절될 수 없었던 것이다.
  이렇듯 독일 군인과 이탈리아상인들을 위시한 유럽상인들은 팍

---

546) Lopez, "European Merchants in the Medieval Indies", 181쪽.

스 몽골리카가 종말을 고한 뒤에도 중앙아시아와 중국을 방문·체류하거나 무역하거나 간접적으로 전해 듣고 있었다. 따라서 한국 금속활자 인쇄술의 정보나 한국 활인본 서적을 이탈리아나 스페인·포르투갈상인들이 육로로 중국에 들어와 중국으로부터 직구直購해 가져갈 수도 있었을 것이다. 그런데 제노아·베니스상인이든, 중국상인이든, 아랍상인이든, 위구르상인이든, 티무르상인이든, 티베트상인이든 한국에서 온 서책들을 목판인쇄본, 목활자 활인본, 금속활자 활인본으로 분류하며 가격을 흥정하는 상담과정에서 얻어 들은 책 정보를 통해 한국 금속활자 인쇄술을 배우거나, 구입한 서책이라는 '실물'을 통해 한국의 활판인쇄술을 얼마간 알 수밖에 없었다.

다른 한편, 한국의 활판인쇄술은 공인工人들을 통해서도 전해질 수도 있었다. 이탈리아 제노바와 베니스까지 비싸게 팔려간 노예들 중에는 활판인쇄공이나 인쇄도구들을 만들어 본 고려·조선 공인과 색목인 출신 공인들이 얼마든지 끼어있을 수 있었기 때문이다. 대원제국이 크고 작은 칸국들로 분해되면서 칸국들이 벌인 골육상잔의 끝없는 전쟁 속에서 엄청나게 많은 전쟁포로들이 발생했고, 칸국들은 전비戰費마련을 위해 포로들을 흑해연안의 노예시장에 대규모로 내다 팔아야 했다. 계속 분열·분화하는 칸국들 간의 잦은 전쟁에 자의반 타의반으로 끌려가 참전한 수많은 몽고인·위구르인·여진인·티베트인·티무르인·중국인·한국인들은 일승일패의 무한공방 속에서 전사하든가 포로로 잡히기 십상이었고, 정복지에서는 승리한 칸국의 군대에 의해 이런 공인과 여자들이 노예로 끌려가기 일쑤였다. 몽골 세계제국이 붕괴된 뒤 전개된 칸국들의 끊임없는 핵분열 과정과 전쟁상태는 반反서천론자들이 흔히 가정하듯이 동서간의 인적 교류를 단절시킨 것이 아니라, 아시아인들을 비인간적 방식이었을지라도 서쪽으로, 서쪽으로 이동시켰던 것이다. 그리하여 포로로 잡히거나 약취되었다가 노예로 팔려 유럽에 오게 된 위구르·여진·티베트·중국·한국 공인들은 각지에서 노예생활을 하며 '기술자'로 인정받아 더 나은 생활을 도모하기 위해 금속활자 인쇄술을 유럽인들에게 아는 대로 조금이나마 전수해줄 수밖에 없었을 것이다.

중국과 몽골 노예들은 포로로 체포되거나 약취당함으로써만 발생한 것이 아니었다. 대원제국 한복판에서 채무관계로 노예가 발생했고, 채무노예들을 고려나 유럽에 내다 파는 색목인 상단들이 있었다. 주범은 아랍(회회) 노예상인들이었다. 14세기 초에 접어들면 중국에서 교역하며 중국·몽고인들을 채무노예로 만드는 회회상인이나 아예 인신매매를 목적으로 중국에 들어온 회회상인들이 있었다. 이들은 이 노예들을 팔러 고려에까지 들어왔다. 서역인들이 중국인을 노예로 만드는 사례는 위구르인 고리대금업자에게 자녀를 담보로 주고 돈을 빌리던 송대 중국인들의 경우에 이미 발견된다. 여러 서역상인들은 중국에서 상업활동하며 몽고인들도 입양(乞養過房) 명분으로 유인납치(誘掠)하여 노예로 만들기도 하고 공공연한 인신매매(展轉販賣)를 하기도 했다. 이렇게 노예화된 몽고인들은 하인이나 노예로 외국에 팔려나갔다.547) 이것은 "짐은 '매매된 몽골 남녀들이 천주 등지 바다로부터 나가는 배들에 실려 회회 땅 혼도(인도) 땅으로 가고 있다'는 얘기를 들었도다. 지금 당장 문서를 발령해 금지하도록 하라"는 황명皇命(『通制條格』卷)27, 蒙古男女果海)이나 "(…) 선박 일행의 우두머리와 수하들이 멀쩡한 백성의 자녀들이 입양했다고 거짓말하며 그것을 이유로 수레와 배에 많이 싣고 고려 등지로 가서 상품으로 팔아넘긴다"는 비판(『大元聖政國朝典章』卷)57, 刑部19 禁誘掠·過房入口) 등

---

547) 성백용 외 7인, 『사료로 보는 몽골평화 시대 동서문화 교류사』, 286-287쪽.

의 법전과 형법률을548) 보면 알 수 있다. 서역인들은 오르탁 무역으로 돈을 벌었지만, 빈곤한 몽고인들을 대상으로 고리대금업을 운영해 큰 자본을 형성했다. 채무자가 돈을 못 갚으면 그들의 인신을 외국에 내다팔았다. 채무노예와 인신매매자의 인신을 해외에 매각하는 노예무역은 황제의 엄포에도 불구하고 근절되지 않았다. 조치 칸국(킵차크 칸국)과 훌레구(훌라구) 칸국에서 노예무역이 성행하고 있었기 때문이다. 특히 이슬람 왕국 맘루크는 흑해이북 초원지대로부터 노예들을 지속적으로 사들여 군대를 키웠다. 노예를 정규적으로 공급한 지역은 조치 칸국이었다. 그리하여 러시아, 이슬람지역, 유럽을 잇는 노예무역이 줄곧 활성화되었다.549)

이슬람 아랍과 유럽에 팔려간 노예들 중에는 아이들도 많았다. "(사라센에게 물자를 공급해주는) 이런 죄보다 더 큰 죄는 (…) 가짜 기독교인들이 (…) 사람들을 무슬림들에게 팔아넘기고 있는 것이다. (…) 이 가짜 기독교인들은 바다를 건너고 여러 지역을 여행하면서 세계의 다양한 지역에서 온 어린 소년·소녀들을 노예로 구입한다. 이 어린 아이들은 (…) 불가리아·그리스·러시아·알란족 아리들, 이교도의 관습처럼 (…) 부모가 팔아먹은 몽골 아이들, 쿠만족 아이들과 기타 이교도 아이들이고, 이 이교도 아이들은 몽골·터키아이들과 이민족 적군에게 침략정복당한 지역의 아이들이다."550) 또 아이들만 아니라 "18세 이상의 청년 노예들"도 피렌체로 팔려왔다.551)

---

548) 성백용 외 7인, 『사료로 보는 몽골평화 시대 동서문화 교류사』, 285-286쪽에서 인용.

549) 성백용 외 7인, 『사료로 보는 몽골평화 시대 동서문화 교류사』, 287-289쪽.

550) William of Adam, How to Defeat the Saracens (c.1327), 29쪽. 성백용 외 7인, 『사료로 보는 몽골평화 시대 동서문화 교류사』, 321-322쪽에서 인용.

551) Ridolfo Livi, La schiavitù domestica nei tempi di mezzo e nei moderni (Padova: Antonio

그리하여 이탈리아와 이베리아반도 안에도 수많은 노예시장이 생겨났다. 이탈리아 노예제도는 훗날 미주로 전해졌다. 그 노예시장 가운데 가장 잘 알려진 노예시장은 제노바와 베니스의 시장이었다. 노예의 중요성과 수요는 유럽 노동력의 다수가 사망한 14세기 대역병 이후 급상승했다.[552] 포르투갈의 라구스에는 '메르카도 데 에스크라보스(Mercado de Escravos)'라는 1444년 문을 연 포르투갈 최초의 노예시장이 있었다.[553] 이 포르투갈 노예시장에서는 북아프리카 출신 아랍노예만이 아니라 아시아 노예들도 거래되었다.

이탈리아 토스카나(투스카니)와 피렌체(플로렌스)의 한 가정이 보유한 노예의 머릿수와 출신을 보면 대부분이 아시아인을 총칭하는 '타타르인들'이었고, 머릿수는 도시의 이탈리아 주민 수와 맞먹었다. 아이리스 오리고(Iris Origo)에 의하면, 14-15세기에 투스카니와 피렌체의 들녘과 상점에서 일하는 노예들은 "대부분 타타르인"이었고, 다만 그들 사이에 "약간 명"의 러시아인, 코카서스인, 그리스인이나 에티오피아인이 끼어 있었을 뿐이다. "모든 번영하는 귀족이나 상인은 그마다 적어도 한두 명의 노예를 가졌다. 많은 상인과 귀족들은 이보다 더 많이 가졌다. 심지어 법무서기의 아내나 작은 상점주의 아내도 적어도 한 명의 노예를 가진 것으로 보이고, 성직자나 수녀의 재산 속에서 노예 한 명을 발견하는 것이 결코 별난 일이 아니었다

Milani, 1928), 146쪽. 성백용 외 7인, 『사료로 보는 몽골평화 시대 동서문화 교류사』, 323쪽에서 인용.

552) 참조: Kevin Bales, *Understanding Global Slavery* (Berkely: University of California Press, 2005).

553) 참조: Joan E. Goodman, *A Long and Uncertain Journey: The 27,000 Mile Voyage of Vasco Da Gama* (New York: Mikaya Press, 2001); António Henrique R. de Oliveira Marques, *History of Portugal* (Berkely: Columbia University Press, 1972), 158-60, 362-370쪽.

."554) 피렌체 사회는 중세의 마지막 두 세기 동안 고대아테나나 로마보다 적은 정도였을지라도 "비자유인"의 서비스에 의존했다. 이 비자유인들은 이 "강한 외래적 삼투작용"에 의해 "투스카니 주민들의 혈통"과 "투스카니 성격"에 영향을 끼치기에 충분할 정도로 "인구의 큰 부분"을 형성하기에 이르렀다.555)

이탈리아에서 노예수입이 허용된 것은 14세기 후반, 정확히 1363년이었다. 이 나라에서 1348년의 흑사병으로부터 살아남은 자들은 모조리 경작에 투입되었다. 그래서 여러 도시에서 길드마다 "일꾼과 공인이 부족했다". 가사노동 하인은 '하늘에서 별 따기'였다. 임금은 오르고, 주부들은 불평했다. 모종의 응급조치가 필요했다. 그렇게 해서 나온 것이 "1363년의 법령"이었다. 투스카니에서 가정노예들을 동방으로부터 대규모로 수입하는 것이 다시 재가된 것은 그 다음이었다. 피렌체의 상좌上座들은 상황의 급박성을 깨닫고, "1363년 3월 2일자 법령"으로 그것을 인정한 것이다. 이 법령으로 피렌체 상좌들은 노예들이 "기독교인이 아니고 이교도들"이라면 "남녀 외국노예의 무제한 수입"을 허용했다. 이렇게 해서 동방노예들의 수입이 시작되었고, 무역이 계속 번창해 감에 따라 수요가 증가하고, 이 수요를 맞추기 위해 공급도 증가했다.556)

14-15세기는 베니스, 제노바, 피사의 모험적 뱃사람들이 사라센이나 달마치아 해적들을 그들의 해안으로까지 추격하여 지중해

---

554) Iris Origo, "The Domestic Enemy: The Eastern Slaves in Tuscany in the Fourteenth and Fifteenth Centuries", *Speculum*, Vol.30, No.3 (Jul. 1955), 321쪽.

555) Origo, "The Domestic Enemy: The Eastern Slaves in Tuscany in the Fourteenth and Fifteenth Centuries", 322쪽.

556) Origo, "The Domestic Enemy: The Eastern Slaves in Tuscany in the Fourteenth and Fifteenth Centuries", 324쪽.

모든 항구에 발판을 마련하는 데 성공한 지도 두어 세기 지난 때였다. 그들은 눌러 앉는 곳마다 교역을 시작했었다. 나아가 "동방에서 온 무역상들도 이탈리아로 들어왔다." 하지만 레바논 지역의 모든 무역상들 중 아마 "가장 용감하고 가장 넉넉하고 가장 인내심 있는 상인들"은 "제노바 상인들"이었다. 여기서 제노바 상인들은 흑해연안에 자리 잡고 눌러앉은 "타타르인들(아시아인들)"과 협정을 맺고 베니스 무역상들의 경쟁적 요구를 물리친 뒤 "카파 시"에 "가장 번영하는 거류지"를 확립하고, 돈강 강구에 위치한 "타나(Tana)"에 "더 멀리 교역하는 전초기지"를 세웠다. 이 전초기지의 정주지들은 정말 신속하게 아주 번창해서, "1313년 제노바 정부가 이 도시들을 관리하기 위해 '오피시움 가자리아에(Officium Gazariae)'라는 특별관청"을 세울 정도였다.[557)

카파에는 유명한 노예시장이 열려있었다. 그 당시 카파는 가장 번영하는 도시였고, "아주 이상한 도시"이기도 했다. 카파는 제노바 사람들이 다스렸지만 이탈리아 주민은 이탈리아 각지로부터 온 상인들로 구성되었다. 그들의 고향은 피렌체, 안코나(Ancona; 이탈리아 중부 항구도시), 브레시아(Brescia; 롬바르디아 주 도시), 크레모나(Cremona; 북부 이탈리아 도시) 등 다양했다. 물론 "타타르사람들에 의해 고향으로부터 내쫓긴" 러시아·그리스·아르메니아인들의 거류지도 있었다. 터키 구역과 무슬림 구역도 있었다. 그리고 "카파를 둘러싼 땅은 대부분 타타르 주민들이 살고 있었다". 세상에서 본 적이 없을

---

557) Origo, "The Domestic Enemy: The Eastern Slaves in Tuscany in the Fourteenth and Fifteenth Centuries", 325-326쪽. 제노바 무역상을 묘사하는 이런 말도 있다. "제노바사람들은 아주 많고 세계 전역에 아주 광범하게 흩어져 있어서 그들이 고향을 만드는 곳마다 스스로 또 다른 제노바사람이 되었다." F. L. Mannucci, L'anonimo genovese e la sua raccolta di rime (Genova, 1904). 오리고에서 재인용.

정도로 "풍부하고 다양한 교역품"이 "극동으로부터 온 대상隊商들 (caravans)"로부터, "타타르인들의 수도인 솔가트(Solgat)의 인근 시장 들"로부터, 그리고 "크림반도를 둘러싼 들녘"으로부터 여기로 왔 다. 그래도 "가장 번창하는 교역"은 "노예장사"였다. 왜냐하면 카파 는 소아시아 지역의 "주된 노예시장"이었기 때문이다. "광대뼈가 높고 눈이 옆으로 비스듬히 찢어진 작은 황색 타타르인들, 키가 큰 금발 체르케스사람(Circassians; 코카서스산맥 북부의 흑해연안 사람들) 또는 지크사람(Ziks), 머리카락이 붉은 코카서스인, 아르메니아인, 불가리아인, 그루지아사람, 알란스(Alans; 이란 유목민), 그리고 락스 (Laks; 북동부 코카서스 부족)" 등이 노예시장에 출하되었다. 이들 중 어린이 노예의 일부는 크림반도 안쪽에서 "타타르기병대가 약취된 사람들"이었다.558) 가령 38명의 노예 중 8명은 남자, 20명은 여자였 고, 7명(약20%)은 14세 이상의 성인이었고, 19명은 12세 이하였 다.559)

베니스와 제노바의 노예법규도 투스카니나 피렌체의 법령과 유 사했다. 흑해 연안지역과의 노예무역은 베니스와 제노바에 의해 공식적으로 인정되었다. 이것은 갤리선이 수송할 수 있는 노예의 수를 규제했던 베니스와 제노바의 법령에 의해 입증된다. 베니스의 법령은 어떤 선박도 타나로부터 선원 1인당 3명 이상의 노예를 싣고 돌아와서는 아니 된다고 규정하고, 제노바의 오피시움 가자리 아에의 규정은 단일갑판 선박은 30명의 노예를, 이중갑판 선박은 45명, 삼중갑판 선박은 60명을 실어도 된다고 명하고 있다. 한편,

---

558) Origo, "The Domestic Enemy: The Eastern Slaves in Tuscany in the Fourteenth and Fifteenth Centuries", 326쪽.

559) Origo, "The Domestic Enemy: The Eastern Slaves in Tuscany in the Fourteenth and Fifteenth Centuries", 327쪽.

추가로 이 법령들은 상인 1인당 1명의 남자 노예를 싣도록 허용했다. 베니스 땅에서 팔려나간 노예 1명에 베니스 정부가 부과한 두당 5두카트(ducat)의 세금으로부터 우리는 "1414년과 1423년" 사이에 베니스 시장에서만 "1만 명" 가까운 노예들이 팔린 사실을 추리해 낼 수 있다. 서부 지중해 연안에서 베르베르족과 에티오피아 노예들은 베르베르 땅과 스페인으로부터 이탈리아로 데려왔고, "타타르· 체르케스·그리스 출신 노예들은 흑해·발칸·키프로스·크레타 등지로 부터 스페인으로 데려왔다".560) 타타르 노예들, 즉 아시아 노예들이 14-15세기에 스페인으로 팔려갔다는 것은 포르투갈로도 팔려갔다는 말이 되고, 따라서 포르투갈 국왕이 1546년 이전에 교황 레오에게 선물한 '중국 서적'도 구텐베르크가 그 '발명'이라는 것을 하기 전에 "극동으로부터 온 대상들"을 통해 포르투갈로 흘러들어간 고려·조선조 한국의 금속활자 활인본 서적일 수 있는 것이다.

이탈리아에 팔려온 타타르(아시아) 노예의 운명은 어찌 되었을까? 흑해연안의 시장들은 15세기로 넘어가면서 닫히기 시작했는데, 그래도 15세기 중반까지는 전면적으로, 또는 부분적으로 열려 있었다. 오리고에 의하면, "15세기 말경 투스카니의 노예들은 대부분 자유를 얻었고, 동시에 소아시아지역에서 수입된 노예도 수적으로 감소하는 중이었다." 흑해의 노예시장들이 더 이상 이탈리아 무역상들에게 개방되지 않았기 때문이다. 노예의 수적 감소와 노예시장의 폐쇄는 "점진적" 과정이었다. 이탈리아인들은 가장 풍부한 노예시장이었던 타나를 타타르인들이 이 도시를 탈취했던 "1410년"에 이미 상실하고 말았다. 그러나 주변 지역에서는 이후에도 여전히 노예공

---

560) Origo, "The Domestic Enemy: The Eastern Slaves in Tuscany in the Fourteenth and Fifteenth Centuries", 329-330쪽.

급원 노릇을 했다. "1427년까지" 400명의 노예를 실은 갤리선이 "타나 주변 지역"에서 출발하여 베니스에 도착했다는 기록이 존재하고, 또 "1488년" 울름 오브 펠릭스(Felix of Ulm) 승려가 타나 지방에서 팔려고 내놓은 "3000명보다 적지 않은 타타르인과 에티오피아인"을 보았다는 기록이 있기 때문이다. 그러나 터키인들이 "1453년" 콘스탄티노플을 정복하고 이어서 "1494년" 카파를 함락시키면서 흑해는 이탈리아 선박에 대해 완전히 폐쇄되고 말았다. 이렇게 하여 크림반도에서 팔려 온 타타르·체르케스 노예들을 매매하던 노예장사도 종말을 고한 것이다.561) 종합하면, 흑해연안의 노예시장은 태종과 세종의 주자인쇄가 절정에 달하던 15세기 중반까지 거의 완전하게 열려 있었고, 이후부터야 비로소 강성해진 터키제국 때문에 폐쇄되기 시작한 것이다. 따라서 1363년부터 1453년까지 이탈리아 상인들은 아시아노예들을 구매해서 이탈리아 각 도시로 데려가서 사역시켰던 것이다.

참고로, 오리고에 의하면, 마르코 폴로도 '피에트로'라는 이름의 타타르 노예가 있었다. 피에트로는 폴로의 여행기간 내내 폴로를 수행했고 폴로가 죽을 때 "그가 폴로의 집에서 일해서 번 모든 것"을 그의 재산으로 받았다. 폴로는 죽기 전 피에트로를 자유인으로 해방시켰다. 거의 언제나 노예들도 봉사기간 동안 저축한 "페쿨리오(peculio)"라는 "작은 재산"을 보유할 권리가 있었다. 그리고 때로 노예는 충실하고 헌신적인 봉사에 대한 대가로 "선물"도 받았다.562) 극동에서 붙들려 팔려온 14세 이상의 성인 노예들은 대개 자기의

---

561) Origo, "The Domestic Enemy: The Eastern Slaves in Tuscany in the Fourteenth and Fifteenth Centuries", 350쪽.

562) Origo, "The Domestic Enemy: The Eastern Slaves in Tuscany in the Fourteenth and Fifteenth Centuries", 351쪽 및 각주145.

몸에 기술·기량·노하우(경험)를 지니고 있는 장인匠人들이었다. 따라서 '노예의 이동'은 얼마간 '기술이전'을 함의했다. 기술사가 린 화이트(Lynn White, Jr.)에 의하면, 중세의 모든 선진적 기술은 아시아에서 유래했고, 아시아에서 유럽으로의 기술이전은 유럽으로의 아시아 노예들의 이동을 통해 이루어졌다.563)

화이트는 일단 티베트 풍차가 이탈리아로 서천한 사실史實을 지적한다. "이탈리아 엔지니어 마리아노 타콜라(Mariano Jacopo Taccola)가 1438-1450년간에 스케치하기 전에는 이탈리아 땅에서 어떤 티베트식 수직차축 풍차방앗간(vertical axle windmill)도 발견되지 않는다. 타콜라의 도구가 사실 티베트 기원이라는 사실은 당시 「죽음의 춤」과 같은, 티베트에서 유래한 것으로 보이는 모티프가 유럽 예술품 안에서 출현하는 사실에 의해서만 아니라, 그때 티베트와 이탈리아 간의 모종의 특별한 연관을 가리켜 주는 두 개의 다른 차용기술에 의해서도 밝혀진다."564)

1845년 위크(Huc) 신부는 티베트 유목민들이 천막 안에서 "터빈으로 작동하는 기도문 실린더"를 화롯불 위의 통풍구 위에 놓는 것을 보았다. 이 장치는 상당히 오래된 것일 수 있다. 그런데 15세기 후반 이탈리아 기계공들은 이러한 작은 터빈을 굴뚝의 연도煙道 속에 집어넣고 기어를 걸어 꼬챙이들을 돌리는 중이었다. 이것은 난로가 뜨거워질수록 공기가 더 빨리 도는 일종의 우아한 자동기계였다. 또 1629년 지오반니 브랑카(Giovanni Branca)는 용광로에서 나오는 열기로 동력화되는 작은 롤링 방아를 우리에게 보여주었다. 이러

---

563) Lynn White, Jr., "Tibet, India, and Malaya as Sources of Western Medieval Technology", *The American Historical Review*, Vol. 65, No. 3 (Apr., 1960), 515-526쪽.

564) White, "Tibet, India, and Malaya as Sources of Western Medieval Technology", 519쪽.

한 실험들은 주요 동력원을 개발하는 데 실패했지만, 서구 기술공학 안에서 "의미심장한 부산물"을 얻었다. 선박용 나사 프로펠러와 비행기 프로펠러는 때로 스푼 날로 된 목제 수력터빈이 아니라 "굴뚝의 열기(hot-air) 추동 금속 터빈"의 형태에서 영감을 얻은 것이 확실하다.565)

다시, 15세기 이탈리아의 기계 설계는 "티베트의 수동 기도문 실린더"로부터 영향받은 것으로 보인다. 수동 기도문 실린더에서 나온 본질적 혁신은 회전을 유지하도록 지원하기 위해 그 주변에 붙인 "조속기調速機"다. "1420년대 유럽에서의 복잡한 크랭크와 (내연기관의) 연접봉의 발전"에서 유럽의 기계공들은 '사점死點(dead spot)'을 넘어서도 크랭크를 돌도록 돕는 방도에 아주 많이 관심을 가졌다. 이것은 가능한 여러 형태의 조속기에 대한 탐구를 낳았고, "1482-1501년 무렵" 정확히 "티베트 모델"에 입각한 "구球-사슬 조속기(ball-and-chain governor)"가 한 이탈리아 엔지니어의 스케치북에서 발견된다. "티베트의 기계화된 기도문 – 수직차축 풍차방앗간, 열기 터빈, 구-사슬 조속기 – 아주 긴밀히 연관된 이 세 가지 항목이 이탈리아에서 거의 동시에 출현한 것을 보면 이탈리아의 독립적 발명은 그럴싸하지 않은 것이 된다."566)

화이트는 바로 여기에 잇대서 정확하게 묻는다. "그러나 누가 이 아이디어들의 운반자들인가?"567) 그는 티베트 기구와 기계 아이디어를 이탈리아로 운반해온 서천의 전달자를 노예무역으로 이탈

565) White, "Tibet, India, and Malaya as Sources of Western Medieval Technology", 519-520 쪽.

566) White, "Tibet, India, and Malaya as Sources of Western Medieval Technology", 520쪽.

567) White, "Tibet, India, and Malaya as Sources of Western Medieval Technology", 520쪽.

리아에 팔려온 수천 명의 타타르(아시아) 노예들로 지목한다.

대답은 그 시대 모든 이탈리아 도시마다 수천 명씩 소위 타타르 노예들의
인구를 누적시켜 온 노예무역에서 찾아진다. 이 노예무역은 15세기 중반
정점에 달했다.568)

이 대목에서 화이트는 매리언 매토위스트(Marian Matowist)와569)
오리고의 연구를570) 동원하고 있다.

그리고 화이트는 말한다. "기독교 몸뚱이 장사에 대한 교회법적
금지는 아주 효과적이었다. 이슬람사람들은 모든 이탈리아 항구에
서 사라센 선박과 언제나 가까운 것처럼 보였고 무슬림 노예들은
무뚝뚝한 데다 잘 탈주하는 경향이 있었다. 이것은 중앙아시아의
샤마니즘·불교 지역에서 온 노예들이 이탈리아 시장의 주된 공급품
이라는 것을 의미했다. 제노바 상인들은 이 노예들을 흑해의 여러
항구에서 도매로 파는 노예약취자들로부터 대량으로 확보했다. 노
예들은 남녀 양성이고 대부분 판매시점의 나이가 11세에서 25세까
지의 범주에 들어있었다. 따라서 이 노예들은 먼 고향땅의 상세한
기억을 몸에 지니고 왔다. 베니스에 살던 이 불행한 사람들의 기록을
지극히 면밀하게 연구한 라자리(V. Lazari)는 최대 다수가 '티베트와
북부 중국과 경계를 접하는 여러 지역으로부터' 왔다고 우리에게
확언해준다. 따라서 우리는 단순하지만 원리적인 티베트 도구들이

---

568) White, "Tibet, India, and Malaya as Sources of Western Medieval Technology", 520쪽.
569) Marian Matowist, Caffa, colonie genoise en Crimée et la question d'Orient, 1453-1475
(Warsaw, 1947), ix-x쪽.
570) Origo, "The Domestic Enemy: The Eastern Slaves in Tuscany in the Fourteenth and
Fifteenth Centuries," 321-366쪽.

- 385 -

15세기 이탈리아에 출현하는 것을 보고 놀랄 필요가 없다."571) 마찬가지로 우리도 고려·조선조 한국의 금속활자 인쇄술이 슈트라스부르크와 마인츠에서 구텐베르크 인쇄술의 형태로 나타난다 하더라도 놀랄 필요가 없는 것이다.

이로써 우리는 네 가지 육상 서천루트를 다 파악했다. 첫 번째 육상루트는 유라시아를 가로질러 극동과 유럽을 원활하게 연결시키던 '팍스 몽골리카' 시대 대원제국과 고려의 유독 긴밀했던 공적·사적 교류관계 속에서 한국 금속활자 정보나 활인본 서책이 유럽으로 전해졌을 것이라는 것이다. 두 번째 육상 서천루트는 조선에 대한 북원의 침범·충돌과 약탈·약취 및 사적 밀무역을 통해 킵차크 칸국으로 연결되는 길을 따라 한국 금속활자 정보나 활인본 서책들이 흑해연안의 여러 시장에서 유럽으로 팔려나가 전해지는 루트다. 세 번째는 전성기 오이라트와 명국 간의 정식 공사公私무역과 밀무역을 통해 한국 금속활자 정보나 서책들이 중앙아시아를 가로질러 흑해로 전해지는 루트다. 마지막은 유럽으로 팔려가 그곳에 거류居留하게 된 아시아 노예들이 몸에 지닌 인쇄기술 정보들을 유럽인들에게 전하는 루트다. 이것으로써 육상 서천루트의 조사추적은 완결되었다.

이제 해상루트를 추적할 차례다. 13-14세기 100년간의 팍스 몽골리카 시대에도, 14세기 말엽부터 15세기 중반까지 칸국들의 골육상잔 시대, 명국의 해금령海禁令과 대항해 시대에도 언제나 해상루트는 육상루트보다 더 중요했다.

---

571) White, "Tibet, India, and Malaya as Sources of Western Medieval Technology", 520-521쪽.

1.2. 원·명대 해상루트와 천주

13-15세기 내내 동서왕래는 육상의 실크로드보다 우세하게 해상의 실크로드를 통해 이루어졌다. 13세기 후반 이래 200년 동안 동서를 잇는 루트들 중 해로가 육로를 압도했다는 말이다. "이 시기 동안 대양을 항해하는 무역운송은 육상무역보다 우위를 차지했다."572) 해로가 육로보다 장거리였는데도 해로가 선호된 것은 팍스 몽골리카 시대에도 황위皇位를 두고 가끔 발발했던 칭기즈칸 자손들 간의 잦은 황위계승 전쟁으로 위협받던 '통행 안전'의 문제 때문이었다.573) 따라서 한국 금속활자의 서천루트를 밝히기 위해 해상루트를 추적하는 것은 앞서 수행한 육상루트의 추적보다 더 중요하다. 그러나 지금까지 한국 금속활자의 서천루트를 추적해온 카터, 허드슨, 카프르, 바레트 등 연구자들은 이 해상루트에 대한 탐구를 완전히 방기했다.

■ 원·명대 세계최대의 항구도시 천주와 동서무역의 번창

송대 이래 15세기 중반까지 600년간 세계에서 가장 큰 항구도시는 알렉산드리아도 아니고, 홍콩도 아니고, 광동도 아니고, 영파도 아니고, 상해도 아니었다. 그것은 천주泉州(Quanzhou; Chinchew)였다. 당나라로부터 명나라 초까지 서양을 향해 문을 활짝 열고 번성한 천주는 해상으로 동서를 잇는 세계 최대의 국제무역항이었다. 타이완해협과 접한 복건성의 천주는 바로 동남아시아와 인도를 거쳐 제노바·베니스까지 연결된 이 해상로의 출발기지였다. 천주는 과거

---

572) Piper Rae Gaubatz, *Beyond the Great Wall: Urban Form and Transformation on the Chinese Frontiers* (Stanford: Stanford University Press, 1996), 210쪽.

573) 참조: 남종국, 「이탈리아 상인들, 아시아로 진출하다」, 53-55쪽.

에 '자이툰(刺桐; Zaitun)'이라고도 불렸고, 마르코 폴로가 대강 '사이톤 (Çaiton)', '자이툰(Zaytun)' 등으로574) 기록하고, 다른 여행자들은 Zayton, Zaitun, Tscuthung, Thsiuancheu, Chincheu 등으로 다양하게 표기했다.

천주는 원래 진陳나라(557-589)의 왕국경王國慶이 작전기지로 개발한 항구였다. 이 땅은 590년대에 수隨나라 장수 양소楊素에 의해 정복되었다. 이후 당나라는 718년 천주를 진강晉江의 두 지류 사이의 땅에 재수립했다. 이슬람 무역상들은 이때부터 이미 가까운 광주廣州·양주揚州를 오가면서 천주도 드나들었다. 이후 천주는 송나라 창건 초기인 10세기 후반에 복건성 내륙과 육로 및 운하로 연결되어 국제항구 도시로 발전했다. 1095년에 세워진 비석의 비명은 매년 남양으로부터 오는 선박 20척마다 두 척의 호위함정을 거느렸다고 기록하고 있다. 1120년 천주의 인구는 이미 50만 명에 달했다. 1179년경 송나라는 여기에 해상무역 관세청을 설치했다. 천주는 육상 실크로드와 광주·양주를 제치고 영파와 더불어 해상 실크로드의 출발지점으로 발돋움했다. 천주는 남송 시기에도 계속 번창했다. 천주와 영파의 해상무역이 번창하면서 이곳에서 산업이 발달했고, 특히 도자기산업은 수출량에서 비단을 능가했다.

그런데 남해 무역을 주도한 천주의 최대가문은 몽고인들(몽골타이와 수이게투) 외에 아랍에서 온 회회인 포蒲씨였다.『원사元史』에는 쿠빌라이가 몽고인들과 함께 포수경蒲壽庚(?-1283)에게 연달아 행중서성사行中書省事, 중서좌승中書左丞 등의 벼슬을 내려 천주 지역을 다스리게 하면서 "왕래하며 호시互市를 여는 일은 각자 원하는 대로

---

574) Marco Polo (Ronald Latham, trans.), *The Travels of Marco Polo* (London: Penguin Books, 1958). 마르코 폴로,『동방견문록』(파주: 사계절, 2000·2017), 157장.

- 388 -

하라"는 조서를 내렸다.575) 포씨는 Abu(아랍어로 아버지의 의미)를 가리키고, Ibn(아들의 의미)과 함께 아랍사람 이름으로 많이 쓰인다. 포수경은 송원대 아랍상인이었다. 그의 시조는 10세기 이전에 참파(베트남)에 정착한 아랍사람이었다. 그 후예들이 광주로 들어왔고 포수경의 아버지 포개종蒲開宗 때 천주로 이주해 정착했다. 포수경은 형 포수성蒲壽晟과 함께 천주의 해적을 소탕해서 천주의 제거시박提擧市舶이 되었고 이 관직을 이용해 송대 30년 동안 해외무역 이권을 장악했다. 쿠빌라이와 남송황제는 둘 다 해전에서 유리한 위치를 선점하기 위해 포수경과 손을 잡고자 했으나 포수경은 1277년 쿠빌라이와의 동맹을 선택해 남송을 멸하는 데 기여해 민광閩廣의 군사령관 지위를 획득했다. 포수경은 1278년 3월 복건행성 참지정사, 다시 8월에는 복건행성 중서좌승에 임명되어 지역을 장악하고 다스렸다. 1284년 그는 강회등처행성江淮等處行省 중서좌승 겸 천주분성평장정사泉州分省平章政事로 올라섰다.576) 그리하여 포수경과 포씨 가문의 세도는 이후에도 날이 샐 줄 몰랐다. 천주를 세계 최대의 무역항으로 발전시키는 데 앞장선 사람들은 바로 대대로 뼛속까지 상인가문이었던 포씨 가문이었다.

그렇다면 천주는 어느 나라 사람이 드나들었는가? 천주에서 무역하는 외국인들에 대한 한 보고서, 즉 송대 조언위趙彦衛가 1206년에 지은, 백과전서류 서책 『운록만초雲麓漫抄』의 '복건시박사에 항상 찾아오는 외국 선박' 리스트를 보면, 아라비아, 스리비자야(수마트라에 있었던 상업국가), 참파, 앙코르, 브루나이, 자바, 파간(1044-1287년

---

575) 『元史』「世祖本紀」至元 15年 3月 乙酉日, 8月 辛巳. 성백용 외 7인, 『사료로 보는 몽골평화 시대 동서문화 교류사』, 207쪽에서 인용.

576) 성백용 외 7인, 『사료로 보는 몽골평화 시대 동서문화 교류사』, 209-210쪽.

버마 중부에 있었던 국가), 코리아(고려), 그리고 다양한 필리핀 족장국가들로부터 온 상선들을 기록하고 있다.[577] 1206년 조언위의 『운록만초』의 이 천주 관련 기록은 고려상인들도 천주를 드나들었다는 사실을 명확하게 보여주고 있다. 이 코리아의 천주 무역이 관행이었다면 그 관행은 쉬 끝나지 않았을 것이다. 코리아상인들은 고려 중반 1200년대부터 적어도 조선 초 1430-40년대까지 '고려상인'의 명패로 천주에서 교역을 계속했을 것이라고 거의 단정할 수 있다.

천주의 해상무역은 그 지역의 도자기·설탕·주류·제염산업을 발전시켰고, 여기서 생산된 물건들은 바로 수출품목이 되었다.[578] 그 시기에 이미 복건성의 도자기 생산의 90%는 수출용으로 생산된 비취색의 청자였다. 유향乳香은 천주와 광주의 무역감독관들도 탐내던 수입품이었다. 이 시기에 천주는 세계 최대의, 그리고 세계에서 가장 세계주의적인 국제항구였다. 마르코 폴로에 의하면, 원대에도 천주는 계속 번영했다. 1277년 원나라조정은 천주·상해·영파寧波 등지에 무역감독관을 설치했다. 1280년대 이후 종종 일시적으로 천주는 복건성의 성도로 쓰일 정도로 번창했다. 1283년에도 천주인구는 45만 명을 상회했고, 주요 무역 물목은 후추, 기타 향신료들, 각종 귀석貴石, 진주, 도자기였다. 마르코 폴로에 의하면 원나라조정은 10%의 관세를 징수했다. 폴로는 천주를 "세계에서 가장 큰 두 상업항구 중 하나"라고 하며 "동방의 알렉산드리아"라고 불렀다.[579]

그렇다면 고려상인은 천주에서 무슨 물건들을 사고 팔았을까?

577) 김영제, 『고려상인과 동아시아 무역사』 (서울: 푸른역사, 2020), 209쪽; Richard von Glahn, *The Economic History of China — From Antiquity to the Nineteenth Century* (Cambridge: Cambridge University Press, 2016), 271-272쪽.

578) Glahn, *The Economic History of China*, 272쪽.

579) 마르코 폴로, 『동방견문록』, 157장.

고려상인들이 천주에서 각종 동서 외국인들에게 수출한 품목을 온전하게 모두 다 열거하는 것은 오늘날 불가능하고, 또 특히 수출품으로 서적을 추적하는 것은 자료부족으로 더 불가능하다. 그러나 고려가 일반적으로 중국에 수출하거나 예물로 보낸 것을 보면 서적과 친근한 문방구류 물건들이 많고, 중국으로부터 수입한 물건을 봐도 문방구와 서적이 들어 있다. 1124년 고려사신이 지방관에게 선물한 예물 목록에 있는 19항목 중에는 무려 다섯 가지(큰 종이, 황모필, 송연묵, 나전칠기 벼루상자, 나전칠기 필통)가 문방구다.580) 『송사』에 의하면 한지韓紙는 송의 수도, 항구, 큰 강 유역의 내지에 이르기까지 유통되고 있었고, 명·청대에는 한지가 북경 시장에서 늘 품귀 상태에 있었고 황궁의 창호에 창호지로 쓰일 정도로 품질을 높이 평가받았고581) 조선의 서적상인들 중에는 외국에 책을 파는 상인들도 있었는데,582) 이것은 원대 이래의 전통이었을 것이다.『운록만초雲麓漫抄』(권5, '복권시박사')와『제번지諸蕃志』에 의하면, 남송 중기에 고려상인들이 천주에서 판매한 30가지 품목에도 "서모필"이 들어 있고,583)『고려사』에 의하면 고려국왕이 송상으로부터 사들인 11개 물목 중에는『태평어람』과 기타 서책이 들어 있었다.584) 따라서 문방구류와 한지를 수출하고 중요한 서책을 수입하던 고려상인들은 고려시대부터 조선 초에 걸쳐 귀중한 주자활인본 서적들을 가끔 천주로 싣고 가서 중국인들에게만이 아니라 아랍상인들과 이탈리

---

580) 김영제,『고려상인과 동아시아 무역사』, 192쪽.
581) Régis, "Geographic Obsevations on the Kingdom of Corea", taken from the *Memoirs of Pere Regis*, 387쪽.
582) Du Halde, "An Abridgment of the History of Corea", 425쪽.
583) 김영제,『고려상인과 동아시아 무역사』, 194, 209쪽.
584) 김영제,『고려상인과 동아시아 무역사』, 211쪽.

아(제노바·베니스·피렌체)·스페인(카탈루냐·카스티야)·포르투갈상인들에게도 문방구와 함께 팔았을 것이다.

마르코 폴로와 거의 동시에 프란체스코파 수도승 존 오브 몬테코르비노(John of Monte Corvino)도 천주에 들어왔다. 그는 이미 거의 50대가 된 나이에 홀로 이교의 대양 속으로 뛰어들어 복음을 설교했고 수년의 어려운 작업과 고독한 수고 끝에 다른 사람들이 그와 합류했다. 교황청은 그제야 그를 북경대주교(Archbishop in Khanbalig or Peking)로 임명하고 돌발적으로 그를 그와 교파가 같은 부주교와 탁발승 집단에 파견했다. 로마가톨릭교가 확산되었고, 교회들과 프란체스코 수사의 집들이 북경에 들어섰다. 양주와 다른 곳들처럼 천주에도 교회와 수사의 집들이 들어섰다. 선교는 대칸 자신의 직접적 보호 하에서 번창했다. 1328년 존 주교가 죽었을 때 기독교도와 이교도로 이루어진 애도군중이 그의 장례식을 치렀다. 1328년과 14세기 초 사이의 기간 동안 중국으로 교인들을 데리고 가는 것을 임무로 삼는 수사들 중 몇몇은 서간들을 남겼거나, 중국에서 그들이 겪은 경험에 대해 보고서를 냈다. 이들 중 천주교 주교 앤드류 오브 페루기아(Andrew of Perugia), 술타니아(Sultania)의 대주교 존 데 코라(John de Cora), 그리고 무엇보다도 오도릭 오브 포르데노네(Odoric of Pordenone) 탁발승이 그들이다. 존 대주교의 시대에 속하는 유일한 성직자 보고서는 존 마리뇰리(John Marignolli)의 기억에 담긴 이야기다. 마리뇰리는 북경 황궁에서 교황의 사절로 4년(1342-1346)을 보냈다.585)

이들 중 가톨릭 탁발승 오도릭 오브 포르데노네는 천주를 방문했

---

585) Yule, "Preliminary Essay on the Intercourse between China and the Western Nations Previous to the Discovery of the Sea-Route by the Cape", §104 (cxxxii쪽).

다. 그리고 천주를 "세계최대의 도시"로 묘사했다. 그는 자이톤(천주)에 대해 말한다.

이 지역에서 출발하여 많은 도시와 읍성을 통과하여 나는 자이톤(Zayton)이라고 불리는 어떤 고상한 도시에 왔다. 자이톤에서 우리 프란체스코 탁발승들은 두 채의 건물을 가지고 있었다. 나는 예수 그리스도의 신앙을 위해 순교를 한 우리 탁발승의 뼈를 그곳에 맡겼다. 이 도시는 인간 생계에 필요한 모든 물건들이 아주 풍요로웠다. 가령 당신은 반 그로트보다 적은 돈으로 3파운드 8온스의 설탕을 구할 수 있다. 이 도시는 볼로냐보다 두 배 크고, 이 도시 안에는 독신도篤信徒들의 수도원이 많았고, 그들 모두는 불교도들이다. 내가 방문한 이 수도원 중 하나에는 3000명의 승려와 11000개의 불상이 있었다. 그리고 나머지 것들보다 작아 보이는 이 불상들 중 하나도 성聖크리스토퍼 상像만큼 컸다. 나는 불상에 공양하기 위해 정해진 시간에 그것을 보기 위해 거기로 갔다. 방식은 이와 같다. 그들이 먹도록 제공하는 모든 음식은 김이 불상의 얼굴에 피어오르도록 뜨거운 김을 내뿜고 있고, 그들은 이것을 불상의 기력 돋우기라고 생각한다. 그러나 그들은 그 밖의 모든 것을 자기들을 위해 남기고 게걸스럽게 먹는다. 그리고 이와 같은 방식으로 그들은 그들이 신을 잘 공양했다고 여긴다. 장소는 세계에서 가장 좋은 곳 중의 하나, 그것도 인간의 몸을 위한 그곳의 양식의 관점에서 그렇다. 정말 다른 많은 것들도 이 장소와 관련되어 있지만, 나는 당장은 그것들에 대해 더 쓰지 않으련다.586)

---

586) Odoric of Pordenone, "Travels of Oderic of Pordenone(1316-1330)", 107-109쪽. Henry Yule (trans. and ed.), *Cathay and the Way Thither: Being a Collection of Medieval Notices of China* (London: Printed for the Hakluyt Society, 1866; Cambridge: Cambridge University Press, Republished 2009).

1320년대 중반인데 오도릭은 프란체스코파 신부들의 건물이 두 채나 있었다고 기록하고 있다. 이런 토대 위에서 앤드류 오브 페루기아는 천주의 가톨릭 주교로 임명되어 선교에 복무했다. 1308년 북경에 도착했다가 천주로 발령난 앤드류 주교는 1326년 1월 교황청에 보낸 서한에서 이렇게 말한다.

페르시아 말로 Zayton이라고 불리는 대양의 해변에 거대한 도시가 있는데, 이 도시에도 한 부유한 아르메니아 부인이 충분히 크고 아름다운 교회를 지었다. 이 교회는 대주교 자신에 의해 자의로 대성당 안쪽으로 세워졌다. 그 부인은 이 교회를 그녀가 평생 준비하고 죽을 때 유언으로 확실히 해둔 충분한 유산과 함께 탁발승 게라르드(Gerard) 주교와 그와 같이 있는 탁발승들에게 맡겼고, 이에 따라 주교는 대성당의 첫 소유자가 되었다. 그러나 대주교는 그가 죽고 그 안에 묻힌 뒤 나를 교회 안에서 그의 계승자로 만들고 싶어 했다. 그러나 내가 그 지위를 받는 데 동의하지 않자 그는 앞서 언급한 탁발승 겸 주교 페레그리네(Peregrine)에게 그것을 수여했다. 후자는 기회를 얻자마자 그곳으로 이동했고, 수년 동안 교회를 운영한 뒤 1322년 성 베드로와 성 바울 축일 8일째 되는 다음날 마지막 숨을 거두었다. 나는 그가 작고하기 거의 4년 전에 북경(Cambaliech)에서 어떤 이유들로 인해 불편함을 느끼고 앞서 얘기한 알라파(alafa), 즉 제국의 자선(왕의 수당)을 앞서 말한 천주(Zayton) 시에서 나에게 허용하는 인가를 얻었다. 천주는 북경으로부터 약 3주의 여행 거리만큼 떨어져 있었다. 나는 이 허가를 내가 진지한 요청으로 말하자마자 획득했고, 황제에 의해 내게 허용된 8명의 기병과 함께 출발해서 여행을 떠나 도처에서 큰 영예로 영접을 받았다. 나는 도착하자마자(앞서 말한 페레그리네 탁발승이 아직 살아 있었다) 도시 밖 1마일 떨어진 구역인 어떤 과수원에 편리하고 멋진 교회를 지어 21명의

탁발승에게 충분한 모든 사무실과, 별채들이 어떤 서열의 교회 인사에게
도 충분히 좋도록 4개의 1별채를 갖췄다. 이 장소에서 나는 계속 거주하면
서 앞서 언급한 제국의 지급수당을 먹고 살았는데, 그 수당의 가치는 제노
바 상인들의 계산에 의하면 연간 약 100 골드 플로린스에 달했다. 나는
이 수당의 최대부분을 교회의 건축에 썼다. 그리고 나는 우리 지방의 모든
수도원 가운데 우아미와 다른 모든 쾌적한 설비 측면에서 이 교회와 비교
될 만한 어떤 교회도 알지 못한다. 페레그리네 탁발승이 죽은 지 오래지
않아 나는 나를 앞서 말한 대성당 교회에 임명하는 칙령을 대주교로부터
받았고, 나는 지금 이 임명에 상당한 이유에서 동의했다. 그리하여 나는
이 도시에서 이제 때로 집에 있거나 교회에 머물고, 때로는 내 편한 대로
나의 바깥 수도원에 머문다. 그리고 내 건강은 좋고 누군가 내 인생 시간을
내다보는 한에서 나는 앞으로 상당한 연수 동안 이 분야에서 아직 일할
수 있다. 그러나 머리카락은 회색이고, 이것은 나이 탓만이 아니라 체질적
허약함 탓이기도 하다.[587]

대원제국은 외국 종교인들을 물심양면으로 우대했는데 그가 교
회를 짓는 데 쓸 만큼 큰 거액인 100 골드 플로린스의 '알라파'(제국
복지수당)를 받고 있다는 앤드류 주교의 말에서도 이것이 드러난다.
그리고 천주의 가톨릭 성직자들은 부자였다. 그들은 대성당, 아르메
니아 부인이 희사한 "크고 아름다운 교회", 앤드류 주교가 지은
21명의 탁발승에게도 넉넉한 크기의 모든 사무실과, 4채 별채들을
갖춘 "편리하고 멋진 교회" 등이 있기 때문이다. 그리고 의도치

---

587) Andrew of Ferugia, "NO. IV. Letters from Andrew Bishop of Zayton in Manzi or
Southern China" (1326), 222-224쪽. Henry Yule (trans. and ed.), *Cathay and the Way
Thither: Being a Collection of Medieval Notices of China* Vol. 1 (London: Printed for
the Hakluyt Society, 1866; Cambridge: Cambridge University Press, Republished 2009).

않고 원대 중국의 종교와 사상의 자유, 그리고 종교적 관용에 대해 말한다. "이 방대한 제국에 하늘 아래 온갖 민족, 온갖 종파의 백성들이 있고, 모든 것, 온갖 잡다한 일들이 자기의 신조에 따라 자유롭게 사는 것이 허용된다. 왜냐하면 그들은 만인이 자기들의 종교 안에서 구원을 받을 수 있다는 이런 견해를, 아니 차라리 이런 그릇된 견해를 가지고 있기 때문이다. 그렇지만 우리는 허락이나 방해 없이 설교할 자유가 있다. 유대인들과 사라센사람들 중에는 정말로 개종자가 없지만, 불교도들은 참으로 말하면 비록 세례 받은 많은 개종자들이 바로 기독교의 길에 걸어 들어오지 않을지라도 많이 세례를 받는다."588)

존 마리뇰리도 1338-1353년 사이에 천주를 방문하고 이런 기록을 남기고 있다.

우리의 수사 탁발승들이 아름다운, 극히 부유하고 우아한 교회를 세 채나 가진 경이롭고 아름다운 항구이자 믿을 수 없는 규모의 도시 자이툰도 있다. 그리고 그들은 목욕탕도 가지고 있고, 모든 상인들에게 화물창고로 기능하는 상관商館 건물(fondaco)도 가졌다. 탁발승들은 최고품질의 몇몇 아름다운 종도 가졌는데, 그 중 두 개는 내 명령으로 만들어져 사라센 공동체의 한복판에 온갖 마땅한 형태로 설치되었다.589)

---

588) Andrew of Ferugia, "NO. IV. Letters from Andrew Bishop of Zayton in Manzi or Southern China" (1326), 224-225쪽

589) John Marignolli, "Recollection of Trabel in the East", 355-356쪽. Henry Yule (trans. and ed.), *Cathay and the Way Thither: Being a Collection of Medieval Notices of China* Vol. 2 (London: Printed for the Hakluyt Society, 1866; Cambridge: Cambridge University Press, Republished 2009).

중국에서 누리는 가톨릭 성직자들의 호사를 말하는 이 기록에서도 가톨릭 성직자의 삐뚤어진 마음씨가 드러난다. 이에 대해 율은 "그는 자이톤의 마호메트교도 구역 한복판에 종을 설치한 것을 언급하면서 분명한 기쁨을 느꼈는데, 그것은 마호메트교도들은 이 종들을 역겨움 속에서 감내하고 그들의 지배권 아래서 그것들을 허용치 않기 때문이다"고 지적하고, "이븐 바투타가 모든 방향에서 종들이 댕댕거리는 소리를 카파에서 처음 들었을 때 그의 공포와 경악에 대한 그의 설명이 재미있다"고 덧붙이고 있다.[590]

이븐 바투타는 회교도로서 1347년경 천주를 방문하고 천주를 '세계 최대의 항구'로 기록하고 있다.

(…) 나는 당신에게 내가 바다를 가로지른 뒤 당도한 첫 번째 중국 도시가 Zaitun이라고 말해야 한다. '자이툰'이 아랍어로 올리브를 뜻할지라도 인도와 중국의 다른 지방에서와 마찬가지로 여기에도 올리브나무는 전혀 존재하지 않는다. 오직 그것은 장소의 이름일 뿐이다. 그것은 거대한 도시, 진정 최상의 도시이고, 그 도시에서 그들은 공단 단자緞子도 만들고 벨벳 단자도 만든다. 이 단자들은 도시의 이름을 따서 자이투니아(Zaituniah)라고 부른다. 이 단자들은 항주(Khansa)와 북경(Khanbalik)의 피륙보다 우수하다. 자이툰 항구는 세계에서 가장 큰 항구 중의 하나다. 아니, 내가 틀렸도다. 그것은 가장 큰 항구다! 나는 거기서 약 100척의 일급 정크 선들을 한꺼번에 보았다. 작은 정크선들은 세지 않았다. 항구는 바다로부터 큰 강과

---

590) Henry Yule (trans. and ed.), *Cathay and the Way Thither: Being a Collection of Medieval Notices of China* Vol. 2 (London: Printed for the Hakluyt Society, 1866; Cambridge: Cambridge University Press, Republished 2009), 356쪽 각주1.

합쳐지는 곳까지 내륙으로 벌어진 큰 강어귀에 의해 형성되었다. 중국의 모든 다른 도시에서처럼 이 도시에서도 주민들마다 정원, 들녘, 그리고 그 가운데에 집이 있다. (…) 마호메트교도도 자기들의 도시 구역이 있다."[591]

천주에서 마호메트교도의 거주구역은 종교적 포교목적이 아니라 상업목적으로 온 아랍상인들의 거류지였다.

천주에 온 마호메트 상인들 중에는 아랍으로 돌아가지 않고 그곳에 눌러앉아 중국인으로 귀화한 사람들도 있었다. 이것을 가계로 입증하는 사람은 회족回族 출신 이지李贄(탁오卓吾, 1527- 1602)다. 그는 성리학에 대한 비판과 분쇄 면에서 복건성 출신 유자들 중 가장 현저한 인물이다. 이지는 명말 천주의 회족출신 상인가문에서 유학을 공부한 자유사상가다. 이지는 그의 저작들을 몰래 읽은 조선의 허균에게도 큰 영향을 미쳤다.[592]

이탈리아 상인들도 천주에 많이 드나들며 체류했다. 이것은 가톨릭 성당이 세 개나 있는 것에서 알 수 있다. 로버트 로페즈는 이를 바로 확인해 준다.

591) Ibn Battata, "The Trevels of Ibn Batuta in China" (1347년경), 485-486쪽. Henry Yule (trans. and ed.), *Cathay and the Way Thither: Being a Collection of Medieval Norices of China* Vol. 2 (London: Printed for the Hakluyt Society, 1866; Cambridge: Cambridge University Press, Republished 2009).

592) 허균은 1614·1615년(광해군 6·7년) 천추사·동지사로 명조에 갔을 때 이지의 『藏書』와 『焚書』를 입수해 읽었다. 참조 이현규, 「許筠이 도입한 李贄 저서」, 『中語中文學』 제46집(2005-12). 허균은 『분서』를 읽고 난 뒤 이런 시(「讀李氏焚書」)를 읊었다. "淸朝焚却禿翁文 其道猶存不盡焚 彼釋此儒同一悟 世間橫議自紛紛.(맑은 조정에서 독옹[이지]의 글을 불살라 없앴어도 그 도는 오히려 남아 다 타지 않았도다. 저 석가, 이 유가는 동일한 깨달음인데 세간은 횡설수설 논의로 스스로 분분하구나.)" 이현규의 위 논문, 311쪽에서 재인용.

이번에는 프란체스코 성직자들이 - 중국의 아마 가장 이른 조차지라고 할 수 있을 - 대만의 건너편 천주(Zaitun)에 상관(fondaco) 하나, 목욕탕 하나를 지었다. 1326년 이미 제노바 상인들은 드문 얼굴이 아니었다. 천주는 그 당시에 중국의 가장 큰 항구였고, 이븐 바투타에 의하면 세계에서 가장 거대한 4개의 항구 중의 하나였다. 바투타는 나머지 세 개도 보았다.[593]

"나머지 세 개"는 크림반도의 솔다이아(Soldaia), 이집트의 알렉산드리아, 인도의 캘리컷을 가리킨다.

1206년 남송대 천주의 공문서가 고려조 코리아상인이 천주를 드나들었다고 확인해주듯이, 고려 중반 1200년대부터 적어도 조선 초 1430-40년대까지도 '고려'라는 명찰로 천주에서 교역을 했을 코리아상인들은 아랍상인들만이 아니라 분명 이탈리아 상인들도 직접 접촉했을 것이다. 한국상인들의 상담商談에는 당연히 한국 금속활자로 인쇄한 활인본 서적도 들어 있었을 것이고, 또 이 상담과정에어 책홍보 차원에서 금속활자 활인술에 대해서도 고려상인의 입으로부터 자랑과 설명이 나왔을 것이다.

천주에는 성당과 가톨릭 수도원뿐만 아니라 힌두사원, 불교사원, 이슬람사원(시나고게) 등 각종 종교의 사원들이 세워졌다. 1200-1400년대 천주는 세계적 국제무역항이었고, 천주의 세계주의적 개방성은 현대 세계의 어느 도시도 거의 따라갈 수 없을 정도였다. 힌두사원에는 원숭이 신 하누만(Hanuman)의 신상이 모셔져 있었다. 이 원숭이 신상으로부터 명대 중국소설 『서유기』의 주인공 손오공이 유래한 것으로 추정되기도 한다.[594]

---

593) Lopez, "European Merchants in the Medieval Indie", 165쪽. 다음도 참조: Jack Goody, *The East in the West* (New York: Cambridge University Press, 1996), 57쪽.

천주를 통해 들어온 유럽·인도·중동의 주요 수입품은 실크였다. 1340년 해관海關 관세기록은 비단이 피렌체의 "프레스코발디 회사"에 의해 영국으로 수송된 사실을 입증해준다.595) (물론 비단은 로마시대에도 유럽에 수입되었고 중세 시대에도 수입되었었다.) 중국의 농업과 직물산업에 엄청난 진보를 가져온 품목도 천주를 통해 들어왔는데 그것은 송대에 메콩강 델타로부터 들어온 인도원산의 쌀 종자 참파(Champa)와 목화였다.596) 목화는 중국 남부에서 2모작이 가능했고, 더 북쪽에서도 재배할 수 있었다.597) 이 목화로 만든 면직물은 이후 중국인들의 통상적 의상을 마직과 명주 의복에서 무명 피복으로 바꾸고 20세기 초까지 중국의 주요 수출품으로 군림하게 된다.

그러나 천주는 정화의 대항해가 끝나는 15세기 중반(1433)부터 기능을 잃기 시작했다. 1368년 주원장이 공식적 조공무역을 우대하고 사무역을 홀대하는 가운데 해금령海禁令을 포고한 뒤에도 정화의 30년 "하서양下西洋" 원정(1405-1433) 덕택에 천주의 무역항 기능은 그대로 유지되었으나, 강성해진 오이라트가 1449년 토목보의 변으로 가시화되듯이 1440년대부터 북방을 위협하자 이런 대항해는 더 이상 꿈꿀 수 없게 되었다. 명국 정부는 거의 모든 군비를 해군에서 육군으로 돌렸고 사문화되었던 해금령을 되살려냈다. 그리하여 1473년경부터 천주는 무역 중심지로서의 지위를 완전히 상실했다. 명국 정부가 사방팔방의 변경지대와 여러 항구에서 사무역을 묵인해주어서 천주는 그래도 무역항으로서 명맥을 이어갈 수 있었지만,

---

594) Kenneth Pomeranz and Steven Topik, *The World that Trade Created* (New York: M. E. Sharpe, 2013), 29쪽.

595) Goody, *The East in the West*, 57쪽.

596) Pomeranz and Topik, *The World that Trade Created*, 29쪽.

597) Pomeranz and Topik, *The World that Trade Created*, 29쪽.

옛 영광을 회복할 수는 없었다. 마침내 1522년 천주는 해적들로 인해 무역항구로서 문을 닫아야 했다. 반면, 조공무역선이 드나드는 정식항구로 기능한 광주·양주·영파·상해는 조공무역으로 더욱 발전해 곧 천주를 능가했다.

1368년경 여섯 명의 베니스 상인그룹이 뱃길로 크림반도로 가기 위해 베니스를 떠났다. 이집트의 술탄이 인도와 중국으로 가는 남부 통로를 통제하려고 기도했기 때문이다. 흑해 연안을 따라 유럽 의류를 팔 좋은 시장이 즐비했다. 조금 뒤에 중국으로 가는 육로가 원나라가 망함으로써 중단되어 중국 실크는 가격이 2배로 뛰었다. 그러나 무역은 지중해를 거쳐 레바논·시리아·이라크 지역을 통과하는 육상루트를 거쳐 페르시아 만을 뱃길로 항해해 아라비아 해로 나가 인도양을 통과해 천주로 가는 해상루트로 계속되었다. 이집트의 차단과 티무르의 침공에도 불구하고 이탈리아·포르투갈·스페인 무역상들은 포르투갈 선단이 1499년 희망봉을 돌아 중국에 도달하기 전에도 해상루트로 계속 중국을 오갔다. 아랍상인들도 해상루트를 이용해 천주에 왔고 더 북상해 고려 중기부터 조선 초까지 성황을 이루었던 한국 예성강 하구의 국제도시 벽란도碧瀾渡에까지 진출했다. 페르시아인들과 아르메니아인들은 동남아시아로 들어가 남중국을 자주 방문했다. 아라비아 해와 인도양을 거치고 말라카해협을 통과해 극동으로 가는 뱃길은 (로마시대 이래) 늘 셈족 상인들과 아랍 상인들, 그리고 기독교도들과 유대인들에 의해 열려 있었다. 그들은 아랍반도 양옆의 홍해와 페르시아 만을 항해해서 서남 인도의 구자라트(Gujarat)와 말라바르(Malabar) 연해지역, 그리고 여기를 지나 이보다 더 먼 동쪽의 중국과 고려를 방문했다.598) 따라서 뱃길은 적어도

---

598) 참조: Goody, *The East in the West*, 57-58쪽.

세 길었다. 천주를 출발하여 남중국해·말라카·인도양을 거쳐 아라비아 해에서 페르시아 만과 홍해로 갈라지는 두 노선, 벽란도를 출발하여 천주를 거쳐 아라비아 해로 가는 노선 등이 그것이다.

물론 천주의 중국상인들(대부분 옛 송상宋商의 후예들)도 왕조교체와 무관하게 고려 예성항(벽란도)을 찾았다. 그들은 경원慶元(옛 명주明州)을 경유하여 고려의 벽란도를 오가며 무역을 했다. 벽란도는 대원제국의 동남아지역 및 인도·아랍 지역과의 해상교역의 중심지인 천주·광주와 긴밀히 연결된 것이었다. 그리하여 이 여러 지역의 물산이 고려에 유입되었고, 반대로 활인본 서책을 비롯한 고려의 특산물들이 동남아와 아랍과 유럽까지 전달될 수 있었다.[599]

종합하면, 『증도가』(1211), 『고금상정예문』(1234), 『동국이상국집』, 『심요법문』, 『자비도량참법집해』, 『직지』(1377년) 등이 출판된 고려 후기와, 태종(재위 1400-1418)이 1403년 주자소를 세우고 계미자를 만들어 서적인쇄를 시작하고 세종이 경자자(1420)·계미자(1434)를 만들어 대량의 서적을 인쇄한 조선 전기에 천주는 제노바·베니스 등 서구 지역과도 통하는 세계 최대의 국제무역항이었고, 코리아는 늦어도 1206년부터 천주의 입항入港국가 목록에 들어 있었다. 그리고 천주는 12세기부터 15세기 초까지 '고려·조선상인들'도 자주 찾은 세계 최대의 국제적 무역항 중의 하나였다. 이런 역사적 사실들을 고려하면, 금속활자의 제작기술 및 인쇄술에 관한 정보, 또는 금속활자로 찍은 코리아의 책자는 빠르면 고려 말엽에, 늦어도 조선 초에 천주로부터 시작하는 바닷길로 쉽사리 이탈리아로 전해져 유럽 전역으로 퍼질 수 있었을 것이다. 바닷길로 말라카해협을 통과해 인도양을 거쳐 중동의 어느 항구에서 상륙해 거기로부터 뭍길로 중동을 가로지르

---

599) 이진한, 『고려시대 무역과 바다』, 68쪽.

고 지중해 해안에서 다시 지중해 뱃길로 이탈리아로 가는 길이 항상
열려 있었기 때문이다. 이 길이 허드슨이 추정하는 중앙아시아 육로
보다 몇 곱절 더 용이했을 것이다. 아니면 천주와 함께 발전한 영파·
광주·양주·상해 등 다른 무역항을 통해서도 고려와 조선의 금속활
자 기술이나 이에 대한 정보가 쉽사리 유럽으로 전해질 수 있었을
것이다.

그러나 세계최대의 국제무역항으로서의 천주의 운명을 명태조
홍무제의 해금정책의 관점에서 살펴보는 것도 중요하다. 주원장은
반란군 지도자였던 시기에 전비마련을 위해 해외무역을 장려했
다.600) 그러나 주원장은 명의 황제 홍무제(1368-1398)로 등극하면서
홍무4년(1371) 반대로 해금령을 반포했다.601) 해금령은 홍무제가
원말에 강절江浙지역(장강과 절강 일대)의 군벌로서 반란을 주도한
장사성張士誠(1321-1367)과 방국진方國珍(1319-1374)이 해상 대외무역
으로 재력을 모은 것을 알고 해외무역으로 재력을 모은 유사한
군벌들의 출현을 두려워하여602) 내린 조치였다. 해금령은 해외무역
을 조공사절을 통한 공식무역으로 제한했다. 조공무역은 명조의
대표단과 속방 사이에만 이뤄졌다.603) 해금령은 사무역 종사자를
적발 시에 사형에 처하고, 그 가족과 이웃은 유배형에 처할 것을
규정했다.604) 홍무 17년(1384)에는 영파·광주·천주에 있던 시박제거

600) Richard von Glahn, *Fountain of Fortune: Money and Monetary Policy in China, 1000-*
1700 (Berkeley: University of California Press, 1996), 90쪽.
601) Glahn, *Fountain of Fortune*, 116쪽.
602) 이진한, 『고려시대 무역과 바다』, 74쪽, 267쪽.
603) Glahn, *Fountain of Fortune*, 91쪽.
604) Li Kangying, *The Ming Maritime Trade Policy in Transition, 1368 to 1567* (Wiesbaden:
Otto Harrassowitz, 2010), 3쪽.

사市舶提擧司(Maritime Trade Intendancies)를 철폐했다.[605] 선박, 선창, 조선소는 파괴되었고, 항구는 바위와 소나무 말뚝으로 폐쇄되었다.[606] 일반적으로 해금은 중화제국과 관련시키고 있지만, 이것은 기존의 전통과는 어긋난 것이었다. 중국의 전통은 해외무역을 중요한 세원稅源으로 장려했고 특히 당·송·원대에는 해외무역을 중요한 경제부문으로 우대했기 때문이다.[607] 시박제거사를 철거하고 항구에 말뚝을 박은 지 14년도 안 되어 홍무제는 죽었다.

10년 1회 조공사절단이 단 두 척의 선박만 끌고 올 수 있는 등 해금은 선행자善行者들에 대한 보상치고는, 그리고 밀무역자와 해적을 근절하도록 하는 유인책치고는 턱없이 인색한 것이었다. 그리고 해금은 명군에게 원의 잔존 세력을 없애고 변경을 안정화하는 부담을 경감시켰지만, 지방 자원들을 묶어 두는 큰 폐단을 낳고 군비를 낭비케 했다. 광동에서 산동에까지 74개 연안 수비대를 설치하는 데 막대한 경비가 지출되었다. 이 해안 전초기지들은 이론적으로 11만 명의 백성들을 필요로 했다. 교역세 수입의 상실은 만성적 자금난을 야기했다. 특히 절강·복건지역이 그러했다. 해금은 중국의 해안지역을 빈곤에 빠뜨리고 정권에 반발하게 만들어[608] 문제들을 오히려 확대시켰다.[609] 이런 사태는 특히 영락永樂연간(1402-1424)에 극화되었다. 그러나 그 시기는 영락제 성조의 명에 따라 정화가 30년 대항해(1405-1433)를 펼친 시기와 겹쳤다. 따라서 태조 홍무제의 해금령은 태조가 사망하자 흐지부지되는 분위기였다.

---

605) Glahn, *Fountain of Fortune*, 116쪽.
606) Li, *The Ming Maritime Trade Policy in Transition*, 4쪽.
607) Li, *The Ming Maritime Trade Policy in Transition*, 4쪽.
608) Li, *The Ming Maritime Trade Policy in Transition*, 13쪽.
609) Li, *The Ming Maritime Trade Policy in Transition*, 17쪽.

그런데 돌아보면 해금은 초기에도 강행할 수 없었고, 제대로 시행된 적도 없었다. 그리하여 가령 정화의 원정기간에 중국상인들의 해상무역은 다시 활기를 띠었고, 그리하여 로페즈에 의하면 15세기 전반기에 세계적 해상무역에 숨통이 일반적으로 조금 트였다. "15세기 전반前半 일반적 상황이 아시아내부 무역에 조금 덜 불리해졌다. 티무르의 유혈 약탈 후에 그의 아들 샤 루크는 이라크, 페르시아와 투르키스탄을 성공적으로 다 장악했고 인도와 중국에 사절단을 보냈다. 명황제 영락제는 호르무즈만큼 먼 서쪽으로 중국 함대를 파견했고, 아덴과 동아프리카에까지도 사절단을 보냈다. 그러나 상업이익은 중국상인들과 아랍상인들이 독차지했다."610) 그리고 1433년 정화의 원정이 중단된 뒤에도 동남아시아와 인도양에서의 중국인 교역은 지속되었다.611)

지방관들도 자주 밀무역에 종사했고 교역제한 칙령도 무시했다. 군관들은 밀무역의 중개자 노릇을 해줬고 연안지역 유력 가문들도 교역 수입收入에 의존했다. 평민들도 교역 관련 업종에 종사했다. 교역제한을 집행할 관직 대부분은 공석이었고, 시박제거사 철폐령은 흐지부지 되더니 결국 폐지되었다. 마침내 조정은 해외교역 문제에 완전히 눈을 감았다. 1520년대에는 관료들이 제안한 교역중단 시도를 황제는 모두 거부했다. 1530년대 일부가 절강성 출신이었던 내각대학사들은 해금시행을 차단하고자 했다. 1540년대에는 조정이 임명한 관원 주환朱紈은 밀무역 차단 조처를 내렸지만, 살인죄로 조정에 의해 고소되어 혁직革職당하고 말았다.612) 융경隆慶 원년

---

610) Lopez, "European Merchants in the Medieval Indies", 184쪽.

611) Joanna Waley-Cohen, *The Sextants of Beijing: Global Currents in Chinese History* (New York, London: W. W. Norton and Company, 2000), 49쪽.

(1567), 해금정책이 일반적으로 폐기되거나 일부 완화된 뒤에야 비로소 해적은 무시할 수 있는 수준으로 감소했다.613) 해금폐기는 융경제의 등극과 복건순무의 간청이 있었기에 가능했다. 중국 상인들은 일본과의 무역, 그리고 무기, 혹은 철, 황, 구리와 같은 무기 제조에 들어가는 재료로서 해외 수출이 엄격히 금지되었던 물품들에 대한 밀무역을 제외한 모든 해외 무역에 종사하는 것이 허용되었다. 해외 무역 종사자 수는 허가증 발급과 할당제도를 통하여 제한되었다. 중국을 떠난 지 1년 이내인 중국상인은 무역에 종사할 수 있었다. 결국 만력27년(1599), 광주와 영파에서 해상무역 관장 기구는 재건되었으며, 중국 상인들은 해징현海澄縣과 월항月港에서 번성했다. 해금의 완전한 소멸은 아메리카 대륙에서 온 스페인 갤리온 선박들이 도착함과 동시에 진행되었다. 이는 다음 17세기까지 어떠한 방해 요소도 없었던 전지구적 교역 링크를 형성했다.614)

그리하여 중국상인, 제노바·베니스상인, 기타 유럽상인들, 아랍상인, 고려상인들이 많이 찾은 세계최대의 국제무역항 천주는 원대에도 번창했고, 명태조에 의해 해금령이 내려진 뒤에도 해금령 집행의 어려움 때문에, 그리고 시기적으로 거의 겹쳐서 시행된 정화의 대항해 정책 덕택에 적어도 1440년대까지 번창했다. 유럽상인과 아랍상인들이 찾은 중국항구가 단지 천주만이 아니었지만, 그래도 대부분 천주를 찾았고, 아랍상인들은 여기를 중계항으로 삼아 고려

---

612) Frederick W. Mote and Denis Twitchet (ed.), *The Ming Dynasty 1368-1644*, Part One, 509쪽. *The Cambridge History of China*: Volume 7 (Cambridge: Cambridge University Press, 1988).

613) Deng Gang, *Maritime Sector, Institutions, and Sea Power of Premodern China* (Westport, Connecticut: Greenwood Press, 1999).

614) Mote & Twitchett (ed.), *The Ming Dynasty 1368-1644*, 504-505쪽.

의 예성강까지 진출했다. 따라서 우리는 고려·조선상인들이 주요무역상으로 드나들며 무역을 했던 천주에서 이탈리아상인 또는 기타 유럽상인들을 직접 만나 한국 금속활자 활인본 서적을 고려(조선)특산물로 판매하거나 가격을 흥정하는 상담과정에서 고려 금속활자나 계미자·경자자·계미자 활판인쇄술 정보를 홍보했을 수 있다고 추정한다. 따라서 천주는 한국 금속활자 인쇄술이 서양으로 전해진 가장 유력한 항구로 지목될 수 있는 것이다. 그리고 고려와 초기 조선은 이 천주에 호응할 수 있는, 즉 천주로부터 오는 색목인·중국인 무역상들을 맞고 또 고려·조선상인들이 천주나 기타 주요 중국항구로 나가 교역할 수 있는 국제무역항이자 출항지로서의 예성강 하류의 벽란도와 나주羅州가 있었다.

■ 고려(원대)와 조선(명대) 초 해상 실크로드

천주의 국제적 위치와 고려상인의 천주 출입이 밝혀진 한에서 한국 금속활자 인쇄술의 해상 실크로드는 개경으로 들어가는 입구인 고려·조선의 벽란도(예성항)와 나주에서 천주를 거쳐 남양과 인도양, 아라비아 해, 오만 만, 호르무즈해협, 페르시아 만, 바스라, 레바논, 지중해, 이탈리아로 이어졌던 것으로 추정된다. 금속활자 인쇄술 정보나 활인본 서적의 천주 도착은 벽란도나 나주(목포)에서 고려 후기·초기조선의 특산품들을 가져온 중국·아랍상인들이나 천주를 드나든 고려·조선무역상들에 의해 이루어졌을 것이다.

그렇다면 벽란도와 나주는 어떤 곳이었나? 우선 '벽란도碧瀾渡'는 섬(島)이 아니라 나루(渡)다. 1271년 이래 조선 초기까지 예성강 하구의 벽란도는 팍스 몽골리카와 동서무역의 동쪽 최종점에 위치한 가장 중요한 국제무역항이었다. 해상 실크로드는 중국 당나라 말기부터 활기를 띠기 시작하여 송·원대에 전성기를 맞이했다. 고려시기 예성강의 벽란도는 해상 실크로드의 종착지였고, 서로 나아가는 출발지다. 벽란도는 조수潮水를 활용하여 밀물과 함께 배가 들어오고 썰물 때 배가 나가는 식으로 밀물·썰물을 타고 모든 선박이 쉽게 출입할 수 있었다. 고려초기 고려조정의 해금정책이 끝나는 시점부터 크게 부상한 벽란도는 외국의 사신이나 상인이 도착하고 출발하는 국제적 항구였다.615)

그리고 내국인이 바다를 통해 외국에 나가는 경우에도 이곳을 이용했다. 국가의 조세나 재경지주在京地主의 지대도 이곳으로 운송해서 개경으로 운반되었다. 벽란도는 외국의 사절과 상인이 빈번하게 왕래함으로써 외국문물이 유입되는 창구로 기능했다. 동시에 벽란도는 외부의 고급 정보를 얻을 수 있는 장소였으며, 동시에 물화의 교역이 성황을 이룬 곳이었다. 벽란도에서 이러한 무역활동으로 벌어들인 부를 축적하여 이를 바탕으로 관계官界에 진출하는 이도 나타났다. 벽란도에는 주점酒店, 전당포, 숙박시설이 있었으며, 부근에서는 소금을 생산하는 염전도 펼쳐졌다.616)

또 예성강의 뱃사공과 어부는 수희水戲 공연을 잘했다. 평소 외국상인들을 상대로 자주 공연했기에 이러한 능력을 소지했던 것으로 보인다.617) 수희는 『고려사』에 자주 보이는데 예성강과 대동강에서 왕과 외국인을 상대로 공연했다.618) 또한 벽란도는 문학적 상상력

---

615) 참조: 이병희, 「고려시기 벽란도의 해양도시적 성격」, 『도서문화』, 39-39 (2012).
616) 이병희, 「고려시기 벽란도의 해양도시적 성격」.
617) 이병희, 「고려시기 벽란도의 해양도시적 성격」.
618) 왕을 상대로 예성강에서 공연한 수희는 참조: 『高麗史』「世家」, 毅宗 19年(1165) 4月 30日: "王 (...) 召禮成江蒿工漁者 陳水戲以觀, 賜物有差. 夜二鼓, 還館北宮, 扈從官迷路, 僮僕相續."

을 제공하는 공간으로서 큰 의미를 갖고 있었다. 이 때문에 이곳을 소재로 해서 시를 짓는 문인들도 다수 출현했다.619)

벽란도는 군사도시로서의 성격도 띠고 있어서, 방어를 위한 선박들이 다수 배치되어 있었고, 조운漕運을 담당하는 선박들도 자주 오고갔다. 벽란도는 국제항으로서 번창하고 있었기 때문에 많은 관원이 배치되었다. 의종 때 이곳 사람들이 벽란도를 독립 현縣으로 승격시키고자 한 것은 이 벽란도와 그 부근에 주민 수가 아주 많았음을 보여준다. 국제항 벽란도는 고려의 사회문화와 경제가 개방성과 국제성을 갖도록 하는 데 결정적 역할을 수행했다.620)

한편, 한국중세 지방도시 중 '해항도시'의 면모를 지닌 곳은 나주였다. 나주의 도시 성격을 보다 선명하게 드러내려면 고려시대 중요한 지방도시인 나주의 목포木浦에서 펼쳐진 다양한 해양활동에 주목해야 한다. 나주의 해양 지향성은 잘 알려진 후삼국통일과정과 고려 초기 전남지방의 군현제 개편과정에서 확인된다. 성종대 나주를 중심으로 구획한 남해도南海道나 해양도海陽道의 도道 명칭, 현종대 연해 도서와 탐라를 나주목의 영속 군현으로 삼은 점 등이 그 예다.621)

고려시대 나주 해양활동의 중심 포구인 목포의 항만 수역에는 부두를 비롯하여 조창漕倉, 주거지 등의 시가지가 형성되었을 것이다. 나주의 해항海港인 목포는 해운 물류의 거점, 수군의 전진기지 그리고 해외교류의 창구였다. 수륙 교통의 교합지交合地인 목포에는

---

619) 이병희, 「고려시기 벽란도의 해양도시적 성격」.
620) 이병희, 「고려시기 벽란도의 해양도시적 성격」.
621) 한정훈, 「고려시대 '해항도시' 나주에 관한 시론」, 『해항도시문화교섭학』, 19-19 (2018).

해운 물류창고인 해릉창海陵倉이 위치했고, 이곳은 조운활동과 함께 선상船商들의 교역활동이 펼쳐진 전라도 최대의 항구였다. 인근 도서와 탐라와의 교류 속에서 도서민과 함께 이색적인 해양문화도 유입되었다.[622]

또한 고려 말엽에 서남해 해역을 침입하는 왜구를 방어·격퇴하기 위해 임시 군관軍官이 급파되어 오면서 나주는 남도 수군지휘체계의 중심지로 부상했다. 특히 나주는 제주의 친원적親元的 목호牧胡를 진압하기 위한 제주도로 출항하는 데 적극 활용되었다. 당시의 목포는 군영軍營과 군함 정박시설를 갖추고 왜구 방어와 탐라의 관리를 위한 전진 기지로 기능한 고려·조선 최대의 군항軍港이기도 했다.[623]

무엇보다도 나주의 포구는 외국문물과 새로운 국제정보가 유입되는 창구 역할도 수행했다. 나주지역은 현종대 나주 팔관회의 설행, 전라도 선상들의 해외 교역활동, 도서·연해를 경유한 송·원·명국 사신들과의 접촉 등을 통해 너른 해역海域세계로 열려 있었고, 이를 통해 이국문화를 경험했다. 이러한 여러 내용을 고려하면, 나주 목포는 해양강국 고려의 '제2의 벽란도'라 부를 만했다.[624]

중국과 조선의 무역은 조공무역, 사신무역, 관官의 "화매和買" 무역 등 관 주도의 다양한 형태의 무역이 있었다. 하지만 민간이 주도하는 사무역은 정부정책의 개입으로 인해 늘 일종의 제한된 상태에 처해 있었다. 상론했듯이 명초 해금정책으로 인해 조선과의 무역도 역시 명국정부의 엉성한 통제 하에 있었다. 통제가 엉성했기에 바로 이 시기에도 다수의 민간 상인들은 최대한 정부정책을

---

622) 한정훈, 「고려시대 '해항도시' 나주에 관한 시론」.
623) 한정훈, 「고려시대 '해항도시' 나주에 관한 시론」.
624) 한정훈, 「고려시대 '해항도시' 나주에 관한 시론」.

이용해 허가를 받아 중국과 조선을 왕래하며 여러 가지 형태로 상업활동을 펼쳤다. 또한 일부 상인들은 밀무역의 형식을 통해서 불법적 무역을 진행하기도 했다.[625] 중국-조선 간 민간무역의 발전 양상과 민간무역에서 두 나라 상인들의 역할과 운명은 – 앞서 살펴보았듯이 – 큰 폭으로 오르락내리락하는 복잡다단한 변동을 겪었다. 우리는 조선시대에, 특히 조선 초기에 조선상인들이 전성기의 영광을 그대로 재현하지 못할지라도 아직 닫히지 않은 벽란도와 나주의 국제무역항을 활용하여 천주와 국제교역을 펼쳤을 것이다. 왜냐하면 천주도 마찬가지로 1430-40년대까지 여전히 문이 완전히 닫히지 않았기 때문이다.

우리는 고려와 초기 조선이 벽란도와 목포를 통해 활짝 열린 수준이든, 제한적 수준이든 해양으로 개방되어 천주를 중계항으로 삼아 문건과 정보가 서방으로 건너갈 수 있었다는 이런 역사적 정보지식을 바탕으로『증도가』출판 이래 세종시대까지 240년 동안 고려·조선의 금속활자 인쇄술이 활인본 서적을 통해서든 흥정 입담을 통해서든 제노바와 베니스에 도착했을 것이라고 능히 추정할 수 있다.

한국 금속활자 인쇄술을 유럽에 전한 이 해상 실크로드와 육상 실크로드는 양자택일이 아니라 서로 앞서거니 뒤서거니 이용된 다양한 서천루트의 큰 줄기였다. 물론 앞서 밝힌 대로 13-15세기 내내 해상루트가 육상루트보다 우세했을 것이다. 유럽인들은 시시각각 해로로 들어온 한국 활판술 정보와 육로로 들어온 정보를 둘 다 접했을 것이다. 그리하여 유럽인쇄공들은 바다 건너온 이

---

625) 참조: 장해영, 「14-18세기 중국-조선의 민간무역과 상인」, 『민족문화연구』, 69-69 (2015).

주자鑄字활판술 정보와 육지로 들어온 활판술 정보는 상호 비교하고 확증할 수 있었을 것이다. 그리고 구텐베르크와 같은 유럽 장인들은 이 주자활판술을 마음속에 간직한 채 유럽식으로 리메이크하고 이 리메이크 기술과 노하우를 기술비밀주의에 따라 함구시켜 철저히 기밀을 유지하려고 했을 것이다. 그래서 존 맨이 말하듯이 "서양에서 한국의 금속활자 사용에 대해서는 한 마디 찍소리도 없었던 것(Of Korea's use of movable metal type there was not a squeak in the west)"이다.

그렇다고 하더라도 한국 주자인쇄술과 그 정보를 받아들인 유럽 쪽에서 이것이 극동에서 왔다는 것을 증언하기 위해 "한마디 찍소리"라도 내는 문서증거들이 전혀 없단 말인가? 필자는 앞서 간간이 귀띔한대로 "그런 문서증거들이 있다"고 미리 확실하게 답해 놓고, "찍소리"를 "한마디"라도 내지르는 문서들에 대한 입증작업을 시작한다.

제2절 한국 인쇄술의 서천에 대한
서양의 문서증거들

13-15세기 한국 금속활자는 거의 다 중국을 통해 서양으로 전해졌을 것이기에 당시 유럽인들의 눈에 한국 금속활자 인쇄술은 어김없이 '중국 인쇄술'로 둔갑했고, 한국 주자활인본 서적은 중국 활인본 서적으로 비쳤을 것이다. 따라서 존 맨은 섣부르게도, 또는 성급하게도 "서양에서 한국 금속활자 사용에 대해 한마디 찍소리도 없었다"고 일갈할 수 있었던 것이다. 이와 동일한 오판의 연장선상에서 맥더모트와 버크는 "어떤 문서도 1450년 이전 유럽에 어떤 유형의 아시아 활자 또는 활자인쇄물이 존재했다는 사실이나 이에 관한 지식을 가리켜주지 않는다"고 단언했다. 그러나 구텐베르크가 극동의 금속활자 인쇄술을 리메이크했다는 사실에 대해 "찍소리"를 내는 다음 세대 문건들, 즉 16세기 중반 또는 17세기 초 문건들은 상당히 많다. 이 문건들은 다 증언 자체의 이치에서 "1450년 이전 유럽에 어떤 유형의 아시아 활자 또는 활자인쇄물이 존재했다는 사실"을 강력하게 시사하는 문서들이다. 구텐베르크가 금속활자 인쇄술을 발명했다고 알려진 시점으로부터 100-160년이 지난 16세

기와 17세기 초 학자들이 한국 금속활자의 서천에 관해 증언한 문건은 16세기 3건, 17세기 초 2건, 도합 총 5건이다.

2.1. 금속활자 서천에 대한 16세기 증거문서들

16세기에 구텐베르크의 금속활자 인쇄술이 중국 인쇄술의 리메이크라고 증언한 학자들은 파울루스 조비우스, 루이 르루아, 후앙 멘도자 등 3인인데, 이들은 각기 다른 사실을 들어 자기들의 논지를 전개하지만 내용에서 대동소이한 금속활자 서천론을 주장하고 있다. 다만 이들의 문건을 읽을 때 주의할 점은 이들이 이해할 만한 이유에서 한국 인쇄술을 일제히 '중국 인쇄술'이라고 표현하고 있는 점이다. 그러나 이 '중국인쇄술'은 1440-1455년 이전의 구텐베르크와 관련되는 한에서 금속활자 인쇄술이고, 따라서 그것은 (1490년까지 동활자를 몰랐던) 중국의 인쇄술이 아니라 한국의 인쇄술인 것이다. 따라서 이 경우에 '중국 인쇄술'은 '한국 인쇄술'로 바꿔 읽어야 하고 이렇게 바꿔 읽기만 하면 논리가 웬만한 수준으로 복원된다. 조비우스, 르루아, 멘도자는 카터와 전존훈, 장수민 등이 언급했으나 제대로 분석하지 않았다. 상론했듯이 카터는 조비우스의 발언을 그렇게 신뢰하지 않았고, 전존훈은 르루아를 멘도자의 반복으로, 다시 르루아와 멘도자를 조비우스의 반복으로 경시했고, 장수민과 전존훈은 멘도자의 금속활자 서천론을 1430-40년대까지도 실용에 이르지 못했던 '중국 금속인쇄술'의 서천으로 왜곡시키고 멘도자가 쓴 원문의 일부를 빼놓는 식으로 부정직·불성실한 분석을 했다. 따라서 여기서 이 세 학자들의 서천 증언을 정확하게 정밀 분석할 필요가 있다.

■ 인쇄술의 서천을 증언하는 파울루스 조비우스의 글(1546)

이탈리아 역사가 파울루스 조비우스(Paulus Jovius, 이태리명伊太利名 Paolo Giovio, 1483-1552)는 서양의 금속활자 인쇄술이 극동에서 왔다고 증언한 최초의 인물이다. 조비우스는 우리가 앞서 간간이 분석했지만 여기서 본격적으로 분석할 필요가 있다. 그는 1546년 베니스에서 발간된 그의 책 *Historia sui temporis*(『자기 시대의 역사』)에서 활판인쇄술이 중국에서 발명되어 러시아를 거쳐 유럽에 도입되었다고 기록했다.

그런데 아주 놀랍게도 목도한 것은 거기(광동)에는 안으로 접혀 네모난 페이지를 이루는 아주 긴 2절지에 역사와 예법을 담은 책들을 우리 식으로 (*more nostro*) 인쇄하는 활자인쇄공들(*typographos artifices*)이 있다는 것이다. 교황 레오(Leo)는 포르투갈 왕(*rege Lusitaniae*)이 그에게 코끼리와 함께 선물로 준 이런 종류의 책 한 권을 아주 감사하게도 내게 보여주었다. 그리하여 이것으로부터 우리는 포르투갈사람들(*Lusitani*)이 인도에 닿기 전에 이런 종류의 서책 견본들이 스키타이사람과 모스크바사람들을 통해 읽고 쓰기에 비할 데 없이 도움이 되는 것으로서 우리에게 도래했다고 쉬 믿을 수 있다.[626]

조비우스는 여기서 분명히 광동에 "역사와 예법을 담은 책들"을 우리 방식으로 인쇄하는 "활자인쇄공들(*typographos artifices*)"을 유럽인들이 목도했다는 사실을 언급하고, 이어서 포르투갈 왕이 교황 레오에게 선물로 준 "이런 종류의 책 한 권", 즉 활자인쇄본 서책 한

---

626) Carter, *The Invention of Printing in China and its Spread Westward*, 159쪽의 영역문 재인용. 라틴어 원문은 Carter, *The Invention of Printing in China and its Spread Westward*, 164쪽 Notes 4.

권을 보았다고 말하고 있다. 이렇게 말해 놓고 조비우스는 이 책을 포르투갈사람들이 희망봉을 발견하고(1488) 이곳을 돌아 인도양을 횡단하여 중국에 가서 가져온 책으로 지레 오해할까 봐 바로 잇대서 포르투갈사람들이 "인도에 닿기 전"에 "이런 종류의 서책 견본들", 즉 금속활자 활인본 서적들이 "스키타이사람과 모스크바사람들"을 통해 "우리에게 도래했다"고 다급하게 덧붙이고 있다. 이 말은 교황 레오가 조비우스에게 보여준 책이 1488년 이후에 중국에서 가져온 책이 아니라, 여기서 몽고인을 뜻하는 "스키타이사람"과 "모스크바사람들"을 통해 중국에서 전해졌다는 주장을 담고 있다.

　"스키타이사람"과 "모스크바사람들"을 언급하는 것은 이 책이 몽골세계제국 시대 말엽이나 모스크바사람(러시아인)들이 아직 킵차크 칸국 아래 지배받던 시대에 유럽에 들어왔다는 것을 함의한다. 이와 관련하여 카터는 "러시아의 역사와 이 나라를 묘사하는 여러 책들"을 남긴 "조비우스가 새로운 러시아 국가가 몽골 지배로부터 해방된 지 얼마 지나지 않아 모스크바로 파견된 외교사절이었다"고 환기시키고, "그러므로 러시아에 관한 그의 의견개진은 상당한 무게를 지니고 있다"고627) 언급한 바 있다.

　포르투갈사람들은 해로로 희망봉을 돌아 중국에 가기 전부터도 중국에 대한 관심이 높았다. 그들이 희망봉을 발견하게 된 것도 중국에 좀 더 빨리 가는 해로를 개척하려는 욕망 때문이었다. 포르투갈사람들은 중국은 마르코 폴로의 '동방견문록'을 통해 처음으로 알게 되었다. 라틴어로 쓰인 이 책은 15세기 초에 페드로(Pedro) 왕자가 가지고 들어왔고, 이때부터 중국은 포르투갈 사회에 "미스터리로

---

627) Carter, *The Invention of Printing in China and its Spread Westward*, 165쪽 Notes 4.

가득 찬 이상하고 이국적이고 부유한 나라"로 알려졌다.628) 이로
인해 포르투갈에서 중국에 대한 동경과 관심이 크게 일어났었다.
그렇기 때문에 15세기 초에도 포르투갈 국왕이 중국물건에 관심을
갖고 포르투갈·이탈리아 상인들로부터 중국문물을 구하는 중에 극
동에서 들어온 활인본 서적들도 얻었을 것이고, 이 중 하나를 교황에
게 선물로 주었을 것이다.

그런데 조비우스는 저 글에서 광동의 활자인쇄공을 언급함으로
써 은연중에 유럽에 들어온 활인본 서적들이 '중국산'이라고 잘못
전제하고 또 이 서적들이 중국 활자인쇄공들에 의해 활인된 것으로
오해하고 있다. 팍스 몽골리카 시대나 그 직후에 유럽으로 전해진
활인본 서적은 중국 활자인쇄공들에 의해 제작될 수 없었다. 1490년
까지 중국에는 동銅활자든 철활자든 존재하지 않았기 때문이다.
당시 조선조정과 세종대왕도 1430년대 중국에 금속활자가 없다는
사실을 잘 알고 있었다.629) 따라서 구텐베르크에 영향을 미칠 수
있었을 1340년부터 1440년까지 100년간 고려와 조선은 세계에서
금속활자 활인본 서적을 생산하는 유일한 국가였다. 송말원초宋末元
初(1270-1320)에 잠시 등장했던 중국 항간의 주석활자는 일반적으로
확산되지 않고 잠시 쓰이다가 흔적 없이 사라졌기 때문이다. 따라서

---

628) Anronio Graça de Abreo, "The Chinese, Gunpowder and the Portugese". http://www.icm.
gov.mo/ rc/viewer/20006/841.

629) 『世宗實錄』, 세종 17년(1435) 12월 13일. 1435년 12월 성절사 통사 김한과 전의가
임금에 보고한 사목에 이런 구절이 있다. "서장관 정이한(鄭而漢)이 (중국)예부의
원외랑(員外郞) 소의(蕭儀)에게 물었습니다. (...) '대전(大全)은 간본(刊本)이 어느 곳
에 있는가?'. 소의가 '판본(板本)이 남경에 있다'고 대답했습니다. 그래서 또 '글자
모양은 동으로 낱낱이 주조하고 글에 따라 글자를 배열하여 인출했는가?'라고 물으니,
소의가 '그렇지 않다. 옛날에는 간혹 동으로 지어 부은 주자들을 판板과 서로 붙였다
(昔者或以銅鑄之字 與板相付). 그렇게 했더니 제도(制度)는 목판과 일반이되, 공비
(功費)가 심히 많이 들기 때문에 근래에는 모두 목판을 사용한다'고 대답했습니다."

'중국산'이라는 조비우스의 전제는 그릇된 것이고, 따라서 당연히 '한국산'으로 고쳐 읽어야 한다. 그러나 도시에 광동에서 1540년대에 유럽인들이 활자인쇄공과 그 활판술을 광동에서 목도했다는 것은 100% 사실일 것이다. 하지만 이 중국 인쇄공들이 포르투갈 국왕이 교황에게 선물한 그 활인본 책을 인쇄한 장본인들이 아니다. 왜냐하면 이 인쇄공들은 1490년 화수가 개발한 동활자 인쇄술이 확산되면서 길러진 공인들이기 때문이다. 따라서 그들은 결코 "포르투갈사람들이 인도에 닿기 전", 즉 14세기 후반이나 15세기 초 (1400-1430년경)에 스키타이사람과 모스크바사람들을 통해 들어온 책을 인쇄할 수는 없었다.

1430-40년대에 유럽상인들이 광동의 활자인쇄공을 목도한 것은 100% 사실일 수 있지만, 이것은 포르투갈 왕, 교황 레오, 그리고 조비우스가 본 활인본 서적의 인쇄와 무관한 사실이다. 이것을 전제로 하여 조비우스의 저 진술을 다시 보면, 스키타이와 모스크바사람들을 통해서, 즉 육상루트로 희망봉 발견(1488) 이전에, 좀 더 정확히 말하자면 1440년 이전에 금속활자 활인본 서적이 유럽에 전해진 사실이 부각되어 나온다. 포르투갈 왕은 교황에게 선물한 저 활인본 서적을 이탈리아상인들과 같이 흑해방면으로 무역에 나서서 몽고인·모스크바사람들과 거래했던 포르투갈상인들로부터 증정받았을 것이다. 아래에서 다룰 루이 르루아는 중국에 가서 활인본 책을 가져온 당사자들이 포르투갈사람들이라고 확인해 준다. "포르투갈사람들은 (…) 중국(China)과 카테이(Cathay)로 들어가 무역을 하여, 그 나라의 말, 그 나라의 문자로 인쇄된 책들을 거기로부터 가져왔다고 말하고, 중국인들이 거기서 그 기술(금속활자 인쇄술)을 오랫동안 사용했다고 말했다"는 것이다.630) 여기서 "중국인들"은 '한국인들'로

- 418 -

표현되었어야 한다.

저 글의 라틴어 원문은 포르투갈 왕을 "*rege Lusitaniae*"로, 포르투갈사람들을 "*Lusitani*"로 표기하고 있기 때문이다. 라틴어 '루시타니아(*Lusitánia*)'는 정확히 말하자면 '포르투갈'이 아니라, 이베리아반도의 서부지방을 가리킨다. 이 서부지방은 오늘날 포르투갈 땅도 포함하지만 중부(카스티야)의 서쪽 땅도 포함할 수 있다. 따라서 이 표현들은 '카스티야 왕', '카스티야 사람들'도 뜻할 수도 있다. 그런데 앞서 상술했듯이 우리는 1403-1406년 카스티야 왕국에서 루이 곤잘레스 클라비조를 사마르칸트의 티무르 조정에 외교사절로 파견했고, 클라비조는 북경에서 6개월 동안 체류하고 돌아온 타타르 카라반 수행원을 만나 그로부터 중국에 관한 모종의 사실과 많은 우화를 들었다는 것을 알고 있다. 당연히 이 카라반은 중국에서 구입한 서적들을 포함한 수많은 중국물건을 가지고 왔을 것이고, 클라비조는 이 물건들 중에서 뭔가를 구입했을 것이다. 따라서 이 경로로 카스티야 왕 또는 포르투갈 왕의 수중에 중국(한국)에서 온 활인본 서책이 들어갔을 수 있는 것이다.

포르투갈을 말하면 늘 1488년 이후에야 중국 물건을 접한 것으로 생각하기 일쑤인데 이것은 스테레오타입의 오해다. 희망봉 발견 전에도 스페인과 포르투갈상인들은 이탈리아인들보다 왕성하게 대對중국 교역활동을 벌인 것은 아닐지라도 가능한 범위 내에서 제노바·베니스 상인들처럼 지중해를 건너 흑해로 나가는 루트를 통해 중국과의 교역을 추진했기 때문이다. 또는 포르투갈 왕은, 런던사람

---

630) Luis Leroy, *De la Vicissitude ou Variété des Choses en L'univers* (1575). 영역본: *Of the Interchangeable Course, or Variety of Things in the Whole World*, transl, by R. Aschley, 1577 (London: Printed by Charles Yetsweirt Esq., 1594), 22쪽.

들이 이탈리아 상사를 통해서 중국 비단을 수입했듯이 이탈리아상 인들이 포르투갈시장에 출하한 한국 활인본 서책들을 획득했을 수도 있다. 따라서 조비우스의 글은 한 패러그래프에 지나지 않지만 충분히 유럽 활판인쇄술의 한국적 기원을 말한 '최초의' 텍스트로 평가할 만한 것이다.

■ 극동 인쇄술의 서천을 증언하는 루이 르루아의 문서증거(1575)

조비우스가 유럽인쇄술의 극동 기원설의 운을 뗀 지 정확히 29년 뒤인 1575년 루이 르루아(Louis Leroy, 1510-1577)는 『우주의 사물들의 변천 또는 다양성(De la Vicissitude ou Variété des Choses en L'univers)』이라는 책에서 완전히 다른 각도에서 유럽 인쇄술에 대한 극동의 영향을 아주 당연한 것으로 피력한다. 르루아는 일단 인쇄의 능률과 인쇄된 책의 보존력을 말한다.

그러나 인쇄(imprinting)의 글쓰기 방식은 용이성과 능률에서 모든 나머지 방법을 능가했고, 많은 신속하거나 재빠른 필경사가 1년에 할 수 있는 것 보다 더 많은 작업을 단 하루에 해치웠다. 그리고 그것이 우리의 목적에 아주 적합하기 때문에 우리는 여기서 약간 참견할 것이다. 우리가 현재의 이 논의에 적합하다고 생각하는 만큼만 아주 희귀하고 아주 이롭고 경탄 할 만한 이 기술에 관해 우리가 가장 숙달된 자들로부터 듣고 배운 것을 간략히 말할 것이다. 전쟁이나 다른 인간적 불행과 불상에 의해 그것의 사용을 어떤 때든 그만두게 되더라도 그것은 완전히 다 망실되는 것이 아 니라, 그것이 많은 책을 구하고 보존해온 것처럼 그것이 책들에 의해 충실 하게 지켜지고 보존될 것이다.631)

---

631) Luis Leroy, *De la Vicissitude ou Variété des Choses en L'univers* (1575). 영역본: *Of*

이어서 루이 르루아는 뜻밖에도 유럽의 금속활자 제작과정을 자세히 설명한다.

인쇄용 활자를 만들기 위해서는 제일먼저 강화强化된 카운터펀치로 글자들 안에 들어 있는 여백을 파내거나 강철화된 쇠로 파내는 것 위에서 강철펀치들(ponchions)을 불로 연화軟化시키는 것이 필요하다. 그리고 튀어나왔거나 평평치 않은 글자의 몸체들을 줄로 다듬고 부드럽게 만든다. 그런데 오른 쪽 끝에서가 아니라 반대 방향에서 그렇게 해야 한다. 이 글자들을 물로 적셔 단단하게 담금질한 뒤에 그것들을 광내서 불로 달궈진 고운 구리의 작은 조각 속에서 때려서 박아 넣는다. 그러면 그것이 그렇게 조각雕刻되는 것은 자연스럽게 글자들의 주형鑄型을 표현한다. 이것을 인쇄공들은 모형母型의 타인打印(striking of the matrices)이라고 부른다. 그 다음에 모형들을 철제 거푸집에 가지런히 넣고, 이것을 단단하게 만들 그것들이 더 오래 버틸 수 있게 할 목적으로 그것들의 여백에서 납, 주석, 안티몬, 기타 혼합금속들로 주물(castings)을 만든다. 그렇게 하여 글자들이 지어 부어 만들어지면, 글자들의 계통적 종류에 따라 분류하여 작은 박스로 가득한 큰 나무 케이스나 박스 속에 넣는다. 이 박스들로부터 문선공들은 (인쇄해야 할 글을 자기들 앞에 놓고) 글자들을 하나씩 하나씩 선택해 페이지와 조판에 의해 배열하는데, 그들은 이 활자들을 다시 한두 칸으로 나뉜 다른 철제 틀 속에 끼워 넣고 목제기구로 단단하게 잠그거나 닫는다.632)

이어서 르루아는 인쇄기로 압인하는 인쇄공정과 잉크제조에 관

the Interchangeable Course, or Variety of Things in the Whole World, transl, by R. Aschley, 1577 (London: Printed by Charles Yetsweirt Esq., 1594), 21쪽.

632) Leroy, Of the Interchangeable Course, or Variety of Things in the Whole World, 21-22쪽.

해 상세히 설명한다.

그런 다음 인쇄기 운용자는 마지막 조판 틀을 들어 인쇄기의 대리석 위에 놓고 나서 흰 가죽으로 덮인 – 잘 혼합된 잉크로 먹이거나 문질러진, 털실로 채워진 – 나무공으로 조판 틀을 툭툭 치고 인쇄될 종잇장을 이중의 압지壓紙 틀(인쇄면에 압력을 고루 분산시키는 틀 - 인용자)이나 양피지(이것들 사이에 털실헝겊을 끼워 넣는다)와, 종잇장이 얼룩지지 않도록 막아줄 습기 먹은 아마포 위에 놓는다. 그리고 종잇장의 여백을 덮는 양피지의 프리스케(frisquet?)를 내려놓고 (수레 위에 있는) 인쇄기의 차미車尾를 플래틴(plattin?)이 꽉 묶여있는 바이스(vice) 또는 주축(spindle) 아래로 들어갈 때까지 구르게 한다. 그리고 손에 바를 잡고 종잇장이 한 쪽에 인쇄될 때까지 가급적 단단하게 당긴다. 하루의 반나절 동안 한 면을 인쇄하고, 나머지 반나절은 다른 면을 인쇄한다. 그리하여 하루에 1250장 내지 1300장을 인쇄했다 (in a day twelue hundred and fiftie sheetes, or thirteen hundred imprinted). 그러나 이러기 전에 그들은 두세 번 테스트를 해서 검토한다. 이것이 올바르면 남은 일을 계속한다. 인쇄기에는 두 사람이 필요하다. 한 사람은 가져오고 모으고 종이쪽이나 종잇장들을 가지런히 정렬하고, 다른 한 명은 인쇄기 위에 놓여 있는 조판 위를 툭툭 쳐 잉크를 돌 또는 블록 위에 고루 분산시키거나 얇게 편다. 이것은 인쇄기를 한 사람 뒤에 한 사람이, 또는 번갈아 끌어당기지 않는다면 이에 필요한 굉장한 노고 때문에 혼자서 순차례로 할 수 없다. (...) 문선공들(Compositours)은 (활자를 골라 모아 조립하는 사람을 말하는데) 활자들이 많고 적거나 그 중간 수량이냐에 따라 더 많기도 하고 더 적기도 하다. 종종 활자를 재주再鑄하기 위해 주물공, 즉 용해공이 필요하다. 잉크는 석유(기름)의 연기나 진액(sweat?)으로 만들어지는데, 짙기 때문에 탁탁 친 기름 속에 녹여 분산시킨다. 잉크는 촉촉하지 않으면 종잇장에 붙지 않는다. 다른 이들은 동활자를 만드는 것이 더 좋다고 생각하여 그것이 비용이 더 싸지만 더 오래 버틴다고 말했다. 그러나 경험에 의해 동활자가 그렇게 편리하지 않다는 것, 그리고 그것들이 종이에 구멍을 낸다는 것이 밝혀졌다. 이것은 고대 그리스인들과 로마인들 사이에 알려져 있지 않은 이 기술에 대해 이해한 것이다.[633]

유럽의 구텐베르크식 주자공정과 인쇄공정에 관한 르루아의 이 설명은 인쇄된 글자로 된 것으로 아마 유럽 최초의 글일 것이다. 그런데 이 대목의 설명은 해독이 불가능한 부분이 군데군데 있어서 완전히 정확하게 이해하기 어렵다. 하지만 분명히 드러나는 특이점은 르루아가 늘 구텐베르크 예찬자들이 전제하듯이 '나사로 돌리는 인쇄기'가 아니라 나사 없이 '눌러 찍는 인쇄기'를 말하고 있는 점이다. 아무튼 나사 인쇄기가 아니라서 그런지 몰라도 두 인쇄공이 "하루에 1250장 내지 1300장을 인쇄했다"는 것은 - 이것이 과장 없는 사실이라면 - 1575년경 서양 인쇄술이 도달할 수 있는 능률치고는 정말 놀라운 수준이라고 해야 할 것이다. 그러나 조선의 출판능력에 비하면 별것이 아니다. 이것은 2명의 인쇄공이 양면 인쇄 홍보지 1건을 약1200장 분량까지 인쇄하는 데 하루 걸렸다는 말이고, 이것을 서적 제작으로 바꿔보면 400페이지짜리 책 1종을 1200부 인쇄하는 데는 400일이 걸린다는 말이기 때문이다. 주자鑄字기간을 빼더라도 여기에 인쇄보다 더 걸릴(가령 4배 이상 걸릴) 조판기간과 제본기간(하루에 40부씩 제본한다면 30일)을 산입하면 이것은 400페이지짜리 서적 1200부를 제작하는 데는 2030일이 걸린다는 말이고,

---

633) Leroy, *Of the Interchangeable Course, or Variety of Things in the Whole World*, 21-22쪽.

200부를 만드는 데는 2030일의 6분의 1(약 340일)이 걸린다는 말이다. 이것은 대략 11개월이다. 이것은 1개월에 서적 18건(부)을 제작하는 속도다. 이 시간은 300-400페이지짜리 서책 200부를 주자로 찍어 제본하는 데 2-3개월밖에 걸리지 않았던, 따라서 1개월에 66-100건(부)를 생산한 조선의 출판능력에 비할 바가 아니다. 1570년대에도 유럽의 최첨단 서적인쇄·제작 속도는 이와 같이 조선의 4분의 1, 또는 5분의 1 수준에 불과했던 것이다.[634]

이에 잇대서 르루아는 독일인들이 인쇄기술의 발명을 자기들의 공으로 자랑하지만 실은 그 기술은 극동에서 들어온 것이라고 밝힌다.

독일인들(the Almains)은 이 기술의 발명을 자기들의 공으로 돌린다. 그럼에

---

634) 실제 출판사례에 비춰보면, 조선의 서적제작 속도는 1570년 당시의 서양보다 36배 이상 빨랐다. (1570년대 서양은 1개월에 18건을 제작한 반면, 1420년 조선은 655건을 제작했다). 세종 3-4년(1321-1422) 59권 59책짜리 『자치통감강목』 제작 사례를 보자. 『세종실록』, 1421년(세종3) 3월 24일: "앞서 책을 찍는데 글자를 동판에 벌여 놓고 황랍을 끓여 부어 단단하게 굳은 뒤에 찍었기 때문에 납이 많이 들고 하루에 찍어 내는 양이 두어 장에 불과하였다. 이때 임금이 친히 지휘하여 공조참판 이천(李蕆)과 전 소윤 남급(南汲)으로 하여금 동판을 다시 주조하여 글자의 모양과 꼭 맞게 만들었더니, 밀랍을 녹여 붓지 아니하여도 글자가 움직이지 아니하고 더 해정(楷正)하여 (조판·교정·인쇄작업 시간을 다 합해서 — 인용자) 하루에 수십 장에서 백 장까지 찍어 낼 수 있다. 임금은 (...) 『자치통감강목』(59권59책)을 찍어 내라고 명령하고, 집현전으로 하여금 오탈자를 교정케 했는데 경자년(1420) 겨울부터 임인년(1422) 겨울에 이르러 일을 끝냈다." 주자는 1420년(경자년) 11월에 시작하여 1421년(신축년) 5월 약 7개월 만에 마쳤다. 참조: 『세종실록』, 1422년(세종4) 10월 29일("영락 경자년 겨울 11월 전하께서 이를 근심하여 새로 글자모양을 주조하게 명하니 매우 정교하고 치밀했다. 지신사 김익정과 좌대언 정초에게 명하여 그 일을 감독하게 하여 일곱 달 만에 일을 마쳤다.") 따라서 『자치통감강목』 59책을 200건(보통 100건에서 1000건을 찍는다) 제작하는 데 걸린 기간(조판·교정·인쇄·제본에 걸린 기간)은 18개월이다. 200부를 찍었으므로 총1만 1800건(59×200)을 찍은 셈이다. 1개월에 655건 이상 제작한 것이다. 조판속도가 빠르고 또 압인기가 필요 없으므로 인쇄는 여럿이 할 수 있었기 때문이었을 것이다.

도 불구하고 포르투갈사람들은 동방과 북방의 가장 먼 지역에서 중국
(China)과 카테이(Cathay)로 들어가 무역을 하여, 그 나라의 말, 그 나라의
문자로 인쇄된 책들을 거기로부터 가져왔다고 말하고, 그들이 거기서 그
기술을 오랫동안 사용했다고 말했다. 이로 인해 몇몇 사람들은 그들이 그
발명품을 그 나라로부터 타타르와 모스크바를 통해 독일로 가져왔고, 그
이후에 나머지 기독교세계에 전했다고 생각하기에 이르렀다.635)

우리는 이 글에서 세 가지 중요한 사항에 유의해야 한다. 첫째는
포르투갈사람들이 중국에서 활인된 한문서적들("그 나라의 말, 그 나라
의 문자로 인쇄된 책들")을 가지고 왔다는 '팩트'이고, 둘째는 포르투갈
사람들이 책만이 아니라 인쇄술("그 발명품")을 중국에서 독일로 가
져와 기독세계 전체에 전했다고 생각하는 '관념'이고, 셋째는 이렇
게 생각한 사람들이 한 명이 아니라 복수의 "몇몇 사람들"이라는
'팩트'다. 따라서 1570년까지만 해도 '복수의 사람들'이 르루아가
앞서 상세히 설명한 인쇄술, 즉 '금속활자 인쇄술'이 독일의 발명품
이라고 주장하는 독일인들의 우김질에도 불구하고 이 인쇄술이
중국으로부터 들어왔다고 증언하고 있었던 것이다.

여기서 르루아도 분명히 타타르와 모스크바를 통해 중국 서적(한
국 서적)을 가져온 사람들을 '포르투갈사람'이라고 말하고 있다.
그러나 앞서 설명한 이유에서 이들은 '카스티야사람들'일 수도 있
다. 카스티야 왕국은 상술했듯이 1403-1406년 루이 곤잘레스 클라
비조를 사마르칸트의 티무르 조정에 외교사절파견했고, 클라비조
는 북경에서 돌아온 타타르 카라반 수행원을 만났다. 당연히 이

---

635) Leroy, *Of the Interchangeable Course, or Variety of Things in the Whole World*, 22쪽.

카라반은 중국에서 구입한 수많은 중국물건을 가지고 왔을 것이고, 클라비조는 그들로부터 여러 물건들 구입했을 것이다. 이 물건들 속에 중국(한국)에서 온 활인본 서책이 들어갔을 수도 있다.

르루아는 위와 같은 내용을 같은 책에서 한 번 말하고 마는 것이 아니라 반복한다. 일단 그는 인쇄술을 최고의 발명품으로 친다.

거의 완성된 고대 학문의 복원 외에도, 생필품으로 기여할 뿐만 아니라, 위락을 위해서도 기여하는 수많은 상당히 새로운 물건들의 발명은 이 시대에 유보된다. 이 물건들 중에서 인쇄기술은 기술의 탁월성, 유용성, 그리고 묘미 면에서 첫 번째 자리에 꼽을 만하다. 이 기술은 모형母型의 조성雕成, 활자의 주조, 배분, 문선, 잉크와 잉크를 조판에 묻히는 보울(baules?) 공법, 인쇄기 놓기와 인쇄기 사용 공정, 종이의 습화濕化, 종잇장 위에 올려놓기, 종잇장을 떼서 말리기, 이것들을 책으로 제본하기, 압인된 것의 검토와 교정 등을 가능케 한다. 이것에 대해서 우리는 앞서 말했다. 그리고 이 기술은 많은 상이한 필경사들이 1년에 하는 것보다 많은 일을 하루에 처리한다. 이런 이유에서 이전에 희귀하고 값비쌌던 책들이 이제는 보다 흔해지고 얻기에 더 쉬워졌다. 왜냐하면 이 기술은 기적적으로 발명되어 이전에 어떤 의미에서 죽었던 학문과 훌륭한 글들을 다시 살게 만들게 되는 것처럼 보인다.[636]

르루아는 인쇄술을 당대 최고의 발명품으로 평가하고 나서 이 인쇄술이 극동에서 왔다는 사실을 되풀이해서 확인한다.

---

[636] Leroy, *Of the Interchangeable Course, or Variety of Things in the Whole World*, 110-111쪽.

그 기술의 발명은 독일인들의 공으로 돌려지고, 마인츠(Mentz)에서 시작했고, 거기로부터 베니스로 이전되었다. 그리고 그 후에 전 기독교세계로 확산되었다. 그리고 니콜라스 젠슨(Nicholas Genson), 알두스(Aldus), 윤테가家(the Iuntes), 프로베니우스(Frobenius), 바디우스(Badius), 로버트 스티븐스(Robert Stephens)와 기타 인물들에 의해 완벽화에 도달했다. 그럼에도 불구하고 포르투갈사람들은 동방과 북방의 가장 먼 지역 근처에서 중국과 카테이(Cathay)로 들어가서 무역을 하고 거기로부터 그 나라 언어, 그 나라 문자로 쓰인 책들을 가져왔고, 그들이 그 기술을 거기서 오랫동안 사용했다고 말했다. 이것으로 인해 몇몇 사람들은 저 사람들이 이 기술의 발명품을 타타르지역과 모스크바를 통해 거기로부터 독일로 가져왔고 그리하여 다른 기독교인들에게 전달했다고 생각하기에 이르렀다.637)

르루아는 앞에서 한 말을 약100쪽 뒤에서 이렇게 다시 한번 확인하고 있다. 이것은 그의 책『우주의 사물들의 변천 또는 다양성』(1575)보다 10년 뒤에『중국대제국의 역사』(1585)를 출판하는 멘도자의 말을 - 전존훈이 읽어보지도 않고 경솔하게 내뱉었듯이 - 결코 '반복'하는 것일 수 없다. 르루아의 이 책은 카터도, 허드슨도, 전존훈도, 그 이후 금속활자 인쇄술의 서천론이나 반反서천론을 논한 그 어떤 논자도 읽어보기는커녕 거들떠보지도 않은, 즉 필자가 여기서 처음 제시하는 책이다.

독일 인쇄술의 서천에 관한 르루아의 전언적傳言的 논급은 어느 모로 보나 멘도자 말의 반복이 아니라 독자적 언술이다. 그리고 그는 조비우스와 달리 당시 서천론자들이 '복수적 인물들'이라는

---

637) Leroy, *Of the Interchangeable Course, or Variety of Things in the Whole World*, 111쪽.

것을 두 번에 걸쳐 분명히 해주고 있다. 이것이 르루아에게서 얻을
수 있는 가장 큰 수확이라고 할 수 있을 것이다.

　조비우스와 르루아의 증언과 관련하여 특이한 것은 둘 다 전달자
를 포르투갈사람들로 한정하고, 또 전달루트를 스키타이사람들(타
타르)과 모스크바사람들(모스크바)의 '육로'로만 한정한다는 점이다.
그러나 후앙 멘도자는 이런 '한정들'을 둘 다 걷어내 버린다.

■ 후앙 멘도자의 육·해로 서천과 구텐베르크 리메이크 명제(1585)

　서천루트를 육로로 단순화한 조비우스와 르루아와 달리 후앙
멘도자(Juan Gonzáles de Mendoza, 1545-1618)는 1585년 스페인어판 『중
국대제국의 역사(Historia de las cosas mas notables, ritos y costumbres del
gran Reyno de la China)』(1-2권)에서638) 극동 인쇄술의 서천루트를 육·해
로의 양방향으로 제시하고, 극동 인쇄술의 수용자를 '독일' 또는
'독일인들'이라고 애매하게 지목한 르루아와 달리 멘도자는 정확히
'구텐베르크'로 지목한다. 따라서 멘도자는 구텐베르크가 극동 인쇄
술을 모방했다고 밝힌 셈이다.

　멘도자는 유명한 중국 종합연구서 『중국대제국의 역사』의
"CHAP. XVI. Of the antiquitie and manner of printing bookes, vsed
in this kingdome, long before the vse in our Europe(제16절. 우리 유럽에서
사용되기 오래전에 이 왕국에서 사용된 서적인쇄의 유구성과 공법)"이라는
절에서 이렇게 운을 뗀다.

---

638) Juan Gonzáles de Mendoza, *Historia de las cosas mas notables, ritos y costumbres
del gran Reyno de la China* (1-2권, Roma, 1585; Madrid & Bercelona, 1586; Medina
del Campo, 1595; Antwerp, 1596). 영역본: Juan Gonzalez de Mendoza, *The History
of the Great and Mighty Kingdom of China and The Situation Thereof*, the First and
the Second Part (London: Printed for the Hakluyt Society, 1853).

인쇄술의 경탄할 만한 발명과 교묘한 독창성은 이 독창성의 활용이 (오늘
날) 부족해서 많은 탁월한 사람들과 그들의 – 오래전 행복한 시절에 행해
진 – 위업의 가치가 잊힌 것들이다. (하지만) 오늘날 많은 사람들은 그들의
명성이 지상의 삶보다 더 오래 글 속에서 지속되지 않는다면 영예와 출세
를 이루기 위해 학문에서든, 전공戰功에서든 저 탁월했던 사람들이 했던
만큼 많은 수고를 하려고 하지 않을 것이다.[639]

이 말은 인쇄된 글이 죽은 뒤에도 명성을 유지해주는 천국을
대체할 정도로까지 인쇄술이 "위업의 가치"가 있다는 말이다.
　이어서 멘도자는 놀랍게도 구텐베르크의 금속활자 인쇄술이 극
동의 금속활자 인쇄술을 모방한 것이라고 보고한다. 일단 멘도자는
구텐베르크의 업적을 먼저 확인한다.

여론에 의하면 유럽에서 인쇄술의 발명이 1458년에 시작된 것이 명백한
것으로 보이고, 이 공은 존 쿠템베르고(John Cutembergo)라고 하는 투스카니
인에게로 돌려졌다. 그리고 사실로 얘기되는 것은 그들이 찍은 최초의 주
형鑄型(mould)이 마군시아(Maguncia)에서 제작되었고, 여기로부터 콘라도
(Conrado)라는 독일인(Almaine)이 동일한 발명품을 이탈리아로 도입했다는
것이다. 그리고 인쇄된 최초의 책은 아우구스티누스가 쓴 『신국론(De
ciuitate Dei)』이라는 제목의 책이었다. 이에 대해서는 많은 학자들이 동의한
다.[640]

---

639) Mendoza, *The History of the Great and Mighty Kingdom of China and The Situation Thereof*, 131-132쪽. 괄호의 말은 인용자.

640) Mendoza, *The History of the Great and Mighty Kingdom of China and The Situation Thereof*, 131-132쪽.

한 구절씩 뜯어보자. 서양에서 "인쇄술의 발명"이 "1458년"이라고 한 구절은 오늘날 1440년 또는 1450년으로 얘기되는 발명 시점보다 늦춰 잡은 날짜다. 그리고 "존 쿠템베르고(John Cutembergo)"는 '요한 구텐베르크'를 구전 발음으로, 그것도 스페인어식으로 표기한 것이다. '요하네스 구텐베르크'가 '요한 쿠텐베르크', '요한 구텐베르크', '요한 구템베르크' 등으로 부정확하게 알려지고 표기 되어왔기 때문이다. 이런 까닭에 로버트 카터조차도 1924년 구텐베르크를 가끔 '구템베르크'로 표기했다. "존 쿠템베르고(John Cutembergo)라고하는 투스카니인"이라는 구절은 영역자가 '독일인'을 뜻하는 "Tudesco"라는 스페인어 단어를 "투스카니인"로 오역한 데 기인한표현이다. "마군시아(Maguncia)"는 독일의 '마인츠'를 스페인어로 표기한 것이다. 그리고 "인쇄된 최초의 책이 아우구스티누스가 쓴 『신국론』이라는 제목의 책이었다"는 대목은 구텐베르크가 최초로 제작한 활인본 서적이 *Donatus*(라틴어 문법책)나 42행 성서였다고 하는오늘날의 요란한 말들과 완전히 배치된다. 오늘날의 이런 말들은구텐베르크 사후 117년 된 시점(1585)에 멘도자가 하는 이 말이 더신빙성 있어 보인다. 또한 "이에 대해서는 많은 학자들이 동의한다"는 멘도자의 추가설명 때문에도 신빙성이 더 있어 보인다. 그리고최초의 인쇄 서적이 『신국론』이었다는 멘도자의 이 말은 40여년뒤 미셸 보디에(Michel Baudier)에 의해 다시 한번 확증된다.

이어서 그는 구텐베르크가 극동의 금속활자 인쇄술을 모방한것이라고 힘주어 주장한다.

그러나 중국인들은 인쇄술의 최초 시작이 그들의 나라에서 있었고, 발명가는 그들이 성인聖人으로 받드는 사람이라고 단언한다. 이에 의하면, 중국인들이 이것을 사용한 지 많은 해가 흐른 뒤, 러시아와 모스크바를 거쳐 독일(Almaine)로 들어왔다. 그리고 확실한 것처럼 거기로부터는 육로로 왔다. 거기(중국)로부터 이 왕국(스페인)으로 홍해를 경유해, 그리고 아라비아 펠릭스(Arabia Felix, 풍요로운 아라비아, 즉 예멘 땅 – 인용자)로부터 온 몇몇 상인들은 몇 권의 서적을 가지고 왔을 것이고, 역사가 창시자로 삼는 존 쿠텐베르고가 이 책들로부터 그의 첫 토대(his first foundation)를 얻었다. 중국인들이 동일한 것에 대한 창시자 지위를 가지는 만큼, 진리인 것, 즉 이 발명품이 중국인들로부터 우리에게 왔다는 것은 명백해 보인다(it dooth plainlie appeare). 신빙성을 더하자면, 독일(알마인)에서 그 발명이 시작되기 500년 전에 인쇄된 많은 책들이 오늘날도 중국인들 사이에서 발견된다. 그리고 나도 이 책을 한 권을 가지고 있고, 인도에서만이 아니라 스페인과 이탈리아에서도 이 같은 다른 책들을 보았다.641)

멘도자는 금속활자 인쇄술과 목판인쇄술을 뒤섞어 말하고 있지만, 구텐베르크 관련 인쇄술은 금속활자 인쇄술임이 틀림없고, "500년 전"에 많은 책들을 인쇄한 중국기술은 목판인쇄술일 수밖에 없다. 그러나 멘도자가 이렇게 뒤섞어 말하더라도 그가 말하고자 하는 바는 구텐베르크가 유럽의 "몇몇 상인들"에 의해 중국으로부터 반입된 인쇄본 책에서 아이디어를 얻어 금속활자 인쇄술을 재발명했다는 것이다. 우리는 이 구절을 "중국으로부터 반입된 한국 인쇄본 책"으로 바꿔 읽기만 하면 되는 것이다.

"아라비아 펠릭스(Arabia Felix)"는 희랍어 '행복한 아라비아(Εὐδαίμων Ἀραβία)'의 라틴어 역어인데, 여기서는 아라비아 남부지역인

---

641) Mendoza, The History of the Great and Mighty Kingdom of China and The Situation Thereof, 132쪽.

예멘, 또는 예멘 앞바다 '아라비아 해'를 함의한다. 멘도자는 구텐베르크가 "러시아와 모스크바를 거쳐 독일(Almaine)로 들어온", 즉 육로로 들어온 책들과, 몇몇 상인들이 "홍해를 경유해" 스페인으로 들어왔거나 아라비아 펠릭스(아라비아 해)로부터 페르시아 만을 거쳐 스페인으로 들어온, 즉 두 개의 해로로 들어온 책들로부터 그의 발명의 "첫 토대"를 얻은 것이 "확실하고", 또 "이 발명품이 중국인들로부터 우리에게 왔다는 것은 명백해 보인다(it dooth plainlie appeare)"고 단도직입적으로 '확언'하고 있다. 멘도자가 바로 이어서 "독일에서 그 발명이 시작되기 500년 전에 인쇄된 많은 책들"을 운위함으로써 그가 목판인쇄술을 말하는 것인지, 활판인쇄술을 말하는 것인지 모호해지는 것 같지만, 그가 '구텐베르크'와 '독일의 발명'을 거듭 언급하는 만큼 그가 염두에 둔 인쇄술은 금속활자 인쇄술임이 틀림없다. 따라서 이것은 내용적으로 한국 금속활자 인쇄술을 말하는 것이다. 한국 금속활자는 『증도가』의 출간연도(1211)로부터 구텐베르크의 재발명연도(여기서는 1458)까지 치면 247년 만에 발명되었다. "독일에서 그 발명이 시작되기 500년 전에 인쇄된 많은 책들" 구절은 "독일에서 그 발명이 시작되기 247년 전에 인쇄된 많은 책들"로 수정되어야 할 것이다. 그리고 "이 발명품이 중국인들로부터 우리에게 왔다"는 말은 "한국의 이 발명품이 중국인들을 통해 우리에게 왔다"는 말로 고쳐 읽어야 하는 것이다.

"확실하다", "명백해 보인다"는 표현으로 확언을 반복하며 극동 금속활자 서천론을 명확하게 개진하는 멘도자의 이 서천론은 독일의 이 인쇄술이 극동에서 왔다는 말을 되풀이 확인한 르루아의 서천론과 동급이다. 그런데도 서양의 인쇄술 서천론자들과 반反서천론자들은 연구가 미진하여 아무도 멘도자의 이 명확한 서천론

명제를 알지 못했거나, 반서천론자의 경우는 알았더라도 멘도자의 이 명제를 의도적으로 사장시킨 혐의가 엿보인다. 왜냐하면 이것이 반서천론자들에게 가장 불리한 역사 자료이기 때문이다. 중국학 전문가 중에 조지 스톤턴(Gearge T. Staunton)만은 멘도자의 주장을 알았다. 하지만 그는 멘도자의 글에 대한 주석에서 (그 자신이 한국의 금속활자를 까맣게 모른 채) 멘도자가 말하는 극동의 인쇄술을 한국 금속활자 인쇄술과 매치시키지 못하고, 중국 필승의 도활자와 매치시켜 이 도활자가 "실용되지 못했다"는 사실을 지적함으로써 전체적으로 멘도자 서천론의 신빙성을 떨어뜨리는 역할을 하고 있다.642)

지금까지 멘도자의 글을 서천론의 증거로 제시한 연구자는 전존훈과 장수민, 이 단 두 사람이었다. 그러나 전존훈은 바로 '구텐베르크' 이름을 호도糊塗하면서 그가 모방한 것이 '중국인쇄술'이라는 측면만 부각시켰고, 장수민은 멘도자의 해당구절을 인용하는 중에 아예 구텐베르크의 이름을 빼버렸다. 그들은 자신들이 '구텐베르크' 이름을 멘도자의 말 그대로 부각시킨다면 불가피하게 한국 금속활자가 논의의 중심에 들어올까 봐 두려워 한 것으로 보인다. 모든 근대적 문물이 중국에서만 유래했다고 주장하고 싶어 하는 전존훈과 장수민의 마음속에 잠재된 중화주의 이데올로기는 구텐베르크 이름과 더불어 한국 금속활자가 부상하는 것을 가로 막았고, 결국 멘도자의 서천론에 대한 그들의 분석을 모두 빗나가게 만들었던 것이다. 그래서 멘도자가 그의 서천론에서 말하는 '중국 인쇄술'은 '구텐베르크' 이름을 가급적 어둠 속에 감춰 두려는 전존훈과 장수민의 저런 의도적 호도糊塗행위에 의해 '한국 금속활자 인쇄술'로 밝혀지는 것이 아니라 '중국

---

642) Mendoza, *The History of the Great and Mighty Kingdom of China and The Situation Thereof,* ed. by George T. Staunton, 132쪽 각주2.

목판인쇄술'로 퇴행적 탈바꿈을 겪고 말았다.

2.2. 금속활자 서천을 증언하는 17세기 초 증거문건

조비우스, 르루아, 멘도자가 극동 인쇄술의 서천에 관해 증언한 문건들은 구텐베르크 사후 120년 안쪽에 생산된 16세기 중후반 문건들이다. 그런데 이들과 별개로 17세기 초엽에도 서천에 관해 의견을 암묵적으로 인정하거나 명시적으로 표명한 철학자들이 있었다. 그들은 프란시스 베이컨과 미셸 보디에였다.

■ 극동 인쇄술의 서천 사실을 인정한 프란시스 베이컨(1626)

영국의 유명한 근세 철학자 프란시스 베이컨(Francis Bacon, 1561-1626)은 서천을 명시적으로 주장하고 증언하는 문건을 남기지 않았다. 그러나 그는 암암리에 르루아의 서천 증언을 수용하여 자기의 입장을 바꿈으로써 서천론을 묵시적으로 인정했다.

주지하다시피 베이컨은 1620년 『신기관(Novum Organom)』을 출판할 당시만 하더라도 인쇄술의 기원을 몰랐다. 그는 『신기관』 제1권을 마치기 직전의 패러그래프에서 이렇게 말한다.

고대인들에게 알려지지 않은, 그리고 그 기원이 최근일지라도 모호하고 찬미되지 않는 세 가지 물건, 즉 인쇄술, 화약, 나침반의 기술이 가장 명백하게 보여주는 발견의 힘과 권능과 중요한 귀결을 살피는 것이 도움을 준다. 사실 이 세 가지 것들은 전 지구에 걸쳐 사물들의 면모와 상황을 전변轉變시켰다. 첫 번째 것은 문예, 두 번째 것은 전쟁술, 세 번째 것은 항해를 전변시켰다. 그리고 이어서 셀 수 없이 많은 변화들이 뒤따랐다. 어떤 제국도, 어떤 종파도, 어떤 별도 저 기계적 물건들보다 더 큰 권능과 영향력을 인간사에 행사하지 못한 것으로 보인다.[643]

여기서 베이컨은 인쇄술을 비롯한 세 가지 물건의 "기원"이 "모호하다(obscure)"고 말하고 있다. 그러나 인쇄술·총포화약·나침반이 중국에서 왔다는 것을 그가 끝내 몰랐던 것은 아니다. 『신기관』을 출판한 지 수년 뒤부터는 그는 도처에서 이 세 기술을 중국과 관련해서 언급하기 때문이다. 베이컨은 이 세 가지 발명품을 지구를 혁명화한 촉매제로 평하고 있다. 베이컨의 과학철학에 본질적 중요성을 갖는 이 세 가지 기술은 인간사의 상태를 바꾸는 "발명의 가치"에 대한 결정적 예증들이었다.[644]

가령 베이컨은 1625년 출판된 기술로서의 무기가 "변천(vicissitudes)"에 변천을 거듭한다는 것을 입증할 목적으로 쓴 『공민적, 도덕적 논고 또는 자문(The Essays or Counsels, Civil and Moral)』의 한 섹션에서 "대포가 중국에 2000년 이상 사용되어 왔다는 것이 잘 알려져 있다(it is well known that the use of ordnance, hath been in China above two thousand years)"고 피력한다.[645] 여기서 대포의 사용은 화약의 사용을 포함한다. '대포(ordnance)'라는 말이 원래 발사기와 화약을 사용하는 무기를 정의하기 위해 도입된 술어이기 때문이다.

---

643) Francis Bacon, *The New Organon* [1620] (Cambridge: Cambridge University Press, 2000), Book I, CXXIX(129).

644) Jonathan E. Lux, "'Character reall': Francis Bacon, China and the Entanglements of Curiosity". *Renaissance Studies*, Vol. 29, Issue 2 (April 2015), 192쪽.

645) Francis Bacon, *The Essays or Counsels, Civill and Morall* [1625] (Cambridge: Cambridge University Press, 1985), 176쪽.

또 베이컨은 인쇄술이 중국에서 기원했다는 사실도 나중에 알게 된다. 조나던 룩스(Jonathan E. Lux)의 심층연구에 의하면, 이것은 멘도자의 책 『중국대제국의 역사』(1585)의 한자漢字 설명 부분 옆에 남겨진 주제에 관한 베이컨의 표시에 주목하면 쉽사리 확인된다. 이것은 그가 나중에라도 『중국대제국의 역사』를 읽었다는 것을 뜻하고 이것은 자동적으로 그가 멘도자의 서천론을 접했고 이의 없이 수용했다는 것을 함의한다. 더 결정적인 증거는 그가 루이 르루아의 저 책 『우주의 사물들의 변천 또는 다양성』이라는 책도 읽었다는 사실이다. 베이컨은 르루아의 이 책에서 별의별 아이디어와, "vicissitude(변천)"과 같은 용어들을 다 가져다 자기 것으로 만들고 있다. 따라서 베이컨이 인쇄술이 육로와 해로로 독일과 스페인으로 들어왔을 것이라는 멘도자의 추정을 선취하는 르루아의 책에 친숙했다고 보는 것은 지당한 것이다.

더욱 결정적인 것은 1626년 사후에 유고로 출판된 베이컨의 『뉴아틀란티스(New Atlantis)』다. 이 책은 미완의 유토피아 소설이다. 이 책은 '자연적 역사(A Natural History)'라는 영어제목을 같이 달고 출판된 Sylva sylvarum(『숲, 숲들』, 1626)의646) 뒤에 붙인 부록처럼 출판되었다. 베이컨은 Sylva sylvarum에서 인간적 발견과 지식의 미래비전을 묘사하고 인류를 위한 자신의 열망과 이상을 표명했다면, 『뉴아틀란티스』에서는 과학기술적 또는 기술공학적 유토피아를 그렸다.

베이컨이 그린 『뉴아틀란티스』는 동시대 유럽인들이 과학기술 선진국으로 여긴 중국의 축소판 이상理想국가였다. 동시대인도 이것을 바로 눈치 채고 남중국해의 어느 섬에 있다는 '뉴아틀란티스'를

---

646) Francis Bacon, Sylva Sylvarum: or A Naturall Historie. In Ten Centuries. (London: William Lee, 1626).

중국의 축소판으로 이해했다. 가령 영국 시인 토마스 뱅크로프트 (Thomas Bancroft, 1596?-1658)는 『거짓말에 맞서(Against Lying)』(1658)라는 풍자시 의 중요한 구절을 "영국으로부터 도피함으로써만 진리를 배울 수 있다는 상상적 허설虛說"을 퍼트린 사람들을 풍자하는 데 바치고 있다.

진리의 얼굴을 보고자 하는 자는
다른 해안으로 항로를 조정해 가야 한다네
여기는 우리가 보는 가면假面, 베일, 유사품을 빼고
아무것도 놓여 있지 않다네."647)

이 장난스런 풍자시의 한가운데서 뱅크로프트의 화지話者는 한동 안 옆으로 비켜서서 중국과 『뉴아틀란티스』 간의 감춰진 연관성을 상상적 여행 이야기 속에서 재현한다. 화자는,

육지로, 중국의 해안으로
굴러가 있는 것으로 느끼고 (…)
그것은 전혀 통속적이지 않은 종류의 발명들을
우리의 보다 행복한 베이컨이
그를 유명하게 만든 뉴아틀란티스에서 본 것과
같은 것들을 내게 보여주었네.648)

---

647) Thomas Bancroft, *Time's out of Tune* (London: 1658), 36쪽. Lux, "'Character reall': Francis Bacon, China and the Entanglements of Curiosity", 202쪽에서 재인용.

648) Bancroft, *Time's out of Tune*, 39-40쪽. Lux, "'Character reall': Francis Bacon, China and the Entanglements of Curiosity", 202쪽에서 재인용.

뱅크로프트는 '실존하는 유토피아' 중국과 『뉴아틀란티스』 간의 닮은꼴을 콕 꼬집어내고 있다. 그리하여 베이컨의 은폐시도가 무의미해질 정도로 『뉴아틀란티스』의 사이언토크라시는 그의 경험론과 더불어 철두철미 그의 중국적 발상에서 기원한 것이다.

그런데 중국의 사이언토크라시적 축소판 『뉴아틀란티스』에서 베이컨은 '과학적 발견의 전당'의 "아주 길고 아름답고 회랑"에 "모든 주요 발명가들의 동상"을 전시하고 있는데, 뉴아틀란티스의 과학자 신분의 "명령과 의례"를 위해 세운 동상 목록에 대포화약의 발명자, 비단의 발명자 등 중국 발명자들과 더불어 "인쇄술의 발명자"를 포함시키고 있다.649) 이것은 중국 인쇄술의 서천 사실과 관련된 르루아와 멘도자의 증언에 대한 인정과 더불어 은연하지만 가장 분명하게 인쇄술의 발명자를 중국인으로 지목한 것으로 봐도 무방한 것이다.

극동 인쇄술의 서천론에 대한 베이컨의 '긍정'은 은연하고 묵시적이지만 엄청난 비중을 가지고 있다. 왜냐하면 그의 이름이 조비우스 르루아·멘도자 등에 비할 데 없이 역사적으로 비중이 크기 때문이다. 그러나 유사한 견해는 베이컨으로 그치지 않는다. 같은 시기에 쓰인 또 하나의 결정적 증언 문건이 있다. 바로 미셸 보디에의 글이다.

■ 서천과 모방에 대한 미셸 보디에의 증언록(1626)

미셸 보디에(Michel Baudier, 1589-1645)는 루이 13세 시절 프랑스 궁전 역사기록관을 지낸 프랑스 역사가이다. 그는 프랑스·영국·이탈리아의 행정·전쟁역사, 터키·페르시아의 일반역사와 종교·궁정역사,

---

649) Francis Bacon, *The New Atlantis* [1627], 272-273쪽. Charles M. Andrews, *Ideal Empires and Republics: Rousseau's Social Contract, More's Utopia, Bacon's New Atlantis, Campanella's City of the Sun* (Washington·London: M. Walter Dunne, 1901).

중국역사에 관한 십수 권을 책을 쓴 당대의 석학이었다. 그는 1626
년 중국에서 돌아온 한 예수회 신부의 이야기를 듣고 1626년 집필·
출판한 『중국 왕조의 역사(Histoire de la cour du roi de la Chine)』에서[650]
중국의 국가제도와 교육·학교제도 및 각종 풍속, 그리고 황제의
정원을 논평한다. 이 책에서 보디에는 중국의 능력주의적 공무원임
용과 혈통귀족의 부재, 내각제와 내각수상, 만민평등교육을 위한
학교제도, 중국의 인쇄술과 서적출판 및 도서관, 황제의 정원과
조원술造園術 등을 간명하게 설명하고 평가한다.

미셸 보디에는 이 책에서 선진적이고 완벽한 중국 인쇄술을 소개
하고 나아가 육·해로를 통한 극동 금속활자의 전파와 구텐베르크에
의한 극동 금속활자의 모방을 언급한다. 일단 그는 중국이 구텐베르
크에 앞서 완벽한 인쇄술을 보유했다는 사실과 구텐베르크의 활자
가 유럽 최초의 활자라는 사실을 밝힌다.

중국인들은 완벽한 인쇄술을 가지고 있다. 인쇄술은 1458년 부지런한 독
일인 욘 구텐베르크(Iohn Guttemberg)가 인쇄술의 사용법을 우리에게 가르
치기 전에 중국인들 사이에 존재했었다. 구텐베르크의 인쇄술은 유럽에서
그 인쇄술의 첫 시작이었다. 첫 활자들(Stamps)은 멘데즈(Mendez)에서 제작
되었고, 인쇄된 최초의 책은 위대한 성 아우구스티누스의 『신국론(Of the
City of GOD)』이라는 제목의 학술서적이었다. 콘라도(Conrado)라는 독일인이
그 인쇄술을 그곳으로부터 이탈리아와 다른 곳들로 가져갔다.[651]

---

650) Michel Baudier, *Histoire de la cour du roi de la Chine* (Paris, Chez Claude Cramoisy,
   1626). 이 불어본은 이후 17세기말까지 거듭 여러 버전으로 출판된다. 영역본: *The
   History of the Court of the King of China* (London: Printed by H. B. for Christopher
   Hussey, 1682). 이 책은 18세기 초에도 영어본이 또 나왔다. Vol. viii of the *Collection
   of Voyages and Travels of Awnsham and John Churchill* (London, 1707-1747).

'욘 구템베르크'는 요한 구텐베르크의 와음訛音 표기이고, "멘데즈(Mendez)"는 마인츠의 당대 프랑스어 표기다. '콘라도'는 '콘라드'의 오기다. 보디에는 멘도자처럼 구텐베르크가 제일먼저 인쇄한 책이 라틴어문법책 『도나투스』나 성서가 아니라 아우구스티누스의 『신국론』이라고 다시 확인해 주고 있다. 그리고 이어서 그는 극동 인쇄술의 서천에 대해 다시 확인해주고 구텐베르크의 극동활판술 모방론을 피력한다.

그때의 이 모든 일에 앞서 이 인쇄술은 중국에서 장사하고 아라비아 펠릭스로 들어와 홍해를 통과한 상인들이 그 나라로부터 가져왔었다. 나중에 상인들은 러시아와 모스크바에 갔었고, 그곳에 중국에서 한자로 인쇄한 책들을 놓고 왔고, 이 책들은 다시 독일로 들여와져 구텐베르크가 알게 되었다. 이 책들은 구텐베르크에게 견본을 제공했고, 그는 이 견본의 모방 (imitation)에 의해 그의 활자를 제작했다. 왜냐하면 중국인들은 세계의 모든 기타 지역이 인쇄술의 발명에서 중국인들에게 빚졌다고 주장하기도 하고, 그것이 그렇다는 것은 누가 봐도 알 수 있기도 하기 때문이다. 인쇄술이 유럽에 사는 사람들에게 알려지기 500여 년 전에 중국인들 사이에 인쇄된 책들이 존재했다는 것은 매우 사실이다.[652]

보디에는 인쇄술의 서천을 말하면서 서천의 매개자를 유럽상인으로 특정하고 서천루트 중 해로는 "아라비아 펠릭스(아리비아반도 남단, 즉 예멘)로 들어와 홍해를 통과한" 것으로 단순화하고 있다. 그리고 육로는 조비우스와 멘도자가 말한 대로 러시아와 모스크바

---

651) Baudier, *The History of the Court of the King of China*, 77-78쪽.
652) Baudier, *The History of the Court of the King of China*, 77-79쪽.

에서 독일로 들어 온 길이라 확인해주고 있다. 모스크바에 중국 인쇄본 책을 놓고 온 상인은 유럽상인이 아니라, 아마 틀림없이 위구르나 몽고, 중앙아시아의 상인들일 것이다.

중국 인쇄술의 서천은 중국으로부터 인도양과 홍해를 거치는 '해로'와 러시아·모스크바를 거쳐 독일로 들어가는 '육로'를 둘 다 인정하는 점은 보디에와 멘도자의 보고가 완전히 일치한다. 그러나 보디에가 구텐베르크에게 전달된 중국인쇄술이 육로로 온 것이라고 말하는 반면, 멘도자는 중국 책이 구텐베르크에게 서천한 루트를 육로로 특정하지 않는 점에서는 양인이 조금 다르다. 물론 여기서도 인쇄술을 구텐베르크의 활자 인쇄술, 즉 금속활자 인쇄술을 상정하고 있는 까닭에 이 글의 '중국'은 거의 다 '한국'으로 고쳐 읽어야 할 것이다. 따라서 "세계의 모든 기타 지역이 인쇄술의 발명에서 중국인들에게 빚졌다"는 것은 "누가 봐도 알 수 있다"는 문장은 "세계의 모든 기타 지역이 인쇄술의 발명에서 한국인들에게 빚졌다"는 것은 "누가 봐도 알 수 있다"고 고쳐 읽어야 할 것이다.

이 증거문건의 특이성은 구텐베르크가 극동 인쇄서책을 "견본"으로 삼고 이 견본을 "모방"했다고 분명하게 말하는 보디에의 언명이다. 이것은 한국 금속활자 활인본 서적이 구텐베르크가 모방한 견본이었다는 말이나 진배없다. 미셸 보디에야말로 구텐베르크가 금속활자를 만들어 최초로 책을 인쇄한 지 170년 만에 그의 극동 금속활자 모방에 대해 가장 선명하게 말한 학자라고 평가할 수 있다.

지금까지 분석한 다섯 건의 증거문서들은 대체로 극동 금속활자 활인본 서적의 서천경로와 함께 구텐베르크가 한국 활판술을 리메이크한 또는 모방한 사실을 명확하게 밝혀 보여주고 있다. 따라서 존 맨이 말하듯이 서양에서 한국 금속활자에 대해 "찍소리도 없었다"고 가볍게 속단하거나 맥더모트처럼 서천에 관한 "어떤 문서증거도 없다"고 그리 경솔하게 단언해서는 아니 되는 것이다. 만약 맨과 맥더모트가 구텐베르크의 리메이크 사실을 부정하려거든 방금 우리가 제시한 다섯 건의 증거문건들을 합당한 논변으로 일일이 다 무력화시켜야 할 것이다. 하지만 이들이 이러기에는 턱없이 역량 부족일 것이다. 이들은 이런 문건들의 존재를 전혀 모르고 있기 때문이다. 맥더모트가 단지 조비우스 문건의 존재를 막연히 인지했을 뿐이다. 나아가 기타 반서천론자들도 마찬가지 처지일 텐데 이제 좀 무기를 내려놓아야 될 때가 된 것이다.

이로써 우리는 가능한 모든 서천루트를 논증했고 서천에 대해 증언하는 모든 증거문건들을 다 살펴보았다. 이것으로 금속활자의 서천에 대한 논란이 다 해결되었고 구텐베르크 독창설의 신화도 다 해소되었다고 생각한다. 이제 우리는 또 다른 신화, 즉 '구텐베르크혁명' 신화를 해체시키고자 한다. 이 신화는 구텐베르크의 금속활자 인쇄술로 유럽에서 서적생산량이 급증하여 노동자들도 책을 살 수 있을 만큼 책값을 저렴화시킨 출판혁명이 일어났다는, 그리하여 읽는 독서대중의 등장으로 모든 분야, 모든 영역에서 근대화혁명이 연쇄적으로 일어났다는 신화다.

제3장

구텐베르크 활판술의
기술적 결함과 유보된 혁명

"구텐베르크 혁명"이란 하나의 미신적 신화이지만, 세상이 다 그렇게 믿고 있다. 존 맨은 자신의 책 제목을 아예 '구텐베르크 혁명'이라고 했고, 조심스러워 하는 아이젠슈타인도 자신의 책 제목을 '근대 초 유럽의 인쇄혁명'이라고 붙였다. 여기에 감초처럼 따라다니는 것은 조선조 한국이 금속활자 발명에서 구텐베르크를 앞섰지만 한국 금속활자 활판술에는 '인쇄기'의 발명이 없어서, 존 맨의 말을 빌리면 한국인들이 인쇄기로 바로 응용될 수 있는 '나사 압착기(screw press)'를 필요로 하는 "와인드링커"가 아니어서, 또는 문자체계가 알파벳에 비해 불리해서 한국에서는 '인쇄혁명', '출판혁명'이 일어나지 않았다는 것이다. 이런 관념은 한국 금속활자를 열렬히 자랑하고 홍보하는 한국 학자나 저술가들도 공유한다. 가령 손보기는 서론에서 상술했듯이 그의 중요한 논문 "Early Korean Printing"(1959)의 서두를 이렇게 열고 있다. "한국에서는 활자인쇄가 서양보다 적어도 두 세기 더 일찍이 개발되었다. 그러나 활판술은 유럽사회에서와 같이 거대한 역할을 하지도 못했고 유럽사회에서와 같은 엄청난 충격을 사람들에게 가하지도 못했다. 서양에서 활자인쇄는 공중 안에서의 폭넓은 지식의 확산과 삼투와 긴밀히 연관되었던 반면, 한국에서 그것은 대체로 정부의 독점 하에 남아 있었다."653) 이 말로써 그는 자기 논문이 지향하는 궁극적 의미를 없애버리고 있다. 이것은 그만의 관점이 아니라 다른 한국인들도 마찬가지다. 가령 한국인 김청은 한국 금속활자를 이렇게 이해한다. "금속활자를 발명한 우리 선조들 은 외국과 교류하는 일이 거의 없어 자체적 기술로만 운영하여 왔기 때문에 금속활자를 발명한 영예에도 불구하고 그 기술을 더 이상 발전시키지 못했으며 기술수준이 상대적으로 낙후되고 말아 근대인 쇄술은 외국으로부터 도입하지 않으면 안 되게 되었다."654) 또 한국 의 젊은 학자들도 마찬가지다. 이들 중에는 잘 알지도 못하는 주제에 건방까지 떨면서 한국금속활자를 경멸하며 그 세계적 영향을 비웃고 구텐베르크의 위대성만 되뇌는 자들도 있다. 가령 최경은은 이렇게 경멸조로 일갈한다. "그동안의 노력 덕분에 학계는 한국의 금속활자 에 대한 자료를 '과도할 정도로' 수집하고, 연구성과를 많이 내놓았다. 그러나 이런 연구 중 많은 것이 유럽의 인쇄술 연구와 비교해보자면 자료에 의존하지 않고 2차 자료나 아마추어 연구가의 가설에 의존한 다. 이런 약점은 특히 한국의 인쇄술을 구텐베르크의 인쇄술과 관련 시키려고 시도할 때 나타난다. 우리의 인쇄술이 독일의 인쇄술 발명 의 단초를 제공했다는 주장이 대표적 가설이다. 이 사이비 연구들은 무엇보다도 독일 인쇄술 발명에 관련된 초창기, 특히 15, 16세기의 자료가 국내에 거의 없다는 사실에 기인한다."655)

---

653) Pow-key Sohn, "Early Korean Printing", *Journal of the American Oriental Society*, Vol. 79, No.2 (Apr.-Jun 1959), 96쪽.

654) 김청, 『인쇄의 역사』(서울: 도서출판 포장산업, 2005), 208쪽.

이럴 정도로 '구텐베르크혁명'이라는 미신적 신화의 횡포와, 서양 학자들의 주장이라면 미리 껌벅 죽고 들어가는 한국 학자들의 DNA화한 열등의식은 극에 달해 있다. 아래에서는 구텐베르크활판술의 치명적 문제점과 알파벳 문자체계의 활판술적 장애 성격을 백일하에 드러내고 고려·조선조 한국 금속활자의 비할 데 없는 기술적 탁월성과 한자·한글문자체계의 활판술적 편리성, 그리고 1940년대까지도 서양 인쇄술에 대해 발휘했던 한국 인쇄술의 경쟁력을 밝혀 보임으로써 '구텐베르크혁명'? 이 따위 것은 역사상 일어난 적이 없었고, 인쇄·출판혁명은 오히려 조선조 한국에서 일어났다는 역사적 사실을 규명해 보일 것이다.

---

655) 최경은, 「역자서문」, 프리드리히 카프(최경은 역), 『독일의 서적인쇄와 서적거래의 역사』(서울: 한국문화사, 2020).

제1절 구텐베르크 활판술의
기술적 결함과 엄청난 활자수요

구텐베르크혁명"이 일어날 수 없었던 것은 두 가지 이유에 기인했다. 첫째는 구텐베르크 활판술이 대량생산에 필수적인 번각을 위한 목판인쇄술과 동떨어진, 아니 차라리 목판인쇄술과의 단절로 인한, 또는 19세기에야 발명되는 지형紙型·연판鉛版시스템 같은 새로운 인쇄공법의 부재로 인한 '기술적 고립성'이고, 두 번째 이유는 알파벳이 활판공법에 불리한 '알파벳의 문자체계적 장애 성격' 때문이었다.

이 두 가지 이유는 별도의 상세한 설명을 요한다. 우선 구텐베르크 활판술의 '기술적 고립성'을 이해하기 위해서는 클로드 제누의 지형·연판 시스템과 조선조 한국의 활인·번각 시스템에 대한 사전지식이 필수적이다.

1.1. 구텐베르크 활판술의 치명적 결함: 기술적 고립

먼저 '지형·연판 시스템(flong-stereotype system)' 또는 '지형·연판 주조 공법(flong-stereotype casting process)'은 무엇인가? 지형·연판 시스템은 1828년 또는 1829년 클로드 제누(Claude Genoux, 1811-1874)에 의해 발명된 것으로 알려져 있다. 그런데 이때라면 그의 나이가 17-18세 때이고, 또 그가 인쇄소에 근무하지 않던 때라서 이 발명연도는 의심스럽다. 제누가 폴 뒤퐁(Paul Dupont)의 인쇄소에 인쇄공으로 고용되어 있었던 시기는 그의 나이 25-39세인 1836년부터 1850년까지의 기간이다. 따라서 1828-1829년이 아니라 10년 뒤인 1838-1839년에 지형·연판 인쇄공법을 발명했을 가능성이 있다. 그러나 그의 특허 기록은 1828년으로 되어 있다.

■ 지형·연판 시스템과 출판혁명

지형紙型 용지는 영어로 flong(플롱)이다. 이것은 프랑스어 flan(플 랑)의 와전 음音이다. 이 단어는 원래 특허에서 습한 혼응지混凝紙 (papier-mâché; 습기에 무르고, 마르면 아주 단단해지도록 펄프에 아교를 섞어 만든 종이)로 된 모형母型(matrix)를 묘사하기 위해 flan이라는 단어를 사용한 클로드 제누에게로 거슬러 올라간다.[656] 이것은 풀로 점재點 在된 종이의 켜들로 지형이 만들어지는 방법을 묘사하는 아주 좋은 표현이다.

이어서 1844년 영국 런던의 목판조각가 조시프 클론하임(Joseph

---

656) George Adolf Kubler, *A Short History of Stereotyping* (New York: Printed by Brooklyn Eagle Commercial Printing Dept. for the Certified Dry Mat Corporation, 1927). Archived from the original on 2020-08-31. Retrieved 2020-08-12 - via The Hathi Trust (access may be limited outside the United States).

Kronheim)은 박엽지와 점토를 1매의 두터운 종이에 교차로 붙인 다음 이 종이를 활판에 눌러 지형을 만드는 것으로 특허를 받았다. 프랑스의 보름(M. Worms)과 필립(M. Philippe)은 1845년 실린더에 붙이는 환연판丸鉛版을 개발하여 특허를 획득했다.657) 그리고 1871년 미국 인쇄업자 블랙웰(B. B. Blackwell)은 건식 매트공법 또는 건식 모형母型공법을 개발했고, 이보다 더 개량된 형태는 1893년 영국에서 조지 이스트우드(George Eastwood)가 처음 완성했다. 그러나 이형異型의 유사한 공법들은 1894년 독일에서도, 그리고 1900년 미국에서도 개발되었다.

철판凸板인쇄에서 지형은 조판활자들이 재사용을 위해 해판解版된 뒤 윤전인쇄기나 활판인쇄에 쓸 수 있는 납·안티몬·주석 합금 연판(stereotype)을 주조하기 위해 활자조판(forme of set type)으로부터 뜬 일시적 요판凹版주형鑄型이다. 이 공정은 '스테레오타이핑(stereotyping; 연판제작공정)'이라 부른다. 지형의 활자들(types of flong)을 두고 엄격히 말하자면, 소위 혼응지 습식공법(papier-mâché wet process)의 주형만이 지형이지만, 용어는 연판을 위한 주형들에 보다 넓게 쓰이기도 한다.

'건식 매트공법'과 구분하기 위해 '습식 매트공법'이라고도 불리는 혼응지 공법의 최초 발명자는 이 공법을 1828년 특허로 등록한 클로드 제누이지만, 이 공법 자체는 마르부르크 대학교의 1696년 책에 이미 쓰여 있었다.658) 습식공법에서 여러 켜의 종잇장들은 아교나 고무를 섞은 일련의 요소로 만든 풀로 단단히 붙여진다.

1871년 미국 인쇄업자 블랙웰이 개량한 건식 매트공법 또는 건식 모형공법에서는 모형을 페이지 조판에 두들겨 넣을 필요가 없고

---

657) 김청, 『인쇄의 역사』, 363쪽.
658) Kubler, *A New History of Stereotyping*, 34쪽.

간단한 누르기로 충분하다. 누르는 강도는 꽤나 높아야 하고,[659] 효과적이려면 수력압착기가 필요하다. 앞서 말했듯이 이보다 더 개량된 형태는 1893년 영국에서 이스트우드가 처음 개발했고, 이형異型이지만 유사한 공법들은 1894년 독일인과 1900년 미국인도 개발했다. 건식 매트공법의 사용은 습식 공법이 더 좋은 능률을 보이는 한에서 제한되었으나, 건식 매트공법의 개량으로 건식의 능률이 더 좋아지면서 건식이 습식을 대체하기에 이른다. 1946년경 건식 매트공법은 미국의 신문발간 회사에서 전 공정을 석권했다.[660]

구텐베르크의 금속활자 활판술은 이때까지 아무런 혁명도 일으키지 못했고 또 '혁명'이라는 말을 알지도 못했다. 구텐베르크 인쇄술의 '기술적 고립성'이라는 치명적 결함으로 인해 그의 금속활자는 한 책을 조판한 뒤 해판하고 다른 책을 다시 조판하는 공정을 연달아 할 수 있는 금속활자 고유의 혁명적 잠재력을 현실화하지 못한 것이다. 구텐베르크 활판술의 기술적 미개성 또는 낙후성으로 인해 활자인쇄술이 고유하게 이룩할 수 있는 변혁적 가능성으로서의 출판혁명이 맹아단계에서 '유보'되고 장기간 잠재상태에 처하고 만 것이다. 구텐베르크 활판술의 이 '유보된 혁명' 또는 잠재화된 혁명은 1894년 실용적 '지형·연판 시스템'으로 보완됨으로써야 비로소 폭발적으로 현실화될 수 있었다. 1827년 '지형·연판 시스템'이 개발된 뒤 바로 이어서 얇은 연판을 실린더에 감아 그 밑에 두루마리 종이를 넣어 돌리기만 하면 인쇄가 무한정 이루어지는 윤전인쇄기

659) Imperial Type Metal Company, *Type Metal Alloys* (New York: Imperial Type Metal Co., 1927), 33쪽. Archived from the original on 2020-08-31. Retrieved 2020-08-31.

660) Ben Dalgin, *Advertising Production: A manual on the Mechanics of Newspaper Printing* (New York & London: McGraw-Hill Book Company, 1946), 72쪽. Retrieved 2020-08-12 - via The Internet Archive.

(실린더형 인쇄기)가 추가로 개발되면서 "인쇄혁명"이 일어났기 때문이다. 지형·연판 시스템은 1844년 영국의 클론하임, 1845년 프랑스의 보름스와 필립, 1871년 블랙웰에 의해 개량되고, 1893년 이스트우드에 의해 최종적으로 완성되면서 완전한 실용단계에 들어섰다.

그러나 윤전인쇄기를 갖춘 지형·연판 시스템도 여전히 한국의 활인·번각 시스템에 비하면 비쌌다. 그렇기 때문에 조선의 금속활자 활판술은 1890년경 서양의 지형·연판 인쇄술이 한국에 소개된 뒤에도 이 서양 인쇄술에 대해서 이후 60년 이상 경쟁력을 유지할 수 있었던 것이다. 아무튼 지형·연판시스템이 완전한 형태로 개량되기 전에 구텐베르크의 활판술 자체는 400년 동안 노하우의 누적 외에 기술발전이 전무한 무기력한, 수줍고 굼뜬, 기술적으로 미개·낙후한 인쇄술이었다.

지형 한 장에서는 여러 판의 연판을 만들어낼 수 있다.661) 또한 하나의 모형(母型) 지형에서 여러 개의 복제본 지형을 만들 수도 있었다.662) 그리하여 단 한 장의 지형에서 최대 30여 장까지 연판 (stereotype plate)을 만들었다.663) 프랑스와 영국 바깥에서 '혼응지 매트'의 일반적 용어는 '지형'이 아니라 '습식 매트(wet mat)'다.664) 하지만 미국의 여러 기술 매뉴얼은 모두 다 '지형'이라는 술어를 쓰고 있다.

---

661) Glenn Fleishman, "Flong time, no see: How a paper mold transformed the growth of newspapers", *Medium* (2019-04-25), 157-169쪽. Archived from the original on 2020-05-19. Retrieved 2020-07-19.

662) Partridge, *Stereotyping*, 17쪽.

663) Ben Dalgin, *Advertising Production: A manual on the Mechanics of Newspaper Printing*, 86쪽.

664) Kubler, *A Short History of Stereotyping*, 40쪽.

여러 전문서적들을 빌려 지형·연판 시스템에 대한 여러 가지 복잡하고 세밀한 설명을 했지만 이 설명에서 우리가 취해야 하는 점은 첫째, 조판으로부터 지형을 뜬다는 것, 둘째, 지형 위에 납·주석·안티몬 합금 쇳물을 부어 여기로부터 여러 장의 연판(플레이트)을 뜬다는 것, 셋째, 이것은 결정적으로 중요한 것인데, 이런 뒤에 바로 조판을 해판할 수 있다는 것이다. 연판 한 장이 닳거나 뭉개지면 만들어 둔 여러 장의 연판 중 또 다른 연판을 꺼내 써서 책의 2판, 3판, 4판을 인쇄할 수 있기 때문이다. 따라서 주자(금속활자)들은 조판에 묶여있지 않고 지형을 뜨자마자 해판되어 자유롭게 다른 책의 조판을 위해 쓰일 수 있다. 여기서 인쇄혁명이 일어났다.

넷째, 이것도 결정적으로 중요한 것인데, 이렇게 얻은 연판을 윤전 실린더에 감아 두루마리 종이를 끼고 실린더를 돌려 무한히 많은 장수(張數)의 인쇄물을 제작해 낼 수 있다는 것이다. 여기에서도 인쇄혁명이 일어났다.

따라서 지형·연판 시스템은 이 두 가지 측면에서 인쇄혁명을 일으켰다. 그리하여 소요되는 활자 수가 결정적으로 줄어들었고 인쇄속도가 10배 이상 빨라졌던 것이다. 이것이야말로 '인쇄혁명'이고 '출판혁명'이고 '신문혁명'이었다. 이전보다 적은 비용으로 일간신문을 대량생산하는 것이 가능해진 것이다.

이 지형·연판 인쇄혁명은 1829년 클로드 제누의 발명으로부터 시작하여 1844년 영국의 클론하임, 1845년 프랑스의 보름스와 필립, 1871년 블랙웰에 의해 개량되고, 1893년 이스트우드, 1894년 독일 인쇄공, 1900년 미국 인쇄공들에 의해 연달아 완성되었다. 이것은 아주 때늦은 개발들이고, 구텐베르크로부터 450년 뒤의 일이었다. 따라서 구텐베르크 인쇄술은 이런 지형·연판 시스템의 기술적 지원

없이 고립된 채 대세의 목판인쇄술을 오랫동안 제압하지 못하고 이에 대한 하나의 대안기술 노릇을 하는 열세의 수줍고 굼뜬 인쇄술로서, 필사본에 대한 경제적 우위라는 한 가지 장점에 목을 걸고 450년을 버티며 연명한 것이다.

다른 인쇄체계의 기술적 도움을 받지 못한다는 의미에서의 구텐베르크 인쇄술의 '기술적 고립성'은 치명적인 기술적 결함이었다. 구텐베르크 인쇄술의 이 기술적 결함으로 인해 19세기 말, 20세기 초까지도 연간 4·5권의 책도 출판하지 못하는 보통 인쇄소가 천문학적 규모의 활자, 가령 680만 개 이상의 활자를 필요로 했던 것이다.

구텐베르크 인쇄술이 이런 기술적 고립을 탈피하기 위해 반드시 19세기 말, 20세기 초까지 기다려야 하는 것은 아니었다. 고려·조선조 한국에서처럼 구텐베르크도 주변에서 대세의 기술로 한창 번창하던 목판인쇄술을 번각 시스템으로 활용했더라면 충분히 인쇄혁명을 일으킬 수 있었다. 그러나 구텐베르크는 필사본 서책을 대체하려는 것만을 목표로 삼았고, 목판본인쇄술은 거들떠보지 않았다. 목판인쇄술은 책에 화보를 넣어야 할 때만 제한적으로 활용했을 뿐이다. 다른 기술의 이런 드문 활용은 필사의 경우도 마찬가지였다. 구텐베르크는 여백을 그림으로 단장할 때나 문단 서두의 대문자를 그림처럼 예쁘게 꾸밀 때 화공과 필경사를 썼다. 구텐베르크 인쇄술은 이럴 정도로 기술적으로 미흡했지만, 동시에 기술적으로 고립되어 있었던 것이다. 그러나 고려·조선조 한국은 금속활자 인쇄술에 목판인쇄술을 체계적으로 결합시켜 활용함으로써 지형·연판 시스템의 도입 이전에 이미 금속활자 인쇄술의 이러한 기술적 고립을 돌파했고, 이를 통해 인쇄혁명과 출판혁명을 일으켜 조선을 '문헌지방文獻之邦'으로 발전시켰던 것이다.

■ 조선의 활인·번각 시스템과 출판혁명

고려·조선조 한국은 고려조부터(고려 반복) 놀라운 '활인活印·번각 飜刻 시스템'을 발전시켜 인쇄·출판혁명을 일으켰다. 이것은 한국 서지학자들도 대부분 알아차리지 못한 사실이다. 그들은 대체로 '번각'이라는 것을 알더라도 '복각復刻'과 구분하지 않은 채 대수롭 지 않게 여겨 이 시스템을 발견하지 못하고 놓친 것이다.

한국 서지학에서 잘 알려져 있듯이 목판인쇄는 같은 책을 대량생 산하는 데 특장特長이 있다. 반면, 활판인쇄는 다多책종을 생산하는 데 특장이 있다. 활판인쇄의 이 특장이 발휘되려면 조판과 해판이 쉽고 그래서 활자의 활용이 자유로워야 한다. 그러면 많은 활자의 주조가 필요 없다. 조판이 쉬우려면 문자체계가 인쇄에 유리해야 한다. 중국의 이디어그램(ideogram) 문자처럼 분해가능한 부수部數가 있어도 단어 하나가 조립형 문자이거나 위구르문자처럼 자모문자 의 경우에도 음절 단위의 조립형 문자이어야 한다는 말이다. 한자漢 字와 한글은 둘 다 이 장점을 갖췄다. 그리고 해판이 손쉬우려면 인쇄서적의 수량이 적어야 함과 동시에 인쇄속도가 빨라야 한다. 한국은 활인·번각 시스템덕택에 이 조건을 그대로 충족시킬 수 있었 다. 한국의 금속활자 인쇄는 모든 서적을 소량, 즉 50-1000부 정도만 활인活印했고 이 중 특별히 수요가 많은 서적의 대량생산은 '번각'에 맡겨 간인刊印했다. 따라서 비교적 신속히 조판해서 이 정도의 적은 수량을 인쇄하는 데는, 그것도 비교적 신속히 인쇄하는 데는 1-2개 월의 단기간이면 족했고, 이 기간 동안만 활자를 조판에 묶어두고 나서 빨리 해판해서 재再확보된 활자들로 다시 다른 책을 조판할 수 있었던 것이다. 그리고 활판 위에 한지韓紙를 올려놓고 솜뭉치를 쓰윽싸악 쓰윽싸악 문질러 찍어내는 탁본식의 인쇄공법의 인쇄속도도 나사를 여러 번 돌려야 하는 구텐베르크의 찔걱찔걱대는 나사 인쇄기보다 더 빨랐다.

'복각復刻·覆刻'은 망가지거나 헤진 목판을 버리고 목판으로 인쇄된 기존의 책을 보고 달필이 붓글씨로 정서正書하여 정서된 종잇장을 한 장씩 각수刻手에게 넘겨주면 각수는 여기에 풀물을 묻혀 준비된 목판에 뒤집어 붙이고 투명하게 비치는 뒤집힌 글자 모양에 따라 새겼다. 따라서 정서시간이 오래 걸리고, 이 때문에 각판시간도 오래 걸리고, 정서속도가 느리기 때문에 많은 각수를 한꺼번에 투입하여 각판 속도를 임의로 높일 수도 없었다. 그러나 '번각飜刻'은 이와 달랐다. 번각의 경우에는 기旣활인된 책을 한 장씩 풀어 헤쳐서 여러 페이지(가령 60페이지)를 60개의 목판에 뒤집어 붙이고 60명의 각수가 한꺼번에 달라붙어 각판할 수 있었다. 따라서 정서가 생략되고 60명의 각수가 한꺼번에 각판할 수 있어서 번각 시간은 복각에 비해 수십 배 짧았다. 한 각수가 한 목판을 각판하는 데 2시간이 걸린다면 가령 240쪽의 활인본 서책은 60명의 각수가 8시간 노동일에 하루면 번각을 완료하고 다음 날부터 각판이 낡을 때까지 반半영구적으로 책을 대량생산할 수 있었다. 따라서 활인·번각 시스템은 활판인쇄의 특장을 극대화시키고 목판인쇄의 능률을 극대화시키는 체계였던 것이다.

조선시대 활인·번각 시스템의 실제상황을 보자. 고려·조선의 중앙정부는 대체로 하나의 거대한 주자활인鑄字活印 전문 인쇄소·출판사였고, 팔도 감영을 비롯한 지방 관청들은 대체로 번각·간인刊印 전문 인쇄소·출판사였다. 여기서 '대체로'라고 한 것은 어쩌다가 중앙정부도 번각하거나 복각하여 간인하는 경우가 있었고, 역으로 지방관청도 어쩌다가 목활자나 주자로 활인하는 경우가 있었기 때문이다.

활인·번각주체는 물론 관청만이 아니라, 서원·사찰·집단(출판계)·가문·책방册坊·개인이기도 했다. 물론 관청이 인쇄·출판의 가장 큰 주체였다. 유교국가는 공맹의 양민·교민敎民이념에 따라 무엇보다 교육복지기구였기665) 때문이다.

사례들을 살펴보자. 고려와 조선에서는 일단 주자의 속도가 빨랐다. 태종조 계미자 주자의 경우는 1403년(태종3) 2월 19일부터 주자를 시작하여 "두세 달" 만에 "수십만 자(20-30만 자)"를 만들었다.666) 정교한 경자자는 1420년 11월부터 시작하여 7개월 만에 주자를 완료했다.667) 인쇄능률은 동판을 꼭 맞게 만드는 개량이 이루어져 하루에 "수십 장에서 100장까지" 찍어낼 수 있었고, 『자치통감강목資治通鑑綱目』(59권59책)의 제작을 인쇄시간·교정시간·제본시간까지 다 합하여 1421년 5월부터 1422년 겨울까지 18개월 만에 마쳤다.668) 이 『자치통감강목』을 200부 활인했다면, 총1만1800건(59책×200부)을 찍은 셈이다. 이것은 1개월에 655건 이상 제작하는 속도였다. 세종조 1434년(세종16, 갑인년)에는 12월부터 시작하여 2개월 만에 갑인자甲寅字 20만여 개를 주자했고, "지혜를 써서 판板을 만들고 주자를 부어 만들어서, 모두 바르고 고르며 견고하여, 비록 밀랍을 쓰지 아니하고 많이 박아 내어도 글자가 비뚤어지지 아니해서" "하루에 40여 장"을 인쇄할 수 있었다.669) 200쪽짜리 서책은 조판이

---

665) 참조 황태연, 『유교국가의 충격과 서구 근대국가의 탄생; 제3권 유교적 양민국가의 충격과 서구 복지국가의 탄생』(서울: 솔과학, 2022).

666) 權近, 『陽村先生文集』「卷22 跋語類·大學衍義跋」(태종 9, 1409년 이전에 활인된 '大學衍義' 발문): "(...) 自期月十有九日 二始鑄數月之間 多至數十萬字. (...)." 남권희, 『한국 금속활자 발달사 – 조선시대』, 17-18쪽 각주3, 161쪽 각주3에서 재인용. 여기서 "數十萬字"는 20-30만자로 풀이했다.

667) 남권희, 『한국 금속활자 발달사 – 조선시대』, 180쪽.

668) 『世宗實錄』, 1421년(세종3) 3월 24일.

완료되었다면 5일이면 다 인쇄할 수 있었다. 다른 예를 들면 1772년 임진자(오주五鑄갑인자) 14만2567자는 4월부터 7월까지 3개월 걸렸다. 반면, 구텐베르크는 주자는커녕 주자를 위한 모형母型을 만드는 펀치(타인打印봉)을 제작하는 데만 4개월이 걸렸다.670)

조선 교서관에서 인출한 부수를 보면 서책 2종을 100여 부씩을 활인한 때가 있고,671) 심지어 서책 3종을 50부씩 활인한 때도672) 있고, 특별히 한 책종을 800여 부나673) 1000부나("부나" 반복) 활인한 때도674) 있었다. 물론 예외적으로 1만여 부를 활인해 판매한 때도

---

669) 『世宗實錄』, 세종 16년(1434) 7월 2일(정축): "(...) 運智 造板鑄字 竝皆平正牢固 不用用蠟 印出雖多 字不偏倚(...)"; 김빈(金鑌)의 『高麗史節要』 跋, 또는 『眞西山讀書記乙集 大學衍義』(甲寅字本) 卷末 鑄字跋. 선덕9년 9월(세종 16년, 갑인년, 1434): "(...) 自期月十有二日始事 再閱月而所鑄 至二十有餘萬字 越九月初九日 始用以印 書 一日所印可至四十餘紙. (...)." 천혜봉, 『한국 금속활자 인쇄사』 (서울: 범우사, 2012), 93쪽 각주1에서 재인용.

670) Man, *Gutenberg Revolution*, 163쪽.

671) 『周易大全(周易傳義大全)』(24권). 1427년(세종9) 전라·경상·강원도 감영에서 왕명에 의해 나눠 복각·인출하고 인조·명종연간 갑인자로 활인했는데, 1573년(선조6) 교서관에서 100여 질을 인출하여 5권 진상, 100건은 각 부처와 지방으로 보낼 '국용'으로 돌렸다. "付書籍院 以白州知事徐贊所造刻字 印出無慮百餘本. (...) 時洪武乙亥二月吉 尙友齊金祇 謹識." 윤병태, 『朝鮮朝活字考』 (서울: 연세대 도서관학과, 1976), 9쪽.

672) 『世宗實錄』, 1423년(세종5) 10월 3일: 승문원에서 "지정조격(至正條格) 10부, 이학지남(吏學指南) 15부, 어제대고(御製大誥) 15부를 인쇄하기를 청합니다" 계하니, "각각 50부씩 인쇄하라" 명했다.

673) 1538년(중종33) 김정국(金正國, 1485-1541)이 금성(錦城, 나주목의 옛 이름)에서 을해자체 금성자('금성목활자')로 활인한 『性理大全節要』(4권3책)의 권말 간기에 "中宗三十三 戊戌. 錦山刊 木活字印本. 嘉靖戊戌 金正國編"라고 쓰여 있고, 이어서 "금성에서 이 책에 붙여 목활자를 처음 사용해서 800여 부를 인출했다(按此書始用木活字 印出八百蒙餘件于錦城)"고 하고 있다.

674) 『世宗實錄』 1428년(세종10) 윤4월 13일(갑오): "경상감사에게 전지하기를, '(...) 도내의 갈고 심고 매고 거두는 법과 오곡五穀에 알맞은 토성土性과 잡곡에 번갈아 심는 방법을 늙은 농부에게 물어서, 요점을 모아 책을 만들어 올리도록 하라. 또 농서 1000부를 국고의 양곡으로 종이와 바꿔서 인쇄하여 올리라(且農書一千部 以國

- 458 -

있었다.675) 하지만 한 책종을 줄잡아 200-300부 정도 활인한 것으로 추산해야 할 것이다.

번각은 대개 왕이 명했다. 가령 정조는 1792년 교서관에서 운각芸閣 활자본으로 활인한 『(증수)무원록언해(增修)無寃錄諺解』(3권2책)를 관서·양남지방 감영에 번각을 명하고, 1797년에는 영영嶺營에도 번각을 명했다. 그러나 중앙정부에서 분급된 활인본 서적들을 지방관청과 서원·단체(서적계)·사찰·문중·개인이 자발적으로 번각하는 경우도 있었다. 활인본과 번각본이 둘 다 전해지는 경우도 있고, 활인본은 소실되고 번각본만 현존하는 경우도 있다.

활인과 번각이 연계된 책들을 눈에 띄는 대로 들어보자. 1211년 (고려 희종7)경 동활자로 활인된 『남명화상송증도가南明和尚訟證道歌』의 존재는 1239년(고종26) 번각되어 중간重刊된 책이 전해짐으로써 알려졌다. 1351-1376년 사이에(추정) 흥덕사 금속활자로 활인된 『자비도량참법집해慈悲道場懺法集解』(3권1책)의 존재는 송설체松雪體 번각본이 1989년 발견되어 알려졌다.676) 1377년(우왕3) 청주 흥덕사 활인된 『백운화상초록불조직지심체요절白雲和尚抄錄佛祖直指心體要節』(상하 2권1책)은 전북 순창군 동계면 소재 취암사鷲巖寺에서 1년 뒤인 1378년 번각·간인했다. 1395년(태조4) 2월 서적원에서 서찬徐贊이 만든 목활자(刻字)로 활인한 『대명률직해大明律直解』(30권26책)도 권말에 김지金祗의 지문識文이 붙은 번각본이 전한다.677) 1407년(태종

庫米豆 換紙印進)'고 하였다."

675)『世宗實錄』, 세종 17년(1435) 4월 8일: "啓曰 集成小學 切於日用之書 (…) 印出萬餘本鬻之 (…). 上曰 (…) 然卿言固善 予將行之. 卽命都承旨辛引孫曰 一如稱啓 非唯小學 凡諸鑄字所在冊板 竝宜印之 其議以啓."

676) 천혜봉, 『한국 금속활자 인쇄사』, 47-48쪽, 남권희, 『한국 금속활자 발달사 – 고려시대』(대구: 경북대학교출판부, 2018), 482-486쪽.

7)과 1418년(태종18) 사이에(아마 태종12년에) 계미자로 활인된 『예기천견록禮記淺見錄』은 1418년(태종18)과 1687년(숙종13) 제주목에서 두 차례 번각·간행했다.678) 인조·명종연간 갑인자로 활인된 『주역대전周易大全』(24권)도 감영 번각본이 많다. 태종조에 계미자로 활인되고 1409년(태종9) 4월 계미자로 재인된 『십일가주손자十一家註孫子』의 존재도 번각본의 발견으로 드러났다.679) 태종조에 계미자로 활인되고 1434년(세종16)에 초주 갑인자로 재활인된.680) 『(진산서기)대학연의(眞書山饋書記)大學衍義』도 번각본이 발견되었다.681) 태종조에 계미자로 활인되고 세종13년 경자자로 재활인되고 성종조에도 또 다시 을해자로 재활인된 『음주전문춘추괄례시말좌전구독직해音註全文春秋括例始末左傳句讀直解』은 1454년(단종2) 금산군에서 번각되었다. 명종연간 또는 다른 시기에 간인된 번각본이 더 있다.682) 태종조에 계미자로 활인된 『신간유편역거삼장문선대책임집新刊類編歷擧三場文選對策壬集』(6권)은 1454년(단종2) 밀양부에서 『신간유편역거삼장문선고부新刊類編歷擧三場文選古賦』라는 제목으로 번각·간인되었다. 1422년(세종4) 주자소에서 경자자庚子字로 활인되고683) 1443년(세종16) 갑인자로

---

677) "付書籍院 以白州知事徐贊所造刻字 印出無慮百餘本. (...) 時洪武乙亥二月吉 尙友齊金祗 謹識." 윤병태, 『朝鮮朝活字考』(서울: 연세대 도서관학과, 1976), 9쪽. 손보기는 이 책이 직지심경자로 활인되었다고 잘못 판단했다. 손보기, 『금속활자와 인쇄술』, 280쪽.

678) 천혜봉, 『한국 금속활자 인쇄사』, 82-83쪽, 남권희, 『한국 금속활자 발달사 – 조선시대』, 170쪽.

679) 천혜봉, 『한국 금속활자 인쇄사』 (서울: 범우사, 2012), 82쪽.

680) 남권희, 『한국 금속활자 발달사 – 조선시대』, 202쪽.

681) 천혜봉, 『한국 금속활자 인쇄사』, 82쪽.

682) 천혜봉, 『한국 금속활자 인쇄사』, 82쪽, 남권희, 『한국 금속활자 발달사 – 조선시대』, 170쪽.

683) 남권희, 『한국 금속활자 발달사 – 조선시대』 (대구: 경북대학교출판부, 2022 개정증

재활인된684) 『자치통감강목』(59권59책)은 각도 감영에서 번각되었다. 1425년(세종7) 경자자로 활인된685) 『장자권재구의莊子鬳齋口義』는 남송 임희일林希逸이 주해한 『장자』는 1474년(성종5) 밀양부에서 『장자권재구의莊子鬳齋口義 신첨장바십론新添莊子十論』이라는 제목으로 번각 간인되었다. 1434·35년(세종16·17) 갑인자로 활인된 『근사록近思錄』(4권 4책)은 1518년(중종13)에는 구례현求禮縣에서 번각·출판되었다.686) 갑인자로 활인된 『신편음점성리군서구해전후집新編音點性理群書句解前後集』(23책)은 1415년(태종15) 평양부에서 번각하고, 중종조에는 지방감영에서 번각·출판했다. 1436년(세종18) 갑인자로 활인된 『역대세년가歷代世年歌』는 연산조에 어떤 지방감영에서 번각했다. 1436년(세종18) 갑인자로 활인된 『동국세년가東國世年歌』는 연산조에 어느 지방감영에서 번각했다. 그리고 1437년(세종19) 갑인자로 활인되고687) 1489년(성종20)에는 을해자로 활인되고688) 1765년(영조41) 무렵 무신자로 활인된 『역대잠감박의歷代將鑑博議』(5책)는 임란 전 번각목판본, 광해군 연간(1608-1623)의 훈련도감자본, 1691년(숙종 17)의 번각본, 1658년(효종 9)에 순천에서 간행된 번각본 등이

보판), 19쪽.

684) 남권희, 『한국 금속활자 발달사 - 조선시대』, 202쪽.

685) 남권희, 『한국 금속활자 발달사 - 조선시대』, 19쪽.

686) 『中宗實錄』, 중종 13년 2월 29일(무술): "안처순이 아뢰기를, 《근사록》은 여염에서 얻어 보기가 어렵습니다. 옛사람이 이 책에 대해 '궁벽한 시골에서 늦게 학문에 힘쓰려 하나 어진 사우(師友)가 없을 경우에 이 글을 구해 읽으면 도에 들어가는 방법을 알게 되리라' 했습니다. 신이 부임하는 고을에는 새길 목재(刊材)와 종이가 있으니, 많이 인출한다면 단지 그 도의 사람만 얻어 보게 된 것이 아니라 널리 펴게 될 것입니다" 하니, 상이 이르기를, 《근사록》은 과연 선현의 긴요한 말이다. 그 한 책을 가지고 가서 개간(開刊)하여 인쇄해 다른 지방에 펴뜨린다면(持一本開刊 印播他方) 그 유익함이 어찌 크지 않겠는가? 하였다."

687) 남권희, 『한국 금속활자 발달사 - 조선시대』, 202쪽.

688) 『成宗實錄』, 성종 20년 10월 갑진일.

있다. 1438년(세종20) 강綱을 병진자丙辰字(연鉛활자)로 찍고 목目을 갑인 자로 총149권을 활인한[689] 『자치통감강목사정전훈의資治通鑑綱目思政 殿訓義』(40권)는 1574년(선조7) 충청도 영동永同군청에서 『자치통감강 목』의 제명으로 번각출판했다. 1444년(세종26) 갑인자로 활인되고[690] 중종조에 병자자와 을묘자로 재활인된 『당유선생집唐柳先生集』(48책) 은 선종조에 번각되었다. 1450년(세종32) 활인된[691] 『황화집皇華集』(50 권25책)은 완영객사에서 번각했다. 세종조에 경자자로 활인된 『논어 집주대전論語集註大全』도 번각본으로 확인되고,[692] 세종조에 경자자 로 활인된 『초사후어楚辭後語』도 번각본으로 확인되었고,[693] 세종조 에 경자자로 활인된 『소학대문토小學大文吐』도 지방 번각본으로 확인 되었다.[694] 세종조에 경자자로 활인된[695] 『왕조명신언행록五朝名臣言 行錄』(83권)은 1502년(연산8) 경상도 청도군청에서 번각했다. 세종조 중반 갑인자로 활인된 『삼한시귀감三韓詩龜鑑』은 성종조에 전라도 순 천부에서 번각했고, 세종조 갑인자로 활인된 『증간교정왕장원집주 분류동파선생시增刊校正王壯元集註分類東坡先生詩』(25권)도 중종조에 어 느 지방감영에서 『분류동파시分類東坡詩』 제하에 번각·출판되었다.

세종조 이후에도 활인·번각 관계는 끝이 없다. 1452년(문종2) 경오 자로 활인된[696] 『상설고문진보대전전후집詳說古文眞寶大全前後集』 은 선조조에 번각되었고, 1452년(단종즉위년) 11월 갑인자로 활인되

---

689) 남권희, 『한국 금속활자 발달사 - 조선시대』, 21쪽.
690) 남권희, 『한국 금속활자 발달사 - 조선시대』, 202쪽.
691) 김두종, 『韓國古印刷技術史』(서울: 탐구당, 1974·2021), 234쪽.
692) 남권희, 『한국 금속활자 발달사 - 조선시대』, 192쪽.
693) 남권희, 『한국 금속활자 발달사 - 조선시대』, 192쪽.
694) 남권희, 『한국 금속활자 발달사 - 조선시대』, 192쪽.
695) 남권희, 『한국 금속활자 발달사 - 조선시대』, 19쪽.
696) 남권희, 『한국 금속활자 발달사 - 조선시대』, 21쪽.

고 세조 초 을해자로 활인된『고려사高麗史』(139권75책)는 각도에서 번각했고, 1455년(세조1) 을해자로 활인되고 1456년(세조2) 갑인자로 재활인된『모연화경妙法蓮華經(法華經)』(7권)은 1457년(세조3) 번각되어 간인되었고, 1493년(성종24)에도 어느 곳에선가 번각했다. 1455년(세조1) 을해자로 활인되고 명종조(1545-1567)에도 을해자로 재활인된『표제구해공자가어標題句解孔子家語』(4권)는 16세기 후기에 번각되었다.697) 명종조 을해자 활인본『표제구해공자가어』(3권3책)은 장성長城에서 1603년(선조 36) 번각·간인되어 발행되었고, 1804(순조 4)에도 번각·간인되었다.

1456년(세조2) 2월, 1451년(문종1), 1453년(단종1) 경오자로 활인되었고 명종조에 병자자로 재활인된『역대병요歷代兵要』(13권13책)는 세조 2년에 바로 번각본이 나왔고 그 뒤에는 강원·전라·경상도 삼분하여 번각·간행했다. 1457년(세조3) 갑인자로 활인된698)『국조보감國朝寶鑑(四朝寶監)』은 선조조에 번각·출판되었고, 1457년(세조3) 세조가 정축자와 갑인자를 섞어 활인한『금강경오가해金剛經五家解』는 1495년(연산원년)에 번각·인출했다. 1461년(세조7) 왕명으로 언해하여 한자 을해자와 신사辛巳 한글자(1461 신사년에 만든 을해자병용 한글자)로 간행한699)『나엄경언해楞嚴經諺解』(10권10책)는 1462년(세조8) 간경도감에서『대불정수나엄경언해大佛頂首楞嚴經諺解』이라는 제목으로 번각·간인되었다. 1461년(세조7) 왕명으로 언해하여 을해자로 활인·간행한『불설아미타경언해佛說阿彌陀經諺解』는 1464년(세조10) 간경도감에서 번각·간인되었다. 1464년(세조10) 간경도감에서 을

---

697) 천혜봉,『한국 금속활자 인쇄사』, 65-66쪽.

698) 남권희,『한국 금속활자 발달사 - 조선시대』, 203쪽.

699) 남권희,『한국 금속활자 발달사 - 조선시대』, 22쪽.

유자체목활자로 활인한700) 『금강경반야바라밀경언해金剛般若波羅蜜經諺解(金剛經諺解)』는 동년 2월 간경도감에서 다시 번각본으로 간인했다.

1462년(세조8) 권람權擥이 을해자가 활인한 『양촌응제시陽村應製詩(應製詩註)』는 1470년(성종원년)에 서거정이 번각·간인했고, 1465년(세조11) 갑인자(대자는 무인자)로 활인된 『역학계몽요해易學啓蒙要解』(4권3책)는 임진난 후 번각·간인되었다. 세조조 갑인자로 활인된 『대승기신론소大乘起信論疏』는 1528년(중종23) 어느 지방감영에서 번각·출판했다. 1471년(성종2),701) 1485년(성종20) 1월 갑인자로 활인된 『경국대전經國大典』은 선조조에 모 감영에서 번각·출판했고, 1474년(성종5) 을해자로 활인·공간된 『국조오례의國朝五禮儀』(6책)는 각도에서 번각·간인되었다. 1478년(성종9) 을해자로 활인된 『동문선東文選』(133권)은 중종-명종 연간에 지방 감영에서 번각·출판했고, 1485년(성종16) 갑인자로 활인되고 1486년(성종17)에 갑진자로도 재활인된 『동국통감東國通鑑』(56권28책)은 중종조에 지방감영에서 번각·출판되었다. 1487년(성종18) 을해자로 초간되고 1530년(중종25) 계축자로 재활인된 『동국여지승람東國輿地勝覽』(50권)은 1562년(명종17) 어느 지방관청에서 번각했고 1611년(광해3)에도 번각·간인했다. 1488년(성종19) 갑인자로 활인된 『정선당송십가연주시격精選唐宋十家聯珠詩格』(20권)은 중종조에 어느 감영에서 번각출판되었고, 1489년(성종20) 을해자+신사 한글본(을해자병용 한글자)으로 활인된 『구급간이방救急簡易方』은 각도 감영에서 동년에 바로 번각·출판했다. 1492(성종23)

---

700) 남권희, 『한국 금속활자 발달사 – 조선시대』, 409쪽.
701) 남권희는 1469년 활인이라고 하고 있다. 오기로 보인다. 남권희, 『한국 금속활자 발달사 – 조선시대』, 203쪽.

에 단종 2년의 소자小字진법과 세조 4년의 대자大字진법을 한 책으로 합편하여 활인·간행한『진법陳法』은 연산조에 지방감영에서 번각했다. 1493년(성종24) 왕명에 의해 계축자로 재활인된『(동월)조선부(董越 朝鮮賦』는 1521년(중종26) 전라도 남원부에서 번각·간인했다. 1493년(성종24) 갑진자로 활인된『진산세고晉山世藁』는 지방에서 번각했고, 1493년(성종24) 갑진자로 활인된『신편고금사문유취新編古今事文類聚』(66권20책)는 훗날『고금사실유취古今事實類聚』라는 제명으로 초록만 번각되었다. 성종조에 갑진자로 활인된702)『사가문집四佳文集』(15권)은 지방에서 번각했고, 성종연간에 갑인자로 활인된『대학장구혹문大學章句或問(大學或問)』은 성종조에 어느 곳에선가 번각되었다.

중종조 이후에도 활인·번각 시스템은 변함없이 작동되었다. 1506년(중종원년) 갑인자로 활인된703)『구양문충공집歐陽文忠公集』은 여러 번각본이 나왔고, 1518년(중종13) 10월 찬집청撰集廳에서 을해자로 활인되고 1574년(선조7)에 을해자로 재활인된『(주자증손)여씨향약언해(朱子曾孫)呂氏鄕約諺解』도 여러 번각본이 나왔다.704) 1530년(중종25) 계축자로 활인·공간한705)『신증동국여지승람新增東國輿地勝覽』(55권25책)은 1611년(광해3)에는 중앙관서에서 번각하여 중앙관서 각 기관에 나눠줬다. 1543년(중종38) 갑인자로 활인된706)『대전후속록大典後續錄』(6권)은 중종-명종 연간에 지방감영에서 번각·출판되었고, 중종조(1506-1544) 을해자로 활인된『박통사언해부집람朴通事諺

---

702) 남권희,『한국 금속활자 발달사 – 조선시대』, 267쪽.

703) 남권희는 1530년 갑인자 활인본으로 본다. 남권희,『한국 금속활자 발달사 – 조선시대』, 202쪽.

704) 위키 실록사전, "여씨향약언해".

705) 천혜봉,『한국 금속활자 인쇄사』, 159쪽.

706) 남권희,『한국 금속활자 발달사 – 조선시대』, 202쪽.

解附集覽』(3권)은 1677년(숙종3) 번각·간인되었다. 중종조에 을해자로
활인된『소학집설현토小學集說懸吐』는 명종조에 각도에서 번각했고
중종조 을해자 활인본『제왕역대기帝王歷年記』도 각도 감영에서 번
각했다. 세종조 활인본『증간교정왕장원집주분류동파선생시增刊校
正王壯元集註分類東坡先生詩』(25권)를 중종조에 지방감영에서 간추려
『분류동파시分類東坡詩』라는 제목으로 번각하여 출판했다. 중종조
에 갑진자로 활인되고 성종조에 을해자로『新刊補注(sic!)釋文黃帝內經
素問』이라는 제목으로 재활인되었고, 중종-선조연간에도 재활인된
『신간보주석문황제내경소문新刊補註釋文黃帝內經素問』(12권)도707)
훗날 지방에서 번각되었다. 중종-명종연간 을해자 활인본『이상은
시집李商隱詩集』은 선조조에 각도 감영에서 번각하고, 1550년(명종5)
을해자로 재활인된『영험약묘靈驗藥抄』도 각도에서 번각되었다.
1553년(명종8) 갑진자로 활인된708)『신편의학정전新編醫學正傳』은
완영 번각본이 있다. 교서관 감교감監校官 어숙권魚叔權이 1554년(명
종9) 주국鑄局을 통해 처음 활인하고, 또 1568년(선조1년)에는 재차
을해자로 재활인하고 허봉許篈이 1576년 제3차 을해자로 활인·속찬
한 유서類書『고사촬요攷事撮要』(2권)는 번각·방인坊印했다. 1554년
(명종9) 을해자로 활인한『구황촬요救荒撮要(諺譯)』는709) 각도에서 번
각했다. 1555년(명종10) 갑진자로 활인된710)『당시정음초唐詩正音抄』

---

707) 남권희,『한국 금속활자 발달사 – 조선시대』, 268쪽.

708) 남권희,『한국 금속활자 발달사 – 조선시대』, 268쪽.

709)『明宗實錄』, 명종 9년 11월 25일:"賑恤廳啓曰 (...) 邊者連歲大侵 湖嶺二南尤甚.
國家遣使賑救 又抄救荒之最要者 集爲一方 翻以諺字 名曰救荒撮要 印布中外 使
家諭戶曉 斯實救民良方. (...) 上從之."

710) 남권희,『한국 금속활자 발달사 – 조선시대』, 268쪽; 김두종,『韓國古印刷技術史』,
180쪽. 그러나 상술했듯이 김두종은 앞서 갑인자로 활인했다고 적었다. 149쪽.

도 각도 감영이 동년에 바로 번각했고, 1566년(명종21) 초주 갑인자로 활인된711) 『심경부주心經附註』(2책)도 중종조에 어느 감영에서 번각·출판했다. 초주갑인자, 을해자, 무신자, 임진자 등으로 활인된 『증수부주자치통감절요속편增修附註資治通鑑節要續篇』(30권)은 1555년(명종10) 평양감영에서 번각했다.

그리고 1569년(선조2) 활인된712) 『성학십도聖學十圖』는 지방 번각본들이 많았다. 또한 1570년(선조3) 유희춘이 편찬, 을해자로 활인하고713) 1574년(선조7년) 을해자로 재활인한 『국조유선록國朝儒先錄』(5권4책)은 선조조에 제작된 감영 번각본이 있다. 1577년(선조10) 을해자로 활인된 『본초연의本草衍義』도 지방 번각본이 있었던 것으로 보인다. 1578년(선조11) 활인된 『회재선생집晦齋先生集』(12권6책)은 1641년(인조19) 3월 옥산서원에서 번각했다. 1606년(선조39) 경진자(재주갑인자)로 활인된714) 『난설헌집蘭雪軒集』은 1608년(선조41) 번각되었고 1632년, 그리고 1692년 동래부에서도 또 번각되었다. 1607년(선조40) 무렵 갑인자체훈련도감 목활자로 활인되고 18세기 중반 갑인자로 재활인된 『한사열전초漢史列傳抄』(3권4책)는 18세기 중반 함경감영에서 번각·공간되었다. 선조조에 경진자(재주갑인자)로 활인되고715) 1744년(영조20)에 재활인된 『고금역대표제주석십구사략통고古今歷代標題註釋十九史略通攷』는 선조조에 번각·간인되었고, 또

---

711) 남권희, 『한국 금속활자 발달사 - 조선시대』, 203쪽.

712) 『宣祖實錄』, 선조 2년(1569) 9월 4일: "上頒賜聖學十圖四十餘件"

713) 『宣祖修正實錄』, 1570년(선조3) 12월 1일: 부제학 유희춘에게 『유선록』을 찬집하여 올리라고 명하다. "상이 이를 보고는 교서국에 내려 인행(印行)케 했다."

714) 남권희, 『한국 금속활자 발달사 - 조선시대』, 205쪽. 김두종은 1580년의 경진자(再鑄갑인자)가 아니라, 1573년의 계유자(재주갑인자)로 활인했다고 한다. 김두종, 『韓國古印刷技術史』, 195쪽.

715) 남권희, 『한국 금속활자 발달사 - 조선시대』, 205쪽.

1932년 전주 양책방에서 번각·방인坊印되었다. 선조조에 경진자(재주갑인자)로 활인된 『구인록求仁錄』은 중종조 어느 감영에서 번각·출판했고, 1613년(광해5) 내의원자 목활자(을해자체)로 활인되었던 『동의보감東醫寶鑑』(25권)은 완영에서 번각했다. 『찬도방론맥격집성纂圖方論脈訣集成』은 1612년(광해4)에 내의원자(내의원한자+내의원한글자)로 활인되었는데 지방 번각본이 많다. 번각본에 베껴진 간기刊記는 "만력 10년 11월 내의원 봉교가 처음 간행했다(萬曆十年閏十一月內醫院奉教開刊)"라고 되어 있다. 만력10년은 1582년(선조15)이고, "내의원 봉교"는 허준의 당시 벼슬이다. 1554년(명종9) 을해자로 활인된 『신간구활촬요新刊救荒撮要』는 1686년(숙종12) 무성(태인)에서 전이채·박치유가 번각·방인했다. 1678년(숙종4) 주자로 활인된 『농가집성農家集成』은 1686년(숙종12) 무성武城(태인의 옛 지명)에서 전이채·박치유가 공동간행으로 번각·방인했다.716) 1668년(현종9) 무신자(사주갑인자)로 활인되고717) 중종·명종연간 을해자로 재활인된 『증수부주자치통감절요속편增修附註資治通鑑節要續編』은 여러 지방감영에서 번각했고, 1668년(현종9) 무신자(사주갑인자)로 활인되고 1756년(영조32) 운각에서 왕명으로 재활인된 『천의소감闡義昭鑑』은 각도 감영에서 번각·출판했다. 1682년(숙종8) 김석주가 초주 한구자로 활인한 『춘소자집春沼子集』(8권4책)은718) 1733년(영조9) 번각·출판되었다. 1687-89년(숙종11-14) 전기 교서관인서체자로 활인된 『식암선생유고息庵先生遺稿』는719) 1697년(숙종23) 영광군에서 번각되었다. 1714

---

716) 간기: "崇禎紀元後丙寅春三月上澣 武城田以采朴致維謹梓". 유택일, 『完板坊刻小說의 文獻學的 研究』, 16쪽. 1746년과 1806년 재판·삼판 발행. '農家集直說', '農家集衿陽雜錄', '農家集四時纂要抄', '農家集成單'으로도 불렸다.

717) 남권희, 『한국 금속활자 발달사 - 조선시대』, 210쪽.

718) 천혜봉, 『한국 금속활자 인쇄사』, 225쪽.

년(숙종40) 김지남金指南(1654-?)이 편찬, 사재私財로 개주改鑄갑인자본을 써서 활인한『통문관지通文館志』(12권 6책)는 10권 4책으로 번각되고 1881년(고종 18)과 1888년에는 기년속편紀年續編이 각각 1권씩 증보되어 11권 5책, 12권 6책의 번각·속찬續纂되었다.

활인-번각 시스템은 영·정조 시대에도 그대로 유지되었다. 1729년(영조5) 현종실록자로 활인된『감란록勘亂錄』(6권4책)은 불분명시기에 번각되었다. 1744년(영조20) 정월 무신자로 활인된『소학선정전훈의小學宣政殿訓義』(6권5책)는720) 각도 감영에서 번각했다. 1760년(영조36) 8월 후기 교서관인서체자로 활인된『수곡집壽谷集』은 번각본이 있고, 1764년(영조41) 영조의 명으로 운각에서 무신자와 병용한글자로 활인된『어제백행원御製百行源』도 지방감영의 번각본이 있다. 1777년(정조원년) 4월과 1778년(정조2) 4월에 임진자로 활인하고 1777년 완영에서도 정유자체한글목활자로 활인한『명의록(언해)明義錄(諺解)』는 1778년 12월 강원도감영에서 한문본과 언해본을 각각 번각·공간했다. 1792년(정조16) 후기 교서관인서체자로 활인된『증수무원록언해增修無冤錄諺解』(3권2책)은 4년 뒤(1796) 일반백성을 위해 번각해서 널리 반포했다. 1794년(정조18) 내각이 구舊홍문관 자리에서 정유자로 활인한『주서백선朱書百選』(5권3책)은 정조가 왕명으로 호남·영남·관서 감영에 번각 명령을 내렸다.721) 1797(정조7)

---

719) 남권희,『한국 금속활자 발달사 – 조선시대』, 323쪽; 김두종,『韓國古印刷技術史』, 236쪽.

720) 최경훈,「조선시대 原州 지역의 인쇄문화 연구」, 213쪽.『조선시대 지방감영의 인쇄출판 활동』. 2009년 조선왕실 주도 금속활자 복원사업 학술대회 논문집 (淸州古印刷博物館).

721)『正祖實錄』, 18년(1794) 12월 25일: "(...) 책이 완성되면 여러 신하들에게 반사(頒賜)하고, 또 호남·영남·관서의 감영에 명하여 번각하고 판본을 보관하게 하였다.(書成頒諸臣 又命湖南·嶺南·關西營 翻刻藏板.)"

심상규 등이 정리자로 활인한『오륜행실도五倫行實圖』(5권4책)는 1859
(철종10) 번각·출판했다. 1796년(정조20) 12월 25일 왕명으로 주자소에
서 정유자(육주갑인자)로 활인한『(어정)사기영선(御定)史記英選』(8권5책)
은 정조가 영호남·관서에 번각해 진상하도록 명령했다. 1797년(정조
21) 정유자(육주갑인자)로 활인한『(어정)육주약선(御定)陸奏約選』은 정조
가 전라감영으로 보내 번각해 인쇄하고 목판을 보관하게 했다. 중종
조 을해자 활인본이나 1587년(선조20) 경진자 활인본『소학대전언해小
學大全諺解』는 1700년대초-18세기 완산에서 번각·방인했다. 성종조 을
해자와 선조조 계유자 활인본『동래박의東萊博議』는 1700년대초-18세
기 완산에서 번각·방인했고, 1581년(선조14)에 제작된 명곡서원의 갑
진자체 목활자 활인본『신간소왕서기新刊素王事記』는 1684년(순조4) 7
월 태인에서 전이채·박치유가 번각·방인했다.

활인·번각 시스템은 조선 후기인 순종·헌종·철종·고종대에도 그
대로 작동했다. 정유자 활인본『삼경사서언해三經四書諺解』는 1820
년(순조20) 내각에서 번각하여 간행했다. 장혼이 1803년(순조3) 이이
엄 목활자로 활인한『아희원람兒戯原覽』은722) 1803년(순조3) 완산에
서 번각·방인했고,723) 1863년(고종즉위년)에는 전주 창남서관과 칠서
방에서도 번각·방인했고, 1906년(광무10)에도 전주에서 번각·방인했
다. 1625년(인조3)의 활인본『공자통기孔子通紀』는 1804년(순조4) 태
인에서 전이채·박치유가 번각·방인했다.724) 명종조 을해자 활인본
『(표제구해)공자가어(標題句解)孔子家語』는 1804년(순조4) 태인에서 전
이채와 박치유 명의로 번각·방인했다.725) 1577년(선조10)의 을해자

---

722) 부길만,『조선시대 방각본 출판 연구』(서울: 서울출판미디어, 2003), 70-71쪽.
723) 부길만,『조선시대 방각본 출판 연구』, 58쪽.
724) 부길만,『조선시대 방각본 출판 연구』, 59쪽.

활인본『신간증주삼력직해新刊增註三略直解』는 1805년(순조5) 서울에서 번각·방인했고, 1897년(광무1) 전주(완산)에서도 번각·방인했다. 중종조의 갑인자 활인본『맹자집주대전孟子集註大全』은 1807년(순조7) 풍패豊沛(전주)에서 번각·방인했다. 1590년(선조23)의 경진자 활인본『논어언해論語諺解』는 1810년(순조10) 전주 하경룡장판에서 번각·방인하고, 1916년에는 전주 창남서관·칠서방에서 연달아 번각·방인했다. 연대미상의 고활자본『삼운통고三韻通考』는 1855년(철종6) 성남(?) 율동栗洞에서 번각·방인했고, 1867년(고종4) 완산에서도 번각·방인했고, 1892년(고종29)에는 완산부, 풍패(전주), 함흥에서도 번각·방인했다. 1876년(고종13) 정유자로 활인한 것으로 추정되는『송서백선宋書百選』은 1876년 번각·공간되었다. 그리고 고종시대와 일제시대에 쏟아져 나온 유교경전 방인본들은 일일이 조사할 것 없이 거의 번각본들이었다.

고려조 희종대(1210년대)로부터 조선조 고종대에 이르기까지 700년간 발간된 번각본 서책 사례들을 통해 지금까지 살펴본 활인·번각 관계는 전체의 5%, 10%도 되지 않는 분량일 것이다. 그럼에도 불구하고 이 적은 수의 사례들은 고려·조선조 한국에서 주자 활인과 목판 번각이 얼마나 긴밀하게 결합되어 있었고, 얼마나 줄기차게 연관되었는지를 충분히 보여준다. 이와 같이 활인·번각 시스템은 시행착오 끝에 중간에 생겨난 것이 아니라 고려 금속활자 인쇄가 처음 발명될 때부터 금속활자와 동시에 발생해 줄곧 전승되어 조선 말까지도 면면히 이어져 온 것이다. 이 면면한 활인·번각 시스템은 역사적 실제에서도 효과적 체계로 작동했던 것이다. 따라서 한국의

---

725) 간기: "崇禎後三甲子三月日 泰仁田以采朴致維梓". 유탁일,『完板坊刻小說의 文獻學的硏究』(동아대학교 1981 박사학위논문), 16쪽.

금속활자 인쇄술은 목판인쇄술과 유리되어 기술적으로 고립되기는
커녕 반대로 목판인쇄술과 기술적으로 긴밀히 연계되어 운영되었
던 것이다. 조선의 인쇄·출판 담당자들은 금속활자의 다책종 소량생
산과 번각목판본의 소책종 대량생산 원리를 명확하게 인식하고
활판과 목판을 구분해 사용하거나,726) '활인·번각 시스템'에 의해
두 인쇄공법을 결합해 활용했다. 구텐베르크식 금속활자가 뒤늦게
지형·연판 시스템과 결합하면서 혁명적 위력을 드러냈지만, 조선의
금속활자는 탄생하자마자 이미 번각과 결합하면서 그 혁명적 위력
을 발휘했다.727) '활인·번각 시스템'은 금속활자의 '다책종 소량생산
원리'와 번각목판본의 '소책종 대량생산 원리'의 두 장점만을 결합
하여 '다책종 대량생산'의 새로운 지평을 타개했기 때문이다. 조선
의 인쇄·출판인들은 이 '활인·번각 시스템'을 전국적으로 구축해
인쇄·출판혁명을 일으키고 조선을 '책의 나라'로 만들었던 것이다.
조선 인쇄·출판혁명의 '혁명성'은 17-19세기『논어』의 책값이 농업
노동자 월수입의 5분의 2 수준에 불과했다는 데서 뚜렷하다.728)

조선에서는 책종의 인쇄·출판에서 주자활인이 판각간인보다 훨
씬 많았다. 이것은 앞서 시사했듯이 장수민도 전적으로 인정하는
바다. 장수민은 말한다. "한국 출판의 특징은 활자가 판각을 압도한

726)『世宗實錄』, 세종 13년(1431) 2월 28일: "임금이 좌부대언 윤수(尹粹)에게,『좌전』
은 학자들이 마땅히 보아야 할 서적이다. 주자(鑄字)로 이를 인쇄한다면 널리 펴지
못할 것이니, 의당 목판에 새기라고 명해 널리 인행하도록 하게 하라고 일렀다. (上謂
左副代言尹粹曰 左傳 學者所當觀覽. 用鑄字印之 則未能廣布, 宜令刊板, 使之廣
行.)
727) 그러나 강명관은 "조선 금속활자의 존재 의의"를 '다품종 소량생산'으로 국한시키는
우견(愚見)을 공언한다. 강명관,『조선시대 책과 지식의 역사』, 112-113쪽.
728) '책의 나라' 조선의 출판혁명에 대해서는 이 책과 자매편으로 출판될『책의 나라'
조선의 출판혁명』에서 상론한다.

다는 점이다. (…) 이는 중국이 목판 위주이고 활자가 보조였던 것과
정반대다."729) 15세기에 김종직金宗直(1431-1492)은 "주자鑄字를 이용
해 책을 인행하니 경經·사史·자子·집集이 없는 것이 없었고", "매번
북경에 갔던 사신들이 돌아올 때는 중국서적 중에서 국내에서 귀하
다고 생각되는 서적은 반드시 사 가지고 와서 인행하여 널리 유포했
으므로 관官 서적이나 개인 서적이 많아 다 읽을 수가 없었다"고
밝힌다.730) 성현成俔(1439-1504)은 성종조의 인쇄상황을 두고 "학문
이 깊고 넓고 문사文詞가 청명하고 엄숙했던 성묘成廟(성종)는 문사들
에게 명해 『동문선』, 『여지승람』, 『동국통감』을 편찬케 하고, 또 교서
관에 명해 (…) 인행印行하지 않은 책이 없도록 했다"고 기록하고 있
다.731) 서유구徐有榘(1764-1845)는 『누판고鏤板考』(1796)에서 더욱 결정
적인 말을 한다. 일단 그는 서적의 증감을 치도治道의 높낮이와 등치시
킨다. "역대 융성할 즈음에는 문적을 아주 귀중히 여겼고, 문적을
소장하는 부서府署가 있고, 문적을 맡는 관리가 있고, 그것을 헤아리
는 장부가 있었고, 그것에 따라 치도治道가 오르고 내렸다."732) 그리
고 그는 다음과 같이 전한다.

활판공법은 심괄의 『몽계필담夢溪筆談』에서 처음 보이지만, 동본東本(우리
나라 본) 서적들은 그 활판공법을 가장 많이 이용하여 공력功力을 절약하고
공정工程을 빠르게 했다. 태종초년에 주자소를 설치하고 동으로 활자를 주

---

729) 장수민, 『중국인쇄사(3)』, 1542쪽.

730) 장수민(강영매 역), 『중국인쇄사(三)』, 1547쪽에서 인용.

731) 成俔(김남이·진지원 외 옮김), 『慵齋叢話』[1525·1909] (서울: 휴머니스트 출판그룹,
2015·2016), 117쪽(2권-20; 원문: 565쪽): "成廟學問淵博 文詞灝噩 命文士撰東文選·
輿地勝覽·東國通鑑, 又命校書館 無書不印(…)."

732) 徐有榘, 『鏤板考』[1767] (홍명희 구결본, 서울: 寶蓮閣, 1968), '범례'의 첫 항목:
"歷代盛際 雅重文籍 藏之有府 掌之有官 稽之有簿, 爲其係治道乘降也."

조하여 경經과 사史를 다 털어 인쇄했으니 성신聖神을 계승하여 거듭 동활
자를 주조했다. 그 당시 임금이 갑인년에 궁중에서 주자소를 설치하고 인
쇄해 반사頒賜하던 이조李朝 초의 옛일을 돌이키게 되어 임금께서 어정御定
한 여러 서적들이 이제는 비부祕府에 구름처럼 싸여 토원兎園(양나라 효왕의
정원 - 인용자)의 상자에 비장祕藏되어 있는데, 그 태반이 활판본이고, 대추
나무에 새긴 것은 단지 열의 하나, 백의 하나일 따름이다.[733]

서거정은 "그 활판공법을 가장 많이 이용하여 공력功力을 절약하
고 공정工程을 빠르게 했기" 때문에 활인된 서적이 궁궐 안에 구름처
럼 쌓였고, 그리하여 궁궐 비부에 소장된 서적의 90-99%가 활인본
이고, 목판본은 1%나 10%에 불과하다고 말하고 있다. 조선이 활판
술을 발명하고 그 기술과 노하우를 발전시켜 능률을 거듭거듭 혁신
함으로써 "구름같이" 많은 서적을 생산한 것이다. 이런 까닭에 15-16
세기 중국인들은 조선을 "문헌지방文獻之邦", 즉 '책의 나라'라고 불
렀다.[734]

또한 세종과 김종직을 비롯한 조선조 한국인들은 조선의 출판혁
명을 일으키는 이 금속활자가 중국에는 없고 조선에서 세계 최초로
발명한 것이라는 사실을 정확하게 의식하고 있었다. 1435년 12월
중국에서 돌아온 서장관 정이한鄭而漢은 중국 예부禮部의 원외랑員外
郞 소의蕭儀에게 "글자 모양은 동銅으로 낱낱이 주조鑄造하고 글에

---

733) 徐有榘, 『鏤板考』, '범례'의 마지막 항목: "活版之式 始見沈括筆談 而東本書籍
最多用其法 爲範其功力省 而程功速也 太宗初載 置鑄字所 範銅爲字 擺印經史
聖神繼承 累鑄銅字 當宁甲寅 復 李朝初故事 卽宮中置鑄字所印頒 御定諸書 於是
乎祕府雲委之儲 兎園篋笥之藏 太半活版之本 繡梓鋟棗 特其什佰之一耳."
734) 『中宗實錄』, 중종 35년(1540) 11월 28일: "(...) 尹殷輔等議啓曰 (...) 且天使若出來
則以我國爲'文獻之邦' 必以詩文相接也. 中朝之重我國 亦以此也."

따라 글자를 배열排列하여 인출印出했는가?"라고 물으니, 소의가 "그렇지 않다. 옛날에는 간혹 동으로 지어 부은 주자鑄字들을 판板과 서로 붙였더니(昔者或以銅鑄之字 與板相付) 제도制度(공법)는 목판과 일반이되, 공비功費가 심히 많이 들기 때문에 근래에는 모두 목판을 사용한다"고 대답했다는 사실을 세종임금에게 보고했다.735) 또한 김종직은 이렇게 쓰고 있다. "활판공법은 심괄沈括으로부터 시작하여 양극楊克(楊古)에게서 완성되었는데 천하고금의 서적이 찍을 수 없는 것이 없었으니 그 이익이 넓었다. 그러나 그 활자를 다 흙을 구어서 만드니 쉬 망가져 오래 견딜 수 없었다. 먼 후대에까지 신지神智(임금의 지혜로운 생각)를 크게 운용하여 동銅으로 활자를 주자해서 영구적인 것으로 배태시킨 그 시초는 우리의 왕조에서 시작되었다."736) 금속활자는 한국 고유의 발명이라는 말이다.

김종직·성현·서유구 등의 이 보고와 기록들은 모두 교서관에서 끊임없이 조판과 해판, 해판과 조판이 반복되며 수많은 책종을 활인해 낸 조선의 세계 최초, 세계 최첨단 수준의 '다책종 생산' 능력을 다양한 각도에서 증언하고 있는 셈이다. 이 '다책종 활인'과 반半영구적 대량 번각의 연계 시스템이 쉴 새 없이 책을 쏟아내 일대 출판혁명을 일으켰으니 조선은 이 출판혁명 덕에 '책의 나라'로 한 단계 올라설 수밖에 없었던 것이다! 그러나 구텐베르크 인쇄술은 목판인쇄술과 기술적으로 절연·고립되어 있었고 지형·연판 공법의 개발과는 아득히 멀리 떨어진 후진적 상황에 처해 있었고, 따라서

---

735) 『世宗實錄』, 세종 17년(1435) 12월 13일자 기사.

736) 金宗直, 「甲辰字新鑄字拔」. 『纂註分類杜詩』(1480, 성종11)와 『治平要覽』(1516, 중종11)의 卷末: "活版之法 始於沈括[畢昇]而ㅅ成於楊克[古] 天下古今之書籍 無不可印 其利博矣. 然其字率皆燒土而爲之 易以殘缺而不能耐久 百載之下 誕運神智 範銅爲字 以胎永世者 其權輿於我朝乎. (...)"

- 475 -

어떤 인쇄혁명도, 어떤 출판혁명도 이룰 수 없었다.

한국에 서양식 신新연활자 인쇄술이 첫 선을 보인 시점은 1883년 이었다. 그러나 아직 미성숙한 윤전인쇄기와 지형·연판 공법을 갖춘 신新연활자 인쇄술도 활인·번각 시스템을 갖춘 한국의 활판술에 비하면 여전히 비싸고 비능률적이었다. 그렇기 때문에 조선의 금속 활자 활판술은 1883년에 서양의 지형·연판 인쇄술이 한국에 소개된 뒤에도 이 서양 인쇄술에 대해서 이후 60년 이상 경쟁력을 유지할 수 있었던 것이다. 지형-연판 시스템은 19세기 후반 뒤늦게 발명되 었고 이것이 개량되어 2차 세계대전을 경과하면서야 비로소 널리 확산되었다. 한국 금속활자인쇄술은 조선에 박문국이 신설된 1883 년(고종 20) 10월에 처음으로 들어온 초창기의 아직 세련되지 못한 지형-연판 공법을 갖춘 이 신연활자 인쇄술과도 효율과 가격 면에서 1940년대까지 여전히 경쟁력을 유지했고, 전통적 금속활자들을 모 방한 목활자는 심지어 해방 후 1963년까지도 실용實用되었다.

그리하여 1883년 신연활자가 처음 도입되어『한성순보』(1883)와 『한성주보』(1885년 11월)를 인쇄한 이래『충효경집주합벽忠孝經集註合 壁』,『농정신편農政新編』 등의 서적인쇄를 시작으로『학암집鶴庵集』 (1894),『태서신사泰西新史』(1896),『한영사전』(1897) 등도 인쇄했으 나,[737] "공사公私의 인쇄에 적적으로 이용되지 못했고", 단지 "소형의 활자를 필요로 한 인쇄물에 국한되어" 사용되었다. 그리하여 연활 자는 수입 후에도 15년이 흐르도록 "그다지 많이" 이용되지 못하고 1897년 이후에야 조금씩 확장세를 보였을 뿐이다. 그만큼 우리의 전통활자들이 "실용적 가치"와 경쟁력을 발휘했던 것이다.[738] 일부

---

737) 김두종,『韓國古印刷技術史』, 465쪽.
738) 김두종,『韓國古印刷技術史』, 466쪽.

서지학자들과 전국의 안다니들은 조선말엽 서구식 인쇄술이 도입되면서 한국의 전통적 인쇄술은 맥 못 추고 사라진 것으로 비로소 오해하지만 실제상황은 전혀 그렇지 않았던 것이다. 2차 세계대전 이후에야 지형·연판 공법의 완벽화와 확산의 혜택을 충분히 받게 되는 서양의 구텐베르크식 (신新)연활자 인쇄술은 그만큼 아직 낙후했던 반면, 한국의 전통적 활판술은 그만큼 은근과 끈기의 강인한 경쟁력을 갖추고 있었던 것이다.

다음은 신연활자가 도입된 1883년 이후에도 계속 쏟아져 나온 한국의 전통 인쇄술로 활인한 서적들의 목록이다. 먼저 금속활자로 활인된 서적 목록을 보자.

『列聖御製(철종어제)』. 1책. 1883년(고종20) 재주 정리자로 활인.[739]

『陰騭文註解』. 1883년(고종20) 전사자로 활인.[740]

『英國條約』. 1책. 1883년(고종20) 통리교섭통상사무아문에서 재주 정리자로 활인·편찬. 1883년 11월 26일(음력 10월 27일)에 조선 전권대신 민영목閔泳穆과 영국 전권공사 파크스(Harry Smith Parkes) 간에 체결된 수호통상조약의 인쇄본이다. 권말 간기는 '西曆一千八百八十三年十一月二十六日'이다. 13관款으로 구성된 수호통상조약, 통상장정, 그리고 수출입 품목에 대한 관세율 및 금지품목을 규정한 세칙으로 구성되어 있다. 수호통상조약 1관에는 거중조정을 명문화하고 있으며, 3관에서는 조선에서 영국인에게 민형사 부분의 영사재판권을 보장하고 있다. 4관에서는 조선의 개항장 설정 및 운영, 그리고 조계지 설치에 관한 규정을 담고 있으며, 조선에서 영국인의 상업 활동에 관한 부분은 5관에

---

739) 남권희, 『한국 금속활자 발달사: 조선시대』, 356쪽.
740) 손보기, 『금속활자와 인쇄술』, 321쪽.

서 규정하고 있다. 그밖에 8관에서는 조선 항구 및 근해에서 영국 군
함의 자유로운 항해·입항권을 부여하였으며, 10관에서는 영국에 무조
건적 최혜국 대우를 보장했다. 한편, 통상장정에서는 선박의 출입에
관련한 규정, 상품의 양륙·적재·납세 규정, 세금탈루 방지에 관한 규
정을 명문화했다. 세칙에는 영국상인이 조선에서 적용받는 수입관세
율을 품목별로 5%, 7.5%, 10%, 20%로 세분화하였다.

『英國條約附通商章程稅則續約』. 1책. 1883년(고종20) 재주 정리자로 확인.741)

『進饌儀軌』(II). 3권(병술-정해). 1887년(고종24) 재주 정리자로 확인.

『進爵儀軌』. 4권. 1888년(고종25) 재주 정리자로 확인.

『离院條例(41쪽)』. 1888년(고종25) 재주 정리자로 확인. 세자시강원의 건치연
혁·고사 규정·의례 등을 조목별로 모아 편찬한 법제서.

『离院條例(60쪽)』. 1891년(고종28) 재주 정리자로 확인.742)

『鄕禮三選』. 1888년(고종25) 한겨울 평안도관찰사 민영준이 기영에서 목활
자로 확인.743)

『禮書箚記』. 13책. 1888년(고종25) 기영에서 목활자로 확인.744)

『平壤續誌』. 1888년(고종25) 기영에서 목활자로 확인.745)

『崇禎紀元後五乙酉(1885)式年司馬榜目』. 1책. 1891년(고종28) 재주 정리자로 확인.

『崇禎紀元後五乙酉(1885)慶科增廣司馬榜目』. 1책. 1891년(고종28) 재주 정리자로 확
인.

---

741) 남권희, 『한국 금속활자 발달사: 조선시대』, 356쪽.

742) 남권희, 『한국 금속활자 발달사: 조선시대』, 356쪽.

743) 남권희, 「'三五庫重記'로 본 箕營의 出版文化」, 46쪽.『조선시대 지방감영의 인쇄
    출판 활동』. 2009년 조선왕실 주도 금속활자 복원사업 학술대회 논문집 (淸州古印刷
    博物館).

744) 남권희, 「'三五庫重記'로 본 箕營의 出版文化」, 48쪽.

745) 남권희, 「'三五庫重記'로 본 箕營의 出版文化」, 48쪽.

『崇禎紀元後五戊子(1888)式年增廣司馬榜目』. 1책. 1891년(고종28) 재주 정리자로 활인.

『進饌儀軌』. 1책. 1892년(고종29) 재주 정리자로 활인.746)

『上之卽阼二十九年辛卯慶科增廣司馬榜目』. 1책. 1892년(고종29) 재주 정리자로 활인.

『高山縣各司行下禮木新定節目』. 1책. 1893년(고종30) 재주 정리자로 활인.747)

『弘文館各道行下禮木新定節目』. 1책. 1893년(고종30) 재주 정리자로 활인.748)

『三陟府各司行下禮木新定節目』. 1책. 1893년(고종30) 재주 정리자로 활인.749)

『參禮驛各司行下禮木新定節目』. 1책. 1893년(고종30) 재주 정리자로 활인.750)

『草記』. 1책. 1894년(고종31) 재주 정리자로 활인.751)

『政事』. 1책. 1894년(고종31) 재주 정리자로 활인.752)

『農談』. 1894년(고종31) 전사자로 활인.753)

『軍國機務處議案』. 1894년(고종31) 재주 정리자로 활인.

『官報』. 1894년 6월 28일-7월 16일까지 19일분 순한문 관보. 1894년(고종31) 재주 정리자로 활인.

『關抄(校正廳關抄)』. 1책. 1895년(고종32) 재주 정리자로 활인.754) 중앙관서에서 동등 이하의 각 관서로 보내던 관문을 모아 편찬한 관찬서.

『官報』. 1895년 1월 15일-7월 19일까지 214일분 국한문혼용 관보. 1895년

---

746) 남권희, 『한국 금속활자 발달사: 조선시대』, 356쪽.
747) 남권희, 『한국 금속활자 발달사: 조선시대』, 356쪽.
748) 남권희, 『한국 금속활자 발달사: 조선시대』, 356쪽.
749) 남권희, 『한국 금속활자 발달사: 조선시대』, 356쪽.
750) 남권희, 『한국 금속활자 발달사: 조선시대』, 356쪽.
751) 남권희, 『한국 금속활자 발달사: 조선시대』, 356쪽.
752) 남권희, 『한국 금속활자 발달사: 조선시대』, 356쪽.
753) 손보기, 『금속활자와 인쇄술』, 322쪽.
754) 남권희, 『한국 금속활자 발달사: 조선시대』, 356쪽.

(고종32) 재주 정리자+한글동활자로 활인. '재주 리자병용 한글동활

자'는 그 조성기록이 전해지지 않지만 1894년 말엽에 주자된 것으로

추정되고 이때 이미 사용되었다.

『朝鮮地誌』. 1895-1897년(고종32-34) 학부學部인서체+한글 목활자로 활인.

자본은 후기 교서관인서체자. §'학부인서체자'는 그간 마멸되어 방치

된 '후기 교서관인서체자'(철활자)와 이를 바탕으로 만든 '인서체 한글

목활자'를 합한 활자체제를 가리킨다. 이때 한글을 찍기 위해 한글목

활자도 만들었는데 이 목활자는 '학부인서체병용 한글자'(간단히 '학부

한글자')라고 한다.755)

『國民小學讀本』. 1책. 1895년(고종32) 7월 학부인서체+학부한글자로 활인.

학부 편집국에서 편찬한 우리나라 최초의 국정 교과서. 국어교과서이

자 수신교과서. 국한문혼용체.

『夙惠記略』. 1895년(고종32 - 추정) 학부인서체+학부한글자로 활인. 어린 학

생들을 교도하기 위해 간행한 교훈서. 어렸을 때부터 지혜가 숙달하

고 행실이 모범적인 동양의 선인들에 관한 일을 3세부터 20세까지로

나누어 국한문혼용으로 기록한 내용으로 구성.

『東國史略』. 1책. 1895년(고종32) 재주 정리자로 활인.

『士民必知』. 1895년(고종32) 학부인서체+학부한글자로 활인. 이 책은 원래

1889년 미국인 선교사 호머 헐버트(H. B. Hulbert)가 1886년(고종 23) 조

선의 초청으로 육영공원의 교사로 취임하면서 세계의 지리와 문화를

소개하기 위해로 저술한 순한글 세계지리서였다. 1895년의 이 책은

왕명으로 학부에서 백남규·이명상 등이 헐버트의 한글본을 한문으로

번역해 재再간행한 것이다.

『萬國地誌』. 1책. 1895년(고종32) 학부인서체+학부한글자로 활인. 학부 편

---

755) 천혜봉, 『한국목활자본』, 124쪽; 천혜봉, 『한국금속활자 인쇄사』, 253쪽.

집국에서 초등학교의 세계지리 교육을 위하여 편찬한 교과서. 국한문 혼용체. 제1편 아시아 16국, 제2편 아프리카 8국, 제3편 유럽 18국, 제4편 북아메리카 11국, 제5편 남아메리카 11국, 제6편 오세아니아 말레이군도·오스트레일리아군도·폴리네시아군도로 되어 있다.

『朝鮮歷史』. 3권3책. 1895년(고종32) 가을 학부인서체+학부한글자로 활인. 학부 편집국에서 고등교육기관의 역사교육을 위해 편찬한 소학교용 국한문혼용 교과서.

『朝鮮歷代史略』. 3권3책. 1895년(고종32) 한겨울 학부인서체+학부목활자로 활인. 학부 편집국에서 고등교육기관의 역사교육을 위해 편찬한 고등 과정 순한문 교과서.

『朝鮮略史十課』. 1895년(고종32) 금속활자와 목활자로 활인. 학부 편집국에서 초등학교의 역사 교육을 위하여 『朝鮮歷代史略』을 소학교 수준으로 꾸며 편찬한 국한문혼용 국사교과서. 한자 금속활자는 후기 교서관철 활자와 신제목활자를 섞어 썼고, 한글목활자는 한부인서체 목활자다.

『近易算術書』. 1895년(고종32) 학부인서체+학부한글자로 활인.756)

『簡易四則問題集』. 1895년(고종32) 학부인서체+학부한글자로 활인.757)

『初學階梯首集』. 1896년(고종33) 학부 편집국에서 재주 정리자로 활인.758)

『保護淸商規則』. 1896년(고종33) 학부 편집국에서 재주 정리자로 활인.759)

『內務衙門訓示』. 1896년(고종33) 학부 편집국에서 재주 정리자로 활인.760)

『戶口調査規則』. 1책. 1896년(고종33) 학부 편집국에서 재주 정리자로 활인.761)

---

756) 손보기, 『금속활자와 인쇄술』 (서울: 세종대왕기념사업회, 1976), 324쪽.

757) 손보기, 『금속활자와 인쇄술』, 324쪽.

758) 남권희, 『한국 금속활자 발달사: 조선시대』, 356쪽.

759) 남권희, 『한국 금속활자 발달사: 조선시대』, 356쪽.

760) 남권희, 『한국 금속활자 발달사: 조선시대』, 356쪽.

『地方制度』. 1896년(고종33) 학부 편집국에서 재주 정리자로 활인.[762]

『法規類編續』. 2책. 1896년(고종33) 기록과에서 서양 지류紙類에 활인. 제1권 은 1895년 1월 7일 국왕의 독립선서 표제를 한문과 국한문혼용으로 담고 있다. 그리고 그 뒤는 1894년 7월부터 1895년 말까지 국한문혼 용 법령들을 싣고 있다. 1898년 의정부에서 발행한 제2권은 1896년부 터 1897년까지 반포된 법령을 망라하고 있다.[763]

『萬國略史』. 2책. 1896년(고종33) 학부인서체+학부한글자로 활인. 학부 편 집국에서 세계 여러나라의 약사略史를 수록하여 편찬·간행한 국한문 역사서. 조선 최초의 세계사 서적.

『新訂尋常小學』. 1896년(건양1) 2월 재주 정리자와 병용 한글동활자로 활인. 학부 편집국에서 초등학교의 국어 교육을 위하여 편찬한 국한문혼용 국어 초등교과서. 1895년 7월 19일 소학교령 공포에 따라 편찬.

『디구략론(地璆略論지구약론)』. 1책. 1897년(광무1) 재주 정리자체 한글자로 활인.[764]

『初學階梯』. 1896년(건양1) 학부 편집국에서 재주 정리자로 활인.

『儒學經緯』. 1책. 1896년(건양1) 신기선申箕善(1851-1909)이 학부대신으로 있 을 때 학부 편전국編轉局에서 재주 정리자로 활인·출판. 신기선이 1886년 갑신정변의 동조자라는 탄핵을 받고 전라도의 여도呂島에 귀 양가 있으면서 저술한 책. 유교와 노불육왕老佛陸王의 종지宗旨를 설 명하고, 서양 과학기술의 면모와 역대 정치법령의 변천, 세계 풍속의

761) 남권희, 『한국 금속활자 발달사: 조선시대』, 356쪽.

762) 남권희, 『한국 금속활자 발달사: 조선시대』, 356쪽.

763) Maurice Courant, Supplément à la Bibliographie Corénne (jusqu'en 1899) (Pairs: Imprimerie Nationale, 1901), 25쪽(서지번호 3419).

764) 손보기, 『금속활자와 인쇄술』, 325쪽, 남권희, 『한국 금속활자 발달사: 조선시대』, 356쪽.

다양한 면모와 시비장단을 논술했다. 그러나 기독교를 배척한 부분이 문제되어 서양선교사들의 반발이 일어나서 신기선이 학부대신직에서 물러났다.

『公法會通』. 10권3책 1896년(건양1) 5월 9일 학부 편집국에서 재주 정리자로 활인.

『地方制度改定하난請願書』. 1896년(고종33) 학부 편집국에서 재주 정리자로 활인.765)

『地方制度(改正書)』. 1896년(건양1) 재주再鑄 정리자로 국한문혼용 활인.

『楓厓先生文集』. 2권1책. 1897년(광무1) 재주 정리자로 활인.766)

『眉巖集』. 부록. 1897년(광무1) 부록 약간을 활자로 인쇄해 목판 중간본(1866)을 보완했다.767) 유희춘柳希春이 지었다.

『皇明詔令』. 21권10책. 1898년(광무2) 재주 정리자로 활인.768)

『晚翁集』. 4권1책. 1899년(광무3) 전사자로 활인. 서명서(찬).

『東國歷代史略』. 6권3책. 1899년(광무3) 재주 정리자로 활인. 학부편집국(편).

『各府尹牧使郡守解由規則』. 1책. 1899년(광무3) 재주 정리자로 활인.769)

『東國歷代史略』. 6권3책. 1899년(광무3) 학부 편집국에서 재주 정리자로 활인.770)

『夕郞集』. 3권1책. 1899년(광무3) 주자로 활인. 한치원 편찬.

『石世遺稿』. 4권1책. 1899년(광무3) 주자로 활인. 김정집 편찬.

---

765) 남권희, 『한국 금속활자 발달사: 조선시대』, 356쪽.
766) 남권희, 『한국 금속활자 발달사: 조선시대』, 356쪽.
767) 한국문집총간DB.
768) 남권희는 발간연도를 "고종연간(1863-1907)"으로 잡았다. 남권희, 『한국 금속활자 발달사: 조선시대』, 355쪽.
769) 남권희, 『한국 금속활자 발달사: 조선시대』, 357쪽.
770) 남권희, 『한국 금속활자 발달사: 조선시대』, 357쪽.

『大韓歷代史略』. 2책. 1899년(광무3) 재주정리자로 활인. 김택영이 중학생 이상

　　의 수준을 대상으로 하는 역사 교육을 위하여 편찬한 순한문 교과서.

『大韓國大淸國通商條約』. 1책. 1899년(광무3) 재주 정리자로 활인.771)

『進饌儀軌』(III). 1책. 1901년(광무5) 재주 정리자로 활인.

『進宴儀軌』. 4권4책. 1900년(광무4) 재주 정리자로 활인. 장예원진연청(찬

　　술).

『進宴儀軌』. 4권4책. 1901년(광무5) 재주 정리자로 활인. 장예원진연청(찬

　　술).

『進宴儀軌』. 4책. 1902년(광무6) 재주 정리자로 활인.772)

『上之卽祚三十二年甲午式年司馬榜目』. 3권3책. 1902년(광무6) 중추中秋 내각에

　　서 재주 정리자로 활인.773)

『上之卽祚二十九年辛卯慶科增廣司馬榜目』. 2권2책. 1902년(광무6) 재주 정리자

로 활인.774)

『進饌儀軌』(IV). 1903년(광무7) 재주 정리자로 활인.

『三禮錄』. 1903년(광무7) 전사혼입보자補字로 활인.

『中等敎科 東國史略』. 4권4책. 1906년(광무10) 재주 정리자로 활인. 1899년 이

　　래 학부 편집국 위원으로 봉직하며『普通敎科 東國歷史』(5권2책. 1899,

　　신연활자)의 편찬을 맡은 현채玄采(1856-1925)가 저술한 새 국사 교과서.

　　1906년 6월 초판이 발간된 이래, 1907년 10월 재판, 1908년 7월 3판이

　　간행되었으나, 1909년 5월 5일자로『東國歷史』와 함께 판금당했다. 원

　　래의 제명이『중등교과 동국사략』인 점으로 미루어 처음에는 고종

771) 남권희,『한국 금속활자 발달사: 조선시대』, 357쪽.

772) 남권희,『한국 금속활자 발달사: 조선시대』, 357쪽.

773) 남권희,『한국 금속활자 발달사: 조선시대』, 357쪽.

774) 남권희,『한국 금속활자 발달사: 조선시대』, 357쪽.

32년(1895)의『東國史略』(1책)을 대신하는 중등학교의 교과서용으로 편찬된 듯하다. 그 뒤 현채 원저原著로 1924년에『동국제강東國提綱』이라는 제목으로 증보판을 발간했고, 1928년에는『반만년 조선역사』로 제목을 바꾸어 발간했다. 어학교 부교관과 한성사범학교 부교관을 지냈다. 1896년 1월 평강군수에 임명되었다가 같은 달에 사직했다. 현채는 1907년 1월까지 학부 주사 및 보좌원으로 활동했다. 1900년부터는 국채보상운동을 주창한 김광제金光濟 사장과 손잡고 장지연과 함께 대구의 기존 '시사총보사'를 '광문사'로 개칭하고 본격적으로 상업적 출판사업을 일으켰다.

『牖蒙彙編』. 1906년(광무10) 학부인서체+학부한글자로 활인. 학부 활자가 정리자로 바뀌면서 학부인서체+학부한글자는 민간에 매각된 것으로 보인다. 이 책은 1906년 달성군 광문사에서 취학 전 아동을 위하여 발행한 국한문혼용 교과서.

『孟子』. 7권3책. 고종말엽(1880-1906년) 재주 정리자로 활인.[775]

『論語』. 5권1책. 고종말엽(1880-1906년) 재주 정리자로 활인.[776]

『禪門撮要』. 2권1책. 1907년(융희원년) 활자로 활인. 상권은 운문사에서 1907년, 하권은 범어사에서 1908년 인행. 승려 경허의 선학지침서.

『增補文獻備考』. 250권50책. 1908년(융희2) 주자로 활인.[777]

『國朝寶鑑』. 90권28책. 1909년(융희3) 임진자 혼입목판으로 재활인. 이완용(편).

『崇禎三己卯式龍虎榜目』등 방목류 56종. 1909년(융희3) 정유자(육주갑인자)로 활인.[778]

---

775) 남권희,『한국 금속활자 발달사: 조선시대』, 357쪽.
776) 남권희,『한국 금속활자 발달사: 조선시대』, 357쪽.
777) 세종대왕기념사업회 역주,『국역 증보문헌비고』,「예문고」.
778) 손보기,『금속활자와 인쇄술』, 315쪽.

『吳淸卿獻策論』. 1책. 고종연간(1863-1907) 재주 정리자로 활인.[779]

『東史會綱』. 24권13책. 고종연간 활인.[780]

『大學』. 1책. 연도미상. 재주 정리자로 활인.[781]

『通文』. 1책. 연도미상. 재주 정리자로 활인.[782]

『易語』. 4권4책. 연도미상. 재주 정리자로 활인.[783]

『編註醫學入門』. 7권19책. 연도미상. 재주 정리자로 활인.[784]

『各大臣間規約條件』. 1책. 연도미상. 재주 정리자로 활인.[785]

『大東野乘』. 72권59책. 1909-1911년 조선고서간행회에서 주자로 활인. 250년 전해오던 59종의 별책들을 묶은 총서류 서적.

『靑丘詩鈔』. 1915년 임진자(오주갑인자) 활인. 임진자로 찍어낸 최후의 책. 조선총독부가 일인학자들의 요청으로 인행했다.[786]

『토끼전』. 1913년 서울 신구서림新舊書林에서 '별주부전'을 활자로 방인坊印(출판사에서 판매목적으로 인쇄). 활자본 '별주부전', '불로초, '토의 간' 등이 있는데, 이 중 신구서림에서 활인한 '별주부전'은 이해조가 명창 곽창기郭昌基와 심정순沈正淳의 구술을 정리한 것이다. 활인본보다 먼저 나온 목판본으로는 경판 '토싱전'과 완판 '퇴별가'가 있다. 활자본은 6종이고, 목판본은 2종이다. 100여 종의 이본이 전한다. 명칭은 '토끼전' 외에 '별주부전鼈主簿傳', '토별가兎鼈歌', '수궁가水宮歌', '토공

---

779) 남권희, 『한국 금속활자 발달사: 조선시대』, 355쪽.

780) 세종대왕기념사업회 역주, 『국역 증보문헌비고』, 「예문고」.

781) 남권희, 『한국 금속활자 발달사: 조선시대』, 357쪽.

782) 남권희, 『한국 금속활자 발달사: 조선시대』, 357쪽.

783) 남권희, 『한국 금속활자 발달사: 조선시대』, 357쪽.

784) 손보기, 『금속활자와 인쇄술』, 318쪽, 남권희, 『한국 금속활자 발달사: 조선시대』, 357쪽.

785) 남권희, 『한국 금속활자 발달사: 조선시대』, 357쪽.

786) 천혜봉, 『한국금속활자 인쇄사』, 277쪽.

- 486 -

전兎公傳', '토별산수록兎鼈山水錄', '토생전兎生傳', '수궁전', '퇴별전', '토처사전兎處士傳', '토공사兎公辭', '별토전鱉兎傳', '토兎의 간肝', '불로초不老草', '수궁록水宮錄', '별토가鼈兎歌' 등으로 다양하다. 이중 상당수가 한국 금속활자로 제작되었다.

『옥단춘전玉丹春傳』. 1책. 1916년 박문서관博文書館과 청송당서점靑松堂書店에서 전통 주자로 방인했고, 1926년에 대성서림大成書林에서 주자로 방인했다. 15종의 활인본이 있다. 흔히 그렇듯이 이전부터 10여종 이상의 필사본이 전해졌다. 국문 애정소설. '곽씨경전'·'이어사전李御使傳'이라고도 한다. 청송당서점 활자본은 42쪽, 박문서관본은 38쪽 대성서림본은 36쪽이다.

『옥란긔봉(玉鸞奇逢)』. 1918년 회동서관에서 '옥란빙玉鸞聘'으로 활인. 쿠랑은 1891년 이전 '올란긔봉玉蘭奇逢'과 '옥란긔연玉蘭奇緣' 제목의 필사본들을 제시하고 있다.787)

『文化柳氏族譜』. 1928년 7월 삼주三鑄 한구자로788) 활인. 경성남부 훈국방薰局坊에서 누군가의 손으로 들어간 (본래 정부소유의) 삼주 한구자를 빌려서 찍었다.

787) Courant, *Bibliographie Coréenne*, Tome premier, 454쪽 (서지번호 840·841).

788) '한구자(韓構字)'는 1677(숙종3)년경 김좌명의 아들 김석주(청성부원군)가 사가에서 당대의 명필 한구(韓構)가 쓴 소자를 본(본)으로 하여 주조한 동활자다. 1782년에는 정조의 명으로 평안도관찰사 서호수(徐浩修)가 평양에서 초주 한구자를 본떠 '재주(再鑄) 한구자' 대소(大·小) 8만3660자를 만들었다. 평양에서 싣고 와서 내각과 주자소에 차례로 보관했다. '임인자'라고도 한다. 1857년 10월 주자소 화재로 대부분이 소실되었다. 1857년 주자소 화재로 재주 한구자가 소실되자 1858년(철종9) 철종의 명으로 이를 본떠 다시 주조한 3만1829자의 동활자는 '삼주 한구자'라고 한다. 활자가 정연하지 않아 별로 사용하지 않았다. 참조 『증보문헌비고』「예문고」의 '역대서적' 숙종26년: "처음에 청성부원군 김석주가 한구가 쓴 소자(小字)가 아름답다고 하여 (한구의 글씨를 본으로) 동활자를 만들어서 『綱目』을 간행했다."

1928년『문화류씨족보』인쇄까지 망라하는 이 목록은 필자가 지금까지 부분적으로 수집한 목록에 불과하다. 그러나 이 정도의 부분 목록만으로도 1883년 이후에도 계속 쏟아져 나온 한국 금속활자 활판술의 생생한 실용적 가치와 경쟁능력을 알 수 있다.

그러나 대한제국 전후 시기는 근대화개혁과 군비증강에 총력을 기울이던 시기라서 국가의 전통적 교민敎民기능과 출판기능이 약화되면서 민간에서 비교적 저렴한 목활자 활판술이 발달하기 시작했고 때로 정부도 목활자를 개발해 쓰기도 했다. 나아가 일제의 한국병탄 이후에는 중앙정부의 출판기능이 완전히 소멸하면서 전통적 금속활자를 모방한 목활자 인쇄가 급증하면서 양식 신연활자 인쇄술과 계속 대등하게 경쟁했다. 다음은 1883년 이후 목활자 활인본 서적의 목록이다.

『葵庵集(葵庵元集)』. 9권3책. 1883년(고종20) 광주필서체 목활자로 활인. 임장원의 시문집.

『海州崔氏世德錄』. 2권2책. 1884년(고종21) 장흥에서 목활자로 활인. 최삼석 편.

『武城書院誌』. 2권2책. 1884년(고종21) 정읍 무성서원에서 광주필서체 목활자로 활인.

『演經篇』. 1884년(고종21) 이이엄 목활자로 활인.

『太上感應篇』. 1884년(고종21) 이이엄 목활자로 활인.

『關帝寶訓』. 1884년(고종21) 이이엄 목활자로 활인.

『玄化寶鑑』. 1884년(고종21) 이이엄 목활자로 활인.789)

『(關聖帝君)開化大程』. 1884년(고종21) 이이엄 목활자로 활인.790)

---

789) 손보기,『금속활자와 인쇄술』, 319쪽.
790) 손보기,『금속활자와 인쇄술』, 319쪽.

『一齋集』. 1책. 1885·87년(고종22·24) 목활자로 활인. 2권1책. 1893년(고종29)

지곗다리획인서체자. 이항(李恒)이 지었다.[791]

『中和齋先生實紀(姜公實紀)』. 1885년(고종22) 한봄 은진恩津 갈산병사葛山丙舍

에서 전주지곗다리획인서체목활자로 활인. 강내호(姜來鎬) 편. 刊記:

"上之二十二年乙酉孟春日後孫修雲開印于葛山丙舍."[792]

『脈經』. 1884년(고종21) 이이엄 목활자로 활인.

『一齋先生續集』. 1책. 1885년(고종22) 전주에서 전주지곗다리획 인서체 목활

자로 활인. 이항의 문집. 1887년(고종24) 전주에서 활인한 기록도 있다.

『南原梁氏族譜』. 3편3책. 1886년(고종23) 순창에서 목활자로 활인.

『坡平尹氏三綱錄』. 1책. 1887년(고종24) 나주에서 목활자로 활인. 윤찬규 편.

『臨瀛世稿』. 3권1책. 1887년 후기 목활자로 활인. 김첨경金添慶 등이 지었

다.[793]

『全州權氏族譜』. 19세기 초반 지곗다리획 인서체印書體 목활자로 활인. '지곗

다리획 인서체印書體 목활자'는 '서씨徐氏목활자', 또는 '완영인서체목

활자'로도 불린다.

『仁山先生文集』. 17권8책. 19세기 초반 전주지곗다리획 인서체 목활자로 활

인. 소휘면의 문집.

『四勿齋集』. 4권2책. 1886년(고종23) 목활자로 활인. 송상천의 문집.

『中朝約章全編』. 1887년(고종24) 전사자로 활인.[794]

『和順崔氏世稿』. 2권1책. 1888년(고종25) 화순 월곡재사月谷齋舍에서 목활자

로 활인.

791) 세종대왕기념사업회 역주, 『국역 증보문헌비고』, 「예문고」.

792) 고려대학교 해외한국학 자료센터 디렌토리 분류: 자료 UCI: RIKS+CRMA+KSM-
WU.1885. 4423 -20160331. NS_0173

793) 세종대왕기념사업회 역주, 『국역 증보문헌비고』, 「예문고」.

794) 손보기, 『금속활자와 인쇄술』(서울: 세종대왕기념사업회, 1976), 322쪽.

『禮書箚記(四禮箚記)』. 1888년(고종25) 기영에서 목활자로 활인. 남도진 저.

『井邑縣誌』. 1책. 1888년(고종25) 정읍 향교 명륜당에서 목활자로 활인.

『漁村集』. 13권21책. 1889년 목활자로 활인. 심언광沈彦光이 지었다.795)

『四友堂先生集』. 9권4책. 1890년(고종27) 목활자로 활인. 송국택의 문집.

『農圃集』. 7권4책. 1890년(고종27) 목활자로 활인. 정문채의 문집.796) 목판본
    (1758)도 있다.

『陶谷集』. 6권3책. 1891년(고종28) 목활자로 활인. 송종운의 문집.

『長興任氏世寶』. 10권10책. 1892년(고종29) 장흥 열락재悅樂齋에서 광주필서
    체 목활자로 활인.

『靜庵集』. 18권5책. 1892년(고종29) 목활자로 활인. 조광조가 지었다.797)

『慶州金氏族寶』. 1권1책. 1893년(고종30) 능성綾城(화순) 어은재漁隱齋에서 광
    주필서체 목활자로 활인. 1893년 동시에 장흥 도고동道高洞묘각에서
    4권4책으로 재활인.

『感泉吳慶先生孝感圖』. 1책. 1893년(고종30) 능성(화순)에서 목활자로 활인. 오
한규 편.

『十淸先生集』. 1책. 1894년(고종31) 순천에서 목활자로 활인. 김세필 편.

『夏亭集』. 2권2책. 1894년(고종31) 목활자로 활인. 조선 때에 유관柳寬이 지
었다.798)

『澹虛齋集』. 6권3책. 1895년(고종30) 운봉현 실상사에서 목활자로 활인. 김
    지백의 시문집.

『晩義集』. 1895년(고종30) 5월 광주필서체 목활자로 활인. 양진영의 문집.

---

795) 세종대왕기념사업회 역주, 『국역 증보문헌비고』, 「예문고」.
796) 해외한국학자료센터.
797) 세종대왕기념사업회 역주, 『국역 증보문헌비고』, 「예문고」.
798) 세종대왕기념사업회 역주, 『국역 증보문헌비고』, 「예문고」.

『眞理便讀三字經』. 1895년(고종32) 야소삼경자耶蘇三經字 목활자로 활인.『훈몽삼자경』을 본떠서 한문역 기독교리를 한자 대자 1자씩 구분하여 한자 아래 한글로 훈과 음을 표시.

『鄕約事目』. 1895년(고종32) 전주 초안국招安局에서 목활자로 활인.

『朝鮮地誌』. 1895-1897년(고종32-34) 학부인서체+학부 한글목활자(학부한글자)로 활인. 자본은 후기 교서관인서체자. 학부인서체 한자를 만들 때 한글목활자도 만들었는데 이 목활자를 '학부인서체병용 한글자'라고 부른다.[799]

『國民小學讀本』. 1895-1897년(고종32-34) 학부인서체+학부 한글목활자로 활인.

『萬國地誌』. 1895-1897년(고종32-34) 학부인서체+학부 한글목활자로 활인.

『萬國略史』. 1895-1897년(고종32-34) 학부인서체+학부 한글목활자로 활인.

『士民必知』. 1895-1897년(고종32-34) 학부인서체+학부 한글목활자로 활인.

『朝鮮歷代史略』. 1895-1897년(고종32-34) 학부인서체+학부 한글목활자로 활인.

『朝鮮略史十課』. 1895-1897년(고종32-34) 학부인서체+학부 한글목활자로 활인.

『牖蒙彙編』. 1895-1897년(고종32-34) 학부인서체+학부 한글목활자로 활인.

『夙惠記略』. 1895-1897년(고종32-34) 학부인서체+학부 한글목활자로 활인.

『錦南崔先生文集』. 3책. 1896년(건양1) 강진 나천羅川묘각에서 목활자로 활인. 최부의 문집.

『咸平李氏族譜』. 4권1책. 1896년(건양1) 나주 분토동 선조묘각에서 목활자로 활인.

『鼎谷遺集』. 4권1책. 1896년(건양1) 화순에서 광주필서체 목활자로 활인. 조대중의 문집.

『海史詩集』. 1896년(건양1) 광주필서체 목활자로 활인. 이돈만의 시집.

『承盤院誌』. 1896년(건양1) 김제에서 목활자로 활인.

---

799) 천혜봉,『한국목활자본』, 124쪽; 천혜봉,『한국금속활자 인쇄사』, 253쪽.

『虛庵集』. 5권2책. 1897년(광무1) 목활자로 활인. 정희량鄭希良이 지었다.[800]

『愚齋集』. 2책. 1897년 목활자(광무1)로 활인. 손중돈孫仲暾이 지었다. 자는 대발大發, 호는 우재愚齋이고, 경주인이다.[801]

『耽津崔氏族譜』. 1책. 1897년(광무1) 부안 산수재山水齋에서 목활자로 활인. 1907년(순종즉위년) 보성에서 3책으로 활인.

『錦山金氏族譜』. 4권4책. 1897년(광무1) 목활자로 활인.

『新平宋氏世譜』. 1897년(광무1) 2월 광주필서체 목활자로 활인.

『錦城邑誌』. 3권2책. 1897년(광무1) 나주에서 목활자로 활인.

『靈光邑誌』. 1897년(광무1) 영광에서 목활자로 활인. 심은택 편.

『松下訓蒙詩集』. 1책. 1897년(광무1) 3월 광주필서체 목활자로 활인. 유성순의 시집.

『靈光邑誌』. 1책. 1897년(광무1) 영광에서 광주필서체 목활자로 활인.

『文正公言行錄』. 2권1책. 1897년(광무1) 순창 농은재農隱齋에서 목활자로 활인. 송대 범중엄의 언행록.

『沃川趙氏世譜』. 8책. 1897년(광무1) 순창 옥천조씨세보소에서 목활자로 활인.

『石菱集』. 13권3책. 1898년(광무2) 목활자로 활인. 김창희의 시문집.

『赤城誌』. 5권2책. 1898년(광무2) 무주 향교명륜당에서 목활자로 활인.

『春塘先生文集』. 4권2책. 1898년(광무2) 목활자로 활인. 오수영 시문집.

『蘆沙集』. 총23권11책. 1898년(광무2) 기정진奇正鎭(1798-1879)의 시문집 戊戌 (1898). 1882년 초간.

『雲塑先生文集』. 16권3책. 1898년(광무2) 목활자로 활인. 조평의 시문집.

『月谷實記』. 2권1책. 1898년(광무2) 목활자로 활인. 우하철禹夏轍 편.

『柳溪集』. 8권4책. 1898년(광무2) 목활자로 활인. 강명규의 시문집.

---

800) 세종대왕기념사업회 역주, 『국역 증보문헌비고』, 「예문고」.
801) 세종대왕기념사업회 역주, 『국역 증보문헌비고』, 「예문고」.

『江陵劉氏族譜』. 9책. 1898년(광무2) 강진에서 목활자로 활인.

『全州崔氏世譜』. 53권24책. 1898년(광무2) 전주 분토동粉土洞재각에서 목활자로 활인.

『小松遺稿』. 10권3책. 1898년(광무2) 3월 광주필서체 목활자로 활인. 이지용의 문집.

『雲塾先生文集』. 11권2책. 1898년(광무2) 4월 광주필서체 목활자로 활인. 조평의 문집.

『滄洲遺稿』. 1책. 1898년(광무2) 나주 추원당追遠堂에서 광주필서체 목활자로 활인. 김익희의 문집.

『皇明詔令』. 21권10책. 1989년(광무2) 재주 정리자로 활인. 장부(편). 원元 (1271-1368) 1366)부터 명明(1368-1644) 1547년까지 황제가 반포한 조령을 모아놓은 조령집.

『沙潭遺稿』. 1책. 1898년(광무2) 나주 추원당追遠堂에서 광주필서체 목활자로 활인. 나덕원의 문집.

『南坡集(南坡先生集)』. 8권3책. 1898년(광무2) 장흥 영석재永錫齋에서 목활자로 활인. 이희석의 문집.

『晚守齋集』. 6권3책. 1898년(광무2) 장흥 용계龍溪에서 목활자로 활인. 이민기의 문집.

『后泉遺稿』. 4권2책. 1898년(광무2) 전주지겟다리체 목활자로 활인. 소광진 (소광운?)의 문집.

『廬山誌』. 1책. 1899년(광무3) 여수 돌산향교 명륜당에서 목활자로 활인.

『棄棄齋文集』. 5권2책. 1899년(광무3) 목활자로 활인. 김상정 편찬.

『服齋先生文集』. 6권2책. 1899년(광무3) 목활자로 활인. 기준 편찬.

『密陽朴氏世譜』(1). 12책. 1899년(광무3) 구례 연동蓮洞에서 목활자로 활인.

『密陽朴氏世譜』(2). 1903년(광무7) 전주 봉서선생재사鳳棲先生齋舍에서 17권17

책으로 목활자로 확인.

『金海金氏族譜』. 5책. 1899년(광무3) 보성 석계재石溪齋에서 목활자로 확인.

『淸州韓氏世譜』. 5책. 1899년(광무3) 영광 모원재慕遠齋에서 목활자로 확인.

『岐峯集』. 5권2책. 1899년(광무3) 장흥 안양주산舟山에서 목활자로 확인. 백
광홍의 문집.

『翠谷集』. 2권1책. 1899년(광무3) 장흥 안양삼곡安壤蔘谷에서 목활자로 확인.
조여흠의 문집.

『溪陰集』. 6권2책. 1899년(광무3) 영암에서 광주필서체 목활자로 확인. 조팽
년의 문집.

『雲谷集(雲谷先生文集)』. 20권11책. 1899년(광무3) 목활자로 확인. 송한필宋翰
弼의 문집.[802]

『昭義新編』. 8卷4冊. 1899년(광무3) 목활자로 확인. 유인석 편찬.

『咸陽吳氏諸公行狀世德編』. 2책. 1899년(광무3) 5월 광주필서체 목활자로 확인.

『三友堂遺稿』. 1책. 1899년(광무3) 6월 광주필서체 목활자로 확인. 정현의 문집.

『三憂堂先生實記』. 5권2책. 1899년(광무3) 목활자로 확인.

『華西先生文集』. 41권22책. 1899년(광무3) 목활자로 확인. 이항로 편찬.

『訥齋先生集附錄』. 2권1책. 1899년(광무3) 광주에서 광주필서체 목활자로 확인.

『廬山志』. 1책(48쪽). 1899년(광무3) 명륜당에서 목활자로 확인. 서병수(찬).
이 책은 전남 돌산突山의 지리지다. 돌산군은 현재 여수시 돌산읍에
해당한다.

『儒城文獻錄』, 1900년(광무4) 목활자로 확인. 유대원柳大源 등 문화유씨 문중
에서 저술.

『奉化鄭氏族譜』. 9권9책. 1900년(광무4) 목활자로 확인. 백기환의 필서체철활
자를 모방한 목활자와 새로 새긴 기타 목활자가 섞인 목활자.[803]

---

802) 세종대왕기념사업회 역주, 『국역 증보문헌비고』, 「예문고」.

『寶城宣氏賜額五忠臣錄』. 1책. 1900년(광무4) 보성 오호五湖에서 목활자로 활인.

『寶城宣氏忠義孝烈錄』. 1책. 1900년(광무4) 보성 오호에서 목활자로 활인.

『尤庵先生言行錄』, 2권1책. 1900년((광무4) 완영에서 전주지곗다리획 인서체 목활자로 활인.

『西山先生遺稿』, 4권1책. 1900년(광무4) 나주에서 목활자로 활인.

『順菴先生文集』. 27권15책. 1900년(광무4) 목활자로 활인. 안정복(찬).

『朴氏崇顯錄』. 1권1책. 1900년(광무4) 목활자로 활인. 박씨종중(편)

『滄洲先生遺稿』. 18권7책. 1900년(광무4) 목활자로 활인. 김익희(찬)

『慵齋訥齋兩先生實記』. 4권2책. 1900년(광무4) 목활자로 활인. 이종준(찬).

『童土先生文集』. 1900년(광무4) 목활자로 활인. 윤순거(찬), 윤상목(편)

『昌寧曺氏族譜』. 3권3책. 1901년(광무5) 강진 학치鶴峙에서 목활자로 활인.

『河東鄭氏派譜』. 5권5책. 1901년(광무5) 장흥 송산에서 목활자로 활인.

『尹文肅公傳』. 1책. 1901년(광무5) 익산 금마군동東정사精舍에서 목활자로 활인.

『三先生行狀』. 1책. 1901년(광무5) 정읍 중산재실中山齋室에서 목활자로 활인.

『松堂集』. 4권2책. 1901년(광무5) 목활자로 활인. 조선 때에 조준趙浚이 지었다.[804]

『長興高氏派譜』. 1책. 1901년(광무5) 광주 쌍괴당雙槐堂에서 광주필서체 목활자로 활인.

『光山金氏族譜』. 1901년(광무5) 장흥 행강재行綱齋에서 전주지곗다리획 인서체목활자로 활인.

『美村先生文集』. 2권2책. 1901년(광무5) 목활자로 활인. 김건(찬), 김원재(편).

『毅齋先生集』. 2권2책. 1901년(광무5) 목활자로 활인. 오전(찬)

『淸齋朴先生事實紀』. 1책. 1901년(광무5) 목활자로 활인. 박연황·박태균(편).

803) 천혜봉, 『한국금속활자 인쇄사』, 381쪽.

804) 세종대왕기념사업회 역주, 『국역 증보문헌비고』, 「예문고」.

『大谷遺稿』. 6권3책. 1901년(광무5) 목활자로 활인. 김석구(찬).

『新增山陽誌』. 1권1책. 1901년(광무5) 목활자로 활인. 안규익(편).

『東醫壽世保元』. 4권2책. 1901년 6월 함흥에서 율동계를 조직한 이제마의 문도 7인이 목활자로 활인. 이제마 저. 1911년 재판, 1913·1914·1921·1936· 1941년까지 7판이 활인되었다. 간행에는 목활자, 연활자, 석판이 번갈 아 쓰였다.

『麗水誌』. 5권5책. 1902년(광무6) 여수 회유소會儒所에서 목활자로 활인.

『慶州金氏世譜』. 5권5책. 1902년(광무6) 장흥 청룡정사에서 목활자로 활인.

『笠澤集』. 1902년(광무6) 남원 용동에서 목활자로 활인. 김감의 문집.

『新增山陽誌』. 1902년(광무6) 4월 광주인서체 목활자로 활인. 오희도의 문집.

『同福吳氏族譜』. 1902년(광무6) 5월 광주인서체 목활자로 활인.

『明谷遺稿』. 1권1책. 1902년(광무6) 보성에서 목활자로 활인. 안규익 문집.

『慶州李氏世譜』. 12권12책. 1902년(광무6) 보성 덕음죽양관德音竹襄館에서 목 활자로 활인.

『鶴城雜記』. 3권2책. 1902년(광무6) 목활자로 활인. 김우식·김권기(중수).

『興德三綱錄』. 3권1책. 1903년(광무6) 고창흥성향교에서 목활자로 활인. 백 낙현 등 편.

『月川集』. 6권4책. 1904년(광무8) 목활자로 활인. 조목趙穆이 지었다.[805]

『月川集』(同名異書). 4권2책. 1904년(광무8) 목활자로 활인. 김길통이 지었다.

『金忠靖公甲峰遺稿』. 5권5책. 1904년(광무8) 전주 전주부동全州府東에서 목활 자로 활인.

『自慊窩文集』. 5권2책. 1904년(광무8) 목활자로 활인. 유대원의 시문집.

『昌原丁氏世譜』. 1책. 1904년(광무8) 남원에서 목활자로 활인. 김감의 문집.

『江西郡三綱錄列傳』. 3권1책. 1904년(광무8) 운현궁에서 목활자로 활인.

---

805) 세종대왕기념사업회 역주, 『국역 증보문헌비고』, 「예문고」.

『鈍菴遺稿』. 6권3책. 1904년(광무8) 목활자로 활인. 송병규의 문집.

『梅窩集』. 8권4책. 1904년(광무8) 목활자로 활인. 안중관(찬).

『兆陽林氏五修世譜』. 9권9책. 1905년(광무9) 전주 회포사촌回浦沙村에서 목활
자로 활인.

『全州柳氏四修世譜』. 5책. 1905년(광무9) 전주 둔산屯山재각에서 목활자로 활인.

『武靈三綱錄』. 2권2책. 1905년(광무9) 2월 광주필서체 목활자로 활인.

『武靈三綱錄』. 3권2책. 1905년(광무9) 광주필서체목활자로 활인. 강일수(편).

『牖蒙彙編』. 2권1책. 1905년(광무9) 학부편집국에서 학부인서체자로 활인.
대한제국기 학부에서 편집한 초학 아동용 교과서이다. 천지인天地人,
천도天道, 지도地道, 인도人道, 음식, 만물, 유학儒學, 기용器用, 궁실宮室
등으로 분류하고 이에 대한 간략한 설명을 부기하였다. 또 중국 문명
의 시작, 유교의 정립, 성리학의 부흥, 중국의 역사와 문화 등을 쉬운
용어로 간략하게 설명하였다.

『平壤誌』. 1906년(광무10) 기영에서 목활자로 활인.806)

『霅橋集』. 7권4책. 1906년(광무10) 목활자로 활인. 안석경(찬).

『陶谷先生文集』. 5권3책. 1906년(광무10) 목활자(倣전사자)로 활인. 박종우(찬).

『續修三綱錄)』. 1책. 1906년(광무10) 5월 목활자로 활인. 심구택(편).

『新昌表氏家乘譜』. 1책. 1906년(광무10) 9월 광주필서체 목활자로 활인.

『續修三綱錄』. 1책. 1906년(광무10) 5월 황성 궁동宮洞 경약소京約所에서 전사
자체 목활자로 활인. 심구택沈九澤(1851-?) 편찬.

『石北先生文集(石北集)』. 16권8책. 1906년(광무10) 목활자로 활인. 신광수의
문집.

『霅橋集』. 7권4책. 1906년(광무10) 목활자로 활인. 안석경의 문집.

『咸安尹氏世譜』. 5권6책. 1906년(광무10) 보성 시치矢峙에서 전주지곗다리획

---

806) 남권희, 「'三五庫重記'로 본 箕營의 出版文化」, 48쪽.

인서체목활자로 확인.

『仁川李氏名碩錄』. 6권3책. 1906년(광무10) 장흥 삼사정三思亭에서 목활자로
　　확인. 이원정 편.

『松齋集』. 7권2책. 고종연간(1864-1906) 印書體 목활자로 확인. 한충이 지었
다.[807]

『野隱遺稿』. 4권2책. 1907년(융희1) 8월 광주필서체 목활자로 확인. 이정태
의 문집.

『黙隱遺稿』. 2권1책. 1907년(융희1) 12월 광주필서체 목활자로 확인. 이정신
　　의 문집.

『禪門撮要』. 2권1책. 1907년(융희1) 활자(목활자?)로 확인. 상권은 운문사에서
　　1907년, 하권은 범어사에서 1908년 인행. 승려 경허의 선학지침서.

『錦谷先生文集』. 19권10책. 1907년(융희1) 목활자로 확인. 연도미상의 5권3
　　책 목활자본도 있다. 송래희의 문집.

『習靜先生文集』. 4권2책. 1907년(융희1) 목활자로 확인. 송방조의 문집.

『聽溪軒文集』. 4권2책. 1907년(융희1) 목활자로 확인. 신석림의 문집.

『性潭宋先生門人錄』. 1907년(융희1) 목활자로 확인. 송병기 저.

『竹山安氏族譜』. 1907년(융희1) 함평 나산우재羅山愚齋에서 목활자로 확인.

『圭庵集』. 4권2책. 1907년 목활자로 확인. 송인수宋麟壽가 지었다.[808]

『南原洪氏波譜』. 14권7책. 1907년(융희1) 순창 梅宇嵋山兵舍에서 목활자로 확인.

『晩圃遺稿』. 1책. 1908년(융희2) 전주 만포재晩圃齋에서 목활자로 확인. 정제
호의 문집.

『喚鶴堂逸稿』. 1책. 1908년(융희2) 2월 광주필서체 목활자로 확인. 조여심曺
　　汝諶의 문집.

---

807) 세종대왕기념사업회 역주, 『국역 증보문헌비고』, 「예문고」.
808) 세종대왕기념사업회 역주, 『국역 증보문헌비고』, 「예문고」.

『木溪集』. 2권1책. 1908년(융희2) 목활자로 활인. 강혼姜渾이 지었다.[809]

『天黙先生遺稿集』. 6권3책. 1908년(융희2) 목활자로 활인. 이상형이 지었다.[810]

『芝峯先生遺稿(芝峯集·芝峯遺稿)』. 2권1책. 1908년(융희2) 9월 목활자로 활인하고, 1918·1932년 목활자로 활인. 이수광 문집. 1760년(7권), 1818년(11권6책)에 이미 목판으로 간인한 바 있다.

『寶城吳氏世譜』. 18권10책. 1909년(융희3) 전주에서 목활자로 활인.

『晉陽鄭氏文獻世乘』. 1909년(융희3) 2월 곡성 오지梧枝에서 광주필서체 목활자로 활인.

『四禮笏記』. 1909년(융희3) 2월 옥천浴川 병동屛洞에서 광주필서체 목활자로 활인.

『慶州鄭氏世譜』. 2권2책. 1909년(융희3) 8월 광주필서체 목활자로 활인.『嘉靖二十二年癸卯八月二十四日生員進士試榜目』. 1책. 1909년(융희3) 목활자로 활인. 박선교(편).

『嘉靖七年戊子二月二十四日生員進士榜目』. 1909년(융희3) 목활자로 활인. 박선교(편).

『菊齋先生實紀』. 2권1책. 1909년(융희3) 목활자로 활인. 권중현(편).

『節要集覽』. 1책. 1909년(융희3) 목활자로 활인. 정영진(찬).

『慶州李氏世譜』. 2책. 1910년(융희4) 나주 영모각에서 목활자로 활인.

『旅菴遺稿』. 13권5책. 1910년(융희4) 목활자로 활인. 신경준의 문집.

『史略要解』. 6권2책. 1910년(융희4) 승평(순천) 심서재心書齋에서 광주필서체 목활자로 활인. 조학수 해제.

『東國科宦姓譜』. 5권5책. 1910년(융희4) 화순 오현당에서 목활자로 활인.

---

809) 세종대왕기념사업회 역주, 『국역 증보문헌비고』, 「예문고」.
810) 세종대왕기념사업회 역주, 『국역 증보문헌비고』, 「예문고」.

『長興邑誌』. 2권2책. 1910년(융희4) 장흥 석천재에서 목활자로 활인. 안규인 등 편.

이 목록은 일제의 한국병탄 이전에 쏟아져 나온 목활자 활인본 서적들의 일부 목록이다. 일제의 병탄과 더불어 유교국가 한국의 전통적 출판복지 기능이 와해되면서부터는 전통적 금속활자를 모방한 목활자를 써서 활인하는 흐름이 민간에서 일종의 붐을 일으키면서 번져가 서양식 신연활자 인쇄술과 대등한 경쟁을 벌였고, 그 여세는 해방 이후까지 이어졌다. 다음은 일제병탄 후 목활자 활인본 일부 목록이다.

『東川集』. 3책. 1911년(융희3) 남원 사곡沙谷에서 광주필서체 목활자로 활인.

『尤可軒遺稿』. 4권2책. 1911년 목활자로 활인. 백기환의 필서체철활자를 모방한 목활자. 이정영의 시문집.811)

『華陽公遺集』. 1권1책. 1912년 광주필서체 목활자로 활인. 양여매의 시문집.

『謙齋先生文集』. 12권7책. 1912년 목활자로 활인. 하홍도(찬).

『白經野堂遺稿』. 2권2책. 1912년 목활자로 활인. 백봉수(찬).

『箕谷集』. 3권1책. 1912년 목활자로 활인. 정종덕(찬).

『潛隱先生實記』. 6권2책. 1912년 목활자로 활인. 강면영(편).

『重庵先生別集』. 11권5책. 1912년 목활자로 활인. 김평묵(찬).

『鶴山實紀』. 1책. 1912년 목활자로 활인. 김영한(편).

『菊潭遺稿』. 2권2책. 1912년 목활자로 활인. 임희중(찬).

『松齋先生文集』. 7권3책. 1912년 목활자로 활인. 나세찬(찬).

『東川逸稿』. 3권1책. 1912년 목활자로 활인. 박경(찬).

---

811) 천혜봉, 『한국금속활자 인쇄사』, 381쪽.

『滄人集』 20권1책. 1912년 목활자로 활인. 신좌모(찬).

『黙吾遺稿』. 2권1책. 1912년 목활자로 활인. 이명우(찬).

『梧齋集』. 8권2책. 1912년 목활자로 활인. 양만용(찬).

『藥圃集』. 3권2책. 1913년 목활자로 활인. 오희영 문집. 1760년(7권), 1818년 (11권6책) 목판으로 간인한 바 있다.

『謙齋集』. 총12권6책. 1914년 목활자로 활인. 정익동(1735-1795)의 문집.

『竹溪遺稿』. 3권1책. 1915년 목활자로 활인. 국명鞠溟의 문집.

『漢陽趙氏世譜』. 15권15책. 1916년 이세현의 목활자로 활인. 이세현이 백기환의 필서체철활자를 모방한 목활자(가장 큰 대자의 일부)와 인서체 목활자(대자의 일부), 인서체목활자, 신연활자(細註用 小字)를 조기홍의 집으로 싣고 와서 이 목활자들을 혼용하여 활인.812)

『滄人集』. 20권10책. 1916년 목활자로 활인. 신좌모의 문집.

『東鶴誌』. 3권1책. 1916년 목활자로 활인. 이범욱李範彧·소주헌宋杜憲 편.

『羽溪李氏世譜』. 3권3책. 1917년 이세현의 목활자로 활인. 1917년 9월 활자주 윤태현이 이재정의 집으로 싣고 와서 백기환의 필서체철활자를 모방한 목활자(가장 큰 대자의 일부)와 인서체 목활자(대자의 일부), 인서체목활자, 신연활자(細註用 小字)를 싣고 조기홍의 집에 와서 이 목활자들을 혼용하여 활인.813)

『寶城宣氏族譜』. 10권10책. 1917년 보성 남성동제각에서 전주지겟다리획 인서체목활자로 활인.

『華谷遺稿』. 13권5책. 1917년 곡성 조양재朝陽齋에서 전주지겟다리획 인서체목활자로 활인. 호남현의 시문집.

『東谿集』. 2권2책. 1918년 목활자로 활인. 윤치희(찬).

---

812) 천혜봉, 『한국금속활자 인쇄사』, 381쪽.

813) 천혜봉, 『한국금속활자 인쇄사』, 381쪽.

『啞川集』. 3권1책. 1918년 목활자로 활인. 우석문(찬).

『湖隱公孝行實錄』. 2권1책. 1919년 목활자로 활인. 황종경(편).

『善士列傳』. 1책(11쪽). 1920년 목활자로 활인. 최기현(편).

『灌纓先生文集』. 14권7책. 1920년 목활자로 활인. 김일손(찬).

『灌纓先生文集』. 13권7책. 1920년 목활자로 활인. 김일손(찬).

『南皐先生文集』. 4권2책. 1920년 목활자로 활인. 이지용(찬).

『華南先生文集』. 4권1책. 1920년 목활자로 활인. 박희중(찬).

『竹軒先生遺集』. 2권1책. 1920년 목활자로 활인. 나계종(찬).

『曉村遺稿』. 2권1책. 1920년 목활자로 활인. 장엽(찬).

『西川世稿』. 7권3책. 1921년 목활자로 활인. 이기발(편).

『豊城世稿』. 20권1책. 1921년 목활자로 활인. 조현구(편).

『一齋先生實紀』. 2권1책. 1922년 목활자로 활인. 권재규(편).

『保閑齋集』. 13권7책. 1922년 목활자로 활인. 신숙주(찬).

『豊山盧氏世譜』. 4권4책. 1922년 남원에서 전주지겟다리획 인서체목활자로
활인.

『烏山世稿』. 3권3책. 1923년 구례 오산최씨세보출판소에서 전주지겟다리획
　　　인서체목활자로 활인.

『甲乙錄』. 14권7책. 1924년 목활자로 활인. 윤광소 저. 노론과 소론의 분쟁
기록.

『全鮮誌』. 2권2책. 1923년 목활자로 활인. 이병선(찬).

『浴川續誌』. 3권3책. 1923년 목활자로 활인. 유인영(편).

『樹隱先生實記』. 4권1책. 1923년 목활자로 활인. 김중덕(편).

『龍城誌』. 22권7책. 1923년 목활자로 활인. 이도(찬).

『溪西先生逸稿』. 2권1책. 1923년 목활자로 활인. 성이성(찬).

『玩休齋實記』. 2권1책. 1923년 목활자로 활인. 강관형(편).

『朝鮮世家號譜』. 4권4책. 1924년 목활자로 활인. 안병태(간편).

『韓史綮辨』. 1책. 1924년 목활자로 활인. 이병선(찬).

『壯巖集』. 7권3책. 1924년 목활자로 활인. 나덕헌(찬).

『霞峯先生集』. 10권4책. 1924년 목활자로 활인. 조호래(찬).

『朝鮮世家號譜』. 4권4책. 1924년 목활자로 활인. 안병태 편.

『七校添修淸州韓氏世譜』. 6권6책. 1925년 목활자로 활인. 한규보(중수).

『海隱先生年譜』. 1책. 1925년 목활자로 활인. 정병조(편).

『惠山集』. 15권7책. 1925년 목활자로 활인. 이상규(찬).

『同道會帖諸賢實錄』. 1책. 1925년 목활자로 활인. 심학환(편).

『直養齋文集』. 4권2책. 1925년 목활자로 활인. 이만용(찬).

『斂樞公實記』. 6권1책. 1925년 목활자로 활인. 김종현(편).

『梧淵先生文集』. 5권2책. 1927년 목활자로 활인. 김면운(찬).

『寒松齋先生文集』. 4권2책. 1927년 목활자로 활인. 이정보(찬).

『唐陵君遺事徵』. 1책. 1928년 목활자로 활인. 정인보(편).

『松庵遺稿』. 6권2책. 1928년 목활자로 활인. 박봉환(찬).

『完山李氏世稿』. 1책. 1928년 목활자로 활인. 이석기(편).

『龍山集』. 8권3책. 1928년 목활자로 활인. 이도(찬).

『居正實記』. 5권1책. 1928년 목활자로 활인. 서승열(편).

『訥溪遺稿』. 4권1책. 1928년 목활자로 활인. 우유(찬).

『絅菴遺稿』. 7권3책. 1928년 목활자로 활인. 오린선(찬).

『東巖先生實記』. 3권1책. 1929년 목활자로 활인. 이병하(편).

『月臯先生文集』. 20권10책. 1929년 목활자로 활인. 조성가(찬).

『朝鮮靑襟錄』. 2책. 1929년 목활자로 활인. 김종한(편).

『東巖先生實記』. 3권1책. 1929년 목활자로 활인. 이병하(편).

『月臯先生文集』. 20권10책. 1929년 목활자로 활인. 조성가(찬).

『朝鮮青襟錄』. 2책. 1929년 목활자로 활인. 김종한(편).

『灘村先生遺稿』. 8권4책. 1929년 목활자로 활인. 권구(찬).

『場巖逸稿』. 3권1책. 1930년 목활자로 활인. 성몽정(찬).

『場巖逸稿』. 1930년 목활자로 활인. 성몽정의 문집.

『聞灘先生文集』. 1932년 목활자로 활인. 손린의 문집.

『桂窩遺稿』. 1931년 목활자로 활인. 성일준의 문집.

『斗奉稿』. 1책. 1934년 무안 김성대가에서 광주필서체 목활자로 활인.

『樗軒先生文集』. 4권2책. 1931년 목활자로 활인. 이석형(찬).

『日星錄』. 5권2책. 1931년 목활자로 활인. 최익현(찬).

『桂窩遺稿』. 5권2일. 1931년 목활자로 활인. 성일준(찬).

『全齋先生年譜』. 5권3일. 1932년 목활자로 활인. 김종학(편).

『全州生進青衿錄』. 1책. 1932년 목활자로 활인. 임병철(편).

『掛鞭堂實記』. 3권1책. 1932년 목활자로 활인. 이상두(편).

『聞灘先生文集』. 4권2책. 1932년 목활자로 활인. 손린(찬).

『雪牕先生實紀』. 2권1책. 1932년 목활자로 활인. 하재도(편).

『松崖先生文集』. 6권2책. 1932년 목활자로 활인. 김경여(찬).

『聞灘先生文集』. 4권2책. 1932년 목활자로 활인. 손린(찬).

『雪牕先生實紀』. 2권1책. 1932년 목활자로 활인. 하재도(편).

『松崖先生文集』. 5권2책. 1932년 목활자로 활인. 김경여(찬).

『悟堂遺稿』. 3권1책. 1932년 목활자로 활인. 조한기(찬).

『芝峯先生遺稿』. 2권1책. 1932년 목활자로 활인. 이종영(찬).

『遠遊錄』. 1책. 1932년 목활자로 활인. 위계룡(편).

『續補文獻錄』. 5권5책. 1932년 목활자로 활인. 이희감(편).

『松湖集』. 5권2책. 1932년 목활자로 활인. 백진남(찬).

『東里詩集』. 4권2책. 1932년 목활자로 활인. 김조(찬).

『勉菴先生文集』. 40권24책. 1933년 목활자로 활인. 최익현(찬).

『琴齋逸稿』. 2권1책. 1933년 목활자로 활인. 정기 편찬.

『洛涯先生文集』. 3권1책. 1933년 목활자로 활인. 정광천((찬).

『七峰遺稿』. 3권1책. 1933년 목활자로 활인. 성수익(찬).

『後石遺稿』. 25권13책. 1934년 목활자로 활인. 오준선(찬).

『新坊翁孝行錄』. 2권1책. 1934년 목활자로 활인. 김영국(편).

『海州崔氏家藏』. 1책. 1934년 화순 해주최씨보소譜所에서 광주필서체 목활
자로 활인.

『龍城鄕案』. 1책(91쪽). 1935년 목활자로 활인. 윤재욱(편).

『龍塢集』. 10권5책. 1935년 목활자로 활인. 정관원(찬).

『滄洲遺稿』. 1권1책. 1935년 목활자로 활인. 정상(찬).

『詠而齋遺稿』. 7권3책. 1935년 목활자로 활인. 위문덕(찬).

『月淵集』. 9권5책. 1935년 목활자로 활인. 이도추(찬).

『牛泉先生實記』. 1936년 목활자로 활인. 유영선(편).

『稼隱先生文集』. 4권2책. 1935년 목활자로 활인. 성언근(찬).

『重齋文集』. 11권4책. 1935년 목활자로 활인. 윤봉주尹奉周(찬).

『梧岡文集』. 10권5책. 1939년 목활자로 활인. 권봉현(찬).

『龍巖集』. 12권6책. 1939년 목활자로 활인. 송용재(찬).

『華窩文集』. 4권2책. 1940년 목활자로 활인. 은성준(찬).

『慶州金氏歷代年譜』. 3권2책. 1941년 목활자로 활인. 김두한(편).

『慶州金氏族譜』. 7권7책. 1941년 목활자로 활인. 김두한(편).

『陽谷先生文集』. 1935년 목활자로 활인. 성하룡의 문집. 소세양의 시문집.

『龍城鄕案』. 1책 1935년 남원에서 전주지겟다리획 인서체 목활자로 활인.
윤재욱 편.

『稼隱先生文集』. 1936년 목활자로 활인. 성언근의 문집.

『書溪遺稿』. 1936년 목활자로 활인. 위백순의 문집.

『畏己齋私稿』. 1938년 목활자로 활인. 송경숙의 문집.

『龍巖集』. 1939년 목활자로 활인. 송용재의 문집.

『龜溪遺稿』. 3권1책. 1939년 목활자로 활인. 이안적의 문집.

『晩翠遺稿』. 13권4책. 1942년 목활자로 활인. 성경수(찬).

목활자 붐 시기에 더욱 정교화된 목활자 인쇄술은 그 여세를 해방 이후에도 이어갔다. 다음은 해방 이후에도 목활자로 인쇄되어 나온 일부 서적들의 목록이다.

『昌山世蹟』. 1948년 목활자로 활인. 성하룡의 문집.

『鶴山遺稿』. 2권1책. 1947년 목활자로 활인. 성인수(찬).

『復齋集』. 6권3책. 1948년 목활자로 활인. 위계민(찬).

『鹽城三世稿』. 3권1책. 1948년 목활자로 활인. 이병용(편).

『永慕齋實紀』. 2권1책. 1948년 목활자로 활인. 최헌섭(편).

『昌山世蹟』. 4권1책. 1948년 목활자로 활인. 성하룡(편).

『沙上門人錄』. 2권1책. 1948년 목활자로 활인. 오상붕(편).

『克齋先生遺集』. 4권. 1963년 목활자로 활인. 송병관(1875-1945)의 문집. 해
　　　방 후 어느 때 목활자로 활인된 『克齋私稿』(19권9책)도 있다.

『艮齋年譜』. 7권3책. 해방 후 연도미상 목활자로 활인. 최항(편).

『感孝錄』. 3권1책. 해방 후 연도미상. 목활자로 활인. 송상용(편).

『經史集說』. 15권7책. 해방 후 연도미상. 목활자로 활인.

이 목록을 보면, 한국 목활자 활판술은 심지어 해방 이후에도

부분적으로 경쟁력을 가지고 있었다는 것을 알 수 있다. 특히 1963 년에도 『극재선생유집克齋先生遺集』이 목활자로 인쇄된 것을 보면 한문학계와 유학계에서는 고풍스러움이 전무한 서양식 신연활자로 찍힌 책들을 여전히 '경멸'했던 것으로 보인다. 아무튼 서양식 인쇄술이 한국에 들어온 이후에도 한국 인쇄술은 60년 이상 양식 인쇄술과 경쟁을 벌일 정도로 능률적이었던 것이다.

그것은 금속활자에 대해서나 목활자에 대해서나 적용될 수 있는 활인·번각 공법 때문이었다. 목활자로 인쇄된 책도 금속활자로 인쇄된 책만큼이 쉽사리 번각하여 대량생산에 들어갈 수 있었기 때문이다. 이 논의를 통해 우리는 한국의 인쇄술이 19세기 후반까지도 능률과 경비 면에서 서양의 구텐베르크식 인쇄술을 압도했고, 그 여세는 2차 세계대전 이후까지도 계속 이어졌다는 것을 알 수 있다.

■ 구텐베르크 활판술의 기술적 고립성으로 인한 연쇄적 문제들

구텐베르크가 자신의 금속활자 인쇄술을 목판인쇄술과 접목시키지 않고 유리시킨 기술적 고립, 그리고 지형·연판 시스템 개발 이전의 기술적 고립과 미개성은 여러 가지 결과적 문제들을 연쇄적으로 야기했다. 구텐베르크의 활판술은 처음부터 상업적으로 출발했기 때문에 한 종류의 책을 활인하면 이 책을 가급적 오랫동안 2쇄刷, 3쇄, … 8쇄 등을 거듭하며 팔아야 이득을 얻을 수 있었다. 그러나 당시 서적시장은 대중의 높은 문맹률과 빈곤 때문에 형편없이 협소했고, 이로 인해 이 책에 대한 미미한 수요가 완전히 소진될 때까지 기다리며 조판을 해판하지 않은 채 소비자들의 드문 산발적 수요에 대응하기 위해 1-2년 동안 그대로 보관해야 두어야 했다. 만약 활인·번각 시스템이 있었다면, 100부 정도 활인한 뒤 번각하여

수년에 걸쳐 들어올 드문 주문에 번각본으로 대응하고 해당 서적의 조판은 바로 해체하여 다른 서책을 조판할 수 있었을 것이다. 그러나 구텐베르크는 자기 활판술의 기술적 고립성과 미개성으로 인해 전혀 그럴 수 없었던 것이다.

그 결과는 막대한 경비와 손실이었다. 조판·해판의 연속적 반복이 불가능해서 활자들이 첫 조판에 묶인 까닭에 활자수요가 천문학적으로 늘어났다. 백만여 개의 활자들이 첫 조판에 묶이면 또 다른 책의 조판을 위해서는 활자를 그만큼 많이 다시 주자해야 했고, 제3책, 제4책, 제5책의 경우도 마찬가지였다. 따라서 연간 5종의 책만 활인해도 600-700만 개의 활자를 주자해야 했다. 따라서 17·18세기까지 서양의 출판사란 겨우 4-5종의 책을 내고 엄청난 수량의 금속활자 조판들을 창고에 보관한 채 몇 년간 이 책들의 주문을 기다려야 했다. 조판·해판·재조판이 신속하게 이루어져야만 활자는 '살아있을' 수 있었으나, 구텐베르크 활자인쇄 공법에서는 수많은 활자들이 조판된 상태로 묶여 1-2년 동안, 또는 그 이상까지도 창고에 보관되어야 했다. 그리하여 모든 '활자活字'는 '사자死字'로 전락하고, '활판술活版術'은 '사판술死版術'이 되고 말았다. 그리하여 주자에 들어가는 출판경비가 폭증했다. 따라서 인쇄소와 출판사는 늘 무거운 채무를 짊어진 궁핍한 업종으로 변해갔다. 책값은 내리지 않고 고공행진을 계속했다.

구텐베르크는 가령 성서를 찍은 1275개의 조판 틀을 적어도 4-5년 이상 창고에 보관해야 했다. 이 때문에 수십만 개, 수백만 개의 알파벳 활자들이 4-5년 동안 이 조판 틀에 묶여 있었다. 이로 인해 천문학적 활자 수량의 제작에 들어가는 경비가 폭증했다. 또한 성서 외의 또 다른 책을 조판하기 위해, 그리고 제3, 제4의 책을 조판하기

위해 거듭 수십만, 수백만 개의 활자를 추가로 주자해야 했다. 구텐
베르크의 낙후한 인쇄술 패턴에서 꼼짝없이 '활자'는 죽어서 '사자'
가 되고, '활판술'은 죽어서 '사판술'이 되었다. 이 때문에 구텐베르크
자신도 기대치의 수익을 올리지 못해 결국 자기 인쇄소를 동업자이
자 채권자인 푸스트(Johannes Fust,1400-1466)에게 통째로 넘겨야 했다.
뜻밖에도 구텐베르크는 조선에서 한문서적을 활인할 때 사용한
활자 수(가령 태종조의 계미자癸未字 20-30만 개,[814] 세종조의 갑인자甲寅字
20만여 개[815])보다 수십 배 이상 많은 알파벳 활자를 만들어야 했던
것이다.

존 맨(John Man)의 추산에 의하면, 평균 500단어로 이루어진 성서
1쪽 당 2600개 활자가 필요했다.[816] 그렇다면 1275쪽짜리 구텐베르
크 성서에 소요된 활자 수량은 이론적으로도 최소한 필요한 331만
5000개(구텐베르크 성서의 1페이지에 들어가는 활자 2600개 × 1275 성서
페이지)의 활자 수와, 이에 더해 대·소大小 대문자 활자와 대·소문자
합성자의 대·소활자가 필요했을 것이다. 그리하여 성서인쇄에 "10
만개의 활자"가 필요했을 것이라는 스테판 퓌셀(Stephan Füssel) 주먹
구구 추산은[817] 터무니없이 줄여 잡은 것이라는 비난을 면치 못할

---

814) 權近,『陽村先生文集』「卷22 跋語類·大學衍義跋」(태종 9, 1409년 이전에 활인된
    '大學衍義' 발문): "(...) 自期月十有九日 二始鑄數月之間 多至數十萬字. (...)." 남권
    희,『한국 금속활자 발달사 – 조선시대』, 17-18쪽 각주3, 161쪽 각주3에서 재인용.
    여기서 "數十萬字"는 20-30만자로 풀이했다.

815) 김빈(金鑌),『高麗史節要』「拔」, 또는『眞西山讀書記乙集 大學衍義』(갑인자본)
    卷末「鑄字跋」. 선덕9년 9월(세종 16년, 갑인년, 1434): "(...) 自期月十有二日始事
    再閱月而所鑄 至二十有餘萬字 越九月初九日 始用以印書 一日所印可至四十餘
    紙. (...)." 천혜봉,『한국 금속활자 인쇄사』(서울: 범우사, 2012), 93쪽 각주1에서
    재인용.

816) Man, The Gutenberg Revolution, 164쪽.

817) 슈테판 퓌셀,『구텐베르크와 그의 영향』, 25쪽.

것이다. 왜냐하면 1470년대 당시 활판인쇄기술자 겸 인쇄업자였던 페트루스 마우퍼(Petrus Maufer)에 의하면, 큰 책을 인쇄할 때 유럽의 출판사 1개소당 실제로 680만 자의 알파벳 활자가 필요했기[818] 때문이다.

이 수치는 조선 500년 동안 조선정부가 제조한 주자 총수량 (400-500만 개)를 훨씬 상회한다! 구텐베르크 활판인쇄술은 이와 같이 가령 조선 세종조의 갑인자甲寅字 20만여 개보다 16배 이상 더 많은 330만여 개(+ 대문자 활자의 대소체大小體 와 대·소문자 합성자의 대·소체), 또는 34배 더 많은 680만여 개의 알파벳 활자를 주자鑄字해야 했다. 따라서 이 330만 개 내지 680만 개의 알파벳 활자들이 특정 서책의 주문이 끊어져 이 책종을 절판시킬 때까지 수년 동안 조판 틀에 묶여 있어야 했다.

가령 구텐베르크 아래서 인쇄공으로 일했던 페터 쇠퍼가 구텐베르크를 이어받아 운영한 인쇄소는 15세기 후반 인쇄소들 중 가장 번성한 인쇄소였다. 그런데 이 인쇄소의 절정기인 1485년부터 13년 동안 34종의 책을 찍어냈고, 1480년부터 22년 동안에는 15종의 책을 찍어냈다.[819] 말하자면 쇠퍼는 35년 동안 48종, 연평균 겨우 1.4종을 인쇄한 셈이다. 1년 내내 겨우 책 1종을 인쇄하고서도 출판

---

818) Eisenstein, *The Printing Revolution in Eearly Modern Europe*, 322쪽: "1470년대 초기의 한 인쇄업자가 경험한 어려움에 관한 유용한 데이터가 지오바니 마르더슈타이크 (Giovanni Mardersteig)에 의해 제공되어 있다. 인쇄업자 페트루스 마우퍼(Petrus Maufer)는 (...) 큰 2절지(1000쪽, 이중 칸)의 책 편집본을 완성하기 위해 파업을 포함한 모든 장애물을 요령껏 극복했다. 첫 번째 수천 매의 종이가 얻어진 1477년 5월과, 마지막 장이 인쇄기를 떠난 1477년 12월 사이에 680만 개의 활자가 마련되어 사용되었고, 4대의 인쇄기가 가동되었고, 인쇄기술자의 자부심에 따라 '하루도 노동일이 버려지지 않았다'."

819) 프리드리히 카프(최경은 역), 『독일의 서적인쇄와 서적거래의 역사 - 구텐베르크의 발명에서 1600년까지』, 100쪽:

- 510 -

사라니! 실로 '소책종 소량출판'에 불과한 이 적은 인쇄 책종 수는 수백만 개의 활자들이 조판된 책마다 평균 8개월 23일 이상 조판틀에 묶여 있었다는 것을 함의한다. 조판보관 기간이 길어지면 길어질수록 (창고비용만 증가하는 것이 아니라!) 다른 책의 조판을 위해 더 요구되는 주자의 수량은 수백만 개씩 추가로 증가했다. 따라서 당시 유럽에서 가장 잘 돌아가던 쇠퍼의 인쇄소도 적어도 8개월 23일 동안 해판을 할 수가 없어 그 기간 이내에 새 책을 조판·활인하려면 다시 수백만 개의 활자를 앞의 조판에 묶인 기존의 활자 폰트와 별도로 추가 주자해야만 했던 것이다.

그리하여 책은 잘 팔리지 않는데 경비는 폭증했고, 연중 한 두 종의 책을 내고 "출판사입네" 하고 책장사를 벌이던 출판사들은 늘 쪼들렸고 또 쪼들릴 수밖에 없었다. 이렇게 쪼들리는 출판사의 항구적으로 증가하는 자금압박으로 인해 책값은 그렇게 쌀 수 없었고, 출판사에 보관된 활자와 추가된 활자의 수량이 천문학적으로 증가할수록, 즉 경비가 폭증할수록 책값은 오히려 점점 더 비싸졌다. 이것들은 구텐베르크 활판술의 기술적 고립성으로 야기되는 연쇄반응의 치명적 병폐들이었다.

구텐베르크 인쇄술의 역사적 실태를 보자. 앞서 잠시 살펴봤듯이 존 맨은 독일로부터 각국으로 퍼진 인쇄공이 기하급수적으로 증가하고 1500년경 1-2만 명에 달했다고 말한다.[820] 그런데 거듭 말하지만 구텐베르크의 금속활자 인쇄술이 기술적 고립을 탈피하지 못해 조판에 묶인 활자가 너무 많아서 수많은 활자를 주조해야 했고 또 잘 팔려 나가지 않았기 때문에 책은 대중이 접하기에 여전히 비쌌고 17세기까지도 목판인쇄본에 비해서도 아주 비쌀 수밖에

---

820) Man, *The Gutenberg Revolution*, 221쪽.

없었다. 책값의 동향을 보자. 맨은 구텐베르크가 290가지의 알파벳 문자와 부호(83종)로 성서(1275쪽)를 약 150권 인쇄했다고 말한다.[821] 구텐베르크 인쇄소는 펀치(자모를 만드는 타인打印봉) 제작에만 4개월이 걸렸고, 앞서 밝혔듯이 평균 500단어로 이루어진 성서 1쪽 당 2600개의 활자가 필요했다. 그리하여 여섯 명의 식자공이 한 번에 3페이지씩 식자하더라도, 한 번에 최소한 4만6000개의 활자(2600×6×3)가 필요했다.[822] 따라서 대소문자나 대소자를 제외해도 성서 1권에 331만5000개의 활자가 필요했을 것이다. (대소문자나 대소자를 포함시키면 400만 개 이상의 활자가 필요했을 것이다.) 그리하여 구텐베르크인쇄소에서 6명의 조판·인쇄공이 격렬히 작업하여 3대의 인쇄기로 성경을 인쇄하는 데 2년 이상이 걸렸고, 1454년에야 인쇄가 끝났다.[823]

또한 구텐베르크의 금속활자 인쇄본 서적은 필사본 및 목판인쇄본과 경쟁할 만큼 싸지지 않았다. 구텐베르크의 기술적 계승자인 페터 쇠퍼는 10년 동안 그의 수련생들에게 금속인쇄 관련 비밀을 말하지 않는다는 약속을 하게 만듦으로써 자기의 독점권을 유지하려고 애를 썼다. "그러나 비밀은 새나갔다".[824] 또한 구텐베르크의 한때 동업자였던 요한 푸스트는 서점길드의 저항에 직면하기도 했다. "그것은 완전히 제약으로부터 자유롭지 않았다."[825] 존 맨조차도 "필사본의 관행은 계속되었고, 필사본 생산은 이후 20년 동안

821) Man, *The Gutenberg Revolution*, 163쪽. 퓌셀은 448가지 글자(대210, 소 185, 이니셜 장식글자 53)로 180권을 찍었다고 말한다. 퓌셀, 『구텐베르크와 그의 영향』, 49쪽.
822) Man, *The Gutenberg Revolution*, 163, 164쪽.
823) Man, *The Gutenberg Revolution*, 178쪽.
824) Man, *The Gutenberg Revolution*, 213-214쪽.
825) Man, *The Gutenberg Revolution*, 213쪽.

수요가 있었고", 또 "인쇄본 서적의 가격은 어떤 새로운 기술의 경우에든 그렇듯이 단번에 필사본 가격보다 싸지지 않았다"고 실토한다. 존 맨은 목판인쇄를 망각하고 계속 필사본과의 비교만을 염두에 두고 사태를 과장한다. "시장은 굶주렸으며, 가격은 떨어져 붉은 불이 붙었다(이해가 잘 되지 않습니다)."[826] 그러나 경쟁은 실은 목판인쇄본 서적과 벌어졌을 것이다. 목판인쇄본 서적의 가격이 활인본 서적보다 더 떨어지고 있었기 때문이다.

존 맨의 말을 들어보더라도 금속활자 인쇄본의 가격은 필사본과 비교해서도 그렇게 많이 떨어지지 않았다. 활인본 책값은 겨우 필사본의 5분의 1로 하락해서 금 100조각 가격대에서 겨우 "금 20조각" 가격대로 떨어졌을 뿐이다.[827] 아마 목판인쇄본 책값은 17세기까지 금 20조각보다 조금 더 쌌을 것이다.

구텐베르크가 성경을 출판해서 팔기 시작한 지 70년 뒤인 1520년대에 신약성서는 보급품으로서 30파운드(600실링)에서 4실링으로 깎아 싸게 파는 경우도 있었지만,[828] 이 4실링은 정상가격이 아니라 특별염가였다. 그러나 이것조차도 노동자 한 달 월급 3.3333실링(연봉 40실링/12)에 비하면 '너무' 비쌌다. 노동자가 염가보급품 성서 1권을 구입하려면 노동자 가족이 한 달 이상을 쫄딱 굶어야 했다. 필사본 신약 1권이 노동자 월급의 25배였지만, 틴들의 염가 보급판 신약도 1권이 노동자 월급의 1.2배에 달한 까닭에 여전히 고가품이

---

826) Man, *The Gutenberg Revolution*, 213-214쪽.

827) Man, *The Gutenberg Revolution*, 223쪽. Giovanni Andrea de Bussi로부터 인용한 문장을 보라. 프리드리히 카프는 요하네스 폰 알레아(Johannes von Aleria) 주교가 교황에게 보낸 편지에서 "이전에 금화 100굴덴으로 살 수 있었던 서적을 오늘날(1467) 로마에서 20굴덴 이하로 살 수 있다고 말했다"고 표현하고 있다. 카프(최경은 역), 『독일의 서적인쇄와 서적거래의 역사』, 93쪽.

828) Man, *The Gutenberg Revolution*, 275-276쪽.

었기 때문이다. 그 얇은 책 신약성서의 활인본조차도 고가품이었으니, 성서는 구약이든 신약이든 오직 귀족과 부르주아지, 그리고 성직자들만이 독점적으로 구입해 소장하는 품목이었다. 그리하여 얄팍한 신약성서조차도 16-18세기 내내 대중이 접근할 수 없는, 지나치게 비싼 신성한 물건이었다.

종이 값도, 금속 값도, 늘어난 인쇄공들의 노임도 대폭 하락한 19세기에도 보통 책 한 권을 사려면 노동자들은 월급의 3분의 1을 치러야 했다. 가령 프랑스에서 19세기에도 "새 책"은 "아주 비쌌다". "19세기 초"에 "신간 소설"도 그 가격이 "프랑스 농장노동자의 한 달 임금의 1/3"에 달했다. 책값이 비싸다 보니까 "책을 구해 읽는 독자"도 자연히 "돈 있는 사람"으로 한정될 수밖에 없었다.829) 따라서 19세기에도 노동자들은 책을 살 수 없었다. 노동자 월급의 3분의 1 수준의 소설 책값은 17세기 딱지본 소설 책값이 1전 미만(조선 노동자 월수입의 약 75분의 1 미만 수준)에 불과했던 조선의 책값에 비해 25배 이상 비싼 가격이었다. 천문학적 활자수요 → 인쇄경비의 폭증 → 인쇄소와 출판사의 궁핍과 만성적 채무상태 → 노동자가 손댈 수 없는 수준의 비싼 책값 등 이런 것들이 모두 구텐베르크 인쇄술의 기술적 고립성으로부터 연쇄적으로 파생되는 치명적 문젯거리들이었다.

그러나 구텐베르크인쇄술이 부딪힌 장애물은 기술적 고립과 미개성이라는 그런 내재적인 것만이 아니었다. 그의 활판술이 부딪힌 외재적 장애물은 서양 학자들이 그렇게도 자랑하고 극동 학자들도 대개 이 자랑에 수긍하는 알파벳문자였다. 단어를 구성할 때 알파벳 자모들을 좌에서 우로 연접시켜 결합해야 하는 알파벳문자의 불가

829) 이민희, 『16-19세기 서적중개상과 소설·서적 유통관계 연구』, 231-232쪽.

피한 횡적 연접방식은 문선과 식자 작업을 아주 더디게 한다. 관사를 동반하며 횡적으로 계속 이어지는 연결방식의 알파벳 단어와 문장을 조판하는 것은 부수조립형 한자활자나 음절조립형 한글활자의 조판보다 훨씬 더 느리다. 이런 알파벳문자가 활판인쇄술에 부적합하기 때문에 조판과정에 많은 시간과 노임이 먹힌다. 따라서 이 장애도 구텐베르크 활판인쇄술의 경비를 예기치 않게 폭증시켰다.

1.2. 활판술에 대한 알파벳의 부적합성과 신속조판의 불가능성

서양인들은, 그리고 일부 중국인·한국인들도 알파벳문자가 한자나 한글보다 활자인쇄에 더 유리한 것으로 착각한다. 그러나 알파벳 단어와 문장은 (가령 필기체 *river*를) 손으로 쓰는 경우에도 한자('江')나 한글('강')보다 더 많은 획수와 동작을 요구하는 한편, 활판인쇄의 경우에는 더 많은 문선·식자 동작을 요구한다. *river*는 9획이지만, '江'은 6획, 강은 4획에 불과한 한편, 문선과 식자에서는 river의 문선·식자가 다섯 번의 동작을 요구하는 반면, '江'과 '강'은 단 한 번의 동작만으로 문선·식자가 완료된다. 따라서 문자체계상으로 26개 알파벳이 9만 자의 한자나 조립형 한글자보다 활판인쇄에 유리한 것으로 보는 착오는 이제 깨끗이 사라져야 한다. 이렇게 보면 (초서체가 존재함에도 불구하고) 알파벳문자에 대한 열등의식에서 강행된 중국의 간자체 문자개조도 5000년 한자문화 전통을 파괴·단절한 어리석은 짓이다.

■ 알파벳·한자·한글의 단어 조성방법의 차이와 획수격차

알파벳, 한자, 한글의 단어 만들기는 각기 다르다. 영어는 자모를 횡적으로 계속 연결시켜 한 단어를 만들고(가령 r+i+v+e+r = river, c+o+n+t+e+m+p+l+a+t+i+o+n = contemplation) 문장을 만들 때는 여기에 관사를 덧붙인다(the river, the contemplation). 그리하여 영자단어는 옆으로 길게 늘어진다. 우스개로 the floccinaucinipilihilification을 보라! 이 단어는 32번의 손동작이 필요하다. 독일도 가관이다. 가령 die Sehenswürdigkeiten(관광지)을 보라! 이 단어들의 문선은 각각 8회, 16회, 32, 21회의 손동작이 필요하다.

반면, 한자漢字는 표의表意요소들을 종횡으로 연결·결합시켜, 즉 가령 표의表意 부수 '수氵'와 표의表意문자요소 '현㬎'을 세 겹 이내로 횡적으로 연결시키고 문자요소(㬎 = 日+絲)를 세 겹 이내로 종적으로 결합시켜 가령 '濕'자를 이룬다. 한문은 관사를 필요로 하지 않는다. 그러므로 濕자의 문선에는 단 1회의 동작만으로 충분하다.

한글은 알파벳단어와 한자단어 만들기의 중도이다. 가령 '젓'은 자음 'ㅈ'과 모음 'ㅓ'를 횡적으로 연결시키고 자음 'ㅅ'을 종적으로 결합하는 조립방식으로 이루어졌다. '젓'은 그 자체로 단음절 단어(醢)일 수 있으나, '깎'이나 '갉'의 경우는 단어를 이루지 못한다. 따라서 '깎'은 '깎다'와 같이 다른 음절('다')과 결합해야만 단어를 이루고 '갉'도 '갉다'이어만 의미를 이룬다. '젓'은 1회의 동작, '깎다'와 '갉다'는 둘 다 2회 동작으로 문선이 완료된다. 한글 단어는 조립형 단어로서 한 자(젓, 좃, 강, 뫼, 산), 두 자(깎다, 갉다, 나무, 잔치), 세 자(잠자리, 삼전도, 풍납동, 모꼬지, 전형적, 한없이. 끝없이), 네 자(동그라미, 물구나무, 가장자리, 동네방네, 방방곡곡, 한꺼번에), 길어도 다섯 자(도리뱅뱅이) 이내에서 한 단어를 구성하고, 두세 자로 이루어진 단어가 가장 흔하다.

문선용 한글자는 알파벳처럼 자음과 모음이 분리되어 있는 것이 아니라 음절별(젓, 젖, 깎, 갉, 다)로 되어 있고, 이 음절들을 결합시켜 단어(젓다[stir], 젖다[being wet], 갉다, 깎다)를 이룬다. 한국어는 관사가 필요 없다. 따라서 문선의 동작이 한자보다 많을 수 있으나, 영어보다는 훨씬 적다. 한글단어의 문선은 모조리 1-6회의 동작으로 충분하기 때문이다.

이제 영자·한자·한글을 필기획수부터 체계적으로 비교해보자. 영어 자모는 26개이고, 한자의 부수는 총 97개, 한글 자모는 24개다. 이렇게 자모와 부수를 비교하면 영어가 한자에 비해 간단해 보이고 한글과 엇비슷해 보이지만, 단어와 문장으로 이 세 문자체계를 비교해보면 문제가 완전히 달라진다. 단어부터 보자. 영어 한 단어는 한 개의 한자漢字에 대응한다. 우선 영어는 문장 속에서 거의 언제나 관사를 요하지만 한자는 그렇지 않다. 그리고 영어 단어를 쓰거나 자모를 조립해 한 단어를 만드는 것은 한자를 쓰거나 문선·식자하는 것보다 더 많은 손동작을 요한다.

미리 알아두어야 할 것은 양보하여 영어 단어의 변형태들(가령 forget, forgot, forgotten)을 고려하지 않을 때 영어 단어의 총수는 17만여 개이고 통상적으로 실용에서 쓰는 영어단어의 수는 7만여 개다. 반면, 한자 총수는 9만여 자(『康熙字典』에 수록된 한자는 4만여 자, 『中華字海』에 수록된 한자는 8만7019자, 북경의 국안國安자문설비공사의 한자에 수록된 9만 1251자)이고 상용常用한자의 수는 3000-4000자라는 사실이다. 이것을 전제로 문장 중에 반드시 관사를 필요로 하는 필기체 영자 단어들의 획수를 해보자. 가령 *the sky*는 天에 대응하고, *the sun*은 日에, *the moon*은 月에 대응하고, *the(a) river*와 *the(a) water*는 水와 江에 대응하고, *the(a) tree*는 木에, *the(a) table*은 床에, *the(a) boat*는 舟에 대응하고, *the(a) law*는

法에, *the(a) system*은 制에, *the(a) country*는 國에, *the(a) civilization*은 文明에 대응한다. 이 단어들의 예에서 필기체 영자 단어와 한자 단어 중의 어느 쪽이 획수가 더 많은가? 필기체 알파벳 한 개는 대개 두서너 획으로 되어있는데, 가령 소문자 *a*는 2획, 대문자 *A*는 4획이고, *b*는 3획, *B*도 3획이고, *c*는 1획, *C*도 2회이고, *i*은 2획, *L*은 3획이고, *o*자는 2획, *O*자도 2획이고, *w*는 3획, *W*는 4획이고, *r*는 2획, *R*도 2획이다.

이를 감안하여 단어를 손으로 쓸 경우에 위에 제시된 필기체 영어 단어와 한자의 획수를 비교해보자. 영어단어는 편의상 획수가 적은 소문자로 계산하자.

*the sky*는 13획, 天은 4획, 한글단어 '하늘'은 10획

*the sun*은 13획, 日은 4획, 해는 6획

*the moon*은 16획, 月은 4획, 달은 7획.

*the(a) river*는 12-17획(무관사면 10획), 江은 6획, 강은 5획.

*the(a) water*는 14-19획, 水는 4획, 물은 8획

*the(a) tree*는 12-17획, 木은 4획, 나무는 8획

*the(a) table*은 14-19, 床은 7획, 상은 5획

*the(a) boat*는 12-17획, 舟는 6획, 배는 7획

*the(a) law*는 9-14획(무관사면 5획), 法은 8획, 법은 10획

*the(a) system*은 20-25획(무관사 12획), 制는 9획, 체계는 12획

*the(a) country*는 17-22획(무관사 14획), 國은 11획(口+玉 간자체는 8획), 나라는 8획

*the(a) civilization*은 25-30획. 文明은 12획, 문명은 13획

보는 바와 같은 영어 단어는 관사 있을 때나 없을 때나 손으로

쓰는 필기체의 경우에 한자보다 획수가 2배 이상 많다. "*the(a) law*"(9-14획, 무관사면 7획)와 "法"(9획)의 경우에만 예외적으로 영어단어의 획수가 한자와 엇비슷할 뿐이다. 그러나 정관사가 붙은 *the law*의 경우에는 한자 '法'의 획수보다 많다. 그리고 한글단어들의 획수는 한자보다 조금 적거나 조금 많은 편이다. 따라서 실제 문장 중에 단어들을 사용할 때를 기준으로 단어들을 손으로 쓰는 경우에 영어 단어들은 한문이나 한글 단어들보다 2배 이상 많은 손동작을 요한다.

■ 한자·한글보다 3-5배 많은 알파벳 조판 동작과 비용격차

그런데 우리가 관심사인 인쇄작업의 경우에 영문과 한문, 그리고 영문과 한글 간의 유사한 격차는 손으로 쓰는 경우보다 더 현격하게 벌어진다. 가령 영문 "The type mold is the key to the invention of typographic printing"을 보자. 이 영문의 문선·식자는 54회의 동작을 요한다. 그러나 이것을 한역漢譯한 한문 "活字鑄型則活版印刷術發明之鍵"의 문선·식자는 단지 14회의 동작으로, 한글문장 "활자주형은 활판인쇄술 발명의 열쇠다"의 문선·식자도 단지 16회의 동작으로 완료된다. 이 경우 영문의 조판은 한문과 국문보다 각각 약 3.86배 내지 3.4.배 많은 동작을 필요로 한다. 그리고 라틴어문장 "Veni, vidi, vici"을 문선·식자하려면 12회의 동작(문장부호 제외), 영문 "I came, I saw, I won"은 13회의 동작을 요하고, 독일어문장 "Ich kam, ich sah, ich siegte"는 21회 동작을 요하는 반면, "來見之而勝"은 5회, "왔다 보았다 이겼다"는 8회 동작으로 끝난다. 이 경우 라틴어문장의 조판은 한문보다 2.4배 많은 동작을 요하고 영문은 2.6배, 독문은 4.2배 많은 동작을 요한다. 국문보다는 각각 1.5배, 1.6배, 2.63배 많은 동작을 해야 한다. 한문, 국문 원문을 영역한 사례를 택해도 마찬가지다. 가령 '龍飛御天'의 문선·식자 동작은 4회, '용이 하늘을 날다'의 동작은 7회면 끝나는 반면, 'The dragon flies over the sky'는 20회 동작해야 한다. 이 영문의 조판은 한문과 국문보다 각각 5배, 2.9배 느리다. 또 가령 "攻乎異端"은 4회, "이단을 공격하다"는 7회 동작으로 완료되는 반면, "One criticizes the heretical"은 25회 동작해야 한다. 이 영문의 조판은 한문·국문보다 각각 6.25배, 3.57배 느리다. 또한 다른 문장을 예로 들면 "攻其惡 無攻人之惡 非脩慝與?"는 12회, "자기 악을 공격하고 남의 악을 공격하지 않는 것이 사악함을 고치는 것이 아닌가?"는 32회 동작이면 끝나는 반면, "One criticizes his own evil, but he does not criticize the evil of others, is it not a correction of badness?"는 88회 동작을 요한다. 이 경우 영문의 문선·식자는 한문과 국문에 비해 7.33배, 2.75배 느리다. 또 한문 "養民"은 2회 동작으로 완료되고, 한국어 "백성을 기르다"은 6회면 족한 반면, 영어문장 "Nourishing the people"는 무려 19회의 동작을 요구한다. 한문 "感謝凡事!"는 4회 동작으로 끝나고, 한국어 "범사에 감사하라"는 7회 동작으로 충분하지만, 영어문장 "Thank for everything!"은 18회의 동작을 요한다. 이 경우 영어문장은 한문보다 4.5배에서 9.5배 더 많은 문선·식자 동작을 요하고, 한국어보다는 약2.6배에서 3.2배 더 많은 동작을 강요하는 것이다. 여러 문장의 조판사례를 상호 비교함으로써 한문과 한국어 문장의 문선·식자가 영어문장의 그것보다 늘 수배 빠르다는 것이 분명해졌다.

한글문장을 인쇄하는 활자들은 한글이 자모문자일지라도 영어처럼 자모를 비로소 횡적으로 연결해서 단어와 문장을 만들어야 하는 것이 아니다. 인쇄용 한글 글자는 상술한 대로 가나다라식으로 이미 합성이 되어 있는 음절활자다. 단순 한글글자는 가까, 나, 다따, 라, 마, 바빠, 사싸, 아, 자짜, 차, 카, 타, 파, 하(19자)에다 ㅏ·ㅑ·ㅓ·ㅕ·ㅗ·ㅛ·ㅜ·ㅠ·ㅡ·ㅣ의 모음 수자(10자)를 곱하면 모두 190자이고, 여기에 야아·여·오·요·우·유·으·이 9자를 더하면 도합 199자다. 그리고 여기에 각각의 자음 12개가 여기에 받침으로 붙는다면 다시 2388자가 생성된다. 그러나 그중 절반 이상에 해당하는 깍, 꼳, 껠, 같, 떻, 땅, 힁, 핯, 캉, 밬, 빡, 큭 등과 같은 글자는 한국어 음운 표기에도, 외국어 음운 표기에도 전혀 쓰지 않는 문자이론상의 조작적 글자들이기 때문에 2388자는 조작적·관념적인 수치다. 따라서 실제 쓰이는 실용글자만 고르면 그것은 300개 정도가 된다.

그리고 ㄲ(밖, 꺾다, 깎다, 낚다), ㅆ(있다, -왔다, -었다, 갔다, 왔다, -웠다, 폈다, 폈다, -렸다, -뤘다, 켰다, -셨다, 폈다, -쳤다, -했다, -했다) 등 쌍받침을 쓰는 글자 20개가 있다. ㄳ(삯, 몫, 넋), ㅀ(많다), ㄵ(앉다, 얹다), ㄻ(옮다, 곪다, 굶다, 짊어지다, 앎, 읾, 돎, 갊, 깖, 곪, 튊, 졺, 낢, 넒, 놂, 몲, 놂, 닮, 덞, 맒, 뻠, 픎, 뻠, 띰, 삶, 섦, 솖, 짊, 졺, 죰, 품, 옮, 핢, 픎, 훎32), ㅀ(옳다, 싫다, 잃다, 끓다, 뚫다, 꿇다, 앓다, 쏧다, 닳다, 곯다), ㄺ(흙, 삵, 닭, 긁다, 갉다, 굵다, 밝다, 붉다), ㄼ(밟다, 엷다, 얇다, 넓다, 애닯다), ㄳ(곬, 돐), ㄿ(읊다, 애닯다), ㄾ(훑다, 핥다), ㅄ(값, 없다) 등의 복받침(둘받침)을 쓰는 글자는 도합 약 71개다. 이것들을 다 합하면(20+71) 총 91개다. 약300개의 실용글자와 이 91개 특수받침 글자를 합하면 약390여 개의 글자 수가 도출된다.

문선·식자는 글자의 종류와 수가 많고 적음에 별 영향을 받지 않는다. 문선·식자공은 3000-4000개 상용 한자활자에서 필요한 글자를 고르든, 390여 개의 자모결합 상용 한글활자에서 필요한 글자를 고르든, 약 370개의 자음·모음 분리 영문활자에서 필요한 자음금

자와 모음글자를 골라 결합시키든 작업효율에 거의 영향을 미치지
않는다. 모든 숙달된 문선공과 식자공들은 기계적으로, 즉
PAM(Perception-Action Mechanism)의 조건반사 방식으로 움직이기 때문
이다. 한문·한글의 작업효율이 알파벳의 작업효율을 큰 격차를 보이
는 것은 문장과 문장 속의 단어를 문선·식자할 때이고, 필요한 주자
의 수량을 결정적으로 좌우하는 것은 활인-번가 시스템의 유무다.

한편, 알파벳으로 쓰인 서적의 인쇄는 26자의 활자만 필요한 것이
아니라, 우선 소문자와 대문자를 각각 대·소자로 만들어야 하고(96
종), 합성자의 대·소문자(À Á Â Ã Ä Å Æ Ç È É Ê Ë Ì Í Î Ï Ð Ñ Ò
Ó Ô Õ Ö Ø Ú Ù Û Ü Ý Þ ß à á â ã ä å æ ç è é ê ë ì í î ï ð ñ ò ó ô
õ ö ø ù ú û ü ý þ ÿ ¿ ff fi fl ffi ffl ft st, Œ, œ 등 70여 종)도 대·소자로
만들어 한다(140여 종). 따라서 대체로 도합 370종의 알파벳 활자를
주자鑄字해야 한다.830) 여기서 그치지 않는다. 여기에 자주 쓰는
글자를 빈도에 비례해서 더 만들어야 한다. 그리고 상론했듯이 조판
을 해판할 수 없는 사정상 활자는 연간 1-2종의 책, 많아야 2-3종의
책을 찍는831) 한 인쇄소당 무려 680만 개 이상의 주자를 필요로
했다. 이것을 별도로 하더라도 활자부류로부터 단순한 횡적 연결의
알파벳 단어와 문장을 문선·식자하는 것은 더딜 수밖에 없었다.

알파벳 문장의 더딘 문선·식자는 1840-42년 식자기가 발명될 때

---

830) 존 맨은 구텐베르크가 290가지의 알파벳 문자와 부호(83종)로 인쇄했다고 말한다.
Man, The *Gutenberg Revolution*, 163쪽. 그러나 퓌셀은 448가지 글자(대210, 소 185,
이니셜 장식글자 53)로 인쇄했다고 말한다. 슈테판 퓌셀, 『구텐베르크와 그의 영향』,
49쪽.

831) 쇠퍼는 첫 135년 동안 34종의 책을 찍었고, 1480년부터 1502년까지 22년 동안에는
15종을 생산했다. 카프(최경은 역), 『독일의 서적인쇄와 서적거래의 역사』, 100쪽.
처음 13년은 연평균 2.6종, 이후 23년 동안은 0.68종을 생산했고, 35년 전 기간 동안은
연평균 1.4종을 제작했다.

까지 불가피했다. 알파벳의 이런 문제점 때문에 서양인들은 1820년대부터 자동식자기 발명에 열을 올렸다. 마침내 영국의 제임스 영(James Young), 헨리 베세머(Henry Bessemer), 벨기에의 아드리엥 델캉브르(Adrien Delcambre)는 1840년 함께 개발한 '피아노타이프' 특허를 출원했다. 이것은 최초의 기능적 식자기였다. 1842년에는 영국의 패밀리헤걸드사가 식자기와 해판기의 두 기계를 한 조로 결합한 새로운 피아노타이프를 개발했다. 이 식자기는 시간당 5000자의 식자를 할 수 있는 최초의 실용적 식자기였다. 시간당 평균 500단어를 식자할 수 있었을 것이다. 1849년에는 덴마크의 크리스티안 쇠렌센(Christian Söresen)이 속도가 더 빠른 식자기 '타케오타이프(Tacheotype)'를 개발했다. 1886년에는 동일계 미국인 오트마드 메르겐탈러(Ottmat Mergenthaler)가 '리노타이프'를 개발했다. 이 타이프는 가히 혁명적이었고, 처음으로 미국 전역에서 실용되었다. 현재도 전세계 신문사들이 사용하고 있는 식자기는 이 리노타이프다.[832] 이 식자기의 발명으로 문자체계의 고유한 장애를 극복하기 전까지 알파벳은 400여 년 동안 구텐베르크 인쇄술에 대한 외적 장애물로 버티고 있었다.

이로 인해 앞서 분석했듯이 조판과정의 극복할 수 없는 '더딘 속도' 문제가 발생한 것이다. 한문서적의 문선·식자는 영문서적보다 5배 빠르고, 한글서적은 영문서적보다 3배 빠르다. 역으로 뒤집어 표현하면, 영문서적의 문선·식자 노동은 한문서적의 경우보다 5배 느리고, 한글의 경우보다 3배 느리다. 이것은 영문서적의 조판작업이 문석·식자 시간을 한문서적보다 5배, 한글서적 3배 늘리고, 문선·식자공의 노임을 한문서적보다 5배, 한글서적 3배 높인다. 알파벳

---

832) 김청, 『인쇄의 역사』, 363-365쪽.

문자체계의 인쇄부적합성으로 인한 이 배가되는 시간노임 요소는 전체적으로 영문서적 활인비용을 결정적으로 높이는 또 다른 요소 이다.

서적 인쇄 시에 구텐베르크 인쇄술의 기술적 고립성으로 인해 소요되는 천문학적 주자수량과, 알파벳문자로 인해 한자와 한들보 다 3-5배 느린 문선·식자의 낮은 작업효율이라는 두 요인이 합쳐지 면, 문자체계에 기인한 영문서적의 활자인쇄 효율만을 따져 볼 때, 알파벳 영문서적 인쇄작업은 한문·한글서적 인쇄의 경우보다 수백 배 더 비효율적이고 수십 배 더 비싼 것이다. 여기에 구텐베르크 인쇄술의 천문학적 활자수요로 인해 한자·한글 주자작업(금속활자 제조작업)보다 훨씬 더 더딘 구텐베르크식 알파벳 주자작업이 더해 지면 인쇄비용은 더 증가한다. 이로 인해 구텐베르크 인쇄술은 의기 양양한 구텐베르크 예찬자들의 집단적 (자기)기만과 달리, 아니 한국 과 중국의 사가들이나 서지학자들의 기죽은 자포자기적 인정과 달리 서양문화에 19세기 말까지 거의 아무런 변화를 일으키지 못했 다. 보다 정확하게 말하자면, 겨우 '미미한' 변화를 보탰을 뿐이다.

제2절 구텐베르크와 서양 출판문화의
미미한 변화

2.1. 구텐베르크 인쇄술의 미미한 영향 또는 유보된 혁명

서양인들은 집단적 자기기만과 집단마취 속에서 한국 활판술을 모조模造한 구텐베르크의 리메이크를 '혁명'으로 찬양하고, 한국과 중국의 무상무념한 학자들은 지금까지의 우리의 논증에도 불구하고 서양인들의 자기기만에 동조할 것이다. 하지만 일부 양심적이고 엄정한 서양 학자들은 일찍이 그렇지 않다는 것을 경험과학적으로 보여 주었고, 구텐베르크 찬양 진영에서조차 부지불식간에 유사한 내용을 실토하기도 했다. 저 무상무념한 한국학자들도 이 경험적 입증과 실토를 안다면 생각을 완전히 달리 할 것이라고 믿는다.

■ 쟈크 게르네의 실태 보고

걸출한 프랑스 중국학 학자 쟈크 게르네(Jacques Gernet, 1921-2018)는 1972년 『중국문명사(*A History of Chinese Civilization*)』(1982)로 영역된 『중국적 세계(*Le Monde Chinois*)』라는 유명한 책에서833) 서양의 금속활자인쇄

가 19세기 후반까지 여전히 아주 느리고 비쌌다고 증언한다.

서양에서 활판인쇄술이 목판인쇄에 비해 결정적 진보를 기록한 이래 우리가 생각하고 싶은 바와 반대로 더 복잡하고 더 능수능란한 기술체계는 온갖 이점을 다 갖춘 것이 아니었다. 서양 인쇄술의 우위는 오직 천천히 표현되었을 뿐이고, 19세기에 기계화된 공법들이 개발되기까지 경쟁할 여지가 없는 지위에 오르지 못했다.[834]

서양인쇄술의 게르네의 이 실태인식은 앞서 필자가 누차 시사한 내용과 그대로 일치한다. 그는 여기에 잇대 더 결정적인 사실을 밝힌다.

그때까지 서양 인쇄술은 글로 쓴 텍스트를 재생산하는 상당히 느리고 비싼 방법으로 남아 있었다. 17세기 초에 마테오리치는 중국의 목판인쇄공들이 유럽의 활판인쇄공들이 해당 페이지를 조판하는 데 걸리는 것보다 해당 목판을 각판하는 데 더 많은 시간이 걸리지 않는다고 기록했다. 각판된 목판은 재각再刻하고 교정할 수 있고, 인쇄업자들의 조판과 달리 새로운 인쇄를 위해 창고에 보관할 수 있다.[835]

게르네는 마테오리치의 기록을 빌려 17세기 초에도 구텐베르크

---

833) Jacques Gernet, *A History of Chinese Civilization*, 2nd ed., trans. by J. R. Forster and Charles Hart. Originally published in French as *Le Monde Chinois* by Librairie Armand Colin, Paris 1972 and Librairie Armand Colin 1972; First published in English by Cambridge University Press 1982: Cambridge: Cambridge University Press, 1982·1083·1985·1996[2nd]·1997·1998·1990).

834) Gernet, *A History of Chinese Civilization*, 336쪽.

835) Gernet, *A History of Chinese Civilization*, 336쪽.

활판인쇄술의 능률이 목판인쇄술을 능가하지 못했고, 또한 목판인쇄가 지닌 재각·교정·보관의 장점도 없다고 말하고 있다. 중국의 목판인쇄술이 계속 비약적으로 발전하고 중국 각수刻手들의 수가 증가하면서 각판 노임이 더 싸졌기 때문에 이 능률격차는 17-18세기를 경과하면서 더 커졌을 것이다. 그러나 "인쇄업자들의 조판과 다르다"는 이 장점들은 그렇게 확실한 것이 아니다. 활판술도 재再조판하고 교정하고, 목판처럼 반半영구적으로 보관할 수는 없더라도 1-2년 정도의 일정한 기간 동안 보관할 수 있기 때문이다. 여기서는 구텐베르크의 활판인쇄술이 능률 측면에서 목판인쇄술보다 못하거나 그것과 비등比等했다는 사실이 결정적으로 중요하다.

또 게르네는 구텐베르크 인쇄술의 상업적 운영의 역효과를 지적한다. 가령 중국에서 목판인쇄는 큰 자본을 요하지 않았고 비용도 저렴했으며 (3-5 색의) 칼라화보를 인쇄하기 편리했던 반면, 서양의 상업화된 활자인쇄업이 판매전망이 좋지 않을 것 같은 책을 찍기를 꺼려 르네상스 이래 생겨난 유럽의 저술전통을 궁핍화시켰고 화보인쇄를 저발달에 빠뜨렸다는 것이다. "출판업자들이 상당히 큰 판매가 확실하지 않은 작품들을 낼 위험을 무릅쓸 수 없었기" 때문에 "유럽에서 인쇄술의 확산"은 "글쓰기 전통의 궁핍화"를 초래한 반면, (도장과 스탬프의 경험 때문에, 그리고 텍스트가 뒷면에서 거꾸로 나타나도록 복제되는 것을 허용한 특별한 종이의 사용 덕택에) "15세기 유럽 각판刻板공법보다 기술면에서 훨씬 우월한 중국의 목판인쇄"는 "큰 자본지출을 요하지 않는 상당히 저렴하고 아주 유연한 공정이라는 큰 이점"을 가졌었다.836)

게르네는 여기서 방향을 돌려 이것이 바로 중국 서적들의 출판

---

836) Gernet, *A History of Chinese Civilization*, 336쪽.

수량이 구텐베르크의 활판술을 능가할 만큼 특별히 더 크게 증가하고 중국의 화보인쇄 기술이 서양을 능가한 이유라고 갈파한다.

그리하여 이 이점은 10세기로부터 줄곧 각 권의 복제수량이 제한적이었을지라도 사적·공적 편찬서들의 특별한 증가를 가능하게 만들었다. 더구나 – 이것은 극히 중요한데 – '중국적' 나라들에서 화보는 본문의 각판과 나란한 선에서 전개될 수 있었던 반면, 서양에서 인쇄된 저작들 안에서 그림은 오직 비교적 최근 연간에야 흔해졌을 뿐이다. 목판인쇄의 출발시점부터 바로 – 약초, 기술논문, 고고학과 건출한 저작들, 소설, 종교적 텍스트 등 – 중국 서책들은 대부분 때로 특기할 만큼 고급스런 품질의 화보들로 채워져 있었다. 11세기부터 13세기에 걸쳐 거대한 진보를 이룩한 텍스트와 화보의 목판인쇄는 목판이 서너 색깔로, 때로는 다섯 색깔로 인쇄되던 시기인 만력제 때(1573-1619)에 정점에 도달했다.[837]

목판인쇄를 활용하지 않은 것은 아닐지라도 기본적으로 목판과 기술적으로 단절된 기술적 고립상태의 구텐베르크 활판인쇄술은 화보인쇄술에서 중국의 목판인쇄술에 비해 초라했다는 말이다.
종합하면, 서양의 구텐베르크 활판인쇄술은 텍스트를 생산하는 데 목판인쇄보다 상당히 느리고 비쌌을 뿐만 아니라, 화보인쇄에서는 중국의 다채로운 칼라화보 인쇄술에 비하면 보잘 것이 없었던 것이다. 그래서 게르네는 차라리 구텐베르크 활판인쇄술의 미미한 영향과 대조되는 중국 목판인쇄술의 '그간 인정받지 못한' 출판혁명을 강조한다. 중국은 저술전통과 서적인쇄·확산능력이 상당히 진보했다는 것이다. "동아시아의 길과 유럽의 길이 왜 동일하지 않은지

---

837) Gernet, *A History of Chinese Civilization*, 336쪽.

를 설명해주는 특별한 기술적·지성적 전통, 즉 특별한 사회적·경제적 배경들로부터 생겨나는 차이에도 불구하고 여전히 남아있는 팩트는 중국이 테스트문건의 재생산과 확산에서 무시할 수 없이 중요한 진보를 이룩했다는 것이다. 우리 서양의 전통은 본질적인 것에서 르네상스시기로 거슬러 올라가지만, 중국의 글 쓰는 전통은 오대와 송대까지 거슬러 올라간다. 따라서 중국세계와 유럽 간에는 약 500년의 시간차가 있어온 것이다. 글 쓰는 전통이 – 비문碑文, 필사본, 목판인쇄의 형태로 – 이렇게 이른 시기부터 중요한 역할을 한 문명은 존재한 적이 없었다."[838]

게르네는 중국문명에서 이 "글 쓰는 전통"의 유례없이 "중요한 역할"이나, "텍스트문건의 재생산과 확산에서 무시할 수 없이 중요한 진보를 이룩했다"는 중국의 거대한 변혁사실을 구텐베르크의 상업적 "인쇄술의 확산"이 유럽에서 초래한 "글쓰는 전통의 궁핍화"와 대비시키고 있다. 구텐베르크 인쇄술이 변혁적 요소였다면 그것은 중국의 목판인쇄술에도 대비될 수 없는 '미미한' 변혁적 요소였던 사실이 바로 19세기까지 서양 인쇄술의 실태였던 것이다. 특기할 만한 것은 구텐베르크 찬양자들 또는 '구텐베르크혁명' 제창자들조차도 부지불식간에 이런 사실을 실토한다는 사실이다.

■ '구텐베르크혁명론자' 아이젠슈타인과 존 맨의 실토

엘리자베스 아이젠슈타인(Elizabeth L. Eisenstein)은 자기의 책 제목을 "근세 초 유럽에서의 인쇄혁명(The Printing Revolution in Early Modern Europe)"이라고 붙이고 구텐베르크의 금속활자 발명을 "인정받지 않은 혁명(An Unacknowledged Revolution)"라고[839] 부르며 이렇게 주장

---

838) Gernet, A History of Chinese Civilization, 336-337쪽.

한다. "18세기 후반 글로 쓰인 자료들의 재생산은 필경사의 책상으로부터 인쇄공의 작업장으로 이동하기 시작했다. 학습의 모든 형태를 혁명화한 이 변동은 역사학에 특히 중요했다. 그때부터 늘 역사가들은 구텐베르크의 발명에 빛을 지고 있었다."840)

그러나 앞서 말했듯이 아이젠슈타인은 이와 모순되게도 서론에서부터 금속활자 인쇄가 근대사의 결정적 동인은 '아니라'고 구텐베르크 발명의 의미를 제한한다.

나는 내 큰 버전 책의 제목(The Printing Press as an Agent of Change – 인용자)이841) 지시해주듯이 인쇄술을 서유럽의 변화의 유일한 동인(the only agent)이기는커녕 현저한 일반요인(the agent)도 아니고 그저 하나의 요인(an agent)으로 간주한다. 어떤 특수한 혁신이 낳은 효과들이든 이 효과를 탐구하는 바로 그 아이디어가 단일원인적 해석을 선호한다는 혐의나 환원론과 기술결정론으로 기울어 있다는 혐의를 야기하기 때문에 이 구별을 짓는 것은 필수적이다.842)

아이젠슈타인은 한편으로 '구텐베르크의 발명'을 "인정되지 않는 혁명"이라고 치켜세우면서도, 다른 한편으로는 "기술결정론"이라는 비난을 피하려다가 '구텐베르크의 발명'을 "현저한 일반요인(the agent)"도 아닌 것으로 지나치게 격하함으로써 그녀 스스로가 강조하

---

839) Eisenstein, *The Printing Revolution in Early Modern Europe*, 3쪽.

840) Eisenstein, *The Printing Revolution in Early Modern Europe*, 3쪽.

841) Elizabeth L. Eisenstein, *The Printing Press as an Agent of Change*, Vol. I and II (Cambridge: Cambridge University Press, 1979).

842) Eisenstein, *The Printing Revolution in Early Modern Europe*, Preface to the Second Edition, xviii쪽.

는 구텐베르크의 "근세초 인쇄혁명", "인정되지 않는 혁명"을 거의 부정해버리고 있다. 한마디로, 그녀의 논조는 갈팡질팡하며 제 갈 길을 잃고 있다.

그 뒤에도 아이젠슈타인은 '구텐베르크 혁명'을 계속 격하한다. 그것은 구텐베르크 혼자서 이룩한 것이 아니라, 19세기까지 인쇄술 자체의 기술발전이 없는 상태에서 노하우의 누적과 종이·금속재료 등 구성요소들의 기술발전 및 가격변동에 의해 '누증적·점증적'으로 이룩된 것이라는 것이다.

> 인쇄의 영향은 언제나 불균등하게 발휘된 것으로 보이지만, 15세기 말부터
> 죽 언제나 지속적·누증적으로(continuously and cumulatively) 발휘되어 온 것으로
> 보인다. 나는 이 영향이 발휘되기를 그친 시점도, 심지어 감소하기 시작한
> 시점도 발견할 수 없다. 나는 이 영향이 항상 점증하는 힘(ever-augmented force)
> 으로 바로 현재까지 줄곧 지속되었다고 주장할 많은 근거를 발견한다.843)

이 말로써 아이젠슈타인은 부지불식간에 '인정되는 혁명'이든 "인정되지 않는 혁명"이든 '구텐베르크 혁명'이라는 것은 없었다고 실토하고 있다. 다만 인쇄술의 영향은 기실 19세기까지 400년 동안 문선공·식자공·인쇄공의 경험과 노하우의 "지속적 누증" 효과일 뿐 이라는 것이다. 그런데 '누증적 변화'란 바로 혁명적 변화의 반대말 이 아닌가!

한편, "이 영향이 항상 점증하는 힘으로 바로 현재까지 줄곧 지속 되었다"는 그녀의 주장은 19세기 초까지는 옳지만 그 이후에는 그릇 된 것이다. 19세기 초 이후부터는 '점증적' 변화가 아니라, 진짜

---

843) Eisenstein, *The Printing Revolution in Early Modern Europe*, 119쪽.

'혁명'이 났기 때문이다. 상론했듯이 클로드 지누가 1827년 물꼬를 트고 최종적으로 1893년 조지 이스트우드가 완성한 '지형·연판 공법'은 "점증적" 발전이 아니라 가히 '인쇄혁명'이라고 할 수 있는, 과거와 단절적인 격변을 일으키는 단초였다.

결국 이런저런 실토 끝에 아이젠슈타인은 구텐베르크와 그의 사후 16세기까지도 유럽 전체에서 발간된 서적들 안에서 구텐베르크식 금속활자로 인쇄된 서적의 비율은 지극히 적었다고 자인한다.

(구텐베르크 금속활자로 찍은) 새 책들(new books)은 초창기 책들의 작은 부분(a small portion)을 점했다.[844]

말하자면, 구텐베르크의 금속활자 활판술의 인쇄·출판문화적 영향은 소리 없이 헤적거리는 잔물결, 또는 미미한 파장이었을 뿐이다. 이런 혁명부재 상태는 구텐베르크의 금속활자 활판술이 한국 활판술을 리메이크했지만 이것과 연계된 활인·번각공법까지 몽땅 리메이크하지 못한 기술적 결함 때문에 초래되었다. 환언하면, 유럽에서 '가능했던' 출판문화 혁명은 미완의 리메이크 기술(시쳇말로 '짝퉁')에 머문 구텐베르크 활판기술의 기술적 결함에 발목이 잡혀 결국 유예·유보되고 말았던 것이다. 이 말은 구텐베르크의 발명 이후에도, 아니 그의 사후에도 대부분의 책은 목판본이거나 필사본이었고 책값은 여전히 노동자대중이 살 수 없을 정도로 고공행진을 계속하고 있었다는 말이다. 저 구절로써 아이젠슈타인은 15세기 말을 기점으로 '필사본'로부터 바로 '활인본'으로 패러다임전환 또는 시대전

---

844) Eisenstein, *The Printing Revolution in Early Modern Europe*, 113쪽. 괄호 속의 우리말은 인용자.

환이 이루어진 것으로 생각하며 목판인쇄 시대는 없었던 것처럼 독자들에게 필사본과 활인본의 비교만을 강요하다가[845] 부지불식간에 불쑥 속마음을 내보이며 '구텐베르크 식 활인본 책의 비중이 미미했다'는 뜻의 역사적 진실을 내뱉은 것이다. 이 진실은 나중에 우리가 보여줄 사료史料들과도 그대로 합치된다.

따라서 구텐베르크 인쇄술이 일으킨 인쇄·출판문화의 작은 변동은 아인젠슈타인이 슬로건처럼 정식화한 "인정받지 않은 혁명(An Unacknowledged Revolution)"이 아니라, 그녀의 설명에 충실하게 더 정확히 표현하자면 잠재상태로 내몰린 '유보된 혁명(the detered revolution)'이었던 것이다. "인정받지 않은 혁명"이라는 표현은 차라리 중국 목판인쇄술의 출판혁신에 붙여져야 마땅할 것이다. 왜냐하면 도널드 래크와 에드윈 클레이가 "15세기 말엽 중국은 아마 다른 모든 나라의 책을 다 합친 것보다 많은 책을 찍었을 것이다"고[846] 강조하고, 쟈크 게르네는 15세기 중국의 목판인쇄술이 "유럽 각판刻版공법보다 기술면에서 훨씬 우월했고", 또 "큰 자본지출을 요하지 않는 상당히 저렴하고 아주 유연한 공정이라는 큰 이점"을 가져서[847] 중국의 서적생산량이 구텐베르크 활판술의 생산량을 훨씬 능가하고 중국의 화보인쇄 기술도 서양을 능가했다고 밝히고 있기 때문이다.

존 맨은 "구텐베르크의 발명"이 바로 "근대 역사, 과학, 대중문학, 국민국가의 출현, 우리가 근대를 정의하는 데 의거하는 모든 것의

845) Eisenstein, The Printing Revolution in Early Modern Europe, 127쪽.

846) Donald F. Lach and Edwin J. Van Kley, Asia in the Making of Europe, Vol. III (Chicago: Chicago University Press, 1993), 1598쪽 각주209.

847) Gernet, A History of Chinese Civilization, 336쪽.

대부분을 낳은 그 토양을 만들었다"고 찬양하고,[848] 극동에서 유사한 활판술이 나왔으나 오직 구텐베르크만이 "잠재적 혁명을 실제적 혁명으로 바꿀 수 있었다"고 되뇌며 거듭거듭 동서를 차별하고,[849] 구텐베르크 이후 인쇄공이 기하급수적으로 증가하여 1500년경 1-2만 명에 달하게 되었다고[850] 기염을 토했다. 그러나 슬쩍 그는 틴들의 신약성서 1권(4실링)도 노동자의 한 달 월급(3.33실링)보다 1.2배 비쌌고,[851] 활인본 서적 1권(금화 20굴덴)은 무력 필사본 서적(100굴덴)의 5분의 1에 육박했다고[852] 실토하고 있다. 존 맨의 이 은연한 실토는 아이젠슈타인의 부지불식간의 자인과 의미론적으로 상통한다. 말하자면 구텐베르크 시대와 그의 사후 400년간 필사본이든 금속활자 인쇄본이든 어차피 손에 넣을 수 없었던 대중의 처지에서는 '혁명'은커녕 아무런 '변화'도 일어나지 않은 것이다. 오히려 목판인쇄본이 구텐베르크 활인본보다 더 저렴했을 것이다. 그래서 17세기까지 유럽은 목판본의 시대였던 것이다. 따라서 "동시대인들은 '돈 없는 사람'에게도 '고급교양을 습득할' 가능성이 생겼다는 사실에 환호했다"는 슈테판 퓌셀의 찬탄은[853] 구텐베르크 활인본이 아니라 목판본과 관련된 것이어야 할 것이다. 아니면 역사조작일 것이다.

그러나 퓌셀도 바로 진실을 말하기 시작한다. 그는 구텐베르크가 모든 면에서 필사본을 모방했으나 성서인쇄에 쓰인 알파벳활자의

---

848) Man, *The Gutenberg Revolution*, 14쪽.

849) Man, *The Gutenberg Revolution*, 106쪽.

850) Man, *The Gutenberg Revolution*, 221쪽.

851) Man, *The Gutenberg Revolution*, 275-276쪽.

852) Man, *The Gutenberg Revolution*, 223쪽.

853) Füssel, *Gutenberg und Seine Wirkung*, 10쪽.

형상은 필사본보다 "조야했다"고 말한다.854) 그리고 15세기는 목판본, 동판본, 필사본, 금속활자 활인본이 나란히 공존했다고 자인하고, 널리 유포된『십계명』,『아가서』,『죽음의 기술(Ars moriendi)』,『빈자의 성서』(뉴른베르크, 1471),『수상술』,『도나투스』(라틴어 문법서) 등은 모두 다 구텐베르크의 금속활자 활판술 발명 이후에 나온 목판본들이었다고 인정한다.855) 그리고 프리드리히 카프도 최초의 인쇄본이 나온 뒤 "수십 년 동안" 화려한 장식의 필사본이 이탈리아와 프랑스에서 제작되고 있었다고 인정한다. 최고의 달필 바그너(Leonhard Wagner)가 필사한『합창을 위한 미사집』은 1489년과 1490년에 나왔고, 야콥 폰 올뮈츠(Jakob von Olmütz)가 필사한『미사 성가집』은 1499년과 1500년에 나왔고,『우르스페르긴 연대기』는 중세로부터 여러 번 필사본으로 발행되었고, 이런 유의 필사본은 "18세기"까지도 제작되었다는 것이다.856) 퓌셀과 카프의 이러한 인정들은 금속활자 활인본이 출판되는 전체 서적 총량의 "작은 부분"에 불과했다는 아이젠슈타인의 인정과 상통한다.

금속활자 인쇄소들은 언제나 목판인쇄업자, 동판인쇄업자, 필사본제작사들과 경쟁에 처해 있었다. 그리고 활판인쇄공들은 구텐베르크의 기술적 고립성과 활자인쇄공정에 대한 알파벳의 부적합성에서 야기되는 근본적 문제들 때문에 이 경쟁을 뛰어넘을 뾰쪽한 방도도 없었다. 그리하여 활판인쇄술의 서적생산 단가가 너무 높아서 활판인쇄 출판업자들은 늘 궁핍했고, 빚에 쪼들려 채권자들에게 인쇄소를 압수당하기 일쑤였다. 이것이 소위 '구텐베르크 혁명'의

---

854) Füssel, *Gutenberg und Seine Wirkung*, 26쪽.

855) Füssel, *Gutenberg und Seine Wirkung*, 121, 122쪽.

856) 카프(최경은 역),『독일의 서적인쇄와 서적거래의 역사』, 75-76쪽.

폭로된 진상이었다.

2.2. 구텐베르크 활인본 서적의 미미한 수량

구텐베르크 활판인쇄술은 기술적 고립과 알파벳 문자체계와의 부적합성으로 인해 – 구텐베르크 찬양자들의 오판과 수치조작에도 불구하고 – 당연히 많은 서적을 인쇄할 수 없었다. 따라서 대부분의 서적은 이후 200-300년 이상 목판본으로 인쇄되었고, 필사본도 300여 년을 버티며 명맥을 이어갔다. 구텐베르크의 금속활자 인쇄술이 두각을 나타내게 된 것은 아마 각판에 쓸 특수한 목재가 희귀해져 그 가격이 오른 반면, 18-19세기 전 세계 식민지에서 약탈한 수많은 광산들로부터 각종 금속이 대량으로 유입되어 유럽시장의 금속가격이 뚜렷이 하락하면서부터였을 것이다. 그러기 전인 1600년대까지 특정서적이 필사·목판술·활인술 중 어떤 기술로 제작되었는지를 경험적으로 추적함으로써 역으로 구텐베르크 인쇄술의 역사적 실태와 형편을 좀 더 구체적으로 형상화해 파악해 필요가 있다.

■ 쉴트베르거의 동방여행기의 발행 사례

요하네스 쉴트베르거(Johann Schiltberger, 1380-1440)의 동방여행기는 시간차를 두고 차례로 필사본, 목판본, 활인본 등의 형태로 판매되었다. 쉴트베르거는 티무르군대와 몽고군대에 차례로 포로로 붙잡혀 끌려 다니다가 시베리아까지 원정을 갔고 이후 탈출하여 33년 만에 독일 바이에른으로 귀향한 희귀한 인물이다. 그는 뮌헨과 프라

이싱(Freising)의 중간지점에 있는 홀레른(Hollern)에서 귀족 집안에서 태어났다. 그는 1394년 14세 소년으로 린하르트 리하르팅어(Lienhart Richartinger)의 종자從者 수행단에 참여해 헝가리 왕 지기스문트의 지휘 아래 헝가리 변경으로 오토만제국의 군대와 싸우러 갔었다. 그러나 그는 1396년 11월 니코폴리스 전투에서 발을 다쳐 포로가 되고 말았다. 그의 발이 다 나았을 때 술탄 바예지드 1세는 그를 데려가 1396년부터 1402년까지 잔심부름꾼으로 부려먹었다. 이 기간에 그는 오토만군대를 따라 소아시아와 이집트의 여러 지역을 오갔다.

1402년 7월 앙카라 전투에서 바예지드가 패하자 쉴트베르거는 바예지드를 무찌른 티무르에게 붙잡혀 그에게 복무하게 되었다. 그는 티무르를 따라 사마르칸트, 아르메니아, 그루지아 등 여러 지역으로 떠돌아다녔다. 1405년 2월 티무르가 죽은 뒤 그는 티무르의 아들인 샤 루크(Shah Rukh), 그의 동생인 미란 샤(Miran Shah), 미란의 아들인 아부 베크르(Abu Bekr)에게 차례로 노예로 복무했다. 아부 베크르의 캠프는 아르메니아를 오르내렸다.

그 뒤 쉴트베르거는 시베리아를 원정할 때 아부 베크르의 집단 속에 사는 타타르 군주인 체크레(Chekre)를 수행했다. 쉴트베르거는 볼가강 중류에 위치한 불가리아를 공략할 때나 동남 러시아의 스텝 지역에서 방랑할 때나 볼가강 하류에 위치한 킵차크 칸국의 옛 수도인 사라이(Sarai)와 (베니스와 제노바상인들의 무역중심지인) 아조프나 타나를 방문할 때도 체크레를 수행했을 것이다. 체크레가 멸망할 때 그의 예종상태는 다시 바뀌었고 크림, 키르카시아, 압카지아, 밍그렐리아를 여행했다. 그는 최종적으로 바툼(Batum) 부근에서 탈출했다.

쉴트베르거는 콘스탄티노플에 도착해서 한 동안 그곳에 숨어 지냈다. 그 뒤 1427년 그는 킬리아, 아케르만, 렘베르크, 코라코프, 브레슬라오, 마이센을 거쳐 바이에른의 집으로 귀향했다. 그는 귀향한 뒤 여행기를 썼고 유명해졌으며 귀향 11년 뒤인 1438년 알베르트 3세 공작의 시종관으로 임명되었다. 1440년 그는 사망한 것으로 추정된다.

이 긴 여정과 아시아세계의 목격담을 담은 쉴트베르거의 흥미진진한 여행기는 당대 동방역사의 다양한 장면을 스케치하고 있을 뿐만 아니라, 여러 나라와 그 예법 및 관습도 설명하고 있다. 그의 여행기의 제일 처음에 등장하는 땅은 다뉴브 강 "이쪽"의 땅이다. 그 다음에는 터키에 넘어간 다뉴브 강과 바다 사이의 땅들이 나온다. 그 뒤에 오토만의 아시아 영토가 나온다. 마지막으로는 트레비존드로부터 러시아까지, 이집트로부터 인디아까지 더 먼 지역들이 나온다. 이 지역적 지리학에서 브루사, 코카서스와 아르메니아 여러 지역, 그곳 백성들(특히 '붉은 타타르')의 습관, 시베리아, (그가 한때 5개월 보낸) 카파의 거대한 제노바 거류지가 있는 크림반도, 이집트, 아리비아에 대한 묘사들은 특히 주목할 만한 가치가 있다. 아르메니아와 흑해 너머의 다른 지역들에서 여전히 존속하는 가톨릭 선교단, 대大타타르 스텝지역의 네스토리우스 기독교도 공동체 등에 대한 그의 시사도 언급할 가치가 있다.

쉴트베르거는 (19세기에 '프르제발스키'라고 이름이 붙여진) 몽고 야생마를 유럽인으로서 최초로 목격한 사실도 기록했다. 하지만 그의 여행기는 바예지드에 대한 복무연수, 티무르와 원정한 기간 등에서 부정확한 내용이 적지 않다.

『요하네스 쉴트베르거의 여행(Reisen des Johannes Schiltberger)』은 먼

저 4개의 필사본이 전한다.

(1) 쉬바르츠발트 숲속에 있는 도나우에싱엔(Donaueschingen) 시의 퓌르스텐 베르크 도서관(Fürstenberg Library), No. 481.

이 필사본은 15세기 1530년대에 제작되었는데 책의 두께는 134쪽이다. 표지는 양가죽이고, 귀퉁이는 청동으로 처리되어 있다.[857]

(2) 하이델베르크 대학교 도서관, No. 216.

하이델베르크 대학교 도서관이 소장하고 있는 이 필사본은 분명 15세기 원고이고, 깨끗이 정서되고 멋진 장정으로 되어 있고 전문적 필경사가 필사한 것이 확실하다. 책의 크기는 6×8인치, 96쪽이고, 가죽 바운드, 책의 귀퉁이가 청동으로 처리되어 있다. 그리고 O. H.(Otto Heinrich) 선제후의 금제金製 초상화를 싣고 있는데, 날짜는 1558년으로 되어 있으나 안쪽 간기는 1443년으로 되어 있다.[858] 따라서 이 책은 1443년 원본 필사본을 1558년에 다시 필사한 것으로 보인다.

(3) 뉴렘베르크(Nuremberg, 뉘른베르크의 옛 지명)의 시립도서관(City Library), No. 34.

이 필사본은 15세기말 또는 16세기 초에 나온 것으로 보인다. 제목은 "*Hanns Schiltperger von Müunchen ist auszgezogen da man zalt 1394 — wiedergekommen 1427*"이었다.[859]

---

857) Telfer, "Bibliography", vii쪽.

858) Buchen Telfer, "Bibliography", vii쪽. Johann Schiltberger, *The Bondage and Travels of Johann Schiltberger, a Native of Bavaria, in Europe, Asia, and Africa, 1396-1427,* Translated from the Heidelberg MS. edited in 1859 by Karl Friedrich Neumann, by J. Buchen Telfer. With Notes by P. Bruun and a Preface, Introduction, and Notes by the Translator and Editor (London: Printed for the Hakluyt Society, 1879; New York: Cambridge University Press, 2010).

859) Telfer, "Bibliography", viii쪽.

(4) 세인트 갈(St. Gall)의 수도원 도서관(Monastery Library), No. 628. 단편斷片
만 남아 있다.

이 네 가지 필사본은 쉴트베르거 여행기 필사본의 전부가 아니라,
다만 현존본일 뿐이다. 더 많은 필사본들이 흔적 없이 사라졌을
것이다. 이 네 가지 버전의 필사본들은 1430년대부터 16세기 초까지
작성된 원고들이다. 동시대에도 여러 필사본이 존재했을 것이다.
인쇄출판 이전, 즉 쉴트베르거가 바이에른에 귀향한 1427년 직후,
1430년대부터 그의 여행기 필사본이 여러 버전으로 나돌았다.

그리고 "15-16세기의 수많은 버전들로 판단할진댄 각 본이 그것
에 선행한 원본의 거의 정확한 사본寫本들(transcripts)이기에 쉴트베르
거는 그 시기에 내내 인기 작가였음이 틀림없다."860) 따라서 그의
여행기 필사본을 구텐베르크도 분명 접했을 것이다.

쉴트베르거 여행기의 최초 인쇄본은 목판본으로 1460년경 아우
스부르크에서 공간되었다. 또 네 개의 다른 목판본이 15세기에 나왔
다. 나머지 여섯 개는 16세기에 나왔다. 19세기에 가장 좋은 인쇄본
은 칼 노위만(Karl Friedrich Neumann)의 *Reisen des Johannes Schiltberger
aus München in Europa, Asia und Afrika von 1394 bis 1427* (München:
Aus Kosten des Herausgebers, 1859; Odessa: P. Bruun's, 1866, with Russian
commentary, in the Records of the Imperial University of New Russia, vol. i.)과
랑만텔(V. Langmantel)의 판본 *Hans Schiltbergers Reisebuch* (Tübingen,
1885; the 172nd volume of the Bibliothek des literarischen Vereins in Stuttgart)이었

---

860) Buchen Telfer, "Preface", iii쪽. Johann Schiltberger, *The Bondage and Travels of Johann
Schiltberger* (London: Printed for the Hakluyt Society, 1879; New York: Cambridge
University Press, 2010).

다. 영역본으로는 하클류트 협회(Hakluyt Society)에서 출판한 *The Bondage and Travels of Johann Schiltberger* (Trans. by Buchan Telfer with notes by P. Bruun, London, 1879)가 있다.

다양한 제목을 달고 출판된 15-19세기의 쉴트베르거 여행기 인쇄본을 보자. 1866년까지 무려 19개의 인쇄본이 있다.

(1) 1473년(?)판. 울름에서 귄터 차이너(Günther Zainer)가 목판(woodcut)으로 인쇄. 출판연도, 출판지 없음(s.a. s.l. [sine anno, sine loco]) 각 쪽 37행. 최초 인쇄본.

(2) 1475년(?) 판. 아우스부르크에서 조르크(A. Sorg?)가 출판연도, 출판지 표기 없이, 페이지 표기 없이 46쪽으로 목판으로 인쇄. 각 쪽 33, 34, 36행.

(3) 출판연도, 출판지 표기 없는 57쪽 목판본. 뮌헨 공공도서관과 비엔나 왕실도서관이 한 본씩 소장.

(4) 1494년 프랑크부르트에서 출판. 토블러(Tobler)가 언급.

(5) 1513년 인쇄본. 토블러가 언급. 차이너 본(1473)의 리프린트.

(6) 베르크(J. v. Berg)와 뉴베르(Un. Newber)가 뉴른베르크에서 목판으로 인쇄. 연도표기 없으나 표제는 달았다.

(7) 1549년 헤르만 귈페리히(Herman Gülfferich)가 프랑푸르트에서 목판으로 인쇄. 70쪽, 각 쪽 32행. 쪽수 표기는 없는데 표제어와 서문이 있다. 제목: "*Ein wunderbarliche vnd kurzweilige History wie Schildtberger einer auss der Stadt Müches inn Beyern von den Türcken gefangen inn die Heydenschaft gefüret vnnd wider heimkommen ist sehr lüstig zu lesen, M.D.XLIX*". 간기(Colophon): "Gedrückt zu Franckfurdt am Mayn durch Gülfferichen inn der Schnurgassen zu dem Krug.(프랑크푸르트 암 마인에서 쉬눌가센 추 뎀 크루크에 사는 귈페리히에 의해 인쇄됨)"

(8) 1549년(?) 뉴른베르크(Nuremberg)에서 출판. 제목은 1549년의 프랑크푸르트 목판본과 동일.

(9) 샤이거(Scheiger)가 오스트리아 벨스(Wels)에서 봤다고 하는 인쇄본. 1551년 뮌헨에서 출판된 것으로 추정.

(10) 바이간트 한(Weygandt Han)이 프랑크푸르트에서 출판연도(1554년?) 표기 없이 1549년의 프랑크푸르트 목판과 유사한 목판으로 인쇄.

(11) 1557년 프랑크푸르트에서 출간. 제목: "*Gefangenschaft in der Tückey*".

(12) 1606년 프랑케(J. Francke)가 막데부르크(Magdeburg)에서 목판으로 인쇄·출판.

(13) 1606년 프랑크푸르트에서 "*Reise in die Heydenschaft*" 제목으로 출판.

(14) 1700년으로 추정되는 해에 연도표기, 출판지 표기 없는 인쇄본.

(15) 1813년 펜젤들(A. J. Penzeldl)이 뮌헨에서 편찬.

(16) 1814년 펜젤들이 뮌헨에서 편찬.

(17) 1823년 뮌헨에서 인쇄출판.

(18) 1859년 칼 노이만(Karl Friedrich Neumann)이 뮌헨에서 편집 출판. 노이만과 팔리네라이어(Fallinerayer), 그리고 함머 푸르크슈탈(Hammer-Purgstal)l의 서론과 각주 포함. 제목: *Reisen des Johannes Schiltberger aus München, in Europa, Asia, und Afrika, von 1394 bis 1427. Zum ersten Mai nach der gleichzeitigen Heidelberger Handschrift herausgegeben und erlautert von Karl Friedrich Neumann.*

(19) 1866. 필립 브루운(Philip Bruun)이 오뎃사에서 "*Pouteshestvy'ye Ivana Schiltbergera pa Yevrope, Asii y Afrike, s. 1394 po 1427 god*"라는 제목으로 신新러시아 제국대학교 기록관(The Records of the Imperial University of New Russia)에서 출판.861)

---

861) Telfer, "Bibliography", x-xiv쪽.

부헨 텔퍼(Buchen Telfer)가 제공한 이 리스트에는 목판과 활판의 인쇄유형에 대한 판별이 간간히 보인다. 이를 통해 1473년부터 1606년까지 133년 동안은 거의 목판본만 계속 출판된 것을 알 수 있다. 적어도 17세기 초까지 목판본이 활판본을 거의 전적으로 압도한 것이다. 그 이후에도 목판본은 계속 나왔을 것이지만, 텔퍼가 판별하지 않아서 그 인쇄유형을 알 수 없다.

이것을 통해 전반적으로 알 수 있는 것은 1430년대부터 16세기 초까지는 쉴트베르거의 필사본이 유행하고, 1470년대부터 1600년대까지는 목판본이 우세했고, 그 이후에는 아무래도 활인본이 우세했을 것이다. 필사본·목판본·활판본을 합하여 줄잡아도 23개 본이 출판되었다는 것은 이 쉴트베르거의 여행기가 약 440년간 엄청난 인기를 끌었다는 것을 의미한다. 이것은 아울러 이 쉴트베르거 여행기가 출판시장에서 필사본·목판본·활판본의 시대적 우열優劣 추이를 잘 보여주는 표본으로서의 대표성이 있다는 것을 뜻한다.

쉴트베르거 여행기 책의 23개 본 목록을 통해 가시적으로 포착된 필사본·목판본·활판본의 이 시대적 우열 추이는 17세기까지도 '구텐베르크 혁명'이란 존재하지 않았고 목판본이 출판무대를 지배했다는 것을 경험적으로 명확하게 보여준다. 또한 16세기 초까지는 필사본도 활판본과 목판본에 대해 압도적 경쟁력을 갖고 잔존했다는 것을 보여준다. 구텐베르크 인쇄술은 16-17세기까지도 무기력했고 또 미미한 변화만을 초래했을 뿐이다. 이 미미함은 구텐베르크가 한국 금속활자 인쇄술을 리메이크한 이후 60년간 출판된 유럽제국諸國에서 출판된 활인본 서적의 수량을 동기간 조선조 한국의 활인본 수량과 비교하면 더 역력하게 수치적으로 드러난다.

■ 유럽제국과 조선조 한국 간 출판서적의 수량적 대비

존 맨에 의하면, 컴퓨터를 이용하여 1440년 구텐베르크의 첫 인쇄본 『도나투스(Donatus)』로부터 1500년까지 60년간(실은 61년간) 활자로 인쇄한 모든 인쇄물을 런던의 브리티시 라이브러리의 주관으로 16개국 96개 도서관으로부터 목록화했다고 한다. 그 결과, 1500개의 출판사에서 60년간 도합 약3만종의 책을 출판한 것으로 추산되었다. 그러나 그는 2002년 판에서는 2만8360종의 더 정확한 수치를 제시했었다. 이 중 3000종은 육안으로 활인본과 목판본을 가릴 수 없는 마이크로필름으로만 남았다. 부수로는 1500년까지 60년간 유럽제국諸國이 1500-2000만부를 인쇄했다고 한다.862) 이것은 맨이 두 배 가까이 부풀린 것으로 보인다. 왜냐하면 앞서 시사했듯이 슈테판 퓌셀은 900만-1000만 부를 유럽에서 60년간 출판한 책 부수로 제시하기863) 때문이다.

아무튼 존 맨이 제시한 책종 수치 2만8360과 퓌셀의 부수 900만-1000만 부를 기준으로 삼고 계산하면, 60년간 유럽 16개국은 1국 평균 1772종의 책을 냈다. 이것은 1개국이 연평균 약28종의 책을 냈다는 말이다. 또 1개국이 60년간 59만3750-62만5000부를 인쇄했고, 1개국 연평균으로는 9221-1만245부의 책을 찍었다는 것을 의미한다.

---

862) Man, *The Gutenberg Revolution*, 213쪽. 여기서는 "거의 3만 종(almost 30,000 titles)"이라고 뭉뚱그리고 있으나, 2002년판에서 정확히 "28360종이라고 하고 있다. 여기서는 후자가 더 정확한 수치이므로 이를 취한다. 퓌셀은 첫 50년간 인쇄서적의 수량을 1000만 권으로 추산하거나, 3만 책종, 900만 권으로 추산. 퓌셀, 『구텐베르크와 그의 영향』, 「한국인 독자를 위한 서문」, 7쪽과 독일어판 「서문」, 10쪽.

863) 퓌셀은 첫 50년간 인쇄서적의 부수를 900만 부(독일어판 「서문」) 내지는 1000만 권으로 추산하거나(「한국인 독자를 위한 서문」), 책종은 3만 책종은 900만 종으로 추산하고 있다. 슈테판 퓌셀, 『구텐베르크와 그의 영향』, 7, 10쪽.

그러나 이 수치들은 상술한 대로 목판본과 활판본의 판별 없이 두 판본이 마구잡이로 합산되었을 위험이 높고, 또 가령 라틴어 문법서 *Donatus*, 성서, *De civitas Dei*(신국론), *Don Quixote* 같은 책이 각기 다른 나라에서 인쇄되었다는 이유에서 다른 책종으로 취급되어 이중삼중, 심지어 16중으로까지 중복 계산되었을 위험도 크다. 당시 목판본의 압도적 우위와 16개국 간의 중복 계산을 감안하면 활판본은 저 수량의 20%에도 미치지 않았을 것이다. 이것을 대입해 다시 계산하면, 60년간 유럽제국의 1개국 평균 겨우 355종의 책(연평균 약5.8종)을 활인했다는 말이다.

그러나 1406년(태종6) 계미자로 활인하기 시작한 이래 1466년(세조12)까지 60년간(61년이나 계산편의상 60년간으로 계산) 조선조 한국의 출판역량은 유럽을 엄청난 격차로 능가했다. 조선은 이 60년간 2137종의 책을 냈다.[864] 매년 35종에 가까운 책을 낸 셈이다. 이 수치만 해도 목판본과 중복계산이 뒤섞였을 유럽 각국의 평균 출판 책종(60년간 유럽각국 1772종, 연평균 28종)도 크게 상회한다. 그리고 유럽의 수치에서 목판본과 중복계산치(80%)를 뺀 순수한 활판본(60년간 355종, 연평균 5.8종)과 비교하면 조선은 유럽각국 평균을 약6배(6.02배) 많은 책종을 생산했다.

그런데 조선이 활인·번각 시스템을 운용했기 때문에 번각본이 얼마나 출판되었는지는 알 수 없다. 이 때문에 총출판부수로 비교하는 것은 불가능하다. 하지만 활인본의 총 부수는 추정할 수 있다. 책종마다 평균 약300부씩 활인하는 경향이 있었으므로 이 수치로 계산하면 60년간 활인본 총부수는 64만1100부(2137×300)로 추산된다. 이 수치만도 유럽 1개국 평균 방행부수 약 59만3750부를 4만

---

864) 참조: 부록 「1406년부터 1466년까지 60년간 조선의 활인본 서책목록」.

7350부가량 능가한다. 그리고 번각본으로 각 책종마다 평균 5000부씩 더 찍었다고 추정하면, 번각본 총 부수는 1068만5000부이고 여기에 활인본 64만1100부(2137×300)를 더하면 총 발행부수는 1132만6100부다. 이 부수는 유럽 16개 총합 발행부수 900만-1000만 부의 중간치인 950만 부를 훌쩍 뛰어넘는 수치다.

조선조 활인본의 출판규모는 이런 수치만이 중요한 것이 아니다. 구체적인 책종 목록이 더 중요하다. 책명과 활인년도를 구체적으로 적시하는 서책목록만이 그 규모를 경험적 구체성으로 보여준다. 이 책의 부록에 실은 「1406년부터 1466년까지 60년간 조선의 활인본 서책목록」은 그 출판규모를 '백문불여일견百聞不如一見'의 지각적 효과로 증명해준다.

조선에서는 주물기술의 탁월성, 낑낑대며 돌려야 하는 나사압인기를 쓰지 않고 순식간에 솜뭉치로 두 번 쓰윽싸악 쓰윽싸악 문지르는 탁본식 인쇄기술과 한지韓紙 품질의 우월성, 지형·연판 시스템을 선취한 활인·번각 시스템 및 활판술에 대한 한자·한글의 문자적 적합성 덕택에 출판혁명이 일어나 대조선국은 일약 '책의 나라'로 우뚝 올라섰다. 반면, 구텐베르크의 굼뜬 활판술은 서양 출판문화에 대해 미미한 변화를 "누증적"."점증적"으로 일으켰을 뿐이다. 인쇄·출판혁명은 유보되고 잠재화되었다. 유럽에 출판혁명 같은 것은 없었다. 무릇 활판인쇄술이 이룩할 수 있는 인쇄혁명이나 출판혁명이 유보되는 가운데서도 구텐베르크의 인쇄술이 '미미하게'라도, 아니 "점증적"으로나마 변화를 이룩한 것은 활판인쇄 자체의 내재적 기술발전 덕택이 아니라, 제지술의 발달로 종이 값이 저렴해지고 주자용 금속(납·아연·안티몬) 값이 역으로 목판용 목재(배·살구·대추나무) 값보다 저렴해진 가격변동이나 인쇄 노하우(경험)의 누적 덕택이었을 것이다. 왜냐하면 1827년 클로드 지누가 지형·연판 시스템을 개발하기 전까지 구텐베르크 활판술 자체는 노하우의 누중·점증 외에 더 이상의 기술적 발전을 이룩하지 못했기 때문이다. 종이값이 갈수록 저렴화되는 가격변동은 구텐베르크 활판술로 찍은 활인본 책이 주로 양피지를 쓰는 필사본에 대해 가격경쟁에서 이겨나갈 수 있는 배경이 되었고, 금속이 점차 저렴해지고 목판용 목재가 점차 고가화高價化되는 가격역전 추이는 구텐베르크 활판술이 수백 년에 걸쳐 목판인쇄술에 대해 경쟁력을 유지하고 나아가 목판인쇄술을 서서히 밀어낼 수 있는 배경이 되었을 것이다.865)

유럽에서 구텐베르크 활판인쇄술이 안팎으로 처한 기술적 미개성과 낙후성은 상술했듯이 책값을 19세기 말까지도 노동자·농민들이 책을 손에 넣을 수 없을 정도로 턱없이 비싼 수준에 머물러 있게 만들었다. 이로 인해 특이한 서적거래 양상이 나타났다. 유럽에서 서점은 르네상스 필사본 시대부터 있었지만, 책을 읽지도 않으면서 서점에서 책을 사 모으는 부르주아적·귀족적 장서가들과 반대로 서점에서 고가의 책을 사지 못하지만 책을 읽고 싶어 하는 가난한 문해자文解者들과 문맹자들이지만 낭독이라도 듣고 즐기려는 일반대중이 등장했다. 독서층의 이런 계급적 분단현상은 15세기부터 19세기까지 계속 이어진 책값의 고공행진 때문이었다.

이 때문에 서점도 미발달 상태에 처해 있다. 책값이 너무 비쌌기 때문에 서점은 전국적 확산을 기할 수 없이 수도와 대도시에만 몇 군데 존재했고, 이마저도 좋은 책, 비싼 책을 다 갖춰놓지 못할

---

865) 이 명제는 다만 추정일 뿐이다. 여기서 목판조성(雕成)용 목재의 시장가격과 납·안티몬·주석 등 금속의 시장가격의 추이에 관한 역사적 통계가 요청되지만, 아직 이 두 가격의 추이를 보여주는 통계자료는 찾지 못했다.

정도로 부실했다. 그런데 소도시와 농촌지방에는 이런 부실한 수준의 서점도 없었다. 그리하여 소도시의 부르주아와 농촌지방의 귀족들에게 책을 짊어지고 가서 책을 파는 책 행상, 즉 '책쾌冊儈'도 나타났고, 동시에 고가의 책을 사지 않고 책을 읽으려는 사람들에게 푼돈을 받고 책을 빌려주는 '세책점貰冊店'도 나타났다. 이 책쾌와 세책점이 유럽에만 존재한 것은 아니었지만,[866] 유럽제국에서 책쾌와 세책점이 15세기 이전부터 19세기까지 줄곧 존재했고 또 일반적으로 광범하게 존재했다. 왜냐하면 구텐베르크 인쇄술의 저급성과 이로 인해 19세기까지 계속된 책값의 고공행진이 노동자와 농민이 책을 살 수 있을 정도로 혁명적인 문화변동을 가로막았기 때문이다.

조선에서 16세기 이래 존재한 책쾌는 아주 보기 드물었고 영·정조 시대에 와서 서적수요가 폭발하면서 증가했을지라도 서울의 경우에도 겨우 수백 명에 불과했던 반면,[867] 유럽에서는 대규모로 존재했던, 19세기 말에야 사라진 하나의 큰 직업군이었다. 프랑스에서는 책을 행상하는 책쾌를 '콜포르퇴르(colporteur)'라고 불렀다. 이 단어는 'col(목)'이라는 말과 'porteur(배달꾼)'이라는 말의 합성어다. '콜포르퇴르(colporteur)'는 책 보따리 양쪽에 끈을 달아 앞쪽에 보따리를 달고 걸어 다녔다. 그런데 이 끈을 목에 걸었기 때문에 'col'과 'porteur'를 합쳐 'colporteur'라고 부른 것이다.[868] 유럽에서는 이미 15-16세기에 통속소설을 중심으로 '행상문학'이라는 것이 나타났고, 17-18세기

---

866) 조선후기 한국과 명·청대 중국에도 책쾌와 세책점이 있었다. 이민희, 『16-19세기 서적중개상과 소설·서적 유통관계 연구』, 33-165쪽 및 169-188쪽. 그러나 책쾌와 세책점이 처음부터 유럽처럼 만연되지 않았고, 17세기에 생겨나 18-19세기에 사라졌다.

867) 이민희, 『16-19세기 서적중개상과 소설·서적 유통관계 연구』, 250쪽.

868) 이민희, 『16-19세기 서적중개상과 소설·서적 유통관계 연구』, 223쪽.

내내 고도로 발달하다가 19세기 초에는 절정에 달했다. 콜포르퇴르는 파리와 리용에서 책을 사서 농촌지방과 지방 소도시에 보급하고 판매하기까지 했다. 이들은 시골벽지에까지 다니며 싸구려 대중소설을 공급하고 신新문물을 전파했다.[869] 19세기 초에 절정기에 있던 책쾌는 1852년경 책값이 내리면서부터 역내驛內에 서점이 들어서자 서서히 그 수가 줄다가 1880년경 세기말에야 자취를 감췄다.[870] 서적상과 인쇄소를 겸한 출판업자들은 대개 부르주아 출신들이었지만,[871] 콜포르퇴르는 절정기에도 가난한 행상인이었다.

콜포르퇴르들은 파리와 리용을 제외하고 소도시와 농촌을 순회하며 책을 팔며 자유롭게 행상했다. 왕권이 미치지 못하는 지역에서는 그들의 활동은 더욱 자유로웠고 활동반경도 컸다. 파는 책들은 소설, 연감과 달력, 신앙서, 노래책 등이었다. 20-30쪽으로 분책된 소설들은 다 작자미상이었다.[872] 그러나 1776년 파리근교에서 체포된 한 콜포되르는 시골도시와 농촌의 귀족과 부르주아들에게만 서적을 공급하는 것을 전업으로 삼았는데 170여 종, 3082권의 책을 취급했다.[873] 이런 유형의 책쾌는 서점이 없는 지방의 귀족적·부르주아적 장서가들의 서적수집 욕구를 채워주었다.

한편, 책이 너무 고가였기 때문에 파리와 리용·디종·발렌시아 등지에서는 세책점도 책쾌와 별도로 발달할 수밖에 없었다. 1760년에는 발렌시아가, 1771년에는 디종이 각각 서적홍보 목록을 발간했다. 세책점은 서점과 달리 파리 외에도 여러 대도시에 있었던 것이다.

---

869) 이민희, 『16-19세기 서적중개상과 소설·서적 유통관계 연구』, 251쪽.
870) 이민희, 『16-19세기 서적중개상과 소설·서적 유통관계 연구』, 251쪽.
871) 이민희, 『16-19세기 서적중개상과 소설·서적 유통관계 연구』, 225쪽.
872) 이민희, 『16-19세기 서적중개상과 소설·서적 유통관계 연구』, 224쪽.
873) 이민희, 『16-19세기 서적중개상과 소설·서적 유통관계 연구』, 228-229쪽.

세책점은 18세기 후반에 전성기를 맞았다.874) 그러다가 책값이 대폭 내리기 시작한 19세기말부터 점차 사라져 간 것으로 보인다.

영국에서는 책쾌를 챕북(chapbook)을 행상하는 사람이라는 뜻에서 '챕맨(chapman)'이라고 불렀다. '챕북'은 한국의 19세기 '딱지본'에 해당하는 싸구려 민중서적을 가리킨다. 영국에서 통상 24쪽짜리 소책자였던 챕북은 17세기에 생겨난 18세기에 최고 전성기를 맞이했다가 18세기 후반에 쇠퇴했다.875) 18세기에는 챕북 출판사만 250개에 달했다.876) 그러나 17-18세기에 주로 활동한877) 챕맨은 19세기까지 챕북 외에도 다른 책들을 날라다 파는 행상인으로 존속했다. 19세기까지 서점이 미발달한 상태에서 챕맨은 런던과 대도시의 몇몇 서점들로부터 책을 날라다 영국 전역을 다니며 도서 지역에까지 책을 공급했다.878)

영국에서도 "lending library" 또는 "circulating library"라는 부른 세책점이 나타났다. 세책업은 'book lending business'라고 했다. 1725년 에딘버러에 가발 제조업자가 세책점을 세운 이래 세책점은 18세기 전반기前半期에 전국적으로 번창했다. 1728년에는 세책점이 바스(Bath)와 브리스톨에 생겼고, 런던에는 1740년에 생겼다. 그리고 1750-1753년 사이에 비벌리, 캠브리지, 뉴캐슬, 버밍햄, 글래스고우, 리버풀에도 세책점이 들어섰다. 얼마지 않아 런던과 지방 도시, 온천장과 해수욕장에는 세책점이 너무 흔한 것이 되었다. 18세기

---

874) 이민희, 『16-19세기 서적중개상과 소설·서적 유통관계 연구』, 228-229쪽.
875) 이민희, 『16-19세기 서적중개상과 소설·서적 유통관계 연구』, 231쪽.
876) 이민희, 『16-19세기 서적중개상과 소설·서적 유통관계 연구』, 233쪽.
877) 이민희, 『16-19세기 서적중개상과 소설·서적 유통관계 연구』, 251쪽.
878) 이민희, 『16-19세기 서적중개상과 소설·서적 유통관계 연구』, 231, 233쪽.

말에 런던에만 25개소의 세책점이 있었고, 전국적으로는 1000여 개소의 세책점이 있었다.[879]

책쾌와 세책점으로 대표되는 이 '궁상맞은' 독서문화는 이탈리아,[880] 독일,[881] 러시아,[882] 폴란드,[883] 심지어 리투아니아에서도[884] 나타난 공통현상이었다. 유럽 전역에서 예외 없이 출현한 책쾌와 세책점의 - 조선보다 더 이른, 그리고 더 보편적인 - 확산은 서적가격의 턱없는 고가로 말미암은 것이다. 책쾌와 세책점의 존재는 아무래도 궁상맞은 문화현상이고, 유럽에서 이 궁상맞은 책문화의 지나친 확산은 구텐베르크 이래 계속된 책값의 400년 장기 고공행진과 이로 인한 서점의 미발달, 대중적 책 수요의 불만족 등에서 야기된 것이다. 이런 일련의 궁상맞은 책 문화와 서민적 책 수요의 항구적 미충족 상태는 궁극적으로 구텐베르크 인쇄술의 기술적 미개성과 낙후성을 나타내주는 징후 또는 증좌들이다.

구텐베르크의 한국 금속활자 리메이크와 그 실상은 수백 년 동안 두 가지 큰 신화에 의해 감춰져 있었다. 하나는 구텐베르크 독창설(발명설)의 신화이고, 다른 하나는 구텐베르크 혁명설의 신화다. 그러나 우리가 하나하나 밝혀 보였듯이 두 신화는 사실이 아니라 서양인들의 자기기만적 미신과 이 미신에 대한 일부 한국·중국인들의 맹신

---

879) 이민희, 『16-19세기 서적중개상과 소설·서적 유통관계 연구』, 225쪽.

880) 이민희, 『16-19세기 서적중개상과 소설·서적 유통관계 연구』, 232쪽. 챕북 유행.

881) 이민희, 『16-19세기 서적중개상과 소설·서적 유통관계 연구』, 232쪽. 챕북 유행.

882) 이민희, 『16-19세기 서적중개상과 소설·서적 유통관계 연구』, 213-223쪽. 러시아의 책쾌는 '오페냐'라고 불렀다.

883) 이민희, 『16-19세기 서적중개상과 소설·서적 유통관계 연구』, 237-240쪽. 폴란드의 책쾌는 '크시옹쉬코노쉬'라고 불렀다.

884) 이민희, 『16-19세기 서적중개상과 소설·서적 유통관계 연구』, 240-343쪽. 챕북 유행.

에 기초해 있었다. 우리의 목표는 이 두 신화, 두 미신을 해체하는 한편, 한국 금속활자의 혁명성을 올바로 드러내는 것이었다. 그러나 후자, 즉 조선의 출판혁명에 대한 상론은 지면관계상 불가피하게 다른 책으로 미룰 수밖에 없다.

맺음말

필자는 구텐베르크와 관련된 두 가지 신화적 이데올로기, 즉 구텐
베르크의 독창설과 혁명설을 분쇄하고 한국 금속활자의 서천과
구텐베르크의 리메이크, 그리고 이 리메이크 인쇄술의 기술적 낙후
성, 구텐베르크 활판술에 대한 알파벳 문자의 부적합성, 이 활판술
의 문화사회적 비非혁명성, 또는 문화혁신의 제한성, 400년간 궁상
맞은 책 문화 등을 모조리 입증했다. 그런데 필자의 이 입증 프로젝
트가 또 다른 이데올로기를 산출한 것이 아닐까? 필자는 아무래도
중국계 미국인 전존훈이나 중국인 장수민이 중화민족의 이익으로
부터 벗어나지 못했듯이 한국 학자로서 한국의 금속활자를 부각시
키려는 민족적 이익과 무관할 수 없기 때문이다.

모든 학자들은 일반인들과 마찬가지로 모종의 '이익 또는 관심
(*Interesse, interest, intérêt*)'과 관련되어 있다. 아무리 객관적인 과학자도
'인간적 명예욕' 이외에도 최소한 '진리추구욕' 또는 '지적 호기심'이
라는 '과학적 이익·관심(*das wissenschaftliche Interesse*)'과 관련되어 있다.
이 명제와 함께 과학과 관련해서는 유일한 '과학적 이익'과 수많은

'비과학적·인간적 이익' 간의 구별이 부각되어 나온다. 과학적 탐구에서 유일하게 중시되어야 하는 이익은 물론 '과학적 이익'(진리추구욕=지적 호기심)이다.

그러나 모든 과학자는 인간이기에 '과학적 이익' 이외에도 여러 '인간적·비과학적 이익'과 관련되어(bezogen) 있다. 그런데 대부분의 과학자들은 개인적 명예욕, 집단적 민족이익 등의 '인간적·비과학적 이익'과 관련되어 있더라도 이 이익관련성이 '과학적 관심(이익)'을 방해하는 것이 아니라 오히려 고취하고 촉진할 수도 있다. 과학자의 인간적 이익(관심)이 그의 '과학적 관심'을 방해하거나 약화·왜곡시킨다면 그는 자신의 인간적 이익과 '관련된' 정도가 아니라 이 이익에 '구속당한', '사로잡힌' 것이다. 여기서 저절로 단순히 '이익과 관련된 것'과 '이익에 사로잡힌(befangen) 것'을 준별할 필요가 부각된다. 우리 사유의 '이익관련성(Interessenbezogenheit)'과 '이익편향성(Interessenbefangenheit)'의 구별을 말하는 것이다. 이런 구별의식에서 칼 마르크스는 가령 부르주아 계급이익과 관계하고 또 이를 옹호했을지라도 이 비과학적 이익에 "사로잡히지 않은", 즉 "과학적으로 편견 없는(unbefangen) 리카도"의 부르주아 정치경제학을 '과학적 이익'에 의해 인도된 한에서 – 이것이 어떤 오류를 담고 있을망정 – 이데올로기적이지 않다고 평가했다.[885] 마르크스는 이런 구별을 중시하여 '이데올로기'를 비과학적 이해관계에 사로잡혀(befangen) 혹세무민하는 비속한 의식으로 정의했다.[886] 따라서 여기에서 사유思惟가 이익에 사로잡히는 것, 즉 '이익편향성'과 사유의 단순한 '이

---

885) Karl Marx, *Theorien über den Mehrwert* (Vierter Band des "Kapitals"), Zweiter Band, 114쪽. *Marx Engels Werke*, Bd. 26.2.

886) Marx, *Theorien über den Mehrwert*, Zweiter Band, 112쪽.

익관련성'을 명료하게 구별하여야 하는 것이다. 모든 과학은 과학자들, 계급, 사회집단 등의 경제적 또는 사회적인 개인이익 또는 집단이익과 같은 과학외적外的 이익과 관련 될 수 있되, 이 이해관계에 의해 변조·왜곡당하거나 방해받지 않은 채 과학적 이익을 대변할 수 있는 것이다. 즉, 이익에 관계하되, 이것에 사로잡히지 않을 수 있다는 말이다. 마찬가지로 토대와 상부구조의 모든 관계는 이해관계에 의해 매개될지라도 토대로부터 자라 나오는 모든 관념적 내용이 필연적으로 늘 이데올로기적 가상假像만을 표출하는 것은 아닌 것이다.887) 토대와 합치되는 관념, 사실과 부합되는 관념은 관념주체가 다른 이익과 관계할지라도 '이데올로기'가 아니라 '진리'일 수 있는 것이다. 만약 어떤 관념적 구조물 또는 이론이 이 토대나 사실을 그 근거로 충분히 제시하지 못한다면 그것은 꼼짝없이 이데올로기나 부분적 이데올로기로 전락할 수밖에 없다.888)

필자의 연구는 자신이 한국인으로서 한국 금속활자를 세계적 차원에서 제대로 알리고 구텐베르크를 통해 세계적 문화혁명을 일으켰다는 것을 입증함으로써 한국 금속활자의 세계사적 영향과, 인류문명에 대한 이것의 혁명적 역할을 밝히려는 민족적 이익(관심)과 분명 다분히 관련된 것이다. 진리와 이데올로기를 가르는 구분원칙에 따라 필자의 이 이론은 이데올로기가 아니라 과학일 수 있는 것이다. 이 이론이 과학인지 이데올로기인지, 또는 얼마만큼이 과학이고 얼마만큼이 이데올로기인지는 필자가 이 이론을 뒷받침

---

887) Jürgen Ritsert, *Denken und Gesellschaftliche Wirklichkeit. Arbeitsbuch zum Klassischen Ideologiebegriff* (Fankfurt am Main u. New York: Surkamp Verlag, 1977), 72쪽.

888) 이에 대한 상론은 참조: 황태연, 『지배와 이성』(서울: 창비, 1996), 326-336쪽; Tai-Youn Hwang, *Herrschaft und Arbeit im neueren technischen Wandel* (Frankfurt am Main·New York·Paris: Peter Lang, 1992), 230-238쪽.

하기 위해 동원한 사실증거와 문서증거들에 의해 판가름 날 것이다. 이 견지에서 결국 판가름은 독자에 달려 있고, 이런 까닭에 필자는 독자들에게 어차피 한번 읽으려면 이 책을 '정독'하기를 바라는 바다.

우리는 한국인으로서의 '민족적 이익과 관심'으로부터 동기를 부여받아, 그러나 이 민족적 관심에 방해받지 않는 확고한 '과학적 관심'에 입각하여 기존의 14개 서천론을 독파·분석하고 그 이론들의 감정과 약점들을 모조리 들춰내는 한편, 이 서천론을 비판하며 구텐베르크의 독창적 발명을 옹호하는 5개 이론을 그 근저로부터 논파하고 허무맹랑한 이데올로기임을 일관되게 폭로하고, 우리 나름의 굳건한 서천론을 다시 새로이 수립했다.

이 서천론에서 우리는 고려·조선조 한국으로부터 금속활자가 구텐베르크에게로 전해지는 육·해상의 도합 일곱 가지 서천루트를 발굴하여 제시했다. 이중 두 서천루트는 허드슨과 바레트가 밝힌 것이고, 나머지 다섯 가지 루트는 필자가 처음 발견하여 세상에 공개한 것이다.

그리고 우리는 중국 목판인쇄술 또는 중국인쇄물의 서천과 한국 금속활자의 서천을 증언하는 다섯 건의 문서증거들을 제시했다. 이 중 두 건의 증언 기록은 카터·전존훈·장수민 등이 이미 그릇된 분석과 함께 손댄 것이지만, 극동 활판술의 서천을 증언하는 나머지 세 건의 문서증거들은 필자가 처음 발견하여 최초로 공개하는 것이다. 한국 금속활자의 실크로드들을 규명하는 작업은 주지하다시피 한국 금속활자 혁명이 한국 안에만 갇힌 그야말로 '컵 속의 소용돌이'가 아니라, 구텐베르크에게 리메이크의 모델을 제공함으로써 구텐베르크 활판술이 미미한 혁신효과의 '누증·점증'을 통해서나마 장기적으로, 그리고 궁극적으로 지형·연판 시스템의 도움을 받아 유럽과 세계 도처에서 근대적 인쇄·출판문명의 발전에 기여했다는 것을 입증하는 작업이기도 하다.

우리는 마지막 장에서 '구텐베르크 혁명' 이데올로기를 분쇄했다. 우리는 구텐베르크 활판 인쇄술의 기술적 고립이라는 근본적 결함과 활판술에 대한 알파벳의 문자체계적 장애를 입증하고 이것을 유럽 서적의 400년 장기 희귀성과 고공행진의 원인으로 밝혀냈다. 또한 태종 3년 이후 60년간 발행된 조선 금속활자의 책종이 구텐베르크 이후 60년간 출판된 유럽제국의 각국 평균 활인본 책종보다 월등하게 많다는 것을 1860종에 달하는 조선의 활인본 책종 목록을 「부록」에 '1406년부터 1466년까지 60년간 조선의 활인본 서책목록'으로 제시함으로써 경험적으로 입증했다. 또한 우리는 서점의 부족과 부실함, 대중적 독서수요의 항구적 미충족상태로 인한 책쾌와 세책점의 지나친 확산이라는 궁상맞은 독서 문화를 구텐베르크 리메이크 활판술의 기술적 낙후성의 궁극적 징후 또는 증좌로 입증했다. 한 걸음 더 나아가 우리는 '구텐베르크 혁명'이란 것은 없었던 반면, 오히려 조선에서 출판혁명이 일어났고, 조선이 "책의 나라(文獻之邦)"였음을 입증하려고 한다. 이 뒷부분은 후속 저작 『책의 나라 조선의 출판혁명』에서 상론할 것이다.

머리말에서 밝혔듯이 우리는 이 책 한 권으로 동서세계의 눈과 지성을 마비시켜온 그 두터운 신화적 이데올로기가 철저히 해소되리라고 망상하지 않는다. 단지 세월이 흐르면서 이 책이 이 분야의 논의의 큰 논란거리 서적이 되기를 바랄 뿐이다. 우리의 핵심테제들에 대한 의문과 질문은 많으면 많을수록 좋을 것 같지만, 꼭 그런 것만도 아닌 것 같다. 질문을 많이 하는 경우는 대개 새로운 사실관계들을 깊이 이해할 지적 능력을 결한 채 은근히 기존의 지배적이었던 관념에 기대어 새로운 논의 자체를 훼방하려는 의도에서 비롯되기 때문이다. 앞서 시사했듯이 우리는 핵심테제들을 아주 쉽게 이해할 수 있게 논술했다고 자부한다. 우리의 핵심테제들 가운데 이해가 되지 않는 것이 있다며 이리저리 많은 질문을 던지는 경우에 대해서는 고대그리스 7현인이 델피신전 입구에 새겼다는 세 경구警句의 하나인 "그노티 세아우톤(Υνοθι σεαυτόν)"이라는 말을 해주고 싶다.

부록

「1406년부터 1466년까지 60년간 조선의 활인본 서책목록」
(총 2217책종)

[범례]

1) 고려 시대 1211년 이래 금속활자를 사용한 이래 모든 활인본活印本(금속·목 木·도陶·포匏활자 인쇄본)을 망라하고, 활인본을 번각飜刻한 번각본도 활인본 이 소실되었거나 기록에만 남아 있는 경우는 활인본으로 계상한다. 목판으 로 간인刊印한 모든 목판본 책은 배제한다. 정조正祖의 용법대로 '활인活印' 이라는 말은 활자로 인쇄한 경우에만 사용하고, '간인刊印'은 목판으로 인쇄한 경우에만 쓴다. '간행刊行·인출印出·인행印行'이라는 말은 경우에 따라 활인·간인을 가리지 않고 통용한다. 그리고 '번각'이라는 말은 활인본 책의 책장冊張을 목판에 뒤집어(飜) 붙이고 각판刻版한 경우에만 사용하고, '복각覆刻'이라는 말은 목판본 책을 다시 정서正書하여 각판한 경우와 목판 본 책의 각장을 뒤집어(覆) 붙이고 각판한 경우, 이 두 경우에 사용할 것이다.

2) '유서類書'(백과전서)나 (여러 책을 묶은) '총서叢書', 또는 같은 제목 아래 제각기 다른 내용을 담은 여러 권의 책으로 이루어진 '전집류'의 경우에는 권마다 또는 책마다 내용이 다르기 때문에 권·책마다 별개의 책종으로 계산한다. 가령 윤형로의 '문집' 또는 '시문집' 『戒懼菴集』은 여러 종의 저서와 글들을 담은 '전집류'이고, 가령 『大東野乘』은 여러 별책을 묶은 총서류總書類다. 권수와 책수(가령 '25권13책')를 같이 표기한 서적의 경우는 '책'수(13冊)를, '권卷'의 현대적 의미로 권수만 표기된 경우는 '권'수를 책종 수數로 계산했다. 가령 『戒懼菴集』(14권7책)은 7종의 책으로, 『三班禮式』(2권1책)은 1종의 책으로, 『知守齋集』(15권8책)은 8종의 책으로 계산. 또한 의학 백과전서 『醫林撮要』(13권13책)는 13종의 책으로 계산하고, 『濟衆新編』(8권5책)은 5종의 책으로 계산하고, 『醫方類聚』(266권264책)는 264종의 책으로 계산하고, 『조선왕조실록』(1893권1181책, 고종실록·순종실록이 빠진 정족산성본)은 1181종의 책으로 계산하고, 『고려사』(139권75책)는 75종의 별책으로 계산했다. 따라서 가령 『通鑑續編』(24권6책)은 6종의 별책으로, 『대동야승』(59종의 별책을 묶은 72권의 총서)은 59종의 별책으로, 『昌黎先生集』(50권20책)은 20종의 별책으로 계산한다. '책' 표시가 없는 책은 권수를 책종 수로 본다. 가령 『新刊補注釋文黃帝內經素問』(12권)은 12책종으로 계산한다.

3) 조선에서는 여말麗末 전통을 이어서 다종多種·대량생산을 위해 먼저 주자鑄字로 다종多種의 책들을 소량으로 생산을 한 다음, 이 다종 활인본 책들 중 수요가 많은 책을 골라 번각·간인하여 대량으로 생산하는 것을 관행으로 삼았다.889) 이 번각·간인 시에는 의례 번각자의 멘트가 삽입되거나, 서문이나 발문 또는 기타 논고가 중간 중간 또는 맨 뒤에 더해져(가령 1425년(세종7) 경자자 활인본 『莊子鬳齋口義』 → 1474년(성종5) 밀양부 번각본 『莊子鬳齋口

---

889) 김두종, 『韓國古印刷技術史』 (서울: 탐구당, 1974·2021), 204-205쪽.

義 新添莊子十論』) 분량이 늘거나 때(방인본의 경우)로는 다소 축약되었다. 따라서 중앙·지방관서나 서원書院·사찰寺刹, 또는 사가私家나 개인의 번각본이나, 서방書坊에서 번각한 방인본도 삽입과 축약이 큰 경우에 주자활인 원본과 상이한 별개의 책종으로 카운트했다.890)

4) 'NC'는 계상計上하지 않는다(no count)는 뜻.

1. 『陶隱文集(陶隱先生詩集)』. 1406년(태종6) 계미자로 활인. 1406년(태종6) 계미자로 재활인. 이숭인의 문집. 세조의 명에 의해 계미자로 찍은 유일한 개인문집.

§계미자는 1403년(태종3) 2월 주자를 개시하여 수개월 만에 완성한 10만여 자의 대소大小 동활자다.

§권근權近(1352-1409)이 1412년(태종12) 계미자로 활인된 『대학연의大學衍義』에 붙인 주자관련 발문跋文: "영락원년(태종3, 1403년) 봄 2월 전하가 좌우에게 일컬어 말했다. 무릇 정치를 하려고 하면 반드시 전적典籍을 널리 보고 난 뒤에야 궁리정심窮理正心하여 수제치평修齊治平의 효과를 이룰 수 있다. 우리 동방은 해외에 있어 중국의 책이 드물게 들어오고 판각본은 쉬 이지러지고 천하의 책을 뒤섞어 다 간행하기 어렵다. 나는 동銅으로 본을 떠서 글자를 만들어 책을 얻을 때마다 반드시 인쇄하여 책을 널리 퍼트리고 싶다. 그러면 진실로 무궁의 이익이 있을 것이다. 그러나 그 비용은 마땅히 백성들에게서 걷지 않고 나는 친훈親勳 신료들과 더불어 비용을 같이하여 여럿이 만들겠노라! 이에 내탕을 남김없이 내고 판사평부사判司平府事 이직李稷, 여성군驪城

---

890) 번각본 목록 예시는 참조 김두종, 『韓國古印刷技術史』(서울: 탐구당, 1974·2021), 205-207쪽.

君 민무질, 지신사 박성명, 우대언右代言 이응李膺 등에게 이를
감독하라 명하고, 군자감 강천주姜天霔, 장흥고사長興庫使 김장간
金莊侃, 대언사주서代言司注書 유이柳荑, 수녕부승壽寧府丞 김위민
金爲民, 교서관저작랑著作郞 박윤영 등이 일을 맡도록 명하고 또
경연에서 옛날 주석한 시성·서경·좌씨전을 내어 자본으로 삼게
하니 그 달(2월) 19일부터 주자를 시작하여 두세 달 동안 다량으
로 만드니 수십만 자에 달했다. 삼가 우리 전하는 준철濬哲의
밑바탕, 문명의 덕, 만기萬機의 겨를로 경전과 사서史書에 정신을
집중하고 힘쓰고 힘써 피곤할 줄 모른다. 심오하게 다스림의
원천을 드러내고, 문화를 열고 닦고, 덕교德敎를 사려깊게 넓혀
당시當時를 맑히고 후세에 전하니 이에 참마음을 다해 정성스럽
게 간직할 것이로다. 이 주자를 주자한 덕에 군서群書를 활인하
여 만권萬卷에 이를 수 있고, 만대에 전할 수 있게 되었으니,
규모가 광대하고 사려가 심장深長함이 이와 같도다. 왕의 가르침
을 전하고 성력聖曆을 영구히 하여, 진실로 마땅히 오래고 두루
견고할 따름일지어다. 금년 늦게 11월 초하루 배수하고 머리를
조아려 경발敬跋하다."891)

891) 權近,『陽村先生文集』「卷22 跋語類·大學衍義跋」(태종 9, 1409년 이전에 활인된
'大學衍義' 발문): "永樂元年春二月 殿下謂左右曰 凡欲爲治 必須博觀典籍 然後可
以窮理正心 而致修齊治平之效也. 吾東方在海外 中國之書罕至 板刻之本 易以剜
缺. 且難盡刊天下之書也. 予欲範銅爲字 隨所得書 必就而印之 以廣其傳 誠爲無窮
之利. 然其供費 不宜斂民 予與親勳臣僚有志者共之 庶有成乎! 於是悉出內帑. 命判
司平府事臣李稷 驪城君臣閔無疾知申事臣朴錫命, 右代言臣李膺等監之, 軍資監
臣姜天霔 長興庫使臣金莊侃 代言司注書臣柳荑 寧府丞臣金爲民 校書著作郞臣
朴允英等 掌之, 又出經筵古注詩書左氏傳 以爲字本 自其月十有九日而始鑄 數月
之間 多至數十萬字. 恭惟我殿下 濬哲之資 文明之德 萬機之暇 留神經史 孜孜無倦.
濬出治之源 而闡修文之化 思廣德敎 以淑當時而傳後世 拳拳焉. 爲鑄是字 以印群
書 可至於萬卷, 可傳於萬世 規模宏大 思慮深長 如此. 王敎之傳 聖曆之永 固當並
久而彌堅矣. 是年後十一月初吉 拜手稽首敬跋. 남권희,『한국금속활자 발달사 - 조

§조정의 신하들이 모두 주자가 어렵다고 했으나 태종이 신하들을 강요하여 만들게 했다.『世宗實錄』, 세종 16년(1434) 7월 2일 기사: "태종께서 처음으로 주자소를 설치하시고 대자大字를 주조鑄造할 때에, 조정 신하들이 모두 이룩하기 어렵다고 하였으나, 태종께서는 억지로 우겨서 만들게 하여, 모든 책을 인쇄하여 중외에 널리 폈으니 또한 거룩하지 아니하냐."

§계미자 이래 선조 때까지 13회의 신주新鑄 주자가 있었다.

　　태종 - 계미자(1403)

　　세종 - 경자자(1420), 갑인자(1434), 병진자(1436)

　　문종 - 경오자(1450)

　　세조 - 을해자(1455), 정축자(1457), 무인자(1458), 을유자
　　　　　(1465)

　　성종 - 갑진자(1484), 계축자(1493)

　　중종 - 병자자(1516·1519)

　　선조 - 경서자(1588)

2-3.『十七史纂古今通要』. 2권2책. 1412년(태종12) 주자소에서 계미자로 활인.[892]

　§『太宗實錄』, 태종 12년(1412) 5월 20일: "신득재申得財에게 쌀과 면포를 내려 주었다. 신득재는 요동사람인데, 화지華紙를 만들어 바치매, 주자소에 내려『十七史』를 인쇄했다.(賜申得財米及緜布. 得財 遼人也. 造華紙以進 下鑄字所, 印十七史.)"

선시대』, 17-18쪽 각주3에서 인용.

892) 남권희,『한국 금속활자 발달사 - 조선시대』, 164-165쪽.

4. 『眞西山讀書記大學衍義』. 1412년(태종12) 주자소에서 계미자로 활
   인.893)

   §『太宗實錄』, 태종 11년(1411) 5월 20일: "『대학연의』에서는 '그 이와
   같이 임금을 섬기면 아부하는 자이다' 했으니, 바로 오늘 강講한
   것과 다름이 없지 않은가? 장차 주자소에 명해『대학연의』를 인쇄
   하게 하겠다' 하였다.(然大學衍義 則其事如是之君 則爲容悅者也. 無乃異於今日
   所講乎? 將命鑄字印衍義)"

   §『太宗實錄』, 태종 12년(1412) 10월 1일: "주자소에서 『대학연의』
   를 인쇄해 바치니, 공인 7명에게 각기 쌀 1석씩을 내려 주었다.(鑄
   字所引(印)大學衍義以進 賜工人七米各一石.)"

5-7. 『東萊先生校正北史詳節』. 3책. 1412년(태종12) 계미자로 활인. 여조
   겸이 『사기』를 축약한 책.894)

8. 『纂圖互註周禮』. 1412년(태종12) 계미자로 활인. 『周禮』에 주석을
   달고 그림을 삽입한 책.895)

9. 『經濟六典』. 1413년(태종13) 주자소에서 계미자로 활인.

   §『太宗實錄』, 태종 13년(1413) 2월 30일: "頒行經濟六典. 國初 政丞趙
   浚等 撰受判可爲遵守者 目爲經濟六典以進 刊行中外. 至是 政丞河崙等存
   其意 去其俚語 謂之元六典. 又選上王卽位以來可爲經濟者 謂之續六典 令
   鑄字所印出 頒布中外."('경제육전'을 반행했다. 국초에 정승 조준 등이
   교지를 받은 것 중 준수할 만한 것을 찬해 '경제육전'이라 명목지어 바친
   것을 중외에 간행했다. 이때에 이르러 정승 하윤 등이 그 뜻은 존속시키고
   이어俚語는 제거해 이를 '원육전'이라 했고, 또 상왕이 즉위한 이래로

---

893) 김두종, 『韓國古印刷技術史』, 137쪽.
894) 남권희, 『한국 금속활자 발달사 – 조선시대』, 165쪽.
895) 남권희, 『한국 금속활자 발달사 – 조선시대』, 165쪽.

경제經濟가 될 만한 것을 골라서 뽑아 '속육전'이라 하여, 주자소에 인출하
게 하고, 중외에 반포했다.)

10. 『元六典』. 1413년(태종13) 주자소에서 계미자로 활인.
    §『太宗實錄』, 태종 13년(1413) 2월 30일: 위 참조.

11. 『續六典』. 1413년(태종13) 주자소에서 계미자로 활인.896)
    §『太宗實錄』, 태종 13년(1413) 2월 30일: 위 참조.

12. 『禮記淺見錄』. 1416(태종16) 계미자로 활인.897) 1418년(태종18)과
    1687년(숙종13) 제주목에서 두 차례 간행한 번각본의 발견으로
    계미자 활인 사실이 알려졌다.898)

13. 『乘船直指錄』. 1416년(태종16) 주자소에서 계미자로 활인.899) 배를
    타는 수군水軍이 반드시 행하여야 할 임무와 수칙을 상세 기록한
    책.
    §『太宗實錄』, 태종 16년(1416) 3월 27일: "'승선직지록' 300본을
    외방의 각도에 나누어 주었다. 주자소에서 인쇄한 것이다.(頒乘船
    直指錄三百本於外方各道. 鑄字所所印也.)

14-24. 『十一家註孫子』. 4종11책. 태종조에 계미자로 활인. 1409년(태
    종9) 4월 계미자로 재판. 계미자 활인본의 존재는 번각본의 발견으
    로 드러났다.900) 이 책은 1577년(선조10) 『十一家註孫子』(상하 2권)로
    증보되어 을해자로 찍어 경기도 관찰사 윤근수에게 하사. 1558년

---

896) 김두종은 태종 13년 2월에 발행된 것으로 봤다. 김두종, 『韓國古印刷技術史』
    (서울: 탐구당, 1974·2021), 137쪽.

897) 김두종, 『韓國古印刷技術史』(서울: 탐구당, 1974·2021), 137쪽.

898) 천혜봉, 『한국금속활자 인쇄사』, 82-83쪽, 남권희, 『한국 금속활자 발달사 – 조선시
    대』, 170쪽.

899) 김두종, 『韓國古印刷技術史』, 137쪽.

900) 천혜봉, 『한국금속활자 인쇄사』(서울: 범우사, 2012), 82쪽.

(명종13)에는 병자자로도 재활인되었다.

25. 『音註全文春秋括例始末左傳句讀直解』. 9권1책. 태종조에 계미자로 활인. 세종13년 경자자로 재활인. 1454년(단종2) 금산군에서 계미자본을 번각. (성종조에도 또 다시 을해자로 재활인.) 명종연간 또는 다른 시기에 강인된 번각본이 더 있다. 이 계미자번각본으로 계미자 활인본의 존재가 알려졌다.901) 단종 2년의 번각본 권말에 이런 발문이 실렸다. "태종대왕조에 활인한 주자본은 글자가 커서 관람하기에 편했으나 활인한 것이 적고 세월이 오래되어 학자들이 얻지 못해 힘들어했다. 계유년 여름(단종원년 계유) 주상이 집현전에 한 권을 교정하여 그 와오訛誤를 간행하게 했다. 전라도관찰사 신臣 김연지金連枝가 이 명령을 완수하다. 금산군에서 판목하다(梓). 景泰甲戌 6月日. 중훈대부 집현전직제학 신臣 이개李塏 봉교 敬跋."

가선대부 전라도관찰사		신臣	김연지
奉訓郎 전라도관찰사			안덕손
봉정대부 금사군수			유기柳技
교정	啟功郎 금산儒學	신臣	하기강
	성균관진사	신臣	한석강
	監考留學	신臣	한석준
都色	前攝邑長	신臣	김회영
	權知戶長		김 경
	色記官		金彪
	刻手 禪師 주참住旵 등 60명		
	학생 최연 등 5명902)		

---

901) 천혜봉, 『한국금속활자 인쇄사』, 82쪽; 남권희, 『한국 금속활자 발달사 - 조선시대』, 170쪽.

902) 참조: 김두종, 『韓國古印刷技術史』, 236-237쪽 '註3'.

26. 『宋朝表牋總類』. 태종조(1401-1418)에 계미자로 활인.903)

27-28. 『新刊類編歷擧三場文選對策』. 2책. 태종조에 계미자로 활인.
원대 과거시험 모범답안을 모은 수험서.904)

29. 『地理全書范氏洞林照膽』. 태종조에 계미자로 활인. 오대시대 범
월봉의 풍수지리 기본서(과거시험 참고서).905)

30. 『四時纂要』. 5권1책. 태종조에 계미자 소자小字로 활인. 지금까
지 계미자 활인본으로 알려지지 않았던 당대唐代 한악韓鄂의
농서. 중국 책이지만 실전失傳되었고 한국과, 한국에서 이 책을
가져간 일본에만 전존傳存한다.906)

31-32. 『宋朝表牋總類』. 7권. 태종조 계미자 활인본.

33-38. 『新刊類編歷擧三場文選對策壬集』. 6권(小字本). 태종조 계미자
활인본. 1454년(단종2), 밀양부에서 『新刊類編歷擧三場 文選古賦』
라는 제목으로 번각 간인.

39. 『葬日通要』. 1413년(세종1) (아마 계미자로) 활인.

   §『世宗實錄』, 세종 1년(1413) 3월 9일: "찬성으로 치사致事한 정
   이오鄭以吾·병조판서 조말생·호조참판 김자지·내자시內資寺
   윤尹 유순도庾順道·검교사재감정檢校司宰監正 이양달李陽達이
   '葬日通要'를 편집하여 전문箋文과 함께 올렸다. 그 전문에 (...)
   이 글은 첫 머리를 예기·춘추에 기재된 장기葬期의 설로 한
   것은 왕제王制를 문란하게 해서는 안 된다는 점을 밝힌 것이요,
   다음으로 춘추열국·한漢·당唐의 모든 임금의 장일葬日을 든

903) 남권희, 『한국 금속활자 발달사 – 조선시대』, 164, 165쪽.
904) 남권희, 『한국 금속활자 발달사 – 조선시대』, 164, 166쪽.
905) 남권희, 『한국 금속활자 발달사 – 조선시대』, 164, 166-168쪽.
906) 남권희, 『한국 금속활자 발달사 – 조선시대』, 164, 166-167쪽.

것은, 옛적의 장사는 날을 가리지 않는다는 점을 보이기 위한 것이요, 또 그 다음으로 여재呂才의 '장葬' 서敍와 사마군실司馬君實의 '장론葬論'을 든 것은 세속의 의혹을 제거하기 위한 것이요, 또 그 다음으로 청오자靑烏子가 논한 바와 왕수王洙가 인거引擧한 장기葬記, 주회가말한 택일擇日, 호순신胡舜申이 취한 제가諸家의 장일葬日을 든 것은, 하나는 시속에 따른다는 뜻을 보인 것이요, 하나는 십전대리일十全大利日은 다 장통葬通으로 세속의 구기일拘忌日이 아니라는 점을 보인 것이며, 또 다음으로 승흉장법乘凶葬法, 채성우蔡成禹의 변망辨妄, 송노진宋魯珍의 극택통서尅擇通書를 든 것은 압본명壓本命이니, 횡간橫看이니, 망운亡運이니 하는 따위의 모든 사설邪說을 타파하자는 것입니다. 그 사이에 혹시 신들의 관견管見을 첨부하여, 모두 합치어 '장일통요葬日通要'라 칭하고, 전문과 함께 올리오니, 전하께서 특히 한 번 보시고 국내에 반포하여, 사람들로 하여금 죽은 자를 보내는 일이 무엇보다 크다는 것을 알게 하고, 십전대리일을 앞당기고 뒤지는 일이 없이, 각각 그 어버이를 장사하게 하면, 인심이 안정되고, 왕제가 다시 밝아질 것이니, 이도 또한 죽은 자를 보내는 도道에 있어 거의 유감이 없을 것입니다." (...) "이에 임금은 인쇄하여 반포할 것을 하명하였다." 정이오 등이 태종의 명을 받들어 작업을 시작했는데 이때 완성된 것이다.[907]

40-49. 『善本大字諸儒箋解古文眞寶(後集)』. 20권10책. 1420년(세종2)

---

907) 박용대 등 33인 찬집, 『增補文獻備考』, 16考 250卷 (서울: 찬집청, 1908, 융희2). 세종대왕기념사업회 역주, 『국역 증보문헌비고』 (서울: 세종대왕기념사업회, 1980·2000), 「예문고」.

충청도 관찰사 강회중姜淮仲의 명을 받아 옥천군수 이호李護가 옥천에서 목판으로 간행. 그러나 1452년(문종2)에는 『詳說古文眞寶大全』이라는 명칭으로 동활자 경오자庚午字로 활인. 본래 '고문진보'는 고려 말 전녹생田祿生(1318-1375)이 처음 간행했다.

§이 사실은 강회중이 쓴 「善本大字諸儒箋解古文眞寶誌」에서도 확인할 수 있다. "이 책에 실린 시문은 선유先儒들이 고아古雅한 것을 정선精選한 것으로, 배우는 이들이 모범으로 삼을 것들이다. 전 왕조인 고려 때에 야은 선생 전녹생이 합포合浦에 나가 진수鎭守할 때 국방의 여가를 틈타 공장工匠을 모아 간행하니, 이후부터 모두들 이 책이 배우는 이들에게 유익하다는 것을 알게 되었다. 그러나 그 판본은 오랜 세월이 흘러 판각이 마모되어 희미해졌고 또 주해註解가 없어 보는 자들이 흠으로 여겼다. 기해년(1419, 세종1) 내가 충청도 관찰사가 된 이듬해 공주교수 전예田藝가 이 책을 보여 주었는데, 보충한 주석이 분명하여 마음에 쏙 들었다. 인하여 옥천 군수 이호에게 부탁하여 중간重刊을 감독하게 했더니 몇 달이 안 되어 완성되었음을 보고하였다. 아, 어찌 이것이 사문斯文의 한 행운이 아닌가. 이제 두 본을 대교對校해 본즉, 구본에는 자못 야은 선생이 산삭刪削하거나 증보增補한 것이 있어 이번 판본과는 중간에 약간의 차이가 있을 뿐이었다. 나는 여기에 그간의 사정을 밝히며 아울러 후학들에게 알린다. 때는 영락永樂 용집龍集 경자년(1420, 세종2) 1월 하순에 가정대부嘉靖大夫 충청도 관찰출척사都觀察黜陟使 진양晉陽 강회중姜淮仲은 삼가 기록한다.(此編所載詩文 先儒精選古雅 表而出之 承學之士所當矜式也. 前朝時 壄隱 田先生祿生 出鎭合浦 董戎之暇 募工刊行. 由是 皆知是編有益於學者. 然其本歲久板昏 且無註解

觀者病焉. 歲在己亥 予丞乏觀察忠淸 越明年 公州敎授田藝出示此本 有補註明釋 瞭
然於心目. 因囑沃川守李護 監督重刊 未數月而告畢. 於戱 豈非斯文之一幸哉! 今以二
本讎校 則舊本頗有壄隱先生所刪所增 故與今本中間微有小異耳. 愚於此論辨 幷誌諸
後學云. 時永樂龍集庚子孟冬下澣 , 嘉靖大夫、忠淸道都觀察黜陟使晉陽 姜淮仲謹
誌")

50-108. 『資治通鑑綱目』. 59권59책.[908] 1422년(세종4) 주자소에서
　　경자자庚子字로 활인.[909] 1443년(세종16) 갑인자로 재활인.[910]
　　1503년(연산8) 계축자로 다시 활인하고, 1575년(선조8) 재판. 주
　　희가 쓴 역사서. 목판본은 55권106책.
　　§ '경자자'는 경자년(1420, 세종2)에 주자를 시작해 7개월 만에
　　완성한 동활자다. 『세종실록』, 1421년(세종3) 3월 24일: "주자
　　소에 술 1백 20병을 내려 주었다. 앞서 책을 찍는데 글자를
　　동판에 벌여 놓고 황랍을 끓여 부어, 단단히 굳은 뒤에 이를
　　찍었기 때문에, 납이 많이 들고, 하루에 찍어 내는 것이 두어
　　장에 불과하였다. 이때에 임금이 친히 지휘하여 공조참판 이
　　천李蕆과 전 소윤 남급南汲으로 하여금 동판을 다시 주조하여
　　글자의 모양과 꼭 맞게 만들었더니, 밀랍을 녹여 붓지 아니하
　　여도 글자가 움직이지 아니하고 더 해정楷正하여 (조판·교정·인
　　쇄작업 시간을 다 합해서 - 인용자) 하루에 수십 장에서 백 장까지
　　찍어 낼 수 있다. 임금은 그들의 일하는 수고를 생각하여 자주
　　술과 고기를 내려 주고, 『資治通鑑綱目』(59권59책)을 찍어 내라

908) 남권희, 『한국 금속활자 발달사 - 조선시대』, 181쪽.
909) 남권희, 『한국 금속활자 발달사 - 조선시대』 (대구: 경북대학교출판부, 2022 개정증
　　보판), 19쪽.
910) 남권희, 『한국 금속활자 발달사 - 조선시대』, 202쪽.

고 명령하고, 집현전에 그 오탈자를 교정케 했는데 경자년 (1420) 겨울부터 임인년(1422) 겨울에 이르러 일을 끝냈다." 주자는 1420년(경자년) 11월에 시작하여 1421년(신축년) 5월 약 7개월 만에 마쳤다.911) §『세종실록』, 1422년(세종4) 10월 29일 ("영락 경자년 겨울 11월 전하께서 이를 근심하여 새로 글자모양을 주조하게 명하니 매우 정교하고 치밀했다. 지신사 김익정과 좌대언 정초에게 명하여 그 일을 감독하게 하여 일곱 달 만에 일을 마쳤다.") 따라서 『資治通鑑綱目』 59책의 제작(조판[문선·식자]·조판·교정·인쇄·제본) 기간은 18개월이다. 통상 200부를 찍었으므로 총1만1800건 (59×200)을 찍은 셈이다. 이것은 1개월에 655건 이상 제작한 셈이다.

§1575년 재판 인출:『선조실록』, 1575년(선조8) 3월 7일: 주상이 교서관에게 『자치통감』을 인출하는 일이 어찌 되었으며 사서 오경을 인출하여 진상하도록 한 건은 지금 얼마나 진척되었느냐고 물으니, 교서관이 대답하였다. "『주자어류』·『주자대전』과 『천문』 등의 서적이 권수가 매우 많기 때문에 『자치통감』의 건수에까지는 때맞춰 아직 입계入啓하지(상주의 글을 올리지) 못했습니다. 진상할 사서오경 20건 중에 『대학』·『춘추』·『예기』는 이미 인출을 끝냈고 『논어』·『시전詩傳』은 현재 인출 중이며, 기타의 책은 마모된 각판刻板이 매우 많으므로 현재 재촉하여 판각하고 있습니다."

1493년(성종24) 계축자로도 재활인. 각도 감영에서 번각. 완영객사 소장책판所藏冊板이 있다.

109-114.『通鑑續編(綱目續編)』. 24권 6책. 1423년(세종5) 경자자로

911) 남권희,『한국 금속활자 발달사 ― 조선시대』, 180쪽.

활인. 『通鑑續編』의 '序文'은 계미자 대자大字로 활인했고, 본문
중 소자는 경자자로 활인. 권말 발문에 변계량이 세종 4년(1422)
에 쓴 '주자발鑄字跋'을912) 통해 이 사실을 알 수 있다.

§『世宗實錄』, 1423년(세종5) 8월 2일: "주자소에서 인쇄한 '통감
속편'을 바치므로, 문신들에게 나눠 주었다."

115. 『至正條格』. 1423년(세종5) 경자자로 활인.

§『世宗實錄』, 1423년(세종5) 10월 3일: 승문원에서 "지정조격
10부와 이학지남吏學指南 15부와 어제대고御製大誥 15부를 인
쇄하기를 청합니다"라고 계하니, "각각 50부씩 인쇄하라"
명했다.

---

912) 『世宗實錄』, 세종 4년(1422) 10월 29일. 변계량(卞季良)의 「(庚子字)鑄字跋」 원문
전문: "上命鑄字所 改鑄字樣印書 命卞季良跋之曰 鑄字之設 可印群書 以傳永世,
誠爲無窮之利矣. 然其始鑄, 字樣有未盡善者, 印書者病其功未易就. 永樂庚子冬十
有一月 我殿下發於宸衷 命工曹參判李蔵 新鑄字樣 極爲精緻. 命知申事金益精·左
代言鄭招 監掌其事 七閱月而功訖. 印者便之 而一日所印 多至二十餘紙矣. 恭惟我
光孝大王作之於前 我主上殿下述之於後 而條理之密 有又加焉者. 由是而無書不
印 無人不學 文敎之興當日進 而世道之隆當益盛矣. 視彼漢·唐人主 規規於財利兵
革 以爲國家之先務者 不啻霄壤矣 實我朝鮮萬世無疆之福也."(임금이 주자소에 명
하여 글자 모양을 고쳐 만들어 책을 인쇄하게 하고, 변계량에게 명하여 발문을 지으라
하니, 그 글에, 주자를 만든 것은 많은 서적을 인쇄하여 길이 후세에 전하려 함이니,
진실로 무궁한 이익이 될 것이다. 그러나 처음 만든 그 글자는 모양이 다 잘 되지
못하여, 책을 인쇄하는 사람이 성공하기 쉽지 않음을 근심하던 차, 영락 경자년 겨울
11월에 우리 전하께서 이를 친히 걱정하사 공조참판 이천에게 명하여 새로 글자
모양을 고쳐 만들게 하니, 매우 정교하고 치밀했다. 지신사 김익정과 좌대언 정초에게
명해 그 일을 맡아 감독하게 하여 7개월 만에 일이 성공하니, 인쇄공들이 이를 편히
여겨 하루에 인쇄한 것이 20여 장에 이르렀다. 삼가 생각하건대, 우리 광효대왕(태종)
이 앞에서 창작하시고, 우리 주상 전하께서 뒤에서 계승하셨는데, 조리의 주밀함은
그전 것보다 더 나은 점이 있다. 이로 말미암아 글은 인쇄하지 못할 것이 없어, 배우지
못할 사람이 없을 것이니, 문교의 일어남이 마땅히 날로 앞서 나아갈 것이요, 세도가
높아감이 마땅히 더욱 성해질 것이다. 저 한당나라 임금들이 단지 재리(財利)와
병혁(兵革)에만 정신을 쏟아 이를 국가의 급선무로 삼은 것에 비교한다면, 천양지차뿐
만이 아닐지니, 실로 우리 조선 만세에 무강한 복이다.)

116. 『吏學指南』. 1423년(세종5) 경자자로 활인. 『세종실록』, 1423
   년(세종5) 10월 3일.

117. 『御製大誥』. 1423년(세종5) 경자자로 활인. 『세종실록』, 1423
   년(세종5) 10월 3일.

118. 『前後漢書直解』. 1423년(세종5) 경자자로 활인.

119. 『大學大全』. 1424년(세종6) 경자자로 활인.

   §『世宗實錄』, 세종 7년(1425) 2월 14일: "주자소에서 인출된 '대
   학대전' 50여 벌을 문신에게 나누어 주었다."

120. 『宋朝明賢五百家播芳大全文粹』. 1424년(세종6) 경자자로 활
   인.913)

121-251. 『史記』. 130편. 1425년(세종7) 경자자로 활인.

252-277. 『性理大全』. 70권26책. 1425년(세종7) 왕명으로 (아마 경자
   자로) 활인. 성종조에는 이 『성리대전』을 다시 갑인자로 활인.
   1576년의 『고사촬요』는 이 책의 시가를 면포 6필(120자)로 기록
   하고 있다.

   §『世宗實錄』, 세종 7년(1425) 10월 15일: "『성리대전』 『오경』 『사서
   』 등을 인쇄하려고 하니, 그 책에 쓸 종이를 값으로 주고 닥(楮)으
   로 바꾸어 충청도는 3천 첩貼, 전라도는 4천 첩, 경상도는 6천
   첩을 만들어 진상하라."

278-313. 『四書(大全)』. 36권. 1425년(세종7) 왕명으로 (아마 경자자로)
   활인.

314-468. 『五經(大全)』. 154권. 1425년(세종7) 왕명으로 (아마 경자자로)
   활인.

469-471. 『莊子鬳齋口義장자권재구의』. 10권3책. 1425년(세종7) 경

---

913) 남권희, 『한국 금속활자 발달사 – 조선시대』, 186쪽.

자자로 활인.914) 남송 임희일林希逸이 주해한『장자』. 김종직의 발문: 문장서로서『장자』가 지니는 가치를 적극적으로 부각시키는 한편,『장자』의 큰 취지는 유학에 결코 위배되지 않는다고 하였다.『장자』가 유학에 위배되지 않는다고 한 김종직의 이 설은 실은『장자』의 큰 취지는 유가와 전혀 다르지 않다고 한 임희일의 주장을 따른 것이다. 1492년(성종5) 경상감사 김영유金永濡가 지방감영에 번각하게 했다.915) 1474년(성종5) 밀양부에서『莊子鬳齋口義 新添莊子十論』제목으로 번각 간인.

§『世宗實錄』, 세종 7년(1425) 1월 17일: "주자소에서 인쇄한 '장자莊子'를 문신들에게 나누어 주었다."

472.『入學圖說前後集』(合干本). 1425년(세종7) 진주에서 발간.

473.『唐律疏議』. 1427년(세종9) 경자자로 활인.

§『세종실록』, 1427년(세종9) 9월 23일: "주자소에서 인쇄한『당률소의』를 중앙과 지방의 관원에게 나누어 주었다."916)

474.『老乞大』. 1423년(세종5) 경자자로 활인 추정.917)

475.『朴通事』. 1423년(세종5) 경자자로 활인 추정.918)

475-512.『前後漢直解』. 100권38책. 1423년(세종5) 경자자로 활인 추정.919)

513.『直解孝經』. 1423년(세종5) 경자자로 활인 추정.920)

---

914) 남권희,『한국 금속활자 발달사 - 조선시대』, 19쪽.
915) 노요한,「조선전기 莊子書의 유입과 간행」,『우리문학연구』 64권(2019).
916) 남권희,『한국 금속활자 발달사 - 조선시대』, 192쪽.
917) 남권희,『한국 금속활자 발달사 - 조선시대』, 192쪽.
918) 남권희,『한국 금속활자 발달사 - 조선시대』, 192쪽.
919) 남권희,『한국 금속활자 발달사 - 조선시대』, 192쪽.
920) 남권희,『한국 금속활자 발달사 - 조선시대』, 192쪽.

§『世宗實錄』, 세종 5년(1423) 6월 23일: "예조에서 사역원 첩정牒
呈에 의해 계하기를, '노걸대'·'박통사'·'전한서'·'후한서'·'직
해효경' 등의 서적이 판본이 없으므로 인하여 배우는 자가
전사傳寫해 송습誦習하게 되니, 주자소에 명해 인출하게 하소
서 하니 그대로 따랐다."(禮曹據司譯院牒呈啓 老乞大 朴通事 前後漢 直解孝
經 等書 緣無板本 讀者傳寫誦習 請令鑄字所印出. 從之.)"

514. 『大學大全』. 1423년(세종5) 경자자로 활인 추정.921)

515. 『太宗實錄』. 6권 16책. 1431년(세종13) 활인. 1606년(선조39)
목활자로 재활인.

516. 『直指方』. 1431년(세종13) 경자자로 활인.922)

517. 『傷寒類書』. 1431년(세종13) 경자자로 활인.923)

518-521. 『醫方集成』. 4권. 1431년(세종13) 경자자로 활인.924)

522-546. 『周易大全(易經;周易傳義大全)』. 24권. 1427년(세종9) 전라
경상·강원도 감영에서 왕명에 의해 나눠 복각·인출. 호광 등이
칙령을 받들어 편찬한 주역책. 인조-명종연간 갑인자로 활인.
§활인-번각관계: 『顯宗實錄』, 1665년(현종6) 10월 5일: "함경감사
민정중이 치계하기를, '『용비어천가』, 『오례의』, 『대명률』, 『경
국대전』 등의 책과 『사서삼경』, 『주자대전』, 『성리대전』, 『통감
』, 선유先儒들의 문집을 다수 인출해 보내주시면 이를 본도에
널리 나눠 펴겠습니다(頒布本道). (...)' 하니, 임금이 따랐다."
정조대에 정유자본(육주갑인자, 평양감사 서명은이 정조의 명을 받

---

921) 남권희, 『한국 금속활자 발달사 – 조선시대』, 192쪽.

922) 남권희, 『한국 금속활자 발달사 – 조선시대』, 192쪽.

923) 남권희, 『한국 금속활자 발달사 – 조선시대』, 192쪽.

924) 남권희, 『한국 금속활자 발달사 – 조선시대』, 192쪽.

들어 주조한 6차 갑인자)으로도 활인. 1820년(순조20, 戊辰)의 내각 장판은 정유자본의 번각본. 목활자본(임진자본, 후기예각인서체가 혼합된 인출본, 무신자본), 정유자체 번각본 등 여러 본이 있다. 1870년(고종7)에는 심지어 완산 하경룡河慶龍 번각·방인본도 나왔다.

546-569. 『西山先生眞文忠公文章正宗』. 24권. 1428년(세종10)에 경자자로 활인.925)

§『世宗實錄』, 세종 10년(1428) 11월 12일: "경연에 나아갔다. 좌대언 김자(金赭)에게 명하기를, '문장정종'과 '초사楚辭' 등의 서적은 공부하는 사람은 불가불 알아야 하니 주자소로 하여금 이를 인행하게 하라"고 했다."

570-575. 『(諸儒標題註疏)小學集成(集成小學)』. 10권 5책. 1428년(세종10) 아마 경자자로 활인.926) 1535년(세종17)에는 1만여 권을 인쇄해 판매했다.

§『世宗實錄』, 세종 17년(1535) 4월 8일: 판중추원사 허조許稠가 "주문공朱文公의『근사록』이 사서·소학과 서로 표리가 되오니 대자大字로 모방 인쇄하여 예람睿覽에 대비하시고, 또 신하들에게 나누어 주소서"라고 아뢰니, 임금이 "내가 곧 그렇게 하겠다"고 하였다. 또 그가 아뢰기를, "『집성소학集成小學』이 일용日用에 긴절한 글인데 배우는 자들이 얻기 어려워 애먹고 있으니, 원컨대, 혜민국에서 약을 파는(賣藥)의 예에 의거하여 종이나 쌀·콩을 헤아려 주어 본전을 삼게 하고, 한 관원과 한 공장으로 하여금 그 일을 맡게 하여 만여 본本을 인출하여

---

925) 김두종, 『韓國古印刷技術史』, 139쪽.
926) 세종대왕기념사업회 역주, 『국역 증보문헌비고』, 「예문고」.

팔아서, 본전은 관습으로 돌려받게 하소서. 이렇게 하면 그 이로움이 무궁하고, 배우는 자에게 유익할 것입니다"라고 했다. 이에 임금이 "내가 일찍이 『사기』를 읽어 보매, '책을 나누어 주는 것은 대단한 일이지마는, 파는 것은 잘못이라'는 말이 있었다. 그러나 경의 말이 참으로 좋으니 내가 곧 행하겠다"고 말하고, 즉시 도승지 신인손辛引孫에게 "하나같이一如 허조가 아뢴 그대로 같이 하되, 소학뿐 아니라 무릇 주자소에 있는 책판을 모두 찍어 내는 것이 좋을 것 같으니, 의논하여 아뢰라"고 하였다.(許稠啓曰 朱文公 近思錄與四書·小學相爲表裏, 願以大字模印 以備睿覽 且頒臣僚. 上曰 予將從之. 又啓曰 集成小學 切於日用之書, 學者病其難得. 願依惠民局賣藥例 或紙或米豆 量給爲本 令一官一匠掌其事 印出萬餘本鬻之 還本於官. 如此則其利無窮, 而於學者有益. 上曰 予嘗讀史 有曰 '頒之大矣 鬻之非矣'. 然卿言固善 予將行之. 卽命都承旨辛引孫曰 一如稠啓, 非唯小學 凡諸鑄字所在 冊板 竝宜印之 其議以啓).

576. 『農書』. 1428년(세종10) 10월 1000부 활인.

§『世宗實錄』1428년(세종10) 윤4월 13일(갑오): "경상감사에게 전지하기를, '(...) 도내의 갈고 심고 매고 거두는 법과 오곡五穀에 알맞은 토성土性과 잡곡에 번갈아 심는 방법을 늙은 농부에게 물어서, 요점을 모아 책을 만들어 올리도록 하라. 또 농서 1000부를 국고의 양곡으로 종이와 바꿔서 인쇄해 올리라(且農書一千部 以國庫米豆 換紙印進)' 하였다."

577. 『孝經(大義)』. 1429년(세종11) 경자자로 활인. 최근 활인본이 발견된 이 책의 변계량 발문에서 그 발행연도가 확인됨.927) 1565년(명종20) 기영箕營에서 재再활인.

927) 남권희, 『한국 금속활자 발달사 – 조선시대』, 187-188쪽.

578.『元續大全』. 1429년(세종11) 3월 갑자일 경자자로 활인.

579-580.『韓文正宗』. 2권2책. 1429년(세종11) 경자자로 활인. 1556
년(명종11)에는 갑진자로 재활인. 1532년(중종27)에는 평안도관
찰서 겸 평양부운 신웅제가 평양에서 목활자로 활인.928)

581.『農事直說』. 1430년(세종12) 왕명으로 경자자로 활인.

§『世宗實錄』, 세종 12년 2월 14일: "농사직설을 여러 도의 감사
와 주군·부현과 서울 안의 시직時職·산직散職 2품 이상의 관원
에게 나눠주고, 임금이 말하기를, '농사에 힘쓰고 곡식을 소중
히 여기는 것은 왕정王政의 근본이므로, 내가 매양 농사에
정성을 쏟는 것이다' 하였다."

582(중복계상).『直指方』. 1431년(세종13) 경자자로 활인.

583(중보계상).『傷寒類書』. 1431년(세종13) 경자자로 활인.

584-587(중복계상).『醫方集成』. 4권. 1431년(세종13) 경자자로 활
인.

588.『鄕藥採取月令』. 1431년(세종13) 왕명으로 활인.

589-600.『東人之文(東人文)』. 25권12책. 1431년(세종13) 경자자로 활
인. 이 문집은 고려 공민왕 때에 최해崔瀣가 우리나라의 시문을
모아서 엮은 책.

§『世宗實錄』, 세종 13년 5월 22일: "찬성 허조가 아뢰기를, '"《동
인문東人文》과 《익재집益齋集》은 문학자의 궤범軌範이오니 세
상에 발행하지 않을 수 없습니다. 청컨대, 간행하여 널리 펴도
록 하소서'하니 (...) 대언들에게 명하기를, '제학 윤회尹淮·참판

---

928) 남권희, 「'三五庫重記'로 본 箕營의 出版文化」, 46쪽.『조선시대 지방감영의 인쇄
출판 활동』. 2009년 조선왕실 주도 금속활자 복원사업 학술대회 논문집 (淸州古印刷
博物館).

신장 등이 《동인문》과 《익재집》을 교정하여 주자소에 인쇄하라"고 했다."

601-612.『益齋集』. 15권12책, 1431년(세종13) 경자자로 활인. 이제현의 시문집. 1600년(선조33), 1693년(숙종19), 1814년(순조 14), 1911년, 1913년 중간重刊.

613.『益齋亂藁』. 1432년(세종14) 경자자로 활인.

614.『孝行錄』. 1432년(세종14) 경자자로 활인.

615-644.『鄕藥集成方』. 85권 30책. 1433년(세종15) 유효통·노중례·박윤덕이 세종의 왕명에 의해 찬술하고 전라도·강원도 양도에서 분책해 간행. 1478년(성종9)에 복각되었고, 1633년(인조11)에는 을해소자체 훈련도감자 목활자로 활인되었다. 1554년(명종9)『고사촬요』'서책시준'은『향약집성방』(30책)의 시가를 면포 5필반으로 기록하고 있다. 17세기 초 목활자 활인본도 있다.

645.『新撰經濟續六典』. 1433년(세종15) 경자자로 활인.

§『世宗實錄』, 세종 15년(1433) 1월 4일(무오): 상정소도제조詳定所都提調 황희黃喜 등이『신경제속육전新撰經濟續六典』을 올렸다. 그 전전에 이르기를, "그윽이 듣건대, 옛 제왕이 천하의 국가를 다스릴 적에 모두 글을 만들어서 당시의 전장법도를 기록하여 한 시대의 제도로 삼았습니다. 이전삼모二典三謨(서경의 편모)는 당우唐虞의 법이요, 주관周官·주례周禮는 성주成周의 법이옵니다. 삼가 생각하옵건대, 태조 강헌대왕康獻大王께서는 성덕이 운수에 응하사 집을 화化하여 나라를 이루었는데, 상신相臣 조준 등이 교조教條를 모아서 이름을 '경제육전經濟六典'이라 하고 간행하여 백성들과 함께 이 법을 지켰고, 태종 공정대왕恭定大王 때에는 정승 하윤 등이『속전續典』을 편찬하

였으며, 우리 주상 전하께서 보위를 이음에 이르러 의정 이직
李稷 등이 하윤의 편찬한 바를 이어서 구문舊文을 수정하여
올리자, 이미 성상께서 열람하심을 더하사 오히려 미진함이
있다 하시고 신 등에게 명하여 다시 찾고 검토하기를 더하게
하시기로, 하윤·이직 등의 글과 이서二書에 실리지 아니한 영
갑조건令甲條件(법령조문)을 가지고 자세히 채택採擇을 더하여,
그 중복된 것은 버리고 번잡한 것은 깎았는데, 그 버리고 취함
은 일체 재결을 받고, 좋은 것을 모아서 책을 이루어 정전正典
여섯 권을 만들고, 또 일시에만 소용되고, 오래도록 경과하지
아니한 법을 골라서, 별도로 등록謄錄 여섯 권을 만들어 정사
하여 올리옵니다. 엎드려 바라옵건대, 중외에 반포하여 자손
만대로 하여금 지키는 바가 있게 하오면 실로 종묘사직의
무궁한 아름다운 일이옵니다"고 하니, 임금이 주자소에 인쇄
를 명했다.

§『世宗實錄』, 세종 15년 3월 5일(무오): "上曰 今進六典 宜速印頒
使臣民皆知立法".

646. 『癸丑陳說幷陣圖』. 1433년(세종15) 병조의 계啓에 따라 활인.
원래는 변계량 저서 『陳說』이다(참조: §『世宗實錄』, 세종 3년 5월
20일).

§『世宗實錄』, 세종 15년(1433) 7월 18일: "병조에서 아뢰기를,
'지금의 진법陣說을 '계축진설병진도癸丑陳說幷陣圖라 일컫고
주자소에 시켜 인쇄해 가지고 중외에 반포하여 각도 군사들로
하여금 연습하게 하소서'하니, 그대로 따랐다.(兵曹啓 今陣說稱癸
丑陣說幷陣圖 令鑄字所印之 頒諸中外, 令各道軍士肄習 從之.)" 1448년(세종30)
에도 『陳說』과 『陣圖』를 활인하여 각도에 나눠줬다. §『世宗實錄』,

세종 30년 10월 28일.

647-682. 『陳書』. 36권36책. 1433년(세종15) 7월 왕명으로 활인·편찬.

§『세종실록』, 세종 15년 7월 4일(을묘): 판중추원사 하경복河敬復·형조판서 정흠지鄭欽之·예문대제학 정초鄭招·병조우참판 황보인皇甫仁 등이 왕명을 받들어 『陳書』를 편찬하여 올렸다. 1528년(중종23)에는 다량으로 재再활인했다.

§『中宗實錄』, 중종 23년 4월 7일: "兵曹啓曰: 陣書·兵將說·兵政等書印出年久 散失殆盡 人家私藏亦爲稀少 武臣雖有欲學者 不得見之. 且於諸將取才·試講時 每患冊數不足. 右三書一冊 皆不過數十餘張 請多印出廣布何如? 傳曰 依啓."

683. 『選詩演義』. 1434년(세종16) 이전에 경자자로 활인. 1434년(세종16) 재활인하여 시료들에게 나눠줌賜.

§『世宗實錄』, 세종 16년 8월 26일(庚午): "頒賜選詩演義于臣僚."

684. 『胎産要錄』. 1434년(세종16) 왕명을 받들어 경자자로 활인.

§『世宗實錄』, 세종 16년 3월 5일(임오): "命判典醫監事盧重禮 編胎産要錄 上卷詳論胞胎教養之法 下卷具載嬰兒將護之術 令鑄字所模印頒行."

685-696. 『大學衍義』. 43권12책. 1434년(갑인년, 세종16)에 주자한 갑인자甲寅字로 동년 9월부터 최초로 인쇄를 개시하여 10월까지 활인해서 종친과 신료들에게 나눠줬다. 이 책은 1403년(태종3) 계미자로 이미 활인했었다. 그러나 갑인자 활인본의 서문과 발문이 계미자본과 다르다.

§『世宗實錄』, 세종 16년(1434) 9월 5일(임오): "頒賜大學衍義于宗親及臣僚."

§갑인자는 1434년에 왕명으로 주자소에서 만든 동활자다. 1420년에 만든 경자자의 자체가 가늘고 빽빽하여 보기가 어려워지자 좀 더 큰 활자가 필요하다고 하여 1434년 갑인년에 왕명으로 주조된 활자다. 이천·김돈金墩·김빈金鑌·장영실·이세형李世衡·정척鄭陟·이순지李純之 등이 2개월 만에 20여 만 개의 큰 중자中字인 대자大字와 소자小字를 만들었다. 경연청에 소장된 『효순사실孝順事實』·『위선음즐爲善陰騭』·『논어』 등의 글자체를 자본字本으로 삼고, 부족한 글자는 진양대군 유瑈(훗날 세조)가 써서 보충했다. 자체가 매우 해정楷正하고 부드러운 필서체로 진晉나라의 위부인衛夫人 자체字體와 비슷하다 하여 일명 '위부인자'라 일컫기도 한다. 이 활자를 만드는 데 관여한 인물들은 당시의 과학자나 또는 정밀한 천문기기를 만들었던 기술자였으므로 활자의 모양이 아주 해정하고 바르게 만들어졌다. 경자자와 비교하면 대자와 소자의 크기가 고르고 활자의 네모가 명정明正하며, 조판도 완전한 조립식으로 고안하여 밀랍을 사용하는 대신 죽목竹木으로 빈틈을 메우는 단계로 개량, 발전되었다. 그리하여 하루의 인출량이 경자자의 배인 40여 장으로 크게 늘어났다.929) 현재 전하고 있는 갑인자본을 보면 글자획에 필력筆力

---

929) 『世宗實錄』, 세종 16년(1434) 7월 2일(정축): "지중추원사 이천(李蕆)을 불러 의논하기를, '태종께서 처음으로 주자소를 설치하시고 대자(大字)를 주조(鑄造)할 때에, 조정 신하들이 모두 이룩하기 어렵다고 하였으나, 태종께서는 억지로 우겨서 만들게 하여, 모든 책을 인쇄하여 중외에 널리 폈으니 또한 거룩하지 아니하냐. 다만 초창기이므로 제조가 정밀하지 못하여, 매양 인쇄할 때를 당하면, 반드시 먼저 밀랍을 판(板) 밑에 펴고 그 위에 글자를 차례로 맞추어 꽂는다. 그러나 밀랍의 성질이 본디 유약하므로, 식자(植字)한 것이 굳건하지 못하여, 겨우 두어 장만 박으면 글자가 옮겨 쏠리고 많이 비뚤어져서, 곧 따라 고르게 바로잡아야 하므로, 인쇄하는 자가 괴롭게 여겼다.

의 약동이 잘 나타나고 글자 사이가 여유 있게 떨어지고 있으며, 판면이 커서 늠름하다. 또 먹물이 시커멓고 윤이

내가 이 폐단을 생각하여 일찍이 경에게 고쳐 만들기를 명했더니, 경도 어렵게 여겼으나 내가 강요하자 경이 지혜를 써서 판(板)을 만들고 주자(鑄字)를 부어 만들어서, 모두 바르고 고르며 견고하여, 비록 밀랍을 쓰지 아니하고 많이 박아 내어도 글자가 비뚤어지지 아니하니, 내가 심히 아름답게 여긴다. 이제 대군들이 큰 글자로 고쳐 만들어서 책을 박아 보자고 청하나, 내가 생각하건대, 근래 북정(北征)으로 인하여 병기(兵器)를 많이 잃어서 동철(銅鐵)의 소용도 많으며, 더구나, 이제 공장들이 각처에 나뉘어 있어 일을 하고 있는데, 일이 심히 번거롭고 많지마는, 이 일도 하지 않을 수 없다' 하고, 이에 이천에게 명하여 그 일을 감독하게 하고, 집현전직제학 김돈, 직전(直殿) 김빈, 호군 장영실, 첨지사역원사(僉知司譯院事) 이세형, 사인(舍人) 정척, 주부 이순지 등에게 일을 주장하게 맡기고, 경연에 간직한 효순사실(孝順事實)·위선음즐(爲善陰騭)·논어 등 책의 자형(字形)을 자본(字本)으로 삼아, 그 부족한 것을 진양대군(晉陽大君) 유(瑈)에게 쓰도록 하고, 주자(鑄字) 20여 만 자(字)를 만들어, 이것으로 하루의 박은 바가 40여 장(紙)에 이르니, 자체(字體)가 깨끗하고 바르며, 일하기의 쉬움이 예전에 비하여 갑절이나 되었다. (召知中樞院事李蕆議曰: '太宗肇造鑄字所鑄大字時 廷臣皆曰難成 太宗强令鑄之 以印群書 廣布中外 不亦〔偉〕歟! 但因草創 制造未精 每當印書 必先以蠟布於板底 而後植字於其上. 然蠟性本柔 植字未固 纔印數紙 字有遷動 多致偏倚 隨卽均正 印者病之. 予念此弊 曾命卿改造 卿亦以爲難 予强之 卿乃運智 造板鑄字 竝皆平正牢固 不待用蠟 印出雖多 字不偏倚 予甚嘉之. 今者大君等 請改鑄大字印書以觀 予念近因北征 頗失兵器 銅鐵所用亦多 矧今工匠分役各處 務甚繁夥 然此亦不可不爲也.' 乃命蕆監其事 集賢殿直提學金墩·直殿金鑌·護軍蔣英實·僉知司譯院事李世衡·舍人鄭陟·注簿李純之等掌之. 出經筵所藏孝順事實·爲善陰騭·論語等書爲字本, 其所不足 命晉陽大君瑈書之, 鑄至二十有餘萬字, 一日所印 可至四十餘紙 字體之明正 功課之易就 比舊爲倍.) 김빈의 '高麗史拔' 또는 '大學衍義鑄字拔' 선덕9년 9월(세종 16년, 갑인년, 1434): "宣德九年秋七月, 殿下謂知中樞院事臣李蕆曰: 卿所嘗監造鑄字印本 固謂精好矣. 第恨字體纖密 難於閱覽 更用大字本重鑄之 尤佳也. 仍命監其事 集賢殿直提學臣金墩·直集賢殿臣金鑌·護軍臣蔣英實·僉知司譯院事臣李世衡·議政府舍人臣鄭陟·奉常主簿臣李純之·訓鍊觀參軍臣李義長等掌之. 出經筵所藏孝順事實·爲善陰騭·論語等書爲字本, 其所不足 命晉陽大君臣瑈書之. 自其月十有二日始事 再閱月而所鑄至二十有餘萬字. 越九月初九日 始用以印書, 一日所印 可至四十餘紙 字體之明正 功課之易就 比舊爲倍矣." 천혜봉, 『한국금속활자 인쇄사』(서울: 범우사, 2012), 93쪽 각주1에서 재인용. 실록의 내용과 김빈의 주자발의 내용이 좀 다르다. 실록에는 "自其月十有二日始事 再閱月而(그 달 12일부터 일을 시작하여 두 달을 보내고)"라는 구절이 빠져 있는 반면, 김빈의 발문에는 신하들의 반대에도 태종이 일을 밀어붙여 경자자를 주자했다는 앞 부분 세종의 설명이 다 빠졌다.

나서 한결 선명하고 아름답다. 우리나라 활자본의 백미다. 이와 같이 우리나라의 활자인쇄술은 세종 때 갑인자에 이르러 고도로 발전하였으며, 이 활자는 조선 말기에 이르기까지 여섯 번이나 개주改鑄되었다. 뒤의 개주와 구별하기 위해 특히 초주갑인자(初鑄甲寅字)라 하였다. 이 초주갑인자는 1580년(선조 13)에 재주再鑄될 때까지 140여 년간에 걸쳐 오래 사용되었기 때문에 전해지고 있는 인본의 종류가 많은데, 그 중 대표적인 것으로는『대학연의大學衍義, 국립중앙도서관 소장의『분류보주이태백시分類補註李太白詩』등을 초인본으로 들 수 있다. 그리고 갑인자에 붙여 특기할 것은 이 활자에 이르러 처음으로 한글활자가 만들어져 함께 사용된 점이다. 만든 해와 자체가 갑인자와 전혀 다르므로 '갑인자병용한글활자', 또는 처음으로 찍은 책의 이름을 따서 '월인석보한글자'라고 한다. 이 한글활자가 언제 만들어졌는지는 정확히 밝혀지지 않고 있으나, 수양대군 등이 세종의 명을 받고 1446년에 죽은 소헌왕후의 명복을 빌기 위하여 1447년 7월 석가모니의 일대기를 편찬하여 국역한『석보상절』과 그것을 세종이 읽고 지었다는 국한문본『월인천강지곡』이 이 활자로 찍혔으므로 세종조에 만들어진 것으로 보인다. 갑인자 한글활자는 획이 굵고 강직한 인서체印書體인 것이 특징이며, 세종이 우리의 글자를 제정하고 난 후 처음으로 만들어진 것이라는 점에서 그 의의가 크다. 초주갑인자는 오래 사용하는 사이에 활자가 닳고 이지러지고 부족한 글자가 생겨 1499년(연산군5)『성종실록』을 찍어낼 때와 1515년(중종10)에 보주(補鑄)가 이루어졌고, 그밖에도 수시로 목활자를 만들어 보충하며 선조 초까지 사용되었다.

697-726. 『春秋經傳集解』. 30권. 1443년(세종16) 갑인자로 활인. 1451년(세종31) 갑인자로 재활인. 선조조에 경진자(재주갑인자)로도 활인.

727-756. 『分類補註李太白詩』. 30권. 1434년(세종16) 갑인자로 2회 활인.[930] 1580년(선조13) 초주 갑입자로 활인하고,[931] 또 경진자로도 활인.

757-761. 『近思錄』. 4권(4책). 1434·35년(세종16·17) 갑인자로 활인. (이 책은 1370년, 즉 고려 공민왕 19년에 진양, 지금의 진주에서 간인된 바 있다.) 1518년(중종13)에도 재활인.

§『세종실록』, 세종 17년(세종17) 4월 8일(기유): "許稠啓曰 朱文公近思錄與四書·小學相爲表裏, 願以大字模印 以備睿覽 且頒臣僚. 上曰 予將從之. 又啓曰 集成小學 切於日用之書, 學者病其難得. 願依惠民局賣藥例 或紙或米豆 量給爲本 令一官一匠掌其事 印出萬餘本鬻之 還本於官. 如此則其利無窮, 而於學者有益. 上曰 予嘗讀史 有曰 '頒之大矣 鬻之非矣'. 然卿言固善 予將行之. 卽命都承旨辛引孫曰 一如稠啓, 非唯小學 凡諸鑄字所在冊板 竝宜印之 其議以啓." 1518년(중종13)에는 구례현求禮縣에서 번각출판.

§『中宗實錄』, 중종 13년(1518) 2월 29일(무술): "안처순이 아뢰기를,《근사록》은 여염에서 얻어 보기가 어렵습니다. 옛사람이 이 책에 대해 '궁벽한 시골에서 늦게 학문에 힘쓰려 하나 어진 사우師友가 없을 경우에 이 글을 구해 읽으면 도에 들어가는 방법을 알게 되리라' 했습니다. 신이 부임하는 고을에

930) 남권희, 『한국 금속활자 발달사 – 조선시대』, 202쪽.
931) 남권희, 『한국 금속활자 발달사 – 조선시대』, 203쪽.

는 새길 목재(刊材)와 종이가 있으니, 많이 인출한다면 단지 그 도의 사람만 얻어 보게 된 것이 아니라 널리 펴게 될 것입니다" 하니, 상이 이르기를, 《근사록》은 과연 선현의 긴요한 말이다. 그 한 책을 가지고 가서 개간開刊하여 인쇄해 다른 지방에 퍼뜨린다면(持一本開刊 印播他方) 그 유익함이 어찌 크지 않겠는가? 하였다."

762-766, 『集成小學』. 10권 5책. 1435년(세종17) 1만여 부를 경자자로 활인. 1436년(세종18)에는 갑인자로도 활인. 원명은 『諸儒標題註疏小學集成』. 영조는 1744년(영조20) 박필주의 건의를 가납하여 경자·갑인자 활인본의 오자를 바로잡아 다시 활인했다.

§『世宗實錄』, 세종 17년(1435) 4월 8일: 판중추원사 허조許稠가 아뢰기를, "『집성소학集成小學』이 일용日用에 긴절한 글인데 학도들이 얻지 못하여 애를 먹고 있으니, 원컨대, 혜민국의 매약賣藥 사례에 의거하여 종이, 혹은 쌀·콩을 양껏 주어 밑천을 삼고, 한 관원과 한 장인匠人에게 그 일을 맡겨 만여萬餘 본本을 찍어내 팔아서, 본전本錢은 관官에 도로 바치게 하소서. 이렇게 하면 그 이익이 끝이 없고, 학도들에게 도움이 될 것입니다' 하니, 임금이 말하기를, '내가 일찍이 『사기史記』를 읽어 보매, '나누어 주는 것은 대단히 좋은 일이지마는, 파는 것은 잘못이라'는 말이 있었다. 그러나 경의 말이 참으로 좋으니 내가 장차 행하겠다" 하고, 곧 도승지 신인손辛引孫에게 명하기를, '한결같이 趙稠의 말과 같이 하되, 『소학』뿐 아니라 무릇 주자소에 있는 책판冊板을 모두 찍어 내는 것이 좋을 것 같으니, 의논하여 아뢰라' 하였다.(啓曰 集成小學 切於日用之書 學者病其難得. 願依惠民局賣藥例 或紙或米豆 量給爲本 令一官一匠掌其事 印出萬餘本鬻之 還本於

官. 如此則其利無窮 而於學者有益. 上曰 予嘗讀史 有曰 頒之大矣, 鬻之非矣. 然卿言 固善 予將行之 卽命都承旨辛引孫曰 "一如稱啓. 非唯小學 凡諸鑄字所在冊板 竝宜印 之 其議以啓.)

767. 『纂註分類杜(工部)詩諺解』. 1443년(세종16) 갑인자로 활인. 1446
   년(세종26) 갑인자로 재활인. 1480년(성종11) 을해자로 다시 활인
   하고, 1523년(중종18) 병자자丙子字로 또 다시 활인.

768-790. 『新編音點性理群書句解前後集』. 23책. 1443년(세종16)과
   1446년(세종26) 갑인자로 활인. 이 책은 1415년(태종15) 평양부에
   서 각판했었다. 중종조에는 지방감영에서 번각출판. 1443년(세
   종16)과 1446년(세종26) 갑인자로 활인하고, 1545-1567년 사이
   에도 을해자로 재활인.932) 웅절熊節(송) 편, 웅강대熊剛大(송) 집
   해集解. 주돈이周敦頤, 정호程顥, 정이程頤 등 송대 18인의 유학자
   들의 시문詩文을 유형별로 분류하여 편찬한『성리군서구해性理
   羣書句解』에 주요 글자에 대한 발음(音點)을 음각陰刻으로 표기하
   여 재편집한 것이다. 원래 이 책은 1402년(태종2) 강원도 관찰사
   박은朴訔이 강원도에서 간인했었다.933)

791-798. 『七政算內外篇』. 8(3+5)책. 1443년(세종16) 갑인자로 활인.

799. 『四餘纏度通軌』. 1443년(세종16) 갑인자로 활인.

800-834. 『高麗史節要』. 35책. 1443년(세종16) 갑인자로 활인.934)
   1455년(세조1) 을해자로도 활인.

835. 『交食通軌』. 1443년(세종16) 갑인자로 활인.935)

932) 남권희, 『한국 금속활자 발달사 – 조선시대』, 203쪽.

933) 김두종, 『韓國古印刷技術史』, 204-205쪽.

934) 남권희는 1542년에야 갑인자로 활인된 것으로 알고 있다. 남권희, 『한국 금속활자
   발달사 – 조선시대』, 202쪽.

935) 남권희는 『交食通軌』. 1418-1450년 사이에 갑인자로 활인된 것으로 추정. 남권희,

836. 『大統曆日通軌』. 1책. 1443년(세종16) 갑인자로 활인.936)

837. 『授時曆立成』. 1443년(세종16) 갑인자로 활인.937)

838-842. 『七政算外篇』. 5책. 1444년(세종17) 갑인자로 활인.

845. 『歷代世年歌』. 1권. 1436년(세종18) 갑인자로 활인. 연산조에
어느 지방감영에선가 번각.

846. 『東國世年歌』. 1권. 1436년(세종18) 갑인자로 활인. 연산조에
어느 지방감영에선가 번각.

847. 『標題註疏小學』. 1436년(세종18) 갑인자로 활인.

848. 『韻府群玉』. 1437년(세종19) 강원도에서 간인刊印. 1540년(중종
35) 신증新增·중간.

849-853. 『歷代將鑑博議』. 5책. 1437년(세종19) 갑인자로 활인.938)
중국의 역대 명장전. 이외에도 여러 본이 있다. 1489년(성종20)
에는 을해자로 활인되었다.(『성종실록』, 성종 20년 10월 갑진일.)
그리고 임란 전 번각목판본, 광해군 연간(1608~1623)의 훈련도
감자본, 1691년(숙종17)의 번각본, 1658년(효종9)에 순천에서 간
행된 번각본, 1765년(영조41) 무렵에 간행된 무신자본이 있다.
이외에 『고사촬요攷事撮要』에 기록된 대로 수원, 홍주, 해주,
원주, 상주와 진주에 번각책판들이 소장되어 있었다.

§『고사촬요』는 1568년(선조원년)에 을해자로 활인한 제2차 속
찬본續撰本 유서類書(백과사전). 어숙권魚叔權이 1555년(명종9)에

『한국 금속활자 발달사 – 조선시대』, 203쪽.

936) 남권희는 1418-1450년 사이에 갑인자로 활인한 것으로 추정. 남권희, 『한국 금속활
자 발달사 – 조선시대』, 203쪽.

937) 남권희는 1418-1450년 사이에 갑인자로 활인한 것으로 추정. 남권희, 『한국 금속활
자 발달사 – 조선시대』, 203쪽.

938) 남권희, 『한국 금속활자 발달사 – 조선시대』, 202쪽.

간행한 초판본은 남아있지 않고, 1568년의 이 을해자본이 현존하는 최고본이다. 1576년(선조9) 제3차 속찬본과 1585년(선조18) 허봉許篈의 제4차 속찬본은 계속 을해자로 할인되었음. 제4차 속찬본은 제3차 본에 비해 책판목록이 대폭 추가되었다. 1771년(영조47)까지 소명응이 『攷事新書』(15권7책)로 대폭 개정·증보하기까지 12차례에 걸쳐 판이 거듭되었다.

854-894. 『思政殿訓義資治通鑑綱目』. 149권41책. 1438년(세종20) 강綱을 병진자丙辰字(연鉛활자)로 찍고 목目을 갑인자로 총149권을 할인.939) 세종과 집현전 학사들이 『자치통감강목』의 19권 이하를 훈의한 책. 『자치통감강목훈의』 또는 『사정전훈의자치통감강목』이라고도 한다.

§ '병진자'는 1436년(병진년, 세종18)에 납(鉛)으로 갑인자를 따라 주조를 시작하여 1438년에 완성한 대자大字 연鉛활자다. 병진자는 고활자 중 가장 큰 활자이자 세계최초의 연활자다.940)

§ 『世宗實錄』, 세종 18년(병진년) 7월 29일(임술): "命李季甸·金汶撰綱目通鑑訓義 令柳義孫序之. (…) 令晉陽大君(훗날 수양대군·세조) 瑈(유)書大字新鑄之 以新字爲綱 舊字爲目." 1574년(선조7) 충청도 영동永同군청에서 『資治通鑑綱目』의 제명으로 번각출판.

895-934. 『朱文公校昌黎先生集』. 40권. 1438년(세종20) 갑인자로 할인.941)

---

939) 남권희, 『한국 금속활자 발달사 – 조선시대』, 21쪽.

940) 천혜봉, 『한국금속활자 인쇄사』, 449쪽. 동활자가 아니라 세계최초의 연활자임을 입증한 것은 같은 책 106쪽 참조 또 이 책도 참조: 남권희, 『한국 금속활자 발달사 – 조선시대』, 21, 221쪽.

941) 남권희, 『한국 금속활자 발달사 – 조선시대』, 202쪽.

935.『檢屍帳式』. 1439년(세종21) 2월 왕명을 받들어 한성부와 각도 관찰사가 간인.『세종실록』, 세종 21년 2월 6일(을묘): "命漢城府 刊行檢屍狀式. 又傳旨各道觀察使及濟州安撫使, '刊板摸印, 頒諸道內各 官'."

936.『新註無冤錄』. 1440년(세종22) 강원도 원주감영에서 목활자로 활인.942)

937.『東國文鑑』. 1440년(세종22) 개성부에서 간인.

§『世宗實錄』, 세종 22년 4월 24일(병신): "傳旨開城府留守 本府刊板 東國文鑑·銀臺集·儀禮·御製太平集·新千集·三禮疏·孟子疏·論語等 各模 印一二件以進."『동국문감』은 김태현金台鉉의 저술이다.

938-985.『唐柳先生集』. 48책. 1444년(세종26) 갑인자로 활인.943) 중종조에 병자자와 을묘자로 재활인. 선종조에 번각.

986.『七政算內篇』. 1444년(세종26) 갑인자로 활인.944)

987.『四餘纏度通軌』. 1444년(세종26) 갑인자로 활인.945)

988.『新編音點性理群書句解』. 1444년(세종26) 갑인자로 활인.946) 중 종조에도 어느 지방감영에서 번각출판. 중종조에도 어느 지방 감영에서 번각출판.

989-998.『詩選續編補遺』. 10책. 1444년(세종28) 갑인자로 활인.

999.『龍飛御天歌』. 1447년(세종29) 2월 갑인자로 활인. 최항 발문.

1000.『釋譜詳節』. 1447년(세종29) 한문을 갑인자로, 한글을 갑인자 병용 한글자로 활인.947) (월인석보卷首, 수양대군 '석보상절序'.948)

---

942) 참고: 김두종,『韓國古印刷技術史』, 203 및 234쪽.
943) 남권희,『한국 금속활자 발달사 – 조선시대』, 202쪽.
944) 남권희,『한국 금속활자 발달사 – 조선시대』, 202쪽.
945) 남권희,『한국 금속활자 발달사 – 조선시대』, 202쪽.
946) 남권희,『한국 금속활자 발달사 – 조선시대』, 202쪽.

1449년(세종31)에 갑인자로 재판.

1001. 『月印千江之曲』. 1447년(세종29) 7월 갑인자와 병용 한글자로 활인.949) 세종어제 시문.

1002-1007. 『東國正韻』. 6권6책. 1447년(세종29) 9월 정국정운자(대자 목활자), 동국정운한글자(대자 목활자), 한자 갑인자(동활자)를 섞어 활인. 서문과 본문의 소자小字는 갑인자이고 나머지 제목과 예시한자의 대자大字는 목활자다. 이듬해 각도와 성균관사부학당에 반사頒賜했다. 이때 쓰인 한자대자 목활자는 '동국정운자'라고 부르고, 한글대자 목활자는 '동국정운 한글자'라고 한다. 동국정운자와 동국정운한글자는 선초鮮初 중앙에서 제작한 대표적 목활자다.950)

1008. 『四聲通考』. 1448년(세종30) 갑인자로 활인 추정. '사성통고凡例'에 『東國正韻』을 짓고 또 신숙주에 명하여 본서를 찬纂케 했다고 적고 있다.

1009. 『銃筒謄錄』. 1448년(세종30) 9월 갑인자로 활인. 참조『세종실록』, 세종 30년 9월 13일(병신).

1010. 『舍利靈應記』. 1책. 1449년(세종31) 갑인자로 활인.

1011. 『吏文』. 15세기 중반 을해자로 활인.951)

1012. 『吏學指南』. 15세기 경자자로 활인.952) 현존본이 2021년

947) 천혜봉, 「고서도표」; 남권희, 『한국 금속활자 발달사 – 조선시대』, 21쪽. 그러나 김두종은 목활자 활인본으로 (잘못) 감식했다. 김두종, 『韓國古印刷技術史』(서울: 탐구당, 1974·2021), 199쪽.

948) 김두종, 『韓國古印刷技術史』, 234쪽.

949) 남권희, 『한국 금속활자 발달사 – 조선시대』, 21쪽.

950) 천혜봉, 『한국목활자본』, 20쪽.

951) 세종대왕기념사업회 역주, 『국역 증보문헌비고』, 「예문고」.

952) 세종대왕기념사업회 역주, 『국역 증보문헌비고』, 「예문고」.

일본에서 발견되었다.

1013-1019. 『宣德十年月五星凌犯』. 6권. 1418-1450년(세종32) 갑인자
로 활인.953)

1020. 『庚午元曆』. 1418-1450년(세종32) 갑인자로 활인.954)

1021. 『太陰通軌』. 1418-1450년((세종32) 갑인자로 활인.955)

1022. 『緯度太陽通經』. 1418-1450년(세종32) 갑인자로 활인.956)

1023-1047. 『皇華集』. 50권25책. 1450년(세종32) 활인·간행.957) 『세
종실록』, 세종 32, 윤정월 경술일. 중국 사신과 조선 원접사
간에 주고받은 시를 모은 시집. 1450년(세종32)부터 1583년(선조
16)까지 총 25회 발행됨. 1456·1458·1460·1463년(세조2·4·6·9·)에
도 발간. 또한 1488년(성종19)에도 갑인자 활인본으로 발간되었
고, 1522·1537년(중종17·32)에도 2권으로 발간되었다. 그리고
1546년(명종원년)과 1573년(선조6), 1618(광해10)에도 발간되었
다. 완영객사에서 번각한 관판본(완영객사소장)도 있다. 방인본
도 있다.

1048. 『妙法蓮華經』. 1450년(세종32) 갑인자로 활인.958)

1049-1149. 『漢書』. 100권. 세종조에 경자자로 활인.

1150. 『經書音解』. 세종조에 활인.959)

1151. 『絲綸全集』. 세종조에 활인.960)

---

953) 남권희, 『한국 금속활자 발달사 – 조선시대』, 203쪽.
954) 남권희, 『한국 금속활자 발달사 – 조선시대』, 203쪽.
955) 남권희, 『한국 금속활자 발달사 – 조선시대』, 203쪽.
956) 남권희, 『한국 금속활자 발달사 – 조선시대』, 203쪽.
957) 김두종, 『韓國古印刷技術史』, 234쪽.
958) 남권희, 『한국 금속활자 발달사 – 조선시대』, 202쪽.
959) 세종대왕기념사업회 역주, 『국역 증보문헌비고』, 「예문고」.
960) 세종대왕기념사업회 역주, 『국역 증보문헌비고』, 「예문고」.

1152.『杜詩註』. 세종조에 활인. 성현成俔의『용재총화慵齋叢話』에 의하면, "세종이 여러 유생에게 명하여 두시杜詩를 찬주撰註했다".961)

1153-1156.『曆象集』. 4권. 세종조에 목활자로 활인. 이순지李純之에게 명하여 천문·역법·의상儀象·귀루晷漏의 글을 여러 전기에서 나온 것을 조사 발췌해 분문分門·유취類聚해서 보기에 편하게 하고 이름을『역상집』이라 했다.962)

1157.『類說經學隊仗』. 세종조에 경자자로 활인.

1158.『新刊類編歷擧三場文選對策』. 세종조에 경자자로 활인.

1159.『論語集註大全』. 세종조에 경자자로 활인. 번각본으로 확인.963)

1160.『辭學指南』. 세종조에 경자자로 활인.

1161.『少微家塾點校附音通鑑節要 序文』. 세종조에 본문은 경자자로 활인, 대자는 계미자로 활인.964) '소미통감절요'는 본래 중국 책(宋 휘종 연간 1237년)이고, '소미少微'는 저자 강지江贄의 호.

1162.『重新校正入註附音通鑑外記』. 경자자로 활인.965)

1163.『老子鬳齋口義』. 세종조에 경자자로 활인.966)

1164.『列子鬳齋口義』. 세종조에 경자자로 활인.967)

1165.『忠義直言』. 세종조에 경자자로 활인.968)

961) 세종대왕기념사업회 역주,『국역 증보문헌비고』,「예문고」.
962) 세종대왕기념사업회 역주,『국역 증보문헌비고』,「예문고」.
963) 남권희,『한국 금속활자 발달사 – 조선시대』, 192쪽.
964) 남권희,『한국 금속활자 발달사 – 조선시대』, 169-170쪽.
965) 남권희,『한국 금속활자 발달사 – 조선시대』, 186쪽.
966) 남권희,『한국 금속활자 발달사 – 조선시대』, 19쪽.
967) 남권희,『한국 금속활자 발달사 – 조선시대』, 19쪽.
968) 남권희,『한국 금속활자 발달사 – 조선시대』, 19쪽.

1166-1173. 『文選』. 8책. 세종조에 경자자로 활인. 변계량 발문.
1428년(세종10) 10월 재활인.

1174. 『楚辭』. 세종조에 경자자로 활인. 1428년(세종10) 경자자로
재활인.

1175. 『楚辭後語』. 세종조에 경자자로 활인. 번각본으로 확인.969)

1176. 『小學大文吐』. 세종조에 경지자로 활인. 번각본으로 확인.970)

1177-1186. 『戰國策』. 10권. 세종조에 경자자로 활인.

1187-1269. 『五朝名臣言行錄』. 83권. 세종조에 경자자로 활인.971)
세종조 경자자 활인본. 1502년(연산8) 경상도 청도군청에서 번
각.

1270. 『三朝名臣言行錄』. 세종조에 경자자로 활인.972)

1271. 『文公朱先生感興詩』. 1책. 세종조에 경자자로 활인.

1272-1331. 『文選六臣注』. 60권. 세종조 경자자 활인본.

1332. 『論語集註大全』. 세종조 경자자 활인본.

1333-1338. 『禮記大全諺讀』. 6권6책. 세종조 갑인자로 활인. 『예기』
의 경본문經本文에 한글로 구결을 단 책.

1339. 『新箋決科古今源流至論』. 세종조 경자자 활인본.

1340. 『讀史先看一代一君名有統體』 1책. 세종조 경자자 활인본.

1341-1342. 『選詩衍義』. 2권. 세종조 경자자 활인본.

1343. 『類說經學隊長』. 세종조 경자자로 활인.

1344. 『新刊歷擧三場文選對策』. 세종조 경자자로 활인.

969) 남권희, 『한국 금속활자 발달사 - 조선시대』, 192쪽.
970) 남권희, 『한국 금속활자 발달사 - 조선시대』, 192쪽.
971) 남권희, 『한국 금속활자 발달사 - 조선시대』, 19쪽.
972) 남권희, 『한국 금속활자 발달사 - 조선시대』, 19쪽.

1345. 『新刊類編歷擧三場文選古賦』. 세종조 경자자로 활인.

1346. 『三韓詩龜鑑』. 세종조 중반 갑인자로 활인. 성종조에 전라도 순천부에서 번각.

1347-1356. 『詩傳大全』. 20권10책. 1434년(세종16) 갑인자로 활인.[973]

1357-1362. 『禮記大全諺解』 6책. 세종조 갑인자로 활인.

1363-1387. 『增刊校正王壯元集註分類東坡先生詩』. 25권. 세종조 갑인자로 활인. 중종조에 어느 지방감영에서 『分類東坡詩』 제하에 번각출판.

1388. 『國語』. 세종조 갑인자로 활인.[974]

1389. 『無冤錄註』. 세종조 활인. 최치운崔致雲에게 명해 『무원록』에 주를 달았다.[975]

1390. 『太陽通軌』. 1418-1450년 사이에 갑인자로 활인.[976]

1391. 『授時曆捷法立成』. 1418-1450년 사이에 갑인자로 활인.[977]

1392. 『五星通軌』. 1418-1450년 사이에 갑인자로 활인.[978]

1393. 『重修大明曆』. 세종조 갑인자로 활인.

1394. 『庚午元曆』. 세종조 갑인자로 활인.

1395. 『山谷詩註』. 20책. 세종조 갑인자로 활인.

1396. 『唐詩鼓吹』. 세종조 갑인자로 활인.[979]

---

973) 남권희, 『한국 금속활자 발달사 – 조선시대』, 202쪽.

974) 김두종, 『韓國古印刷技術史』, 147쪽.

975) 세종대왕기념사업회 역주, 『국역 증보문헌비고』, 「예문고」.

976) 남권희, 『한국 금속활자 발달사 – 조선시대』, 202쪽.

977) 남권희, 『한국 금속활자 발달사 – 조선시대』, 203쪽.

978) 남권희, 『한국 금속활자 발달사 – 조선시대』, 203쪽.

979) 김두종, 『韓國古印刷技術史』, 147쪽.

1397. 『唐詩鼓吹續編』. 세종조 갑인자로 활인.980)

1398. 『唐宋句法』. 세종조 갑인자로 활인.981)

1399. 『前漢書』. 세종조 갑인자로 활인.982)

1400-1423. 『新刊補註釋文黃帝內徑素問』. 24권. 세종조 갑인자로 활인.

1424-1425. 『少微通鑑輯釋』. 2책. 세종조 갑인자로 활인. 1580년(선조13) 경진자로 재활인.

1426. 『救荒辟穀方』. 세종조에 세종이 저술하고 활인.

§『明宗實錄』, 명종 9년 11월 25일: "진휼청이 아뢰기를, 곡식을 저장하여 기민들을 구제하는 것이 비록 구황의 근본이기는 하나, 곡식이 모자란다고 하여 백성들이 굶주리고 있는데도 대책을 마련하지 않고 앉아서 보기만 해서는 안 됩니다. 우리 세종대왕께서는 이미 '구황벽곡방'을 저술하시고 또 흉년에 대비하는 물건들을 『경제대전』에 실어 놓아 만세토록 창생을 구제하게 하셨으니 지극하다 하겠습니다. 근래에는 해마다 큰 흉년이 들었는데 영남과 호남 두 도가 더욱 심하였습니다. 국가에서는 사신을 보내 진구하게 하고, 또 구황에 가장 요긴한 것들을 뽑아 모아서 하나의 방문(方文)으로 만들어서, 언문으로 번역하여 이름을 『구황촬요(救荒撮要)』라 하고 인출하여 중외에 반포하여 집집마다 알게 하였으니, 이는 실로 민생들을 구제하는 좋은 방책입니다. 요사이는 관리들이 태만하고 백성들이 모질어 구황에 관한 정책을 강구하지 않아서 한

---

980) 김두종, 『韓國古印刷技術史』, 147쪽.

981) 김두종, 『韓國古印刷技術史』, 147쪽.

982) 김두종, 『韓國古印刷技術史』, 147쪽.

해만 잘 여물지 않아도 사람들이 그만 아우성치며 먹여주기 바라다가 마침내는 도랑에 뒹굴게 됩니다. 그리고 서울은 풍습이 사치를 숭상하는데 더욱이 죽 먹는 것을 수치로 여겨 아침에 좋은 밥을 먹고는 저녁에는 이미 밥을 못 짓습니다. 이번의 좋은 방문도 만일 엄격하게 신칙하지 않는다면 또 다시 버려 두고 거행하지 않을 것이니 바라건대 두루 중외에 효유하여 누구나 알고 있게 하소서" 하니, 상이 그대로 따랐다

(賑恤廳啓曰 蓄穀賑飢 雖爲救荒之本 穀乏民飢 則不可坐視而莫爲之所. 我世宗大王 旣著救荒辟穀方 又以備荒之物 載諸經濟大典, 以救萬世蒼生之命 可謂至矣. 邇者連 歲大侵 湖嶺二南尤甚. 國家遣使賑救 又抄救荒之最要者 集爲一方 翻以諺字 名曰《救 荒撮要》印布中外 使家諭戶曉 斯實救民良方. 近來吏慢民頑 不究荒政 歲一失稔 人且嗃嗃望哺 終顚溝壑 而京城則習尙侈靡 尤以粥溢爲羞 朝餐美食 暮已絶炊. 今此 良方 若不嚴勅 則復廢不行. 請遍諭中外 使人無不諳解 上從之.)"

1427. 『經濟大典』, 세종조에 활인.

§『明宗實錄』, 명종 9년 11월 25일.

1428. 『宋播芳』. 세종 6년(1424) 경자자로 활인.

§『世宗實錄』, 세종 6년 2월 24일: "대소 문신들에게 주자소에서 인쇄한 '송파방'을 한 부씩 내려 주었다."

1429. 『朝鮮國樂章』. 세종 6년(?) 경자자로 활인.

§『世宗實錄』, 세종 6년 2월 24일: "다만 악장樂章 38수와 십이 율성통례十二律聲通例를 주자로 인쇄해 10본으로 만들어 본 시(奉常寺)에 비장하고 이름을 '조선국악장朝鮮國樂章'이라 하 고, 발문에 이르기를, '본조의 신에게 제사지내는 악樂이다' 하였다."

1430. 『新續六典』. 세종 8년(1426) 경자자로 활인.

§『世宗實錄』, 세종 8년 12월 15일: "예조에서 계하기를, 지금 수찬색修撰色이 바친 '신속육전'과 '원육전元六典'을 청컨대 주자소로 하여금 8백 벌을 인쇄해서 경외의 각 아문에 나눠준 뒤에『구원전舊元典』과『속전續典』을 환수하도록 하소서. 또 『등록謄錄』은 가히 일시적으로 쓸 뿐이옵고 영구히 쓸 법이 아니오니, 단지 10벌만 복사하여 1벌은 궁중에 두고, 그 나머지는 정부·육조와 대간에게 나누어 주도록 하소서. 또 그 인쇄할 종이는 평안도와 함길도의 두 도는 제하고 그 나머지 각도로 하여금 도내의 각 관청의 숫자 내에서 한 관청에서 3벌에 소용될 종이와 먹을 거두어서 올려보내도록 하소서" 하니, 명하여 아뢴 대로 시행하게 하고, 아울러『등록』도 1백 벌을 인쇄하게 했다."

1431.『新元六典』. 세종 8년(1426) 경자자로 활인.

1432.『謄錄』. 세종 8년(1426) 경자자로 활인.

1434.『綱目通鑑』. 세종 9년(1427) 경자자로 활인.

§『世宗實錄』, 세종 9년 11월 3일: "出內庫倭紙九百五十九貼, 命鑄字所印'綱目通鑑'"

1435.『恤刑敎旨』. 세종 13년(1431) 경자자로 활인.

§『世宗實錄』, 세종 13년 6월 12일: "형조에서 아뢰기를, 지금 '휼형교지'를 내려 반포하시고, 이미 주자소에 인출하게 하여 중외에 반포했사오나, 지본紙本이 찢어지거나 유실될까 두렵사오니, 청하건대, 경중에서 형벌을 쓰는 각사各司와 외방의 각관에게 판방板榜(게시판)에 그 원본을 걸어 두고 해유解由할 때에 전해 주게 하옵소서" 하니, 그대로 따랐다."

1436.『小學集註』. 1450년(문종즉위년) 갑인자로 활인. 16세기 초

갑인자체 목활자 활인본도 있다.

1437.『東國兵鑑』. 1450년(문종즉위년) 갑인자로 활인.

§『文宗實錄』, 문종즉위년(1450) 3월 11일: "議政府啓 方今中國有警 我國備邊之事 不可不慮. 若中國歷代之事 稽之史冊可知, 我國之事 最宜 先知而專不知之 甚不可也. 願自三國 以至高麗 彼敵來侵之事 我國備禦 之策 首尾得失 詳考採摭 以備觀覽.(지금 중국에서 변고가 있으니, 우리 나라에서 변방을 방비하는 일을 염려하지 않을 수 없습니다. 중국 역대 의 일은 사책史冊에 상고하면 알 수 있는데, 우리나라의 일은 가장 마땅 히 먼저 알아야만 할 것인데도 전연 알지 못하고 있으니, 매우 옳지 못합니다. 원컨대 삼국시대로부터 고려에 이르기까지 저들 외적이 와서 침범한 일과 우리 나라에서 미리 준비하고 방어한 계책의 수미首尾와 득실을 자세히 참고하고 주워 모아서 전하의 관람에 대비하겠습니다.) 上曰 此意甚善 宜速撰集廣布(이 뜻은 매우 좋으니, 마땅히 빨리 찬집하 여 널리 광포하라). 後, 撰成模印 名曰'東國兵鑑'."

1438-1447.『(古今)歷代十八史略』. 10권10책. 1451년(문종즉위년) 8월 경오자庚午字로 활인. 증선지 저.983)

§'경오자'는 경오년(1450, 세종32)에 주조를 시작하여 만든 동활 자다.984)

1448-1460.『歷代兵要』. 13권13집. 1451년(문종1) 경오자로 활 인.985)

1461.『新編算學啓蒙』. 1451년(문종1) 경오자로 활인.986)

983) 남권희,『한국 금속활자 발달사 - 조선시대』, 21, 234쪽.
984) 남권희,『한국 금속활자 발달사 - 조선시대』, 227-228쪽.
985) 남권희,『한국 금속활자 발달사 - 조선시대』, 21, 233쪽.
986) 남권희,『한국 금속활자 발달사 - 조선시대』, 21쪽.

1462. 『御製五衛陣法』. 1451년(문종1) 편찬된 『진법陣法』을 통해 정
리된 조선의 전술 체계 또는 이 전술을 담은 병서. 세조가 잠저
때에 명을 받아 편찬한 책. 맨 앞에 수양대군이 쓴 서문이 있
다.987)

1463. 『詳說古文眞寶大全前後集』. 1452(문종2)로 경오자로 활인.988)
선조조에 번각.

1464-1483. 『昌黎先生集』. 50권20책. 문종조에 경오자로 활인. 한
유의 시문집.

1484-1558. 『高麗史』. 139권75책. 1452년(단종즉위년) 11월 갑인자
로 활인. 소멸. 신숙주 서序. (세가 46권, 志 39, 연표 2, 열전 50,
목록 2.) 참조 『단종실록』, 11월 28일: "春秋館啓請印高麗史 從之."
그러나 세조 초 을해자본도 있다. 각도에서 번각.

1559-1562. 『桂苑筆耕』. 20권4책. 1450년(문종1) 왕명에 의해 갑인
자로 활인. 최치원 문집. 오대五代 시대의 『舊唐書』 「예문지藝文
志」에서까지 『桂苑筆耕』이 언급되고 있고 청조 반사성의 『해산
선관총서海山仙館叢書』에서 조선의 활자본을 토대로 본서를 수
록했듯이 중국에도 알려진 책이다. 『계원필경』은 한국에서 여
러 차례 간행되었다. 간행 시기가 분명한 본은 1834년(순조34)
2월부터 9월까지, 호남관찰사 서유구가 홍석주의 요청으로 홍
석주 집안 소장의 그 책을 교감하고 전주에서 (남공철이 만든)
금릉취진자金陵聚珍字 목활자로 간행하여 태인의 무성서원과
합천의 해인사에 나누어 보관하게 한 활인본이고, 이 판본을
바탕으로 정리한 20권 4책의 정리자 활인본이다.

---

987) 세종대왕기념사업회 역주, 『국역 증보문헌비고』, 「예문고」.
988) 남권희, 『한국 금속활자 발달사 – 조선시대』, 21쪽.

1563. 『楚辭後語辨證』. 1454년(단종2) 밀양부에서 세종조의 경자자 활인본 『楚辭後語』를 번각·출판. 명조조에 『楚辭後語』라는 제목 아래 을해자로 다시 활인.

1564. 『明心寶鑑』. 1책. 1454년(단종2) 청주에서 초간. 1916년 완산 다가서포에서 방인.

1565. 『新刊類編歷擧三場 文選古賦』. 1454년(단종2) 밀양부에서 태종 조 활인본 『新刊類編歷擧三場文選對策壬集』(6권)을 간추려 번각하 여 출판한 발췌번각본.

1566-1571. 『洪武正韻譯訓』. 6책. 1455년(단종3) 3월 활인. 한문대자 大字는 홍무정운자, 한글대자소자는 홍무정운한글자, 한자소 자小字는 갑인자다.[989] '홍무정운자(홍무정운한글자)'는 중앙관 서에서 만든 우아정교하고 깨끗한 대표적 목활자다.[990]

1572. 『春秋集傳大全(四傳春秋)』. 1455년(세조1) 주자소에서 을해자乙 亥字로 활인. 성종조에는 『四傳春秋』 제목으로 재활인.[991]

1573. 『大佛頂首楞嚴經』. 1455년(세조1) 을해자로 활인.

1574-1580. 『妙法蓮華經(法華經)』. 7권. 1455년(세조1) 을해자로 활 인. 1456년(세조2) 갑인자로 재활인. 그리고 1457년(세조3)에는 목판으로 번각간인. 1493년(성종24)에도 어느 곳에선가 번각(金 悅卿의 발문).

1581. 『金剛般若波羅蜜經』. 1455년(세조1) 을해자로 활인한 것으 로[992] 오인되나 을유자체 목활자로 활인했다.[993]

989) 천혜봉, 『한국목활자본』(서울: 범우사, 1993), 22쪽, 천혜봉, 『한국금속활자 인쇄사 』, 104-105쪽.

990) 천혜봉, 『한국목활자본』, 22쪽.

991) 成俔(김남이·진지원 외 옮김), 『慵齋叢話』[1525·1909] (서울: 휴머니스트, 2015·2016), 117쪽(2권-20; 원문: 565쪽)

1582-1583. 『天台四教儀(集解)』. (상·하) 2권. 1455년(세조1) 을해자로
활인.

1583. 『大佛頂如來密因修證了義諸菩薩萬行首楞嚴經』. 간경도감 설치
(1461) 이전에 을해자로 활인·발행된 불경.

1584. 『訓辭』. 1455년(세조1) 을해자로 활인. 1457년(세조3) 을해자
로 재활인.994)

1585. 『周易傳義康寧殿口訣』. 1455년(세조1) 을해자로 활인.

1586-1641. 『東文選』. 155권56책. 1455년(세조1) 을해자로 활인.

1642-1652. 『續東文選』. 21권11책. 1455년(세조1) 을해자로 활인.

1653-1662. 『宋史』. 496권100책, 1455년(세조1) 을해자로 활인.

1663-1705. 『晉書』. 130권43책. 1455년(세조1) 을해자로 활인.
1545-1587년, 1567-1608년 사이에 초주 갑인자로도 활인.

1706. 『薛文淸公讀書錄』. 1455년(세조1) 을해자로 활인.

1707-1709. 『標題句解孔子家語』. 4권3책. 1455년(세조1) 을해자로 활
인. 명종조(1545-1567)에도 을해자로 재활인. 이 책은 중국목판
본을 이 목판본의 간기刊記까지 몽땅 베껴 을해자로 활인한
재출간본이다. (대영박물관과 국립도서관 소장.) 16세기 후기에 이
을해자 활인본이 번각되었는데, 이 번각본 중 하나를 왜군이
임란 때 약탈해 갔다.995) 이 약탈본의 바탕이 된 을해자활인본
의 간행시기를 두고 일찍이 새토우와 쿠랑 간에 논란이 있었다.

1710. 『國朝儒先錄』. 1455년(세조1) 을해자로 활인.

---

992) 남권희, 『한국 금속활자 발달사 - 조선시대』, 22쪽.
993) 천혜봉, 『한국목활자본』(서울: 범우사, 1993), 24쪽.
994) 김두종, 『韓國古印刷技術史』, 155쪽.
995) 천혜봉, 『한국금속활자 인쇄사』, 65-66쪽.

1711.『東國壯元策』. 1455년(세조1) 을해자로 활인.

1712.『司馬法集解』. 1455년(세조1) 을해자로 활인.

1713-1722.『(李)東垣十書(東垣十種醫書)』. 16권10책. 1455년(세조1) 을해자로 활인. 이동원李東垣(이고李杲) 등 송금 10인 의학자의 의론을 간추린 책. 1488년(성종19) 내의원에서 갑인자(?)로, 그리고 1765년(영조41)에 혜민서에서 교서관인서체자로 재활인하고 번각본도 냈다.

1723-1735.『歷代兵要』. 13권13책. 1456년(세조2) 2월, 1451년(문종 1)과 1453년(단종1)의 경오자본을 번각. 강원·전라·경상도 삼분하여 간행.

§『世祖實錄』, 세조 2년 2월 신축일.

명종조 병자자 활인본도 있다. 세조 2년의 번각본 권말 간기: "(...) 刻手 大禪師 智禪 信旵 等 二十二. 學生 裵仲命. 景泰七年丙子二月日 全羅道光州開刊."996)

1736.『(射侯)御製詩』. 1456년(세조2) 8월 갑인자로 활인.

1737.『貞觀政要詳解』. 세조조 초에 을해자로 활인본.

1738.『釋迦如來成道記』1권. 세조조 초에 을해자 활인본.

1739.『永嘉眞覺大師證道歌集(註解)』. 1457년(세조3) 갑인자로 활인.997)

1740-1742.『國朝寶鑑(四朝寶監)』(태조-문종조). 6권3책. 1457년(세조 3) 갑인자로 활인.998) 신숙주 등 편찬. 선조조에 번각·출판. 1612

---

996) 참조: 김두병,『韓國古印刷技術史』, 237쪽 '註5'.

997) 남권희,『한국 금속활자 발달사 – 조선시대』, 203쪽.

998) 김두종,『韓國古印刷技術史』, 14477쪽; 남권희,『한국 금속활자 발달사 – 조선시대』, 203쪽.

년(광해4)에는 실록자로도 재활인. 1654년(효종5)에는 목활자(인조실록자) 활인본도 나왔고, 1655년(효종6)에는 교서관자(I) 목활자 활인본도 나왔다. 1772년(영조48) 임진자병용 한글자/오륜행실 한글자, 오주갑인자로 재활인하고, 1782년(정조6) 정유자병용 한글자(육주갑인자)로 재활인.

1743. 『(佐翼)原從功臣錄卷』. 1457년(세조3) 갑인자로 활인.999) 참조: 『세조실록』, 세조 4년 1월 계해일.

1744. 『大乘起信論疏』. 4권1책. 1457년(세조3)에 갑인자로 활인. 마명馬鳴 저.

1745. 『金剛經五家解』. 1457년(세조3) 세조가 정축자와 갑인자를 섞어 활인. 득통得通스님이 풀이한 증도가와 득통의 설의說義·결의決義를 합본. 1495년(연산원년)에는 이 책을 다시 번각·인출했다.

　§'정축자'는 세조가 1457년(정축년) 의경세자懿敬世子(덕종)의 명복을 비는 뜻에서 금강경 정문正文을 인출하기 위해 주자한 동활자.1000)

1746. 『金剛經五家解』. 1457년(세조3) 세조가 정축자(대자)와 갑인자(중간자)를 섞어 활인.

1747. 『易學啓蒙補解』. 1457년(세조3) 활인.1001) 문신文臣과 관유館儒에게 반사.

1748. 『交食推步法假令』. 1458년(세조4) 7월경 무인자로 활인.

　§'무인자'는 무인년(1458) 초에 주조된 대자와 세주용細註用 특

999) 남권희, 『한국 금속활자 발달사 – 조선시대』, 203쪽.
1000) 남권희, 『한국 금속활자 발달사 – 조선시대』, 250쪽.
1001) 세종대왕기념사업회 역주, 『국역 증보문헌비고』, 「예문고」.

소자特小字다. 이 책을 찍는 데는 이 두 형태의 무인자와 중자中字 갑인자가 혼용되었다.1002) 이 책은 우리에게 맞는 역서 기법과 법칙을 외우기 쉽게 산법시가算法詩歌로 짓고 주석해 엮은 것이다.

1749-1750. 『御製易學啓蒙要解』. 4권4책. 1458년(세조4) 7월 무인자로 활인. 1465년(세조11) 갑인자(대자는 무인자)로 재활인. 세조의 잠저潛邸 시절 저술.1003)

1751. 『內訓諺解』. 1460년(세조6) 을해자로 활인.

1752. 『禪宗永嘉集』. 1461년(세조7) 5월 을해자로 활인.1004)

1753. 『大方廣圓覺修多羅楞嚴經』. 1461년(세조7) 을해자로 활인.1005)

1754-1763. 『楞嚴經諺解』. 10권10책(?). 1461년(세조7) 왕명으로 언해하여 한자 을해자와 신사辛巳 한글자(1461 신사년에 만든 을해자 병용 한글자)로 간행.1006) 1462년(세조8) 간경도감에서는 『大佛頂首楞嚴經諺解』이라는 제목으로 번각 간인.

1764. 『佛說阿彌陀經諺解』. 1461년(세조7) 왕명으로 언해하여 을해자로 간행. 1464년(세조10) 간경도감에서 번각·중간.

1765-1771. 『四分律評集記(四分律刪繁補闕行事鈔詳集記)』. 14권7책(추정). 1461년(세조7) 간경도감에서 활인. 1461년부터 1463년(세조9)까지 3년간 계속 간인.

1772. 『御製將兵說注解箋』 1권. 1462년(세조8) 을해자로 활인. 1555

1002) 천혜봉, 『한국금속활자 인쇄사』, 138쪽; 남권희, 『한국 금속활자 발달사 – 조선시대』, 22, 252쪽.

1003) 남권희, 『한국 금속활자 발달사 – 조선시대』, 22, 252쪽.

1004) 남권희, 『한국 금속활자 발달사 – 조선시대』, 22쪽.

1005) 남권희, 『한국 금속활자 발달사 – 조선시대』, 22쪽.

1006) 남권희, 『한국 금속활자 발달사 – 조선시대』, 22쪽.

년(명종13) 재간행.

1773. 『陽村應製詩(應製詩註)』. 1책. 1462년(세조8) 손자 권람權擥이 『應製詩註』 제목으로 을해자가 활인. 1470년(성종원년)에는 서거정이 번각·간인했다. 원래 '표전문사건表箋文事件'을 해결하러 명국에 간 권람이 중국 황제의 명에 따라 지어 올린 시문들을 모은 이 영예로운 시집은 1402년(태종2) 의정부가 왕명으로 간인했었다. 을해자 활인본 『응제시주』는 이 시집을 보주한 것이다.

1774. 『圓宗文類集解』. 3권1책. 1462년(세조8) 간경도감에서 활인.

1775. 『醫藥論註解』. 1책. 1463년(세조9) 12월 활인. 세조 저, 임원준 주. §『세조실록』, 세조 9년 12월 27일: "上製醫藥論 以示韓繼禧·盧思愼及兒宗(궐내에 들어가 시위侍衛하던 종실의 나이 어린 조카)等 命任元濬出註印頒." 조선의 역대 왕 중 세종대왕과 함께 의학에 가장 많은 관심을 기울인 임금인 세조는 이 책에서 의사의 유형을 6가지로, 즉 심의心醫, 식의食醫, 약의藥醫, 혼의昏醫, 광의狂醫, 망의妄醫, 사의詐醫, 살의殺醫로 분류했다.

1776-1777. 『禪宗永嘉集諺解』. 2권. 1464년(세조10) 간경도감에서 활인.

1778. 『圓覺經』. 1464년(세조10) 을유자로 활인. 판각으로 된 寺板들 (1588, 1611, 1655)도 있음.

　§'을유자'는 1465년(을유년)에 정란종이 쓴 송설체 글자를 본으로 대·중소자를 신주新鑄한 동활자. 한글자도 같이 만들었다. 을유자본 서책은 10여 종이 안 된다.1007)

1779. 『金剛般若波羅蜜經諺解(金剛經諺解)』. 1권1책. 1464년(세조10)

─────────────────────

1007) 남권희, 『한국 금속활자 발달사 - 조선시대』, 254쪽.

간경도감에서 을유자체목활자로 활인.1008) 동년 2월 간경도감에서 인출한 (번각본으로 확실시되는) 간인본도 있다. 일반적으로 상·하 2권2책으로 통용된다. 1495년(연산1)에도 중간되었다. 1575년 (선조8)에는 전라도 안심사安心寺에서 원간본을 복각하여 중간본을 간행했다.

§ '을유자체목활자'는 사찰 등에서 불서간행을 위해 만들어 쓰던 목활자다. 15세기 후반 무렵에 사용된 것으로 추정된다. 제작 장소와 연대는 알려진 바 없다. 글자크기와 모양이 균일하지 않고, 글자획이 가지런하지 않다.1009)

1780. 『金剛般若波羅蜜多心經諺解(般若心經略疏顯正記諺解)』. 1464년 (세조10) 간경도감에서 을유자체목활자로 활인.1010)

1781. 『摩訶般若波羅蜜多心經印敎詳義直解』. 세조연간에 간경도감에서 을유자체목활자로 활인.1011)

1782. 『明皇誠鑑(諺解)』. 1464년(세조10) 세종이 어제御製한 원본 (1441년, 세종23)을 세조가 언해해 활인한 책. 1973년 언해본이 발견되었다.

1783-1788. 『傳法正宗記』. 6책. 1465년(세조11) 을유자체목활자로 활인.1012)

1789. 『東國圖經』. 1465년(세조11) 활인.1013)

1790. 『大方廣圓覺修多羅了義經(圓覺經口訣)』. 1465년(세조11) 을유자

1008) 남권희, 『한국 금속활자 발달사 – 조선시대』, 409쪽.

1009) 남권희, 『한국 금속활자 발달사 – 조선시대』, 409쪽.

1010) 남권희, 『한국 금속활자 발달사 – 조선시대』, 409쪽.

1011) 남권희, 『한국 금속활자 발달사 – 조선시대』, 409쪽.

1012) 남권희, 『한국 금속활자 발달사 – 조선시대』, 409쪽.

1013) 세종대왕기념사업회 역주, 『국역 증보문헌비고』, 「예문고」.

+한글자 병용으로 재활인.1014) 종밀宗密이 주해注解. '을유자'
는 1465년(세조11) 당시 명필 정난종의 글씨를 자본으로 하여
주조된 대·중소 동활자. 을유자는 1484년(성종15) 불교를 혐오
하는 유신들이 자체가 정돈되어 있지 않다는 이유로 녹여 없애
버렸다.1015)

1791-1792.『佛果圜悟禪師碧巖錄』. 10권5책. 1465년(세조11) 을유자
로 활인.1016)

1793.『金剛般若波羅蜜經(六經合部)』. 1465년(세조11) 을유자로 활
인.1017)

1794.『普賢行願品禮懺法輔助儀(六經合部)』. 1465년(세조11) 을유자체
목활자로 활인.1018)

1795.『觀世音菩薩禮文(六經合部)』. 1465년(세조11) 을유자+을유자
병용 한글자로 활인.1019)

1796.『歷代兵將說』. 1465년(세조11) 을유자+을유자병용 한글자로
활인.1020)

1797.『大方廣圓覺修多羅了義經(御定口訣飜譯)』. 1465년(세조11) 간경
도감에서 세조의 구결·번역을 합해서 을유자로 활인.

1798-1800.『御製易學啓蒙要解』. 4권3책. 1465년(세조11)) 갑인자(대

1014) 김두종,『韓國古印刷技術史』, 177쪽.

1015) 천혜봉,『한국금속활자 인쇄사』, 143쪽.

1016) 천혜봉,『한국금속활자 인쇄사』, 144쪽. 남권희는 을유자체목활자로 활인한 것으
로 감식한다. 남권희,『한국 금속활자 발달사 – 조선시대』, 409쪽.

1017) 천혜봉,『한국금속활자 인쇄사』, 144쪽.

1018) 천혜봉,『한국금속활자 인쇄사』, 144쪽.

1019) 천혜봉,『한국금속활자 인쇄사』, 144쪽.

1020) 천혜봉,『한국금속활자 인쇄사』, 144쪽, 남권희,『한국 금속활자 발달사 – 조선시
대』, 245쪽.

자는 무인자)로 활인. 임진란 후 번각본이 나왔다. 세조가 수양대군 시절부터 저술하고 최항과 한계희의 교정과 보해를 거쳐 간행. 이 책은 1458년(세조4) 7월 무인자로 활인된『역학계몽요해』의 재再간행본이지만 최항과 한계희의 보해가 더해져 책의 내용과 부피가 다른 책이다.

1801.『御製兵將說』. 2권1책. 1465년(세조11) 을유자로 활인.1021)

1802-1803.『易學啓蒙要解』. 4권 2책. 1466년(세조12) 임진자로 활인.1022)

1804-1805.『救急方諺解』. 2권2책. 1466년(세조12) 을해자로 활인.

1806.『御定周易口訣』. 1466년(세조12) 3월 간행.

   §『世祖實錄』, 세조 12년 3월 15일: "上詣文宣王如儀 頒親定周易口訣."

1807-1818.『周易傳義(康寧殿口結)』. 24권12책. 1466년(세조12) 을해자+신사 한글자로 활인.

1819-1844.『大明律講解』. 30권26책. 1466년(세조12) 인출.

   §참조:『世祖實錄』, 세조 12년 7월 1일: "上出內藏大明講解律及律學解頤·律解辨疑等書 命大司憲梁誠之校正. 分送講解律于慶尙道, 解頤于全羅道, 辨疑于忠淸道, 使之刊印各五百件 廣布中外."

1845.『律學解頤』. 1466년(세조12) 7월 간행. 참조:『세조실록』, 세조 12년 7월 1일.

1846.『律解辨疑』. 1466년(세조12) 7월 간행. 참조:『세조실록』, 세조 12년 7월 1일.

1847.『七政曆』. 1466년(세조12) 7월 전교서에서 간행.

1021) 남권희,『한국 금속활자 발달사 – 조선시대』, 256쪽.

1022) 세종대왕기념사업회 역주,『국역 증보문헌비고』,「예문고」.

§『世祖實錄』, 세조 12년 10월 21일: "觀象監提調啓 七政曆 中朝每年
印之. 本國則進上一件外 不印出. 星經相考時 憑考無據. 請自今令典校署
印二件 一件進上 一件藏于本監. 從之."

1848.『牧牛子修心訣諺解』. 1467년(세조13) 간경도감에서 활인. 목우
　　자는 고려 보조국사普照國師의 호이고, 법휘法諱는 지눌知訥.

1849.『法語諺解』. 1467년(세조13) 간경도감에서 활인.

1850.『無注法華經』. 1467년(세조13) 간경도감에서 활인.

1851.『文章一貫』. 1책. 세조조에 을해자로 활인.1023)

1852-1853.『尉繚子直解(위료자직해)』. 5권2책. 세조조에 을해자로
　　활인.1024)

1854-1928.『朱子大全別集』. 120권75책. 세조조에 을해자로 활
　　인.1025)

1929.『瘡疹集(瘡疹方)』. 세조연간에 을해자로 활인.

1930-1935.『金剛盤若經疏開玄妙』. 6권. 세조조에 간경도감에서 활
　　인.

1936-1951.『大乘阿毗達磨雜集論疎』16권. 세조조에 간경도감에서
　　활인.

1952.『妙法蓮華經纘述』. 세조조에 간경도감에서 활인.

1953.『法寶總錄』. 세조조에 간경도감에서 을유자체목활자로 활
　　인.1026)

1954.『雪竇明覺和尙頌古』. 세조조에 간경도감에서 을유자체목활

1023) 남권희,『한국 금속활자 발달사(조선시대)』, 247쪽.
1024) 남권희,『한국 금속활자 발달사(조선시대)』, 247쪽.
1025) 남권희,『한국 금속활자 발달사(조선시대)』, 247쪽.
1026) 남권희,『한국 금속활자 발달사(조선시대)』, 409쪽.

자로 활인.1027)

1955-1974. 『大般涅槃經疏』. 20권. 세조조에 간경도감에서 활인.

1975-1988. 『大般涅槃經義記圓旨鈔』. 14권. 세조조에 간경도감에서
활인.

1989. 『妙法蓮華經觀世音菩薩』. 세조조에 간경도감에서 활인.

1990-1992. 『眞寶珠集』. 3권. 간경도감. 세조조 활인

1993. 『楞嚴環解刪補記』. 세조조에 간경도감에서 활인.

1994-2001. 『俱舍論訟疏抄』. 8권. 세조조에 간경도감에서 활인.

2002-2011. 『大毘廬遮那成佛神變加持經義釋演蜜抄』. 10권. 세조조에
간경도감에서 활인.

2012-2017. 『大乘起信論疏削記』. 6권. 세조조에 간경도감에서 활인.

2018-2137. 『大方廣佛華嚴經合論』. 120권. 세조조에 간경도감에서
활인.

1027) 남권희, 『한국 금속활자 발달사(조선시대)』, 409쪽.

참고문헌

〈동양문헌〉

곡조영谷祖英, 「"銅活字"和"瓢活字"的問題 ─ 對于'史學週刊'所載張秀民君'中朝兩國對于活字印刷術的貢獻'一文的商榷」, 『光明日報』, 1953년 7월 25일자.

구도영, 「16세기 조선 對明 불법무역의 확대와 그 의의」, 『한국사연구』, 170170 (2015).

권근權近, 「발어류발語類·주자발鑄字跋」, 『양촌집陽村集』 권22. 천혜봉, 『한국 금속활자 인쇄사』(파주: 범우, 2012; 79쪽 각주3)과, 남권희, 『한국 금속활자 발달사 ─ 조선시대』(대구: 경북대학교출판부, 2022 개정증보판; 17-18쪽 각주3, 161쪽 각주3)에 수록.

김빈金鑌, 「주자발鑄字跋」. 『高麗史節要』 跋, 또는 『眞西山讀書記乙集大學衍義』(갑인자본) 卷末. 『世宗實錄』, 세종 16년(1434) 7월 2일 기사, 또는 천혜봉, 『한국 금속활자 인쇄사』(파주: 범우, 2012), 93쪽 각주1에 게재.

김두종, 『한국고인쇄기술사韓國古印刷技術史』(서울: 탐구당, 1974·2021).

김성수, 「한국 금속활자인쇄술의 始原과 관련한 鑄字本 남명송증도가의 간행연도에 관한 연구」, 『서지학보』 (제30회[2012. 6.]).

김영제, 『고려상인과 동아시아 무역사』 (서울: 푸른역사, 2020).

김장구, 「대몽골 초기 카라코룸으로 간 고려 사신들」, 남종국 외 8인, 『몽골 평화시대 동서문명의 교류』 (서울: 이화여자대학교출판문화원, 2021).

김종직金宗直, 「갑진자 신주자발甲辰字新鑄字拔」, 『纂註分類杜詩』(1480, 성종11)와 『治平要覽』(1516, 중종11)의 권말卷末에 붙인 발문.

김청, 『인쇄의 역사』 (서울: 도서출판 포장산업, 2005).

남권희, 『한국 금속활자 발달사 - 고려시대』 (대구: 경북대학교출판부, 2018).

----, 『한국 금속활자 발달사 - 조선시대』 (대구: 경북대학교출판부, 2022 개정증보판).

남종국, 「이탈리아 상인들, 아시아로 진출하다」, 남종국 외 8인, 『몽골 평화시대 동서문명의 교류』 (서울: 이화여자대학교출판문화원, 2021).

남종국 외 8인, 『몽골 평화시대 동서문명의 교류』 (서울: 이화여자대학교출판문화원, 2021).

박용대 등 33인 찬집, 『增補文獻備考』, 16考 250卷 (서울: 찬집청, 1908, 융희2). 세종대왕기념사업회 역주, 『국역 증보문헌비고』 (서울: 세종대왕기념사업회, 1980·2000).

박원길, 『조선과 몽골』 (고양: 소나무, 2010).

박철상, 「冊契로 본 17세기 南人들의 상업출판」, 『大東漢文學』 제52집(2017).

부길만, 『조선시대 방각본 출판 연구』 (서울: 서울출판미디어, 2003).

서유구徐有榘, 『누판고鏤板考』[1767] (홍명희 구결본; 서울: 寶蓮閣, 1968).

성현成俔(김남이·진지원 외 옮김), 『용재총화慵齋叢話』[1525·1909] (서울: 휴머니스트 출판그룹, 2015·2016).

성백용 외 7인, 『사료로 보는 몽골평화 시대 동서문화 교류사』(서월: 이화여자 대학교출판문화원, 2021).

성현成俔, 『용재총화慵齋叢話』[1525·1909] (서울: 범우사, 2013).

손보기, 『금속활자와 인쇄술』(서울: 세종대왕기념사업회, 1974·2000).

안재원, 「교황 요한 22세가 보낸 편지에 나오는 Regi Corum은 고려의 충숙왕인가?」, 『교회사학』(2016, vol. 13), 129-163쪽.

왕정王禎, 「조활자인서법造活字印書法」, 『농서農書』부록. 장수민(강영매 역), 『중국인쇄사(三)』에 전재된 원문국역 전문(1267쪽).

유탁일, 『完板坊刻小說의 文獻學的研究』, 동아대학교 1981 박사학위논문.

윤병태, 『조선조활자고朝鮮朝活字考』(서울: 연세대 도서관학과, 1976).

이규보, 『국역 동국이상국집』제6권 (서울: 민족문화문고간행회, 1981·1985).

이민희, 『16-19세기 서적중개상과 소설·서적 유통관계 연구』(서울: 역락, 2007·2009).

이병희, 「고려시기 벽란도의 해양도시적 성격」, 『도서문화』, 39-39 (2012).

이재정, 『조선출판주식회사』(파주: 안티쿠스, 2009).

이진한, 『고려시대 무역과 바다』(서울: 경인문화사, 2014·2015).

이현규, 「許筠이 도입한 李贄 저서」, 『中語中文學』제46집(2005-12).

장수민張秀民, 『中國印刷史』(浙江: 古籍出版社, 2006); 장수민(강영매 역),

『중국인쇄사(三)』(서울: 세창출판사, 2016).

장해영, 「14-18세기 중국-조선의 민간무역과 상인」, 『민족문화연구』, 69-69 (2015).

정원용鄭元容, 『수향편袖香編』[1854] (서울: 동문사, 1971).

천혜봉, 「韓中兩國의 活字印刷와 그 交流」. 『民族文化論叢』 제4집 (1983).

----, 『한국목활자본』 (서울: 범우사, 1993).

----, 『한국 금속활자 인쇄사』 (서울: 범우사, 2012).

최경은, 「역자서문」, 프리드리히 카프(최경은 역), 『독일의 서적인쇄 와 서적거래의 역사』 (서울: 한국문화사, 2020).

최경훈, 「조선시대 原州 지역의 인쇄문화 연구」. 『조선시대 지방감 영의 인쇄출판 활동』. 2009년 조선왕실 주도 금속활자 복원 사업 학술대회 논문집 (淸州古印刷博物館).

최부(허경진 역), 『표해록』 (파주: 서해문집, 2019·2021).

한정훈, 「고려시대 '해항도시' 나주에 관한 시론」, 『해항도시문화교 섭학』, 19-19 (2018).

황태연, 『지배와 이성 – 정치경제, 자연환경, 진보사상의 재구성』 (서울: 창비, 1996).

----, 『공자철학과 서구 계몽주의의 기원 – 유교문명의 서천과 계몽 사상의 태동(상·하)』 (파주: 청계, 2019).

----, 『유교국가의 충격과 서구 근대국가의 탄생』, 제3권 『유교적 양민국가의 충격과 서구 복지국가의 탄생』 (서울: 솔과학, 2022).

〈서양문헌〉

Abreo, Anronio Graça de. "The Chinese, Gunpowder and the Portugese". http://www.icm. gov.mo/ rc/viewer/20006/841.

Adshead, Samuel A. M.. *Material Culture in Europe and China, 1400-1800* (London: Macmillan Press, 1997).

Allsen, Thomas T.. *Culture and Conquest in Mongol Eurasia* (Cambridge: Cambridge University Press, 2001).

Bacon, Francis. *The New Organon* [1620] (Cambridge: Cambridge University Press, 2000).

----, *The Essays or Counsels, Civill and Morall* [1625] (Cambridge: Cambridge University Press, 1985).

----, *Sylva Sylvarum: or A Naturall Historie. In Ten Centuries.* (London: William Lee, 1626).

----, *The New Atlantis* [1627]. Charles M. Andrews, *Ideal Empires and Republics: Rousseau's Social Contract, More's Utopia, Bacon's New Atlantis, Campanella's City of the Sun* (Washington·London: M. Walter Dunne, 1901).

Bales, Kevin. *Understanding Global Slavery* (Berkely: University of California Press, 2005).

Barrett, Timothy H.. *The Rise and Spread of Printing: A New Account Religious factors* (Burlinton, Ontario: Minnow Books Inc, 2008).

----, *The Woman who Discovered Printing* (New Haven·London: Yale University Press, 2008).

Baudier, Michel. *Histoire de la cour du roi de la Chine* (Paris, Chez

Claude Cramoisy, 1626). 영역본: *The History of the Court of the King of China* (London: Printed by H. B. for Christopher Hussey, 1682).

Blum, André. *Les origines du papier, de l'imprimerie et de la gravure* (Paris: La Tournelle, 1935). 영영본: The Origins of Printing and Engraving, trans. by H. M. Lyndenberg (Charles Scribner's Sons, 1940).

----, "Gutenberg est-il le premier inventeur de l'imprimerie?". *La Chronique graphique* (janvier 1953).

Brockey, Liam Matthew. "The First Hands: The Forgotten Iberian Origins of Sinology". Christina H. Lee (ed.), *Western Visions of the Far East in a Transpacific Age, 1522-1657* (London and New York: Routledge, 2012).

Burnett, Andrew. Interpreting the Past: Coins (London: British Museum Press, 1991).

Campbell, Gordon. "Conti, Niccolò de'". *The Oxford Dictionary of the Renaissance* (Oxford University Press, 2003).

Cardwell, Donald. *Wheels, Clocks, and Rockets, A History of Technology* (New York: Norton,2001).

Carter, Thomas F.. *The Invention of Printing in China and Its Spread Westward*, revised by L. Carrington Goodrich (New York: The Ronald Press Company, 1925·1955).

Ch'on Hye-bong. "Pulcho chikchi simch'e yojol". *Korea Journal* 3:7 (July 1963).

Christensen, Thomas. *River of Ink: Literature, History, Art* (Berkeley:

Counterpoint, 2014).

Clavijo, Ruy Gonzalez de. *Narrative of the Embassy of Ruy Gonzalez de Clavijo to the Court of Timour at Samarcand AD 1403-6*, transl. in English by C. R. Markham [1859] (Cambrideg: Cambridge University Press, 2010).

Courant, Maurice. *Bibliographie coréenne − Tableau Littéraitre de la Coree. Contenent la nomenclature des ouvrages publiés dans ce payes jusqu'en 1890*, Tome premier (Paris: Libraire de la Société Asiatique de l'Ecole des Lanques-Orientals vovantes, etc., 1894). 국역본. 모리스 쿠랑 (정기수 역), 『조선서지학서론』 (서울: 탐구당, 1981·2019).

----, *Supplément à la Bibliographie Coréenne Jusqu'en 1899* (Paris: Imprimerie Nationale, MDCCCCI[1901]).

Curzon, Robert. *History of Printing in China and Europe* (Lodon: Philobiblion, 1860).

Dalgin, Ben. *Advertising Production: A manual on the Mechanics of Newspaper Printing* (New York & London: McGraw-Hill Book Company, 1946). Retrieved 2020-08-12 − via The Internet Archive.

Davis, Margaret Leslie. *The Lost Gutenberg: The Astounding Story of One Book's Five-Hundred-Year Odyssey* (New York: TarcherPerigee, 2019).

Deng Gang. *Maritime Sector, Institutions, and Sea Power of Premodern China* (Westport, Connecticut: Greenwood Press, 1999).

Du Halde, Jean-Baptiste. *Description géographique, historique, chronologique, politique, et physique de l'empire de la Chine et* de la Tartarie chinoise, enrichie des cartes generales et particulieres de ces pays, de la carte generale et des cartes particulieres du Thibet, & de la Corée, T. 2. (Paris: A la Haye, chez Henri Scheurleer, 1735). 영역판: P. Du Halde, *The General History of China*, Volume II (London: Printed by and for John Watts, 1736).

----, "An Abridgment of the History of Corea". Du Halde, *The General History of China*, Vol. IV (London: Printed by and for John Watts, 1736).

Duchesne, Ricardo. "Asia First?". *Journal of The Historical Society*. First published: 10 February 2006.

Edwardes, Michael. *East-West Passage: The Travel of Ideas, Arts and Interventions between Asia and the Western World* (Cassell·London: The Camelot, 1971).

Eisenstein, Elizabeth L.. *The Printing Press as an Agent of Change*, Vol. I and II (Cambridge: Cambridge University Press, 1979).

----, *The Printing Revolution in Eearly Modern Europe*, Second Edition (Cambridge: Cambridge University Press, 1983·2005).

Ferguson, Donald (trans. and ed.). *Letters from the Portuguese Captives in Canton written in 1534 and 1536* (Bombay: Eduction Society's Steam Press, 1902).

Fleishman, Glenn. "Flong time, no see: How a paper mold transformed the growth of newspapers". *Medium* (2019-04-25). Archived from the original on 2020-05-19. Retrieved 2020-07-19.

Fry's Metals Ltd, *Printing Metals* (London: Fry's Metals Ltd, 1972), 48-49쪽 Archived (PDF) from the original on 2016-04-03. Retrieved

2020-08-19.

Füssel, Stephan. *Gutenberg und Seine Wirkung* (Frankfurt am Main & Leipzig: Insel Verlag, 1999). 국역본: 슈테판 퓌셀, 『구텐베르크 와 그의 영향』 (서울: 연세대학교 대학출판문화원, 2014).

Gabain, Annemarie von. "Die Drucke der Turfan-Sammlung". *Sitzungsberichte der Deutschen Akademie der Wissenschaften zu Berlin* (1/1967).

Gaubatz, Piper Rae. *Beyond the Great Wall: Urban Form and Transformation on the Chinese Frontiers* (Stanford: Stanford University Press, 1996).

Gernet, Jacques. *A History of Chinese Civilization*, 2nd ed., trans. by J. R. Forster and Charles Hartman (Originally published in French as Le Monde Chinois by Librairie Armand Colin, Paris 1972 and Librairie Armand Colin 1972; First published in English by Cambridge University Press 1982: Cambridge: Cambridge University Press, 1982·1083·1985·1996[2nd]·1997·1998·1990).

Glahn, Richard von. *Fountain of Fortune: Money and Monetary Policy in China, 1000‐1700* (Berkeley: University of California Press, 1996).

----, *The Economic History of China — From Antiquity to the Nineteenth Century* (Cambridge: Cambridge University Press, 2016).

Goodman, Joan E.. *A Long and Uncertain Journey: The 27,000 Mile Voyage of Vasco Da Gama* (New York: Mikaya Press, 2001).

Goody, Jack. *The East in the West* (New York: Cambridge University Press, 1996).

Hall, MarieKapp, Boas. *Scientific Renaissance 1450-1630* (New York: Harper & Brothers, 1962; New York: Dover Publication, 1990·1994).

Hanebutt-Benz, Eva-Maria. "Gutenberg's Metal Type". *Printing and Publishing Culture: Proceedings of the Third International Symposium* (Chungbuk-do, Korea: Cheongju Early Printing Museum, 2000).

Hobson, John M.. *The Eastern Origins of Western Civilization* (Cambridge: Cambridge University Press, 2004).

Honour, Hugh. *Chinoiserie. The Vision of Cathay* (New York: Harper & Row Publishers, 1961).

Howorth, Henry Hoyle. *History of the Mongols: From the 9th to the 19th Century* (Boston, Mass.: Elibron Classics, 2003).

Hudson, Geoffrey F.. *Europe and China: A Survey of their Relations from the Earliest Time to 1800* (Boston: Beacon Press, 1931·1961).

Hwang, Tai-Youn. *Herrschaft und Arbeit im neueren technischen Wandel* (Frankfurt am Main·New York·Paris: Peter Lang, 1992).

Imperial Type Metal Company, *Type Metal Alloys* (New York: Imperial Type Metal Co., 1927). Archived from the original on 2020-08-31. Retrieved 2020-08-31.

Kapp, Friedrich. *Geschichte des deutschen Buchhandels bis in das siebzehnte Jahrhundert* (Leibpzig: 1886). 프리드리히 카프(최경은 역), 『독일의 서적인쇄와 서적거래의 역사 - 구텐베르크의 발명에서 1600년까지』 (서울: 한국문화사, 2020).

Kapr, Albert. *Johannes Gutenberg: The Man and His Invention, trans.*

by *George Martin* (Brookfield, VT: Scolar, 1996).

Kim Jongmyoung, "Korea's Possible Contribution to the Printing Technology in Europe: A Historical Survey". *Hualin International Journal of Buddhist Studies*, 1.1 (2018): 1−42쪽.

Kim, Kumja Paik. *Goryeo Dynasty: Korea's Age of Enlightenment, 918−1392* (San Francisco: Asian Art Museum, 2003).

Kubler, George Adolf. *A Short History of Stereotyping* (New York: Printed by Brooklyn Eagle Commercial Printing Dept. for the Certified Dry Mat Corporation, 1927). Archived from the original on 2020-08-31. Retrieved 2020-08-12 − via The Hathi Trust (access may be limited outside the United States).

Lach, Donald F.. *Asia in the Making of Europe*, vol. 2 (Chicago: University of Chicago Press, 1965).

Lach, Donald F., and Edwin J. Van Kley, *Asia in the Making of Europe*, vol. 3 (Chicago: Chicago University Press, 1993).

Landes, David. *The Wealth and Poverty of Nations, Why Some Nations Are So Rich and Some So Poor* (New York: Norton, 1998).

Langlois, John D., Jr., *China under Mongol Rule* (Princeton: Princeton University Press, 1981).

Larner, John. *Marco Polo and the Discovery of the World* (New Haven: Yale University Press, 1999).

Ledderose, Lothar. "Chinese Influence on European Art, Sixteenth to Eighteenth Centuries". Thomas H. C. Lee, *China and Europe: Images and Influence in Sixteenth to Eighteenth Centuries* (Hong Kong: The Chinese University of Hong Kong Press, 1991).

Leroy, Luis. *De la Vicissitude ou Variété des Choses en L'univers* (1575). 영역본: *Of the Interchangeable Course, or Variety of Things in the Whole World*, transl, by R. Aschley, 1577 (London: Printed by Charles Yetsweirt Esq., 1594).

Leung, Cécile. *Etienne Fourmont (1683-1745): Oriental and Chinese Languages in Eighteenth-century France* (Leuven: Leuven University Press, 2002).

Li Kangying. *The Ming Maritime Trade Policy in Transition, 1368 to 1567* (Wiesbaden: Otto Harrassowitz, 2010).

Lopez, Robert S.. "European Merchants in the Medieval Indies: The Evidence of Commercial Documents", *Journal of Economic History* 3 (1943).

Lux, Jonathan E.. "'Character reall': Francis Bacon, China and the Entanglements of Curiosity". *Renaissance Studies*, Vol. 29, Issue 2 (April 2015).

Man, John, *The Gutenberg Revolution: How Printing Changes the Course of History* (London: Bantam Books, 2002·2009).

Marques, António Henrique R. de Oliveira. *History of Portugal* (Berkely: Columbia University Press, 1972).

Marx, Karl. *Theorien über den Mehrwert (Vierter Band des "Kapitals")*, Zweiter Band. *Marx Engels Werke*, Bd. 26.2.

McDermott, Joseph P., and Peter Burke. "Introduction". Joseph P. Mcermott and Peter Burke, *The Book Worlds of East Asia and Europe 1450-1850* (Hong Kong: Hong Kong University Press, 2015).

McKitterick, David. "The Beginning of the Printing". Christopher
Allmand (ed.), *The New Cambridge Medieval History*, Vol. 7;
c.1415-1500 (Cambridge: Cambridge University Press, 1998).

McMurtrie, Douglas C.. *The Book: The Story of Printing & Bookmaking*
(London·New York: Oxford University Press, 1924·1943·1948).

Mendoza, Juan Gonzáles de. *Historia de las cosas mas notables, ritos
y costumbres del gran Reyno de la China* (Vol. 1-2, Roma, 1585;
Madrid & Bercelona, 1586; Medina del Campo, 1595; Antwerp,
1596). 영역본: Juan Gonzalez de Mendoza, *The History of the
Great and Mighty Kingdom of China and The Situation Thereof*,
the First and the Second Part (London: Printed for the Hakluyt
Society, 1853).

Montaigne, Michael de. "Of Coaches". *The Complete Works of Michael
de Montaigne*, comprizing *The Essays* [1571-1592] etc. ed. by
W. Hazlitt (London: John Templeman, 1842).

Mote, Frederick W., and Denis Twitchet (ed.). *The Ming Dynasty
1368-1644*, Part One. *The Cambridge History of China*: Volume
7 (Cambridge: Cambridge University Press, 1988).

Nam, Jong Kuk. "Who is Rex Corum in the Letter of 1333 by Pope
John XXII?". *Mediterranean Review*, 제12권2호(2019년 12월).

Needham, Paul, and Blaise Aguera y Arcas, "What Did Gutenberg
Invent?", At the BBC / Open University (Content last updated:
05/04/2005).

Newman, M. Sophia. "So, Gutenberg Didn't Actually Invent Printing
As We Know It - On the Unsung Chinese and Korean History

of Movable Type". *Literary Hub* (June 19, 2019).

Orcutt, William Dana. *The Book in Italy during the Fifteenth and Sixteenth Centuries*. Shown in Facsimile Reproductions from the Most Famous Printed Volumes (Harper & brothers, 1928; Web. 20 Feb. 2011).

Origo, Iris. "The Domestic Enemy: The Eastern Slaves in Tuscany in the Fourteenth and Fifteenth Centuries". *Speculum*, Vol.30, No.3 (Jul. 1955).

Panciroli, Guido. *Nova reperta sive Rerum Memorabilium Recenz Inventarum, & Veteribus incognitarium* (1608). 영역본: *The History of Many Memorable Things Lost, which were in Use among the Ancients* (London: Printed for John Nicholson, 1715).

Patricia, Berger, and Terese Tse Bartholomew. *Mongolia: The Legacy of Chinggis Khan* (San Francisco: Asian Art Museum, 1995).

Partridge, Charles S.. *Stereotyping; a practical treatise of all known methods of stereotyping, with special consideration of the papier maché process; to which is added an appendix giving concise information on questions most frequently overlooked* (2nd. Revised and enlarged ed.). (Chicago: The Inland Printer, 1909). Retrieved 2020-08-12 ⎯ via The Internet Archive.

Polo, Marco (Ronald Latham, trans.). *The Travels of Marco Polo* (London: Penguin Books, 1958). 마르코 폴로, 『동방견문록』(파주: 사계절, 2000·2017).

Pomeranz, Kenneth, and Steven Topik, *The World that Trade Created*

(New York: M. E. Sharpe, 2013).

Regis, Pere (Jean-Baptiste Régis). "Geographic Obsevations on the Kingdom of Corea", taken from the *Memoirs of Pere Regis*. Du Halde, *The General History of China*, Vol. IV (London: Printed by and for John Watts, 1736).

Richardson, Brian. *Printing, Writers and Readers in Renaissance Italy* (Cambridge: Cambridge University Press, 1999).

Ritsert, Jürgen. *Denken und Gesellschaftliche Wirklichkeit. Arbeitsbuch zum Klassischen Ideologiebegriff* (Fankfurt am Main/New York: Surkamp Verlag, 1977).

Ruppel, Aloys. *Johannes Gutenberg: Sein Leben und sein Werk*, 3rd edn, unrevised reprint (Nieuwkoop: Gebr. Mann, 1939·1947·1967).

Satow, Ernest. "On the Early History of Printing in Japan". 『日本亞細亞協會報』 제10권 1부(1882).

Schiltberger, Johann. *Reisen des Johannes Schiltberger* (München, 1859). 영역본: Johann Schiltberger, *The Bondage and Travels of Johann Schiltberger* (London: Printed for the Hakluyt Society, 1879; New York: Cambridge University Press, 2010).

Shultz, Edward. "Cultural History of Goryeo". Kumja Paik Kim, *Goryeo Dynasty: Korea's Age of Enlightenment, 918-1392* (San Francisco: Asian Art Museum, 2003).

Sohn, Pow-key. "Early Korean Printing". *Journal of the American Oriental Society*, Vol. 79, No.2 (Apr.-Jun 1959).

Spuler, Bertold, *Die Goldene Horde: Die Mongolen in Russland, 1223-1502* (Wiesbaden: Harrasowitz, 1943·1951·1965).

Storz, Otto H.. *Die Persische Karte: Venezianisch-persische Beziehungen um 1500 — Reiseberichte venezianischer Persienreisender* (Berlin: Deutsch LTD Verlag, 2009).

Telfer, Buchen. "Bibliography". Johann Schiltberger, *The Bondage and Travels of Johann Schiltberger, a Native of Bavaria, in Europe, Asia, and Africa, 1396-1427*, Translated from the Heidelberg MS. edited in 1859 by Karl Friedrich Neumann, by J. Buchen Telfer. With Notes by P. Bruun and a Preface, Introduction, and Notes by the Translator and Editor (London: Printed for the Hakluyt Society, 1879; New York: Cambridge University Press, 2010).

Toscanelli, Paolo. Extract of the "First Letter of Paolo Toscanelli to Columbus". In *The Journal of Christopher Columbus: (during His First Voyage, 1492-93), and Documents Relating to the Voyages of John Cabot and Gaspar Corte Real*, Translated and edited by Clements R. Markham (London: Hakluyt Society, 2010).

Trigault, Nicolas. *De Christiana expeditione apud Sinas* (Augsburg, 1615). 영역본: Luis J. Gallagher, *China in the Sixteenth Century: The Journals of Matthew Ricci* (New York: Random House, 1942·1953).

Tsien Tsuen-Hsuin. *Paper and Printing*. Joseph Needham, *Science and Civilization in China*, Volume 5. *Chemistry and Chemical Technology* (Cambridge: Cambridge University Press, 1985).

Vine, Theodore L. de. *The Invention of Printing* (New York: Francis Hart & Co., 1876).

Waley-Cohen, Joanna. *The Sextants of Beijing: Global Currents in*

Chinese History (New York, London: W. W. Norton and Company, 2000).

Whetton, Harry (ed.), *Practical Printing and Binding* (London: Odhams Press Limited, 1946), 136쪽. Retrieved 2020-08-12 ⁻ via The Internet Archive.

White, Lynn, Jr., "Tibet, India, and Malaya as Sources of Western Medieval Technology". *The American Historical Review*, Vol. 65, No. 3 (Apr., 1960).

Young Myung-chui. "Korea's Sphere of Maritime Influence". *Koreana* 20, no.2 (Summer 2006).

Yule, Henry(trans. & ed.), *Cathay and the Way Thither: Being a Collection of Medieval Norices of China, with a Preliminary Essay on the Intercourse between China and the Western Nations Previous to the Discovery of the Cape Route*, vol. 1-2 (London: Printed for the Hakluyt Society, 1866; Cambridge: Cambridge University Press, Republished 2009).

---- (ed. & transl.). *The Book of Ser Marco Polo; The Venetian Concerning the Kingdoms and Marvels of the East*, third ed. revised throughout in the light of recent discoveries by Henri Cordier, vol. 1-2 (London: John Murray, 1903; the Complete Yule-Cordier Edition, reprint by Dover, 1993).

〈사료 및 자료〉

『高麗史』.

『太祖實錄』.

『太宗實錄』.

『世宗實錄』.

『成宗實錄』.

『中宗實錄』.

『宣祖實錄』.

『宣祖修正實錄』.

『正祖實錄』.

『明宗實錄』.

충북 MBC 텔레비전 방송, 「직지를 찾습니다」 (1995. 10. 23).

청주 MBC 텔레비전 방송, 「세상을 바꾼 금속활자 그 원류를 찾아서」

　　제1부 「구텐베르크는 발명가인가?」 (2003. 6. 15.).

　　제2부 「활자로드는 없는가?」 (2003. 12. 26.).

'Al Gore 2005 Video 2', Opening Ceremony Keynote Address, *Seoul Digital Forum 2005* (May 18). https://youtu.be/KnUcI-ngW8g.

청주 MBC 텔레비전 36주년 창사기념 특집 「한국 금속활자 세계로 가다」 (2006. 10. 6).

색인

인명색인

644

645

646

한국 금속활자의 실크로드
구텐베르크의 금속활자 발명과 출판혁명의 허구성에 대한 비판

초판 인쇄 2022년 11월 15일
초판 발행 2022년 11월 21일

지은이   황태연
펴낸이   김재광
펴낸곳   솔과학

편 집   다락방
영 업   최회선
인 쇄   정음사
디자인   miro1970@hotmail.com

등 록   제10-140호 1997년 2월 22일
주 소   서울특별시 마포구 독막로 295번지 302호(염리동 삼부골든타워)
전 화   02)714-8655
팩 스   02)711-4656
E-mail   solkwahak@hanmail.net

ISBN   979-11-92404-17-2 93900